Hiddensee
Rügen
Fehmarn
Stralsund
Rostock
Greifswald
Usedom
MECKLENBURG-
Wismar
VORPOMMERN
SCHWERIN
Neuruppin
BERLIN
Stendal
POTSDAM
Frankfurt (Oder)
SACHSEN-
Brandenburg
MAGDEBURG
BRANDENBURG
Halberstadt
ANHALT
Cottbus
Halle (Saale)
Leipzig
Görlitz
DRESDEN
SACHSEN
ERFURT
Gera
Chemnitz
Zwickau
THÜRINGEN

Klimaneutral
Unternehmen
ClimatePartner.com/53585-1805-1001

Bibliografische Information der Deutschen Nationalbibliothek:
Die Deutsche Nationalbibliothek verzeichnet diese Publikation in der Deutschen Nationalbibliografie; detaillierte bibliografische Daten sind im Internet über www.dnb.de abrufbar.

oekom – Gesellschaft für ökologische Kommunikation mbH,
Waltherstraße 29, 80337 München

Umschlaggestaltung und Innenlayout:
www.buero-jorge-schmidt.de
Umschlagabbildung: o. l. © M. Franke, o. M. © msl33,
o. r. © A_Lein; alle stock.adobe.com
Karten (Entwurf und Gestaltung): Reihs Satzstudio, Lohmar
Satz: Ines Swoboda, oekom verlag

Herausgeber: Slow Food Deutschland e. V.,
Genussführer-Kommission

Redaktion: Martin Wurzer-Berger
Korrektur: Maike Specht
Anzeigen: Andreas Hey, hey@slowfood.de

Druck: Friedrich Pustet GmbH & Co. KG, Regensburg

ISBN 978-3-96238-210-0

MIX
Papier aus verantwortungsvollen Quellen
FSC® C014889

Slow Food® Deutschland (Hrsg.)

Slow Food

Genussführer 2023/24

Die besten Slow Food Restaurants und Gasthäuser in Deutschland

Inhalt

Symbole

NEU Ein neu aufgenommenes Lokal im Vergleich zur Ausgabe 2019/20.

Das Lokal ist für Menschen mit Behinderung (nicht) barrierefrei zugänglich. Bitte informieren Sie sich vor Ihrem Besuch über die genauen Gegebenheiten vor Ort.

Das Lokal hält Übernachtungsmöglichkeiten bereit.

Bio Das Restaurant ist biozertifiziert.

Das Lokal imponiert mit einem überdurchschnittlichen vegetarischen Angebot.

Das Lokal bietet selbst gebrautes Bier an.

Das Lokal schenkt selbst gekelterte Weine (oder Apfelweine) aus.

Der Küchenchef ist Mitglied der Vereinigung Chef Alliance (siehe Seite 22) und pflegt somit intensive Kontakte zu seinen Produzenten.

* Das rote Sternchen verweist auf Gerichte, die im »ABC der regionalen Spezialitäten« (siehe Seite 63) erläutert sind.

→ Besondere Attraktionen und Aktivitäten der Lokale und Tipps zum Wandern, Radeln oder Besichtigen im Umkreis.

Hier finden Sie empfehlenswerte Produzenten und Manufakturen in der Nähe der Lokale.

Bei den Preisen werden Abkürzungen wie folgt verwendet:

V = Vorspeise
H = Hauptgericht
N = Nachspeise

Benutzerhinweise

Einteilung/Örtlichkeiten

Jedes Lokal ist unter seinem Standort aufgeführt. Die Städte bzw. Ortschaften sind innerhalb der Länderkapitel alphabetisch geordnet, maßgeblich ist der Name der Hauptgemeinde. Teilgemeinden werden im Rahmen der genauen Adressbezeichnung aufgeführt. Ein Lokal in Eltville-Hattenheim finden Sie unter »E« wie Eltville.

Informationsbasis

Ruhetage, Öffnungs- und Ferienzeiten sowie die Anzahl der Plätze wurden von den Wirten und Betreibern der Lokale selbst angegeben.
Die angegebenen Zeiten können sich je nach Jahreszeit, Saison und Personalsituation ändern. Bitte informieren Sie sich auf der Homepage oder telefonisch beim jeweiligen Restaurant.

Karten

Die beiden großen Deutschlandkarten am Anfang und Ende des Buches zeigen einmal die nördliche und einmal die südliche Hälfte Deutschlands mit allen empfohlenen Lokalen, die als rote Punkte markiert sind. Vor jedem neuen Kapitel finden Sie darüber hinaus eine Karte des jeweiligen Bundeslandes mit unseren Empfehlungen. Hier sind ausschließlich die Hauptgemeinden aufgeführt. Auf Namenszusätze wurde verzichtet: Neuburg an der Donau erscheint nur unter dem Namen »Neuburg«.

Herausgeber und Testgruppen

Slow Food Deutschland e. V., Genussführer-Kommission (Hrsg.):
Wieland Schnürch (Leitung), Armin Brucker, Thomas Marbach, Ingo Plessing, Sabine Schäfer, Gerhard Tremel, Sebastian Wenzel, Martin Wurzer-Berger

Die Testgruppen folgender Convivien haben zum *Genussführer* beigetragen:

Aachen
Allgäu
Altmühlfranken
Augsburg
Bad Tölz-Tegernsee
Baden-Schwarzwald
Barnim-Oderland
Bergisches Land
Berlin
Bielefeld/OWL
Bodensee
Bonn
Bremen
Bruchsal-Kraichgau
Chiemgau-Rosenheimer Land
Donnersberger Land-Glantal
Dresden
Duisburg-Niederrhein
Düsseldorf
Essen
Frankfurt/Main
Freiburg
Fulda
Hamburg
Hannover
Harz
Ingolstadt
Karlsruhe
Kiel
Köln
Lausitz
Leipzig-Halle
Lörrach
Lübeck
Lüneburg
Mainfranken-Hohenlohe
Mittelhessen
München
Münster
Niederbayern
Nordhessen
Nürnberg
Oberfranken
Odenwald
Oldenburg
Osnabrück
Ostfriesland
Pfalz
Pforzheim-Enzkreis
Potsdam
Regensburg-Oberpfalz
Rheingau
Rhein-Mosel
Rhein-Neckar
Saarland
Sauerland
Schwäbische Donau
Schwarzwald-Baar-Heuberg
Stuttgart
Südlicher Teutoburger Wald
Südniedersachsen
Südwestsachsen
Taunus/Westerwald
Tübingen/Neckar-Alb
Ulm
Weimar-Thüringen

Geleitwort

Das Erscheinen einer jeden neuen Ausgabe des *Genussführers* hat uns bei Slow Food Deutschland begeistert. Bei dieser fünften Ausgabe aber sind nicht nur Freude und Neugier merklich spürbar, sondern auch Erleichterung und Dankbarkeit. Darüber, dass die engagierte ehrenamtliche Arbeit der Testgruppen in das vorliegende Werk gegossen werden konnte. Sich durch pandemiebedingte Hürden nicht entmutigen zu lassen zeugt von einem beträchtlichen Durchhaltevermögen der Beteiligten. Denn die Lage der Gastronomie war immer wieder ungewiss, teils prekär und ist es in diesem Frühjahr 2022 vielerorts immer noch. Aber vieles macht auch Mut: die Kreativität und die Kraft der Netzwerke, die nachhaltig arbeitende Gastronom*innen dazu motivieren, neue Konzepte auszuprobieren, um Engpässe zu überbrücken. Ebenso der Zuspruch und die Unterstützung, die sie dabei erfuhren. Die Pandemie bestätigte einmal mehr: Restaurants und Lokale sind mehr als »nur« Orte des Essens und Genießens; sie sorgen für soziales Miteinander und sind kulinarische Schaufenster ihrer Regionen.

Die Vertreter*innen der im vorliegenden *Genussführer* präsentierten Restaurants und Lokale tragen aus ihren Küchen heraus und mit ihren Speisekarten dazu bei, dass gutes, sauberes und faires Essen auf unseren Tellern landet. Sie zelebrieren die Geschmäcker ihrer Region, die Herkunft ihrer Zutaten, und sie schlagen eine Brücke zwischen Tradition und der erforderlichen Weiterentwicklung der Gastronomie in Richtung Nachhaltigkeit. Mit ihren Gerichten bewahren sie die Vielfalt und unterstützen die Absichten von Slow Food.

Bei Slow Food wünschen wir uns, dass wir als Verbraucher*innen diesen Einsatz wertschätzen – mit unserer Lust, gut zu essen, und unserer Anerkennung für Qualität, Können sowie Transparenz über Herkunft und Verarbeitung. Wir wissen zugleich, dass wir Verbraucher*innen allein die Zukunft des Kochhandwerks und der Gastfreundschaft nicht »retten« können. Nachhaltige Esskultur ist auch ein Politikum und braucht ein klares Bekenntnis der politisch Verantwortlichen für eine Gastronomie, die mit der Vielfalt auf dem Teller auch die Vielfalt von Mensch, Tier und Umwelt schützt. Die Coronapandemie hat der Regionalität Auftrieb gegeben. Das Bewusstsein um Lieferengpässe bei globalisierten Warenströmen ebbt seither nicht ab. Deswegen sollte die Politik Schlussfolgerungen ziehen und Anreize für eine Gastronomie der kurzen Wege und regionalen Vielfalt setzen. Wirtinnen und Wirte des *Genussführers* sowie alle Köch*innen des Slow Food Netzwerks hätten diese Förderung verdient.

Mit dem *Genussführer* halten Sie ein gigantisches Gemeinschaftsprojekt in den Händen: Die rund 450 Lokale, die vorgestellt sind, haben, über ganz Deutschland verteilt, mehr als 500 Testesser*innen in 66 Testgruppen eruiert. Und die Arbeit der Testergruppen endet noch lange nicht beim geselligen Abendessen: Sie pflegen den direkten Draht zu den Wirtinnen und Wirten, schreiben Texte, erweitern kontinuierlich ihr Wissen

und feilen an den Kriterien. Ihr Know-how trägt dazu bei, dass sich der *Genussführer* von Ausgabe zu Ausgabe weiterentwickeln kann.
Ihnen allen gebührt unser Dank, ebenso dem Herausgeberteam rund um Wieland Schnürch, der Redaktion, dem Verlag! Sie alle tragen dazu bei, dass sich der *Genussführer* seinen festen Platz als Restaurantführer mit Beurteilungskriterien nach gut, sauber, fair im kulinarischen Buchregal erobert hat. Slow Food möchte es eben genauer wissen, auch hier. Und das transportiert das Buch mit Leichtigkeit.
Ihnen als Leserinnen und Lesern wünsche ich ganz viel Spaß beim Unterwegssein, Kosten und Genießen – ebenso bei den Gesprächen mit den inspirierenden Menschen hinter der Adresse. Nutzen Sie das Buch – oder natürlich auch die App – als kulinarischen Wegweiser, der Sie zu den »Guten« bringt, zu Restaurants, Wirtschaften und Weinstuben, die uns am Herzen liegen und die Ihnen hoffentlich gefallen werden.

Ihre Nina Wolff
Vorsitzende *Slow Food Deutschland*

Vorwort

Wenn Sie diese 5. Ausgabe des Slow Food *Genussführers* in Händen halten, sind ganze vier Jahre seit seinem letzten Erscheinen verstrichen. Inzwischen ist die Gastronomie in Deutschland förmlich aus den Fugen geraten. Der Gastrosektor leidet an seiner schlimmsten Krise seit dem Zweiten Weltkrieg. Die Coronapandemie bewirkte massive Umsatzrückgänge, Entlassungen und Kurzarbeit, Betriebsschließungen und Insolvenzen. Der Krieg in der Ukraine verursachte zudem explodierende Energiekosten, steigende Lebensmittelpreise und ein schmäleres Budget der Gäste.

Auch die Lokale, die Slow Food Deutschland in diesem *Genussführer* empfiehlt, hat die Krise getroffen. Es scheint jedoch, dass Wirtinnen und Köche, die nachhaltig arbeiten, besser durch diese schlimmen Zeiten gekommen sind als die konventionelle Gastronomie. Stieg bundesweit die Zahl der Betriebe, die seit 2020 den Gang zum Insolvenzgericht antreten mussten, um gut 30 Prozent an, so ist der Verlust an *Genussführer*lokalen, die allein wegen Corona aufgeben mussten, eher gering. Ein »Schwund« von rund einhundert Lokalen seit 2018 übersteigt nicht unsere durchschnittlichen Abgänge im bisher zweijährigen Erscheinungsrhythmus. Dass dieses Buch dennoch weniger gastronomische Betriebe verzeichnet, als die 4. Ausgabe noch vorweisen konnte, hat andere Gründe: Zum einen waren unsere aus über 500 ehrenamtlichen Mitgliedern bestehenden Testgruppen durch die allgemeine Gefahrenlage und die damit verbundenen behördlichen Beschränkungen nicht mehr in der Lage, ihren Testaufgaben in der gewohnten Tiefe nachzukommen. Anders als bei so manchem Konkurrenzprodukt wird bei uns nämlich regelmäßige Nachschau in den Lokalen ernst genommen, und die Gaststätten werden nicht einfach ins nächste Buch »weitergeschoben«. Dies hieß unter Corona aber leider mitunter: Kein Test – keine Aufnahme. So fehlen in diesem Buch eine Reihe verdienter Lokale, weil die Pandemiesituation eine zuverlässige Beurteilung vor Redaktionsschluss nicht mehr zuließ. Zum anderen war aber auch der Drang zur Neugründung in der Krise verständlicherweise zurückhaltend. So manche innovativen Pläne wurden durch die wiederkehrenden Lockdowns ausgebremst. Und schließlich hat unter dem wirtschaftlichen Druck der eine oder andere Betrieb sein Konzept so stark verändert, dass er erst einmal erneut besucht und mit ihm gesprochen werden muss, bevor wir ihn neu bewerten können. Deshalb bleiben zum ersten Mal die Neuaufnahmen weit hinter den Zahlen der Vorjahre zurück.

Großartige 450 Lokale haben durchgehalten und es zwischen diese Buchdeckel geschafft. Die Gründe dafür liegen auf der Hand: Wer schon bisher seine Küchenzutaten aus der Region bezogen hat, ist von Lieferengpässen bei globalisierten Warenströmen kaum betroffen. Wer schon bisher seinen Lieferanten einen angemessenen Preis bezahlt hat, muss keine Preiserhöhungen auf seine Gäste abwälzen. Wer schon bisher für gute Arbeitsbedingungen und faire Bezahlung seiner Mitarbeiter gesorgt hat, muss nicht über Fachkräftemangel klagen.

Wenn es uns mit der vorliegenden Neuausgabe gelungen ist, wieder ein Kompendium von Gasthäusern zu präsentieren, in dem die Slow Food Kriterien »gut, sauber und fair« im Mittelpunkt stehen, so ist dies in erster Linie der herausragenden Einsatzbereitschaft, Kreativität und tiefen Überzeugung unserer Wirte und Köchinnen zu verdanken. Was in deren Betrieben mit den allerbesten Zutaten vermittelst handwerklicher Kochkunst auf die Teller gezaubert wird, können Sie in jeder einzelnen der Beschreibungen in diesem Buch nachlesen. Und diesen Einsatz sollten wir als Gäste auch belohnen. Dies können wir, indem wir durch unseren Besuch diese »Guten« unter den Gastrobetrieben unterstützen. Dafür müssen wir gelegentlich vielleicht etwas tiefer in die Tasche greifen. Aber so, wie wir selbstverständlich im Bioladen etwas mehr für saubere Nahrungsmittel auf den Tisch legen, sollten wir auch im Lokal bereit sein, für hohe Qualität und Transparenz einen fairen Preis zu entrichten. Luka Lübke, Köchin und Sprecherin der Slow Food Chef Alliance, hat da ihren speziellen Wunschzettel: *»Ich wünsche mir, dass wir Betreiber nie wieder so haarscharf an der Pleite entlangkochen müssen wie bisher. Es wäre schön, wenn wir unsere Talente und unsere Arbeitslebenszeit darin investieren könnten, dem Gast ein wirklich gutes Esserlebnis zu geben, und nicht in unsere Existenzängste. Ich wünsche mir Gäste, die unser aller Kopf- und Handarbeit wertschätzen, die ganz normale Leute in uns sehen, mit Monatsmiete, Kindern oder dem Bedürfnis nach einem Tag am Meer. Wann, wenn nicht jetzt?«*

Dazu gehört übrigens auch, dass Sie bei der Planung Ihres nächsten Besuchs in einem der wunderbaren Lokale in diesem Führer ein wenig auf die dortigen betrieblichen Zwänge und Nöte Rücksicht nehmen. Gute und erfolgreiche Gastronomie hat viel mit exakter Planung zu tun, und deshalb ist eine Tischreservierung für ein *Genussführer*-Restaurant bereits eine große Hilfe und oft sogar zwingend notwendig. Gerade heute können sich krisenbedingt Öffnungs- und Küchenzeiten rasch ändern. Wer in diesen unsicheren Zeiten unangemeldet vor der Gasthaustüre steht, kann nicht mehr selbstverständlich damit rechnen, auch einen freien Tisch vorzufinden.

Dieses Buch kann auch wieder mit etlichen Neuerungen aufwarten. Selbstverständlich wurden ausnahmslos alle Gastroeinträge überarbeitet und aktualisiert. Im bunten Vorspann sind erneut Zuwächse in unserem »kulinarischen ABC«, bei den Beschreibungen der Küchen der Regionen und bei unserer Warenkunde zu verzeichnen.

Schon im Vorgängerband hatte ich angedeutet, dass auch andere Spielarten der Kochkunst, die sich innovativ mit den Erzeugnissen ihrer jeweiligen Region auseinandersetzen, für uns unterstützenswert sein können, wenn sie unseren Grundsätzen von »gut, sauber und fair« folgen. Hier sind wir nun einen Schritt weitergegangen und haben begonnen, uns auch für ausländische Kochstile zu öffnen, wenn deren Ergebnisse die herausragende regionale Kompetenz der beteiligten Kochkünstlerinnen und Kochkünstler widerspiegeln. Wem es gelingt, den Einsatz besonders hochwertiger, sauberer Grundprodukte mit einer außergewöhnlich guten Küchen- und Serviceleistung zu verbinden und hierbei insbesondere konsequent Bio-

produkte und/oder Slow Food Arche-Passagiere auf hohem handwerklichen Niveau zu verarbeiten, verdient auch die Wertschätzung dieses *Genussführers* und wird künftig bei uns eine offene Aufnahme finden.
Wir haben uns aber auch beim Schutz von Natur und Umwelt konsequent weiterentwickelt. Wir wollen keine bedrohten Tierarten wie zum Beispiel den Aal mehr auf Speisekarten sehen. Wir wollen keine Produkte mehr angeboten wissen, die nur auf tierquälerische Weise entstehen, wie Gänsestopfleber oder Froschschenkel. Und warum soll argentinisches Rindfleisch aus wenig transparenter Produktion, das um die halbe Welt zu uns transportiert werden muss, nur wegen seines Nimbus für uns akzeptabel sein?
Auch wir haben uns im Zeitalter der Übermacht elektronischer Medien dem Ruf nach neuen Formen der Restaurantsuche nicht verschlossen und zusätzlich zur Buchausgabe die *Genussführer*-App auf den Markt gebracht. Als Käuferin und Käufer dieses Buches können Sie sich das Programm vergünstigt auf Ihr Smartphone herunterladen. Der Vorteil: Während Bucheinträge in einem sich so rasch verändernden Sektor wie der Gastroszene manchmal veralten können, ist die App stets aktuell. So bleiben Ihnen Enttäuschungen erspart, wenn das erkorene Lokal inzwischen geschlossen sein sollte. Und Sie können durch praktische Funktionen wie Umkreissuche, Routenplanung und Übersichtskarten auch Neuentdeckungen machen, die es vor Redaktionsschluss nicht mehr in diese Buchausgabe geschafft haben.
Suchen Sie sich also aus Buch oder App unter den vielfältigen und vielversprechenden Lokalen eines in Ihrer Nähe aus! Planen Sie Ihren nächsten Urlaub, Ihre nächste Radtour oder Wanderung mithilfe des Slow Food *Genussführers*, dieses untrüglichen Kompasses für nachhaltige Küchenleistung! So leisten Sie Ihren Beitrag für die Stärkung einer Gastronomie, die sich Sauberkeit und Transparenz bei den verwendeten Grundprodukten, Engagement für Natur und Umwelt und eine hohe handwerkliche Kochkunst auf ihre Fahnen geschrieben hat.

Wieland Schnürch
Leiter des Herausgeberteams

Slow Food – gutes, sauberes und faires Essen für alle

Die Gasthausempfehlungen in diesem Buch wurden von mehr als 500 engagierten Slow Food Mitgliedern zusammengetragen, die in ihren Testgruppen nach festgelegten Kriterien die Lokale geprüft haben. Aber was ist eigentlich Slow Food?

Slow Food ist eine weltweite Bewegung, die es sich zum Ziel gesetzt hat, eine Ernährungswelt zu schaffen, die auf fairen Beziehungen basiert, die biologische Vielfalt, das Klima und die Gesundheit fördert und es allen Menschen ermöglicht, ein Leben in Würde und Freude zu führen. Bei Slow Food engagieren sich Menschen mit Überzeugung und aus Leidenschaft für ein Lebensmittelsystem, das auch zukünftige Generationen ernährt. Teil dieses Netzwerkes sind Engagierte jedes Alters. Es sind interessierte Verbraucher*innen, Fachleute aus Landwirtschaft, Fischerei, Lebensmittelhandwerk, Gastronomie sowie Wissenschaft und Forschung. Mit Millionen von Menschen aus mehr als 160 Ländern treibt Slow Food die Ernährungswende im öffentlichen und privaten Bereich voran und macht sich zielgerichtet stark für die Erhaltung der biologischen und kulturellen Vielfalt, die Sensibilisierung und Vermittlung von Wissen durch Bildungsarbeit sowie die politische Interessenvertretung.

Wofür wir stehen

Gut Wir setzen uns ein für das Recht aller Menschen auf wohlschmeckendes, gesundes und kulturell vielfältiges Essen: Aus der Vielfalt von Menschen, Kulturen, Orten, Lebensmitteln und Geschmäckern entstehen resiliente Gesellschaften und Ökosysteme.

Sauber Wir unterstützen möglichst lokale und widerstandsfähige Lebensmittelsysteme, die die wertvollen Ressourcen der Erde schonen und wiederherstellen, anstatt sie zu erschöpfen, und die alle Ökosysteme und Arten schützen. Unsere Lebensmittelsysteme spielen eine wichtige Rolle bei der Eindämmung der Klimakrise und des Verlusts der biologischen Vielfalt.

Fair Wir schaffen Wirtschaftskreisläufe, die auf Partnerschaft gründen. Alle am Lebensmittelsystem beteiligten Menschen werden in ihrer Entscheidungsfreiheit respektiert. Soziale Gerechtigkeit erreichen wir durch faire und inklusive Arbeitsverhältnisse und den gleichberechtigten Zugang zu Lebensmitteln, Wasser und Land.

Zukunftslösungen für unsere Ernährungswelt: politisch – praktisch – kulinarisch

Ihren Ursprung nahm die Slow Food Bewegung 1986 in Italien. Der Journalist und Soziologe Carlo Petrini gründete sie als Reaktion auf eine immer schnellere und unbewusstere Nahrungsaufnahme, mit der die Menschen sich zunehmend von den Ursprüngen ihrer Lebensmittel entfernten. Während das anfängliche Ziel von Slow Food vor allem darin lag, für kulinarischen Genuss einzutreten, erwuchs bald die Einsicht, dass eine ökologische Landwirtschaft, das Lebensmittelhandwerk sowie eine gesunde Umwelt Voraussetzungen sowohl für eine nachhaltige Kultur des Essens als auch für die Ernährungssicherheit insgesamt sind. Somit steht zunehmend die mit Essen verbundene Verantwortung gegenüber Mensch, Tier und Planet im Zentrum der Betrachtung.

Slow Food Deutschland (SFD) wurde 1992 als erster nationaler Verein außerhalb Italiens gegründet. Mit 87 Convivien, den Regionalgruppen, ist Slow Food in weiten Teilen Deutschlands vertreten: Engagierte Mitglieder bauen Kontakte zwischen Erzeugerinnen, Köchen, Händlerinnen und Verbrauchern auf, setzen Veranstaltungen und Projekte um und stärken so die Beziehungsgeflechte und tragfähigen Bündnisse vor Ort. Neben der lokalen Ebene ist Slow Food Deutschland auch auf nationaler wie europäischer Ebene aktiv und sichert mit einem Netzwerk entlang der Lebensmittelwertschöpfung umfassendes und übergreifendes Denken und Handeln sowie eine starke Basisorientierung.

Erhaltung biologischer und kultureller Vielfalt

Vielfalt statt Masse – auch dieser Gedanke spielte bei der Gründung und Namenswahl eine wichtige Rolle für den Verein: Slow Food statt Fast Food. Statt des ewig und überall gleichen Angebots der globalen Fast-Food-Ketten setzen wir auf regionale wie saisonale Diversität, auf verschiedene Geschmäcker, Aromen, Farben und Formen von Lebensmitteln und auf handwerkliches Können. Vielfalt statt Uniformität bringt für uns ein Mehr an Lebensqualität und auch an Verantwortung. Denn diese Vielfalt gilt es zu schützen. Der Verein zeigt dies exemplarisch durch Projekte wie die Arche des Geschmacks, Netzwerke wie die Chef Alliance, Initiativen wie den *Genussführer* und die Zertifizierung als Slow Food Weingut sowie mit Messen, Märkten und Veranstaltungen.

Wissen muss schmecken

Bildungsarbeit und Bildungsprojekte von Slow Food vermitteln Kindern, Jugendlichen und Erwachsenen Wissen engagiert und alltagsnah. Sie kommen mit Expert*innen aus Theorie und Praxis auf Höfen, in Schulen, Küchen und Backstuben sowie bei Veranstaltungen zusammen und erleben mit »Kopf und Bauch«, wie eine für Mensch und Planet gesunde Ernährung gelingt, schmeckt und lohnt. Die Slow Food Youth Akademie macht junge Menschen zu Changemaker*innen, die kreative Lösungen für unsere Gesellschaft erarbeiten. Mit dem 2021 initiierten Ursula Hudson Preis ehrt Slow Food Einzelpersonen, Initiativen oder Gruppen, die im Ernährungsbereich bzw. in der Ernährungspolitik und -bildung aktiv sind. Mit ihrer innovativen Gestaltungskraft haben sie Vorbildcharakter.

Essen ist politisch

Im Dialog mit Entscheidungsträger*innen und in der Zusammenarbeit mit anderen Organisationen treibt Slow Food die dringend erforderliche ökologische und soziale Transformation des Lebensmittelsystems voran.

Der Verein fordert u. a. eine ganzheitliche Ernährungspolitik, sowie die Schaffung von Ernährungsumgebungen, die nachhaltige, gesunde und faire Verbraucherentscheidungen fördern.
Das Thema Ernährung wird immer relevanter: Mit Messer und Gabel bestimmen wir täglich über die Zukunft der Welt. Slow Food möchte Lust machen auf diese gesamtgesellschaftliche Aufgabe – und zeigen, wie Genuss und Verantwortung zusammenspielen. Wir freuen uns, wenn Sie mitmachen und uns dabei unterstützen!

DIE INNEREN
WERTE
ZÄHLEN
Berchtesgadener Land
Echt. Gut.
Herkunftsgarantie:
Unsere Milch stammt aus der Berg- und Alpenregion zwischen Watzmann und Zugspitze.
Kleine Familienbetriebe mit durchschnittlich 27 Kühen sind Eigentümer der Molkerei.
demeter
Cremiger BIO-JOGHURT mild
1,7% Fett
3,5% Fett
Berchtesgadener Land
Cremiger
BIO-JOGHURT
mild
MARKT IN DER NÄHE FINDEN:
demeter
HERGESTELLT IM BERCHTESGADENER LAND
Milch aus der Alpenregion
Für mehr TIERWOHL
WIR GARANTIEREN EINEN FAIREN MILCHPREIS
für unsere Landwirt:innen
www.bio-alpenmilch.de

Die *Genussführer*-Testkriterien

Gelegentlich werden wir nach den Kriterien für die Aufnahme in unseren Führer gefragt. Der *Genussführer* ist ein Projekt von Slow Food Deutschland. Im *Genussführer* werden ausschließlich Gastronomiebetriebe empfohlen, die handwerklich arbeiten und deren Gerichte eine regionale Kompetenz aufzeigen. Wir testen die Lokale mithilfe von über ganz Deutschland verteilten örtlichen Testgruppen nach einheitlichen Vorgaben. Mit derzeit 66 örtlichen Testgruppen mit über 500 Mitgliedern überblickt Slow Food die Küchenlandschaft hierzulande und zeigt mit dem *Genussführer*: Es gibt sie, die gute und saubere Regionalküche!
Die Testgruppenmitglieder arbeiten vor Ort ehrenamtlich und ohne ein Spesenbudget – die Unparteilichkeit und der kritische Blick auf das Dargebotene bleiben gewahrt. Die Arbeit der lokalen Testgruppen wird von der *Genussführer*-Kommission von Slow Food Deutschland koordiniert. Sie ist der Herausgeber dieses Buches.

Der Slow Food *Genussführer* von Slow Food Deutschland

Wir unterscheiden uns mit dem Slow Food *Genussführer* bewusst von herkömmlichen Restaurantführern. Wir betreiben keine Restaurantkritik im klassischen Sinne. Wir etablieren mit dem *Genussführer* eine neue Form der Restaurantkritik, die die Ziele von Slow Food vertritt. Das grundlegend Neue ist die ganzheitliche Betrachtung der Gastronomie. Deren herkömmliche Gesichtspunkte Geschmack, Textur und Komposition einzelner Speisen, die Beurteilung von Gasthäusern nach dem reinen Gaumenkitzel, ihrer Ausstattung und ihrer Serviceleistung erscheint uns als nicht mehr allein entscheidend. Aus Slow Food Sicht ist das nicht zeitgemäß.
Slow Food Deutschland nimmt die gesamte Ausrichtung eines Restaurants oder Gasthauses in den Blick: Gut, sauber, fair, regional, saisonal, frisch, und authentisch sind ebenbürtige Gesichtspunkte. Slow Food sieht die Speise auf dem Tisch in seinem Kontext, inklusive seiner Beziehungen zu Produzent*innen, zu kulinarischen Traditionen, zu Verarbeitungstechniken, zu Natur und Umwelt, zu den Mitarbeitenden. Slow Food etabliert seine komplexere Sicht auf die Gastronomie und fördert sie mit dem *Genussführer*.

Die Prinzipien der neuen Gastronomie

Die von Slow Food angestrebte und geförderte neue Kultur des Essens verbindet auf gleichzeitig selbstverständliche und innovative Weise den Genuss von Speisen und Getränken mit

- der Sauberkeit und Nachhaltigkeit der Grundstoffe und Herstellungsweisen,
- der Transparenz in den Beziehungen zwischen Erzeuger*innen, Händler*innen, Köch*innen und Gästen,
- dem fairen und schonenden Umgang mit Mensch, Tier und Umwelt,
- dem Wissen um handwerkliche Traditionen in der Küche, auf der Weide und auf dem Acker und

- der Erhaltung oder Weiterentwicklung traditioneller Rezepturen und der Bewahrung der Artenvielfalt in der Natur.

Zur Erreichung der Ziele pflegen die Testgruppen einen konstruktiven, vertrauensvollen Dialog mit den Gastronom*innen.

Wir wünschen uns, dass wir mit diesem Buch eine Bewegung anstoßen, die Wirt*innen und Köch*innen Mut macht, sich auf die Grundsätze einer Küche der regionalen Kompetenz zu besinnen, die schmeckt und die dem Slow Food Ideal »gut, sauber und fair« folgt.

Die Arche des Geschmacks

In vielen Restaurantbeschreibungen dieses *Genussführers* tauchen »Arche-Passagiere« auf, mit denen gekocht wird. Mal ist es die Alblinse, »Albleisa« genannt, mal eine seltene Kohlsorte wie der »Bremer Scheerkohl« oder eine alte Rinderrasse wie das »Hinterwälder Rind«. Wir möchten Ihnen an dieser Stelle nahebringen, was es mit der Arche des Geschmacks, dem internationalen Rettungsschiff in Slow Food Diensten, auf sich hat.

Das biblische Symbol der Arche hat Slow Food als Sinnbild für das 1996 gestartete Projekt »Arche des Geschmacks / Arco des Gusto / arc of taste« gewählt. Es versinnbildlicht, dass Tiere, Pflanzen, aber auch Methoden und Techniken zum Herstellen von Nahrungsmitteln einen Platz zum Überleben benötigen – und auf dieser Arche auch finden. Die Arche ist ein wirksamer Beitrag zur Erhaltung der Biodiversität, also der Artenvielfalt im Bereich essbarer Tiere und Pflanzen.

Von 30.000 essbaren Pflanzen werden heute nur 150 Arten für die menschliche Ernährung genutzt. Mais, Reis und Weizen liefern zusammen die Hälfte des Nahrungsbedarfs der Weltbevölkerung. Auch innerhalb der Nutzpflanzenarten schwindet die Vielfalt der Sorten rapide: Seit 1900 sind drei Viertel der Sorten verloren gegangen. In Deutschland liegen gegenwärtig nur sechs von etwa 2000 bekannten Apfelsorten in den Supermarktregalen. Es gibt eine enorme Verengung auf Hochleistungssorten und eine Konzentration auf die weltweit geeignetsten Anbaugebiete. Erhaltung von Bodenfruchtbarkeit, Reduzierung von Transportaufwänden, Ernährungssouveränität und kulturelle Identitätsstiftung über Nahrungsmittel spielen aktuell leider eine sehr untergeordnete Rolle.

Von den noch vorhandenen Nutzpflanzen gibt es viele nur noch »ex situ«, das heißt außerhalb des natürlichen Verbreitungsgebietes in Samen- oder Genbanken, die nur noch gelegentlich zur Erhaltung der Keimfähigkeit ausgesät werden. Solche Sorten lassen sich nur schwer wieder in den Verkehr bringen, weil sie sich nicht an klimatische Veränderungen anpassen und weil das Wissen über ihre Eigenschaften verloren geht. Nur ein regelhafter Anbau in vermarktbaren Mengen hält Nutzpflanzensorten lebendig. Es ist überaus wichtig, das Engagement von bäuerlichen Betrieben, Gärtnereien und Privatpersonen zu unterstützen, die sich mit viel Engagement für »ihre« Sorte einsetzen.

Bei den Nutztieren ist das Bild ähnlich: Milchbetriebe haben fast nur noch hochgezüchtete Rinder der Rassen Holstein-Friesian oder American Swiss im Stall, die über drei Jahre mit großen Mengen Kraftfutter unnatürlich hohe Milchmengen produzieren und dann ausgemergelt sind und geschlachtet werden. Bei Legehennen und Mastgeflügel spielen alte Rassen keine Rolle mehr. In den Mastbetrieben gibt es ausschließlich Hybriden in immer neuen Kreuzungsvarianten. Alle diese modernen Rassen erreichen selbst mit regelmäßigen Medikamentengaben nicht immer den vorgesehenen frühen Schlachtzeitpunkt. Viele der Hochleistungszuchten müssen als Qualzuchten bezeichnet werden.

Aus Sicht von Slow Food Deutschland führt uns eine Landwirtschaft, die in immer größeren spezialisierten Betrieben mit großem Input an Kunstdünger, Pestiziden, Kraftfutter etc. in eine Sackgasse: Ernährungssicherheit, Bewahrung von Bodenfruchtbarkeit, Tiergesundheit und Bewältigung der Klimakrise lassen sich so nicht gestalten. Landwirtschaft muss nachhaltiger werden. Dazu zählen nachhaltige Rassen und Sorten, die an die örtlichen Boden- und Klimabedingungen adaptiert sind.

Die Arche des Geschmacks ist ein erfolgreicher Versuch, das vielfältige Potenzial der alten Rassen und Sorten am Leben zu erhalten. Slow Food trägt das Wissen um die Passagiere zusammen und entwickelt eine anschauliche Geschichte, die Lust auf das Kennenlernen von besonderen Tieren und Pflanzen machen soll. Erfolgreich erhalten werden können sie letztlich nur, wenn es für die daraus hergestellten Lebensmittel eine Nachfrage gibt. Das Motto »Essen, was man retten will« bringt es auf den Punkt: Nur wenn sich genug Esserinnen und Esser finden, die den besonderen Geschmack und die Bedeutung der Produkte zur Erhaltung von Artenvielfalt und regionalen Kulturen zu schätzen wissen, wird es genug Bäuerinnen und Bauern geben, die sich langfristig um die Erhaltung der Rassen und Sorten kümmern. Der Aufwand für aus Arche-Passagieren gewonnene Lebensmittel ist in der Regel größer als für die aus Hochleistungssorten. Daraus ergibt sich zumeist ein höherer Preis für Mahlzeiten aus den Arche-Passagieren. Mit dem Erzählen einer Geschichte zu den Arche-Passagieren ist es deshalb nicht getan: Slow Food entwickelt Netzwerke, die sich um die Vermarktbarkeit der einzigartigen Lebensmittel kümmern. Dazu gehören Regional- und Bauernmärkte, Kochaktionen mit den guten Produkten, die Einbindung in touristische Angebote und die Präsenz der Passagiere auf den Speisekarten von Restaurants, die Slow Food durch die Aufnahme in den Slow Food *Genussführer* oder die Mitwirkung in der Chef Alliance besonders verbunden sind.

Ein Beispiel für den Erfolg der Arche ist die Kartoffelsorte »Bamberger Hörnla«, die sich durch einen hervorragenden nussigen Geschmack und eine speckige Konsistenz auszeichnet. Sie ist in ihrer fränkischen Heimat besonders beliebt als Grundlage von Kartoffelsalat. In Anbau und Ernte stellt sie große Herausforderungen an Erzeuger. Sie benötigt nährstoffreiche durchlässige Böden und ist nicht sehr groß, was der maschinellen Ernte nicht förderlich ist. Sie wächst auch noch krumm, was die Verarbeitung in der Küche erschwert. Ihr Anbau ist fast zum Erliegen gekommen. Die Aufnahme des Bamberger Hörnla als Arche-Passagier hat die gewünschte Steigerung der Aufmerksamkeit bewirkt, der Anbau hat wieder deutlich zugenommen.

Wir hoffen, dass Sie neugierig geworden sind und gezielt nach Gerichten mit Arche-Produkten Ausschau halten und sie verkosten. Und natürlich dass Sie die besonderen Geschmäcker schätzen lernen und mithelfen, die Nachfrage nach erhaltenswerten alten Rassen und Sorten weiter anzukurbeln.

Gerhard Schneider-Rose
für die *Arche-Kommission von Slow Food Deutschland*

Die Slow Food Chef Alliance

*Liebe Leser*innen,*
Chef Alliance, das hat weder was mit Luftfahrt noch mit Versicherungen zu tun. Es ist das weltweite Bündnis der Köchinnen und Köche von Slow Food. Ins Leben gerufen wurde es 2006 in Turin. 1.000 Köchinnen und Köche aus 150 Ländern trafen sich, um gemeinsam zu überlegen, wie sie sich als Botschafter*innen ihrer Region und Zunft für ein gutes, sauberes und faires Lebensmittelsystem einsetzen können.
In Deutschland gibt es die Chef Alliance seit 2016. Wir sind inzwischen über 80 Mitglieder aus ganz unterschiedlichen Betriebsformen, die Verantwortung übernehmen, indem sie das tatsächlich tun, was sich derzeit jedes gastronomische Unternehmen allzu gerne auf die Fahne schreibt:

- mit regionalen und saisonalen Lebensmitteln zu arbeiten, die zu verschwinden oder gar auszusterben drohen – darunter auch Passagiere der »Arche des Geschmacks«,
- bei Kleinerzeugern zu kaufen,
- ihre Lieferanten persönlich zu kennen und ihre Gäste umfassend über Produkte und deren Erzeuger zu informieren, also einen Bezug zwischen beiden herzustellen – ob in der Speisenkarte, online oder persönlich,
- jedes Element selbst herzustellen und auf industriell erzeugte Ware und Zusatzstoffe zu verzichten,
- alle Teile von Tier und Pflanze zu verarbeiten und das handwerkliche Wissen dafür weiterzugeben,
- durch kreative Sortimentsgestaltung keine Lebensmittel zu verschwenden,
- ökologisch und möglichst verpackungsfrei zu arbeiten,
- ihre Achtsamkeit gegenüber dem Lebensmittel nicht nur zu leben, sondern auch öffentlich darüber zu sprechen,
- aktive Slow Food Mitglieder zu sein.

Der Nukleus unserer Arbeitsweise ist die Nähe zu den Produzent*innen unserer Lebensmittel, mit denen jedes gute Essen beginnt: unsere Beschaffungsphilosophie. Kaum ein Mensch, der noch nie in der Gastronomie tätig war, kann sich vorstellen, wie viel mehr Aufwand, Geduld und Feingefühl diese Vorgehensweise im Gegensatz zum herkömmlichen Einkauf bei einem einzigen Großhändler bedeutet. Durch den direkten Kontakt mit den Erzeugern von Gemüse, Getreide oder tierischen Produkten arbeiten wir extrem dicht an der Natur. Es gibt nicht immer alles und nicht immer dann, wenn wir es uns wünschen. Es gibt nicht immer genug und manchmal auch zu viel von etwas. Wir von der Chef Alliance halten es für zeitgemäß, genau darauf einzugehen. Mit einem möglichst flexiblen Speiseangebot, mit Abnahmegarantien gegenüber den Produzierenden, mit Einkaufskooperationen in unserem Netzwerk und allem voran: der Einbeziehung unserer Gäste. Sie sollen sehen, woher Ihr Essen kommt, Sie sollen Fragen stellen und uns ganz und gar in die Karten gucken dürfen. Denn wenn Sie essen gehen, gehen Sie nicht nur bei uns essen, sondern auch beim Kellner und bei der Spülerin, den Fischern, Brauerinnen und Winzern, beim Landwirt und bei der Käsefrau und ihren Familien, beim Stromerzeuger, bei der Tier- und Pflanzenwelt, die uns ernährt, bei Klima und Boden.

Chef Alliance Köchin oder Koch wird man nicht durchs Bezahlen eines Mitgliedsbeitrags. Vielmehr bedarf es einer sorgfältigen Prüfung durch unsere Chef Alliance Kommission, bei der nicht nur das Sortiment, sondern auch die Produzierenden selbst unter die Lupe genommen werden. Wenn Sie also in diesem Buch unter einem Lokal das Chef Alliance Symbol sehen, ist es nicht nur von der fachkundigen *Genussführer*-Kommission, sondern auch aus Köchinnen- und Köche-Sicht für gut befunden worden.

Was ich Ihnen noch mit auf Ihre kulinarische Reise geben möchte: Essen Sie, wo immer Sie sind, dort, wo die Speisenkarte klein ist, wo die Quellen offenbart werden, wo auch mal was »aus« ist, wo noch geschmort wird, nichts von ganz weit weg kommt und – probieren Sie auch mal was ohne Tiere!

Danke, dass Sie in unserem Sinne essen gehen und dadurch zu einem zukunftsfähigen, planetengesunden Lebensmittelsystem und damit zum Erhalt unserer handwerklich arbeitenden Zunft beitragen.

Guten Appetit!

Luka Lübke
Köchin und Sprecherin der *Slow Food Chef Alliance Deutschland*

Kleine Waren-kunde

Der Mensch lebt nicht vom Brot allein. Er braucht auch Wasser und Wurst, Fleisch und Fisch, Bier, Obst und Wein. Acht Grundnahrungsmittel stellen wir Ihnen auf den folgenden Seiten vor. Eine aktuelle Bestandsaufnahme bei Bäcker*innen, Metzger*innen, Brauer*innen und Winzer*innen. Und ein kritischer Blick auf die täglich konsumierten Lebens- und Genussmittel, die in unserer Kultur eine herausragende Stellung für die Grundversorgung einnehmen.

Brot

Sag mir, wo die Bäcker sind

Deutschland ist Brotland. Die Vielfalt im Brotregal ist ausgeprägter als in jedem anderen europäischen Land. Wichtigste Voraussetzung: Böden und Klima sind ideal für den Getreideanbau. Nördlich des Mains gedeiht vor allem Roggen, unsere wichtigste »Brotfrucht« für Sauerteigbrote, im Süden bringt der Weizen gute Qualitäten. So verfügen unsere Bäcker mit variablen Getreideanteilen über einen natürlichen Reichtum. Dazu kommt die deutsche Kleinstaaterei. Nicht nur politisch, sondern auch in Sitten und Gebräuchen, in der Ess- und Trinkkultur hat sich viele Jahrhunderte vor unserer Zeit eine erstaunliche regionale Vielfalt entwickelt. Brote und Brotformen wechselten von Ort zu Ort wie die Landschaft und die Herrschaft. Diese Vielfalt ist weitgehend erhalten geblieben, ein echter kulinarischer Jackpot. Im amtlichen deutschen Brotregister sind sagenhafte 3200 Brotspezialitäten erfasst, die sich aber oft nur in Nuancen unterscheiden: Roggen-, Weizen- und Mischbrot, Bauern-, Graham- und Malzbrot, Vollkorn-, Drei- und Vierkornbrot, Toast- und Kommissbrot, Pumpernickel, Doppeltgebackene, Freigeschobene und vieles mehr, mal mit Sauerteig angesetzt, mal mit einem Kochstück angereichert, pikant gewürzt oder ganz neutral, Hauptsache, die Kruste kracht. Der Norden tendiert eher zum Schwarzbrot, der Süden mag es heller. Brot wird mit Ölsaaten angereichert, mit Kümmel, Koriander und Fenchel aromatisiert, mit Keimlingen und Rosinen gebacken. Mit dem Einfluss der mediterranen Küche kamen Baguette, Focaccia und Ciabatta dazu, die heute ganz selbstverständlich im Brotkorb liegen. In der Gastronomie ist Brot ein unverzichtbarer Bestandteil. Nicht nur zur Vesper oder Suppe. Mit Brot wird die Soße getunkt, der Käse eskortiert. Brot und Butter sind in vielen *Genussführer*-Lokalen die Ouvertüre eines schönen Mahls.

Doch unsere Brotkultur ist ernsthaft in Gefahr. Das Bäckereihandwerk erlebt seit Jahrzehnten eine wirtschaftliche und qualitative Talfahrt. Industrielle Großbäckereien klopfen mehr und mehr den Takt. Die kleine Urbäckerei, der Familienbetrieb um die Ecke, der sein Wohnviertel versorgt, scheint auszusterben. Nach Auskunft des Zentralverbands des Bäckerhandwerks existieren in Deutschland 2020 nur noch 10.181 in die Handwerksrolle eingetragene Bäckereien. Zum Vergleich: 1980 waren es noch 31.000, im Jahr 2005 immerhin noch 18.000. Im *Genussführer* 2017/18 konnten wir noch von 12.611 Bäckereien berichten. So wird handwerkliche Arbeit durch industriell geprägte Prozesse ersetzt. Mehr als die Hälfte der Backwaren wird beim Discounter gekauft. Bei einem der größten kostet ein Roggenmischbrot – ein Kilogramm – um die zwei Euro. »Die Brotpreise in unseren Bäckereien sind ungefähr doppelt so hoch wie die der Lebensmitteldiscounter«, bilanziert der Zentralverband. Neben den Discountern verkaufen die mit vielen Filialen ausgestatteten Großbäckereien das meiste Brot. Spätestens an dieser Stelle müssen wir die Jeremiade über künstlich zugesetzte Backenzyme, Emulgatoren und den übrigen Chemiebaukasten der Branche anstimmen, über Abermillionen tiefgefrorener Fertigteiglinge aus Asien und Osteuropa und über die vielen Backstationen, die sich Bäckereien nennen, aber weder Backstube noch Backofen besitzen, geschweige denn einen anständigen Bäckermeister. Stattdessen bräunen Verkäuferinnen in Heißluftgeräten bleiche Teiglinge im Minutentakt. Auch kleine Bäckereien greifen nicht selten auf Fertigmischungen oder Teiglinge zurück. Der Verfall von Geschmack

und Handwerkskunst ist offensichtlich. Die industrialisierte Bäckerei hat keine Zeit für aufwendige Teigführungen und lange Fermentationsprozesse.
Doch Naturgesetze kann man nicht außer Kraft setzen: Wer richtig gutes Brot backen will, braucht Zeit zum Kneten, Teigreifen und Backen. Viel Zeit. Mit Sauerteig angesetztes Backwerk, das mehrere Tage »geht«, ist keine Seltenheit. Solche echten Bäcker haben deshalb mehr Arbeit, müssen ihre Betriebsabläufe sorgfältig planen. Wird das Brot dagegen im Schnelldurchgang mit chemischen Backhilfen produziert, dann schmeckt es auch so. Dann liegt es nach einem Tag wie ein Stein im Brotkasten.
»Wo aber Gefahr ist, wächst das Rettende auch«, erkannte der Dichter Hölderlin. So ist es auch bei der Bäckereimisere. In vielen Städten gründen kleine Handwerksbäcker neue Qualitätsoasen. Mit der Vereinigung »Die Bäcker – Zeit für Geschmack« ist eine unabhängige Berufsorganisation entstanden, die mit Vorteigen und langen Teigführungen arbeitet. Zurück zum alten Handwerk! Noch sind die langsamen Bäcker nicht flächendeckend vertreten, aber ein Anfang ist gemacht.
Eine andere Nothilfe gegen geschmackloses Industriebrot ist das Selberbacken. Viele *Genussführer*-Lokale backen Brot im eigenen Ofen. Sie sind stolz darauf, dieses ursprüngliche Nahrungsmittel selbst herzustellen. Wie groß das Interesse am selbst gebackenen Brot ist, beweisen die enormen Klickzahlen

für die Brotblogs im Netz. Lutz Geißler, Liebling der Szene, kommt mit seinem »Plötzblog« auf mehr als 400.000 Klicks im Monat. Selbst gestandene Bäckermeister informieren sich bei dem mit wissenschaftlicher Akribie arbeitenden Brotmaniac Geißler und besuchen seine Kurse. Darf man wieder hoffen, dass unser jahrtausendealtes Bäckereihandwerk neu belebt wird? Der Mensch lebt nicht vom Brot allein, aber Brot ist und bleibt ein besonderes Lebensmittel – sprichwörtlich und religiös aufgeladen. Man verdient sein Brot, geht einem Broterwerb nach, sofern man keine brotlose Kunst produziert. Brot ist Synonym für Nahrung und Leben, es wird in vielen Familien niemals weggeworfen, und es ist Teil des Abendmahls der Christen. Unzählige Künstler haben sich mit Brot beschäftigt, das kulturelle Erbe ist gewaltig. Jeffrey Hamelmann, Autor vieler Brotbücher, formuliert es mit einem Schuss Pathos so: »Was für ein wundervolles Gefühl, zurück auf Hunderte Bäckergenerationen zu schauen, deren gesamte Erfahrung wir geerbt haben. Deshalb haben wir eine große Verantwortung für die Zukunft!«

Manfred Kriener

Fleisch

Mit dem Schnitzel per Du

Darf's ein bisschen weniger sein? Der Fleischverzehr* in Deutschland ist in den letzten Jahren leicht zurückgegangen auf 55 Kilogramm (2021) pro Kopf und Jahr. Er hatte 1988 einen Höchstwert von 70,3 Kilogramm erreicht. Doch mehr noch als diese nüchternen Zahlen verraten die öffentlichen Debatten und der Aufschwung der Vegetarier- und Veganerbewegung über unser Verhältnis zum Fleisch. Drei von vier Befragten finden es richtig, weniger Fleisch zu essen. Etwa die Hälfte der Deutschen befürwortet in Meinungsumfragen fleischfreie Tage und ein abgespecktes Fleischangebot in Kantinen und Mensen. Parallel dazu verzeichnete der Lebensmitteleinzelhandel in den vergangenen Jahren ein rasantes Wachstum im Verkauf vegetarischer und veganer Fleischalternativen. Gleichwohl: In Deutschland essen 71 Prozent der Bevölkerung »mehrmals pro Woche« Fleisch oder Wurst, wie das Forsa-Institut ermittelte. Auch in Restaurants und Wirtshäusern wird in der Regel ein Fleischgericht mit Beilagen bestellt. Schon das Wort »Beilagen« drückt unzweideutig aus, wer die Hauptrolle auf dem Teller spielt. Die Deutschen verzehren heute doppelt so viel Fleisch wie Anfang des 20. Jahrhunderts, Männer essen deutlich mehr als Frauen. Ein Großteil wird in verarbeiteter Form als Wurst oder Schinken verspeist. Das Schwein ist trotz eines spürbaren Minus des Deutschen liebster Fleischlieferant mit einem Anteil am jährlichen Verzehr von 31 Kilogramm. Vom klassischen Schweinebraten bis zum gefüllten Saumagen – das Borstentier liegt deftig-bodenständig auf dem Teller, und in den ländlichen Regionen wird nach wie vor die Schlachtplatte zelebriert. Geflügel folgt mit großem Abstand auf das Schwein und belegt Platz zwei mit 13,1 Kilogramm. Gans und Ente gehören vor allem am Jahresende zu den liebsten deutschen Festtagsbraten. Huhn und Hähnchen kommen als Suppe, gebraten, gegrillt und in Teilstücken das ganze Jahr über auf den Tisch, der preiswerte Alleskönner. Bei Rind- und Kalbfleisch stehen 9,4 Kilogramm in der Statistik, Platz drei. Steaks und Rindsroulade, Kalbsbraten, Gulasch und Wiener Schnitzel sind die beliebtesten Gerichte. In den Kurvenverläufen zur Fleischeslust fallen immer wieder kräftige Dellen auf. Sobald nämlich ein Skandal hochkocht, reagiert der Verbraucher mit kurzzeitiger Abstinenz, oder er wechselt zu anderen Fleischpartien. Das Statistische Bundesamt schreibt in seinem Report Fleischversorgung in Deutschland: »Das Verbraucherverhalten hat sich nachhaltig verändert. Das liegt vor allem daran, dass Fleisch früher als gesund und lebenswichtig galt, während heute für viele Menschen der Verzehr von Fleisch mit negativen Assoziationen verknüpft ist. Das Vertrauen ist erschüttert.« In der Tat: Ein großer Teil der Verbraucher lehnt die heutige Massentierhaltung ab. Doch diese Ablehnung bleibt oft ein eher theoretisches Konstrukt. Das Einkaufsverhalten hat sich in den letzten Jahren nur geringfügig geändert. Durch die Biosupermärkte hat sich der Zugang zu Biofleisch gerade in den Städten zwar deutlich verbessert, doch die Umsätze bleiben im Vergleich zur konventionellen Fleischwirtschaft weiter in der Nische stecken. Der Verkauf von Biofleisch macht unterm Strich gerade mal 3,6 Prozent aus. Entscheidende Wachstumsbremse ist die

Sparsamkeit der Kundschaft, die offenbar mehrheitlich nicht bereit ist, höhere Preise zu zahlen. In Relation zum Einkommen geben wir immer weniger Geld für Lebensmittel und auch für Fleisch aus. Slow Food unterstützt das Umdenken hin zu einem bewussteren Fleischkonsum: weniger, aber dafür gutes Fleisch aus artgerechter Tierhaltung. Slow Meat heißt die Kampagne für einen verantwortungsbewussten nachhaltigen Fleischkonsum. Die Wiedergeburt des Sonntagsbratens ist dabei ein interessantes Konzept, das auch von einigen *Genussführer*-Lokalen gepflegt wird. Während wochentags die Fleischportionen kleiner gehalten werden und vegetarische Gerichte den Speiseplan bereichern, kann sich der liebevoll inszenierte Braten am Wochenende zum kulinarischen Höhepunkt aufschwingen. Slow Food empfiehlt dabei Fleisch von »Neuland« und Biofleisch, es hat oft eine bessere Qualität, und es kommt in der Regel aus Betrieben mit vernünftigen Haltungsbedingungen. Auch bei der Fleischreifung, beim Räuchern und Verarbeiten muss auf Qualität geachtet werden. Der Einsatz von Emulgatoren und Rauchduschen sowie die Schnellreife in Folie sind abzulehnen, ebenso alle Arten von Geschmacksverstärkern und anderen Chemiezusätzen. Einige *Genussführer*-Lokale bieten Fleisch von gefährdeten Rassen an. Dabei gilt der auf den ersten Blick

irritierende Grundsatz: essen, was man retten will. Wer das Überleben dieser Tierrassen sichern will, muss die Nachfrage ankurbeln. Ob Limpurger oder Murnau-Werdenfelser Rind, Buntes Bentheimer Schwein oder Rhönschaf: Viele alte Rassen sind bedroht und brauchen nicht nur engagierte Züchter, sondern auch Käufer und letztlich vor allem Konsumenten. Die Welternährungsorganisation FAO hat in ihren Berichten zur Lage der Nutztierrassen wiederholt auf die prekäre Lage der schwindenden Vielfalt aufmerksam gemacht. Eine Besonderheit im Fleischangebot ist Wild. Es wird wegen des kleinen Anteils am Gesamtverzehr in den Statistiken nur unter »Sonstiges« geführt. Doch das Fleisch von Rehen und Hirschen, Hasen, Fasanen und Wildschweinen ist seit jeher beliebt und gilt als Domäne der Gastronomie. Auch in unseren *Genussführer*-Lokalen bereichern saisonale Wildangebote viele Speisekarten, häufig bestehen enge Verbindungen zu Jägern der Region. Und gerade Wildbret gilt als delikat und gesund, frei von Hormonen und Antibiotika.

Manfred Kriener

* Verzehr und Verbrauch werden häufig verwechselt. Beim Verbrauch werden Knochen, Fell und andere Abschnitte des Tiers mitgerechnet. Beim Verzehr wird die Fleischmenge rein »netto« angegeben.

Fisch

Liebling Lachs

Selbst gut informierte Verbraucher stehen oft ratlos vor der Fischtheke. Was soll man kaufen: Wildfang oder Aquakultur, den heimischen Raubfisch Forelle oder den exotischen Allesfresser Tilapia? Und was ist mit all den Labels und Zertifikaten? Fischkonsum wird zur Denksportaufgabe. Immerhin: Die EU scheint sich mit ihrer Fischereireform langsam in eine vernünftige Richtung zu bewegen, doch eine nachhaltige Fischwirtschaft ist noch weit entfernt. Volle Teller, leere Ozeane: Die Zahlen der Welternährungsorganisation FAO belegen die Misere. Danach sind 3 Prozent der Meeresregionen »unterfischt«, 20 Prozent moderat befischt, 52 Prozent bis zum absoluten Limit befischt, 17 Prozent überfischt und 8 Prozent leer gefischt. Inzwischen kommt jeder zweite Fisch auf dem Teller aus Aquakultur. Die FAO* beziffert die Menge der in Teichen, Netzkäfigen, Tanks und Becken weltweit produzierten Fische, Muscheln und Krustentiere für 2017 auf 83,6 Millionen Tonnen. Nominal liegen die Wildfänge aus Meer und Binnengewässern (90,4 Millionen Tonnen) zwar noch etwas höher. Doch mehr als 10 Millionen Tonnen Meeresgetier landen gar nicht auf dem Teller, sondern werden zu Fischfutter verarbeitet – für die Aquakultur! Deshalb liegt der Anteil der Aquakultur an unserer Fischversorgung schon bei 55 Prozent. In der Fischzucht gilt vor allem die Mast von Raubfischen (Lachs, Wolfsbarsch, Dorade) in den Netzkäfigen der Meeresküsten als problematisch. Trotz stark veränderter Futterzusammensetzung wird dort noch immer mehr Fisch verfüttert als erzeugt. Andere Haltungssysteme der Aquakultur sind vernünftiger. So werden in Teichen und auf überfluteten Reisfeldern Asiens Buntbarsche (Tilapien) und Karpfen gehalten, die teilweise ohne Zusatzfutter auskommen. Schnellwüchsige Tilapien verwerten auch Küchenabfälle. In Deutschland hat die Teichwirtschaft eine große Tradition. Die Teiche passen sich ideal in die Landschaft ein, die Fische finden weitgehend natürliche Lebensräume. Von allen Aquakultursystemen gilt die Teichwirtschaft als umweltfreundlichste. Oft noch von Klöstern angelegt, ist sie seit Jahrhunderten verlässlicher Lieferant für Süßwasserfische. Doch in den letzten Jahren hat sie an Boden verloren, immer mehr Teiche werden aufgegeben. Die Besitzer finden keinen Nachfolger, sie sind den Kampf gegen Kormorane und Wasserbehörden leid. Und es fehlt die Wertschätzung der Gesellschaft. Deutschland produziert nur wenig Fisch in Aquakulturen, und auch die heimische Hochseefischerei deckt nur einen Bruchteil des Konsums. Bei einem Fischverbrauch von 1,16 Millionen Tonnen im Jahr ergibt sich ein Pro-Kopf-Verbrauch von 14,1 Kilogramm.** 87 Prozent unseres Fischkonsums werden durch Importe gedeckt. Die knapp 2.500 Aquakulturbetriebe erzeugten zuletzt nur 19.200 Tonnen. Meistverzehrter Speisefisch ist bei uns der Lachs mit 19,2 Prozent Marktanteil, es folgen der Alaska-Seelachs (18,3 Prozent), Hering (17,4), Thunfisch (11,5) und Forelle (5,3). In deutschen Aquakulturen dominiert die Forelle mit 7.040 Tonnen vor Karpfen (5.240), Lachsforelle (1.490) und Aal. Großer Aufsteiger ist der Afrikawels auf Rang fünf. Er erträgt in enger Beckenhaltung selbst schlechteste Wasserqualitäten und extreme Besatzdichten. Wichtigster heimischer Meeresfisch bleibt der Hering. Bismarckhering, Rollmops, Brathering, Bückling, Matjes oder grüner Hering: Der kleine Silberling ist Verwandlungskünstler und Alleskönner, der in unterschiedlichsten Zubereitungen auf den Tisch kommt. Einst stand er so dicht, dass man auf seinem Rücken übers Wasser spazieren konnte. Inzwischen hat er viele Krisen überstanden. Der Sylter Spitzenkoch Johannes King serviert den »extrem schmackhaften Hering« auch in der Spitzengastro-

nomie: »Die Leute sind immer wieder überrascht, wie delikat Hering sein kann.« Heringseier zelebriert King wie russischen Kaviar auf dem Löffel. Kabeljau und Dorsch – Synonyme für denselben Fisch in Nord- und Ostsee – haben ebenfalls heftige Krisen hinter sich. Zuletzt waren die Bestände wieder stabiler. Kulinarisch ist der Kabeljau ein ausgezeichneter Speisefisch, der auch zur großen Küche taugt. Der Lachs dagegen hat zwar den Gaumen der Deutschen erobert, er bleibt aber umstritten, denn der Lieblingsfisch kommt fast ausschließlich aus den Netzkäfigen der Aquakultur. Inzwischen versucht man, den Raubfisch stärker vegetarisch mit Soja, Getreide und Rapsöl zu ernähren, aber noch immer wird mehr Fisch verfüttert als geerntet.

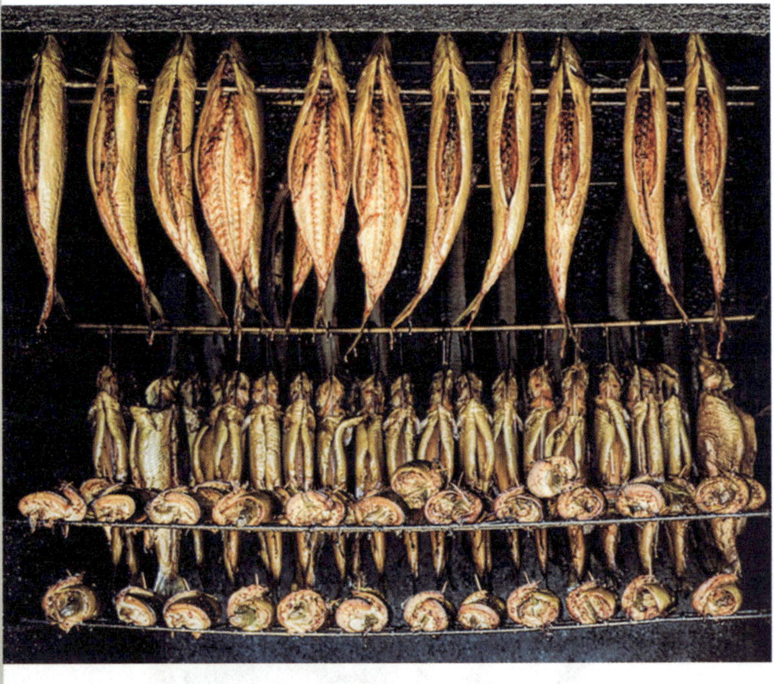

Krabben und Schollen, Butterfische und Makrelen sind norddeutsche Klassiker. Der Alaska-Seelachs, Deutschlands Nummer zwei, ist ein Importfisch, der größtenteils zu Fischstäbchen verarbeitet wird. Der Aal hat als Räucherfisch eine überragende Bedeutung. Doch zuletzt war er von allen Speisefischen die am stärksten bedrohte Art. Der World Wildlife Fund WWF sieht den Aal auf dem »historischen Tief«; er steht in den offiziellen Listen der vom Aussterben bedrohten

Arten. Bei klassischen Süßwasserfischen ist die Lage entspannter. Forelle, Saibling und Zander sind in der gesamten deutschen Gastronomie weit verbreitet, sie kommen meist aus Zuchtbetrieben. Hechte und die in Ostdeutschland »Maränen« genannten Felchen sind seltener, gehören aber immer noch zu den bekanntesten Speisefischen. Weißfische werden kaum noch serviert, obwohl sie viele Gewässer bevölkern. Paradefisch der Teichwirtschaft ist der Karpfen, vor allem in Bayern und Sachsen eine kulinarische Konstante. Er darf mit Fug und Recht als nachhaltigster Fisch der Aquakultur bezeichnet werden. Karpfen kommen mit wenig Fütterung aus, sie fressen, was die Teiche hergeben, sind robust und anspruchslos. Biobetriebe sind in der Fischwirtschaft dünn gesät. Biozertifikate gibt es nur für Fische aus Aquakultur. Wildfänge können dagegen mit dem Label des »Marine Stewardship Council MSC« ausgezeichnet werden, sofern sie aus nachhaltigem Fang kommen. Doch auch das MSC-Label ist umstritten. Es wird immer wieder als viel zu kommerziell kritisiert.

Manfred Kriener

* Welternährungsorganisation FAO: »Globefish Highlights«, Januar 2018
** Fischinformationszentrum: »Fischwirtschaft – Daten und Fakten 2021«

Wurst

Ein deutsches Kulturgut

Der große Poet Ernst Jandl hielt das bescheidene Wort »Wurst« für eines der schönsten der deutschen Sprache. Kein Wunder, denn kaum ein Begriff verfügt über eine vergleichbare Bedeutungsfülle in positiver, negativer, manchmal sogar in moralischer Hinsicht. Es geht schon in der Kindheit los mit dem Lob des »Würstchens« im Töpfchen, später im Leben geht es in entscheidenden und besonders in existenziellen Fragen »um die Wurst«, vieles ist einem einfach nur »wurscht«, andere Dinge sind »wurstförmig«, und Mitleid haben wir mit einem »armen Würstchen«. Die Wurst ist etwas Verwirrendes, sie hat kein Oben und kein Unten, keinen Anfang und auch kein Ende, es sei denn, man hat sie aufgegessen. Etymologisch soll das Wort »Wurst« von »wirren« abgeleitet sein, im Sinne ihres wirr durcheinandergemischten inhaltlichen Gemengsels. Seit 1.200 Jahren hat sich die Wurst phonetisch nicht verändert, der Begriff ist damit dauerhafter als Salami und fast untrennbar mit dem verbunden, was gemeinhin als deutsch gilt. Wurst muss man nicht übersetzen, deutsche Würste sind im Ausland bekannter als Goethe, man setzt uns gewissermaßen mit Würsten gleich. Deutschland verfügt über eine Wurstkultur, die einmalig ist auf der Welt. Es gibt mehr als 1.500 verschiedene Sorten, wobei sich Vorlieben und Geschmack von Region zu Region, manchmal sogar von Dorf zu Dorf und von Metzger zu Metzger unterscheiden. Bei den Wurstnamen ist die Vielfalt grenzenlos. Das Tier, das Gewürz, der Ort, die Form, die Konsistenz, die Farbe, das Herstellungsverfahren, die Zubereitungsart, die Organe und diversen Inhaltsstoffe, Berufsstände, oft auch erotisch oder ironisch lustig Assoziierbares – all das kann namensgebend sein. Jeder Metzger kennt durchschnittlich 80 bis 100 Würste mit eigenen Rezepturen. Doch all das ist in Gefahr: Gegen die industrielle Produktion, die Massentierhaltung mit vollautomatisierten Schlacht- und

Verarbeitungsprozessen ist der einfache redliche Handwerker ohnmächtig. Den Dumpingpreisen der Supermärkte und den großen Vermarktungsstrategien kann er nichts entgegensetzen. Gleichzeitig verändern sich durch die Globalisierung die Bedürfnisse der Verbraucher. Deren Geschmack wird durch gezielt eingesetzte Geschmacksverstärker manipuliert und nivelliert. Lokales bleibt auf der Strecke, und verloren geht damit auch ein Stück unserer Tradition und Identität. Eines der größten Probleme der Branche besteht darin, überhaupt noch qualifizierten Nachwuchs zu finden. Die schiere Personalnot ist mit ein Grund dafür, dass heute fast fünf Prozent jährliche Betriebsschließungen zu verzeichnen und zu betrauern sind. Und: Die Großen fressen die Kleinen. Ein gutes Beispiel dafür ist die Entwicklung in meiner Heimat. Da ich in Niederbayern aufgewachsen bin, habe ich eine besondere Verbundenheit zu den Würsten dieser Region. Nirgends schmeckt mir der Presssack besser, nur hier mundet das Schwarzgeräucherte so wie früher. Es ist fest und aromatisch, kein bisschen wässrig. Und dennoch erkenne ich auch in meinem Heimatort Pfarrkirchen die vertrauten Metzgereien kaum mehr wieder. Nur noch fünf sind übrig geblieben, obwohl sich die Einwohnerzahl verdreifacht hat. Der frühere Großbetrieb »Südfleisch«, bei dem sich die Rottaler zu Dum-

pingpreisen versorgen konnten, hat, bevor er selbst von einem holländischen Fleischgiganten geschluckt wurde, die vielen handwerklichen Kleinbetriebe verdrängt. In anderen Städten und Regionen ist der Strukturwandel noch dramatischer. Die Hauptstadt Berlin zählte nach 1945 noch 2.500 Fleischereien, davon 1.600 im Westteil und 900 im Ostteil. Heute gibt es in ganz Berlin noch 60 echte Metzgereien, die dem klassischen

Bild eines Fleischereifachbetriebs entsprechen. Bedenkt man die Größe dieser Stadt, ist das eine erschreckende Entwicklung. Überall auf meiner Reise durch Deutschland bin ich auf ähnlich bittere Zahlen gestoßen. Es gibt viele Ursachen für den Niedergang des einst hoch geschätzten Handwerks. Die strengen Auflagen für Schlachtbetriebe sind ein wesentlicher Grund, dass sich die Einheit von Schlachtung und Verarbeitung heute kaum noch aufrechterhalten lässt. So ist auch die schlachtfrische Warmfleischverarbeitung mit ihren einzigartigen Aromen auf der Strecke geblieben. Aber die Metzger selbst sollten auch offensiver für ihr Handwerk eintreten. Sie dürfen sich nicht auf die bösen Tiertotmacher reduzieren lassen. Das ist ein vollkommen verzerrtes Bild. Ich habe bei meiner Rundreise auf den Spuren der Wurst überall warmherzige und sensible Menschen getroffen, die mit Leidenschaft ein gutes Lebensmittel herstellen. Sie sind die Vertreter eines uralten Handwerks und Kulturguts, das untrennbar mit unserem Leben verbunden ist. Und mehr noch: Der gute Fleischer ist für mich auch ein Künstler, die Wurst ist sein Werk und der Konsument ihr Rezipient. Ich kann nur allen Leserinnen und Lesern empfehlen, einmal eine billige industriell gefertigte Discounterwurst mit einer noch von Meisterhand erzeugten handwerklichen Wurst derselben Sorte zu vergleichen. Man braucht kein Gourmet zu sein, um den großen Unterschied wahrzunehmen. Dann geht es einem wie Goethe, der sich immer wieder von Frauen mit Würsten versorgen ließ und ihnen herzlich dafür dankte: »Die schönen Würste haben ein gar gutes Ansehen, und so ist alles in der besten Ordnung.«

Wolfger Pöhlmann

Wasser

Das wichtigste Lebensmittel

Wasser ist unser wichtigstes Lebensmittel. Diese Aussage würde sicher jeder unterschreiben, der auch nur einen einzigen Tag lang dürsten musste. 60 Prozent unseres erwachsenen Körpers bestehen aus Wasser. 2,5 Liter sollten wir täglich zu uns nehmen, davon 1,5 Liter als Getränk, der Rest ist in unseren Lebensmitteln enthalten. Rund 145 Liter Mineralwasser trinkt jeder Deutsche im Jahr. Aber was wissen wir über dieses Mineralwasser? Nach Umfragen wissen die Deutschen gerade mal zwei Dinge: Erstens ist es nass, und zweitens gibt es welches mit und ohne Kohlensäure. Dabei ist Wasser extrem bedroht. Damit sind nicht nur die globalen Wasserkrisen gemeint, die von Kapstadt bis Kalifornien reichen und sich rasant verschärfen. Nein, auch in Deutschland haben wir massive Probleme mit der Wasserqualität. 28 Prozent aller Grundwassermessstellen melden Belastungen über dem – ohnehin schon viel zu hohen – gesetzlichen Grenzwert von 50 Milligramm Nitrat je Liter. Damit sind wir, zusammen mit Malta, Schlusslicht in der gesamten EU. In 46,6 Prozent aller Messstellen konnten Pflanzenschutzmittel oder deren Abbauprodukte nachgewiesen werden – 35 verschiedene Mittel und 12 verschiedene Abbauprodukte. Es ist die industrielle Landwirtschaft, die den Hauptanteil der flächendeckenden Wasserverschmutzung zu verantworten hat. Hinzu kommt ein ganzer Kanon weiterer Stoffe, die in gutem Wasser nichts zu suchen haben, wie die Rückstände von Süßstoffen, Arzneimitteln und einer großen Bandbreite von Umweltchemikalien. Dabei ist nicht nur oberflächennahes Grundwasser von dieser Entwicklung bedroht. Inzwischen sind die Segnungen der konventionellen Landwirtschaft auch in tiefen Mineralwasserquellen angekommen. Damit stellt sich immer dringlicher die Frage nach der Qualität der Wässer und wie der Verbraucher sie erkennen kann. Beim Trinkwasser hat er dazu nur wenige Möglichkeiten. Von allen wichtigen anthropogenen Verunreinigungen muss unser Trinkwasser nur auf Nitrat und einige ausgewählte Pflanzenschutzmittel untersucht werden. Die ganze Breite heutiger Verschmutzung bleibt also im Dunklen, was der Landwirtschaft, Pharma- und Chemieindustrie wahrscheinlich gut gefällt. Dabei zeigen ausgewählte flächendeckende Untersuchungen, dass viele relevante Rückstände in großem Umfang nachweisbar sind, insbesondere im Wasser unter unseren Großstädten.*

Was unterscheidet nun das Mineralwasser vom Nass aus unseren Wasserhähnen? Ein entscheidender Unterschied ist die von Mineralwasser geforderte ursprüngliche bakteriologische Reinheit. Das heißt: Der Brunnenbetrieb darf nicht mit Chlor oder einem der vielen anderen Helferlein seiner Hygiene auf die Sprünge helfen. Beim Trinkwasser ist das Wasserwerk immer nur bis zum Hauseingang zuständig. Mineralwasser muss dem Kunden dagegen immer original, in der verschlossenen, mit Sicherung versehenen Flasche serviert werden. Was in einer Karaffe oder im Glas auf den Tisch kommt, darf niemals als Mineralwasser bezeichnet werden. Aber es gibt weder das Trinkwasser noch das Mineralwasser in Deutschland. Die Qualitätsunterschiede sind riesig. Dabei kann der Kunde beim Mineralwasser die charakteristischen Inhaltsstoffe auf dem Etikett lesen. Vom Trinkwasser findet er nur eine dürftige Analyse mit vorwiegend technischen Parametern auf der Webseite seines Versorgers. Doch auch beim Mineralwasser sind von außen Rückstände oder Gehalte unerwünschter Stoffe nicht erkennbar. Das war ein Grund, warum 2008 die Qualitätsgemeinschaft Biomineralwasser gegründet wurde, um auf der Grundlage von fast 50 Qualitätskriterien ein sicheres, gesundes und nachhaltig erzeugtes Produkt zu garantieren. Biomineralwasser-Abfüller müssen viel für die Förderung des ökologischen Landbaus tun, der wirksamsten Methode für flächendeckenden Wasserschutz. Denn: Was nicht auf den Acker kommt, landet auch nicht im Wasser.

Doch Mineralwasser nur nach Rückstandsfragen zu beurteilen greift viel zu kurz. Mineralwasser ist ein Kulturgut mit über 2.500 Jahren Geschichte. In Griechenland nahm die europäische Wasserkultur ihren Anfang, und die Dimensionen römischer Thermen wurden erst in der Neuzeit wieder erreicht. Paracelsus, der berühmteste Arzt des Mittelalters, gab ein Badebüchlein heraus und forderte dazu auf, heimische Substanzen zu konsumieren. Ein Terroirgedanke, der in Sachen Wasser die Gesundheit und die lokale Herkunft vortrefflich verbindet. Im 18. Jahrhundert erblühten nicht nur vielfältige

Badeorte, auch der Versand des gesundheitsdienlichen (Heil-) Wassers boomte. Die Grundlagen heutigen Mineralwasserrechts fanden dort ihren Anfang. Selters, das berühmte, wurde in Millionen Steinkrügen jedes Jahr in alle Welt versandt. Es war das Getränk der Reichen des 18. und 19. Jahrhunderts. Mineralwasser ist ein Gesundheitsgut. Je nach seiner Zusammensetzung hat es die unterschiedlichsten Eigenschaften. Ob es als Calciumhaltiges gut ist für die Knochen oder als Magnesiumreiches Benzin fürs Herz liefert und Krämpfe bekämpft, ob es mit viel Sulfat die Verdauung unterstützt oder mit viel Hydrogencarbonat Säure und Sodbrennen bekämpft, ob es nur leicht mineralisiert und kochsalzarm für Entschlackung sorgt und zum Fasten sich eignet oder mit viel Natrium, Calcium und Magnesium ideal ist zum Sport: Mineralwässer bieten ein Füllhorn guter Fähigkeiten. Dabei sind diese Eigenschaften terroirabhängig. Jede Region in Deutschland hat ihre eigenen Mineralwasserspezialitäten. Da erscheint es nur logisch, dass sich diese Bandbreite auch im Geschmack wiederfindet.
Die Doemens-Schule in München-Gräfelfing bildet in 14 Tagen zum Wassersommelier aus. Die Kandidaten lernen die Vielfalt des Geschmacks anhand von Mineralwässern aus der ganzen Welt kennen und beurteilen. Was passt zu verschiedenen Rot- und Weißweinen, womit kann man guten Tee oder Kaffee zubereiten, womit macht man den Eiswürfel für guten Whiskey, welche Speisen werden am besten mit welchem Mineralwasser zubereitet? Um die Fragen wenigstens teilweise zu beantworten: Zur Zubereitung von Kaffee, Tee oder für Eiswürfel sollte man leicht mineralisiertes Wasser nehmen (unter 200 Milligramm je Liter Gesamtmineralisation), für Kaffee darf es etwas Kohlensäure haben, für Tee

und Whiskey aber bitte ohne Blubber. Das schont die Aromen und löst sie am besten. Als Begleitung zum Kaffee ist ein Glas natriumhydrogencarbonatreiches Mineralwasser ideal, da es die Gerbsäuren dämpft. Das ist auch gut für den Kater nach zu viel Whiskey. Kohlensäure öffnet die Geschmacksknospen, weshalb Mediumwasser mit wenig Kohlensäure zu Weinen eine gute Idee ist. Ausgewogene und mittelmineralisierte Wässer (500 bis 1 500 mg/l Mineralstoffe) passen gut zu vielen Weinen. Zu süßen Weißweinen und gerbstoffhaltigen Rotweinen kann ein sulfatreiches Wasser gut passen. Für schwere Barriqueweine sollte man ein natriumhydrogencarbonatreiches Mineralwasser probieren. Sollen Frucht oder Gerbstoffe besondere Betonung finden, dann ist ein sehr leicht mineralisiertes Wasser richtig.

Gerade Deutschland mit seinen über 800 anerkannten Mineralwasserquellen ist weltweit das Mineralwasserland schlechthin. Was es bei uns nicht gibt, gibt es nirgendwo. Nur noch die Italiener trinken in Europa etwas mehr Mineralwasser pro Kopf als die deutschen Wasserfans. Rund 200 Mineralbrunnenbetriebe in gut 100 selbstständigen Unternehmen füllen diese Vielfalt ab. Aber die deutsche Wasserwelt ist schon lange nicht mehr in Ordnung. Mehr als 50 Prozent des gesamten deutschen Mineralwassersees werden allein von den drei größten Abfüllern in Plastikflaschen zu Billigstpreisen für den Discounter hergestellt. Und der größte deutsche Mineralwasserabfüller ist ausgerechnet Lidl. Das zeigt einmal mehr, wer nichts von Lebensmitteln weiß, kennt nur den Preis als Entscheidungskriterium. Der fatale Trend zu Trinkwasserzapfstellen, Refill-Projekten oder Karaffenwasser in der Gastronomie tut ein Übriges, um die regionalen Brunnen unter Druck zu setzen. Allen hygienischen Problemen und Bedenken der chemischen Qualität zum Trotz glauben manche Zeitgenossen, damit ökologisch etwas zu verbessern. Dabei sind es nicht einmal 0,3 Promille des in Deutschland verbrauchten Leitungswassers, die als Mineralwasser in Flaschen gefüllt werden. Ist es das wert, eines der ältesten deutschen Kulturgüter aufs Spiel zu setzen? Slow Food kämpft für gute, saubere und faire Lebensmittel. Das gilt auch für gute Mineralquellen, deren Geschmacksvielfalt bekannt gemacht und deren Qualität für kommende Generationen gesichert werden muss.

Manfred Mödinger

* Siehe »Schwarzbuch Wasser« unter www.Bio-Mineralwasser.de/presse/downloads.htm

Bier

Wir sind Weltmeister

2016 jährte sich zum 500. Mal die Proklamation des bayerischen Reinheitsgebots. Auch wenn die Bedeutung dieses Jubiläums vor allem von der Brauindustrie reklamehaft übertrieben wurde, da auch schon vor 1516 das Bedürfnis zur Reinhaltung des wichtigsten deutschen Volksgetränkes sich in verschiedenen Edikten niederschlug und die Motive für dessen Einführung nicht immer vom reinen Verbraucherschutz geleitet waren: Die Reduktion der Inhaltsstoffe des Biers auf Hopfen, Malz und Wasser, zu denen sich dann später noch die Hefe hinzugesellte, um der ursprünglichen Spontanvergärung Herr zu werden, sorgte in Deutschland über fünf Jahrhunderte hinweg im Großen und Ganzen für ein sauberes Grundlebensmittel, das in keiner heimischen Stube oder Schänke fehlen durfte, manchmal gar Gegenstand politischer oder kriegerischer Auseinandersetzungen wurde und sogar dem Fastenden Stärkung bieten durfte. Selbst in jenen Gegenden Deutschlands, die dem Weinbau den Vorzug geben, war das Bier als Volksgetränk immer präsent. Trotz oder vielleicht gerade wegen der Reduktion auf wenige Zutaten haben deutsche Brauer vor allem in den letzten 150 Jahren eine Vielfalt unterschiedlicher Biertypen geschaffen, die ihresgleichen auf der Welt sucht. Die erstaunliche Anzahl von etwa 5.000 verschiedenen Biersorten hierzulande verkörpert trotz sinkender Absatzzahlen noch immer typisch deutsches – vorzugsweise männliches – Lebensgefühl. 2020 wurden in Deutschland stolze 1.539 Braustätten gezählt. Nicht nur in Helles und Dunkles, in Pils und Weizenbier, in obergäriges und untergäriges Bier scheiden sich die unterschiedlichen Typen des Gerstensafts. Sorten wie Altbier, Berliner Weiße, Kölsch, Bamberger Rauchbier oder Zoigl sind nur einige wenige Beispiele für zahllose regionale Spezialitäten.

Weniger laut ausgesprochen wird hingegen, dass sich heute zehn Brauriesen – meist nur als inländische Anhängsel eines internationalen Getränkemultis – in Deutschland fast zwei Drittel des Biermarkts mit einem Gesamtausstoß von rund 60 Millionen Hektoliter (hl) untereinander aufteilen. Gleichzeitig erzeugen auf der Seite der Kleinbrauer 862 kleine Betriebe weniger als 1.000 hl im Jahr. Das Brauereisterben ist leider immer noch nicht gestoppt. Wenn sich heute eine Region wie das bayerische Oberfranken rühmt, die höchste Brauereidichte der Welt zu besitzen, dann darf dabei nicht verkannt werden, dass sich unter den dort ansässigen über 300 meist kleinen und kleinsten Braustätten zahlreiche Gasthaus-, Nebenerwerbs- und Saisonbetriebe befinden, die beständig um ihre Existenz kämpfen, um dem Billigbier aus dem Discounter mit dem einzigen Mittel beständiger Qualität entgegentreten zu können. Negative Folge der Konzentration der Braustätten ist nicht zuletzt die Überschwemmung des Markts mit austauschbaren geschmacksarmen Industrieprodukten, die sich höchstens rühmen können, in München wie in Schanghai völlig gleich zu schmecken. In Bierliebhaberkreisen kursiert das Bonmot, dass allein die Eigenschaften gelb, kalt und nass, die insbesondere auf das sogenannte Autobahnbier zutreffen, als kleinster gemeinsamer Nenner eine größtmögliche Zahl von Konsumenten garantieren. Gar nur hinter vorgehaltener Hand spricht man darüber, dass das Reinheitsgebot in seiner ursprünglichen Form nicht nur im Bereich der Industriebiere längst zu einer Fiktion geworden ist: Hopfenextrakt statt Naturhopfen, Schönungsmittel oder Klärstoffe, die angeblich »... bis auf gesundheitlich, geruchlich und geschmacklich unbedenkliche, technisch unvermeidbare Anteile wieder ausgeschieden werden« (Biergesetz) mit Namen wie »Polyvinylpolypyrrolidon« könnten dem Verbraucher möglicherweise den Geschmack verderben, wenn sie auf dem Etikett deklariert werden müssten. Über 200 solcher Hilfsmittel aus dem Chemiebaukasten der Lebensmittelindustrie dürfen heute erlaubterweise dafür sorgen, dass Flaschenbiere oft ein Jahr lang haltbar sind und sich das frisch gezapfte Pils länger mit einer hübschen Schaumkrone präsentiert. Ob das den Erfindern des Reinheitsgebots gefallen hätte?

Demgegenüber zeichnet sich in den letzten Jahren glücklicherweise ein positiver Trend ab: Obwohl als beliebtestes Bier der Deutschen noch immer das Pils mit über 50 Prozent Marktanteil gilt – überwiegend produziert von norddeutschen Brauereikonzernen –, verzeichnen inzwischen vor allem junge Brauer mit neuen Ideen und Biersorten wieder

Landgewinne. 2017 entstanden allein 85 neue Braustätten in Deutschland. Alte Brautraditionen leben in den verschiedenen Regionen auf und machen Kellerbier, Zoigl oder Gose zu gefragten Spezialitäten in Gasthäusern und Bierkneipen. Der Trend zur Regionalität macht gerade vor dem regionalsten aller deutschen Lebensmittel nicht halt: Viele handwerklich arbeitende Brauereibetriebe besinnen sich wieder auf ihre Kernkompetenz und kreieren neue Sorten oder erwecken alte wieder zum Leben. Die zahlreichen Craft-Bier-Brauer, die seit einiger Zeit die Bierlandschaft umkrempeln, setzen verstärkt Akzente. Aus dem angelsächsischen Raum nachempfundene Biersorten wie Pale Ale, Stout oder Porter sorgen für Furore bei Bierkennern. Exotische Hopfensorten und neue Brauverfahren verwandeln solche Biere vom Volksgetränk in einen gehobenen Genussartikel und befreien den Gerstensaft vollends von seinem Bierdimpflnimbus. Nicht wenige dieser »Jungen Wilden« unter den Brauern setzen auch bei der Qualität der verwendeten Rohstoffe neue Maßstäbe und sagen den Schönungsmittelchen der Industrie den Kampf an. Dass die Abkehr von Hopfen und Malz aus industrieller Landwirtschaft mit all ihren negativen Nebenerscheinungen wie der Verwendung von Kunstdüngern und rabiaten Unkrautvernichtern zunehmend auch Biobrauer auf den Plan gerufen hat, war eine logische Folge der ökologischen Landwirtschaft. Viele dieser oft noch jungen Betriebe liefern ihre von chemischen Zusätzen weitgehend freien Spezialitäten an *Genussführer*-Lokale und erobern sich auch dadurch ein wachsendes Publikum. Langsam, aber stetig steigt in den letzten Jahren der Anteil der Biobiere am Gesamtkonsum der Deutschen. Allerdings liegt er mit unter einem Prozent noch immer in einem Bereich, über den die Biergiganten nur lächeln können. Zudem ist besonders bei den Biobieren ein Trend zu Nichtgerstenbieren nicht zu übersehen. Dinkel-, Roggen- oder Emmerbier treten verstärkt an die Seite des Weizenbiers, das jahrhundertelang als einzige Ausnahme neben den reinen Gerstensäften zugelassen war. Selbst ausgefallene Spezialitäten wie Hirsebier haben an Boden gewonnen. Slow Food setzt auch beim Bier bedingungslos auf saubere Zutaten und Produktionsweisen. Hopfenextrakt ist ebenso tabu wie die chemischen Hilfsmittel und Stabilisatoren, die dem Bier künstliche Eigenschaften verleihen, die dieses Handwerksprodukt aus reinen Naturstoffen nicht haben muss. Um auch den im Aussterben begriffenen regionalen Biersorten wieder eine Chance zu geben, wurden die echte Berliner Weiße und das Bamberger Rauchbier zu Slow Food Arche-Passagieren.

Wieland Schnürch

Wein

Starker Tropfen

Der deutsche Wein hat seit Ende der 1980er-Jahre eine Qualitätsexplosion erfahren. Dazu haben eine bessere Ausbildung der Winzer und Fortschritte in der Weinbereitung beigetragen. Ein weiterer wichtiger Grund ist der Klimawandel. Die deutschen Anbaugebiete gehören bisher zu den Gewinnern der Klimaveränderung. Temperaturen und Zahl der Sonnenstunden haben sich erhöht, das Klima ist bei einer immer noch guten Wasserversorgung »mediterraner« geworden. Noch bis in die 1980er-Jahre mussten die Winzer in schlechten Jahren tief in den Zuckersack greifen, um überhaupt trinkbare Weine auf die Flasche zu ziehen. Vor allem der Riesling, die spät reifende, große Traditionstraube, hing immer wieder über dem Abgrund. Heute haben die Winzer ganz andere Sorgen: Neue Schädlinge wie die Kirschessigfliege, Wetterkapriolen von Spätfrösten bis zu Starkregen zur Erntezeit mit in der Folge rasanter Fäulnis und der immer frühere Lesebeginn machen ihnen zu schaffen. Zu niedrige Säurewerte in heißen Jahren sind ebenfalls ein neues Thema. Gleichzeitig sind die Mostgewichte oft so hoch, dass umfangreiche Laubarbeiten zur Verringerung der Fotosynthese durchgeführt werden und auch früher gelesen werden muss, um fette, brandig-alkoholische Tropfen zu vermeiden. Die deutschen Weine sind auf breiter Front muskulöser und cremiger, harmonischer und ausdrucksstärker geworden. Vor allem die Weißweine, das bestätigen internationale Vergleichsproben, haben ein prächtiges Niveau. Aber auch die Rotweine haben zugelegt. Nicht nur Spätburgunder sind heute farbintensiver und aromatischer, besitzen mehr Struktur und ein intensiveres Gerbstoffgerüst.

So darf man – ohne muffigen Patriotismus – behaupten, dass unsere Weine noch nie so gut waren. Mit dem Klimawandel und der nun selbstverständlichen Reife hat sich auch die Philosophie geändert. Das ewige Schielen auf Öchslegrade ist einem neuen Qualitätsdenken gewichen, das sich auch auf dem Etikett widerspiegelt. Die Weinberge und das Terroir kommen stärker zu ihrem Recht. Viele Betriebe verzichten auf Prädikate wie Spätlese oder Kabinett und konzentrieren sich lieber auf Weinbergslagen und Bodenformationen. Die Spitze der deutschen Winzer orientiert sich dabei am Vorbild des Burgunds und dessen vierstufiger Klassifikation: einfache Gutsweine, ambitionierte Ortsweine und schließlich die Spitzenweine (Erste Lage und Großes Gewächs). Weil ein Teil der Winzer aber noch an den alten Prädikaten festhält, ist ein Durcheinander entstanden, das den normalen Weintrinker oft überfordert.

Die Gastronomie hat auf den Qualitätssprung reagiert. Gerade in unseren *Genussführer*-Lokalen stehen verstärkt Gewächse aus den 13 deutschen Anbaugebieten auf der Karte. Die Auswahl ist groß, kein anderes Weinland kennt eine solche Vielfalt an Rebsorten und Qualitätsstufen. Im Burgund sind vier Rebsorten zugelassen, in Deutschland 140 von Acolon bis Zweigelt. Das ist zwar ziemlich unübersichtlich, bietet aber auch die Chance, unterschiedlichste Rebsorten und Weinstile kennenzulernen. Bei den Weißweinen behauptet der Riesling unverändert seine Spitzenposition mit 23.800 Hektar Anbaufläche vor dem Müller-Thurgau (12.000 ha). Deutsche Rieslinge sind bekannt für Eleganz und Rasse, sie können ihr Terroir gut widerspiegeln. An Saar, Mosel und an der Nahe gibt es immer noch federleichte filigrane Rieslinge, teilweise mit weniger als zehn Volumenprozent Alkohol. Eine einmalige Spezialität, die bestens in die Zeit passt. Der mit natürlicher Restsüße ausgebaute Riesling, der über Jahrzehnte reifen kann, hat dagegen ein wenig an Reputation verloren.

Zu Unrecht. Diese Weine verbinden Süße und Säure in einem einmaligen Spiel, sie besitzen beachtliches Alterungspotenzial und sind nach wie vor Juwelen unserer Weinkultur. Dass es dem Riesling an immer mehr Standorten inzwischen zu warm wird, ist die Kehrseite der Klimaveränderung. In den nach Süden exponierten Steillagen Württembergs oder der Pfalz pflanzen viele Winzer inzwischen lieber Rotweintrauben oder Chardonnay. Besonders eindrucksvoll fällt der Qualitätssprung deutscher Weine bei den Burgundersorten aus. Weiß- und Grauburgunder, Chardonnay, Auxerrois, Früh- und Spätburgunder liefern Jahr für Jahr eine Fülle schöner Weine, die attraktive Essensbegleiter sind. Ihr Flächenanteil wächst kontinuierlich. Auch der gute alte Silvaner hat sein mausgraues Image abgestreift, er eskortiert mit frischem Selbstbewusstsein die aufblühende vegetarische Küche, während der Müller-Thurgau überwiegend als einfacher Zech- und Vesperwein ausgebaut wird. Die Aromasorten Sauvignon Blanc, Gewürztraminer, Muskateller und Scheurebe komplettieren den heimischen Weißweingipfel, wobei vor allem die »Scheu« immer interessanter wird. Bei den Rotweinen geht der Anbau des farbintensiven, aber pummeligen Dornfelders deutlich zurück. Der feinduftige, in der Spitze höchst finessenreiche Spätburgunder scheint jedes Jahr besser zu werden. Er behauptet mit 11.602 Hektar Anbaufläche souverän die Poleposition. Leider wird er häufig zu warm ausgeschenkt und verliert so an Ausdruck. Für Spitzenweine werden beim Spätburgunder inzwischen sogar dreistellige Beträge bezahlt, gleichzeitig gibt es feine Tropfen für zehn Euro. Der Trend zu

internationalen Sorten hat bei den Rotweinen seinen Höhepunkt überschritten. Cabernet Sauvignon, Merlot und Syrah gehören inzwischen mit teilweise beeindruckenden Weinen fast selbstverständlich zum Rebsortenspiegel deutscher Winzer. Die anfänglich große Begeisterung für die sonnenhungrigen Exoten hat sich allerdings normalisiert. Das Potenzial des oft unterschätzten Lembergers scheint dagegen längst nicht ausgeschöpft. Der Trollinger bleibt ein einfacher Vesperwein, der im Sommer – gut gekühlt – durchaus Freude macht.
Eine kostbare Spezialität sind die edelsüßen deutschen Weine: Auslesen, Beeren- und Trockenbeerenauslesen sowie Eisweine. Die Lese von Eisweinen wird immer schwieriger, weil die frühen harten Fröste in vielen Jahren fehlen. Beeren- und Trockenbeerenauslesen bleiben uns aber erhalten, denn der für die Edelfäule verantwortliche Pilz *Botrytis cinerea* schreckt vor dem wärmeren Klima nicht zurück.
Slow Food Deutschland hat in den vergangenen Jahren seine Position Slow Wein in einer Weinkommission entwickelt und geht einen anderen Weg als die internationale Slow Wine Coalition. Die Slow Weinzertifizierung setzt auf einer Biozertifizierung auf und formuliert weitere, konkrete Bedingungen für Weine, die gut, sauber und fair erzeugt werden. Nachhaltige Bewirtschaftung der Weinberge, handwerkliche Erzeugung im Keller, das kollegiale Gespräch der Slow Weingüter untereinander und der Kontakt mit den Kunden als Mitproduzenten – der Weg ist ambitioniert, aber er wird zum Erfolg für die Weingüter führen.

Manfred Kriener

MODERNE BAUKULTUR PRÄGT DEUTSCHE WEINREGIONEN

Handwerk, Tradition und malerische Weinlandschaft sind Attribute, die den meisten Weinfreunden einfallen, wenn sie an den Weinbau in Deutschland denken. Wer in den vergangenen Jahren häufiger in die 13 deutschen Weinanbaugebiete gereist ist, um Wandern, Radfahren, Kulinarik und Kulturgenuss mit dem Einkauf feiner Rieslinge, Silvaner oder Burgunder zu verbinden, dem wird aber nicht entgangen sein, dass moderne Architektur zunehmend die deutschen Weinlandschaften prägt.

Eindrucksvolle Fassaden aus Muschelkalk, Holz und Glas erheben sich inmitten von Reben und alten Weinorten. Der Gast schreitet über Böden aus matt glänzenden Schiefer, die Weine werden an Theken aus Eiche oder Stahl in hochwertigen Kristallkelchen serviert. Hunderte von modernen Vinotheken sind in den vergangenen Jahrzehnten in Deutschlands Weinregionen entstanden. Die architektonische Vielfalt und der Einfallsreichtum sind fast grenzenlos. Neue Weinmanufakturen und Kuben aus Beton und Stahl sind weithin sichtbare Leuchttürme und setzen architektonische Maßstäbe für die ganze Branche, während andernorts historische Gebäude stilvoll saniert und um zeitgenössische Komponenten ergänzt werden und jahrhundertealte Fachwerkhäuser hinter ihren Fassaden hochmoderne Verkostungsräume verbergen.

30 Objekte hat das Deutsche Weininstitut im Jahr 2021 im Wettbewerb „Deutschlands schönste Vinotheken" ausgezeichnet. Die prämierten Vinotheken wurden aus 144 Bewerbungen von einer Fachjury nach strengen Qualitätskriterien ausgewählt. Dazu zählten neben einem architektonisch stimmigen Gesamtbild und einer modernen, hochwertigen Innenausstattung auch Aspekte wie Öffnungszeiten, Sitzgelegenheiten, ansprechende Produktpräsentation, ein attraktiver Internetauftritt oder weiterführende Informationen über die Region und zu touristischen Angeboten. Zudem waren die Fachkompetenz sowie die Fremdsprachenkenntnisse der Mitarbeiter weitere wichtige Entscheidungskriterien. Mit diesem Wettbewerb wollte das DWI »dem großen Engagement unserer Weinerzeuger Rechnung tragen, die mit zahlreichen eindrucksvollen

Neubauten oder durch die kreative Umgestaltung traditioneller Weinarchitektur die deutsche Vinotheken-Landschaft in den letzten Jahren deutlich belebt haben«, so Monika Reule, Geschäftsführerin des Weininstituts. In diesen modernen Vinotheken spiegelt sich nicht nur die Philosophie der Winzerinnen und Winzer. Die Gebäude greifen die Materialien des Weines vom Gestein der Weinberge über den Cortenstahl der Rebpfähle und das Eichenholz der Weinfässer auf, machen sich die Energie von Sonne und Erde sowie den Regen nachhaltig für den Betrieb zunutze und gewähren durch gläserne Fassaden und große Fenster neue Perspektiven auf die Weinberge. Sie sind Teil der Weinlandschaften und der Weinorte, stehen im reizvollen Kontrast zu grünen Rebzeilen und demonstrieren eindrucksvoll das Qualitätsbewusstsein deutscher Weinerzeuger und die Lebendigkeit einer jahrtausendealten Weinbautradition.

Informationen zu allen ausgezeichneten Vinotheken:
deutscheweine.de/vinotheken
und im **MERIAN Extra „Weingenuss in Deutschland"**

Obst

Wahre Schätze der Natur

Heimisches Obst bietet mehr als die industriell erzeugten Früchte aus den Supermärkten. Für den Handel stehen die Kriterien Preis, Gleichmäßigkeit, Transporttierbarkeit und möglichst ganzjährige Verfügbarkeit – häufig aus aller Welt – an erster Stelle. Geschmack, regionale Erzeugung, Vielfalt von Tier- und Pflanzenarten, naturverträgliche Anbaumethoden oder gesundheitliche Aspekte spielen fast keine Rolle. Im Ergebnis gibt es immer weniger Sorten, und der Selbstversorgungsgrad von Obst liegt in Deutschland bei nur noch 22 Prozent.[1] In unserer Heimat wächst eine begeisternde Fülle an Obstarten und Sorten mit vielfältigen Qualitäten und einem breiten Verwendungsspektrum. Neben den bekannten Klassikern wie Apfel, Birne, Kirsche und Zwetschge fallen jedoch traditionell geschätzte Obstsorten wie Mirabellen, Renekloden, Quitten und viele mehr dem Vergessen anheim. Denn der Obstanbau in Deutschland hat sich die letzten 100 Jahre stark verändert. Heute finden sich Obstwiesen mit stattlichen Bäumen, einstmals wertvolle Lebensräume mit einer großen Arten- und Sortenvielfalt, meist nur noch auf Etiketten und in Bilderbüchern. Die lange Zeit üblichen Streuobstwiesen sind in den Obstbauregionen den modernen, intensiven Spindelanlagen gewichen. Rationalität und maschinelle Bearbeitung bestimmen den Anbau. Der Preis der intensiven Systeme sind eine Verarmung der Landschaften und Lebensräume und ein hoher Einsatz von Pestiziden und Düngemitteln. Bei Äpfeln lag der durchschnittliche Behandlungsindex (Anzahl der Pestizideinsätze) zwischen 2011 und 2019 bei 31,1.[2] Aber der intensive Obstbau steckt in einer Krise. Er ist abhängig von den Vorgaben des Handels, Spritzmitteln und Energie. Dem gegenüber stehen die Forderungen des Klima- und Artenschutzes und die Erwartungen der Konsumenten nach Energie- und Pestizidreduktion. Auch der Bioobstbau hat sich in vielen Bereichen ähnlich intensiviert. Der Einsatz von dort zuge-

lassenen Mitteln wie Kupfer, Schwefel und Pyrethrinen ist unter Naturschützern umstritten.
Streuobstwiesen gelten demgegenüber als Hotspots der Artenvielfalt, in denen bis zu 5.000 Tier- und Pflanzenarten zu finden sind. Die Bewirtschaftung ist aufwendiger, und die erzeugten Früchte sind weniger gleichmäßig. Es gibt jedoch nach wie vor Bewirtschafter der Streuobstwiesen, die sich der Erntemühen dieser Schätze mit Überzeugung unterziehen. Sie bewahren die Bäume durch ihre Pflege. Der Lohn ihrer Arbeit ist ungespritztes Obst in einer großer Sortenvielfalt. Für den Konsumenten ist es lohnend, nach den Bewahrern zu suchen und sie zu unterstützen. Denn dort findet er ungespritztes Obst und weitere verarbeitete Spezialitäten, von sortenreinen Apfelsäften bis zu Zibärtle-Bränden.
Der Wert der alten Obstsorten ist aus weiteren Gründen bedeutsam: Die alten Sorten sind über viele Jahrzehnte gezüchtet und ausgelesen. Sie sind oft widerstandsfähiger und an die regionalen Gegebenheiten angepasst. Gerade für die großen Herausforderungen des Klimawandels ist eine große Artenvielfalt ein wichtiges Werkzeug, um den sich verändernden Klimabedingungen auch züchterisch zu begegnen.
Das Lieblingsobst der Deutschen ist mit einem Pro-Kopf-Verbrauch von jährlich knapp 22 Kilogramm[3] der Apfel. Es gibt jedoch immer mehr Menschen, die rohe Äpfel nicht vertragen. Schätzungen gehen von bis zu vier Millionen Apfel-allergikern aus, bei denen der Genuss von Äpfeln Reaktionen auslöst – vom Brennen im Mund bis zur Atemnot. Für sie ist es eine gute Nachricht, dass einige alte Apfelsorten wie beispielsweise »Freiherr von Berlepsch« oder »Weißer Winterkalvill« gut vertragen werden. Der Grund dafür liegt im höheren Polyphenolgehalt alter Sorten.[4]
Wer sich beim Tafelobst die Mühe macht, eine Quelle für alte Obstarten und -sorten zu suchen oder selbst ein paar Bäume zu bewirtschaften, wird mit aromatischem Obst belohnt. Viele der alten Sorten sind besonders schmackhaft oder haben besondere Eigenschaften. So ist zum Beispiel das »Hausmütterchen« eine der besten Sorten für Apfelkompott.
Die Verarbeitung von Obst hat in den Anbauregionen eine lange Tradition. Ganz nach dem Slow Food Motto »Gut, sauber und fair« werden bei den heimischen Brennereien, Mostereien und Manufakturen zahlreiche besondere und auch exklusive Produkte hergestellt. Aber nicht nur traditionelle Betriebe, sondern auch Start-ups widmen sich der Verarbeitung von regionalem Obst.
Wurde in den Brennereien früher Schnaps meist in mäßiger Qualität gebrannt, entsteht an den heutigen Brennkesseln

eine große Bandbreite geistvoller Produkte. Vor allem im Süden Deutschlands hat das Brennen eine lange Tradition. Hintergrund sind die bis 2018 geltenden Sonderregelungen für Abfindungsbrennereien mit einem Kontingent von 50 und 300 Liter Alkohol, die nur in den südlichen Bundesländern galten. Zahlreiche Obstbauern und Weingüter produzieren – teilweise seit Generationen – feine Destillate, Geiste und Liköre. Große Mengen des gebrannten Alkohols wurden jedoch abgegeben. Mit dem Wegfall des Branntweinmonopols 2018 entfiel die Möglichkeit, Alkohol unabhängig von der Qualität an die staatliche Monopolverwaltung zu verkaufen. Das lässt immer mehr Brennereien auf hochwertige Spezialitäten in hervorragender Qualität setzen. Gut ausgebildete Brenner verstehen es, die flüchtigen Aromen reifer Früchte auf die Flasche zu bringen. Nicht wenige Brennereien bieten Tasting-Abende und Brennereiführungen an. Auch die Gastronomie und die Barszene haben die heimischen Produkte entdeckt. Im Restaurant kann man längst nicht mehr nur einen »Willi« (Williams-Christ-Birnenbrand) bestellen, sondern findet auch regionale Besonderheiten wie z. B. das »badische Zibärtle«.
Große Mengen Obst werden als Saft konsumiert. Wir Deutschen gelten auch in dieser Disziplin als Weltmeister. Mit einem Pro-Kopf-Verbrauch von 30 Litern trinken wir dreimal so viel Saft wie die Italiener. [5] Verbrauch und Erzeugung unterliegen einem starken Wandel: Der Verbrauch ist seit 2020 um knapp über 10 Liter gesunken, und während früher der heimische Apfelsaft der beliebteste Saft war, führt heute Orangensaft die Statistik an. Ein Zusammenhang mit den Entwicklungen der Industrie und der Billigmentalität von Verbrauchern kann nicht ausgeschlossen werden. Während früher die Äpfel in einer großen Sortenvielfalt auf den artenreichen Streuobstwiesen vor der Haustüre wuchsen, kommen die Äpfel heute oft aus aller Welt. Konzentrate aus Polen und China helfen der Saftindustrie, dem Preisdruck der Handelsketten standzuhalten. Äpfel aus intensivem Anbau werden bis zu 30-mal mit Pestiziden behandelt. In der Regel werden die gleichen Apfelsorten gepresst, die auch im Supermarkt zu finden sind. Aus den auf Süße und Knackigkeit gezüchteten Tafelsorten wie Jonagold oder Gala werden jedoch keine besonders aromatischen Säfte. Zudem werden oft – dem Preis und den riesigen Verarbeitungsmengen geschuldet – auch überreife oder gar faulige Äpfel gepresst. Angesichts der Entwicklungen und Zustände wundert der Rückgang des Konsums nicht unbedingt.
Es gibt jedoch auch Alternativen zum industriellen Massenmarkt. Streuobstinitiativen, Direktvermarkter und Mostereien verschreiben sich der Qualität. Sie pressen aromatische und

naturtrübe Direktsäfte aus heimischem Obst. Dabei achten sie auf reifes und gesundes Obst und verzichten auf den Einsatz von Enzymen zur Ausbeutensteigerung sowie Mittel wie Gelantine zum Klären des Saftes oder Ascorbinsäure, um den Saft aufzuhellen. Neben großartigen Streuobstsäften gibt es immer mehr sortenrein abgefüllte Säfte wie vom »Rheinischen Bohnapfel« oder »Bittenfelder Sämling«. Sie machen die heimische Vielfalt schmeckbar.

Apfelwein mit seinen vielen Stilrichtungen erlebt aktuell eine Renaissance. Während der traditionelle Ebbelwoi (hessischer Dialektausdruck für Apfelwein) außerhalb Hessens wenig Fans hat, finden sich immer mehr Liebhaber für eine Vielfalt von Frucht(-schaum-)weinen. Im Fahrwasser regionaler Traditionsprodukte wie Viez, Most und Traubenwein und gleichermaßen inspiriert von britischem Cider und französischem Cidre, haben sich viele flüssige Genusserlebnisse entwickelt. Wein aus der Ananas-Renette, Schaumwein aus Quitten, Cider aus Streuobstäpfel und Poiree aus Mostbirnen sind einige Beispiele.

Johannes Geng

[1] https://www.landwirtschaft.de/landwirtschaft-verstehen/haetten-sies-gewusst/infografiken

[2] https://www.nap-pflanzenschutz.de/indikatorenforschung/indikatoren-und-deutscher-pflanzenschutzindex/deutscher-pflanzenschutzindex/behandlungsindex

[3] https://de.statista.com/statistik/daten/studie/247425/umfrage/die-beliebtesten-obstsorten-der-deutschen/

[4] Mehr Informationen unter https://obstparadies-staufen.de/gute-nachrichten-fuer-apfelallergiker/ und https://www.bund-lemgo.de/apfelallergie.html

[5] https://www.fruchtsaft.de/branche/daten-und-fakten/

Foto: Meerfreiheit

ABC der regionalen Spezialitäten

Typische Gerichte und Zutaten der regionalen Küche erkennt man oft an ihrer mundartlichen Terminologie. Mit ebenso liebe- wie klangvollen Begriffen werden die Speisen in ihrem Wesenskern beschrieben. »Ausländer« verstehen nur Bahnhof, wenn die Schupfnudel zum Buabaspitzle, der Speisequark zum Bibiliskäs und der Kloß zum Mehlbüddel mutiert. Wir erklären Ihnen die Spezialitäten von A wie Ahle Worscht bis Z wie Zwibbelsploatz.

A

Ahle Worscht (hessisch)

Aus den vielen Dialektworten hat sich »Ahle Wurscht« (hochdeutsch »alte Wurst«) als Bezeichnung für das kulinarische Aushängeschild der Nordhessen durchgesetzt. Für die lange haltbare Rohwurst aus Schweinefleisch und Schweinespeck werden auch die Edelteile des Muskelfleisches schlachtwarm oder schlachtfrisch verarbeitet. Die Zutaten werden mittelgrob gewolft, die Würzung ist lokal unterschiedlich, teilweise wird geräuchert. Besonders in und um Kassel wird die Ahle Wurscht nur luftgetrocknet. Das feuchtkühle Klima der nordhessischen Winter und Lehmkammern sorgen für eine langsame Reifung und lange Haltbarkeit der dickeren Kaliber bis zum nächsten Herbst. Je nach genutzter Wursthülle heißt die Wurst »dürre Runde« (dünner Darm rund gebunden), »Stracke« (lang gestreckte Wurst in dickerem Darm) oder »Schmalzhaut«, »Schmerhaut« und »Feldkieker« (keulenförmige Kälberblasen oder zusammengenähte Schmalzhäute). Verwendete Gewürze, Reifedauer und vor allem die natürlichen Reifekulturen der Wurschtekammern führen schließlich zu einer großen Geschmacksvielfalt der verzehrreifen Würste. Die nordhessische Ahle Wurscht in traditioneller Herstellung ist seit 2004 Slow Food Arche-Passagier. Ein Förderverein kümmert sich um die Einhaltung der Qualitätskriterien.

Albleisa (schwäbisch)

Leisa – der schwäbische Begriff für Linsen – wurden auf der Schwäbischen Alb bis zur Mitte des 20. Jahrhunderts angebaut. Aufgrund niedriger Erträge und großer Aufwände bei Ernte und Reinigung verschwand die uralte Nahrungspflanze. Seit 1985 baut der Bioland Hof Mammel wieder Albleisa an, zunächst auf Grundlage der grünen Le-Puy-Linse. 2001 gründeten die Linsenpioniere eine Erzeugergemeinschaft und koordinieren als »Lauteracher Alb-Feldfrüchte« den gesamten Wertschöpfungsprozess. Seitdem steigt die Zahl der Linsenbäuer*innen stetig. 2006 wurde in einer Saatgutbank in Sankt Petersburg (Russland) Saatgut der traditionellen Sorten Späths Alblinse I und Späths Alblinse II wiederentdeckt. Die Erzeugergemeinschaft hat aus wenigen hundert Linsensamen vermarktbare Mengen entwickelt und deckt heute über die Hälfte des gesamten Linsenanbaus in Deutschland ab. Die Albleisa ist ein Slow Food Arche-Passagier.

Alter Fränkischer Satz

Der Alte Fränkische Satz, Slow Food Arche-Passagier, entspricht einer über lange Zeiträume hinweg praktizierten Anbaumethode für Weinberge. Bis Ende des 19. Jahrhunderts war diese Anbaumethode nicht nur in Franken, sondern in allen deutschen Weinbaugebieten verbreitet, da sie geeignet war, auch in ungünstigen Jahren einigermaßen gesichert Weine zu erzeugen. Durch Anpflanzung von unterschiedlichen Weinsorten in einem Weinberg wurde das Risiko des Totalausfalls der Weinernte minimiert. Wenn durch Spätfröste früh austreibende Sorten erfroren, überstanden spät austreibende Sorten und sicherten eine Traubenernte. Beim Alten Fränkischen Satz werden die Trauben aller Weinsorten zum gleichen Zeitpunkt geerntet und gemeinsam vinifiziert. Dies führt im Gegensatz zu Weincuvées, bei denen die Weinsorten getrennt gelesen, vinifiziert und erst am Ende verschnitten werden, zu einer größeren geschmacklichen Vielfalt, die von Weinberg zu Weinberg und von Jahr zu Jahr unterschiedliche Weine hervorbringt.

Apfelmichl

Ein süßer Auflauf aus altbackenen Brötchen, die mit Milch, Eiern, Rosinen und Obst gebacken werden. Der Apfelmichl ist, vor allem in Schwaben und im Allgäu, auch als »Scheiterhaufen« bekannt.

B

Backers, Baggers, Baggerla

Bezeichnungen für eine Art fränkischen Kartoffelpuffer oder Reibekuchen. Roh geriebene Kartoffeln werden mit Eiern, Zwiebeln und Muskat vermengt. Die daraus geformten Taler werden im heißen Öl goldgelb gebraten.

Bamberger Hörnchen (Hörnle, Hörnla)

Die auch »Hörnchen« oder »Hörnle« genannte Zapfenkartoffel ist in Bamberg seit dem 19. Jahrhundert bekannt. Das Bamberger Hörnla ist an die Boden- und Klimaverhältnisse des Bamberger Beckens angepasst. Die fingerförmigen Knollen werden höchstens zehn Zentimeter lang. Mit ihrer speckigen, festen Konsistenz, ihrer sattgelben Farbe und ihrem intensiven nussartigen Aroma ist die Kartoffel eine Delikatesse. Sie wird für Kartoffelsalate verwendet und als Pellkartoffeln oder in Butter geschwenkt gegessen. Geringer Ertrag, nicht geeignet für maschinelle Ernte, krankheitsanfällig: Die Sorte überlebte nur dank des Traditionsbewusstseins einiger Bamberger Bäuer*innen und eines treuen Kundenstamms. Das Bamberger Hörnla ist ein Slow Food Arche-Passagier. Seit 2009 ist das Hörnla Slow Food Presidio, seit 2013 sie das EU-Siegel »geschützte geografische Angabe« (g. g. A.).

Bauchstecherla, Bauchstechala (fränkisch)

Aus den Handinnenflächen heraus gedrehte, spitze Nudeln aus Mehl, Ei und Salz. Sie sind mit den schwäbischen Schupfnudeln oder Bubenspätzle verwandt. Manchmal werden sie auch »Fingernudeln« genannt.

Bauernfrühstück

Eine Omelettevariante, die durch ihre rustikalen Einlagen (hauptsächlich Kartoffeln) ihren verklärenden Namen erhielt, der suggerieren soll, dass mit solcher Unterlage selbst ein hart arbeitender Landmann gut in den Tag startet. Tatsächlich wird das Bauernfrühstück von den Deutschen mit Vorliebe als Abendessen aufgetischt. Die Gewürzgurke ist obligatorisch und bildet einen sauren Kontrast zu der sämigen Speise. Das Bauernfrühstück wurde wahrscheinlich in den 1950er-Jahren aus der älteren französischen Omelette à la paysanne in die deutsche Küche eingeführt – der in Frankreich obligatorische Sauerampfer mutierte zur Gewürzgurke. Es handelt sich vermutlich um eine Adaption der Wirtschaftswunderzeit, in der sich Neuerungen und Exotik in der Küche auch in betonter Rustikalität ausdrücken konnten.

Bayrisch Kraut (bayerisch)

Für das Weißkohlgericht werden Speckwürfel und grob gehackte Zwiebeln angebraten, zu denen man das in Streifen geschnittene Kraut gibt und es unter Zugabe von Wasser weichdünstet. Es wird mit einer hellbraunen Mehlschwitze gebunden.

Bayrisch(e) Creme

Für die bayerische Nachspeise wird (ähnlich der Panna cotta) eine Vanillecreme aus Milch, Eigelb, Zucker, Sahne und Gelatine zubereitet. Entgegen anderslautenden Legenden liegt der Ursprung der Creme in Frankreich: »Bavarois« bezeichnet in älteren französischen Kochbüchern alle Cremes, die mit untergehobener Schlagsahne zubereitet werden. Damals nannte man die Creme noch »fromage bavarois«, abgeleitet von dem lateinischen »formaticus«, »geformt«.

Beinwell

Beinwell *(Symphytum officinale)*, Raublattgewächs und alte Heilpflanze, deren Wurzeln in der Pharmakologie verwendet werden. Beinwell hilft bei Gelenk-, Muskel- und Knochenschmerzen, bei Zerrungen und Verstauchungen. Die Blätter haben einen ungewöhnlich hohen Eiweißgehalt und werden, wenn auch sehr selten, in der Küche eingesetzt. Wegen ihrer Größe eignen sich Beinwellblätter besonders gut, um Füllungen appetitlich zu verpacken.

Bergische Kaffeetafel

Üppige Kaffeetafel aus dem Bergischen Land bei Köln. Zur Bergischen Kaffeetafel gehören Waffeln, Korinthen- und Schwarzbrot, süße Aufstriche wie Honig, Marmeladen und Zuckerrübensirup, außerdem Milchreis mit Zimt und Zucker und eine große, meist dreibeinige Kaffeekanne, die Dröppelminna. Auch herzhafte Komponenten können die Bergische Kaffeetafel ergänzen: Schwarzbrot mit Butter und Gouda und ein Klarer. Manchmal gibt es noch eine Kottenbutter (Schwarzbrot mit geräucherter Mettwurst, Zwiebel oder Düsseldorfer Löwensenf) dazu. Die Kottenbutter hat ihren Namen von den wasserbetriebenen Schleif- oder Hammerwerkskotten, in denen sie von den Bergischen Metallbearbeitern zum Frühstück gegessen wurde.

Berliner Schnitzel (berlinerisch)

Berliner Schnitzel oder Falsches Kotelett ist ein traditionelles Berliner Fleischgericht. Gekochter Kuheuter wird in schnitzelgroße Scheiben geschnitten, paniert und gebraten.

Beuschel, Beuscherl, Baischerl [bayerisch/österr.]

Ragout aus Lunge und Herz, oft auch aus Milz, Zunge und Leber; meist vom Kalb; süddt. auch »Lüngerl« genannt.

Beutelches, Beulches (hessisch)

Im »Beutelchen« genannten Leinensäckchen in Salzwasser gegarte, deftige Kartoffelklöße mit Lauch und Geräuchertem im Teig. Je nach Region werden Hartwurst, Solper oder Dörrfleisch verwendet. Meist werden sie mit einer Zwiebelsauce serviert.

Bibiliskäs, Bibbeliskäs (badisch)

Weißer Käs', eine Speisequarkzubereitung, im Württembergischen auch »Luggeleskäs« genannt. Der erfrischende Bibiliskäs wird aus Quark mit frischen Kräutern, oft mit Schnittlauch, gehackten Zwiebeln, etwas Knoblauch und Rahm hergestellt. Das mit frischem Brot oder gekochten Kartoffeln servierte einfache Gericht ist geschmackvoll und nahrhaft, abgewandelt auch als »Folienkartoffel«. Die Bezeichnung stammt vom alemannischen Wort »Bibbeli«, einem Synonym für Knubbel.

Biertreberbrot

Als »Treber« bezeichnet man das nach dem Bierbrauen ausgelaugte, geschrotete Malz. Dem Brotteig zugesetzt, macht er das Brot herzhafter und gröber. Ein guter Begleiter zu Schmalz und deftigen Wurstplatten.

Birnen, Bohnen und Speck

Es handelt sich um einen Eintopf mit Kochbirnen, die nicht für den Rohverzehr geeignet sind. Für die Bohnen verwendet man in Hamburg Türkische Erbsen und gibt geräucherten Bauchspeck dazu. Das Gericht wird in seiner ursprünglichen Form nur im Hoch- und Spätsommer serviert.

Blaue Zipfel (fränkisch)

Blaue Zipfel, auch »Saure Zipfel« oder »Saure Bratwurst« genannt, werden in Essigsud gegart. Sie sind eine Spezialität der fränkischen und auch Oberpfälzer Küche.

Blootz (fränkisch)

Ein Blechkuchen aus Roggenbrotteig mit süßem oder salzigem Belag.

Bodenseefelchen

Bekannteste Fischart des Bodensees. Das wohlschmeckende Felchen gehört zur Ordnung der Lachsartigen und wird in Deutschland auch als Maräne, Rheinanke, Renke oder Schnäpel bezeichnet. Der Fisch kommt in tieferen Seen im Alpenraum, aber auch in Ost- und Norddeutschland vor (siehe auch »Maräne«).

Bœuf de Hohenlohe

Rindfleisch von Weiderindern, die nach strengen Richtlinien meist von der Schwäbisch-Hällischen Erzeugergemeinschaft erzeugt werden. Robuste einheimische Rinderrassen wie Limpurger und Fleckvieh werden mit französischen Limousin-Rindern zu Bœuf de Hohenlohe gekreuzt. Bœuf de Hohenlohe (Rind aus Hohenlohe) ist eigentlich ein historischer Begriff für gesundes, prächtiges Mastvieh von den fruchtbaren Weiden Hohenlohes. Der französisch klingende Name ist im ausgehenden 18. Jahrhundert entstanden, als die Tiere bis nach Paris getrieben wurden. In der französischen Küche wurde ihr Fleisch wegen seiner Zartheit und seines Geschmacks gerühmt.

Böfflamott, Bœuf à la mode (bayerisch)
Rindfleisch in Rotwein. Verballhornung der französischen Bezeichnung »Bœuf à la mode«. Während die sprachliche Herkunft klar zu sein scheint, ist umstritten, wie das französische Gericht nach Deutschland kam. Tatsächlich taucht ein Bœuf à la mode in Deutschland wohl erstmalig in dem von Johanna Katharina Morgenstern in Magdeburg verfassten Kochbuch von 1782 auf. Weinessig und Weißwein sind hier die charakteristischen Zutaten des Rinderschmorbratens. In Bayern beginnt die sprachliche Adaption des Bœuf à la mode erst mit dem Kochbuch der Maria Katharina Siegel von 1817: Sie unterscheidet ein »Böf a la Mod« auf bayerische und auf französische Art, wobei Ersteres mit Essig, Letzteres mit Wein zubereitet wird.

Bohnerkern, Bohnenkern (bayerisch/alemannisch)
Weiße Bohnen in einer dunklen Einbrenne. Dazu werden Klöße und grüner Salat gereicht. Gelegentlich gibt es Rauchfleisch als Einlage.

Bolle (nord- und westdeutsch)
Zwiebel. Siehe auch »Bollenfleisch«.

Bollenfleisch (berlinerisch)
Mit »Bollen« sind Zwiebeln gemeint. Bollenfleisch ist geschmortes Lammfleisch mit reichlich Zwiebeln. Es wird traditionell mit roten Beten und Kartoffeln kombiniert – eine alte Berliner Spezialität, für die ursprünglich Hammelfleisch verwendet wurde. Das Gericht ist nur noch selten auf Speisekarten zu finden.

Bottermelksupp mit Klümp (plattdeutsch)
Angedickte oder eingekochte Suppe aus Buttermilch mit Grießklößen.

Brägele, Brägel (badisch)
Der Begriff »Brägele« ist von dem deutschen Wort »Bratkartoffel« abgeleitet. Dabei handelt es sich ähnlich den aus rohen Kartoffeln hergestellten »Schweizer Rösti« um beidseitig gebratene und gut mit Pfeffer und Salz, oft auch mit Speck und Zwiebeln gewürzte, geraspelte Kartoffeln aus gekochten Knollen. Brägele gelten als Grundnahrungsmittel echter Südbadener. Sie werden gern mit Schäufele, Bibiliskäs oder auch Wurstsalat serviert.

Buabaspitzle (schwäbisch)

Gemeint ist der Penis (Spitzle) des Knaben (Buaba). Gericht aus Kartoffelteig; in der Größe eines kleinen Fingers oder Knabenpenis geformt und spitz zulaufend. Sie werden gebraten oder frittiert als Beilage zu Schmorgerichten oder zu Sauerkraut gereicht. Sie können auch süß in Butter geschwenkt mit Mohn angeboten werden. Varianten sind als »Schupfnudeln« bekannt.

Bundwurzeln

Ein Bund Möhren, der nach der Ernte dekorativ zusammengebunden wird. Unter »Wurzeln« versteht man auch Karotten oder Möhren, Mohrrüben, gelbe Rüben oder Ruebli.

Burger Brezel

Slow Food Arche-Passagier. Die Burger Brezel ist eine kunstvoll dreifach geschlungene Dauerbackware aus fettarmem, leicht gesüßtem Hefeteig. Sie wird seit dem 18. Jahrhundert im Bergischen Land rund um Schloss Burg (Solingen) nach traditionellen Rezepten in Handarbeit hergestellt.

C

Calenberger Pfannenschlag

Der Calenberger Pfannenschlag (plattdeutsch: Calenberger Pannenslag) hat seine Bezeichnung von der historischen Landschaft Calenberger Land südwestlich von Hannover. Es handelt sich um eine fetthaltige Grützwurst aus Hafergrütze sowie gekochtem Schweine- und Rindfleisch. Andere Bezeichnungen sind Knipp, Hackgrütze oder Hackewack.

D

Diplomatencreme

Creme aus Eiern und Milch, die meist kandierte Früchte oder Rosinen und Alkohol enthält. Häufig werden Biskuitreste oder Löffelbiskuit verwendet.

Döppekooche (pfälzisch)

Traditionsgericht aus dem nördlichen Rheinland-Pfalz; besteht aus geriebenen Kartoffeln, Zwiebeln, Eiern und Gewürzen, beliebig versetzt mit Speckstreifen oder Mettwurststückchen.

Dotsch (oberpfälzisch)

Gemeint sind Reiberdatschi, Kartoffelpuffer aus geriebenen gekochten oder rohen Kartoffeln. Wird »Dootsch« ausgesprochen.

Duckefett (hessisch)

Eine Soße, die zu Pellkartoffeln oder Kartoffelklößen gegessen wird. Fetter oder magerer Speck werden mit Zwiebelwürfeln ausgebraten; dazu kommt Schmand. Weitere Varianten enthalten saure Sahne, Kondensmilch, Vollmilch, Mehl und/oder Schnittlauch.

E

Egli

Ein vor allem in der Schweiz gebräuchliches Synonym für den Flussbarsch (siehe auch »Kretzer«).

F

Feldgold

Feldgold ist ein aus den Samen der Rapspflanze gewonnenes Rapsöl. Inzwischen ist es das meisthergestellte deutsche Pflanzenöl. Es gibt unterschiedliche Qualitätsstufen, wobei kalt gepresstes, natives Öl das beste ist.

Flädlesuppe (schwäbisch)

Pfannkuchensuppe. Flädle sind in Streifen geschnittene Pfannkuchen, die in einer Fleisch- oder Gemüsebrühe als Einlage dienen. »Pfannkuchen« bezeichnet in Süddeutschland einen Eierkuchen aus Mehl, Eiern und Milch.

Fläschknepp (pfälzisch)

Fleischbällchen aus gemischtem Kalb-, Rind- und Schweinehackfleisch, das mit in Milch eingeweichten Brötchen, Eiern und Gewürzen vermischt wird. Die Bällchen werden in Rindfleischbrühe langsam gegart und traditionell mit einer Meerrettichsoße serviert.

Flönz (rheinisch-westfälisch)

Eine gekochte, aber nicht geräucherte Blutwurst mit Speckstückchen. Die Wurst ist weich und zerläuft beim Braten. Seit 2016 ist die Flönz als geschützte Herkunftsbezeichnung (g. g. A.) bei der Europäischen Kommission registriert.

Flurgönder (hessisch)

Ein Gönder ist ein roh geräucherter Schwartenmagen. Zum Flurgönder wird er durch Garziehen im Salzwasser. Er wird, je nach Tradition, mit Nudeln, gerösteten Semmelbröseln, Apfelmus oder Salat serviert.

Freiämter Weiderind

Freiamt ist eine Gemeinde im Kreis Emmendingen in Baden. Mit dem Freiämter Weiderind ist das Schwarzwälder oder Hinterwälder Weiderind gemeint. Siehe auch: »Hinterwälder Weiderind«.

Frittaten (bayrisch-österreichisch)

In Streifen geschnittene Pfannkuchen als Suppeneinlage. Siehe auch »Flädlesuppe«.

Futjes (Pförtchen) (plattdeutsch)

Kleine Hefekuchen, die traditionell mit Zimt und Zucker als Nachtisch serviert werden.

G

Gaisburger Marsch

Der traditionelle schwäbische Eintopf aus Ochsenfleisch, Spätzle, Kartoffeln und Gemüse geht der Erzählung nach auf den Stuttgarter Stadtteil Gaisburg zurück. Das Militär der benachbarten Berger Kaserne soll dort in einer beliebten Gaststätte diesem Gericht besonders zugesprochen haben und in »Marschordnung« angetreten sein. Das auf einem Teller angerichtete gewürfelte Fleisch, die separat gekochten Spätzle und Kartoffeln werden mit der Fleischbrühe übergossen und mit geschmälzten Zwiebeln und Petersilie garniert.

Gansjung (bayerisch)

In einer säuerlichen Soße gegarte Flügel und Innereien der Gans. In Bayern früher meist ein Nachessen des Gänsebratens am Montag nach dem Kirchweihsonntag oder am 2. Weihnachtsfeiertag. Das lange Zeit auch in »besseren Zeiten« sehr beliebte Gericht geriet in den Zeiten des Wirtschaftswunders als »Resteverwertungsgericht« in den Hintergrund. Das schmackhafte Gericht erlebt heute eine Renaissance.

Gelbvieh

Das Gelbvieh zählt unter den alten Rinderrassen zu den großen. Es ist einfarbig und gut bemuskelt. Sein ruhiges Temperament ist dem vormaligen Dreinutzen Milch, Fleisch und Arbeit geschuldet: Die Zugleistung erforderte Gelassenheit. Nach Jahrzehnten der Einkreuzung von einheimischem fränkischen Vieh erfolgte 1897 die Gründung des mittelfränkischen Gelbvieh-Verbandes. 1908 ergab die Viehzählung 576.662 Tiere. In der Blütezeit Ende der 1950er-Jahre gab es in der BRD über 800.000 Tiere. Der Strukturwandel mit Mechanisierung und die Hochleistungszucht gleichermaßen verdrängten das Gelbvieh. Die Gesellschaft zur Erhaltung alter und gefährdeter Haustierrassen e. V. stuft es als »gefährdet« ein. Heute nutzen vor allem »Low-Input-Betriebe« das Gelbvieh. Weidehaltung findet sich vorrangig in den fränkischen Mittelgebirgen. Das Fleisch des Gelbviehs ist gut marmoriert und hat einen hervorragenden Geschmack. Das Gelbvieh ist ein Slow Food Arche-Passagier.

Geräjsde

Geräjsde oder Gebrätelde sind Bratkartoffeln. Gekochte Kartoffel werden – vorzugsweise in einer gusseisernen Pfanne – in reichlich Butterschmalz goldbraun und knusprig angebraten.

Gestovt

Gestovtes Gemüse ist gedämpftes oder gedünstetes Gemüse in einer Mehlschwitze.

Getzen

Fleischloses Gericht aus der erzgebirgischen Küche. Besonders beliebt ist der Buttermilchgetzen aus geriebenen rohen Kartoffeln und Buttermilch, in der Getzenpfanne im Backofen gebacken. Heute wird der Getzen oft mit weiteren Zutaten angereichert. Es gibt auch süßen Getzen mit Früchten.

Glanrind

Die Heimat des Glanrindes liegt in Rheinland-Pfalz, wo es schon im 18. Jahrhundert gezüchtet wurde. Seither hat sich die Rasse auch in Teilen von Nordrhein-Westfalen und im Saarland verbreitet. Die Tiere sind einfarbig gelb mit Aufhellungen um Augen und Flotzmaul sowie Bauch und Unterbeinen. Der Kopf zeichnet sich durch eine breite Stirn und eine breite Nasenpartie aus. Die Hörner sind teilweise leicht abwärts geneigt. Fruchtbar und genügsam, lässt sich das Glanrind ganzjährig im Freien halten, vor allem auf schwierig zu bewirtschaftenden und ertragsarmen Flächen. Die Rasse zeichnet sich durch ihr zartes, aromatisches und von feinen Fettadern durchzogenes Fleisch aus, das traditionell für Schmor- oder Sauerbraten, Rouladen und Rumpsteaks verwendet wird. Seit den 1960er-Jahren verschwand das Glanrind langsam und wurde durch Hochleistungsrassen in Ställen ersetzt. Das Glanrind ist ein Slow Food Arche-Passagier.

Glückstädter Matjes

Der Glückstädter Matjes wird handgekehlt und mit den Enzymen seiner Bauchspeicheldrüse fermentiert. Andere Matjes werden in der Regel mit einem künstlichen Enzym fermentiert. Die besten Matjes werden aus fetten Heringen vor dem ersten Ablaichen gewonnen.

Gniedla (fränkisch)

Kartoffelknödel.

Goasbratl (bayerisch)

Goasbratl sind üppig mit Sahne angereicherte und überbackene Kartoffeln samt Schweineripperl.

Göger (fränkisch)

Das ausgewachsene männliche Huhn wird in Oberfranken »Göger« genannt.

Gräwes (pfälzisch)

Eifel- und moselländisches Sauerkraut-Kartoffel-Püree mit gebräunten Zwiebeln. Oft als Beilage für Blut- und Leberwürste.

Grombira, Grumbira

Grombira sind Kartoffeln. Der Dialektausdruck leitet sich von »Grundbirne« ab. Der Begriff entstammt dem Höchstalemannischen und ist weit verbreitet, so auch in Voralberg als »Grumpara« oder in Kroatien und Serbien als »Krumpir«. Man beachte auch die regionalen Bezeichnungen »Erdbirn« und »Erdapfel« für das populärste deutsche Gemüse.

Großer Hans (norddeutsch)

Synonym für den »Mehlbüddel« (siehe dort).

Gröstl (bayerisch-österreichisch)

Ein Gericht zur Resteverwertung: meist in der Pfanne geröstete (gekochte) Kartoffeln mit Küchenresten von Fleisch, Gemüse und anderen Überbleibseln. Das bayerische Gericht wurde vom »Tiroler Gröstl« adaptiert. Es kann statt gekochter Kartoffeln auch klein geschnittene Kartoffel- oder Semmelknödel enthalten, die gelegentlich aber auch als »gröste Knödl« auf der Speisekarte stehen, was sich nicht auf deren Größe bezieht, sondern auf das Anrösten.

Grünkern

Das Ausreifen des Dinkels als früher wichtigstem Brotgetreide in Süddeutschland war im kargen Landstrich des Baulandes in vielen Jahren riskant. Deshalb erntete man den Dinkel unreif und trocknete ihn über dem Herdfeuer, im Backofen, später auch in eigens dafür gebauten Darren. Der fränkische Grünkern war geboren. Während der »Grünkernzeit« brannten die Buchenholzfeuer in den Darrhäusern der Bauländer Dörfer. Fränkischer Grünkern wird ausschließlich aus der alten lokalen Dinkelsorte »Bauländer Spelz« hergestellt. Das Korn wird auf ca. 13 Prozent Restfeuchte getrocknet. Nur so entstehen der typische würzige Geschmack und das glasige, bissfeste, grünbraune Korn. Brot lässt sich daraus nicht backen. Traditionell wird der Grünkern als Suppeneinlage und Bratling verwendet, die moderne Küche nutzt ihn auf vielfältige Art u. a. in Klößen, Eintöpfen, Salaten, Kuchen und Gebäck. Besonders delikat sind Gerichte aus dem ganzen Korn wie Grünkern-Gemüsepfannen oder Grünkern-Risotto. Fränkischer Grünkern aus der Sorte »Bauländer Spelz« ist ein Slow Food Arche-Passagier.

Gschmorgel

Eine andere Bezeichnung für »Kratzete« (siehe dort).

Guter Heinrich

Ein Gemüse, ähnlich dem Spinat, manchmal auch wilder Spinat genannt. Die jungen Blätter werden wie Blattgemüse verwendet, die Stängel kann man wie Spargel kochen. Das Deutsche Wörterbuch von Jacob und Wilhelm Grimm notiert zu »Heinrich« als Pflanzenname: »es ist das zu erklären aus den vorstellungen von elben und kobolden, die gern Heinz oder Heinrich heiszen, was hernach auf teufel und hexen übergieng. solchen dämonischen wesen schrieb man die heilkraft des krautes zu.«

Gwerch (fränkisch)

»Gwerch« bedeutet Unordnung, Durcheinander. Beim Altdorfer oder Nürnberger Gwerch handelt es sich um einen traditionellen Wurstsalat, für den stets Ochsenmaulsalat als Basis verwendet wird. Weitere Zutaten sind meist weißer und roter Presssack und Hausmacher-Stadtwurst. Der Wurstsalat wird mit einer Essig-Öl-Marinade angemacht. Es können auch Käse, Gurken oder Eier in einem Gwerch enthalten sein.

H

Haddekuche (hessisch)

Der »harte Kuchen« wird traditionell zum Äppelwoi serviert. Er ist eines der Produkte, die der »Brezelbub« in seinem Korb hat, wenn er in Frankfurt von einer Äppelwoi-Wirtschaft zur nächsten zieht. Es handelt sich um einen harten, rautenförmigen Lebkuchen, der das gleiche »gerippte« Muster trägt wie die Apfelweingläser.

Halligbrot

In Nordfriesland: Schwarzbrot, bestrichen mit Butter und belegt mit Nordseekrabben und Spiegeleiern.

Hämchen (Rheinisch)

Traditionelles Eisbein, also ein mit der Schwarte gekochtes Vorderbein vom Schwein. Wird immer mit scharfem Senf serviert, oft mit Kartoffelbrei und/oder mit Sauerkraut.

Her(r)gottsb(e)scheißerle

Erzählungen zufolge haben die Zisterziensermönche des Klosters Maulbronn die Nudelteigtaschen erfunden. Vor Jahrhunderten suchten die Mönche nach Wegen, sich auch in der Fastenzeit und an den zahlreichen Fastentagen gut zu ernähren. Sie versteckten das eigentlich untersagte Fleisch in Teigtaschen, um es vor dem Herrgott zu verbergen. So entstand der Name »Hergottsbscheißerle« für die Taschen aus Maulbronn mit unterschiedlichen Füllungen, meist aus Hackfleisch, Wurstbrät, Spinat und Zwiebel. Sie werden häufig angebraten, mit und ohne Ei, aber auch in der Suppe oder mit geschmälzten Zwiebeln serviert.

Himmel un Äd (rheinisch)

Auch in anderen Regionen bekanntes Püree aus Kartoffeln (Erde) und Äpfeln (Himmel). Traditionell mit Röstzwiebeln und gebratener Blutwurst serviert.

Hinkelsche (hessisch)

Ein Hinkelsche ist ein Hühnchen, in Südhessen ein mit Alkohol geschmortes Federvieh. Je nach Region gart das Tier in Apfel- oder Traubenwein, eine lokale Variante des Coq au vin.

Hinterwälder Weiderind

Das Hinterwälder Rind ist ein alter Landschlag aus dem Südschwarzwald, der wahrscheinlich vom Keltenrind abstammt. Es wurde erstmals 1829 erwähnt und gilt als das ursprüngliche Schwarzwälder Landvieh. Mit einer Schulterhöhe von etwa 120 Zentimeter gilt es als kleinste Rinderrasse Mitteleuropas. Es ist leicht, beweglich, trittfest und widerstandsfähig. Genügsam und robust, weidet es in den schwierigsten Höhenlagen und trägt zum Erhalt der traditionellen Allmendeweiden bei. Das Haarkleid des Hinterwälder Rinds ist hellgelb bis dunkelrot-braun auf weißem Grund. Aus der Milch der Hinterwälder lässt sich wohlschmeckender Bergkäse herstellen. Ihr feinfaserig marmoriertes Fleisch ist besonders zart und saftig. Es eignet sich gut für Kurzgebratenes, Siedefleisch, Schmorbraten und zum Grillen. Aufgrund der wachsenden Nachfrage nach fettarmem Fleisch sowie der Verbreitung der Hochleistungsrassen ist das Hinterwälder Rind in den 1970er-Jahren fast ausgestorben. Das Hinterwälder Rind ist ein Slow Food Arche-Passagier.

Holler (bayerisch-österreichisch)

»Holler« ist eine mundartliche Bezeichnung für Holunder. Hollerbeeren sind wegen des Inhaltsstoffs Sambunigrin roh giftig. Gekocht werden sie gerne für Desserts und Gelees verwendet. Seine Blüten werden mit Zitrusfrüchten zu einem aromatischen Sirup veredelt oder in Bierteig ausgebacken.

Holsteiner Mehlbüddel (norddeutsch)

»Mehlbüddel« steht für den Mehlbeutel. Gemeint ist allerdings ein Serviettenkloß, der sowohl süß mit Früchten als auch in der salzig-herzhaften Variante zubereitet wird. Was übrig bleibt, kommt am nächsten Tagen gebraten auf den Tisch. Gibt es auch als braune Variante, wenn er mit etwas Blut angereichert ist.

Höri-Bülle

Die »Höri-Bülle« ist eine rote Speisezwiebel, die auf der Bodenseehalbinsel Höri traditionell angebaut wird. Ihre Außenhaut weist eine helle rotbraune Färbung auf. Die typische flache, bauchige Form wird oft verglichen mit der einer fliegenden Untertasse. Die Sorte zeichnet sich durch ein zartes Aroma und eine milde, nicht aufdringliche Schärfe aus. Deshalb schmeckt sie auch roh hervorragend. Sie wird gerne in Salaten verwendet, insbesondere in Wurstsalat. Erst beim Garen entwickelt die Höri-Bülle ihre Schärfe, ohne dabei die rote Färbung zu verlieren. Im Herbst wird sie auf regionalen Festen als Zwiebelkuchenspezialität »Bülle-Dünne« mit einem Glas »süeße Moscht« serviert. Da die Sorte ausschließlich durch mühsame eigene Nachzucht vermehrt wird und wegen ihrer Form für Sortieranlagen wenig geeignet ist, bauen immer weniger Bauern sie an. Die Höri-Bülle ist ein Slow Food Arche-Passagier.

Hörispinat

Spinat von der Bodenseehalbinsel Höri (siehe »Höri-Bülle«).

Husch Nusch oder Schnüsch (norddeutsch)

Eine Gemüsesuppe, bei der das Gemüse in Milch gekocht wird. Zutaten sind typische Sommergemüse wie dicke und grüne Bohnen, Erbsen, Kohlrabi und Kartoffeln. Typisch im nördlichen Schleswig-Holstein. Das Gericht gibt es auch als Nationalgericht in Westfalen und wird in westfälischem Platt »Husch und Susch« genannt. Im Hochdeutschen kennt man das Rezept als »Blindhuhn« oder »Blindes Huhn« –Huhn kommt jedoch keines in den Topf.

K

Kalbstöttchen (westfälisch)

Töttchen sind eine westfälische Spezialität aus dem Münsterland, ursprünglich ein Arme-Leute-Essen, für das Lunge, Herz und ähnliche Bestandteile vom Rind mit Zwiebeln und Essig zu einem süßsauren Ragout verkocht werden. Töttchen wird weiter von Metzgern und in vielen Restaurants des Münsterlandes in veredelter Form wieder angeboten: Statt Innereien werden vorwiegend Kalbfleisch und Kalbszunge verwendet.

Kalter Hund

Hauptsächlich in der Nordhälfte Deutschland unter unterschiedlichen Bezeichnungen verbreitete Torte aus in Kakaocreme geschichteten Butterkeksen. Kalter Hund hieß in der DDR auch »Lukullus« und war dort meist ein Kuchen in Kastenform. Die Kekse wurden schichtweise abwechselnd in Rum oder Sahne getränkt. Die einfache Kakaomasse besteht aus Kokosfett, Zucker und Kakao. Wird mit Vorliebe zum Kindergeburtstag gegessen.

Kartäuserkloß

Eine Variante der »Armen Ritter« aus altbackenen Brötchen oder aus Toastbrot, die, gut eingeweicht, in einer »Royal« aus Milch oder Sahne mit Eiern, Zucker und Vanille vermischt und anschließend in Butterschmalz goldgelb gebraten werden. Siehe auch »Rostige Ritter«.

Kartoffelzwirl (bayerisch)

Altes Oberpfälzer Kartoffelgericht, auch Bröselschmarrn, Gurgelmarterer, Sterz oder Bröselbart genannt. Kartoffeln werden gekocht und durchgepresst, mit Mehl vermengt und in der Pfanne unter mehrmaligem Wenden goldbraun herausgebacken. Schmeckt als Hauptgericht besonders mit Blaukraut oder Sauerkraut, mit Rahmschwammerl oder in der süßen Variante mit Kompott. Der Zwirl passt auch als Beilage zu Fleischgerichten mit kräftigen, dunklen Soßen.

Kaspressknödel (österreichisch/bayerisch)

Ursprünglich eine Spezialität aus Westösterreich (Tirol, Vorarlberg). Aus Knödelbrot und Käse werden flache Knödel gepresst, die, entweder als Suppeneinlage oder in Butterschmalz gebraten, als Hauptgericht mit Sauerkraut genossen werden. Je nach Region wird vorwiegend Berg- oder Graukäse verwendet.

Kasspatzen (bayerisch)

Kasspatzen ist der bayerische Dialektausdruck für Käsespätzle. Ihre Heimat liegt vorzugsweise im schwäbischen Teil Bayerns.

Kieler Sprotte

Eine Sprotte ist ein kleiner heringsartiger Seefisch, der in Eckernförde geräuchert wird und früher seinen Versandstempel am Kieler Bahnhof bekam. Der Fisch kann komplett mit Kopf und Gräte gegessen werden.

Klump, Klümp (norddeutsch)
Ein Kloß.

Knipp
Siehe »Calenberger Pfannenschlag«.

Kratzede, Kratzete, Gschmorgel (badisch-schwäbisch)
Schmarrn oder Schmarren: ein meist dicker Pfannkuchenteig, der noch in der Pfanne zerrissen wird. Kann süß zubereitet werden, aber auch salzig. Wird in salziger Form häufig als Beilage zum Spargel serviert.

Krempelsopp
In der Rhön versteht man darunter eine kräftige Brühe (gern auch eine Wurstsuppe) mit kleinen Mehlklößchen als Einlage. Regional auch als Milchsuppe bekannt.

Kretzer, Kretzerfilet
Barsch aus dem Bodensee. Sehr aromatischer, aber leider grätenreicher Fisch. Er wird deswegen meistens als Filet angeboten. Kleinere Exemplare werden auch im Ganzen frittiert.

Kriecherl (bayerisch-österreichisch)
Die Kriechen- oder Haferpflaume *(Prunus domestica insititia)* trägt meist kleine blauschwarze Früchte.

L

Labskaus
Ein Seemannsgericht aus gepökelter Rinderbrust mit Kartoffeln und Roter Bete. Die Zutaten werden weich gekocht und durch den Fleischwolf gedreht. Klassische Beilagen sind Gewürzgurke, Spiegelei und Matjes.

Leipziger Allerlei
Der Legende nach wurde Anfang des 19. Jahrhunderts das Leipziger Allerlei erfunden, um die Stadt vor Bettlern und Steuereintreibern zu schützen. Ihnen lediglich ein Schälchen Gemüsebrühe anzubieten, so die Hoffnung, würde sie abschrecken und bewegen, sich den »Fleischanbietern« Halle und Dresden zuzuwenden. Traditionell finden sich in einem Allerlei Gemüse wie junge Erbsen, Karotten, Sellerie, Spargelköpfe und grüne Bohnen, je nach Jahreszeit auch Blumenkohl oder Kohlrabi. Historisch sind Morcheln und eine Sauce aus Krebsbutter und Krebsschwänzen ver-

bürgt, die in der Zeit vor der amerikanischen Krebspest in überbordender Menge in Bächen und Flüssen zu finden waren.

Lerchenzungen

Lerchenzungen sind eine alte wohlschmeckende Grünkohlsorte.

Limpurger Weideochse

Das Limpurger Rind gilt als die älteste noch existierende Rinderrasse Württembergs. Sie entstand nach dem Dreißigjährigen Krieg in der ehemaligen Grafschaft Limpurg südlich von Schwäbisch Hall als Dreinutzungsrind (Arbeitsleistung, Milch, Fleisch). Das Schlachtalter der Weideochsen beträgt mindestens 30 Monate; das Fleisch ist saftig, feinfaserig und zart mit optimaler Fettabdeckung und Marmorierung. Das Limpurger Rind ist ein Slow Food Arche-Passagier.

Luggeleskäs

Siehe »Bibiliskäs«

M

Maibock

Maibock (1): Nach dem Ende der Schonzeit im Mai erlegter Rehbock. Der Maibock ist das erste in der Saison erhältliche Wildfleisch. Die Gastronomie bietet leider häufig nur den »Rücken vom Maibock« an.
Nicht zu verwechseln mit Maibock (2): Bezeichnung für das Bockbier, das traditionell im Monat Mai gebraut wird. Bockbiere sind Starkbiere mit mindestens 16 Prozent Stammwürze und einem hohen Alkoholgehalt. Ursprünglich handelt es sich um eine Starkbierart aus Einbeck (Ainpock).

Maräne

Maränen (Coregonus) sind eine besonders artenreiche Gattung von Fischarten der Lachsartigen. Synonyme Namen sind R(h)einanken, Renken, Felchen, Coregonen, Schnäpel und Schnepel. Manchmal bezeichnet ein Name auch mehrere Unterarten. Viele von ihnen sind inzwischen selten geworden, einige sogar vom Aussterben bedroht. Die Maräne ist ein ausgezeichneter Speisefisch in vielen ostdeutschen Seen und als »Bodenseefelchen« auch im größten deutschen See.

Mehlbüddel (norddeutsch)

Mehlbüddel steht für den Mehlbeutel. Gemeint ist allerdings ein Serviettenkloß, der sowohl süß mit Früchten als auch in der salzig-herzhaften Variante zubereitet wird. Was übrig bleibt, kommt am nächsten Tag gebraten auf den Tisch. Gibt es auch als braune Variante, wenn er mit etwas Blut angereichert ist. Varianten sind Holsteiner Mehlbüddel und Schwarzer Mehlbeutel.

Mehlspatzen

Fränkische Beilagenspezialität. Sie werden aus einem Mehlteig hergestellt, gelegentlich auch mit eingeweichten, altbackenen Brötchen. Vom Teig werden Nocken abgestochen und in Salzwasser gar gezogen.

Mettenden (westfälisch)

Dünne geräucherte Mettwürste, eine Rohwurst aus Schweinefleisch.

Mistkratzerle (schwäbisch)

Junges Hähnchen, traditionell aufgewachsen. Der Begriff soll die Natürlichkeit der Haltung betonen, als würde das Huhn auf dem Misthaufen des Bauernhofes nach Futter suchen.

Mogndratzerl (Bayerisch)

Mundartlicher Ausdruck für ein Appetithäppchen, eine kleine Vorspeise. Der Magen (Mogn) wird davon ein wenig geneckt, gekitzelt.

Moiakäferle

Das Moiakäferle ist abgeleitet von Gasthausnamen: ein kleiner Rostbraten, darauf eine Maultasche und Röstkartoffeln, sowie ein kleiner Salat, meist Ackersalat.

Moorlinda

Kartoffeln der Sorte Linda, die im Moorboden angebaut werden. Moorkartoffeln kommen ungewaschen in den Handel, der Moorboden haftet nämlich nicht an der Kartoffel.

Murnau-Werdenfelser Rind

Das Murnau-Werdenfelser Rind, ein Slow Food Arche-Passagier, ist eine vom Aussterben akut bedrohte Haustierrasse. Die einzige autochthone Rinderrasse Bayerns wurde von der Gesellschaft zur Erhaltung alter und gefährdeter Haustierrassen (GEH) für das Jahr 2007 zur »Nutztierrasse des Jahres« gekürt. Die Heimat des Murnau-Werdenfelser Rinds ist das Werdenfelser Land, das Alpen- und Voralpengebiet um Garmisch-Partenkirchen, Mittenwald, Oberammergau und Murnau. Das Murnau-Werdenfelser Rind ist sehr widerstandsfähig und an raues Klima gewöhnt. Bis zu Beginn des 20. Jahrhunderts war das Murnau-Werdenfelser als »Dreinutzungsrind« beliebt, also als Arbeitstier, Milch- sowie in beschränktem Umfang als Fleischlieferant. Milch und Fleisch dieser Rasse weisen eine besondere geschmackliche Qualität auf.

N

Nonnafürzle (schwäbisch)

Wörtlich: die Darmwinde der Nonnen. Ein besonders zur Fastnacht hergestelltes Schmalzgebäck, wahrscheinlich ein Relikt aus dem klösterlichen Leben. Vom Brandteig werden mit Teelöffeln kleine Kugeln abgestochen und nach dem Ausbacken in Zucker gewälzt. Wird heute oft, aber fälschlich aus Hefeteig hergestellt.

O

Obatzter, Obazda (bayerisch-fränkisch)

Angemachter Camembert, meist mit Butter, süßem Paprika und Zwiebeln vermischt. Eine klassische Biergartenbrotzeit.

Ofenschlupfer

Ein süßer Auflauf aus dem Backofen. Man verwendet altbackene Wecken (Brötchen), Äpfel, Rosinen, Eier und Milch. Wird gerne mit Vanillesoße serviert.

Oldenburger Mockturtle

Falsche Schildkrötensuppe aus Kalbs- oder Rindfleisch. Ursprünglich als preiswerter Ersatz für die Schildkrötensuppe gedacht, gab es bereits seit Mitte des 18. Jahrhunderts in England die Mockturtlesuppe (»unechte Schildkrötensuppe«), für die statt Schildkrötenfleisch Kalbfleisch vom Kopf, teilweise auch Rindfleisch verwendet wird. Aufgrund der über hundertjährigen Personalunion zwischen England und Hannover wurde die Mockturtlesuppe eine Spezialität Niedersachsens.

P

Palatschinken

Österreichisch für Eierkuchen. Ein flüssiger Teig aus mit Mehl und Eiern verquirlter Milch wird in der Pfanne in Butter zu dünnen runden Fladen herausgebacken. Aus Ungarn stammend, fand die Palatschinke (»Palatschinken« ist die Pluralform) erst um 1920 Eingang in die Wiener und später auch in die gesamtösterreichische Küche. In Süddeutschland wird sie gemeinhin als »Pfannkuchen« oder »Pfannenkuchen« bezeichnet. Palatschinken (man spricht: Pala-tschinken) sollen schon manchen Touristen hinters Licht geführt haben, der unter der Bezeichnung eine Schinkenspeise vermutete. Dabei hat die Herkunft des Namens nicht das Geringste mit Fleisch zu tun; das ungarische »palacsinta« leitet sich von lateinisch »placenta« (Kuchen) ab.

Panhas (rheinisch-westfälisch)

Kochwurst aus Schweine- und Rindfleisch. Wird in Scheiben geschnitten, angebraten und mit Beilagen serviert.

Pannfisch

»Pann« ist der plattdeutsche Begriff für Pfanne. Der Pannfisch wird paniert und in der Pfanne gebraten. Früher waren es oft die übrig gebliebenen Stücke vom Vortag. Pannfisch wird klassisch mit Senfsoße serviert.

Paradeiser (bayerisch-österreichisch)

Der Begriff kommt vom Paradiesapfel. Gemeint sind Tomaten.

Pfefferpotthast

Westfälische Spezialität. Kräftiger Rindfleischeintopf, bei dem das Fleisch so lange gekocht wird, bis es auseinanderfällt.

Pförtchen, Förtchen

Traditionelles norddeutsches Wintergebäck. Die Pförtchen werden in einer Pfanne mit kugelrunden Vertiefungen auf dem Herd in Fett ausgebacken.

Pickert (westfälisch)

Pickert ist ein Kartoffelgericht der westfälischen Küche. Er hat als Grundlage geriebene Kartoffeln, die mit Mehl, Eiern, Milch und Salz vermengt werden. Er wird in der Bratpfanne langsam gebacken. Kastenpickert hingegen wird in einer Kastenkuchenform ähnlich einem Brot gebacken, nach dem Auskühlen in Scheiben geschnitten und in einer Pfanne in heißem Fett gebraten. Man bestreicht ihn wahlweise mit Butter, Apfel-, Pflaumen- oder Zwetschgenmus, Marmelade – oder auch Leberwurst.

Pillekuchen

Ein Kartoffelpfannkuchen aus dem Bergischen Land. Dabei werden gebratene Kartoffeln mit einem Pfannkuchenteig übergossen und nochmals kräftig gebraten.

Pinkel

Begleitet in Nordwestdeutschland unbedingt jedes Grün- oder Braunkohlgericht. Kohl mit Pinkel ist ein echter Küchenklassiker. Pinkel ist eine geräucherte, grobkörnige Wurst, die mit Grütze und Speck hergestellt wird und besonders in der Gegend um Oldenburg und Bremen sowie in Friesland zum Grünkohl gegessen wird. Die Bezeichnung leitet sich vermutlich von der Verwendung des Mastdarms (Pinker) für die Wurst ab.

Platteklöß

Heichebrögger Platteklöß sind eine traditionelle Speise aus dem Spessart. Sie eignen sich sowohl als Beilage zum Schweinebraten als auch als Hauptgericht, das dann von einer Erbsensuppe oder von Apfelmus oder Zwetschgenkompott begleitet wird. Die aus geriebenen Kartoffeln, Mehl, Zwiebel und Ei geformten Klöße werden goldbraun ausgebacken.

Pluckte Finken (norddeutsch)

Bremer Eintopfgericht mit weißen Bohnen, Wurzelgemüse, Äpfeln und gestreiftem Speck. Früher war das ein Seefahrergericht mit Walspeck (»Vinken«).

Potthucke

Im Sieger- und Sauerland versteht man unter der Potthucke das, was im Topf (Pott) festhockt: Ein würziger Teig aus rohen und gekochten Kartoffeln wird entweder pur oder mit Speckstückchen und Zwiebeln im Ofen gebacken. Im Rheinland auch als Dippekuche, im Saarland als Dippelappes bekannt, in anderen Regionen als Puffert.

Powidl (österreichisch)

Der Begriff ist vom tschechischen »povidla« für eingekochtes Zwetschgenmus abgeleitet.

Primtjes

Eine Wortschöpfung aus »Primeur« und »Matjes«: der jüngste, feinste und zarteste Matjes.

Q

Quarkkeulchen

Sächsischer Klassiker. Kleine, flache in der Pfanne gebratene Klöße aus Quarkteig, meist mit Zimt, Zucker und Kompott kombiniert.

R

Rauchemaat

Erzgebirgischer Reibekuchen aus geriebenen gekochten Kartoffeln.

Röhrkohl

Röhrkohl, auch Strand-Dreizack oder Salz-Dreizack genannt, ist eine grasartige Pflanzenart, die zur Familie der Dreizackgewächse gehört. Der Strand-Dreizack kann als Gemüse (Röhrkohl) gekocht werden. Der Röhrkohl ist in Norddeutschland ein traditionelles Frühjahrsgemüse.

Rostige Ritter

Eine Regionalbezeichnung für »Arme Ritter«: Halbierte Brötchen oder Weißbrotscheiben werden in einer Mischung aus Milch oder Rahm mit Eiern, Zucker und Vanille eingeweicht und anschließend in Fett gebraten. In anderen Regionen auch als Bavesen, Pofesen, Semmelschnitten, Semmelnudeln, Semmelschmarrn, Weckzämmädä, Weckschnitten, Gebackener Weck, Fotzelschnitten oder Kartäuserklöße bekannt.

Rotes Höhenvieh

Das mittelgroße Rote Höhenvieh ist genügsam, langlebig, sehr mütterlich und ein guter Futterverwerter. Als Dreinutzungsrind (Milch, Fleisch, Arbeit) machte es in vielen Mittelgebirgsregionen im 19. Jahrhundert bis zu 90 Prozent der Rinder aus. Doch in der intensivierten Landwirtschaft zählten Qualitäten wie »eifriger Arbeiter« und »genügsames Milchrind« nicht mehr. Mitte der 1960er-Jahre waren regionale Vertreter der Rasse überall nahezu ausgestorben. Die Rettung kam 1983 regionenübergreifend durch den züchterischen Zusammenschluss im »Verein zur Erhaltung und Förderung des Roten Höhenviehs e. V.«. Heute beweidet es – meist zur Landschaftspflege in Mutterkuhherden – teilweise wieder seine Mittelgebirgslandschaften. Rotes Höhenvieh aus extensiver Haltung beeindruckt durch sein feinfaseriges, leicht marmoriertes, sehr schmackhaftes Fleisch. Das Rote Höhenvieh ist ein Slow Food Arche-Passagier.

S

Saitenwürstle

Dünne Brühwürstchen im Schafsdarm (»Saite«). In Baden-Württemberg sind Saitenwürstle wesentlicher Bestandteil des Nationalgerichts Linsen und Spätzle. Außerhalb Südwestdeutschlands werden sie meist als »Wiener Würstchen« bezeichnet.

Sauerfleisch

Beim Sauerfleisch werden die fetteren Stücke vom Schwein mit Gewürzen und Essig weich g ekocht. Nach dem Abkühlen geliert die Brühe. Das Sauerfleisch wird kalt serviert, meist mit Bratkartoffeln und Gewürzgurke. In Bayern und Österreich heißt das Sauerfleisch »Tellerfleisch« oder »Tellersulz« (von Sülze).

Schäufele, Schäuferle (fränkisch-alemannisch)

Schweineschulter, in Portionsstücke zerteilt. Der Name leitet sich vom schaufelartig aussehenden Schulterblatt ab. Während in Franken das Schäufele mit der Schwarte kross gebraten wird, wird in Baden das Schäufele schwartenfrei mild gepökelt, leicht geraucht und dann gekocht oder gebraten. Für ein gekochtes badisches Schäufele wird eine vorbereitete Schweineschulter mit Gewürzen wie Pfeffer, Wacholderbeeren, Lorbeer, Nelke sowie Weißwein gekocht bzw. gesimmert, bis sich der Knochen vom Fleisch löst. Traditionell gibt es dazu Kartoffelsalat. Im Fränkischen werden die Schäuferla gern mit Klößen serviert.

Schiebböcker (sächsisch)

Erzgebirgischer Brotaufstrich: Harzerkäse wird in heißem Bier und Butter geschmolzen und auf Brot mit Zwiebeln serviert. Der Name leitet sich vom Schiebbock, einem historischen Schubkarren, ab.

Schlutzkrapfen, Schlutzer

Aus (Süd-)Tirol stammende Nudelspezialität. Der Teig aus Roggen- und Weizenmehl wird mit Fleisch, Gemüse oder Spinattopfen gefüllt. Charakteristisch ist die halbmondartige Ausformung. Meist schwimmen sie in zerlassener Butter.

Schmand

Sauerrahm; in einigen Regionen ist dies aber die Bezeichnung für süße Kaffeesahne.

Schmätzchen

Eine Lebkuchenvariante, die in Sachsen und Oberfranken beheimatet ist. So sind Coburger Schmätzchen Honigplätzchen mit einer speziellen Gewürzmischung sowie Zitronat, Orangeat und Ölsamen.

Schneeballen

Ein Schneeball, häufig auch »Schneeballen« genannt, ist ein Gebäck aus Mürbeteig, das in der Region Hohenlohe/Franken, insbesondere in Rothenburg ob der Tauber, Feuchtwangen und Dinkelsbühl, bekannt ist. Seinen Namen verdankt das in Puderzucker gewälzte Gebäck seiner Kugelform von etwa zehn Zentimeter Durchmesser. Sie dürfen nicht verwechselt werden mit den Schneebällchen aus dem Saarland und der Pfalz. Hierbei handelt es sich um kleine luftig lockere Knödel, die aus gekochten mehligen Kartoffeln, Eiern, Mehl und Muskat hergestellt werden.

Schnitzel Holstein

Unter Schnitzel Holstein, auch à la Holstein, versteht man ein Kalbsschnitzel mit einer Garnitur aus Spiegelei, Räucherlachs, Ölsardinen, Kapern, Sardellenfilets und geröstetem Weißbrot. Heute in vereinfachter Form meist nur noch als Schnitzel mit Spiegelei serviert.

Schnüsch (norddeutsch)

Siehe Husch Nusch.

Schornbladln (bayerisch)

Schorrenblätter sind Oberpfälzer Fladen aus Brotteig.

Schupfnudeln

Auch regional unter »Bubaspitzle« oder »Fingernudeln« bekannt. Sie werden aus Kartoffelteig mit etwas Mehl und Ei hergestellt und in Salzwasser gar gekocht und anschließend in der Pfanne goldbraun geröstet. In einigen schwäbischen Regionen sind Schupfnudeln mit Kraut eine besondere Spezialität.

Schwartenmagen (badisch-schwäbisch-pfälzisch)

Presswurst, Pressack, Presskopf und andere regionale Bezeichnungen. Schweinefleisch, häufig auch Kopffleisch, wird mit Anteilen von Schwarten ursprünglich in einen Schweinemagen gefüllt.

Schwarzer Mehlbeutel

Siehe »Mehlbüddel«.

Schwarzsauer (norddeutsch)

Ein traditionelles Resteverwertungsgericht nach der Schlachtung. Fleischreste, Innereien und Schwarten werden mit Schweineblut, das durch die Zugabe von Essigsud gerinnt und schwarz wird, gebunden. Gewürzt wird mit Lorbeer, Pfefferkörnern, Nelken und Zwiebeln.

Schwimmerli

Suppeneinlage: Die unterfränkischen bestehen aus Brandteig, die mittelfränkischen aus einem der Palatschinken ähnlichen Teig ohne Zucker. Beide werden in Fett ausgebacken.

Snirtjebraten (friesisch)

Schmorgericht aus großen Stücken vom Schweinefleisch, traditionell aus Nacken oder Schulter, die mit Nelken, Piment, Wacholderbeeren und Lorbeerblättern gewürzt und zusammen mit reichlich Zwiebeln angebraten werden. Der Name leitet sich von »snirrtjen« ab, dem plattdeutschen Wort für brutzeln oder braten.

Solber (hessisch)

Ehemals das gepökelte »Übrige« vom Schwein, wie Füßchen, Ohren, Schwanz. Heute werden edlere Teile gepökelt und mit Kartoffelbrei und Sauerkraut serviert.

Soljanka

Säuerliche Suppe mit osteuropäischen Anklängen, war in der DDR weit verbreitet. Wird bis heute in Ostdeutschland gern zubereitet. Wichtigste und charaktergebende Zutat ist die Salzgurkenlake – und einige Gurkenstückchen extra. Ihre rote Farbe erhält sie von Tomaten und Tomatensoße. Gemüse- und Schinkenstreifen, Fleisch- und Fischreste (Fisch-Soljanka) oder Pilze werden gern verarbeitet. Abgeschmeckt wird mit Kräutern, Zitronensaft und saurer Sahne. Auch Wurststücke verirren sich gern in diese Suppe.

Spanisch Frikko (hessisch)

Deftiger Eintopf, für den die Zutaten in eine verschließbare Form geschichtet und im Wasserbad gegart werden. Hinein gehören Rindfleisch, Schweinefleisch, Kartoffeln, Zwiebeln und eine gute Portion Schmand.

Spargeldätscher (fränkisch/schwäbisch)

Dätscher, Detscher oder Betscher, Dinnete bezeichnet je nach Region einen Rahmfladen, der mit Sauerrahm, Speck, Frühlingszwiebel oder Schnittlauch, aber auch mit Gemüse belegt wird. Er ist eng verwandt mit dem Elsässer Flammkuchen.

Steak au four

Steak au four ist ein bekanntes DDR-Gericht. Eine Scheibe vom Schweinesteak wird mit Würzfleisch bedeckt und mit einer Käsescheibe überbacken. Dazu werden oft Pommes frites und gedünstete grüne Erbsen, manchmal auch Bratensoße gereicht.

Stint
Kleiner Fisch aus den Küstengewässern, der traditionell im Frühjahr bis zum 15. April gegessen wird. Wird meliert und dann gebraten, die Gräten können mitgegessen werden.

Stippmilch (westfälisch)
Quark wird mit Milch zu einer glatten Creme verrührt und mit Zucker gesüßt. Dazu werden Früchte serviert.

Stopfer (fränkisch)
Bezeichnung für Kartoffelpüree oder Kartoffelbrei.

Striezel (bayerisch-fränkisch)
Süßes Gebäck aus Germ- oder Hefeteig, oft in der Form eines Zopfs.

Stupperle
Ein traditionelles Gericht aus der Oberlausitz: in Scheiben geschnittene Kartoffelklöße.

Süür-Essen
Badische Variante des Schwarzsauer.

T

Teltower Rübchen
Teltower Rübchen sind kleine, grau- bis braunstichige weiße Rüben, die in relativ nährstoffarmen, lehmigen Sandböden gedeihen. Versuche, das Teltower Rübchen außerhalb seiner brandenburgischen Heimat anzubauen, scheiterten. Nur dort entwickelt es seinen charakteristischen, etwas scharfen Geschmack. Das älteste Rezept findet sich im Brandenburgischen Kochbuch von Maria Sophia Schellhammer (vermutlich 1723). Aufgrund seiner Frosttoleranz kann das Rübchen von Oktober bis März frisch angeboten werden. In der kollektivierten Landwirtschaft der DDR lohnte sich der arbeitsintensive Anbau jedoch nicht. Die schon von Johann Wolfgang Goethe, Theodor Fontane und Immanuel Kant gerühmten Rübchen haben die Hobbygärtner erhalten. Das Teltower Rübchen ist ein Slow Food Arche-Passagier.

Töttchen (westfälisch)
Traditionsgericht aus der Region Münster. Innereien wie Lunge, Herz und anderes vom Rind werden mit Zwiebeln und Essig zu einem süßsauren Ragout verkocht (siehe »Kalbstöttchen«).

Trambele (schwäbisch)

Die Schwäbisch-Haller Trambele sind in der Region Hohenlohe als gnocchigroße Klößchen aus Spätzleteig bekannt, die mit Kräutern verfeinert werden können. Sie werden wie Spätzle aufgekocht und können auch in der Pfanne angebraten werden.

V

Verheierte (schwäbisch-badisch)

Kartoffelschnitz mit Spätzle in der Brühe, meist mit gerösteten Brotwürfeln und geschmälzten Zwiebeln sowie einer Fleischbeilage, ähnelt dem »Gaisburger Marsch«.

Verheiratete (saarländisch)

Geheirate(-te) oder Verheirate(-te) sind ein traditionelles saarländisches Gericht aus Kartoffeln, Mehlklößchen und Speck. Gekochte und gewürfelte Kartoffeln werden mit den aus Mehl, Eiern, Salz, Muskat sowie Wasser hergestellten Mehlklößchen gemeinsam gegart. Sie gehen gewissermaßen eine Ehe ein. Vor dem Servieren werden die so »verheirateten« Klößchen und Kartoffeln mit zerlassenem Speck, nach Geschmack auch mit angerösteten Zwiebeln und etwas Kochwasser oder Sahne vermischt.

Vogelsuppe

Dieses Gericht gibt es nur im Hersbrucker Land und ausschließlich am Donnerstag vor der örtlichen Kirwa (Kirchweihfest). Eigentlich besteht die Vogelsuppe aus mehreren Gerichten: einer Leberknödelsuppe, dem sauren und dem gekochten Rindfleisch. Heute wird die Vogelsuppe in allerlei Variationen angeboten.

W

Weckewerk (hessisch)

Muskelfleisch, Speck, Schwarte und manchmal auch Innereien vom Schwein werden gewolft und mit Zwiebeln und trockenen Brötchen (»Wecken«) verlängert. Gewürzt wird mit Salz, Pfeffer, Kümmel und Majoran. Die Masse wird in Bratwurstdärme abgefüllt oder in Gläsern oder Kunstdarmblöcken eingekocht. Weckewerk wird in der Pfanne gebraten und mit Pellkartoffeln oder Salzkartoffeln und Kopfsalat, sauren Gurken oder Roten Beten serviert. Der sinkende Schwarten- und steigende Hackfleischanteil wird in Nordhessen als Wohlstandsindikator angesehen.

Welfenspeise, Welfencreme (niedersächsisch)

Ein zweischichtiger Pudding aus einer weißen gekochten Milch-Vanille-Creme. Darüber wird nach dem Erkalten eine gelbe Schicht von Weincreme gegeben. Namensgeber sind die heraldischen Farben des Adelsgeschlechtes der Welfen Weiß-Gelb.

Würzfleisch

Würzfleisch ist eine Ableitung vom französischen Ragout fin. Die DDR kreierte ihr eigenes Würzfleisch. Statt teuren Kalbfleischs nahm man meist Schweinefleisch, das gewürfelt und zusammen mit einigen Gewürzen gekocht wurde. Die Fleischbrühe wurde mit Kondensmilch, Eigelb und Weißwein vermischt und mit Mehl zu einer hellen Sauce gebunden. Traditionell wird Würzfleisch mit Käse bestreut und überbacken. Dazu werden zwei halbe Toastecken gereicht. In schlechten Restaurants war das ein oft lieblos zusammengerührtes Resteessen, heute erlebt es eine Renaissance mit durchaus feiner Aromatik.

Z

Zoigl (bayerisch)

Der Zoigl ist ein untergäriges Bier, das hell oder dunkel hauptsächlich in der nördlichen Oberpfalz gebraut wird. Es hat einen geringeren Kohlensäureanteil. Viele der Biere sind weder filtriert noch gespundet und damit eine Variante des Zwickelbiers. Das von Privatpersonen im Kommunbrauhaus hergestellte Bier wird in einem bestimmten Turnus ausgeschenkt. Ist ein Brauberechtigter an der Reihe, zeigt er dies an, indem er den an eine Stange befestigten Zoiglstern aus dem Fenster seines Hauses hängt. Daher leitet sich auch der Name des Bieres ab: Zoigl kommt von »zeigen«.

Zwetschgenbames (fränkisch)

Ein langsam auf Zwetschgenholz geräucherter Rinderschinken, eine Spezialität der fränkischen Schweiz.

Zwetschgenbavesen (bayerisch)

Bavesen bestehen traditionell aus zwei in Milch und Ei getauchten und bedeckten Weißbrotscheiben mit einer Füllung aus Zwetschgenkompott, welche in siedendem Fett gebacken und mit Zimtzucker bestreut werden. Variante der »Armen Ritter«.

Zwibbelsploatz (hessisch)

Deftiger Zwiebelkuchen vom Blech mit Brotteig als Unterlage. Je nach Ort mit Speck, Geräuchertem oder saurer Sahne im Belag.

Zwickel(bier), Zwickl(bier) (bayerisch-alemannisch)

Zwick(e)l bezeichnet den Probierhahn des Brauers für die erste Fassprobe. Der Begriff »Zwickelbier« ist in Baden-Württemberg, Südbayern und Österreich (in letzteren beiden in der Dialektabwandlung »Zwickl«) ein Synonym für unfiltriertes Bier. Im nördlichen Bayern sowie im nördlichen Rest der Republik hat sich vorwiegend der Name »Kellerbier« durchgesetzt. Ganz im Norden spricht man auch von »Kreusenbier«. Ungespundetes Bier in Bamberg und Zoiglbier in der bayerischen Oberpfalz sind Varianten des Zwickelbiers.

Regionen
und ihre Gerichte

Identität geht durch den Magen! Die Identität der Regionen in unserem Land ist eng mit den Speisen verknüpft, die hier traditionell gegessen werden. Wir werfen einen tiefen Blick in Töpfe und Schüsseln, Fässer und Räucherkammern der Vergangenheit und Gegenwart und zeichnen dreizehn Porträts deutscher Regionen mit ihren kulinarischen Eigenheiten und Vorlieben – von Hamburg bis München, vom Kohlenpott bis nach Sachsen.

Brägele und Schäufele

Lenn's euch schmecke: Im **Badischen** geht es kulinarisch heiß her. Willkommen in der deutschen Feinschmeckerecke

In Baden wird die Küche großgeschrieben. Die Region lebt heute als bessere Hälfte in der ehelichen Gemeinschaft Baden-Württemberg im Westen und Südwesten des Bundeslands an der Grenze zu Frankreich und zur Schweiz. Im Nordwesten schließt sich die Pfalz an, nördlich kommt Hessen, und nordöstlich ragt Baden ein Stück nach Bayern hinein. Durch den Kraichgau und den Schwarzwald verläuft die lebendige Grenze zu Württemberg.

Baden-Württemberger insgesamt nehmen es ernst mit dem Kochen. Friederike Louise Löffler veröffentlichte Ende des 18. Jahrhunderts das »Neue Kochbuch oder geprüfte Anweisung zur schmackhaften Zubereitung der Speisen, des Backwerks, der Confecturen, des Gefrornen und Eingemachten«. Aus dem Kraichgau stammend, wirkte sie in der schwäbischen Landeshauptstadt. Im Kraichgau und weiteren Regionen setzte sich in der Reformation die lutherische Kirche durch, während der Mittel- und Südschwarzwald und die oberrheinische Tiefebene bis nach Karlsruhe hinauf katholisch-genussfreudig blieben. Der Protestantismus hat den Menschen die Freude am guten Essen nicht ganz ausgetrieben: Baiersbronn im evangelisch-pietistisch geprägten Nordschwarzwald hat die höchste Spitzenrestaurantdichte in Deutschland. Chapeau!

Die badische Küche lebt von einer entspannten Begeisterung für guten Wein und genussvolles Essen auf der Grundlage erstklassiger regionaler Produkte. Hier findet man eine traditionelle, hochwertige Küche. Fast zwangsläufig haben sich in Baden gleich sechs regionale Slow Food Convivien gegründet. In der Region sind zahlreiche Restaurants und Gaststätten beheimatet, die probierenswerte Spezialitäten auf anerkannt hohem Niveau anbieten.

Geprägt ist die Küche nicht zuletzt von der elsässischen. Sie erscheint leichter als andere Regionalküchen, spart beim Fett und bevorzugt leichtere Bindungen. Schwäbischen Ursprungs

sind die beliebten Käsespätzle oder Maultaschen. Einfluss auf die badische Küche haben auch die Schweizer Nachbarn genommen.
In der Oberrheinebene liegen der vulkanisch geprägte Kaiserstuhl mit seinen fruchtbaren Böden und im südwestlichsten Zipfel Deutschlands das Markgräflerland. Die Tiefebene hat mit das wärmste Klima Deutschlands und muss sich den Beinamen »Badische Toskana« gefallen lassen. Wein-, Obst- und Gemüseanbau dominieren im Hochrheintal entlang der Schweizer Grenze ebenso wie am Bodensee. Hier gedeihen Mandeln, Feigen und Esskastanien.
In den höheren Lagen des Schwarzwalds hingegen war die Landwirtschaft ein hartes Brot. Es wurden Schweine oder Ziegen gehalten, und mit dem *Hinterwälder* wurde ein wenig Rinderzucht betrieben. Der Arche-Passagier erlebt im Südschwarzwald gegenwärtig eine kleine Renaissance. Das Rind ist ein besonderes: temperamentvoll, ungezogen, klein und im Geschmack einzigartig.
Die Wintermonate überstand man im finsteren Tann mit Bier- und Brotsuppen, die Küche war zuweilen kärglich, was an den natürlichen Bedingungen und der harten Arbeit in der Forstwirtschaft lag. Schwarzwaldbauern lebten mehr oder weniger als Selbstversorger, vom Getreideanbau bis zum fertigen Brot und vom Selbstgeschlachteten bis zum Schwarzwälder Schinken. Der gepökelte, gewürzte und kalt geräucherte Rohschinken ist eine geschützte geografische Angabe in der Europäischen Union. Zur *Veschper* passt er, wenn er handwerklich und gut gemacht ist, zu Bauernbrot, *Bibiliskäs* mit frischen Kräutern und Zwiebeln, zu Hausmacherwurst und sauren Gurken. Wolfgang Abel, der die Kulinarik seiner näheren und weiteren Heimat seit Jahrzehnten kompetent und kritisch begleitet, weist in seinem Buch über den Südschwarzwald darauf hin, dass handwerklich und traditionell hergestellter Schinken ohne Turbomast und -reifung leider fast nur noch unter der Hand gehandelt wird. Das EU-Siegel jedenfalls schließt industrielle Massenproduktion nicht aus. Aus Slow Food Perspektive ein Unding.
Ein haltbarer Proviant für die Vesper auf dem Feld und im Weinberg sind die rustikalen *Landjäger*. Die einfache, aber überregional bekannte Rohwurstspezialität stammt aus dem Alemannischen. Weitere typisch-herzhafte Gerichte sind die ebenfalls im Schwäbischen verbreitete *Flädlesupp'*, eine Rinderkraftbrühe mit dünnen Pfannkuchenstreifchen, oder das *Schneckensüpple* mit Wurzeln in der elsässischen Küche. Im Linzgau werden für die Fastenspeise Schnecken gezüchtet.

Als kulinarische Besonderheit teilen die Badener mit ihren elsässischen Nachbarn den *Flammkuchen*. Der sehr dünne Brotteig wird traditionell mit Zwiebeln und Speck belegt und schnell und heiß gebacken. Die verblüffend ähnlichen *Dinnele* oder *Dinnete* des Bodenseegebiets geben der Theorie Auftrieb, dass die Pizza womöglich in unserer Region ihren Ursprung nahm. *Flammkuchen* oder *Dinnete* zu genießen ist besonders zünftig in den saisonalen *Straußen-*, *Besen-* oder *Rädleswirtschaften*. Die Weingüter bieten neben neuem Wein auch *Zwiebelkuchen*, *Bibiliskäs* oder die *Brägele* genannten, vielfältig gerösteten Bratkartoffeln mit Speck und Zwiebeln an. Neben den *Brägele* haben sich weitere Kartoffelgerichte etabliert, zum Teil aus Schwaben und der Schweiz: wunderbarer *Kartoffelsalat* oder *Buebaspitzle*, in der Pfanne gebratene Schupfnudeln, die gelegentlich mit Sauerkraut gegessen werden. *Rahmblättlen* werden vor dem Kochen in Scheiben geschnitten und mit Sahne und Lyoner serviert. Pellkartoffeln werden *Gschwelldi* genannt; sie passen prima zum Spargel aus Schwetzingen. Hier wurde – vermutlich – 1668 der erste Spargel Deutschlands angebaut. Alternativ werden *Kratzete*, zerrissene Pfannkuchen, angeboten. Variationen von Spargelgerichten gibt es zahllose.
Eine bemerkenswerte Zusammenstellung ist *Kartoffelsuppe* mit *Zwetschgenkuchen* oder *Apfelküchle*, die überraschend gut mundet. Das bäuerliche Essen wurde zur Ernte auf das Feld gebracht. Bei Hochzeiten wurden Spätzle und Kartoffeln in Fleischbrühe unter der anschaulichen Bezeichnung *Verheierte* serviert. Darauf muss man erst einmal kommen.
In Rotwein geschmorte Ochsenbäckchen oder Ochsenbrust mit Meerrettich eröffnen den Reigen traditioneller badischer Fleischgerichte. *Eingekochtes Kalbfleisch* wird in Fleischbrühe mit Gewürzen gekocht und mit einer gebundenen Weißweinsauce zubereitet, die Reste werden in Gläsern eingeweckt. Den *badischen Sauerbraten* mit Rotkraut können *Spätzle* oder ihre knubbeligen Schwestern *Knöpfle* begleiten. Das *Schäufele* erhielt seinen Namen vom schaufelähnlichen Schulterknochen. Zur gepökelten, geräucherten und anschließend mit Wasser, Wein, Gewürzen und Zwiebeln gekochten Schulter passen Sauerkraut oder Kartoffelsalat. Ebenfalls ausgezeichnet schmecken im Brotteig gebackene *Schäufele*. Zu *Krautwickeln* aus Wirsing mit Hackfleischfüllung passen Kartoffeln oder Reis. Dass nicht nur die edle Hälfte der Tiere verwertet wird, zeigen Gerichte mit Innereien wie *Kutteln*, *saure Leberle* oder *Nierle*, die sich auf zahlreichen Speisekarten finden. Der Schwarzwald liefert die Grundlage für variantenreiche Wildgerichte. Der Feier-

tagsklassiker schlechthin ist der *Rehrücken Baden-Baden* mit Birnen, Preiselbeeren und Spätzle. Auf Bodenseefelchen und Schwarzwaldforellen basieren viele südbadische Fischgerichte, daneben gibt es auch Hechtklößchen oder Zander in Rieslingsoße. Exzellent nicht nur, aber auch zu geräucherter Forelle passt der *Ackersalat*, auch *Sonnenwirbele* genannt. Er bringt auch im Winter etwas Grün auf den Teller. Traditionellerweise wird er mit Speck und *Kracherle* genannten gerösteten Brotwürfeln zubereitet.

Für eine *Schwarzwälder Kirschtorte* muss man nicht in den Schwarzwald fahren, weil sie in Cafés in nahezu allen Orten auf der Welt angeboten wird. *Apfelküchle* – in Teig ausgebackene Apfelscheiben – findet man gleichermaßen auf bayerischen Speisekarten. Beim gebackenen *Kerschdeblotzer* kommen zu Kirschen Brötchen, Milch, Eier und Zucker. Für den *Ofeschlupfer*, auch Scheiterhaufen genannt, werden in Scheiben geschnittene, altbackene Brötchen mit Rosinen, Zucker und Zimt geschichtet und gebacken. Ein weiteres sättigendes Dessert sind *Dampfnudeln mit Weinschaumcreme*. Der *Rahmkuchen* hat seinen Ursprung im Elsass und wird mit Crème fraîche auf einem Mürbeteig zubereitet.

Die sonnenverwöhnte Weinregion Baden ist klimatisch – einzigartig in Deutschland – mit Frankreich und Italien vergleichbar. Badischer Wein hat, wie deutscher Weine allgemein, in den vergangenen Jahrzehnten eine bemerkenswerte Qualitätsentwicklung genommen. Aus Weiß- und Grauburgunder, Auxerrois und Chardonnay werden exzellente trockene Tischweine gewonnen. Der vor allem im Markgräflerland angebaute Gutedel ist ein leichter, unkomplizierter Zech- und Vesperwein. Am auffälligsten ist die Entwicklung beim feinen

Spätburgunder, der beständig besser wird und Weine von internationalem Format hervorbringt. Seit drei Jahrzehnten werden auch internationale rote Sorten wie Syrah und Cabernet Sauvignon angepflanzt. Doch die meisten Weingüter sind dem Spätburgunder treu geblieben. *Rosé* und vor allem der ausschließlich aus Spätburgundertrauben gekelterte *Weißherbst* bieten sommerlichen Trinkgenuss. Am Bodensee treffen Weinbaugebiete und Weinkulturen aus drei Ländern aufeinander, die eine über zweitausendjährige Tradition verbindet. Ob Pils, Weizen oder Export – zum deftigen Essen genießen Badener gelegentlich ein Bier, oft aus einer der vielen Brauereien im Schwarzwald. Am Bodensee werden international prämierter Gin und Whisky hergestellt. Das besonders sympathische *Zibärtle* wird aus wilden Bergpflaumen gebrannt. Es gibt nach wie vor unzählige Obstler und Brände von den zahlreichen Streuobstwiesen. Warum, ist leicht nachzuvollziehen: Nach reichlich gutem Essen kann ein Schnaps nicht schaden.

Genussführer-Testgruppen Baden

Hoppel-Poppel und Jeisterspucke

Die alte **Berliner Küche** ist so gut wie verschwunden, Experimentierlust die kulinarische Identität der Hauptstadt.

Was haben Marlene Dietrich und Heinrich Kleist gemeinsam? Ihre Lieblingsspeise: *Eisbein*! Ob die Dietrich ihre märchenhafte Figur diesem Fleischtrumm verdankt, darf indes bezweifelt werden. Dennoch soll sie in ihrer Berliner Zeit dem Kniebein des Schweins mit Haut und Haaren verfallen sein. *Eisbein* wird es genannt, weil Kindern aus dem blank genagten Knochen Kufen fürs Eislaufen geschnitzt wurden. Das klassische *Eisbein mit Erbspüree und Sauerkraut* ist das bekannteste Gericht der Berliner Küche. *Berliner Leber* – vom Kalb! – mit Zwiebelringen und Apfelscheiben oder die *Bulette*, die *Bockwurst* und der *Hackepeter* sind ebenfalls gute Bekannte auf dem Berliner Speisezettel, aber das Eisbein hält unbeirrt die Poleposition. Auch *Königsberger Klopse* werden als traditionelles Berliner Gericht gehandelt, eingeführt im 19. Jahrhundert von weitgereisten ostpreußischen Haushaltshilfen. Erst in Berlin avancierten die feinen Kalbfleischbällchen mit Kapern und Sardellen zu einem der bekanntesten deutschen Nationalgerichte.

Das *Eisbein*, Inbegriff krachender Schwelgerei, steht nach wie vor auf Berliner Speisekarten. Die gelegentlich mit Kartoffel- statt Erbspüree servierten Platten erinnern in ihren Ausmaßen an amerikanische Flugzeugträger. Da fragt sich mancher: Was muss das für eine Küche sein mit einem solch brachialen Aushängeschild?

Betrachtet man die überlieferten Gerichte, ist die Berliner Küche schlicht, gewöhnlich, rustikal. Sie legt, so der Eintrag bei Wikipedia, »mehr Wert auf deftigen Geschmack und Sättigung als auf Delikatesse oder Verfeinerung«. Der Kulinarhistoriker Peter Peter nennt sie »vergröbert«, eine »Schnell- und Arme-Leute-Küche«, deren Gerichte von der Berliner Schnauze häufig sprachlich verulkt worden seien wie beim *Hoppel-Poppel*, Kartoffeln mit Eiern und Speck.

Aufwendige Zubereitungen sind ihr ebenso fremd wie raffinierte Würzung und andere Extravaganzen. Preußisch-protestantisch geprägt, wurden kulinarische Einflüsse von Einwanderern durch Vereinfachung integriert. Die Einwanderer indes waren zahlreich: Schon 1890 waren fast zwei Drittel der Einwohner keine echten Berliner. Peter Peter schreibt: »Die Berliner Küche ist ein großer Suppentopf, in den jeder seinen Löffel tunkt.« Sie kamen aus aller Herren Länder, vor allem aber aus Sachsen, Schlesien, Pommern und Ostpreußen. Auch der große Schub der Hugenotten Ende des 17. Jahrhunderts hatte spürbaren Einfluss, sie stellten zeitweise nahezu ein Viertel der Stadtbevölkerung. Alle Zuwanderer brachten ihre Rezepte mit – für die *Kalbsbrust mit Stachelbeersauce*, für das *Schlesische Himmelreich – Backobst mit Klößen und Räucherspeck –*, das *Hühnerfrikassee* oder das *Leipziger Allerlei*. Kulinarisch habe Berlin »mehr aufgesaugt als abgegeben«, bilanziert Peter Peter.

Hoppel-Poppel

Die typischen Zutaten förderten den rustikalen Charakter: Die Berliner aßen viel Schweinefleisch, Gänse und Karpfen, Aal, Hering und Hecht, Kartoffeln, Kohl, Rüben, Gurken und Hülsenfrüchte. Es ging vor allem um Sättigung. Denn Berlin war in der Zeit vor Krieg und Teilung vor allem »eine hart schuftende Industriestadt«, wie Jürgen Fahrenkamp über seine Heimatküche schreibt, da hieß die Devise: »Essen soll satt machen für billjet jeld.« Das funktioniert mit der berühmten *Stulle*, mit *Soleiern, Schlackwurst* oder einer *Kohlroulade mit Speck*. Das *Berliner Bollenfleisch*, Lamm mit Zwiebeln in Kümmelsahnesauce, mutet da fast schon luxuriös an.

Ein genauerer Blick in die Pfannen und Töpfe verrät: Suppen waren nicht nur in den kalten Wintermonaten beliebt. *Biersuppen* – eine Berliner Spezialität und Ausdruck der langen Brautradition – wurden in zahllosen Variationen gekocht, aber auch Kohl-, Kartoffel- und Erbsensuppen, jeweils mit und ohne Wurst. Die *Bockwurst* ist die bekannteste Wurst der Berliner Küche. Sie verdankt ihren Namen den traditionellen Bockbierfesten, wo sie 1889 erstmals die fettig-substanzielle Grundlage für den gewaltigen Bierkonsum lieferte. Spätestens seit den 1970er-Jahren ist sie von der *Currywurst* verdrängt worden, dem neuen Liebling der Wurstesser. Der *Stolze Heinrich* ist ein anderes Altberliner Urgestein in der Pelle: eine Bratwurst in Braunbiersoße, die mit Lebkuchen, Zitronensaft und geriebener Zwiebel abgeschmeckt wird. Dazu Quetschkartoffeln mit einem Schuss Buttermilch und Speckwürfeln. Andere traditionelle Berliner Gerichte werden gern nach Kassel oder Schleswig-Holstein verlegt. Denkste!, sagt der Berliner. Das *Kasseler* soll vom Metzger Cassel in der Potsdamer Straße Ende des 19. Jahrhunderts erfunden worden sein, wobei die Metzgerei in alten Adressbüchern allerdings nicht zu finden ist. Dennoch: Die Berliner reklamieren das Gericht eisern für sich und preisen die geniale Idee, Schweinerücken, später auch Rippchen und Nacken vom frisch geschlachteten Tier vor dem Räuchern in Salzlake zu pökeln. Das *Schnitzel Holstein*, eine bemerkenswert aufwendige Speise, ist nach einer grauen Eminenz der Bismarck-Zeit benannt, dem Politiker Friedrich von Holstein. Ihm wurden Vorspeise und Hauptgang im Restaurant Borchardt gleichzeitig serviert. Seitdem wird das Kalbschnitzel Holstein nicht nur von Spiegelei und Kapern eskortiert, sondern auch von gerösteten Weißbrotecken, die mit Sardellen, Lachs und Kaviar belegt sind. Ein teures Berliner Gericht.

Aber es gab eben auch wohlhabende Berliner, es gab den Kaiser, reiche Unternehmer, vornehme Bürgerhäuser und die politische Klasse. Es gab die Weltstadt Berlin mit ihrem luxuriösen Auftritt. Rezeptsammler Manfred Otto berichtet von »maßloser Prasserei« in den Gründerjahren der zweiten Hälfte des 19. Jahrhunderts. Bei großen Banketten wurden *Zebuschwanzsuppe* und *grönländischer Stachelrochen* aufgetragen, danach *Antilopenrücken* und *norwegische Walderdbeeren*. Berlin war nicht nur Arme-Leute-Essen mit *Löffelerbsen* an *Schweinsohr*, sondern auch ein Ort internationaler Küche.

Reiche und Arme aßen gleichermaßen und regelmäßig Fisch. Der Fischreichtum von Spree, Havel und den vielen Seen in und um Berlin sorgten für eine attraktive Vielfalt. Dazu trat der Hering als beliebtester Meeresfisch. Er war in allen Variationen fester Bestandteil der Berliner Küche. *Rollmöpse* sind urberlinisch, aber auch Krebsgerichte wie die *Krebssuppe mit*

Rollmops

Dill. Allerdings reduzierte ab 1870 eine Krebspest die üppigen Bestände. *Aal grün*, pochiert mit Sahne-Dill-Soße und Gurkensalat, ist das bekannteste Traditionsgericht der Berliner Fischküche. *Schleien* und *Havelhechte in Spreewälder Soße*, der gebratene Havelzander oder die Jeisterspucke – Aal in Aspik – sind weitere charakteristische Fischteller.
Die meisten dieser Gerichte sind verschwunden. Die Altberliner Küche ist fast nur noch Folklore und ein qualitativ meist fragwürdiges Touristenfutter. Noch vor zwei Jahrzehnten fand man vor allem in Ku'damm-Nähe etliche Lokale, die als Sachwalter der Deftigkeit mit viel Zille-Nostalgie und Altberliner Nippes in Tradition machten. Keine Orte für schwächliche oder bange Esser. In den Gaststuben: schwer kohlige Gerüche, Fleischgebirge, klingende Bierkrüge und ganze Busladungen lautstarker Hauptstadtbesucher, dazu die bekannte Berliner Gastfreundschaft: »Nischt mehr frei«, blafft der Kellner.
Ernsthafte kulinarische Modernisierungen alter Gerichte sind rar. Manchen Zubereitungen allerdings wird kaum nachgetrauert – so dem aus Kuheutern geschnittenen *Berliner Schnitzel*. Die Berliner Restaurantküchen verarbeiten vor allem die aktuellen Eingebungen der Küchenavantgarde und

ausländische Einflüsse. Berlin ist Hauptstadt, Metropole, Trendsetter, Multikulti, schönste kulinarische Vielfalt, *Conglomerat aller Weltexistenzen*, wie es schon 1840 hieß. So ist es schon wieder Tradition, dass zwischen zeitgenössischer Sterneküche, Döner Kebab und veganen Burgern keine echte Berliner Küchentradition zu finden ist.

Dafür sprudelt das gastronomische Großlabor Berlin. An kaum einem anderen Ort wird so viel experimentiert und an zukunftsträchtigen Konzepten gefeilt: mit *radikaler Regionalität*, mit immer mehr *vegetarisch-veganen Restaurants*, mit *Speisen aus dem Abfallcontainer*, mit der *Craft-Beer-Revolution*, mit dem *Hauptstadtbarsch* aus eigener Zucht oder auch mit regelmäßigen Genussfestivals wie *Eat-Berlin*. Selbst die in die Jahre gekommene, altbackene *Grüne Woche*, die größte Landwirtschaftsausstellung der Welt, zieht immer noch die Massen an. Seine kulinarische Identität als gastronomischer Hotspot gewinnt Berlin aber durch immer neue Ideen, Moden, Verrücktheiten. Ein Motto der 1920er-Jahre wird recycelt: *Anything goes!* Die eigene Berliner Gastrozeitung *Ess-Press* versucht Trends und gastronomischen Wandel jeden Monat einzufangen, kommt aber kaum hinterher.

Nach der Wende ist die Region als Speisekammer Berlins neu entdeckt worden. Nach Jahrzehnten der Insellage, in denen der Westteil kein regionales Umfeld hatte und die Stadt auf Importe aus großer Distanz angewiesen war, ist die Sandbüchse Brandenburg erneut der wichtigste Lieferant für kulinarische Rohstoffe: vor allem für Wild und Schweinefleisch, für Obst und Gemüse mit dem *Teltower Rübchen* als urigem *Highflyer*. Von den feinen Rübchen, aber auch von *Morcheln* und *Fetthammelherden* aus märkischen Fluren hatte schon der alte Fontane geschwärmt.

Genussführer-Testgruppe Berlin

Bollenfleisch und Sanddornbier

Auf **Brandenburgs** Speisekarten drängeln sich Fische, Äpfel, Wild und Teltower Rübchen, und ab und an mutiert die Kartoffel zur Nudl.

Nach einem Blick auf die Landkarte würde es naheliegen, von einer Berlin-Brandenburgischen Küche zu sprechen. Doch trotz zahlreicher Überschneidungen bleibt eine sorgfältige Trennung ratsam. Denn die Berliner Küche wurde seit dem 19. Jahrhundert stark mitgeprägt von der Zuwanderung aus östlichen Regionen und Ländern. Häufig werden Köchinnen und Hausmädchen aus Ostpreußen genannt, die Gerichte wie Königsberger Klopse mitbrachten. Auf die Mark Brandenburg strahlte das kaum aus, denn die Menschen lebten wegen der schlechten Verkehrswege recht abgeschnitten von Berlin und machten naturgemäß aus dem etwas, was sie selbst produzierten. Lediglich die Hugenotten brachten neue Akzente mit, die Friedrich der Große unter anderem im trockengelegten Oderbruch ansiedelte. Um beim Alten Fritz zu bleiben: Seine zwangsweise Einführung der Kartoffel, in der Uckermark auch *Nudl* genannt, veränderte das Essverhalten einschneidend und half unzweifelhaft, den Hunger zu besiegen.
Am preußischen Hofe wurde – weit vom Volke entfernt – üppig gekocht. Die Bauern der märkischen Lande, zu denen auch weite Gebiete gehörten, die heute polnisch sind, mussten sich über das Jahr ausschließlich mit dem bescheiden, was sie hatten. Das Gleiche galt für die sorbische und wendische Bevölkerung in der Niederlausitz. In ihren Küchen spielte, mehr noch als das Zubereiten, die Vorratswirtschaft eine Rolle. Die Hausfrauen war mit Pökeln, Räuchern, Dörren und Einkochen reichlich beschäftigt. Man hielt mindestens ein Schwein, das möglichst viel Fett ansetzen sollte und im Herbst von einem Wandermetzger geschlachtet und zerlegt wurde. Zügig wurde es so verarbeitet, dass es für längere Zeit haltbar war. Es wurde *Mett-, Kohl-, Leber-* und *Blutwürste* hergestellt, ohne dass sich irgendeine erkennbare regionale Wurstspezialitäten entwickelt hätte. Eine allgemeine Vorliebe für einen deftigen Geschmack hingegen hat sich bis heute erhalten.

Geschmacksprägend war das, was beim Volk auf dem Lande täglich auf den Tisch kam. Hauptgericht war die Suppe, Hauptnahrungsmittel das Brot, das alle zwei Wochen meist im eigenen Ofen gebacken wurde. Beerenfrüchte wurden aufwendig zu Mus wie dem *Fliedermus* aus Holunderbeeren konzentriert, das gerne zum Fisch gereicht wurde. Eintöpfe, die mit Hülsenfrüchten, Speck und Wurstzipfel angereichert wurden, standen auf der Tischmitte in einer großen Schüssel, aus der alle löffelten. Diese Tradition lebt in den Feldküchen weiter, die nach der Wende an Fernverkehrsstraßen entstanden und nach wie vor ihr Stammpublikum finden.
Der Uckermärker Wochenspeisezettel sah nach einem (ins Hochdeutsche übertragenen) Gedicht von Max Lindow (1875–1950) folgendermaßen aus:

Montag will ich Linsen kochen,
Dienstag könnte ich ja Bratspeck machen,
Mittwoch gibt es Klöße und Birnen,
Donnerstag können wir Kohl verzehren,
Freitag kochen wir diesmal Kohlrüben,
Kartoffelsuppe müssen wir am Sonnabend schlucken,
Sonntag wollen wir lustig leben,
dann soll es ja dicke Erbsen geben.

Brandenburg als Fluss- und Seenlandschaft schenkte Fisch in Hülle und Fülle. Bis zur eingeschleppten Krebspest bereicherten Unmengen Krebse den Speiseplan. Es blieben Hechte, Zander, Aale, Plötzen, Barsche und Rotfedern. Leider landet sie heute wegen mangelnder Distribution viel zu selten in den Küchen der Restaurants und auf den Tellern der Familien. Der Aal stirbt allmählich aus, stattdessen wird auf breiter Front der Stör wieder heimisch gemacht und von der Gastronomie entdeckt. Eine Besonderheit im Oderbruch war die fettreiche *Quappe*, die einst der Ernährung ebenso dienten wie der Herstellung von Kienspänen. Erst im vergangenen Jahrzehnt ist sie erneut zu einer kulinarischen Attraktion geworden: Wintertags werden die Gaststätten nahe der Oder aufgesucht, um den schmackhaften Fisch zu genießen, der meist vom traditionellen *Fliedermus* begleitet wird. Gefangen wird der Fisch heute zum großen Teil im polnischen Warthebruch. Als einheimische Art dominiert nach wie vor der *Karpfen*. Die jahrhundertealten Fischteiche in Peitz bei Cottbus bilden eine der größten Zuchtanlagen Deutschlands. Die Köche haben es gelernt, ihn als Schnitzel, Gulasch oder in Malzbier gegart grätenfrei zuzubereiten.
Mehr als ein Drittel der Fläche Brandenburgs ist Wald. Jährlich werden bis zu 190.000 Rehe, Hirsche, Wildschweine, Hasen,

Teltower Rübchen

Fasane und anderes Wild erlegt und landen zerwirkt in den Kochtöpfen. In der Gastronomie spielen Wildgerichte erst in neuerer Zeit eine wachsende Rolle. Auch Wildrohwurst und -rohschinken erfreuen sich wachsender Beliebtheit. In Brandenburg ist es ein verbreiteter und selbstverständlicher Volkssport, Pfifferling, Marone, Steinpilz oder Krause Glucke zu sammeln.

Große Aufmerksamkeit hat das feine *Teltower Rübchen* wiedererlangt, das schon Goethe und Kant zu genießen verstanden. Seit Mitte des 19. Jahrhunderts spielt der Anbau von Spargel rund um Beelitz eine wachsende Rolle. Er wurde wie die Erbse von den Hugenotten eingeführt. Im Zweiten Weltkrieg und danach war ihr Anbau verboten, weil reichlich Land und Arbeitskraft für wenig Nahrhaftes verschwendet wurden. Heute ist das Luxusgut Spargel zu einer bedeutenden Volksnahrung geworden, sodass das Anbaugebiet Beelitz nicht mehr ausreicht und es auch im Havelland, im Ruppiner Land, im Lausitzer Braunkohlegebiet und im Oderbruch angebaut wird. In Brandenburg wird der Spargel begleitet von *paniertem Schnitzel, heißer Butter* oder *Sauce hollandaise*.

Die kulinarische Tradition erhielt nach 1945 in der DDR neue Akzente durch Versorgungslage und Planwirtschaft gleichermaßen. Ein typisches, bis dahin unbekanntes Suppengericht war die Soljanka, eine russisch inspirierte, süßsaure Restesuppe. Auf jeder Speisekarte in den HO-Gaststätten stand das *Steak au four*, ein mit *Würzfleisch* belegtes Steak, jenes eine simplifizierte Variante des *Ragout fin*. Rindfleisch war billiger als Schweinefleisch. Und unterstützt von staatlicher Planung, kam als Antwort auf das westdeutsche Wienerwald-Hendl der *Broiler* auf den Markt. In vielen Landgasthöfen mit einfacher Küche findet man *Ostalgisches* bis heute auf der Speisekarte. Geblieben ist auch die Beliebtheit des aus Sachsen stammenden *Quarkkeulchens*. Die auf Geheiß Ulbrichts gezüchtete robuste DDR-Tomate *Harzfeuer* bewahrt in den Hausgärten Brandenburgs ihren eroberten Platz. In der Lausitz, vor allem im Spreewald, lebt die Tradition der *Salzgurken* ebenso fort wie die des empfindlich kurzlebigen *Leinöls*, das zusammen mit Quark und Pellkartoffeln in einfacheren Gasthöfen gereicht wird.

Aber nicht alles von dem, was vor hundert Jahren zur Alltags- oder Sonntagsküche gehörte, lebt in der Gastronomie oder

auch in den Haushalten fort. Selten ist die *Beamtenstippe* genannte Hackfleischsoße, *Löffelerbsen* – eingeweichte Erbsen mit Speck und Suppengemüse –, *Bollenfleisch* – Hammelfleisch mit Zwiebeln und Kümmel –, Fliederbeersuppe oder *grüner Aal* geworden. Auf jeden Fall geblieben sind zwei Gerichte, die von den Hugenotten eingeführt wurden: das *Hühnerfrikassee* und als fester Bestandteil der brandenburgischen Küche die *Bulette*, deren Bezeichnung sich von der französischen Boule ableitet. Beständig beliebt sind *Kartoffelsuppe*, die *Brandenburger Bauernente, Zander mit Speck, Eisbein mit Sauerkraut, Grünkohl mit Bratwurst, gefüllte Gurken* und nicht zuletzt das *Kasselerfleisch*, eine Erfindung des Berliner Metzgers Cassel, die sich schnell auch im Umland verbreitete. Auch die *Berliner Leber* wird in Brandenburg gemocht. Den *Knieperkohl* vom Kohlstrunk *mit Lungenwurst* ist in der Prignitz wieder erhältlich. Und der 1832 von einem Konditormeister kreierte Eberswalder Spritzkuchen erlebt eine Renaissance.
Eine tragende Rolle spielte seit jeher der Anbau von Äpfeln und Birnen. Die Sorten wurden so gewählt, dass die Erntesaison möglichst lange währte. Brandenburg war bis ins erste Drittel des 19. Jahrhunderts auch ein Weinland. Die adeligen Großgrundbesitzer tranken das Jahr über den Säuerling von den eigenen Weinbergen und ließen nur für die Festtage und zu Familienfeiern Wein von Rhein und Mosel herbeischaffen. Die Lausitz war zeitweise das größte deutsche Anbaugebiet. Heute sind davon gerade einmal 32 Hektar Rebflächen geblieben. Die wenigen Winzer erfreuen sich eines großen Zuspruchs, auch wenn Brandenburg eher ein Bierland ist. Typisch sind mit Kirschen, Himbeeren, Honig oder Sanddorn aromatisierte Biersorten. Sie sind auch heute als Begleitung zum *Hühnerfrikassee* äußerst beliebt. In den

Hühnerfrikassee

letzten Jahren haben sich einige Mikrobrauereien etabliert, die alte Rezepte aufgreifen, wobei die Brandenburger es eher mild als herb mögen.
Wenn das kulinarische Erbe Brandenburgs nicht von einigen wenigen Gastwirten gepflegt würde, wäre nur noch wenig davon übrig. Familiäre Kochüberlieferungen wie in anderen Gegenden Deutschlands sind durch die gesellschaftlichen Umwälzungen weitgehend verloren gegangen. Umso erstaunlicher sind neue Produkte, die altehrwürdig klingende Namen tragen: *Ruppiner Weidelamm, Linumer Wiesenkalb, Havelländisches Apfelschwein* und *Saalower Kräuterschwein* sind Erfindungen des Berliner Großversorgers Havelland Express mit seinen Vertragsmästern, die man allenthalben auf den Speisekarten findet und so tun, als hätte es sie schon vor hundert Jahren gegeben. Gleiches gilt für das *Märkische Sattelschwein* von Gut Hirschaue. Hier werden neue gastronomische Identitäten geschaffen.
Was sich im Lande neu entwickelt, ist auch die früher nahezu nicht praktizierte Käseherstellung. Ein in die Uckermark ausgewanderter Holländer brachte Bewegung in die Sache. Es folgten mehrere Ziegenkäsehersteller, und in der Gläsernen (Bio-)Molkerei am Rande des Spreewalds reifen neuerdings große Hartkäselaibe. Längst gibt es einen *Büffelmozzarella* aus Jüterbog.
Man sollte sich nicht der Illusion hingeben, dass sich die Brandenburger heute nur an traditionellen Speisen laben. Auch auf dem flachen Land gibt es reichlich Fast Food. Überall findet man die Asia-Imbisse, betrieben meist von Vietnamesen, die einst von der DDR ins Land geholt wurden. Während Dönerbuden eher selten sind, sind italienische Pizzerien und hin und wieder Griechen leichter zu finden. Aber die meisten Buden am Straßenrand bieten eine Küche *wie bei Muttern*. Alles in allem ist die bodenständige Brandenburger Küche deutlicher präsent als in der Hauptstadt, und die meisten Gasthöfe sind regelmäßig fest in der Hand von Einheimischen. Sie haben sich, meist nach der Wende, eine neue Existenz in der Gastronomie aufgebaut. Positiv fällt auf: Während anfangs viele ihre Ware einkauften, wo sie am billigsten war, suchen heute immer mehr nach den kleinen, zuverlässigen Produzenten in ihrer Nähe. Ein Trend gegen die Massentierhaltung und Agrarmonostrukturen, von denen das Land Brandenburg leider auch geprägt ist.

Genussführer-Testgruppe Barnim-Oderland

Grie Soß, Gebabbel und Wisperforelle

Entspannter Mix aus Moderne und Tradition in **Frankfurt**: Ebbelwoi jetzt auch vegan

Frankfurt am Main weckt Bilder von der Messe, vom Flughafen, von der Skyline und von Banken. Frankfurt war durch seine bevorzugte Lage im Rhein-Main-Gebiet schon früh ein wirtschaftlicher Knotenpunkt mit Handelswegen, die bis ans Mittelmeer, nach Wien sowie nach West- und Osteuropa reichten. Im Frankfurter Dom wurden Kaiser und Könige gekrönt, in der Paulskirche deutsche Geschichte geschrieben. An Besuchern mangelte es Frankfurt nie. Im späten 16. Jahrhundert entwickelten sich die Vorläufer des heutigen Gastgewerbes – ungefähr zeitgleich mit der Gründung der Frankfurter Börse. Vor diesem Hintergrund verwundert es nicht, dass man im 19. Jahrhundert Frankfurts Küche auf gleichem Niveau wie jene der Kaiserstadt Wien und der Kaufmannsstadt Hamburg einordnete.

Frankfurt am Main ist eine wachsende Großstadt, eingebettet in ein landwirtschaftlich geprägtes Umland: Im *Rheingau*, der vor den Toren Frankfurts im Westen beginnt, werden Rieslinge und Spätburgunder von Weltgeltung angebaut. Auf den *Streuobstwiesen* rund um die Stadt und im *Odenwald* wachsen alte Apfelsorten, die sich für Apfelwein und Apfelsaft eignen. Die *Rhön* liefert Schinken und Wurst sowie Fleisch vom Schaf, der *Spessart* Rindfleisch, und aus den Wäldern des *Taunus* kommen Hirsch und Wildschwein. Eines der wichtigsten Produkte, die *Kartoffel*, wird überwiegend in Südhessen angebaut, auch Spargel gedeiht im Hessischen Ried gut. Drei *Mineralwasserquellen* liegen in Frankfurts direkter Nachbarschaft: im Taunus, in Rossbach und in Bad Vilbel.

Modernisierung und Internationalisierung sind an der kulinarischen Landschaft Frankfurts nicht spurlos vorübergegangen. Einerseits sind viele Traditionshäuser verschwunden, in manche zogen sogar neumodische Fast-Food-Ketten. Andererseits hat die gastronomische Vielfalt enorm profitiert. Heute bietet Frankfurt in dieser Hinsicht einen entspannten Mix aus Moderne und Tradition. Um sich davon zu überzeugen, ist ein Gang in die *Kleinmarkthalle* oder nach *Sachsenhausen* zu empfehlen.

Frankfurter Rippchen

Die traditionelle bürgerliche Frankfurter Küche ist geprägt von den Produkten aus der Region: in erster Linie *Kartoffeln* und viel *Schweinefleisch*, das gepökelt, geräuchert, gekocht oder als *Würste mit Sauerkraut, Kartoffelbrei* oder *Brot* gegessen wird. Hausschlachtungen waren früher verbreitet. Vielleicht hat man dabei viel geredet, jedenfalls heißt das Frankfurter Rippchen auch *Frankfurter Gebabbel*. Es ist gepökelt und stammt vom Schweinenacken oder dem Kotelettstrang. Man gart das Rippchen auf einem Sauerkrautbett mit Apfelwein und Gewürzen und serviert es mit Kartoffelbrei – wenn es nicht als Brotzeit kalt gegessen wird.
Dann gibt es noch *Leiterchen* (Schälrippchen), *Stich* (Bauchfleisch) und *Haspel* (Haxe) sowie das *Solberfleisch*, die *Schlachteplatte des armen Mannes*. Salpeter wurde zur Lauge gegeben, in der die weniger begehrten Teile des Schweins (Kopf, Schnauze, Ohren, Füße und Schwänzchen) gepökelt wurden; das verschaffte ihnen eine schöne rote Farbe.
Neben *Fleischwurst* und *Rindswurst*, die mit Brot oder Kartoffelsalat verzehrt wird, ist auch das *Frankfurter Würstchen* beliebt. Metzger durften bis zum Jahr 1864 – dem Jahr der Einführung der Gewerbefreiheit – nur das Fleisch eines Tieres verarbeiten. Das Frankfurter Würstchen besteht ausschließlich aus Schweinefleisch. Es ist angeräuchert und wird meist

in Linsensuppe, alternativ mit Brot, Senf oder Meerrettich gegessen. Früher hießen die Würstchen Bratwurst. Mit ihnen wurden die Ochsen gefüllt, die bei Kaiserkrönungen auf dem Römerberg für alle gebraten wurden. Die Bezeichnung *Original Frankfurter Würstchen* ist seit 1860 geografisch geschützt. Gerichte wie das *Fränkische Schäufelsche*, eine geräucherte Schweineschulter, das im Rheingau beheimatete *Woihinkelsche*, in Riesling geschmortes Huhn – der Frankfurter nimmt stattdessen Apfelwein –, oder das aus dem Odenwald stammende *Kochkäseschnitzel* zählen ebenfalls zur Frankfurter Küche. Kochkäse wird aus reifem Handkäse, Butter, Quark, Natron, Salz und Kümmel gekocht und warm über ein paniertes Schweineschnitzel gegossen. Erkaltet schmeckt der Käse gut auf kräftigem Brot, wahlweise mit *Musigg*, einer Essig-Öl-Zwiebel-Marinade.

Handkäse tauchte zu Beginn des 19. Jahrhunderts auf und war zunächst ein Grundnahrungsmittel der kleinen Leute. Verzehrt wird der Sauermilchkäse mit Kümmel und Butterbrot oder ebenfalls mit *Musigg*. Seit mehr als einem Jahrzehnt trägt der *Hessischer Handkäse* eine geschützte Herkunftsbezeichnung und muss in Hessen hergestellt und verpackt worden sein.

Ein kaiserliches Privileg erlaubte ab dem späten 15. Jahrhundert die Mainfischerei – wegen der 140 Fastentage im Kirchenjahr, an denen kein Fleisch gegessen werden durfte war die Nachfrage groß. Der Fischmarkt befand sich auf dem Samstagsberg, dem heutigen Römerberg. Bis zum Ende des 19. Jahrhunderts war Fisch aus dem Main ein wichtiges Nahrungsmittel in Frankfurt. Dann lohnte sich die gewerbliche Fischerei nicht mehr: Industrialisierung und Bevölkerungswachstum hatten die Wasserqualität ruiniert und den einstmals artenreichen Fischbestand dezimiert. Heute kommt der Fisch aus Aquakulturen am Seligenstädter Ufer und auch vom Frankfurter Flughafen: Er ist der größte Fischmarkt Deutschlands.

Zander Frankfurter Art ist ein beliebtes Gericht, Forellen kommen aus der Nidda und dem Taunus: In dem wald- und felsreichen Gebiet fließt die naturbelassene Wisper. Die *Wisperforelle* wird von ihren Lieferanten geschmacklich als *terroirgeprägt* beworben.

Man ahnt schon, dass Gemüse in der traditionellen Frankfurter Küche eher ein Nebendarsteller ist. Lauch, Zwiebeln und Tomaten dürfen in den *Speckpfannekuchen*. Ansonsten spielen Sauerkraut und Kartoffeln nicht nur als Beilage, sondern auch als Gemüsezutat die Hauptrolle: beim *Kartoffelkuchen mit Sauerkraut* aus Rhein-Main, beim sauren Kartoffelgemüse oder beim Kartoffelsalat.

Grüne Soße

Das heißt aber nicht, dass Frankfurter gar nichts Grünes mögen. Schließlich gibt es die *Grüne Soße*: mit Pellkartoffeln, zu gekochten Eiern, Fisch, zum *Frankfurter Schnitzel*, zur *gekochten Ochsenbrust* oder dem etwas in Vergessenheit geratenen *Ochsenbrot*, einem Bauernbrot mit Butter und gekochten Ochsenfleischscheiben.
Bei der *Grünen Soße* gibt es so viele Rezepte, wie es Hessen gibt. Warm kommt sie eher in Nordhessen auf den Tisch. In Frankfurt müssen genau sieben Kräuter hinein: Borretsch, Kerbel, Kresse, Petersilie, Pimpinelle, Sauerampfer und Schnittlauch. Sie werden mit Öl, Sauerrahm oder Joghurt, sauren Gurken, Zwiebeln und Gewürzen gemischt. Angebaut werden die Kräuter im Frankfurter Stadtteil Oberrad; man muss sie von Hand klein schneiden – wer ihnen Quetschungen zufügt, fliegt aus der Küche.
Zu Frankfurts Süßigkeiten: Der *Frankfurter Kranz* wurde Mitte des 18. Jahrhunderts zum Andenken an Frankfurt als Krönungsstadt kreiert. Der Kuchen aus Rühr- oder Biskuitteig wird mit Buttercreme gefüllt und umhüllt, gehackter Krokant und kandierte Kirschen runden das Werk ab. Die *Bethmännsche* sollen um 1840 bei der Frankfurter Familie Bethmann erfunden worden sein. Auf dem Marzipan-Mandel-Gebäck

waren ursprünglich vier Mandelhälften. Es sind nur noch drei, da sie stellvertretend für die vier Söhne der Familie standen und ein Sohn der Familie früh starb.
Zutaten im *Frankfurter Pudding mit Bischofssoße* sind gewürfeltes Weißbrot, Butter, Milch, Zucker und Ei. Er wird mit Zitronat, Orangeat, Nüssen, Zimt, Nelken, Rotwein und Rum gewürzt, in einer Puddingform gestockt und mit einer Soße aus Rotwein, Johannisbeergelee, Zucker und Gewürzen serviert.
Der wohl bekannteste aller Frankfurter Genüsse ist ein Getränk: der *Apfelwein*. Schon in der frühen Neuzeit kelterte man aus Äpfeln der Region einen Wein, auch *Stöffsche* genannt, der seit dem 17. Jahrhundert in Sachsenhausen verkauft wurde. Aus dem *Bembel*, einer im Westerwald hergestellten graublauen Steinzeugkanne, kommt er in das *Gerippte*, ein Glas mit Rautenschnitt. Man isst zu ihm *Rippchen mit Kraut, Handkäs mit Musigg* und Brot oder *Sachsenhäuser Schneegestöber*, ein Brotaufstrich aus Camembert, Frischkäse, Butter und Gewürzen. In den Wirtschaften Sachsenhausens, Frankfurts bekanntestem *Ebbelwoi-Viertel*, sitzen Einheimische und Fremde wie selbstverständlich an einem Tisch. Aber auch jenseits der Touristenpfade, in oft noch ländlich geprägten Stadtteilen, findet man solche Traditionslokale.
Hergestellt wird der Apfelwein – traditionellerweise eine Mischung unterschiedlicher Apfelsorten – in den nahezu vierzig Keltereien um Frankfurt. Viele *Ebbelwoi*-Wirtschaften keltern selbst. Innovative Keltereien bieten sortenreine und vegane Apfelweine an. Mal sehen, ob *Apfelwein-Cola* aus der Dose bei den Hessischen Apfelweinmeisterschaften einen Bembel gewinnen wird.

Genussführer-Testgruppe Frankfurt

Labskaus und Mockturtlesuppe

In **Hamburg** ist Aal drin: pragmatische Alltagsküche und überspönige Extravaganz

Der Hamburger Helmut Schmidt lebte von Kaffee und Zigaretten. Hans Albers zeigte im feucht-traurigen Spielfilm *Große Freiheit Nummer 7*, dass in St. Pauli das Essen nicht so wichtig ist. Doch Hamburg hat eine durchaus differenzierte Küche zu bieten. Neben einer pragmatischen Alltagsküche – viele denken bei Hamburger Küche an *Pannfisch, Labskaus* oder *Aalsuppe* – kann es bei der Nahrungsaufnahme gelegentlich extravagant zugehen. Denn die Hamburger Elite bewirtete früher selbst Staatsgäste zu Hause. In der Hansestadt entstand eine ausgeprägte Küche für Gäste. Um die reichen Bürger in ihrer um sich greifenden Maßlosigkeit zu zügeln, verfügte der Senat 1609, dass sich ein Hochzeitsmahl auf vier Gänge zu beschränken habe. Knapp zweihundert Jahre später monierte der Hamburger Arzt Johann Jacob Rambach: »Wenn man Wien ausnimmt, so gibt es schwerlich einen Ort in Deutschland, wo man so sehr darauf bedacht ist, sich die Mittel zur Erhaltung des Lebens möglich angenehm zu machen, als in Hamburg. Bei manchen unserer Landsleute wird wirklich oft das Mittel zum Zweck des Lebens. Die erste Sorge vieler ist gut essen und trinken.«

Der Blick auf ein Menü aus dem Jahr 1879 bestätigt Rambachs Einschätzung: Die 23 Gänge – Obst kam noch dazu – begannen mit einer *Mockturtlesuppe* (bei der Kalbfleisch die schwer zu beschaffende Schildkröte ersetzte), gefolgt von Fleisch und Fisch in lockerer Folge: *Klopffleisch mit Orangen- und Trüffelsauce* nebst vier feinen Gemüsen, *Rehrücken mit Morchelsoße* und gebratenen Kartoffeln, *Puter in Aspik, Forellen mit spanischer Soße* oder *Zitronensoße, kalte Makrelen mit Mayonnaise, farcierte Fasanen mit Trüffelsoße, Krammetsvögel* (Wacholderdrosseln) oder *Schnepfen, Vol-aux-vent* (Pasteten) mit Froschschenkeln und Champignons. Beim *Nudelberg mit Vanillecreme* (Gang 15) konnte man sich ein klein wenig erholen, sodass noch ein *gefülltes Spanferkel mit Krabbensoße und Rotkohl* im Magen Platz fand.

Die Desserts, darunter eine *Wiener Torte mit Makronen*, begannen mit dem 19. Gang.
Festliche Menüs haben in Hamburg Tradition. Seit Mitte des 14. Jahrhunderts findet im Hamburger Rathaus das jährliche Matthiae-Mahl statt. Zunächst Männern vorbehalten, durften ab 1622 auch Frauen teilnehmen. Heute werden 400 bis 600 Gäste geladen, darunter Ehrenbürger Hamburgs, Vertreter aus Kultur, Wirtschaft und Wissenschaft und Ehrengäste über die Stadtgrenze hinaus. Das Essen wird zwar nicht als Selbstzweck betrieben, doch Kritik an der teuren *Elitenspeisung* wird beständig geübt.
Hamburg hat den größten deutschen Containerhafen, der eng mit seinem Wohlstand verbunden ist. Die rege Handelstätigkeit beeinflusste zu allen Zeiten seine Küche. Früh wurde mit *Muskat, Nelken, Pfeffer* oder *Safran* gewürzt. *Zitrusfruchtspeisen* waren der ganze Stolz der Bürger. Auch in der *Bettelmann-Suppe*, einer Suppe aus Rindfleisch, Graupen und Kartoffeln, findet man weitgereisten Zutaten. In einem Rezept von 1830 werden neben Brot, Wein, Zucker und Eiern *Zimt, Nelken* und *Zitronen* verwendet.
Handel und regionale Gegebenheiten prägen die Hamburger Küche. Auf dem fruchtbaren Marschboden in den Vier- und Marschlanden wird seit Jahrhunderten Gemüse für die Versorgung der Stadt gezogen. Das *Alte Land* ist eines der größten Obstanbaugebiete Europas. In Schleswig-Holstein liegen an der Nordsee und auf der Halbinsel Angeln ausgedehnte Viehweiden, die Böden im östlichen Holstein bieten hervorragende Bedingungen für den Getreideanbau. In der Stadt an der Waterkant gibt es reichlich Wasser und den berühmten Fischmarkt. Die Elbe war so fischreich, dass sich in Hamburg – wie andernorts – die Legende hält, ein Gesetz habe Dienstboten davor bewahrt, häufiger als zweimal wöchentlich Lachs essen zu müssen. Heute hat sich die Wasserqualität der Elbe so weit stabilisiert, dass von gelegentlichem Verzehr von Elbfisch nicht abgeraten werden muss.
Hamburg kann zahlreiche beliebte Fisch- oder Meerestiergerichte vorweisen. Nur noch selten findet man den herzhaften *Krebspudding*; Krabben werden als *Krabbensuppe* gegessen, die in der Hansestadt in der Saison mit Spargel zubereitet wird. In Hamburg ist mit dem *Cölln's* die älteste Austernstube Deutschlands beheimatet. *Pannfisch*, früher ein Resteessen, ist ein in der Pfanne gegarter Fisch, den man meist mit Senfsoße und Kartoffeln serviert. *Finkenwerder Scholle* wird mit einer Krabben-Speck-Mischung zubereitet. Heringe werden in zahlreichen Varianten zubereitet. Frische Heringe heißen *grüne Heringe*; wenn man sie brät und sauer einlegt, erhält

Finkenwerder Scholle

man *Bratheringe*. *Bismarckheringe* sind rohe, sauer marinierte Heringe. *Matjes* ist ein junger, fetter Hering, der roh in Salzlake eingelegt und enzymatisch fermentiert wird. In der Nähe von Hamburg wird der zarte *Glückstädter Matjes* noch mit dem fischeigenen Enzym hergestellt, der besonders gut mit *Hausfrauensoße* – Äpfel und Zwiebeln in Joghurt und Schmand – mundet.

Zum *Labskaus*, einem Seemannsgericht aus gepökelter Rinderbrust, Kartoffeln und Roter Bete, gehörte Matjes unbedingt, jedenfalls, solange auf hoher See noch Bestände gebunkert waren. Fisch, nicht zuletzt Aal, wird aus geschmacklichen und Haltbarkeitsgründen geräuchert. Ob Aal in die berühmtberüchtigte *Aalsuppe* gehört, darf bezweifelt werden. Es kursieren zwei Interpretationen: Entweder man wirft *alles* von gestern Übrige in die Suppe, bis *aal in* ist – oder es muss ein *echter Aal* her. Letzteres hält man in Hamburg allerdings für etwas der Erwartung auswärtiger Gäste Geschuldetes. Die Variante für Einheimische wird auch *Saure Suppe* genannt.

Im Allgemeinen wurde in Suppen das zusammengekocht, was das Umland hergab. Obstsuppen waren weit verbreitet. Für eine gute *Kirschsuppe* baute man im Alten Land die *Bittere Blanke* an, die mit dem Kochen ihren bitteren Geschmack, nicht aber ihr Aroma verliert. Mit herkömmlichen Kirschen kann die *Kirschsuppe* schon deshalb nicht funktionieren, weil die Früchtchen gekocht *an rosa Wasserleichen* erinnern, wie ein Züchter der alten Schwarzkirschen spottete. Weitere süße Suppen sind *Fliederbeersuppe* und *Buttermilchsuppe* mit Rosinen und Mehlklößen. Unter den herzhaften Eintöpfen ist *Hamburger National* typisch, ein *Steckrübeneintopf mit Rindfleisch und Kartoffeln*, oder auch *Birnen, Bohnen und Speck*. Dass hier ebenfalls Kartoffeln hereingehören, muss man bei norddeutschen Gerichten eigentlich nicht eigens erwähnen. *Birnen, Bohnen und Speck* gelingt nur richtig gut mit Speck vom *Angeler Sattelschwein*, mit *Türkischen Erbsen* (einer Vierländer Bohnensorte) und *Kochbirnen* (kleinen, sehr harten Früchten).

Königsberger Klopse, die mit Kalbshack, Sardellen und Kapern zubereitet werden, findet man häufig auf Hamburgs Speisekarten. Unter den Entwurzelten, die nach dem Zweiten Weltkrieg in Hamburg und Schleswig-Holstein landeten, waren viele Ostpreußen. Sie beeinflussten die Essgewohnheiten in der Region, sobald Hunger und Not nachließen. Marion Lindt hat in ihren Kochbüchern die korrekte Zubereitung der Klopse beschrieben. Eine besondere Spezialität ist die *Vierländer Ente*, deren Vorfahren aus Peking kamen. Sie werden langsam aufgezogen, gutes Futter und Auslauf sorgen für einen einzigartigen Geschmack. Aus den Vierlanden kommen auch *Stubenküken*, eine Hamburger Spezialität hauptsächlich zu Ostern. Die *Vierländer Hühner* legten so früh im Jahr Eier, dass man die Küken der Kälte wegen in der Stube aufziehen musste. Möglicherweise lag das am Futter, das auch im Winter mit Resten aus dem Fischfang ergänzt wurde. Es ist anzunehmen, dass vorwiegend männliche oder kränkliche Tiere als *Stubenküken* veredelt wurden. Für *Stubenküken* eignen sich Hühnerrassen mit kurzfaserigem Fleisch wie das *Ramelsloher Huhn* besonders gut.

Möglicherweise wurde der *Ham-Burger* tatsächlich in Hamburg erfunden, das *Rundstück warm* (Schweinebraten und Soße auf einem Brötchen) könnte sein Vorläufer sein. Er hätte sich unter seiner ursprünglichen Bezeichnung international wohl kaum durchgesetzt. Weiterhin in Hamburg beliebte, regionstypische Gerichte sind *Sauerfleisch* und *Sülze*. *Sauerfleisch* ist Schweinefleisch in süßsaurer Gelatine, *Sülze* wird aus sehr fettem Schweinefleisch mit Schwarten als natürlichem Sülzestand gekocht. Das neue Superfood *Grünkohl* wird traditionell lange gekocht und mit *Kasseler* oder mit *Wurst und Kartoffeln* gegessen.

Sülze

Schnüsch, eine Milchsuppe mit frischem Gemüse und Kräutern, kommt aus Schleswig, während *Mehlbüddel* – ein herzhafter, gedämpfter Mehlkloß, der auch als süße Hauptspeise gereicht wird – heute nur noch in Dithmarschen zu finden ist. Die *Rode Grütt* (Rote Grütze) bedarf dringend der Erwähnung: Rote Früchte und deren

Saft werden gekocht, mit Sago gebunden – das im Original aus einer Palme gewonnene, traditionelle Bindemittel wird heute kaum mehr mehr gehandelt und durch Tapioka oder andere Stärken ersetzt – und mit Milch, Rahm, Vanillesoße oder auch Grieß serviert.
Hamburg galt lange als das *Brauhaus der Hanse*; *Bier* wird nicht nur solo getrunken, sondern gern mit *Küm* (Korn mit Kümmel). Oder man mischt es mit klarer *Zitronenlimo* – *Alsterwasser* ist ein ideales Sommergetränk. Für den Winter empfiehlt sich ein *steifer Grog* aus südamerikanischem Rum. Um am nächsten Morgen wieder wach zu werden, findet man bestimmt eine exquisite Kaffee- und Teemischung: Schließlich ist Hamburg Europas größter Kaffeeumschlagplatz und bekannt für seine Teekultur.

Genussführer-Testgruppe Hamburg

Knieste und Klümpe

Kein Grund, für die **Harzer** Küche schwarzzusehen: Es geht auch ohne Schmalz und Talg.

Die traditionelle Küche des Harzes gilt gemeinhin als deftig; das Attribut *Raffinesse* ist keinesfalls das erste, dass in diesem Zusammenhang fällt. Doch wer mit Muße tiefer in die Eigenheiten der Harzer Kulinarik eintaucht, wird Überraschendes entdecken und ist vielleicht inspiriert, Traditionelles mit Raffiniertem zu verbinden. Die fünf Landkreise des Harzes liegen in Niedersachsen, Sachsen-Anhalt und Thüringen. Der Brocken, der höchste Berg des Mittelgebirges, liegt im Landkreis Harz.

Als Bergbaugebiet war der Harz auf Zuwanderung angewiesen. Seine Küche wurde von Bergleuten aus Thüringen oder Nordhessen beeinflusst. Die ursprüngliche Harzer Küche ist eine Küche der Gegensätze. Sie entstand im allgegenwärtigen und immer wiederkehrenden Gegensatz von Arm und Reich – an Geld, an fruchtbarer Landschaft und an Schätzen der Natur. Der Harz als Landschaft konnte seine schwer arbeitende Bevölkerung kaum ernähren – mit seinen Reichtümern diente der Wald zuallererst dem Bergbau und dann den Privilegierten als Jagdreviere und Fischgründe. Die allgemeine Bevölkerung musste sich mit dem begnügen, was Wälder oder ihre kargen Gärten an pflanzlicher Nahrung boten. Zumindest boten zahllose Pilze einen eiweißreichen Hochgenuss. Zur Ernährung trugen auch Hühner, Kühe oder Ziegen bei, jedoch war die Tierhaltung nicht für jeden erschwinglich. Aus dem fruchtbaren Umland kamen Kartoffeln und Getreide, die eingekauft werden mussten. Das Einzige, was es immer und für jeden gab, waren Schmalz und Talg. In den meisten traditionellen Rezepten kommen sie deshalb reichlich zum Einsatz.

Nun sind Schweineschmalz und Rindertalg gerade nicht die beliebtesten Fette in der Küche, zumal die Zeiten vorbei sind, in denen die Bevölkerung Schwerstarbeit unter Tage oder im Wald verrichten musste. Kein Wunder, dass es die traditionelle Harzer Küche heute schwer hat. Aber, genauer hingeschaut, sind Donuts auch nichts anderes als unsere *Prilleken*. Ein Blick in alte Kochbücher oder in neue Bücher mit alten Rezepten lohnt sich: Wer sich für die traditionelle Esskultur interessiert, wird einiges über lokale und saisonale Kostbarkeiten aus der heute touristisch geprägten Region erfahren.

Die bekannteste Harzer Spezialität dürfte der *Harzer Käse* sein, auch *Harzer Roller* genannt. Mit dem Käse ist eine Geschichte verbunden, die einen guten Ausgang hätte nehmen können – wenn jemand rechtzeitig daran gedacht hätte, den Sauermilchkäse als Harzer Spezialität anerkennen zu lassen. Hat aber niemand, und so konnte der Molkereikonzern, der nach und nach alle Produktionsstätten im Harz aufkaufte, die Produktion schließlich nach Sachsen verlagern. Gegenwärtig entwickeln sich wieder kleine Manufakturen, die den Käse herstellen und exklusive Liebhaberkreise mit ihm beglücken.

Die traditionellen Harzer Gerichte zeugen von den oben erwähnten Gegensätzen. Wo es fast nichts gab, waren die Gerichte karg und zwangsläufig flexibel in Bezug auf die verwendeten Zutaten. Gab es in guten Zeiten reichlich, verschwanden gelegentlich sechzehn Eier in einem Kuchenteig. Offensichtlich waren Kartoffeln erschwinglicher als Getreide, denn in vielen Rezepten sind Kartoffeln Hauptzutat. Eine *Kartoffeltorte* mit sehr vielen Eiern im Teig ist eine angenehme Überraschung – die man sich keinesfalls entgehen lassen sollte. Legendär ist der *Harzer Zuckerkuchen*, leicht abgewandelt auch als *Butter- oder Schmandkuchen* bekannt. Letzterer wird

Harzer Roller

traditionellerweise nicht – wie oft angegeben – mit Hefe zubereitet, sondern aus einem Rührteig mit viel Schmand und noch mehr Zucker – innen drin und obenauf. *Eierkranz*, der wie ein Brandteig anmutet, jedoch aus einer Art Pfannkuchenteig besteht, und Schmalzgebackenes wie die *Prilleken* sind typisches Harzer Backwerk. Bedauerlicherweise gibt es nur noch

wenige Bäckereien, die diese Spezialitäten anbieten. Auch die *Buchweizentorte* wird meist vergebens gesucht.
Bemerkenswert an der Harzer Küche ist die Liebe zum *Klump* (Kloß). Ob aus Buchweizen, Kartoffeln, Mehl oder altem Brot, ob süß, pikant, als Hauptgericht oder in der Suppe: *Klümpe* gab es in vielen Variationen – sicher nicht zuletzt, weil sie satt machen und sich zur Resteverwertung anbieten.
Kartoffeln sind aus dem Harz nicht wegzudenken. Das bekannteste Gericht aus alten Tagen heißt *Harzer Knieste* oder, wenn die *Knieste* von rohem Mett begleitet werden, *Hackus und Knieste*. Für die *Knieste* werden ungeschälte Kartoffeln längs halbiert und gebacken. Die Schnittflächen kommen nach oben und werden mit Fett veredelt – früher mit Speck, fettem Mett oder Schmalz, heutzutage bevorzugt man Pflanzenöl. Gewürzt werden die Kartoffeln mit Salz, Pfeffer und Kümmel.
Weil die einfache Bevölkerung beim Kochen mit dem vorliebnehmen musste, was Jahreszeit und Geldbeutel ermöglichten, wundert es nicht, dass auch Suppen in allen Variationen zum täglichen Speiseplan gehörten; schließlich lässt sich in ihnen alles Mögliche zu einem Gericht vereinen. Suppenkasper hatten im Harz nichts zu lachen. Am bekanntesten sind *Schiebensupp* (auch *Köhlersuppe*) und *Runx Munx*. Die *Schiebensupp* war in der ärmlichsten Fassung eine Wassersuppe mit Rindertalg und hineingebrockten Brotscheiben (Schieben) – nach Verfügbarkeit ergänzt durch Pilze, Kräuter oder Beeren aus dem Wald. An guten Tagen kamen Kohl, Zwiebeln, Kartoffeln oder ein Ei, ganz selten Fleisch in den Topf. Das berühmte *Runx Munx* hingegen war ein reichhaltiger Eintopf auf der Grundlage von Kohl, Steckrüben und Schweinebauch. Wurst, Kartoffeln, weiteres Gemüse und Zwiebeln bereicherten das Ganze. Gewürzt wurde mit heimischem Wacholder und Majoran. Auch süße Suppen standen auf dem Speisezettel. Wenn die Natur reichlich Beeren und Früchte zu bieten hatte, kochte man daraus etwas Süßes. Äpfel, Hagebutten oder Holunder landeten im Suppentopf – was auch heute einen Versuch wert ist.
Kulinarische Höhenflüge ermöglichten Wild und Wildgeflügel, Bachforellen und Lachse. Mit dererlei Edelprodukten wurde eine raffiniertere Kochkunst ausgelebt. Die Harzer Küche ist ohne Wildgerichte, Forellen oder Pilztöpfe undenkbar. Das fanden auch Wilderer, die in der Bevölkerung als Helden verehrt wurden, weil sie sich dem Jagdprivileg des Adels widersetzten. Wild gibt es auch heute im Harz, und zwar reichlich, Lachse hingegen sind nicht mehr anzutreffen – trotz aller Bemühungen, ihn wieder anzusiedeln.
Was macht man in einer Region, in der pflanzliche Nahrung wegen der kargen Böden nicht im Überfluss vorhanden ist?

Man füttert Rind und Schwein mit allem Pflanzlichen, das für Menschen unverdaulich ist, und schlachtet einmal im Jahr die Tiere. Das meiste wurde zu *Wurst* verarbeitet, und selbstverständlich wurde das komplette Tier verwertet: von *Rinderzunge, Nieren, Schweineöhrchen* und *-pfoten* bis zum *Ochsenschwanz* – vieles ist den meisten heute unbekannt. Für Freunde deftiger Wurstspezialitäten ist der Harz ein Paradies. Legendär und bis heute äußerst beliebt sind die *Schlachteplatten* mit allem, was die Wurstkammer zu bieten hat.

Rinderzunge

Leider gibt es von den traditionellen Wurstemachern nicht mehr allzu viele, sodass man schon genau hinschauen muss, woher die Ingredienzen kommen. Wer aber das Glück hat, echte *Harzer Schmorwurst, Stolberger Lerchen, Finkenwurst, Brägen-, Grütz-, Schlack-, Kopf-* oder *Schwärchenwurst* zu bekommen, sollte sie unbedingt durchprobieren.
Überhaupt war man im Harz sehr erfinderisch, was den Einsatz von Wurstspezialitäten in warmen Gerichten betrifft. Ob als Einlage in Eintöpfen, gebraten oder ausgelassen und zu einer *Stippe* (Soße zum Eintunken) verarbeitet – der Fantasie waren kaum Grenzen gesetzt.
An Getränken hat der Harz gutes Wasser aus regionalen Quellen, Liköre und vor allem eigenes Bier zu bieten. Als kulinarische Region ist der Harz durchaus interessant und vielseitig. Man muss nur genau hinschauen und zwischen den alten Rezepten die Schätze bergen. Wem die Kochkunst nicht ganz fremd ist, benötigt nur einen gewissen Einfallsreichtum, um die traditionellen Rezepte an zeitgenössische Vorlieben und Vorstellungen anzupassen und vom Schmalz vergangener Zeiten zu befreien. Glück auf!

Genussführer-Testgruppe Harz

Spitzbuben und Diebchen mit Dukefett

Vielfältige und rustikale Küche: In **Mittelhessen** lag Resteessen schon immer im Trend.

Mittelhessen liegt – *nomen est omen* – mitten in Hessen. Im Norden liegt die Ederseeregion, im Osten wird es von der Rhön und im Westen von Taunus und Westerwald begrenzt. Südlich schließt sich die Rhein-Main-Region mit der Wetterau an, deren nördliche Bewohner sich Mittelhessen zugehörig fühlen. Neben der fruchtbaren Wetterau mit ihren weiten Ackerflächen und Streuobstwiesen sowie der abwechslungsreichen, hügeligen Landschaft im Zentrum des Gebiets umfasst Mittelhessen auch den Vogelsberg mit kargen Böden und Weiden, auf denen das widerstandsfähige *Rote Höhenvieh* grast. Fischreiche Gewässer sind charakteristisch unter anderem für den Lahn-Dill-Kreis. Die landschaftliche Vielfalt spiegelt sich in der jeweiligen Interpretation einer charakteristisch hessischen Küche wider, sowohl was die Rohprodukte als auch deren handwerkliche Verarbeitung angeht. Aus den typischen Ausgangsprodukten werden vielfältige Gerichte zubereitet: Kartoffeln gibt es als Kartoffelwürste, als *Schepperlinge* (Kartoffelpfannkuchen), *Beulches* (Kartoffelallerlei im Leinensäckchen), als *Diebchen mit Dukefett* (Kartoffelklöße), *Schalet* (Auflauf) oder einfach mit *Matte* (Quark).

Großstädte sucht man in der Region vergeblich. Die mittelhessische Küche darf als rustikal bezeichnet werden. Kartoffeln, Getreide, Fleischprodukte, Eier, Gemüse und selbst angebautes Obst prägen die typischen Gerichte – alles Zutaten, die vorwiegend aus der regionalen Landwirtschaft stammen. Die Äpfel für das hessische Nationalgetränk *Eppelwoi* (Apfelwein) wurden auf Streuobstwiesen angebaut. Die Tradition der Apfelweinkelterei reicht in Hessen bis ins 16. Jahrhundert zurück, als der bis dahin in der Region verbreitete Weinanbau im Zuge der kleinen Eiszeit aufgegeben wurde. Am 3. Juni ist Welt-Apfelwein-Tag, die Initiative hierfür kam natürlich aus Hessen.

Neben der heimischen Landwirtschaft spielt der Wald als Lebensmittellieferant eine große Rolle. *Wildfleisch, Beeren* oder *Pilze* fanden seit jeher ihren Weg auf die hessischen Teller. Das Prinzip der Selbstversorgung, auch aus dem eigenen Kleingarten, prägt die mittelhessische Küche teilweise bis heute. Dinge des täglichen Verzehrs selbst anzupflanzen – *Pastinaken, Möhren, Kohl, Kohlrabi, Lauch* und *Kartoffeln* – war auf den Bauernhöfen üblich. Wie in bäuerlich geprägten Regionen werden Lebensmittel möglichst effizient genutzt und haltbar gemacht. Nicht nur *Sauerkraut* ist in Hessen beliebt, auch grüne Bohnen werden durch Milchsäuregärung zu *sauren Bohnen*. Wichtig für die regionale Küche ist das Einkochen von *Gemüse, Fleisch* und *Wurst* oder *Obst*. Man macht in Hessen *Hoink*, wenn man Zwetschgen zu Mus verarbeitet. Trocknet man hingegen *Birnen*, kann man aus den *Hutzeln* später *Schnitz und Schnitz* zubereiten, einen Eintopf aus *Trockenbirnen, Dörrfleisch* und *Kartoffeln*. Weck- oder Trockenobst findet sich in vielen typischen Gerichten. Ganz nach dem Motto *keine Hesse ohne Worscht im Keller* erfreuen sich *Sülzen* und *hausgemachte Würste – Leber-* oder *Blutwurst, Presskopf* und *Schwartenmagen* – nach wie vor großer Beliebtheit. Besonders die der nordhessischen *Ahlen Wurscht* ähnliche *Rote Wurst* wird von vielen geliebt. Die mit Kartoffeln gestreckten *Kartoffelwürste* finden sich bis heute in jeder Metzgerei, weil in Mittelhessen das Strecken von Produkten keinesfalls verpönt ist.

Im Dorfbackhaus wurde über Reisigbündeln ein kräftiges *Roggenbrot* gebacken. *Hefe-* und andere *Blechkuchen* durften ins Ofenrohr, wahlweise mit Obst oder als ein mit Butter gespickter *Butterlochkuchen*. Typisch ist der *Radonekuchen*, bei dem ein Hefeteig mit Rosinen in der Gugelhupfform gebacken wird.

Butterkuchen

Was nicht übers Feuer kommt, wurde in Schmalz ausgebacken: *Kreppel* kennt man woanders als *Berliner* oder *Krapfen*.
Altes Weißbrot wird nicht verworfen. Aus ihr wird eine *Geele Schnitte*, die in anderen Gegenden als *Arme Ritter* bekannt sind: Brotscheiben werden mit einer Mischung aus Eiern, Milch und Mehl übergossen und in Fett ausbacken. Dazu wird Apfelkompott serviert.
Aus der Milch der heimischen Kühe entstand der überregional bekannte *Handkäs*. Der Sauermilchkäse wird, wie der *Hüttenberger Handkäse*, aus Magerquark, Salz und Natron hergestellt und – daher sein Name – mit der Hand geformt. Traditionell wird er *mit Musik* angemacht, Essig, Öl und rohen Zwiebeln, die später zur Verdauungsmusik führen. Der begleitende, weil verdauungsfördernde Kümmel kam ursprünglich aus dem benachbarten Thüringen. *Handkäs mit Musik* ist nach der *Grie Soß* (Grünen Soße) das beliebteste Essen in Hessen, wie vor nicht allzu langer Zeit der Hessische Rundfunk durch eine Umfrage herausfand.
Eine gehaltvolle Angelegenheit ist der süße *Schmandkuchen*. *Schmand* gibt es auch als *Schmandhering* oder als Soße zum Kopfsalat. Überall in Mittelhessen schätzt man den *Kochkäse*. Er wird im Wasserbad aus Handkäse, Quark, Butter, Natron, Salz und Kümmel hergestellt – wobei jede Hessin und jeder Hesse auf sein eigenes Rezept schwört. Die Konsistenz des Kochkäses ist cremig und zähflüssig, man isst ihn auf Brot oder verwendet ihn zum Füllen oder Überbacken.
Rippchen mit Kraut – eigentlich ein typisches Frankfurter Gericht – wird auch in Mittelhessen gerne gegessen, traditionellerweise mit Sauerkraut und Kartoffelpüree. Wer keine Angst vor *Schlachteplatten* hat, legt zum *gesolberten* (gepökelten) *Kotelett* noch ein *Blutwürstchen, Leberwürstchen, Schweinebauch* und *Wellfleisch* dazu. Das *Kotelett* wird gelegentlich paniert und von Gemüse und Kartoffeln begleitet.
Zur Orientierung ein paar Gerichte aus den mittelhessischen Regionen: In der Ederseeregion werden Süßwasserfisch serviert – gebraten, gekocht oder gebacken. Besondere Fleischspeisen der Region sind der *Krautkopf*, ein Schichtauflauf aus Weißkraut und Hackfleisch, den man in einer Puddingform im Wasserbad gart und mit Salzkartoffeln und heller Soße serviert. Oder der *Weckewerk*, eine Wurst aus gekochter Schwarte, Schlachtresten, eingeweichten Brötchen und bei Gelegenheit Hackfleisch, die in der Pfanne ausgebraten wird. *Diebchen mit Dukefett* sind Kartoffelklöße mit einer Soße aus Speck, Schmand und Zwiebeln. Mit Butter oder Apfelbrei isst man *Schepperlinge*, dünne Pfannkuchen aus Kartoffel-Hefe-Teig, die direkt auf der Herdplatte gebraten werden.

Besonders kreativ sind die Vogelsberger, wenn es um Kartoffeln geht: Ein Gericht aus rohen geriebenen Kartoffeln, Speck, Dörrfleisch und Lauch wird in ein *Beulches* genannten Leinensäckchen gefüllt, im Wasserbad gegart und mit einer hellen Soße verzehrt. Im Bräter hingegen wird *Schalet* zubereitet, ein Auflauf aus Kartoffeln, Eiern, Brötchen, Speck, Mettwurst, gesolbertem Fleisch und Lauch, der auf dem Herd angebraten und im Ofen gebacken wird. Dazu wird Apfelkompott gereicht. *Spitzbuben* müssen zunächst gar ziehen und werden dann gebraten. Serviert werden die länglich geformten Klößchen aus Kartoffelteig mit einer hellen, würzigen *Specksoße* serviert. Ebenfalls von einer *Specksoße* werden die kleinen, nur aus Mehl und Wasser bestehenden *Mehlklöße* begleitet. Im Gießener Becken wird der *Handkäse* in der Gastronomie oft als Carpaccio, Salat, Fleischfüllung oder in weiteren Verfeinerungen angeboten. Aus dem Gießener Becken kommt auch der *Belschuh*, ein kleiner Hackbraten mit glasierten Zwiebeln und Kartoffeln. Das ursprünglich von Bauern als reichhaltiges zweites Frühstück gegessene *Bauernfrühstück* wird heute als Abend- oder typisches Samstagsessen zubereitet, ein Rührei mit allerlei Resten wie Wurst und Fleisch, Gemüse und gekochten Kartoffeln. Beim Schlachten gab es früher oft *Griebenzette*: Ausgelassene Speckwürfel (Grieben) werden in einen Hefeteig gemengt, in Rechtecke geschnitten und im Herd gebacken. Die *Brockelsuppe* ist ein Traditionsgericht zu Neujahr aus Schnaps, Zuckerwasser und klein geschnittenen, trockenen Lebkuchen. Erfunden wurde sie in Nauborn bei Wetzlar, wo der *Nauborner Schnaps* hergestellt wird. Die Wetterau mag es fruchtig. *Himmel und Erde* (gebackene Blut- und Leberwurstscheiben mit Kartoffelbrei und Apfelkompott) oder *Kirschenmichel* sind typische Gerichte. Letzterer ist ein Auflauf aus Kirschen, alten Brötchen, Milch und Eiern, der gelegentlich mit Zimt und Nüssen zubereitet und mit Vanillesoße serviert wird. Gut, wenn man vor dem Essen daran erinnert, dass die Kirschen *mit* Stein in den Auflauf kommen. Bei Gerichten wie dem *Kirschenmichel* oder der *Geelen Schnitte* wird klar, dass die recht ärmliche Küche Mittelhessens wesentlich durch das gekennzeichnet ist, was landläufig als *Resteessen* bezeichnet wird. Heute wird das »nachhaltiger Umgang mit Lebensmitteln« genannt.

Belschuh

Genussführer-Testgruppe
Mittelhessen

Weißwurst, Bier und Knödel

Ein Dreiklang steht für die traditionelle **Münchner** Küche. Doch eine junge Generation bringt neuen Schwung in die Töpfe.

Wer sich heute im Ausland als Münchner zu erkennen gibt, wird gleich nach dem FC Bayern auf das Münchner Bier angesprochen. Schließlich wird nach allgemein verbreiteter Lesart *the world's biggest/largest beer-festival* in der bayerischen Landeshauptstadt zelebriert. Auf dem Oktoberfest schütten lederbehoste trinkfeste Bayern starken Gerstensaft aus unvorstellbar großen Humpen in sich hinein – was international als Ausdruck typisch bayerischer Lebensart verstanden wird. Auch innerhalb Deutschlands grenzt sich Südbayern kulinarisch vom Rest des Landes gerne ab, indem der sogenannte *Weißwurstäquator* das Territorium südlich der Herrschaft fränkischer und sonstiger Bratwürste markiert. Die *Weißwurst* entwickelte sich zu einem Synonym für die Münchner Küche schlechthin, mit einiger Mühe gefolgt von den *Kartoffelknödeln*, groß wie Kanonenkugeln, die in München jedes Gericht obligatorisch begleiten. *Bier, Weißwurst* und *Knödel* avancierten zu den Erkennungszeichen traditioneller Münchner Küche.

Hinterfragt man die Klischees, kommt schnell zutage, dass die Tradition heutiger *typisch* Münchner Speisen und Getränke nicht gar so alt ist. Von einer bayerischen oder gar Münchner Küche ist erst nach 1800 die Rede. Es waren zunächst selbstbewusste Köchinnen, zumeist aus dem aufstrebenden Bürgertum, die für eine regionale Kochkultur eintraten. In den Kochbüchern der Johanna Maria Huber 1802, der Kreszentia Buchner 1813 oder der Maria Katharina Siegel 1817 finden sich allerdings kaum die Gerichte, die heute die Münchner Speisekarten zieren. Knödel sucht man bei der Huberin vergebens. Die Köchinnen kopierten altadlige Kochtraditionen und kokettierten mit französischen, englischen oder russischen Rezepturen. Fleischgerichte allerdings, vorzugsweise vom Kalb und Rind, dominieren schon bei ihnen den Speisezettel.

Mehrere Faktoren förderten die Herausbildung einer eigenständigen Münchner Esskultur: Geografisch war und ist München – vor den Alpenpässen nach Italien gelegen – Schnittpunkt wichtiger Verkehrsadern und Handelsrouten. Der Brückenbau über die am Stadtrand mäandernde Isar war Ausgangspunkt der Stadtgründung. Der Aufstieg Münchens zur Hauptstadt des Königreichs Bayern förderte Bevölkerungswachstum, Handel und Wandel.
Alpengletscher schufen die 55 Kilometer breite, nach Norden abfallende Münchner Schotterebene. Im Süden finden sich vermehrt Wälder und Weiden. Im Norden der Stadt kommt der hohe Grundwasserspiegel der Oberfläche nahe. Dort liegen große Moorgebiete. Fruchtbare Böden, insbesondere die Lehm-Löß-Böden, begünstigen eine ertragreiche Ackerwirtschaft. Die Stadt liegt im Übergangsbereich zwischen dem feuchten atlantischen Seeklima und dem trockenen Kontinentalklima. Die häufigen warmen Föhnwinde sorgen im Alpenvorland für gemäßigte Temperaturen. Das vorteilhafte Regionalklima förderte die Viehwirtschaft als landwirtschaftliche Hauptnutzung. Die absolute Dominanz der Fleischgerichte in der Münchner Küche ist Abbild dieser Entwicklung im bayerischen Oberland.
Schnell nimmt die Küche der bayerischen Landeshauptstadt alle möglichen auswärtigen Einflüsse auf. Weißwurst, Bier und Knödel sind bei genauerem Hinsehen allesamt »Ausländer«: Die *Weißwurst*, nur der Legende 1857 nach am Münchner Marienplatz geboren, hat in der *Boudin Blanc* ein französisches Vorbild. Das helle Bier *Pilsener Brauart* brachte 1839 der Brauergeselle Gabriel Sedlmayr aus Böhmen und Flandern an die Isar; er begründete damit ein Bierimperium. Der *Knödel* aus geriebenen rohen Kartoffeln stammt ursprünglich aus Thüringen. Auch die italienische Küche prägte die Esskultur der »nördlichsten Stadt Italiens«. Tagelöhner von der Apenninenhalbinsel, die für die Errichtung der Prachtbauten Ludwigs I. angeworben wurden, brachten ihre Makkaroni an die Isar. Nicht zufällig eröffnete 1890 mit der Osteria Italiana hier das erste italienische Restaurant nördlich der Alpen. Groß ist auch der Einfluss der österreichisch-höfischen Küche durch die enge Verbindung der beiden Königshäuser. Gegen Ende des 19. Jahrhunderts schließlich bildete sich jener Kodex typisch Münchner Gerichte heraus, für den die bayerische Metropole heute berühmt ist: Weiterhin spielen Fleischspeisen die absolute Hauptrolle: *Schweinsbraten, Schweinshaxe, Wammerl, gefüllte Kalbsbrust, Kalbsnierenbraten, paniertes Kalbsschnitzel, Böfflamott, Sauerbraten, Brathendl, Gansjung, Krautwickerl, Fleischpflanzerl, Weißwürste,* aber auch *Kronfleisch* aus

Innereien und sonstigen *unedlen Teilen* fächern die Bandbreite üppigen Fleischgenusses auf. Viele Beilagen geraten schon durch ihre schiere Größe beinahe zu vollwertigen Gerichten: Die Rezepte für *Semmelknödel, Kartoffelknödel, Leberknödel, Reiberdatschi, Erdäpfelsalat, gröste(te) Erdäpfel* haben ihre Herkunft zumeist im bäuerlichen Umland. Gemüse spielt nur eine Nebenrolle: *Sauerkraut, Bayrisch Kraut, Blaukraut, Krautsalat* sind allenfalls Garnitur für die deftigen Fleischportionen.

Weißwürste mit Brezen und Weißbier

Echte Nachspeisen sucht man in der Münchner Küche vergebens. Süßes gab es von jeher erst zum Kaffee am Nachmittag oder als Fastenspeisen: *Auszogne, Dampfnudeln, Hollerkücherl, Pfannkuchen, Schmarrn* oder *Zwetschgenbavesen*. Selbst die weltweit als *Bayrisch Creme* bekannte Zubereitung kam aus Frankreich an die Isar.

Eine Besonderheit ist die Münchner Brotzeit: *Leberkäs, Radi, Knöcherlsulz, Tellerfleisch, Wurstsalat, Presssack, Obatzter, Backsteinkäs* wurden als kalte Zwischenmahlzeiten auch vor 100 Jahren schon gerne in die Ausflugskörbe gepackt, mit denen man am Sonntag in die Schankgärten vor den Stadttoren oder zu den Bierkellern an den Isarhängen spazierte.

Heute gerät die traditionelle Münchner Küche allzu oft zur billigen standardisierten Touristenattraktion. Einen Metzger, der Weißwürste ohne künstliche Geschmacksverstärker herstellt, sucht man in München meist vergebens. Bier wird von den großen Münchner Brauereien, überwiegend Anhängsel internationaler Biermultis, hauptsächlich in Form austauschbarer Massenware auf den Markt geworfen. Der

Teig für den Kartoffelknödel kommt fast ausschließlich aus der Plastikpackung. Beim Fleisch hat die Fixierung allein auf die *edlen Teile* der Schlachttiere ein Verschwinden der berühmten Münchner Kronfleischküche zur Folge.
Die derzeit noch rund 100 landwirtschaftlichen Vollerwerbsbetriebe im Stadtgebiet reichen längst nicht mehr aus zur Versorgung der Münchner Bevölkerung. Nur noch zwei Prozent der Einwohner des umliegenden Regierungsbezirks Oberbayern arbeiten heute in der Landwirtschaft. Hauptlieferant frischer Grundprodukte ist schon lange die Münchner Großmarkthalle, die ihre Waren aus aller Welt bezieht. Beim Schlachthof als dem Hauptversorger von frischem Fleisch wird Schlachtvieh von nah und fern angeliefert. Umso erfreulicher ist es, dass in allen Stadtvierteln wieder bunte Bauernmärkte abgehalten und von den Münchnern angenommen werden. So gelangen die Früchte der Landwirtschaft aus dem umliegenden Oberbayern zunehmend in die Einkaufskörbe der Stadtbewohner.
Slow Food München fördert mit dem Projekt »Städter und Bauern« die Direktvermarktung landwirtschaftlicher Erzeugnisse aus dem Umland in der Stadt. Mit dem *Murnau-*

Murnau-Werdenfelser Rinder

Werdenfelser Rind, den *Münchner Brotzeitsemmeln* und dem *Ismaninger Kraut* wurden wichtige traditionelle Lebensmittel durch ihre Aufnahme in das Rettungsschiff Arche des Geschmacks (siehe Seite 20 f.) vor dem Vergessen bewahrt.

Eine neue Generation junger Köchinnen und Köche interpretiert Regionalität inzwischen neu. Sie verbindet konsequent heimische Grundprodukte in Rezepturen, die sich nicht mehr ausschließlich an der Tradition orientieren, sondern sich auch in allen möglichen anderen Küchen bedienen, vorzugsweise in mediterranen Gefilden. Da findet man eine *geschmorte Rinderschulter von der Bio-Metzgerei mit im Salzteig gebackener Bete, Selleriecreme und Pinienkern-Gremolata* neben einem *Burger vom Almochsenfleisch, Parmesanspänen, Rucola und Tomate und Dip von geräucherter Paprika* auf der Speisekarte. Diese Art von Kochkunst knüpft an die vielen internationalen Einflüsse an, denen die Münchner Küche von jeher ausgesetzt war. Auch ein neues Qualitätsbewusstsein für Lebensmittel ohne Chemie aus handwerklicher Produktion gewinnt beim gastronomischen Nachwuchs langsam an Boden.
In dem einen oder anderen *Genussführer*-Lokal in der Münchner Region werden die Kartoffelknödel inzwischen wieder von Hand gerieben. Kleine Brauereien sprießen in Stadt und Umland aus dem Boden, bieten den öden Braugiganten Paroli und bedienen ein qualitätsbewusstes Publikum mit interessanten Bierspezialitäten – zunehmend auch in Bioqualität. Wenn sich nun auch noch weitere städtische Metzger auf eine saubere Produktion von Weißwürsten besinnen würden, wäre der Dreiklang von Weißwurst, Bier und Knödel auch im Slow Food Sinn wiederhergestellt.

Genussführer-Testgruppe München

Weckewerk und Ahle Wurscht

Die **Nordhessische** Regionalküche findet aus der Beschränkung ihre Identität.

Die nordhessische Landschaft ist durch eine 250 Meter über dem Meeresspiegel gelegene Hochfläche charakterisiert, die von vielen Bergrücken und einzelnen Bergkuppen bis zu einer Höhe von 750 Meter über dem Meeresspiegel überragt wird. Als Böden dominieren zu einer Hälfte Buntsandstein, die andere Hälfte ist hauptsächlich von sandigem Lehm oder lehmigem Sand bedeckt. Die mittlere Temperatur liegt zwischen acht und neun Grad, die Niederschlagsmengen bewegen sich zwischen 580 und 750 Millimeter pro Jahr. Das Klima ist durch Spät- und Frühfröste und in den Niederungen durch häufige Nebel geprägt. Unter diesen Bedingungen war Weizenanbau auf den überwiegend kargen Böden vor der Zeit des Kunstdüngers nur in kleinen, fruchtbaren Teilgebieten möglich. Brotgetreide ist deshalb traditionell der Roggen. Die nordhessische Küche ist stark von der Kartoffel geprägt. Nordhessen gehörte aufgrund des Mangels an Bodenschätzen und beschiffbaren Flüssen nicht zu den Gewinnerregionen der ersten und zweiten industriellen Revolution in Deutschland. Die mit der Einführung der Industrien verbundenen Effekte der Verstädterung, der Entwurzelung von Quellen der Selbstversorgung mit Nahrungsmitteln, der Auflösung von Großfamilien und des Ersetzens häuslicher Arbeiten durch Dienstleistungen hatten hier bis weit ins 20. Jahrhundert hinein nur geringe Auswirkungen. Der eigene Garten, Viehzucht in bescheidenem Umfang, die Hausschlachtung und das Brotbacken waren lange Zeit selbstverständlicher Bestandteil von Familienarbeit selbst in städtischen Beamtenfamilien. Diese lang erhaltene Selbstversorgung ist zwar enorm arbeitsintensiv, hat der Region aber ein hohes Qualitätsbewusstsein, die Bewahrung von Traditionen und ein ausgeprägtes Praxiswissens rund um Ernährung beschert.

Die Besitzverhältnisse waren im 19. Jahrhundert stark vom Kleingrundbesitz geprägt. Wanderarbeiter, die sich die Sommer

über in den Städten verdingten und nur im Winter ihre Frauen in der kleinen Landwirtschaft unterstützen, sowie Arbeiterbauern, die tagsüber in Handwerksbetrieben und Fabriken ihr Geld verdienten, bestimmten die dörfliche Bevölkerung in weiten Teilen Nordhessens. Ein reicher Bauernstand konnte sich allenfalls in der Schwalm und im Fritzlarer Becken, den beiden fruchtbaren Teilregionen, etablieren. Nordhessen zählte in der Innen- und Außenwahrnehmung zu den armen Regionen Deutschlands. Sinnsprüche wie »im Land der Hessen – viele Berge, nichts zu essen« bringen das zum Ausdruck.
Die traditionelle nordhessische Küche ist eine kräftige, fast derb zu nennende, kartoffellastige *Arme-Leute-Küche*. In ihr spielten feine Mehlspeisen keine Rolle. Ihre Quelle war vornehmlich die Eigenversorgung. Der Zukauf beschränkte sich lange Zeit weitgehend auf Gewürze. Die besten Stücke aus der spärlichen bäuerlichen Produktion waren für den Markt reserviert. Festtagsbraten wurden nach nicht regional ausgeprägten herrschaftlichen oder bürgerlichen Vorbildern hergestellt. Fleischbeilage sind vor allem fetter und magerer Speck, Dauerwurst und gepökelte *Sulperknochen*. Frisches Schweinefleisch dürfte vor Einführung der Gefrieranlagen in der 1950er-Jahren außerhalb der Schlachtzeit im Winter auf dem Land nur zu besonderen Anlässen zur Verfügung gestanden haben. Fisch und Wild sind nur selten vertreten – herrschaftliche Jagd- und Fischrechte haben die Verfügung über diese Produkte lange eingeschränkt und die Entwicklung regionaltypischer Verarbeitungsweisen verhindert. Allenfalls der Salzhering hat als billiges und lagerbares Massengut eine größere Rolle gespielt. Heringssalat mit Schmand, Äpfeln, Zwiebeln und sauren Gurken ist noch heute beliebt. Neben der in kleinen Mengen in zahlreichen Rezepten verwendeten Zwiebel ist Lauch das am häufigsten in traditionellen Rezepten genannte Gemüse. Der im Sommer nahezu alltägliche Kopfsalat (»Lattch«) wurde mit süßsaurer Schmandsoße angemacht; die nordhessischen Salatkräuter sind Schnittlauch, Petersilie, Borretsch, Dill, Zitronenmelisse und Pimpernelle. Diese Kräuter finden auch in der nordhessischen Grünen Soße Verwendung, die mit üppig Schmand, hart gekochten Eiern und ohne Öl angemacht wird. Tomaten sind relativ spät in die Region vorgedrungen.

Heringssalat

Die kostenlos zur Verfügung stehenden Waldpilze scheinen den Nordhessen lange suspekt geblieben zu sein.
Bei den Milchprodukten ist augenfällig, dass Käse keine große Rolle spielt. In der Region gibt es lediglich eine Tradition für Kochkäse und Handkäse auf Sauermilchbasis. Frische Milch gab es auf dem Tisch bäuerlicher Haushalte in nur geringen Mengen. In Haushalten ohne Kühlschrank war saure Milch bakteriologisch unbedenklich. Erwähnenswert ist der *nasse Lattch*: weich gedrückter Kopfsalat mit viel saurer Milch, ausgelassenem fetten Speck und Dill. Insgesamt ragt der üppige Einsatz von Schmand aus der ansonsten recht ärmlichen Zutatenlisten heraus.
Außerhalb von Salatsoßen und grüner Soße werden als Kräuter vor allem Petersilie, reichlich Majoran und Lorbeerblatt eingesetzt. Knoblauch ist (mit der Ausnahme *Ahle Wurscht*) nicht beliebt in Nordhessen. Unter den exotischen Gewürzen hat Muskat eine herausragende Bedeutung.
Das kulinarische Aushängeschild der Region ist die *Ahle Wurscht*, eine Rohwurst aus Schweinefleisch und Schweinespeck, die in dicken Durchmessern *(Schmalzhaut, Feldkieker)* ein ganzes Jahr haltbar ist. Sie wurde 2004 in die Arche des Geschmacks aufgenommen und hat einen Slow Food nahestehenden Förderverein (www.nordhessische-ahle-wurscht.de).

Ahle Wurscht

Die selbstverständliche Praxis der Resteverwertung zeigt sich in den zahlreichen Rezepten, in denen altes Brot und trockene Brötchen zum Einsatz kommen. Nur in Nordhessen gibt es *Weckewerk* als Produkt der Hausschlachtung: Hierfür wurden Schwarten, Fett und Innereien verwertet, gestreckt und gebunden mit alten Brötchen *(Wecke)*. In modernen Varianten ist wesentlich mehr Hackfleisch und deutlich weniger Fett enthalten. Ein Gericht, das man unbedingt probieren muss, wenn man typisch nordhessisch essen möchte!

Genussführer-Testgruppe Nordhessen

Zoigl, Dotsch und Saure Zipfl

Erdäpfel in der Früh', zum Mittag in der Brüh', auf d'Nacht in den Häuten, Erdäpfel in alle Ewigkeiten. Aber die **Oberpfalz** kann auch anders.

Karge Böden, raues Klima, eckig-kantige Menschen, dazu eine einfache, bodenständige Küche lassen aus der Oberpfalz nur bescheidene kulinarische Anregungen erwarten. Doch die *Erdäpfelpfalz*, wegen ihrer in allen Lebenslagen unerschütterlichen Bewohner auch *Stoa-Pfalz* genannt, ist das grüne Herz Bayerns und eine ländliche Region von herbem Charme. Sie reicht von der Donau bis zum Fichtelgebirge und markiert die Mitte Europas. Ihre Landschaftsformen sind vielfältig: Mittelgebirge mit ausgedehnten Wäldern, romantische Flusstäler, trockene Steppenlandschaften sowie unzählige Weiher und Seen. Sehenswerte mittelalterliche Städte – die größten davon Regensburg, Weiden, Amberg, Neumarkt und Schwandorf – zeugen von wechselhafter Geschichte ebenso wie die zahlreichen Burgen und Schlösser. Die Oberpfalz ist eine Region der Extreme mit dem ältesten *Wirtshaus*, der ältesten *Wurstkuchl* der Welt, dem höchsten Sandskiberg Deutschlands, dem kleinsten Weinanbaugebiet Bayerns – und überhaupt den nettesten Gastgebern. Obwohl die Oberpfälzer als wortkarg gelten. Dialektscham ist eindeutig nicht der Grund für ihre Maulfaulheit, Oberpfälzisch erfreut sich großer Beliebtheit und ist eine Lebenseinstellung.

Die mageren Böden ließen es zur Notwendigkeit werden, aus dem wenigen, was steinige Äcker, Wälder oder Weiher hergaben, das Beste zu machen. Die Knappheit der Ressourcen führte zu einer wohltuenden Konzentration und prägte die kulinarische Identität und den Charakter der Bewohner gleichermaßen: Oberpfälzern hängt der Ruf an, genügsame Wesen zu sein.

Ihre Küche zeigt einen Charakter, der kurz und prägnant als kartoffelig, bratwurstig und sauer beschrieben werden kann – angereichert mit zahlreichen *Karpfen*. Hier gibt es so viele Kartoffelgerichte, dass der Eindruck entstehen könnte, die Kartoffel habe von hier aus die Welt erobert. Die Knollen aus

Südamerika gehören in die *Erdäpfelpfalz* und sind schon lange das Grundnahrungsmittel schlechthin, weil der Tausendsassa auf den kargen Böden der Oberpfalz besonders gut wächst. Als der Alte Fritz um 1750 noch versuchte, seine Preußen von den Vorzügen der Kartoffel zu überzeugen, sollen die Oberpfälzer schon längst ihre Vorzüge erkannt haben. Die vielfältigen Kartoffelgerichte tragen klangvolle Namen, sodass einfache *Bratkartoffeln* geradezu fad klingen: *Dotsch* (Reibekuchen), *Schoppala* (Schupfnudeln), *Spouzn* (Kartoffelknödl), *Erdäpfelsubbn* oder *Goaßbratl*: In dem Kartoffelauflauf ist keine Geiß, sondern lediglich ihre Milch verarbeitet. *Schoppala* werden aus gekochten, durchgepressten Kartoffeln mit Ei und Mehl zu Fingernudeln geformt und in heißem Fett ausgebacken. Serviert werden sie mit Speck oder süß mit Mus, gezuckerten Beeren oder auch Mohn und Vanillesoße. In die *Erdäpfelsubbn* kommt alles, was gerade zur Hand ist. Im Winter neben Kartoffeln andere Wurzelfrüchte, Suppengemüse und manchmal eine Schweineschwarte – alles, was man lagern, trocknen oder einlegen kann. Im Sommer sind es frisches Gemüse und Kräuter wie Liebstöckel (Maggikraut), Majoran und Petersilie und – besonders gut – frischer Schmand. Der *Zwirl*, auch *Rieber* genannt, wird aus einem Kartoffel-Mehl-Teig zubereitet, der

Zwirl

zerbröselt überbacken und mit Apfelmus gegessen wird – früher auch mit saurer Milch oder Rübenkraut. *Oberpfälzer Blechgrumbeeren* bereitet man aus rohen Kartoffeln zu, bei den *Erdäpfel-Blattln* werden die Knollen erst gekocht, dann gebraten, gepresst und mit Mehl und Ei zu einem Teig verarbeitet. Der wird ausgewellt, in Dreiecke geschnitten und in der Pfanne ausgebraten. Einfacher sind Salzkartoffeln, die mit Gurkensalat den *Oberpfälzer Karpfen* gerne begleiten.

Es gibt im Land der tausend Seen und Teiche eine Vielfalt guter Speisefische, allen voran *Karpfen*, der sogar als Marke geschützt ist. Er wird in der traditionellen Oberpfälzer Teichwirtschaft, zuerst im 1132 gegründeten Zisterzienserkloster Waldsassen, seit fast einem Jahrtausend gezüchtet. Im 15. Jahrhundert erlebte die Teichwirtschaft eine erste Blütezeit und im 20. Jahrhundert eine Renaissance. Das langsame Wachstum der Fische erzeugt festes Fleisch, dessen besondere Qualität sich auch im niedrigen Fettanteil von nur vier Prozent zeigt. Karpfenrezepte gibt es jede Menge, von klassisch-einfach bis raffiniert.

Nicht nur in Franken, auch in der Oberpfalz ist die Kunst des Wurstmachens eine intensiv gepflegte Tradition, bei der beste Rohwaren zu *Würsten* und *Bradwürstn* verarbeitet werden. Jedoch redet der Oberpfälzer nicht viel darüber, sondern genießt im Stillen. In der mittleren und nördlichen Oberpfalz ist der Hang zur knusprig-braunen *Bratwurst* besonders ausgeprägt: kein Fest, bei dem die Oberpfälzer Königin der schnellen Gaumenfreuden nicht im Mittelpunkt stünde. Bei Altstadtfesten, bei jeder *Kirwa* (Kirchweih) und auf der *Dult* (Jahrmarkt) sowie bei *Bergfesten* – davon gibt's rund um Amberg jede Menge – und überhaupt. Neben guter Rohware spielt die Zubereitung eine wesentliche Rolle: In der historischen *Wurstkuchl* grillte man auf Holzkohle, beim Bergfest in Amberg auf *Butzlkia* (Tannenzapfen).

Geräucherte Bratwurst oder Bauernbratwurst, auch als *Bauernseufzer* oder *Schlotengerl* bezeichnet, ist eine geräucherte, mittelgrobe Bratwurst aus Schweinefleisch und -speck. Das Brät wird nicht zu fest in den *Bändeldarm* gefüllt, die besonders zarte Oberhaut des Schweinedünndarms. Anschließend werden die *Bauernseufzer* getrocknet und über Holz mit zerquetschten Wacholderbeeren, Torf und etwas Tannenrinde heiß geräuchert. Traditionell nimmt man zum Räuchern Stockholzwurzeln, also die Wurzeln eines Baumstumpfs. Beim Räuchern nehmen die Würste eine dunkelbraune, fast schwarze Farbe an. Sie werden entweder kalt mit Brot und Meerrettich gegessen, oder man lässt sie in heißem Wasser ziehen und serviert sie mit Sauerkraut oder Bayrisch Kraut.

Traditionelles Oberpfälzer Essen kann man getrost als *Arme-Leute-Essen* bezeichnen: einfach, aber oft köstlich. Verkom-

men lässt der Oberpfälzer nichts. Alles, was einigermaßen essbar ist, wird auch verarbeitet. Altbackenes Brot landet in der *Broudsubbn* – eines der besten und einfachsten Lieblingsgerichte der Oberpfälzer –, und trockene Semmeln wandern in die Semmelknödeln, die besonders zur *Schwammerlbröih* (Pilzbrühe) schmecken.
Aus anderen Resten zaubert der Oberpfälzer ebenfalls Schmackhaftes: Aus den Überbleibseln vom Sonntagsbraten wird *Sülze* gemacht. Innereien, Reste und was sonst noch da ist, verwandelt man in einer sauren Suppe zum *Sauren Lüngerl*, zu dem *Semmelknödel* passen. Bratwürste werden zuweilen als *Saure Zipfl* im Sud aus Zwiebeln, Essig und Gewürzen gekocht. Auch der *Zwiebelsud* wird gelöffelt, am liebsten mit Bauernbrot.

Saure Zipfl

Durstige sind nicht nur auf Zwiebelsud angewiesen. In der Oberpfalz wird mit viel Liebe zum Handwerk Bier gebraut. Von einst 162 Brauereien sind immerhin 76 aktiv. Nicht alle liegen in Amberg, aber die Stadt wetteifert schon lange mit anderen Bierhochburgen der Region um Platz eins bei der Brauereidichte. Getrunken wird das Bier besonders gerne in den herrlichen Biergärten oder auf den *Bergfesten*, den *Kirwas* oder *Dults*. Neben den vielen kleinen, regionalen Brauereien stehen bundesweit bekannte Brauhäuser, die, lange bevor es en vogue war, ökologische Biere herstellten wie das Neumarkter Lammsbräu.
Eine besondere Bierspezialität der nördlichen Oberpfalz ist das untergärige *Zoigl*. Ein sternförmiges Zeichen – *Zoigl* leitet sich von »zeigen« ab – leitet die Durstigen zum Bier, das Bauern ursprünglich für sich selbst brauten. Bei den *Zoiglwirten*

packt meist die ganze Familie mit an, sei es im Ausschank oder in der Küche – im *Zoigl* werden auch Brotzeiten angeboten. Die *Zoiglkultur* wurde vor Kurzem in die Liste der *Immateriellen Kulturgüter* aufgenommen. Hauptstadt des *Zoigl* ist Windischeschenbach, in dessen Umgebung 38 Familien ein Braurecht halten, das an das Grundstück gebunden ist. Im *Zoiglkalender* kann man sehen, wer gerade *Zoigl* ausschenkt. Meist werden nur einige hundert Liter gebraut, und wenn die ausgetrunken sind, heißt es warten oder zur nächsten offenen *Zoiglstube* ziehen. Dort sitzt man nicht selten in der *guten Stube* und kommt ins Gespräch, wie bei einem Besuch bei Freunden.

Baierwein bezeichnet den Wein, der im Gebiet des heutigen Altbayern – also auch in der Oberpfalz – an den Südhängen der Donau angebaut wird. In dem kleinen Gebiet vor allem im Landkreis Regensburg ist Wein seit dem zwölften Jahrhundert heimisch. Fast neunzig Prozent der Reben sind weiß, am beliebtesten ist der Müller-Thurgau, daneben gibt es auch Weißen Elbling, Bacchus und Grünen Silvaner. Bei Rotweinen findet man Dornfelder, Domina und Regent. Der Klimawandel macht sich positiv bemerkbar, die Qualität ist in den letzten Jahren gestiegen. Vielleicht kann das kleinste Anbaugebiet Bayerns noch zulegen.

Genussführer-Testgruppe Oberpfalz

Leberknödel, Bratwurst und Saumagen

Die Pfälzer Lebensart ist sprichwörtlich: Es wird viel gefeiert, und der Schoppen hat XXL-Format. Fleeschknepp und Gebrädelte werden gern von einem Riesling eskortiert.

Die Küche der Pfalz ist von zahlreichen Gerichten geprägt; einige haben einen überregionalen Bekanntheitsgrad erreicht. Sie sind oft recht deftig, auch deshalb, weil die Kochrezepte in Notzeiten oder im Umfeld schwerer körperlicher Arbeit im Ackerbau oder Weinbau entwickelt wurden. Man isst gerne schärfer als in anderen deutschen Regionalküchen. Der sogenannte Pfälzer Dreiklang *Leberknödel, Bratwurst* und *Saumagen*, oft mit einer kräftigen Bratensauce und zusammen mit Sauerkraut serviert, ist das Pfälzer Nationalgericht schlechthin. Es ist bekannt, dass in der Pfalz gern gefeiert wird, traditionell die *Kerwe* (Kirchweih) und auf vielen *Weinfesten*, unerschütterliche Beispiele der gerühmten Pfälzer Lebensart. Aber dass selbst in entlegenen Wanderhütten des Pfälzerwalds besondere Schmankerl angeboten werden, erstaunt doch. Für Auswärtige ungewöhnlich, wird die beliebte *Bratwurst* auch als Dosenbratwurst mit und ohne Spiegelei serviert. Dazu gibt es knusprige *Gebrädelte* (Bratkartoffeln) und *Rohkostsalate. Bohnen-, Weißkraut-* und *Rettichsalate*, aber auch *Wurst-* oder *Rindfleischsalate* sind klassische Kombinationen zu *Bratkartoffeln. Fleeschknepp* (kleine Fleischklöße) mit *Meerrettichsoße* hingegen werden mit *gekochten Kartoffeln* gegessen.
Zur kräftigen Vesper werden deftig gewürzte *Schwartenmagen, Leber-* und *Blutwürste* oder auch *Handkäs mit und ohne Musik* – etwa beim *Lustädter Handkäsfest* – mit einem knusprigen *Woiknorze* (Roggenbrötchen) gereicht. Ein Schoppen dazu – Achtung, in der Pfalz ist das ein halber Liter! – darf nicht fehlen. Meist ist das ein guter, trockener Riesling. Versuche, den Schoppen um ein Zehntel zu verkleinern, sind kläglich gescheitert.

Bei den Suppen spielt die aus den ausgezeichneten *Pfälzer Grumbeeren* hergestellte *Kartoffelsuppe* eine Sonderrolle. Für Auswärtige überraschend ist die Gewohnheit, sie mit frischem *Quetschekuchen* (Zwetschgenkuchen) zu essen. Ein weiteres süßes Hauptgericht sind die in reichlich Fett und mit einer dunklen Salzkruste ausgebackenen *Dampfnudeln*, die von einer *Vanille*- oder *Weinschaumsauce* begleitet werden. Vom Zwetschgenkuchen abgesehen, findet man die Gerichte ganzjährig und flächendeckend auf den Speisekarten der Pfälzer Traditionslokale.

Pfannkuchen mit Spargel

Im Frühjahr wird die Speisekarte um *Bärlauch- und Spargelgerichte* bereichert, zum Beispiel *Pfannkuchen mit Spargel*. Die Nähe zum Rhein mit seinen fischreichen Altarmen sorgt regional begrenzt für Frischfisch auf der Speisekarte. *Hecht, Zander*, vereinzelt auch *Rotaugen* und *Aal* werden mehliert oder paniert in Butter ausgebacken. Der *Wormser Backfisch*, zu verkosten beim städtischen *Backfischfest*, ist wie das *Backfischfest* der Stadt Speyer ein regionaler Höhepunkt. Wenn auch in ganz Deutschland anzutreffen, ist das *Pfälzer Rumpsteak* mit knusprigen Röstzwiebeln nicht von den hiesigen Speisekarten wegzudenken. Eine besondere Spezialität wird daraus, wenn das Steak vom seltenen *Glanrind* stammt. Einige Lokale zelebrieren ihre *Glandrindwochen*. Zur Weinlesezeit gibt es in den Weindörfern *Bizzler* (neuen Wein) mit lauwarmem *Zwiebelkuchen*. Die explosive Kombination zeitigt selbst bei waschechten Pfälzern gelegentlich durchschlagenden Erfolg.
Der Pfälzerwald als größtes zusammenhängendes Waldgebiet Deutschlands liefert bestes Eichenholz für Weinfässer. Er ist zudem wildreich; *Wildschwein, Reh* und *Hirsch* sind als

Schmorgerichte mit einer kräftigen, oft mit Rotwein verfeinerten Soße und zusammen mit den *Hoorigen* (Kartoffelknödel aus rohen Kartoffeln) oder *Käaschten* (Esskastanien) in der Region verbreitet.

Vom milden Klima profitieren Pflanzen und Bäume, die zumeist weiter im Süden zu erwarten wären. *Feigen* – schätzungweise 50.000 Feigenbäume wachsen in der Pfalz – werden zu vielerlei Spezereien verarbeitet. Sie werden auf den Wochenmärkten angeboten, durchaus auch aus der Ernte von Privatgärten. Insbesondere die Kombination von *frischen Feigen mit Ziegenfrischkäse* ist überaus beliebt.

Esskastanien, Einwanderer aus der Zeit der Römer, nehmen am Haardtrand des Pfälzerwalds aufgrund des milden Klimas größere Teile des Mischwaldbestands ein. Die Bäume sind an Herbstwochenenden ein beliebtes Ausflugsziel zum Sammeln der begehrten Nussfrüchte. Als Beilage zu Bratengerichten oder auf der Straße feilgeboten als geröstete *Maroni*, sind sie eine Bereicherung der herbstlichen Saison. Der *Walnussbaum* liefert neben den reifen Kernen mit *schwarzen Nüssen* eine ausgewöhnliche Spezialität: Um Johanni grün geerntete Früchte werden gestichelt und über Monate in immer weiter eingekochtem Würzsirup eingelegt. Sie sind lange haltbar und geben, in feine Scheiben geschnitten, vielen Gerichten einen geschmacklichen und visuellen Pfiff.

Der Weinbau hat sich in der Pfalz spektakulär entwickelt. Kaum ein Wettbewerb – vom Riesling bis zum Deutschen Rotweinpreis –, bei dem Pfälzer Winzer nicht herausragend abschneiden. Nicht nur in der Spitze, auch in der Breite ist das Niveau der Weine besser denn je. Seit einigen Jahrzehnten werden internationale Rebsorten mit teilweise großem Erfolg angebaut. Doch *Riesling, Silvaner* und die *Burgundersorten* bei den weißen sowie *Spätburgunder* bei den roten Reben sind nach wie vor die Platzhirsche. Der Klimawandel hat auch das Gesicht der Pfalz nachhaltig verändert. Inzwischen müssen etliche Weinberge in den Sommermonaten bewässert werden. Abschließend einige Superlative, die der Pfalz gut zu Gesicht stehen: Das größte Weinfass der Welt mit einem Volumen von 1,7 Millionen Litern steht im pfälzischen Bad Dürkheim. Im selben Ort wird auch das größte Weinfest der Welt gefeiert, der *Dürkheimer Wurstmarkt.* Der größte *Winzerfestzug* der Welt findet in Neustadt während des *Deutschen Weinlesefests* statt. Die älteste *Weinstraße,* die größte *Winzergemeinde* und die älteste *Weinflasche* Deutschlands – alles in der Pfalz. Und dazu nicht weniger als 100 Millionen Rebstöcke.

Genussführer-Testgruppe
Pfalz

Eingelegte grüne Walnüsse

Bullebäuskes und Pfefferpotthast

Essen is feddich: Im **Ruhrpott** kochen alle mit, Fusionsküche hat hier Tradition.

Das *Ruhrgebiet* ist keine offizielle Verwaltungseinheit mit historisch oder politisch festgelegten Grenzen. Die Region entstand durch den Bergbau und die erste Industrialisierung. Nach dem Niedergang der Wirtschaftszweige wird sie von Industriedenkmälern geprägt. Der *Ruhrpott* liegt teils im Rheinland und teils in Westfalen, im Norden mit einem Schlag ins Münsterland, im Süden reicht er bis ins Bergische Land. Dortmund, Bochum, Essen, Duisburg und weitere Städte wie Oberhausen oder Gelsenkirchen werden gemeinsam als *Metropole Ruhr* bezeichnet.

Die Küche im heutigen Ruhrgebiet war bis in die 1830er Jahre im westfälischen Teil geprägt durch Gerichte wie *Pfefferpotthast, Blindhuhn* oder *westfälischen Schinken*. Im Rheinland dominierten Gerichte wie *Rheinischer Sauerbraten* (der früher mit Pferdefleisch zubereitet wurde), *Pillekuchen* (Kartoffelpuffer) oder *Bullebäuskes* (in Schmalz gebackene Quarkbällchen). Auch spielten Lebensmittel aus den Niederlanden – *Spekulatius, Heringe und Miesmuscheln* – in der Küche eine wichtige Rolle.

Ab Mitte des 19. Jahrhunderts wandelte sich die Region von einer spärlich besiedelten, ländlich geprägten Region zum pulsierenden Industriegebiet mit einem hohen Bedarf an Arbeitskräften. Während hier 1818 220.000 Menschen lebten, waren es 1905 2,6 Millionen; im Jahr 1967 zählte man knapp 5,7 Millionen Einwohner. In 150 Jahren wuchs die Bevölkerung um den Faktor 26.

Die ersten Zuwanderer kamen aus Westfalen, dem Rheinland, Hessen und auch aus dem europäischen Ausland: Mit bis zu 150.000 Arbeitsmigranten stellten die italienischen Wanderarbeiter die größte Gruppe. Gefragt waren zunächst vor allem gut ausgebildete Arbeiter. Das änderte sich gegen Ende des 19. Jahrhunderts, als im Bergbau, in der Industrie und im Baugewerbe massenhaft Arbeiter für körperlich anstrengende Tätigkeiten gesucht wurden. Vorwiegend in Schlesien, Ost-

und Westpreußen sowie in Polen warb man Arbeitskräfte an; mit über 400.000 Zuwanderern bildeten sie die größte Gruppe der Neuankömmlinge.
Zu den traditionellen Speisen zählen heute neben *Schmorbraten in Malzbier, Spanisch Fricco* (Fleisch-, Kartoffel- und Zwiebeleintopf mit Rotwein, Sahne und Cayenne), *rheinische Miesmuscheln, Panhas* (eine Kochwurst in vielen Varianten) oder *Pumpernickel* (Vollkornbrot aus Roggenschrot), auch Gerichte wie *Königsberger Klopse, Borschtsch* und *Piroggen*. Die Vorliebe für *Graupen* und *Buchweizen* als Beilagen entstammt vermutlich der polnischen Küche.
Ein weiteres Kapitel in der Migrationsgeschichte begann in den 1960er-Jahren, als Einwanderer aus Italien, Griechenland, Spanien, der Türkei, Marokko, Portugal, Tunesien und Jugoslawien mit ihren jeweiligen Kochtraditionen als Gastarbeiter in die Bundesrepublik und ins Ruhrgebiet kamen. Die Migrationsgeschichte des Ruhrgebiets ist charakteristisch, und die zugewanderten Arbeitskräfte haben auch in der Küche ihre Spuren hinterlassen.
Körperlich schwere Arbeit in Kohlegruben oder am Hochofen prägte das tägliche Leben und damit auch die Ernährungsgewohnheiten. Selbstversorgung durch das, was der eigene Garten an Gemüse und Obst hergab, bestimmte die Küche, dazu die Haltung von Tauben, Kaninchen, Hühnern, Ziegen und Schweinen. Auch die Resteverwertung, wie zum Beispiel bei der Süßspeise *Arme Ritter*, war selbstverständlich und üblich. Darüber hinaus entwickelte sich eine Küche des gehobenen Bürgertums. Sie griff auf Rezepte aus dem *Praktischen Kochbuch* der Henriette Davidis zurück, die aus Wengern an der Ruhr stammte. Das 1845 erstmals erschienene Buch wurde gerne zu Hochzeiten verschenkt. Es war für Neulinge in der Küche konzipiert und so erfolgreich, dass *der Davidis* noch

Wirsingstampf

heute ein Begriff ist. 1856 folgte *Puppenköchin Anna, das Kochbuch für kleine, liebe Mädchen*, damit folgende Generationen schon früh lernten, z. B. eine schöne Biersuppe zu kochen. Bier spielt bei den Getränken die Hauptrolle, man findet immer ein reiches Angebot lokaler Biere.

Die *Ruhrgebietsküche*, die auf Produkte der Selbstversorgung zurückgreift, ist immer noch verbreitet: *Schnibbelbohnen, dicke Bohnen in Einbrenne, Möhren durcheinander* (Möhren, Kartoffeln, Zwiebeln, Sellerie), *Steckrüben, Himmel un Ääd* (Kartoffeln, Äpfel, Blutwurst), der Kartoffelauflauf *Potthucke* (das, was im Topf hockt) oder *Lappenpickert* (Kartoffelpfannkuchen). Ebenfalls typisch sind *Kartoffel-, Wirsing-* oder *Endivienstampf mit Blutwurst, Bratwurst, Bauchfleisch oder Speck*; Stampf kann auch aus dem jungen Blattgrün von Speiserüben, *Stielmus* genannt, zubereitet werden. Kohlsorten wie *Weißkohl, Grünkohl* oder *Kohlrabi* zählen zu den regionalen Lebensmitteln, auch *Schwarzwurzeln, Spinat, Mangold* oder *Spargel* werden angebaut.

Im Kern des Ruhrgebiets gibt es seit über hundert Jahren wenig Landwirtschaft. Vereinzelt findet man Gastronomen, die ihr Gemüse selbst anbauen, dazu einige landwirtschaftliche Kleinbetriebe. Aus wirtschaftlichen Gründen ist der Bezug von Produkten aus den Randzonen und angrenzenden Gebieten die Regel. Im Umfeld des Ruhrgebiets befinden sich attraktive Regionen mit florierender Landwirtschaft: das Münsterland und der Niederrhein bis hin zu den Niederlanden sowie das Bergische Land. Bei angemessenen Transportwegen sind die Produkte aus dem Umland dem Gemüseanbau auf den Industriebrachen des Ruhrgebiets vorzuziehen.

Chemiecocktails wie in den 50er- und 60er-Jahren belasten nur noch wenige Gewässer im Revier, ihre Wasserqualität wird stetig besser. Die Zahl der Fischarten in Rhein und Ruhr nimmt wieder zu. Angeln ist im Ruhrgebiet Volkssport; *Wels, Hecht, Zander* oder *Döbel* (eine Karpfenart) sind beliebte Fische; *Hering, Matjes* oder *Miesmuscheln* kamen schon früher über die Binnenschifffahrt in die Region.

Die Gastronomie erlebte verschiedene Gründungswellen – zum Beispiel in den 1970er-Jahren die Pizzerien, in den 1980er-Jahren die Dönerbuden –, und der Ruhrpott ist natürlich für seine Currywürste und legendären Pommesbuden bekannt. Da die Ruhrgebietsstädte gemeinsam eine der größten europäischen Metropolen bilden, gibt es vermutlich kaum eine Landesküche der Welt, die man hier nicht probieren kann.

Nicht wenige Küchen gründen auf lokalen Traditionen, die sie kreativ verfeinern oder modernisieren. Auf einem traditionellen Geschmacksbild beruhen eindrucksvolle Beispiele aus Restaurantspeisekarten oder aus Ruhrgebietskochbüchern: *Taube auf rheinischem Stielmus mit Portweinschalotten und Blutwurstknuspertasche; gebratenes Forellenfilet mit Birne-Bohnen-Speck; Hecht und Lachsforelle mit Graupeneintopf; Schweinemedaillon mit Pumpernickel-Meerrettich-Kruste auf Lappenpickert; Nierenzapfen mit Polnischer Soße, Spitzkohl und Dauphinekartoffeln.*

Nierenzapfen

Die Köchevereinigung *FC Ruhrgebiet* hatte 2010 – das Ruhrgebiet war Kulturhauptstadt Europas – die Vision, »Tradition und Innovation miteinander zu verbinden, die Zutaten der traditionellen westfälischen und rheinischen Küche zusammen mit den Produkten zuzubereiten, die die Migranten über die Jahrzehnte aus ihren Heimatländern mit ins Revier gebracht haben, um auf diese Weise die neue, einzigartige Ruhrgebietsküche zu kreieren«. Frei nach Henriette Davidis: Man nehme die traditionelle *Bauernente*, bereite sie im innovativen Niedertemperaturgarverfahren zu, bette sie auf *marokkanische Kichererbsen* und *italienischen Parmesan* und richte das Ganze als *türkischen Döner* an. Schon ist ein individuelles, neuartiges Ruhrgebietsgericht entstanden: *Ente-Sous-Vide Döner-Style auf Kichererbsen-Parmesan-Bett.* Willkommen im Pott.

Genussführer-Testgruppe Essen

Neunerlei und Huckelkuchen

Kartoffeln – Klöße – Kuchen – Kaffee: Die **Südwestsachsen** und ihre Küche zwischen Erzgebirge, Thüringen und Tschechien

Südwestsachsen beschreibt exakt, wo unser Convivium im Bundesland der Kaffee- und Kartoffelsachsen räumlich verortet ist. Begrenzt wird die Region im Süden durch den Erzgebirgskamm zu Tschechien hin, westlich schließen sich Bayern und Thüringen an, und im Osten bildet die Freiberger Mulde eine markante Linie. Hinter der nördlichen Grenze liegen Thüringen und das mittelsächsische Hügelland.

Zu Südwestsachsen zählt das Mittel- und Westerzgebirge mit dem Fichtelberg, dem höchsten Berg Sachsens. Das Vogtland ist eine von Flusstälern durchzogene, idyllische Mittelgebirgslandschaft, Teile des Pleißenlands und das sächsische Hügelland befinden sich ebenfalls in der Region. Während die waldreichen Mittelgebirgsregionen vorwiegend karge Böden aufweisen, sind auf den Feldern und Wiesen im Tiefland ertragreiche Flächen vorhanden, die überwiegend intensivlandwirtschaftlich genutzt werden.

Im Lauf der Zeit hat sich eine umfangreiche Industriekultur herausgebildet. Mit dem ersten *Berggeschrey* im 12. Jahrhundert wurden Arbeitskräfte für den Bergbau angeworben, Slawen, Böhmen und Franken wanderten in die Region ein. Viele Industriezweige haben ihren Ursprung in diesem Landstrich. Südwestsachsen weist eine hohe Bevölkerungsdichte auf, besonders entlang der Städteachse Chemnitz–Zwickau–Plauen, dem industriellen Schwerpunkt der Region. Südwestsachsen sind bodenständig und aufgeschlossen, gastfreundlich und gesellig.

In der Küche gibt es gemeinsame Grundzüge, aber auch deutliche Unterschiede zwischen der Bergmannsküche im Erzgebirge und der Bauernküche anderer Regionen, wobei die Übergänge zur traditionellen thüringischen oder Leipziger Küche fließend sind.

Das Erzgebirge erlebte über Jahrhunderte mehrere menschengemachte oder umweltbedingte Hungersnöte. *Getrei-*

debreie und -grützen waren in jenen Zeiten die verfügbare Nahrung der Menschen, denn vielerorts gediehen auf den kargen Böden, wenn überhaupt, Roggen und Hafer. In der zweiten Hälfte des 18. Jahrhunderts wurde die Kartoffel als anspruchslose Feldfrucht im Erzgebirge eingeführt, um den Hunger zu bekämpfen. Zuvor war sie bereits im Vogtland erfolgreich kultiviert worden. Auf ihrem Siegeszug fanden die *Erdäpfel* bald auch Einlass in die bürgerliche Küche. Heute ist die Kartoffelgerichtvielfalt schwindelerregend.

Auch *Flachs* war jahrhundertelang ein wichtiger Zweig des erzgebirgischen Ackerbaus, denn er lieferte sowohl Pflanzenfasern als auch Öl. *Leinöl* war ein wertvoller Energielieferant für die körperlich schwer arbeitende Bevölkerung. Es gilt neuerdings wieder als besonders wertvolles Lebensmittel. *Leinöl und Salzkartoffeln* mit Zwiebelwürfelchen und Quark ist ein typisches Gericht aus dem Erzgebirge. Im Leinöl werden vielerlei Gerichte aus Kartoffelteig ausgebraten, die *Getzen, Bambes, Fratzen, Stamper, Kolatschen, Dalken, Klitscher, Kartoffelnocken* oder auch *Rauchemad* genannt werden. Man isst sie mit *Schwamme* (Pilzen), *Fleisch* oder *deftigem Krautsalat.*

Bei den Bergleuten stand die Versorgung mit energiereicher Kost im Vordergrund, also deftiges Essen mit möglichst fettem Fleisch. Die Ziege als *Kuh des Bergmanns* war gleichzeitig Fleisch- und Milchlieferant. Von daher erklären sich die Ziegenkäse aus dem Erzgebirge. Eine Besonderheit ist der *Aberthamer*, ursprünglich ein mit Kräutern versetzter Käse aus fetter Ziegenmilch, der mutmaßlich mit angeschimmeltem Brot hergestellt wurde. Heute wird er allerdings aus Schafsmilch gewonnen.

Buchteln

Durch die Zuwanderung von Arbeitskräften in den Bergbau kamen *Königsberger Klopse, Klöße* und *Knödel*, auch mit fruchtigen Füllungen, und viele andere, bis heute aktuelle Gerichte in die Region. Eine Süßspeise aus der böhmischen Küche sind Buchteln. Die Ofennudeln aus Hefe und Mehl werden meist mit warmer Vanillesauce gereicht.

Das *Neinerlaa* wird an Weihnachten als neunteiliger Festschmaus zelebriert. Jede Familie hat ihre eigene Tradition. Den neun Gerichten wird eine Bedeutung zugeschrieben. Mit dem Verzehr von Linsen soll sichergestellt werden, dass

das Kleingeld nicht ausgeht. Pilze sind Garanten für Freude, Glück und Gesundheit. Boden, Wasser und Luft sind in den neun Speisen gleichmäßig vertreten.

Bauernküchen sind von den regionalen Bedingungen und von dem geprägt, was den Familien nach der Vermarktung der erzeugten Produkte übrig bleibt. Wird Butter verkauft, bleiben *Molke, Buttermilch* und *Quark* für den eigenen Verzehr. Zum Brei wurde gerne ein dünnes Bier verwendet, das *Kofent*. Eingebrocktes oder eingetunktes Brot wurde *Biermehrde* genannt.

Hausschlachtungen gehörten in die Tradition mit ihren vielfältigen Gewürzmischungen für die Wurstherstellung. Die Bauernspeise *Kartoffeln mit Quark* konnte mit *Leberwurst* ergänzt werden, *Blutwurst* diente als Einlage im Nudeleintopf oder wurde als kräftig gewürzte *Tiegelwurst* zu Sauerkraut und Kartoffeln gegessen. Den *Gräupcheneintopf* mit Kohlrabi bereitete man mit Rauchfleisch zu, gebratene *Knackwurst* oder *Bratwurst* kam mit Kartoffeln und Möhren in den *Linseneintopf. Saure Flecke* sind in einer sämigen Brühe gekochte Innereien mit Kartoffelstückchen und sauren Gurken. *Gekochtes Knochenfleisch* wurde mit altbackenen Brötchen in Milch und Meerrettich zum *Semmelmeerrettich, gekochte Rinderzunge* wurde mit zerlassener Butter oder Kapernsauce zubereitet. Der *Mutzbraten* ist in an Thüringen grenzenden Regionen zu finden: Schweinekamm oder Schulter wird mit Majoran und weiteren, streng geheim gehaltenen Zutaten mariniert und über einem Birkenholzfeuer gegart. Ebenso beliebt ist *Rindersauerbraten mit Pfefferkuchensoße*.

Das Vogtland und das westliche Sachsen verweisen auf eine ausgeprägte Kartoffelkloßtradition. Es gibt grüne Klöße, halbseidene Klöße und Wickelklöße. *Nackete Maadle* werden Klöße aus gekochten und geriebenen Kartoffeln genannt, die man im Fett und nichts anderem – eben nackt – in einer Pfanne rundherum bräunt. Sie werden von Apfelmus oder Fleisch begleitet. Der sächsische Klassiker *Quarkkeulchen* ist ein süßes Gericht aus gekochten Kartoffeln und Quark. Daraus werden fingerdicke Scheiben geformt, goldgelb angebraten und mit Zucker und Apfelmus serviert.

Die deutsche Küche ist allgemein dafür bekannt, die Südwestsachsen tun es auch: Sie essen viel Kohl in zahlreichen Varianten. Kohl ist ein vorzüglicher Nährstoff- und Vitaminlieferant für die Winterzeit. In Südwestsachsen ist das *Schichtkraut* ein deftiger Weißkrauteintopf mit reichlich Kümmel. Zum *Karpfen blau* oder *Vogtländischen Karpfen* werden Rotkohl und Kartoffeln gereicht.

Zum Kochen werden gerne Wildkräuter verwendet. Beim *Heubraten* wickelt man das Fleisch, meist ein Stück Wild, in würziges, mit Kräutern durchsetztes Bergwiesengras – so schmecken Vogtland und Erzgebirge. Eine bemerkenswerte Kräutervielfalt findet sich in den zahlreichen lokalen Likören und Schnäpsen mit fantasievollen Bezeichnungen wie *Kalmus, Angelika* und *Lauterbacher Tropfen*. Im Erzgebirgsstädtchen Bockau wurde ein Magenbitter kreiert, benannt nach seinem englischen Entwickler *Stoughton*.

Eierschecke

Man sollte sich nicht grämen, wenn Südwestsachsen sehr kleine Stücke Kuchen servieren. Das ist vorausschauend, denn es ermöglicht die Verkostung weiterer Beispiele aus der Kuchenvielfalt. Südwestsachsen ist ein Zuckerbäckerland. Früher kamen bei Festlichkeiten Kuchenfrauen ins Haus der Gastgeber und bereiteten zahlreiche Kuchen vor. Noch heute verkaufen Kuchenfrauen auf Volksfesten ihre Kreationen. Einer der bekanntesten Kuchen ist die *Eierschecke* mit ihren zahlreichen Variationen. Erwähnenswert sind der *Zuckerkuchen* und der *Platzkuchen*. Beim *Zuckerkuchen* wird ein dünner Hefeteig vor dem Backen mit reichlich Zucker und Zimt bestreut und mit Butterflocken belegt; er schmeckt noch warm am besten. Beim *Platzkuchen* entsteht beim Backen eine Berg- und Tallandschaft, daher wird er auch *Huckelkuchen* genannt. Butter und Zucker fließen, der Schwerkraft folgend, in die Täler, die Berge bräunen stärker. Was schmeckt am besten?

Christstollen sind für unsere Region typisch und unverzichtbar. Meist wurden sie der Reifung wegen lange vor Weihnachten gebacken. Vor Weihnachten durfte kein Stollen angeschnitten werden. Als Trost mischte man einige Fitzelchen abgezweigten Stollenteigs mit gekochten Kartoffeln und buk einen Blechkuchen daraus – als Vorgeschmack auf die Stollenzeit. *Bäbe* ist ein Rührkuchen, der in einer schüsselartigen Form, dem *Asch*, gebacken wird. Und mit dem *Bienenstich* hört die Liste der Kuchen nach lange nicht auf.

Der Ausspruch »Mir diddschen unsern Guchn in Bliemchengaffee« bringt es auf den Punkt: Sachsen, Kaffee, Kuchen und Porzellan gehören zusammen. Die Sachsen waren Pioniere beim Kaffeekonsum. War der Kaffee dünn geraten, und das Blümchendekor am Boden der feinen Porzellantasse schien durch, hat man es, so hübsch das auch aussehen mochte, mit einer *Plempe* oder *Lorke* zu tun.

40 Jahre sozialistisches Regime haben in der Küche Südwestsachsens Spuren hinterlassen. Grundnahrungsmittel standen ausreichend zur Verfügung, aber die Vielfalt der Lebensmittel war begrenzt. Das Angebot war meist regional und saisonal, ein aus heutiger Sicht durchaus begrüßenswerter Aspekt. Rückblickend waren die Tische immer gut gedeckt. Vor allem zu Familienfesten wurde traditionell gekocht und gebacken. Zusätzlich gab es weniger alltägliche *Wild- oder Nutriabraten* mit Pilzsoße und Klößen.

Westdeutsche Trends adaptierend, planten die ostdeutschen Staatsköche Kreationen wie den Pizzaersatz *Krusta*. Auch wurde versucht, französische Küche anklingen zu lassen, noch heute auf den Speisekarten mancher Gaststätten zu finden. Dazu zählen *Cordon bleu* und *Würzfleisch*, eine simplifizierte Variante des *Ragout fin*: Man lege fein geschnittenes gekochtes Schweine- oder Kalbfleisch mit weißer Soße in ein Schälchen, überbacke es mit Käse und verfeinere es mit Zitrone und Worcestersoße. Schweinesteak, mit Würzfleisch und Käse überbacken, taufte man *Steak au four*.

Aus der ungarischen Küche hat sich *Letscho* in der DDR-Küche etabliert, ein eingelegtes Tomaten-Paprika-Gemüse. Ein beliebtes Gericht war *gegrilltes Kotelett mit Letscho und Pommes*. Der russische Ursprung der *Soljanka* hingegen, einer Suppe aus Tomaten, Paprika, Zwiebeln, Gurkensud mit wechselnden Fisch-, Fleisch- und Wurststücken, wird kontrovers diskutiert. Typisch ist das echte *DDR-Jägerschnitzel*

Cordon bleu

aus einer panierten dicken Scheibe Wiegebraten oder Jagdwurst, das von Sauerkraut und Kartoffeln oder mit Spirelli begleitet wird.
In Sachsen wird nicht nur der Wein von der Elbe, sondern auch reichlich Bier getrunken. Sehr zu empfehlen und heute bundesweit bekannt und beliebt ist das Schwarzbier. Nach der Zeit des Kollektiveigentums lassen kleine Brauereien mit über Generationen reichender Tradition ihre alte Braukunst wiederaufleben.

Genussführer-Testgruppe Südwestsachsen

Gut, sauber & fair:
Für alle, denen nicht egal ist, was sie essen.
r Rabattcode: SFG23
low-food-magazin.de/probeabo
Slow Food
GENUSS & VERANTWORTUNG
GESUNDER WACHMACHER TEE
GENIESSEN IM SAUERLAND
DOSSIER MIT VIELFALT GEGEN DIE KLIMAKRISE
SLOW FOOD CHECK NUSSRIEGEL
SAISONKÜCHE CHICORÉE
INTERVIEW RENATE KÜNAST
Mit Rabattcode SFG23:
50% RABATT auf ein Probeabo! 3 Ausgaben für nur 6,80 Euro (statt 22,50 Euro für die Einzelhefte).
Jetzt bestellen unter
www.slow-food-magazin.de/probeabo
Per E-Mail: oekom-abo@verlegerdienst.de
Telefonisch unter 08105. 388 563

Baden-Württemberg

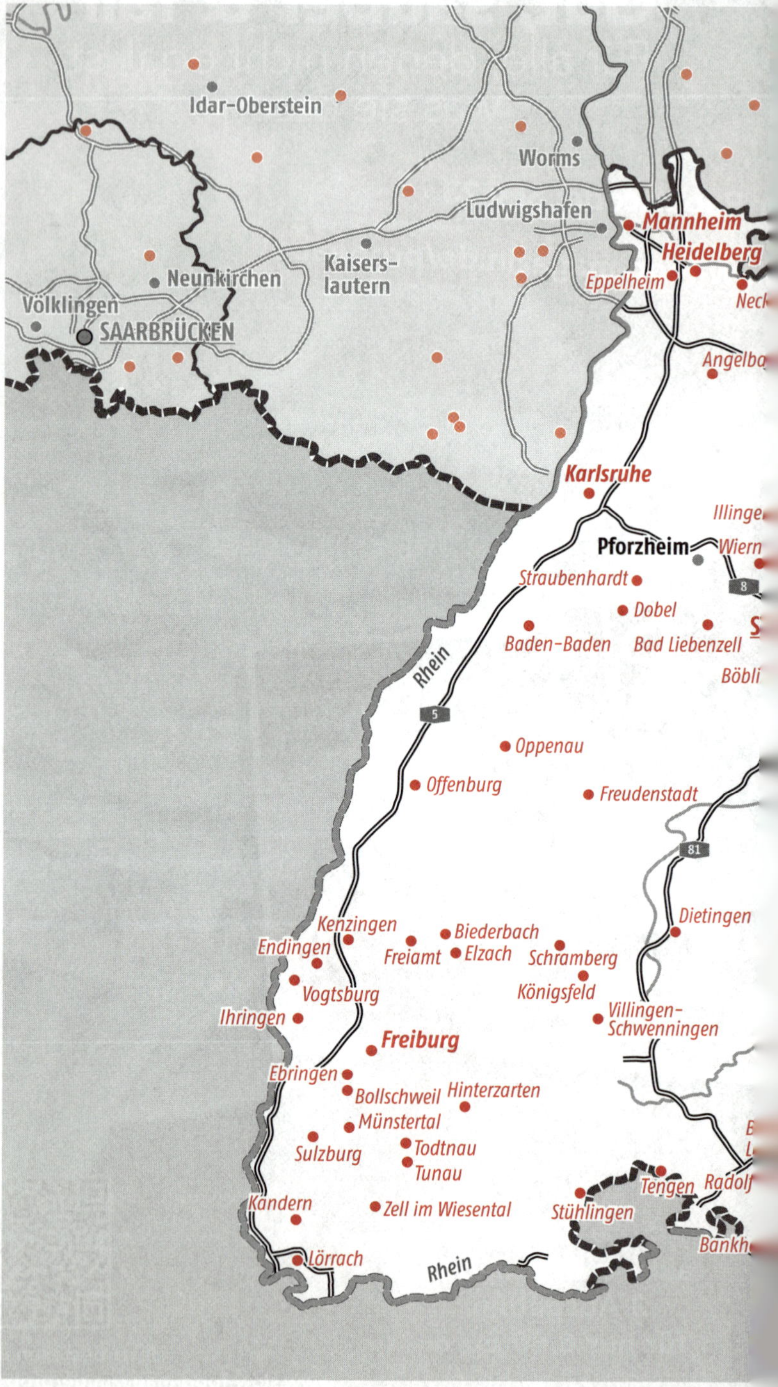

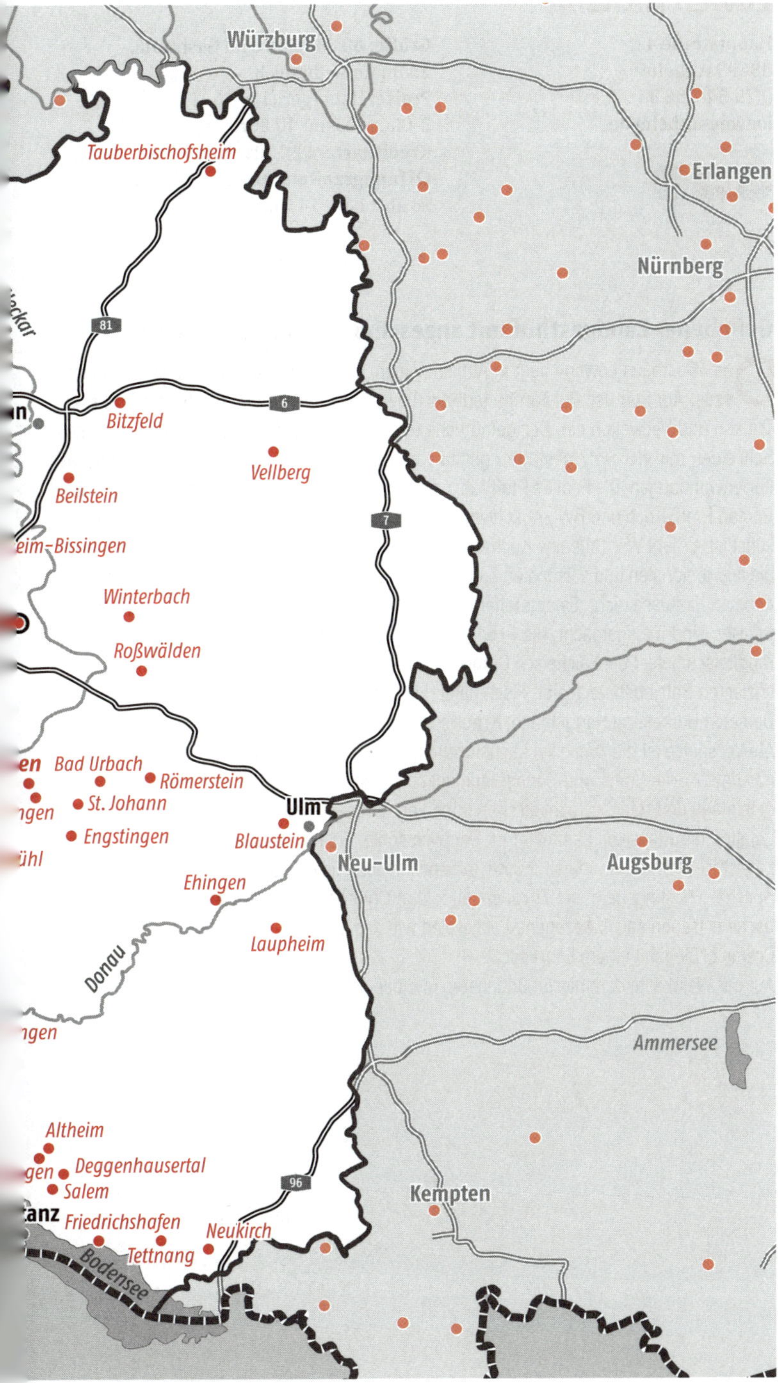
Würzburg
Tauberbischofsheim
Erlangen
Nürnberg
81
6
7
Bitzfeld
Vellberg
Beilstein
Winterbach
Roßwälden
Bad Urbach
Römerstein
St. Johann
Engstingen
Ulm
Blaustein
Neu-Ulm
Augsburg
Ehingen
Laupheim
Donau
Ammersee
Altheim
Deggenhausertal
Salem
Friedrichshafen
Neukirch
Tettnang
Bodensee
96
Kempten

Löwen Altheim

Hauptstraße 41,
88699 Altheim
0 75 54 / 86 31
loewen-altheim.de

Größe: 60 Sitzplätze im Gastraum, 25 im Außenbereich
Preise: Hauptgerichte 16–27, 3-Gänge-Menü 40 Euro
Kreditkarten: EC, Maestro, VPay
Öffnungszeiten: Di–Sa ab 17.30 Uhr; So ab 11.30–14 Uhr; Ruhetag: Mo

Gehobener Landgasthof mit angeschlossenem Hexenhäusle

Das »Gasthaus Löwen« liegt in Altheim, einem kleinen Dorf im Hinterland des Bodensees. Am Fuß der Dorfkirche lädt der Löwen seit mehr als 400 Jahren zum Essen, Trinken und Verweilen ein. Der gemütliche Gastraum wurde vom Vater, einem gelernten Schreiner, mit viel Holz gestaltet, genau wie das benachbarte »Hexenhäusle« mit zwei Ferienwohnungen. Die Familie Pfaff führt die Wirtschaft in der vierten Generation, seitdem Roman Pfaff, Koch und BWL-Absolvent, aus Stuttgart, Zermatt und Amsterdam zurückgekehrt ist. Er legt Wert auf eine Küche, die sich durch Frische und Natürlichkeit auszeichnet, die aus regionalen und saisonalen Zutaten frisch zubereitet wird. Sie verbirgt ihre internationalen Einflüsse nicht. Es entstehen kreative Gerichte mit authentischem Charakter. Alle Speisen sind hausgemacht, die Produkte werden von Erzeugenden im Umland bezogen: Rindfleisch liefert die Fairfleisch GmbH, die Fleisch aus artgerechter Tierhaltung von zertifizierten Betrieben vertreibt, Fisch liefert die Fischerei Heyer, und Käse kommt von der Demeter-Hofkäserei Heggelbach. Kräuter wachsen im heimischen Garten.
Als Vorspeise ist die Zweierlei Lachsforelle (pochiert und gebeizt), der marinierte Hüttenkäse mit Gurke, Apfel und Sonnenblumenkernen oder die Spargelcremesuppe mit Spargeleinlage und Räucherlachsstreifen unbedingt empfehlenswert. Bei den Hauptgerichten gefallen die Klassiker Lammfilet im Portweinsößle, die Fischplatte (Felchen, Zander und Lachsforelle) mit Blattspinat und Kartoffelgratin oder die vegetarischen Kartoffelblinis mit Spargel-Frühlingsgemüse, Zitronensauce und Chilifrischkäse ausgezeichnet. Als Nachtische erfreuen saisonbezogene Leckereien wie der Zwetschencrumble – oder die kleine Crème brûlée mit einem Espresso.
Auf der Weinkarte dominieren Bodensee- und badische Weine.

Heckerstuben im Wasserschloss Eichtersheim

Schlossstraße 1,
74918 Angelbachtal-Eichtersheim
0 72 65 / 49 99 07
heckerstuben.de

Größe: 60 Plätze in der Stube
Preise: Hauptgerichte 22–29 Euro
Kreditkarten: EC
Öffnungszeiten: Mo, Do–Sa 12–14 Uhr und ab 18 Uhr; So, Feiertage ab 12 Uhr; Ruhetage: Di, Mi

Fein tafeln im Schloss

Das Wasserschloss Eichtersheim in der Gemeinde Angelbachtal im Kraichgau nahe Sinsheim ist von einem Schlosspark umgeben. Das Restaurant »Heckerstuben« teilt sich die Schlossräume im Erdgeschoss mit Ortsverwaltung und Polizei. Der Namensgeber Friedrich Hecker, ein badischer Revolutionär von 1848, wurde im Rentamt gegenüber vom Schloss geboren; heute lebt dort der Bildhauer Jürgen Goertz. Die Wirtsleute Robert Petermann (Koch) und Isabell Landsgesell (Service) zogen 2007 in die Heckerstuben. Sie haben in den Gasträumen den Schlosscharakter dezent erhalten. Die Beleuchtung ist angenehm, die Dekoration stilvoll und schlicht. Im Sommer sitzt man entspannt am Wasser. Petermann verzichtet konsequent auf Convenience und setzt, wann immer möglich, Bioprodukte und regionale Zutaten ein. Kraichgauer Ochsenfleisch und Wild aus heimischen Wäldern werden regelmäßig verarbeitet, das Gemüse wächst in Sichtweite. Die Karte wechselt monatlich und mit der Saison und ist erfreulich übersichtlich.
»Badisches«, »mal was anderes« sowie vegetarische Gerichte machen neugierig. Als Gruß aus der Küche weckt eine feine Essenz vom Tafelspitz mit Markklößchen den Appetit. Die im Glas servierte Erbsenschaumsuppe mit Einlage betont das Aroma junger Erbsen. Wer möchte, isst sich in Miniportionen durch die Vorspeisen. Die Hauptspeisen wie Kalbsbäckchen in badischem Rotwein, zart geschmort mit Schnittlauch-Kartoffelstampf und kleinem Gemüse, ein Stück vom Hirschkalb, zart und rosa an Wirsinggemüse mit Biss und ungesüßten Preiselbeeren, Champignons, Esskastanien und selbst gemachten Schupfnudeln* überzeugen ebenso wie die Kalbsleber, außen leicht kross und innen zart, oder der Winterkabeljau auf Lauch-Tomaten-Gemüse mit Senfschaumsoße. Den erfrischenden Schlusspunkt setzt ein hausgemachtes Sorbet.
Es gibt Kraichgauer Weine im offenen Ausschank, zu jedem Gericht den passenden Begleiter. Regionale und internationale Weine werden auch in Flaschen angeboten. Guter Service!

Gasthaus Hirsch

Monbachstraße 47,
75378 Bad Liebenzell-Monakam
0 70 52 / 23 67
hirsch-genusshandwerk.de

Größe: 47 Plätze in Gasträumen
Preise: Hauptgerichte 18–30 Euro
Kreditkarten: EC
Öffnungszeiten: Sa, So 12–15 und 17.30–22.30 Uhr; Mo, Fr 17.30–22.30 Uhr; Do auf Anfrage; Ruhetage: Di, Mi

Familienlandgasthof mit gehobener Küche

Das Gasthaus an der langen Hauptstraße im alten Ortskern überrascht hinter unscheinbarer Fassade mit angenehm gestalteten Innenräumen und Tischen aus eigenem Holz. Im »Hirsch« arbeitet die ganze Familie von Inhaber und Küchenchef Andreas Sondej mit. Vieles kommt aus eigenem Gemüseanbau, alle Lieferant*innen werden auf der Karte genannt. Sondejs Philosophie ist Genusshandwerk mit klarer Linie: Statt des üblichen Kartenallerleis setzt er auf gezielte, handwerklich und kreativ umgesetzte Gerichte. Was in den Kochtopf wandert, hat Saison und stammt aus der Region – bis auf den Nordseefisch, eine bleibende Erinnerung an die Sylter Küche, die er seit seiner Ausbildung liebt und schätzt. Die Gerichte zeigen Einflüsse aus der gehobenen Gastronomie, ergänzt durch entschieden regionale Bodenhaftung. Damit vertritt Sondej ein zeitgemäßes Regionalitätsprinzip, das trotz starker heimischer Wurzeln den Blick über den Tellerrand nicht scheut. Selbstbewusst hält er daran fest: Nur hochwertige Ausgangsprodukte schmecken.
Die Karte mit einem Fischgericht, fünf Fleischspeisen sowie einem vegetarischen Angebot wechselt monatlich. Das Entree stimmt trefflich ein: ein Frühlingssalat mit blauen Kartoffelchips oder eine Rahmsuppe von zweierlei Spargel mit Schinkenbrot und Liebstöckelmayonnaise. Vorzüglich die Hauptgerichte wie die interessante Komposition Lehninger Landschwein mit fettem Speck, Datteln, Heckengäulinsen und Ziegenquark. Ebenfalls ausgezeichnet das Rinderfilet auf Kürbis oder die Kalbsnieren in Senfsoße mit Steckrüben-Kartoffelstampf, Brotchips, gebratenen Schwarzwurzeln und kandierten Johannisbeeren. Fantasievoll auch die Desserts wie das hausgemachte Haselnussparfait oder die geeisten Gartenkräuter mit Waldmeistergranité und marinierten Erdbeeren. Für einen kulinarischen Streifzug durch die Sondej-Küche werden Menüempfehlungen in drei bis fünf Gängen angeboten.
Die Weinkarte entspricht dem Niveau des Restaurants, bietet aber auch offene Weine – alle aus dem Ländle. Der Quitten- und Streuobstbirnenbrand kommen aus der eigenen Brennerei.

Brände, Liköre und einige Leckereien aus eigener Herstellung können für zu Hause erworben werden.

Restaurant im Golfclub

Fremersbergstraße 127,
76530 Baden-Baden
0 72 21 / 2 35 27
restaurant-im-golfclub.de

Größe: 80 Plätze im Gastraum
Preise: Hauptgerichte 9–20 Euro
Kreditkarten: EC, Master, Visa
Öffnungszeiten: 12–14 und 18–21.30 Uhr; Ruhetag: Mo

Eines der schönsten Clublokale

Der Baden-Badener Golfclub ist der drittälteste in Deutschlands, entstanden auf Initiative des englischen Reverend T. Archibald S. White Anfang des vorigen Jahrhunderts. Das »Restaurant im Clubhaus« wird von Christine und Uli Krause bewirtschaftet und ist öffentlich zugänglich. Das Ambiente ist angenehm, im Winter flackert der offene Kamin, im Sommer lädt die schöne Terrasse mit bequemen Gartenmöbeln unter alten Kastanien mit Blick in den Schwarzwald zum Entspannen ein. Die Küche verwöhnt mit regionalen Produkten, hauptsächlich aus dem Baden-Badener Umland, aus der Ortenau und dem nahen Elsass. Das Restaurant pflegt Partnerschaften mit Erzeuger*innen und Lieferant*innen, darunter die Metzgerei Glasstetter, die Gemüselieferantin »Margots Paradies« und der Geflügelhof Siebert. Spezialitäten im Herbst und Winter sind Enten und Gänse, die nach bewährter Tradition zubereitet werden.
Als Vorspeise wecken das Carpaccio von Gelber und Roter Bete mit gebratenem Ziegenkäse und der Tafelspitzsud mit Flädle die Aufmerksamkeit. Auf der Karte stehen neben klassischen Gerichten wie Rindertafelspitz in Meerrettichsoße mit Roter Bete und Bouillonkartoffeln oder den deftig-rustikalen Blutwurstbratkartoffeln mit Spiegelei und Gewürzgurke auch Saisonales wie Spargel oder Wild. Der preiswerte Mittagstisch offeriert gelegentlich einen aus der Hüfte geschnittenen Zwiebelrostbraten mit Bohnen und Spätzle. Das beliebteste Dessert ist ein Espresso mit Vanilleeis. Nachmittags gibt es kleine Gerichte, Vesper und hausgemachte Kuchen.
Kleine Weinkarte.

→ Es wird ein Abholservice angeboten.

NEU

Karl's Esszimmer

Stuttgarter Straße 5
72574 Bad Urach
0 71 25 / 9 43 40
flairhotel-vierjahreszeiten.de/restaurant

Größe: 80 Plätze in den Gasträumen
Preise: V 10–12, H 14–30 Euro
Kreditkarten: Alle gängigen Karten
Öffnungszeiten: Di–Sa 18–22 Uhr; Ruhetage: So, Mo

Zentral gelegenes Hotel-Restaurant & Bar

»Karl's Esszimmer« ist das Restaurant im familiengeführten Flair Hotel Vier Jahreszeiten. Hotel und Restaurant blicken auf eine über 100-jährige Tradition zurück, entstanden aus einer Metzgerei mit einer kleinen Vesperstube. Das Haus liegt mitten in der Altstadt von Bad Urach am Fuße der Schwäbischen Alb. Inhaber und Gastgeber Thomas Frank setzt auf Nachhaltigkeit und ist mehreren Regionalvereinigungen angeschlossen. Die Kurstadt Bad Urach lädt mit ihren romantischen Fachwerkbauten zum Verweilen ein. Sie wird oftmals als Perle der Schwäbischen Alb bezeichnet. Die Speisekarte orientiert sich am saisonalen Angebot der regionalen Lieferanten. Beständig sind die Maultaschenvarianten aus der eigenen Manufaktur, darunter ungewöhnliche Rezepturen mit Reh und Wildschwein aus heimischer Jagd oder mit Alblamm vom Schäfer Stotz.
Bei den Vorspeisen schmeckt im Sommer die geeiste Gemüsesuppe aus Produkten vom Biolandhof Bleiche mit Burrata ausgezeichnet, ebenso die hausgebeizte Ermstal-Lachsforelle mit Frischkäsecreme und Limonengel. Die sehr zarten Sauren Kutteln mit Bratkartoffeln sind auch in einer Vorspeisenportion erhältlich. Bei den selbstgemachten Burgern gefällt neben dem Klassik Burger auch der Veggi Burger mit einem Patty aus Albleisa. Überhaupt sind die vegetarischen oder veganen Gerichte abwechslungsreich: Die Bratkartoffelpfanne mit vielfältigen Gemüsen, Champignons und Zitronen-Melisse-Öl mundet prächtig. Ebenfalls auf der Karte stehen der Zwiebelrostbraten mit zweierlei von der Zwiebel und Spätzle und – ein Höhepunkt – der Rehrücken mit Kräuterkruste, hausgemachten Spätzle und Preiselbeeren. Zum Abschluss locken Apfelküchle mit Lautertaler Eis und Sahne oder das Buttermilch-Mousse mit Beerenragout und Crumble.

→ Deutschlands schönster Rundwanderweg 2016, der 10 km lange Wasserfallsteig, führt zum 30 m hohen Uracher Wasserfall und bietet einen herrlichen Blick auf die Burgruine Hohenurach.

Unter dem Titel Sophie's Kauflädle 2.0 (Sophie Frank war die Urgroßmutter von Thomas Frank und die Mitbegründerin des Hotels) werden selbst gemachte Speisen, Soßen und Beilagen auch über einen Onlineshop angeboten.

Landgasthof Zum Sternen

Schienerbergstraße 23,
78345 Bankholzen am Bodensee
0 77 32 / 24 22
zum-sternen.de

Größe: 90 Plätze im Gastraum
Preise: Hauptgerichte 14–27 Euro
Kreditkarten: EC
Öffnungszeiten: Do–So 11.30–14 Uhr; Mo, Do–So 17–22 Uhr; Ruhetage: Di, Mi

Dieser Stern leuchtet schon lange zum Wohl der Gäste

Seit 130 Jahren bewirtschaftet Familie Bohner-Seibold am Fuß des Schienerbergs den »Landgasthof Zum Sternen« in der Ortsmitte von Bankholzen am westlichen Bodensee. Im Biergarten unter einer alten Kastanie oder in der Gaststube werden badische und schwäbische Gerichte im neuen Gewand angeboten. Fleisch und Gemüse in Bioqualität stammen aus der Region, etwa vom Schienerberg und von der Höri, der Fisch vom Bodensee. Die Erzeuger*innen, Fischer*innen und Verarbeiter*innen der Produkte werden auf der Karte namentlich genannt. Noch hält die Wirtin Brigitte Bohner-Seibold die Zügel in der Hand, doch in der Küche prägt Sohn Florian schon einen neuen Stil, ohne den Stammkunden zu starke Veränderungen zuzumuten.

Es gefällt die große Auswahl knackiger, frisch geernteter Salate, die mit »Vogelfutter« garniert werden. Die Karte versammelt Suppen und viele saisonale Gerichte, wie den Bärlauch-Pfannkuchen mit Spargel in Weißweinsud. Das Fischangebot richtet sich nach dem aktuellen Fang. Die Hechtklößchen in Weißherbstsoße mit den wunderbar aromatischen Kartoffeln sind sehr zu empfehlen. Weitere Angebote sind Wacholderschäufele*, zart geräucherte und gekochte Schweineschulter mit Kartoffelsalat oder der Zwiebelrostbraten mit einer Soße, die »slow« innert zweier Tage entsteht. Die Fleischmaultaschen werden mit dem beliebten Kartoffelsalat serviert. Vegetarisch sind die Höri-Tortilla-Kartoffel und die Rösti mit Appenzeller Käse und Ei. Bei den Desserts werden saisonale Früchte in hauchdünne Pfannkuchen gebettet oder kombiniert mit Joghurt und Fruchtsaucen.

Die Weinkarte listet Bodenseeweine, noch im echten Viertele ausgeschenkt, und frisch gezapfte Biere aus der Region. Der Service ist schnell, kompetent und freundlich.

Mayers Burgrestaurant Hohenbeilstein

Langhans 1,
71717 Beilstein
0 70 62 / 6 50 77
burg-beilstein.de

Größe: 90 Plätze im Restaurant, 60 im Außenbereich
Preise: Hauptgerichte 11–23 Euro
Kreditkarten: EC
Öffnungszeiten: Mi–Fr 16.30–21 Uhr; Sa, So, Feiertage 11.30–21 Uhr; Ruhetage: Mo, Di

Gaumenschmeichler im Burggemäuer

Hoch über dem Weinort Beilstein, am Rande der Löwensteiner Berge, liegt - umgeben von Weinreben - die Burg Hohenbeilstein. Das ökologisch wirtschaftende Schlossgut gleichen Namens befindet sich in unmittelbarer Nähe. Die Aussicht von der Burg oder vom gemütlichen Burggarten ist wunderbar, auch ohne Restaurantbesuch lohnt der Ausflug. Im alten restaurierten Burggemäuer, über dem für Feiern genutzten Kellergewölbe, befindet sich die heimelige Burgstube. Augenzwinkernd grüßt der Kachelofen mit seinen verzierten Suppenschüsseln. Die Decke ist hoch, den Gast erwartet ein Mix aus Tradition und Moderne. Bei gutem Wetter lockt der Biergarten des Burghofs.
Die übersichtliche Karte bietet saisonale Monatsangebote und eine schwäbische Karte. Der Inhaber betont den Einsatz regionaler Produkte und begrüßt seinen Besuch mit einem luftigen Kräuterquark als Brotaufstrich. Die Steinpilzsuppe aus heimischen Steinpilzen mit Tiroler Speckknödel ist ein Gaumenschmeichler, die gebratene Lammleber auf Petersilienpüree ist ihren Preis wert und geschmacklich ein Gedicht. Besonderes Lob gebührt dem Koch für den Karpfen mit selbst gemachter Remoulade und Kartoffelsalat – der Karpfen kommt aus einer benachbarten Zucht und findet sich nur selten auf schwäbischen Speisekarten. Der Sauerbraten vom regionalen Weiderind mit seiner dunklen Soße, in der sich die Spätzle wohlfühlen, wurde den Erwartungen mehr als gerecht. Der dazu gereichte Salat hatte eine angenehm pikant-säuerlicher Betonung. Albleisa auf Saitenwürstle*, paniertes Schnitzel, selbst gemachte Maultaschen, Käsespätzle, Siedfleisch aus dem Unterland oder Medaillons vom Schweinelendchen: Insgesamt wird jeglicher Wunsch erfüllt. Das Schmankerl zum Nachtisch ist der geschmorte Pfirsich mit Karamelleis und Thymian-Butterstreusel, süß wohlschmeckend, mit feinem Duft.
Das Getränkeangebot ist reichhaltig und besonders bei den Weinen gut sortiert. Aus der Region und vom Schlossgut gibt es viele gute, des Probierens werte Tropfen. Die Bedienung ist freundlich und kompetent.

In unmittelbarer Nachbarschaft befinden sich zwei Bioweingüter:
Bioweingut Schlossgut Hohenbeilstein (www.schlossgut-hohenbeilstein.de),
Biologisches Weingut Sankt Annagarten (www.sankt-annagarten.de).

Gasthof Hirschen-Dorfmühle

Dorfstraße 19,
79215 Biederbach
0 76 82 / 3 27
hirschen-dorfmuehle.de

Größe: 120 Plätze im Restaurant
Preise: Hauptgerichte 10–25 Euro
Kreditkarten: EC, Visa
Öffnungszeiten: Mi–Mo 9–24 Uhr, Küche 11–14 und 17.30–21.30 Uhr; Ruhetag: Di

Familiäres Schwarzwälder Landgasthaus

Die attraktive Lage des Landgasthofs von Paul und Renate Burger im Dorfmittelpunkt von Biederbach im Herzen des Schwarzwalds ist ein idealer Ausgangspunkt zum Wandern, Walken und Biken. Das familiär geführte, gemütliche Gasthaus liegt bei Elzach und hat ein traditionelles Schwarzwälder Ambiente, hell und freundlich. Die Terrasse vor dem Haus verspricht sommerliche Schwarzwaldluft. Auf der Speisekarte dominiert eine traditionell badische Küche: Fleisch- und Fischgerichte mit saisonalem Pfiff. Gekocht wird mit frischen Zutaten und regionalen Produkten der Umgebung. Auffallend sind die vielen Wildgerichte des Hauses. Reh, Hirsch und Wildschwein tragen heimische Jäger*innen in die Küche. Das Lammfleisch stammt aus der eigenen kleinen Schafzucht. Salate werden mit besonderen Essigspezialitäten angerichtet.
Auf der Saisonkarte stehen Wildschweinrücken und Rehschnitzel auf Pfifferling-Bohnengemüse, dazu Brotplätzchen. Im Frühjahr gibt es gefülltes Schweinefilet mit Frischkäse und Bärlauchnudeln. Den Frischkäse stellt die Hofkäserei Monte Ziego her, der Bärlauch wächst reichlich in den Wäldern des Elztals. Typisch für die Region sind auch die Maultaschen. Im »Hirschen« werden Maultäschle vom Lamm mit Zwiebelschmelze und buntem Salat serviert.
Die Weinkarte listet vor allem badische Tropfen vom Kaiserstuhl und aus dem Markgräflerland.

Das hofeigene Lammfleisch wird auch zu Wurst und Schinken verarbeitet.

Koppes Tafelhaus – Restaurant

Hauptstraße 32,
74321 Bietigheim-Bissingen
0 71 42 / 91 80 40
koppes-tafelhaus.de

Größe: 50 Plätze im Restaurant, 30 auf der Terrasse
Preise: Hauptgerichte 14–30, Fleisch aus dem Reifeschrank bis 55 Euro
Kreditkarten: EC, Amex, Master, Visa
Öffnungszeiten: Fr, Sa 18–22 Uhr; Di–Fr, Lunch-Buffet 12–14 Uhr; Ruhetage: Mo, So, Feiertag

Bester Geschmack in der malerischen Altstadt

Im ersten Stock eines renovierten Altbaus mit Spitzgiebel auf der Hauptgeschäftsstraße der malerischen historischen Altstadt von Bissingen ist »Koppes Tafelhaus« zu finden. Zwei imponierende Leuchten begleiten den kurzen Aufstieg über eine Außentreppe zum Eingang. Der Gastraum ist schlicht-modern in warmen Farben eingerichtet, schön eingedeckt und dezent dekoriert.

Auf einer »Kleinen Karte für jeden Abend« werden Suppen, Salate und kleine warme Gerichte vorgeschlagen. Die Karte »Zeit zum Genießen« unterscheidet traditionelle und innovative Speisenangebote. Als Amuse-Gueule wird eine Gemüsesuppe mit einem Stückchen Käse aus der Region gereicht. Das Schaumsüppchen von der Brunnenkresse aus Bissingen mit gerösteten Pinienkernen hat einen aromatisch-intensiven Geschmack. Das Original Wiener Schnitzel vom Hohenloher Kalbsrücken wird von tadellosen Pommes frites und einem guten Salat, nach schwäbischer Art mit würzigem Dressing, begleitet. Der Zwiebelrostbraten stammt von Rindern aus süddeutscher Zucht, reift im Reifeschrank des Restaurants und erfreut durch seine zarte Konsistenz. Die selbst gemachten Spätzle und der köstliche Kartoffelsalat finden breite Zustimmung. Die hausgemachten Sorbets lösen große Begeisterung aus. Es gibt regelmäßig ein vegetarisches Menü.

Die kleine Weinkarte muss ohne Jahrgangsangaben auskommen, sie enthält verschiedene Tropfen vom lokalen Spitzenweingut, dazu die Weine einiger Genossenschaften. Der freundliche Service bemüht sich um die Gäste. Auf Wunsch gibt es kleinere Portionen.

Inzwischen betreibt Markus Koppe im Nachbarhaus (Hauptstr. 30) den kleinen Laden »Koppes Feingemachtes«. Dort gibt es wochentags verschiedene Mittagsgerichte, Eingewecktes im Glas zum Zu-Hause-Erwärmen, regionale Feinkost, Weine, Hochprozentiges, Besonderes & Leckeres.

NEU

Gasthaus zum Löwen

Alte Straße 15,
74626 Bitzfeld
0 79 46 / 13 88
loewen-bitzfeld.de

Größe: 25 Plätze in der Gaststube, 100 im Nebenzimmer
Preise: Hauptgerichte 10–20 Euro
Kreditkarten: EC, Master, Visa
Öffnungszeiten: Mo, Do–Sa 17–22 Uhr; So 11–20.30 Uhr; Ruhetage: Di, Mi

Geradlinige Hohenloher Küche

Das »Gasthaus zum Löwen« in Bitzfeld, eine ehemalige Post- und Umspannstation, ist seit fünf Generationen im Besitz der Familie Wolf. Birgit Wolf als Köchin und Wirtin sorgt dafür, dass sich die Gäste im »Löwen« wohlfühlen. Die Oma brachte ihr bei, wie man nach Hohenloher Art Kuttel, Nieren, Kalbsleber, Siedfleisch mit Meerrettich, ein Gschmorgel mit Birnenschnitz und vieles mehr zubereitet. Das sind Gerichte, die auch heute gelegentlich auf der Karte stehen. Birgit Wolf vereint am Herd Tradition mit Innovation und probiert immer wieder Neues aus, wenn irgend möglich, kocht sie mit regionalen Erzeugnissen. Das Fleisch stammt von der Bäuerlichen Erzeugergemeinschaft Schwäbisch Hall, das Lammfleisch und der Schafskäse vom benachbarten Biohof Jauernik, der Käse aus Geifertshofen, das Gemüse von örtlichen Gemüsebaubetrieben und das Wild aus heimischer Jagd. Zum »Löwen« gehört, wie früher üblich, auch ein Bauernhof, Lieferant für Obst, Trauben und Wein.
Bei den Klassikern gefallen das Schnitzel vom Hällischen Schwein mit Kartoffelsalat, die Fleischküchle oder der Braten vom Schweinehals mit hausgemachten Spätzle sowie Saure Nieren in feiner Soße. Im Herbst wird eine Kürbissuppe mit Curry serviert, auch Nichtvegetarier*innen sollten die Hohenloher Nudel in Rahmwirsing oder die cremige Kürbispasta mit Bioschafskäse probieren. Als leckeren Abschluss empfehlen sich die Apfelküchli mit Vanillesoße oder der Pfannkuchen mit Quittenmus.
Der Wein stammt von der WG Hohenlohe, an die Familie Wolf ihre Trauben liefert, die Biere von der Distelhäuser Brauerei und der Neuenstädter Biermanufaktur.

In Pfedelbach-Lindelberg bietet die Hofmetzgerei von Friedrich Hack Fleisch und feinste Wurstspezialitäten an.

Restaurant Feld-Wirtschaft

Wagnergasse 6,
89134 Blaustein-Bermaringen
0 73 04 / 4 18 86
feld-wirtschaft.de

Größe: 33 Plätze im Gastraum, 25 im Außenbereich
Preise: Hauptgerichte 15–25, Menüs 44–52 Euro
Kreditkarten: EC
Öffnungszeiten: nur Fr, Sa 17–23 Uhr

Frische Feldprodukte vom Acker gegenüber

Susanne Kopp und Wilhelm Schmid eröffneten 2013 ihr Restaurant »Feld-Wirtschaft« in Blaustein-Bermaringen, knapp 15 Kilometer nordwestlich von Ulm. Fast alles, was an Gemüse, Salat und Kräutern frisch in der Küche zubereitet wird, wächst im eigenen Garten direkt gegenüber, Grünzeug, Kräuter und Blumen pflanzt und pflegt der Koch chemiefrei. Die Wege sind kurz, das fördert Frische und Qualität. Auch bei Fisch und Fleisch setzt man auf Bioqualität. Soßen und Brühen sind selbst gemacht, ebenso Essig, Kräuteröl, Pesti und Chutneys. Der Gasthof ist aus einem alten Stadl entstanden, den Kopp und Schmid vor zwei Jahrzehnten zu ihrem Zuhause gemacht haben. Aus dem früheren Wohnzimmer ist ein offen gehaltener, heller und gemütlicher Gastraum entstanden. Mit dem Blick aufs Feld können Gäste die Rohstoffe buchstäblich wachsen sehen. Bei der Einrichtung wurde Naturmaterial genutzt, die Tische sind aus Obstbaumholz und die Vorhänge aus altem Laichinger Leinen. Selbst das Brot wird selbst gebacken, in der Küche gibt es nach Auskunft von Susanne Kopp keinerlei Convenience. Fleisch kommt aus Schwäbisch-Hall, der Ziegenhof Kapella liefert Käse und Zicklein, Bioweiling in Luizhausen weiteres Obst und Gemüse. Einzeltiere werden von Bauernhöfen der Umgebung auf Zuruf gekauft. Im Sommer wird auf der Terrasse serviert.

Die Küche grüßt mit zweierlei Mousse aus Roter Bete und Pastinaken. Frisch und von intensiv natürlichem Geschmack ist der Kräuter- und Blütensalat, geschmackvoll sind die Rinderbäckchen mit Kräuterknödeln und der dazu gereichte Blumenkohl. Das Paprikarisotto mit Pilzen ist ebenso zu empfehlen wie das Lammragout. Die ebenfalls vegetarischen gefüllten Paprika mit Linsen und Schafskäse sind mit dekorativen Blüten auch visuell ein Genuss. Eismeersaibling mit Kokosgemüse und Kräuterkartoffeln überzeugt in Qualität und Zubereitung, das Gemüse ist attraktiv arrangiert.

Der aufmerksame und freundliche Service komplettiert den guten Eindruck - ein Speiselokal, das mit der Verbindung zur Gärtnerei eine Nische füllt und für vegetarische Genießer besonders zu empfehlen ist. Kleine Weinkarte mit fünfzehn Bioweinen.

Blauer Affe

Sernatingenstraße 16,
78351 Bodman-Ludwigshafen
0 77 73 / 93 83 73
blauer-affe-ludwigshafen.de

Größe: 50 Plätze im Restaurant
Preise: Hauptgerichte 15–28 Euro
Kreditkarten: EC
Öffnungszeiten: Mi–Sa, 17–22 Uhr; So, Feiertage 12–14 und 17–22 Uhr; Ruhetage: Mo, Di

Kochen ohne Theater

Die gemütliche Gaststube des »Blauen Affen« unweit des Bahnhofs von Ludwigshafen ist dezent eingerichtet und hübsch mit maritimen Accessoires, blumiger Tischdekoration, Kerzen und Stoffservietten dekoriert. Zum Bodenseeufer sind es nur wenige Schritte, ideal für einen ausgiebigen Spaziergang. Michael Nolls geschmacks- und erlebnisreiche Küche und Chefin Petra Noll mit ihrem charmanten, aufmerksamen Service, der dem Gast herzlich zugewandt ist, garantieren einen angenehmen Aufenthalt. In der verführerischen Speisekarte wird erläutert, woher die regionalen Produkte aus Küche und Keller kommen. Glücklich der Umstand, dass Petra Noll einer alten Obstbau- und Brennereifamilie entstammt und die Kräuter im eigenen Garten wachsen.

Der mit Kräutern und Blüten ummantelten Frischkäse, zu dem es gutes Brot gibt, ist ein attraktives Amuse-Gueule. Jahreszeitlich passend ist die samtige Bärlauchschaumsuppe. Der bunte gemischte Beilagensalat überzeugt mit seiner Vielfalt und einem aromatischen Dressing. Sowohl das Ragout vom Biolamm als auch das Wiener Schnitzel vom deutschen Kalb sind butterzart, das Saisongemüse passend. Bemerkenswert die in der Eisenpfanne gebräunten, wunderbar krossen Bratkartoffeln. Nur mit den richtigen Sorten gelingt ein solches Geschmackserlebnis.

Die gut strukturierte Weinkarte listet Weingüter vorwiegend aus der Region. Für Biertrinker gibt es frisch gezapftes Fürstenberg, Meckatzer Export und die beliebten »Zwickel«* sowie Kristallweizen von der Hirschbrauerei.

Gasthaus zum Rössle

St. Ulrich 11,
79283 Bollschweil-St. Ulrich
0 76 02 / 2 52
gasthausroessle.de

Größe: 100 Plätze in der Gaststube, 50 auf der Terrasse
Preise: Hauptgerichte 12–28 Euro
Kreditkarten: EC
Öffnungszeiten: Do–Fr ab 17 Uhr; Sa, So, Feiertage ab 11.30 Uhr; Ruhetage: Mo, Di, Mi

Verwunschenes Kleinod im Möhlintal am Sonnenhang

Die mit viel Holz auf Schwarzwälder Art eingerichtete, gemütliche und zünftige Gaststube - ohne überladenes Schwarzwalddekor - begrüßt in ruhiger Lage Wander*innen, Radfahrer*innen und Genießer*innen. Das Gasthaus geht auf eine ehemalige Klostermühle von 1700 zurück und ist seit fast zwei Jahrhunderten in Familienbesitz. Seit 1995 ist Inhaber Dominik Sumser in der Küche für die regionaltypischen Gerichte zuständig. Ein Besuch lohnt sowohl kulinarisch wie landschaftlich: Das reizvolle Möhlintal ist trotz der geringen Entfernung von nur 15 Kilometern bis Freiburg bisher touristisch nicht überlaufen. Im Sommer sitzt man auf der Terrasse direkt an der sanft rauschenden Möhlin unterhalb des Klosters St. Ulrich.
Die Speisekarte des »Rössle« ist typisch für einen Landgasthof, wobei es kleine Ausnahmen gibt. Die Produkte werden überwiegend bei regionalen Produzent*innen erworben. Das Wild stammt aus heimischer Jagd. Rind- und Kalbfleisch für Spezialitäten wie den Sauerbraten oder den Rindfleischsalat kommen meist vom Vorderwälder Weiderind der umliegenden Höfe. Die Rinderbrühe mit Markklößchen wird schonend zubereitet und schmeckt vorzüglich. Hauptgerichte wie gekochtes Kalbszüngle mit Estragon, Nudeln und Gemüse oder Lammschulter mit Kartoffelgratin und Ratatouille werden zum Glück auch als kleine Portionen angeboten. Auf der Vesperkarte steht der saftige Wurstsalat oder ein Schwarzwälder Schäufele* mit Butter und Brot. Als süßes Finale ist das familienfreundlich bepreiste Bauernhofeis aus Horben zu empfehlen.
Interessant ist die Weinkarte: Die günstige Kalkulation der Flaschenweine ist einmalig. Wir freuten uns über qualitätvolle Gutedel und Bioweine. Weitere Markgräfler Erzeuger ergänzen das Angebot. Unaufgeregter, flotter Service, auch wenn alle Tische belegt sind.

→ Eine Reservierung ist ratsam.

Heinehof

St. Ulrich 21,
79283 Bollschweil-St. Ulrich
0 76 02 / 2 81
heinehof.de

Bio

Größe: 60 Plätze im Gastraum, 50 auf der Terrasse
Preise: Hauptgerichte 10–20 Euro
Kreditkarten: EC
Öffnungszeiten: Mo, Do, Fr ab 16 Uhr; Sa, So, Feiertage ab 11 Uhr; Ruhetage: Di, Mi

Direkt von der Weide auf den Tisch

Eingebettet in Wiesen und Wälder liegt das schlichte, in hellem Holz gehaltene Gasthaus »Heinehof« mit schöner Terrasse am Fuß des Freiburger Hausbergs Schauinsland in St. Ulrich in der Gemeinde Bollschweil. Seine attraktive Lage macht das Haus zum beliebten Ziel für Wandernde, Tourist*innen und Einheimische. Der Hof wurde 1641 erstmals erwähnt und ist seit 1867 im Besitz der Familie Sonner; heute sind Barbara und Valentin Sonner verantwortlich. Auf der Speisekarte stehen einfache, schmackhafte Gerichte. Es werden fast ausschließlich eigene Produkte angeboten, vor allem Limousin-Rindfleisch. In Kürze folgen auch die Slow Food Arche-Passagiere Hinterwälder Rinder. Die Rinder werden in Mutterkuhhaltung auf dem 70 Hektar großen Hof aufgezogen, dazu Schweine und Gänse, die in den Sommermonaten auf den Weiden des Hofes gehalten werden. Ab November bis Dezember werden sie als kulinarischer Höhepunkt auf Vorbestellung im Steinofen gebraten. Tierhaltung und biologische Wirtschaftsweise des Grünland- und Viehzuchtbetriebs sind durch Bioland zertifiziert und umfassen auch das Gasthaus. Durch den Neubau eines modernen Schweinestalls ist jetzt auch der Kauf von Bioschweinefleisch möglich. Die junge Familie führt das gepflegte Anwesen mit der gelungenen Kombination aus Land- und Gastwirtschaft engagiert und überaus freundlich.

Als Hauptgericht gibt es gekochtes Rindfleisch mit Meerrettichsoße, Salzkartoffeln, Preiselbeeren und Salat. Ein typisches Heinehof-Gericht sind die herzhafte Sülze von Rindfleisch mit Wurzelgemüse und Brägele* (Bratkartoffeln) oder die Hackfleischküchle. Zum Nachtisch gibt es Bauernhofeis und andere hausgemachte Leckereien, zum Beispiel Grießschnitten mit Apfelmus. Die reichhaltige Kuchenauswahl wird wie das traditionelle Bauernbrot in der Hofbackstube gebacken. Einkehrende Wander*innen freuen sich über die schönen Vesperplatten mit Käse, Wurst und Speck. Der naturtrübe Apfelsaft kommt von alten Streuobstbeständen.

Der Hof besitzt seit über 100 Jahren Brennrecht, das im »Schnapshisli« umgesetzt wird. Die angebotenen Weine stammen überwiegend von Weingütern aus dem Markgräflerland, einige auch aus ökologischer Erzeugung.

→ Für kleine Gäste ist der Besuch der Bauernhoftiere ein besonderes Erlebnis.

Restaurant »Zum Reussenstein«

Kalkofenstraße 20,
71032 Böblingen
0 70 31 / 6 60 00
reussenstein.com

Größe: 100 Plätze im Restaurant
Preise: Hauptgerichte 15–26 Euro
Kreditkarten: Alle gängigen Karten
Öffnungszeiten: Mo–Sa 17–23 Uhr;
Ruhetag: So

Lust auf 100 Prozent Schwäbisch? Böckle macht's möglich

Der Name des Hotels mit Restaurant verweist lediglich auf die schwäbische Geschichte, in Böblingen, eine Mittelstadt im Großraum Stuttgart, gibt es gar keine Burg. Eine Burgruine Reussenstein befindet sich 50 Kilometer östlich am Rand der Schwäbischen Alb. Die Einrichtung des Restaurants ist gutbürgerlich mit modernen Akzenten. Küchenchef, Inhaber und Chef-Alliance-Mitglied Timo Böckle verarbeitet nur das, was im Ländle hergestellt, erzeugt oder veredelt worden ist. Auf der Speisekarte sind alle Produkte, Lieferant*innen und Erzeuger*innen aufgelistet – mehr Transparenz geht nicht. Auch das »Heimateis« stammt aus Eigenproduktion.

Die Karte führt in heimatlicher Tonlage ausschließlich regionale Gerichte auf: von Albleisa* mit Schbätzla (Alblinsen mit Spätzle) über baggene Mauldascha (Gebackene Maultaschen) bis zum Sauerbrooda (Sauerbraten) und Weilemer Goisakääs (Ziegenfrischkäse aus Weil). Den Auftakt macht eine Rübensuppe als Gruß aus der Küche. Die Flädlesuppe beinhaltet nicht nur Flädle, sie ist mit Wildkräutern verfeinert. Auch die Metzgermaultäschchen in der Brühe sind delikat. Das Tatar von der Räucherforelle mit der Imkermarinade zergeht auf der Zunge. Die Landschweinbäckchen im Senfsößle sind butterzart, die Soße umhüllt die Spätzle. Der Färsenrostbraten kommt englisch wie bestellt, dazu passend die gebratenen Zwiebelstreifen. Ob gekräuterte Brust vom Biolandgockel oder schlachtfrische Leber vom heimischen Weiderind, alles ist originell und handwerklich bestens zubereitet. Das gilt auch für die fangfrische Schwarzwaldforelle mit Speck-Kartoffel-Rübengemüse. Zum Nachtisch gibt es ein Waldenbucher Schokoküchlein mit Holunderblüteneis oder einen ofenwarmen Birnenschlupfer mit Haselnusseis.

Die Getränkekarte bietet bei Kaffee, Säften, Wasser und Destillaten eine reiche Auswahl regionaler Lieferant*innen, dazu die Weine namhafter Güter Württembergs. Bei den offenen Weinen sind die regionalen Weingüter angesagt.

Mohrenstube

Kirchgasse 1,
88693 Deggenhausertal-Limpach
0 75 55 / 93 00
mohren.bio

Größe: 100 Plätze in den Gaststuben
Preise: Hauptgerichte 13–34 Euro
Kreditkarten: EC, Master, Visa
Öffnungszeiten: Sa, So, Feiertage 11.30–14 Uhr; Mi–So, kleine Karte 14–17 Uhr; Di–Fr, Feiertage 17.30–21 Uhr; Ruhetage: Mo, Di (für externe Gäste)

Biorestaurant mit Blick auf Bodensee und Alpen

In hügeliger Landschaft, eingebettet zwischen Gehrenberg, Höchsten und Heiligenberg, liegt die Gemeinde Deggenhausertal. Sie bietet viele Höhenwanderwege mit herrlichen Ausblicken ins Tal und auf den Bodensee. Im ländlichen Ortsteil Limpach liegt das »Bio Hotel Mohren« mit seinem Biorestaurant und einem eigenen, von Bioland zertifizierten Gutshof. Von der Wiese auf den Teller werden Wurzelgemüse, Obst von Streuobstbäumen und Rindfleisch für die frische Naturküche des »Mohren« erzeugt. Auf 40 Hektar weidet eine Black-Angus-Herde mit Bulle, Mutterkühen, Jungvieh und Kälbern. Auf einem Hektar werden Wurzelgemüse wie gelbe und rote Karotte, Zwiebel, Kürbis, Rote Bete, Pastinake, Sellerie, Lauch, Rosenkohl und Kartoffeln angebaut. »Man muss ehrlich und authentisch bleiben«, sagt Patron Jürgen Waizenegger. Der Gast sitzt in der Mohrenstube in einer richtigen Dorfwirtschaft an gebürsteten Eichentischen, um ihn herum eine beschirmende Holzvertäfelung. Die Landhausstube mit Eichendiele, Sofas, weißen Tischdecken und Naturdekoration bietet einen eleganteren Rahmen.

Auf der Speisekarte stehen – neben Salaten, Gemüse und vegetarischen Angeboten – das knusprig gebratene Zwiebelfleisch nach Großmutters Rezept, das mit einer deftigen Zwiebelsauce serviert wird. Der Rinderschmorbraten reift vier Wochen und wird 18 Stunden schonend gegart. Als Vorspeisen empfehlen sich die Rinderkraftbrühe vom Black Angus mit Kräuterflädle, ein Rote-Bete-Tatar mit Chili-Dip oder das Carpaccio vom Black-Angus-Weiderind. Gegrillte Bachforelle aus heimischem Bioweiher, Leber vom Weiderind mit Bratkartoffeln sowie gegrillte Hähnchenbrust vom heimischen Naturlandhof mit Honig-Thymianjus erweitern das Angebot. Desserts aus regionalen Produkten wie den Sorbetteller mit Schwarzer Johannisbeere und Himbeere oder ein Käsedessert von Nachbars Bioland- und Demeter-Hofkäserei mit Kräuteroliven und Quittengelee.

Auf der Weinkarte findet man überwiegend Bioweine. Der Service ist aufmerksam und freundlich.

Genießerhof Schlemmer-Scheune

Stauchestraße 1,
78661 Dietingen
07 41 / 94 20 58 67
geniesserhof.de

Größe: 60 Plätze in der Scheune
Preise: Hauptgerichte 8–26 Euro
Kreditkarten: Keine
Öffnungszeiten: Do–Sa 14–20 Uhr; So, Feiertage 10.30–20 Uhr; Ruhetage: Mo–Mi

Bodenständige Küche in der Scheune – kreativ umgesetzt

Einst als Viehstall genutzt, ist die Schlemmer-Scheune der Familie Schittenhelm mit rustikalen Bänken und Tischen und der wunderschönen Gartenterrasse einladend, mit familiärer Atmosphäre ohne aufgesetzte Rustikalität. Bereits das Studium der originellen Speisekarte bereitet Freude; die Bedienung ist aufmerksam und kompetent in Beratung und Service. Die bodenständigen Gerichte werden liebevoll und abwechslungsreich mit frischen Kräutern und Blüten hübsch garniert, die Portionen sind reichlich. Der Wunsch nach kleinen Portionen wird berücksichtigt, dem nach einem zweiten Besteck wird gern nachgekommen. Gluten- und laktosefreie sowie vegetarische und vegane Gerichte werden zu moderaten Preisen angeboten. Verarbeitet werden in erster Linie Lebensmittel vom eigenen Naturland-Bauernhof. Zugekauft wird bei ausgewählten Betrieben, weitgehend aus der Region und mit Biozertifizierung.

Sommer- wie Winterkarte bieten vielfältige, einfallsreiche Variationen der heimischen Küche. Von der Winterkarte sind das Apfelschmalz und die panierte Bauernbratwurst ebenso zu nennen wie die hausgemachte Kartoffelsuppe mit Speck-Zwiebel-Eis. Empfehlenswert die Schupfnudeln* in Kürbiscreme mit Käse überbacken oder die Bauern-Power, ein gebackener Wurstsalat mit Bratkartoffeln und einer Salatgarnitur. Vegetarisch/vegan ist das Soja-Kartoffelgratin mit Kürbissoße. Auf der Sommerkarte finden sich aus dem breiten Angebot vegetarischer und veganer Gerichte Brennnesselrahmsuppe und Löwenzahnpfannkuchen. Herzhaft und rustikal ist das Heiße Eisen, Bratkartoffeln und Spätzle mit Schweinesteakstreifen, mit Bergkäse überbacken. Sau-Goad ist eine regionale Burger-Variante mit buntem Sommersalat. Als Dessert empfiehlt sich ein Bauernhofeis oder der hausgemachte Rumtopf.

Die Weine kommen von einem ökologisch bewirtschafteten Weingut im württembergischen Remstal, das Bier aus der Hirschbrauerei im benachbarten Wurmlingen. Nicht fehlen dürfen die typischen schwäbischen Obstmoste und -säfte. Liköre, Schnäpsle und Schaumweine von der schwäbischen Alb ergänzen das Angebot. Die selbstgemachten Limonaden sind besonders empfehlenswert.

→ Eine Reservierung ist empfehlenswert.
Hervorzuheben sind die kulturellen Veranstaltungen in der Schlemmer-Scheune und das Erlebnis »Landwirtschaft aktiv erleben«.

Im Hofladen werden eigene Produkte, der »Korn-Kammer«, und weitere Produkte aus ökologischer Herstellung verkauft. Die Fleisch- und Wurstwaren sowie das Mehl aus eigener Produktion sind zu empfehlen.

Gasthaus Eyachmühle

Eyachmühle 14,
75335 Dobel
0 70 81 / 38 41 09
eyachmuehle.com

Größe: 80 Plätze in der Gaststube und der Außenbereich
Preise: Hauptgerichte 15–28 Euro
Kreditkarten: EC
Öffnungszeiten: Apr–Okt, Mi–So 11.30–20.30 Uhr; Nov–März, Mi, Do 11.30–18 Uhr; Fr–So 11.30–20.30 Uhr; Ruhetage: Mo, Di; an Feiertagen geöffnet

Schwarzwälder Waldgaststätte im Naturschutzgebiet

Das schmale Eyachtalsträßchen schlängelt sich sieben Kilometer durch das Tal, bis es sich lichtet und der Blick auf die unscheinbare »Eyachmühle« fällt. Nach der Einkehr beginnt die kulinarische Vorfreude beim Blick auf die Tafel mit dem Motto »regional, ehrlich, frisch«. Das Ambiente ist für eine Schwarzwälder Waldgaststätte typisch: einfach gehalten mit robusten, rustikalen Anklängen, liebevoll gepflegt und eingerichtet. Die sommerliche Trumpfkarte ist die große überdachte Terrasse mit freiem Blick auf die Umgebung. Ihre lokalen und regionalen Zulieferer hat Inhaberin und Köchin Gabriele Späth in vorbildlicher Weise auf der Speisekarte und Webseite benannt.

Die Speisekarte bietet eine verlockende Auswahl. Eine wichtige Rolle spielen Gerichte rund um die Schwarzwaldforelle, die als ganzer Fisch, als Filet oder als Flammkuchenbelag auf den Teller kommt. Die Forellen werden aus einer vielfach prämierten Fischzucht im nahen Würzbachtal bezogen. Weiterer Schwerpunkt sind hausgemachte Dinkelflammkuchen, die sich auch im Badischen eingebürgert haben und sich geschmacklich nicht vor dem Elsässer Original verstecken müssen. Zudem gibt es schmackhafte Fleischgerichte wie den sanft geschmorten Demeter-Rinderbraten mit Dinkelspätzle und vegetarische Angebote, die mit Frische und Fantasie glänzen. Das zeigt sich nicht zuletzt beim saftigen Ziegenkäsestrudel mit Thymian und Rosmarin auf gartenfrischem Pflücksalat.

Die Weinkarte enthält ausschließlich Gewächse von ökologisch arbeitenden Weingütern aus Baden-Württemberg, der Pfalz oder dem Rheingau.

→ Die reizvolle Umgebung lädt vor oder nach dem Essen zu einem ausgedehnten Spaziergang ein.

Schwarzwaldforellen von der Forellenzucht Calmbach, Würzbachtalstraße 278, in 75323 Bad Wildbad-Calmbach.

Zum Bäckerhaus – Weinstube und Café

Dorfstraße 13,
73061 Ebersbach-Roßwälden
0 71 63 / 87 67
zumbaeckerhaus.jimdofree.com

Größe: 34 Plätze im Gastraum,
16 Plätze im Außenbereich
Preise: Hauptgerichte 12–20 Euro
Kreditkarten: EC
Öffnungszeiten: Do–So 12–22 Uhr;
Ruhetage: Mo–Mi

Dorfgasthaus mit Bäckerei und typisch schwäbischer Küche

Im Ebersbacher Stadtteil Roßwälden im Kreis Göppingen geht es »Zum Bäckerhaus«. Die »Weinstube« ist ein traditionelles Dorfgasthaus mit einer angegliederten Bäckerei und Konditorei, die als Familienbetrieb in sechster Generation liebevoll betrieben wird. Behutsam wurde mal hier, mal dort renoviert, eine der beiden Gaststuben hat eine gemütliche Ofenheizung. Die reich bestückten Brotkörbe laden ein, sich durch das Sortiment der Bäckerei zu probieren. Die Karte ist betont regional, sowohl bezüglich der Gerichte als auch der Zutaten. Der Küchenchef und Chef-Alliance-Mitglied Markus Eberhardinger legt großen Wert auf Ganztierverwertung. Er bezieht ganze Kälber aus Roßwälden, Thüringer Waldziegen, Heidschnucken und Hinterwälder Rinder aus dem Nachbarort Hochdorf sowie Bunte Bentheimer Schweine und Limpurger Rinder vom Hof Herzogenau. Geschlachtet und zerlegt in einer nahen Metzgerei, kommen alle Innereien und Teile der Tiere zum Bäckerhaus und sind eine abwechslungsreiche Grundlage für die Tageskarte.
Das Essen beginnt mit Rillettes vom Bunten Bentheimer, Tomatenchutney und einem Brotkob. Vorweg machen das Zweierlei vom Kalbskopf mit Sauce Tatar und eingelegtem Gemüse und die vegetarische Kresserahmsuppe mit Pfeisele (Backerbsen) große Freude. Als Hauptgericht gefallen das Ragout vom Bunten Bentheimer Schweinmagen mit herrlich fluffigen Brezelknödeln sowie das Roßwälder Kalbsfilet mit Kräutersaitlingen, Filder-Spitzkraut, Selleriepüree und Schupfnudeln ausgezeichnet. Der zarte Zwiebelrostbraten, englisch wie gewünscht, ist schön saftig und von dreierlei Zwiebeln gekrönt. Die Spätzle sind leicht und bissfest, ohne trocken zu sein. Von guter Qualität sind auch die vegetarischen Brezelknödel mit Ziegenfrischkäse, gebratenen Champignons und Kürbissoße. Zum Nachtisch werden Kartäuserklöße* mit in Rotwein marinierten Zwetschgen und selbst gemachtem Vanilleeis serviert.
Die Getränkekarte zeigt Biere der regionalen Brauereien Gruibinger und Schönbuch. Die Weine kommen hauptsächlich von schwäbischen Winzergenossenschaften, aber auch renommierte Weingüter sind vertreten.

Während der Öffnungszeiten die Bäckerei besuchen. Höhepunkt sind die Cornetti.

Gasthof Knupfer

Rottenackerstraße 15,
89584 Ehingen-Dettingen
0 73 91 / 24 88
gasthof-knupfer.de

Größe: 30 Plätze im Gastraum
Preise: Hauptgerichte 15–25 Euro
Kreditkarten: EC
Öffnungszeiten: Mo–Sa 18–22 Uhr; Mi 11.30–14 und 18–22 Uhr; So 11.30–14 Uhr; Ruhetag: Do

Einfach und gut ist gut genug

Dettingen ist ein Ortsteil von Ehingen, der größten Stadt im Alb-Donau-Kreis. Direkt am Donauradweg liegt der familiengeführte »Gasthof Knupfer«. Der Gastraum ist freundlich und offen gestaltet, die Atmosphäre familiär. Inhaber Bernhard Knupfer und sein Team pflegen einen bewussten Umgang mit den Produkten unter Beachtung der saisonalen Verfügbarkeit und Qualität sowie mit Freude an neuen kulinarischen Ideen. Den Gast erwartet eine traditionelle Küche, die ihre Speisen frisch herstellt. Ein großer Teil des Gemüses wächst im eigenen Anbau: von Kartoffeln und Rosenkohl bis zu Bohnen, Pastinaken und Schwarzwurzeln. Auch der Obst- und Kräutergarten ist ein Pluspunkt für die Küche. Die Karte wechselt nach Saison kurzfristig, das Augenmerk liegt auf der regionalen Küche. So stehen im Frühling Lammgerichte mit Fleisch aus der Schäferei Engel aus Stafflangen auf der Karte. Auch mit Albleisa* und Dinkelnudeln wird gern gekocht. Die Lebensmittel Produzierenden, von denen Knupfer seine Waren bezieht, finden sich im Umkreis von Dettingen. Das delikate violette Karottensüppchen mit Spinat ist ein schöner Start. Das Schweinefilet von der Metzgerei Koch aus Biberach wird mit Spätzle, einem Spargel-Kohlrabi-Karotten-Gemüse und Pilzrahm angerichtet und ist ebenso ein Genuss wie das Rumpsteak mit Bärlauchkruste, Gemüse und Kartoffelkrapfen. Die Lachsforelle in der Walnusskruste auf Wirsing ist auf den Punkt gebraten. Selbstverständlich darf in Schwaben ein Zwiebelrostbraten mit saisonalem Gemüse und Spätzle nicht fehlen. Das Essen findet einen schönen Abschluss mit einem Amaretto-Parfait mit Rhabarber-Erdbeer-Süppchen. Die herzliche Bewirtung sorgt für entspannten Genuss.
Neben selbst gekeltertem Apfelsaft und Bier von der Bergbrauerei hat das Restaurant ausschließlich deutsche und österreichische Weine auf der Karte, zudem Obstbrände aus Blaubeuren-Seißen.

→ Der Platz im Restaurant ist knapp, eine Reservierung sei empfohlen.

Gasthof zum Ochsen

Schulgasse 3,
89584 Ehingen
0 73 91 / 77 05 30
hotel-zum-ochsen-ehingen.de

Größe: 98 Plätze im Restaurant, 80 Plätze im Außenbereich
Preise: Hauptgerichte 15–25 Euro
Kreditkarten: EC, Master, Visa
Öffnungszeiten: Täglich 11.30–14 und 17–21.30 Uhr

Traditionelles aus dem Ländle

Das Hotel »Zum Ochsen« im Herzen von Ehingen hat eine über 300-jährige Tradition und ist dank seiner zentralen Lage gut erreichbar. Zum Hotel gehört der »Gasthof zum Ochsen«. Die Küche ist der schwäbischen Tradition verpflichtet und bietet handwerklich hergestellte Klassiker der Region in ausgezeichneter Qualität. Die Wirtsleute Kirsten Glaser und Hans-Peter Huber mit Küchenmeister Christoph Herold und Restaurantleiter Gabor Mithay führen das regionale Gütesiegel der »Drei Löwen«. Geradezu vorbildlich sind auf der Karte sämtliche Produkte und deren Erzeuger*innen oder Lieferant*innen aus der Region gelistet: vom Salat über Kräuter, Fisch und Fleisch, Backwaren bis zu Most und Spirituosen. Der Gast erlebt nicht nur maximale Transparenz, sondern lernt lokale Bezugsquellen für den eigenen Herd kennen – alles aus dem Ländle! Die gemütliche Gaststube mit traditionellem Interieur lädt zum Verweilen ein, alles ist charmant dekoriert und gepflegt. Bei gutem Wetter lockt der ruhige Biergarten hinter dem Haus.

Auf der Karte stehen Spezialitäten vom Allgäuer Weiderind und vom Oberschwäbischen Landschwein. Die Tradition lebt in der klassischen Hochzeitssuppe, in Sauren Kutteln oder Albleisa, hausgemachten Maultaschen oder Grünen Krapfen. Der Wurstsalat mit Bratkartoffeln und der Zwiebelrostbraten schmecken gut und zum Dessert ein Apfelküchle. Es gibt auch eine saisonale Karte mit Spargel und Bärlauch, Zicklein, Wildschwein oder Apfelsorbet.

Bei so viel regionalem Bezug dürfen auf der Weinkarte die Weingüter vom Bodensee nicht fehlen; andere Weingüter kommen fast ausschließlich aus Baden und Württemberg. Neben Riesling, Müller-Thurgau, Trollinger, Lemberger und Spätburgunder findet sich auch ein Acolon auf der Karte. Bei den Dessertweinen kann man zwischen Weinen aus Österreich, Italien oder Frankreich wählen. Der Service ist offen und freundlich, man fühlt sich wohl.

Gasthaus Rössle

Hauptstraße 19,
79215 Elzach
0 76 82 / 2 12
roessleelzach.de

Größe: 120 Plätze im Gastraum, 20 auf der Terrasse
Preise: Hauptgerichte 12–29 Euro
Kreditkarten: EC, Master, Visa
Öffnungszeiten: Do–Di 12–15 und 17–22.30 Uhr; Ruhetag: Mi

Bei diesem Koch geht man gern noch einmal in die Schule

Im Herzen des Schwarzwaldstädtchens Elzach befindet sich das Traditionshaus »Rössle«, von Manuel und Kristin Häringer in der vierten Generation geführt. 2018 wurde der Betrieb um ein schmuckes Stadthotel erweitert. Das in warmen Rottönen gehaltene, stilvolle Ambiente des großen Gastraums mit Wintergarten und Kachelofen lädt zu behaglichem Genuss ein. Bei schönem Wetter ist die kleine Terrasse geöffnet. Manuel Häringer ist ein ambitionierter Koch mit klarem Kurs. »Was immer Sie zu uns führt – es ist die Erinnerung, die Sie zurückbringt!« Das Bekenntnis zu frischen Produkten aus der Region gehört dazu, aber auch der konsequente Verzicht auf die Segnungen der Küchenalchemie. Obst und Gemüse kommen aus Forchheim vom Lindenbrunnenhof, die Bachforellen von regionalen Züchter*innen. Das meiste Fleisch wird von Metzgereien aus Elzach bezogen. Das saisonal angebotene Wild kommt aus heimischer Jagd.
Als Klassiker gibt es Rinderzunge in Madeirasauce, Nudeln und Salatteller. Hausgemachte Kalbfleischküchle werden mit Champignons, Spätzle und buntem Salatteller kombiniert. Die Schwarzwaldforelle mit Kräuterbutter und Forchheimer Kartoffeln hat ein Heimspiel; sie wird kross gebraten serviert. Von allen Gerichten gibt es kleine Portionen. Zum Nachtisch lockt ein Schokokuchen mit flüssigem Kern, Himbeeren, Erdbeeren und Vanilleeis. Die kleine Weinkarte konzentriert sich auf badische Gewächse. Ein Steckenpferd des Gastgebers ist Single-Malt-Whisky von den besten Destillerien Schottlands.

→ Eine Kochschule mit Themenabenden bereichert das Angebot.

Die Löwenbrauerei Elzach von Johannes Dold ist immer einen kleinen Umweg wert.

NEU

Gasthof Sonne

Bergstraße 2,
79346 Endingen am Kaiserstuhl
0 76 42 / 72 42
gasthof-sonne-amoltern.
business.site

Größe: 40 Plätze im Gastraum
Preise: Gerichte 8–25 Euro
Kreditkarten: Keine
Öffnungszeiten: Mo–So 17–22;
Sa, So auch 11–14 Uhr; Ruhetag: Di

Tradition am Talende

In einem kleinen Seitental im Norden des Kaiserstuhls findet sich unterhalb der Katharinenkapelle Amoltern. Der »Gasthof Sonne« liegt inmitten weniger Häuser. Familie Sacherer bewirtschaftet das Dorfgasthaus schon lange. Es hat den entspannten Charme eines Gasthauses, in dem die Zeit stehen geblieben ist. Das gilt keinesfalls für die Gerichte von Küchenchef Arno Sacherer, den es nach einer zwei Jahrzehnte währenden Wanderschaft zurück in die Heimat zog.
Auf Vorbestellung richtet er ein typisch badisches eingemachtes Kalbfleisch, das im hauseigenen Weißwein erst eingelegt und beim Braten dann abgelöscht wurde. Ebenso traditionell und keineswegs selbstverständlich ist die Kalbszunge, die in einer schmackhaften Burgundersauce gereicht wird mit Nudeln als Beilage. Wer trotz eines reichhaltigen Tellers noch Appetit auf die perfekt abgeschmeckten Saucen und Beilagen verspürt, erhält einen Nachschlag, solange die Töpfe in der Küche noch nicht geleert sind. Spezialitäten wie Baeckeoffe, Dinkelnudeln, Ossobuco mit Gremolata oder Saltimbocca stehen entweder auf der Tafel vor dem Restaurant oder müssen vorbestellt werden. Vegetarier freuen sich auf leckere Kässpätzle oder Capunett, feine Spinatspätzle in einer Gorgonzolasauce. Lammsteak oder Wild werden saisonal angeboten, Spargel gibt es während der kurzen Saison frisch vom Feld. Die Bärlauchrahmsuppe ist eine appetitanregende Vorspeise. Wer nachmittags zu Kaffee und Kuchen einkehrt, sollte die Linzer Torte nach Omas Hausrezept probieren, bei der die Kaiserstühler Walnüsse perfekt zur Geltung gebracht werden. Auch die hausgemachten Sorbets aus Quitte oder Weinbergpfirsich sind sehr zu empfehlen. Beim Kirschparfait mit Schattenmorellen wird am Kirschwasser keinesfalls gespart.
Die Weinkarte listet ein breites Angebot sortenrein ausgebauter Weine des Bruders, die auch glasweise ausgeschenkt werden; zudem gibt es Flaschenweine von weiteren Kaiserstühler Weingütern.

→ Oberhalb des Ortes Amoltern liegt das älteste Kaiserstühler Naturschutzgebiet Amolterer Heide, das als Halbtrockenrasengebiet eine Vielzahl Orchideen beheimatet. Im späten Frühjahr blüht hier die Echte Schlüsselblume. Das Gebiet lässt sich sehr gut zu Fuß erkunden.

Merkles Pfarrwirtschaft & Garten

Hauptstraße 2,
79246 Endingen
0 76 42 / 92 43 11
merkles-restaurant.de/
pfarrwirtschaft/

Größe: 40 Plätze im Restaurant
Preise: Hauptgerichte 10–35 Euro
Kreditkarten: Alle gängigen Karten
Öffnungszeiten: Mi, Sa 12–14 und 17–22 Uhr; So 12–20 Uhr; Ruhetage: Mo, Di

Kaiserstühler Lebensart im alten Pfarrhaus

Thomas Merkle kocht in der »Pfarrwirtschaft & Garten« einfache, gute Gerichte ohne prätentiösen Schnickschnack. Mit ein wenig Kultur, einem guten Tropfen aus der Region oder einem kühlen Riegler Bier entsteht Lebensart à la Kaiserstuhl. Aus dem Restaurant fällt der Blick in die offene Küche der Pfarrwirtschaft. Der Aufwand, der für die schlichte Bistro-Küche offensichtlich getrieben wird, ist beeindruckend. Die Pfarrwirtschaft ist Mitglied im JRE Genussnetz. Dessen Mitglieder wählen ihre Produzent*innen und Lieferant*innen nach den Kriterien Qualität, Nachhaltigkeit und Erhaltung regionaler, sortentypischer Spezialitäten aus. Wer auf der Karte nicht fündig wird, kann fragen, was gerade angeboten werden kann.

Zum Apéro um fünf gibt es Burger mit selbst geschnitzten Pommes. Immer auf der Karte stehen Kalbsfrikadellen, die einzeln, als Doppel oder sogar im Dreierpack bestellt werden können, eine substanzielle Stärkung nach dem Abstieg aus dem inneren Kaiserstuhl über die Katharinenkappelle nach Endingen. Seit Kurzem steht ein vegetarischer Burger mit Ziegenkäse, Zwetschge und geraspeltem Weißkohl auf der Karte. Wer nur »ebis kleins« möchte, freut sich über den Flammkuchen Schwarzwald mit Schwarzwälder Schinken oder den Flammkuchen Vegi mit Ziegenkäse, Bärlauch und roten Zwiebeln. Als Hauptgerichte überzeugen die Spinatknödel mit Frühlingsgemüse und Nussbutter, das Wiener Schnitzel vom Kalb mit Kartoffelsalat, das Dry-Aged-Rinderfilet Echt Schwarzwald mit Whisky-Pfeffer-Soße oder Kräuterbutter und Pommes frites oder, tatsächlich, Maultaschen. Auch die Nachtische sind nicht zu verachten, es stehen Eisdesserts und eine Crème brûlée auf der Karte.

Im Weinkeller liegen die renomierten Badischen Weingüter, die Endinger Weingüter sind ebenfalls alle vertreten. Riegeler Felsen Pils vom Kaiserstuhl gibt es vom Fass, bei den Flaschenbieren ist das Bilger Stümple interessant.

→ Der Inhaber der Käserei Monte-Ziego hat in der Rempartstraße 7 in Endingen in einem alten Milchladen ein Käsereimuseum eröffnet, das zu besuchen sich lohnt.

NEU

Bahnhof Kohlstetten

Landstraße 4,
72829 Engstingen
0 73 85 / 96 83 91 0
bahnhof-kohlstetten.de

Größe: 40 Plätz im Gastraum, dazu zwei Terrassen
Preise: Vorspeisen ab 13 Euro, Hauptgerichte 15–28 Euro
Kreditkarten: Keine
Öffnungszeiten: Mi 17.30–21 Uhr; Do, Fr 12–14 und 17.30–21 Uhr; Sa 12–21 Uhr; So 12–18 Uhr; Ruhetage: Mo, Di

Kleinod und Feinod

Der denkmalgeschütze Kohlstettener Bahnhof von 1893 wurde 2018 komplett saniert. Er ist ein Haltepunkt an der beschaulichen Nebenstrecke zwischen Engstingen und Münsingen, direkt an einem der schönsten und meistbefahrenen Radwege der mittleren Alb. Das authentische Ambiente ist liebevoll dekoriert. Die feine Küche ist mediterran und französisch geprägt. Küchenmeister Franzis Binder arbeitet mit saisonalen Bio- und Demeter-Zutaten aus der Region.

Das wechselnde Speisenangebot ist angesichts der kleinen Küche erstaunlich umfangreich und trifft (fast) jeden Geschmack. Bei den Vorspeisen begeisterten eine gebeizte Honauer Lachsforelle mit Apfel, marinierter Bete, Buttermilch, Avocado, schwarzem Rettisch und Wildkräuter, die getrüffelte Maronensuppe mit knusprigem Rohschinken und Gorgonzola-Walnussraviolo, aber auch das Allerlei vom Kürbis. Als Leibspeise gab es ein Entrecôte vom Weiderind an Ochsenschwanz-Schmorsoße mit Spitzkohlgemüse, Selleriepüree und Süßkartoffelschupfnudeln. Die Freerange Lammhüfte kommt sanft geschmort mit Kakaobohnen-Gewürzjus auf den Teller, begleitet von Cannelinibohnen, Schwarzkohl und knusprigem Polentatörtchen. Ein Burger wird in wechselnden Varianten angeboten. Uns überzeugte das Pulled Beef vom Bioland Albrind mit Taleggio, gebratenem Speck, fruchtigem Rotkrautsalat, Dijonsenfmayonnaise, Röstzwiebel und Ketchup in der hausgemachten Kräuterfocaccia.

Der italienische Akzent in der Weinkarte ist offensichtlich. Neben Bieren von Zwiefaltener Klosterbräu gibt es wechselnde Angebote aus regionalen Brauereien. Hausgemachter Kuchen lädt zur gemütlichen Kaffee- oder Teestunde auf die Terrasse ein, auf der auch Hunde willkommen sind. Bemerkenswerte Ginauswahl mit süddeutschem Schwerpunkt.

→ Zum Bahnhof gehört eine zweigeschossige Ferienwohnung für bis zu vier Personen.

Unter www.saucenmacherei.de bietet Franzis Binder selbst gemachte Saucen im Glas ebenso an wie Gewürze, z. B. von Albfiness, Geistreiches und Naschereien.

Zum Lausbub

Friedrich-Ebert-Str. 29,
69214 Eppelheim
0 62 21 / 757 67 17
zumlausbub.de

Größe: 90 Plätze in den Gasträumen, 60 in der Gartenwirtschaft
Preise: Hauptgerichte 9–25 Euro
Kreditkarten: EC, Master, Visa
Öffnungszeiten: Mi–Sa 17–23 Uhr; So, Feiertage 16–22 Uhr; Ruhetage: Mo, Di

Vom Vereinslokal zum Genießertreff

In Eppelheim, an Heidelberg grenzend, hat Tim Schorb seinen Traum vom eigenen Lokal realisiert. Mit einem jungen Team bietet er eine übersichtliche, doch vielseitige Karte an. Hier kommen keine öden Schnitzelparaden auf den Tisch, sondern schmackhafte und gut zubereitete Gerichte in einem freundlichen Ambiente. Die Karte mit der passenden Titelzeile »Heimatküche - Lokal - Gartenwirtschaft« wird zweimal im Jahr überarbeitet, wöchentlich werden saisonale Gerichte empfohlen. Neben klassischen Fleischgerichten stehen vegetarische und auch vegane Gerichte mit teils pfiffigen Rezeptideen auf der Speisekarte. Transparenz ist Tim Schorb wichtig. So findet man auf der Karte seine regionalen Fleischlieferanten wie den Familienbetrieb Buchter in Kuppenheim und die Hofmetzgerei Koch in Edingen erwähnt. Gemüse kommt vom Gemüsebauern Schlicksupp in Heidelberg, Käsespezialitäten liefert die Molkerei Hüttenthal in Mossautal/Odenwald.
Neben zahlreichen kleinen Gerichten, Salaten und Vorspeisen wie gratiniertem Ziegenkäse und hausgemachten Maultaschen finden sich für den größeren Appetit Lammhaxe mit Wurzelgemüse und selbst gemachten Schupfnudeln an Rosmarinjus, hausgemachte Spinatserviettenknödel in Gorgonzolarahm mit eingelegten Birnenspalten und panierte Schweineroulade, gefüllt mit Ziegenkäse, Serranoschinken und getrockneten Tomaten mit Röstkartoffeln an Kräuterdip. Der Chef freut sich, wenn sich seine Gäste bei ihm an die Küche ihrer Großmütter erinnert fühlen. Besondere Aufmerksamkeit verdient das leckere Eis von der lokalen Eismanukatur OK Kool.
Die Weine kommen aus Baden, der Pfalz und Rheinhessen, die Edelbrände von Rudolf Fütterer aus Schwetzingen. Der Service ist aufmerksam und informiert, Wünsche werden gerne erfüllt.

Gasthaus »Zur Krone«

Mußbach 6,
79348 Freiamt
0 76 45 / 2 27
krone-freiamt.de

Größe: 50 Plätze im Gastraum sowie Saal und Terrasse
Preise: Hauptgerichte 14–27 Euro
Kreditkarten: EC
Öffnungszeiten: Mo, Di, Do, Fr ab 17 Uhr; Sa, So 12–14 Uhr und ab 17.30 Uhr; Ruhetag: Mi

Badisch mit Akzent – Ausflugsziel auf Freiamter Höhenlage

Freiamt ist ein Naherholungsort unweit von Emmendingen und Freiburg, bestehend aus sechs Hauptgemeinden und zahlreichen verstreuten Anwesen. Das Gasthaus »Zur Krone« liegt im Ortsteil Mußbach. Es befindet sich seit 220 Jahren und in neunter Generation im Besitz der Familie Kern. Patron Manfred Kern hat bei Adolf Frey im »Rebstock« in Denzlingen gelernt – dessen Einfluss ist bis heute spürbar – und kehrte Anfang der 90er-Jahre in den elterlichen Betrieb zurück. Seine Ehefrau Silvia ist für den aufmerksamen und zugewandten Service verantwortlich, der sich freut, wenn Kinder als Gäste kommen. Die saisonale Ausrichtung der Speisekarte ist selbstverständlich. Die Küche verwendet regionale Erzeugnisse und hat kompromisslose Qualitätsansprüche an die Grundprodukte. Natürlich wird hier badisch gekocht, allerdings mit einigen italienischen und französischen Akzenten – und fein angerichtet. Kalb- und Schweinefleisch liefert die Metzgerei Schumacher in Ottoschwanden. Rindfleisch und Innereien kauft Kern beim Schlachter Färber in Freiburg. Ziegen kommen vom Hof der Familie Wagner auf dem Wöpplinsberg. Dreimal die Woche liefert die Firma Saumer aus Rastatt frischen Fisch und Krustentiere. Spargel und Feldsalat werden aus Munzingen bezogen.
Es sind die längst legendäre Schlachtplatte im Oktober, der Gänsebraten im November und Dezember, die Lammgerichte im März, die Zicklein an Pfingsten und die gefüllten Wachteln im Sommer, die die Speisekarte auszeichnen, auch die Wildteller sind eine Spezialität. Natürlich bietet Kern auch einfache Gerichte wie Sulz, Kalbsbratwürstle oder ein schlichtes Schnitzel in guter Qualität zum günstigen Preis. Vegetarier*innen werden durchaus fündig. Neben den Gerichten, die jahreszeitlich angeboten werden, stehen fast immer eine Fischsuppe, ein Fisch-Carpaccio mit Koriander, ein geschmorter Hahn in Rotwein, ein Kalbsrückensteak mit Morcheln und eine Gemüseplatte auf der Karte. Dazu kann man Spätzle, Kartoffelgratin und Brägele* wählen. Stammgäste schätzen das selbst gemachte Eis mit Meringe und Sahne.
Im Weinkeller liegen Abfüllungen renommierter badischer Güter neben einigen Südeuropäern.

Das Blümchen

Unterdorf 2,
79112 Freiburg im Breisgau
0 76 64 / 6 12 38
bluemchen.restaurant

Größe: 70 Plätze in Gaststuben, 80 im Biergarten
Preise: Tapas-Menü 10–35 Euro
Kreditkarten: EC
Öffnungszeiten: Mo–Sa 17–21 Uhr; Sa, So, Feiertag 12–14 Uhr

Historisches Gasthaus am Tuniberg

Familie Halweg-Frey betreibt seit einem Jahrzehnt die mitten im Freiburger Stadtteil Opfingen am Tuniberg gedeihende »Blume«, die sich zu einem »Blümchen« verjüngt hat. Die kleine Gaststube und die Nebenzimmer sind gemütlich eingerichtet. Die Küche von Sascha Halweg ist regional und saisonal; wenn machbar, wird mit Bioprodukten gekocht. Lieferant*innen, sämtlich aus dem näheren Umkreis, sind in der Speisekarte genannt. Im Sommer sitzt man im gemütlichen Biergarten hinterm Haus unter Bäumen, abgeschieden vom nervigen Verkehrslärm. Mit seinem Konzept kreiert Sascha Halweg einen neuen Restauranttyp. Die Gerichte werden in Schalen serviert und eignen sich gut zum Teilen. Auf diese Weise kann eine größere Zahl »Tapas« verkostet werden.
Anstelle großer Hauptgerichte werden im »Blümchen« attraktive Miniportionen serviert: rotes Linsenmus mit Kohlrabi, Schnitzel vom gesottenen Tafelspitz, Bärlauch-Graupen-Risotto, Schwarzwald-Bowl oder eingelegtes Gartengemüse. Saisonal treten zahlreiche kleine Gerichte hinzu, die zum Teil als vegan ausgezeichnet sind. Im Frühjahr wird eine Spargelkarte mit Bio-Spargel und Kartoffeln aus eigenem Anbau aufgelegt.
Die Karte regionaler Weine ist übersichtlich. Aus dem Zapfhahn fließt Bier der Brauerei Waldhaus. Biokaffee kommt von Tee-Peter in Freiburg.

→ Mit schmissigen Videos haben Sascha Halweg und seine Crew eine neue Kundenschicht gewinnen können. Blumen-TV ist Kult.

Es wird ein Liefer- und Abhol-Service angeboten.

Gasthaus zum Ochsen

Zähringer Straße 363,
79108 Freiburg im Breisgau
07 61 / 55 38 60

Größe: 40 Plätze im Gastraum
Preise: Hauptgerichte 11–20 Euro
Kreditkarten: Keine
Öffnungszeiten: Do–Di ab 17.30 Uhr;
Ruhetag: Mi

Badisch, frisch und deftig mit Kultschnitzel

Das urige Traditionshaus gehört zu den ältesten Gasthäusern in Freiburg und genießt mit seinen qualitativ und quantitativ herausragenden Schweineschnitzeln nahezu Kultstatus. Seit mehr als zehn Jahren wird es von Küchenchef Michael Winterhalter geführt. Das Ambiente des Hauses kommt seit Jahrzehnten gänzlich ohne Neuerungen und auch ohne Speisekarte aus und hat innen wie außen eine nicht uncharmante nostalgische Patina angesetzt. Die Gartenterrasse neben dem Haus hat eine etwas gewöhnungsbedürftige Plastikbestuhlung. Die angebotene badische Küche ist deftig und einfach. Alle Produkte und Zutaten sind frisch und werden von heimischen Erzeuger*innen geliefert: Fleisch vom Freiburger Schlachthof Färber, Salat und Gemüse von der Gärtnerei Herr in Förstetten.
Das dünne, panierte und in frischem Öl gebratene Schweineschnitzel kommt saftig und geschmackvoll auf den Tisch. Die dazugehörenden Beilagen wie Kartoffelsalat oder Brägele* mit fein angemachtem grünen Salat sind ebenfalls bestens. Die riesigen Portionen werden auf großen Platten serviert, Übriggebliebenes wird eingepackt. Neben dem obligatorischen Schweineschnitzel gibt es je nach Jahreszeit und Tageseinkauf wechselnde Innereien wie frische Kalbsleber und montags Nierle, aber auch Omelett, Pilz- oder Wildgerichte – und immer ein vegetarisches Gericht, im Frühjahr natürlich Opfinger Spargel mit Kratzete*. Michael Winterhalter ist passionierter Jäger – das Wild wird teilweise von ihm selbst erlegt und zubereitet, auch seine Jagdfreunde liefern ihm zu. Rehrücken mit Spätzle und Pfifferlingen gehört zu den typischen Wildangeboten. Auch der Kuchen wird vom Chef gebacken. Der traditionelle Nachtisch wie Vanilleeis mit Früchten der Saison ist ebenso einfach wie köstlich.
Die schlichte Weinkarte ist regionaltypisch, das junge Servicepersonal flink und freundlich.

→ Eine Reservierung ist immer empfehlenswert.

Kartoffelhaus

Basler Straße 10,
79100 Freiburg im Breisgau
07 61 / 7 20 01
daskartoffelhaus.de

Größe: 100 Plätze im Restaurant
Preise: Hauptgerichte 8–26 Euro
Kreditkarten: EC, Master, Visa
Öffnungszeiten: Mo–Mi 17–24 Uhr; Do–So 11.30–24 Uhr

Bunte Kartoffelvielfalt im Herzen Freiburgs

Das Lokal von Bettina Baumann-Heubach und Karim Madani liegt am Rande der Freiburger Innenstadt im Stadtteil Wiehre gegenüber der Johanneskirche. Das schöne Ambiente im historischen Gebäude mit freigelegtem Mauerwerk, gefliestem Boden und unterschiedlichen Farben ist einladend. Bei schönem Wetter ist die kleine Gastwirtschaft im Hof geöffnet. Auf ansprechend gestalteter Speisekarte spielt die Kartoffel in allen Variationen die Hauptrolle – als regionale Gerichte und hausgemachte Kartoffelspezialitäten mit allem, was dazu passt: Fleisch, Fisch, Gemüse, Käse. Gekocht wird ausschließlich mit frischen Lebensmitteln der Region, es werden keine Convenience-Produkte verwendet. Die 19 Lieferant*innen sind auf der Speisekarte mustergültig aufgeführt, vom Reitterhof in Ottenheim (Simmentaler Rind) bis zum Fischhaus Freiburg. Zu Allergien neigende Menschen können gluten- oder laktosefrei essen, auch vegan Lebende finden eine komplette Speisekarte inklusive Desserts. Je nach Saison wechseln nicht nur die Kartoffelsorten, wie Charlotte, Blaue Vitelotte oder La Ratte, sondern auch die Gemüsespezialitäten.
Der Gast ist aufgefordert, selbst zu kombinieren: Kartoffelsuppe mit Speck oder Bauernwurst, mit geräucherter Lachsforelle oder vegetarisch mit Schnittlauch, Crème fraîche und Croutons. Die Ofenkartoffeln werden mit Avocado-Guacamole oder mit Krabben und Dillsauce, mit Heringssalat und vielem mehr serviert. Die Kombinationen funktionieren auch andersherum. Ein Schnitzel Wiener Art kann wahlweise mit Bratkartoffeln, Kartoffelpüree, Kartoffelsalat, Kartoffelgratin oder Pommes frites bestellt werden. Auch jenseits der Knolle gibt es ein Leben: feine Bandnudeln, knackiges Gemüse in Olivenöl, frische Kräuter und gehobelter Parmesan. Es werden ein preiswerter Mittagstisch und Kindergerichte angeboten, zudem gibt es saisonale Aktionen.
Auch für die veganen Gerichte werden als Begleitung entsprechende Weine empfohlen. Die Weinauswahl konzentriert sich auf das heimische Anbaugebiet Baden mit Ausflügen nach Spanien und Frankreich. Der hilfsbereite und freundliche Service wird besonders geschätzt.

→ Bettina Baumann-Heubach organisiert unter selberhelden.net Veranstaltungen zur selbst organisierten Lebensmittelproduktion, die im Berghäuschen im Attental bei Stegen stattfinden.

Scheunenstrauße Waltershofen

Umkircherstraße 11,
79112 Freiburg-Waltershofen
0 76 65 / 74 51
scheunenstrausse.de

Größe: 40 Plätze im Gastraum, im Sommer auch draußen
Preise: Hauptgerichte 8–25 Euro
Kreditkarten: Keine
Öffnungszeiten: Mo, Do–Sa 17–21 Uhr; So 12–20 Uhr; Ruhetage: Di, Mi

Einfache Wirtschaft mit großartiger Hinterwälder-Zucht

Die »Scheunenstrauße Waltershofen« hat eine volle Gaststättenkonzession, die Einschränkungen einer Straußenwirtschaft gelten nicht mehr - doch die Herkunft aus einem Straußenbetrieb lässt sich nicht leugnen. Familie Heitzler betreibt schon seit Jahrzehnten eine Zucht der kleinen Hinterwälder-Rinderrasse, die bekannt ist für Remmidemmi im Stall, großartigen Fleischgeschmack und das geduldige Abweiden steiler Hanglagen. Sie hat mitgeholfen, dass diese zierlichen Keltenrinder nicht in Vergessenheit gerieten. Die Herde steht von April bis November am Tuniberg und im Schwarzwald auf der Weide. Die unvergleichliche Fleischqualität wird durch Fütterung und Haltung erzielt, sie zeigt sich auf dem Teller in der »Scheunenstrauße«: Die Rinder und die entsprechenden Fleischgerichte sind der ganze Stolz der Heitzlers. Vegetarisch sind nur die Salate.
Das Ochsenkotelett gibt es in Größen ab 500 Gramm, abgerechnet wird in 100-Gramm-Einheiten. Jeden Donnerstag ist Steaktag, montags gibt es frische Rinderleber aus der eigenen Schlachtung. Die Vesperkarte hält mit dem Rindfleischsalat eine seltene Spezialität parat. In verschiedenen Varianten gibt es den traditionellen Wurstsalat, außerdem Bibiliskäs, ebenfalls in mehreren Versionen. Brägele* brutzeln auf dem Herd und werden stets frisch gemacht, was bei einem vollen Restaurant zu Wartezeiten führen kann. Das Ergebnis entschädigt für die Pausen und macht sie vergessen. Die Preise sind auf Straußenniveau, das Preis-Leistungs-Verhältnis ist unschlagbar. Die Dessertkarte ist einfach gehalten.
Mit einem guten Schnäpsle zum Abschluss ist alles jedoch kein Problem. Weine gibt es in kleiner Auswahl aus der Gegend, auch hier fällt die gastfreundliche Kalkulation ins Auge.

Restaurant im Hotel Langenwaldsee

Straßburger Straße 99,
72250 Freudenstadt
0 74 41 / 8 89 30
hotel-langenwaldsee.de

Größe: 170 Plätze im Gastraum
Preise: Hauptgerichte 13–29 Euro
Kreditkarten: EC, Master, Visa
Öffnungszeiten: Täglich 11.30–14 und 17.30–21 Uhr

Stille Tage am Langenwaldsee mit richtig guter Küche

Das Hotel mit seinem »Restaurant Langenwaldsee« liegt eingebettet in unberührte Natur am eigenen Waldsee, umgeben von hohen Tannen - in einer sagenhaften Ruhe. Das Haus ist seit 1925 im Besitz der Familie Kaltenbach. Restaurant und Kaminstube bieten ausreichend Platz, im Sommer sitzt man wunderbar auf der Seeterrasse. Die bodenständige Küche ist weit über die Grenzen Freudenstadts bekannt und beliebt. Der Ehrgeiz ist groß, und was die Küchenbrigade an jahreszeitlichen Genüssen offeriert, zählt zu den Höhepunkten der schwäbisch-badischen Küche. Langjährige Kochkunst trifft auf geschätzte Produzenten der Region: Fisch kommt von der Forellenzucht Lohmühle in Alpirsbach, Wild aus den Forstbezirken Freudenstadt und Kniebis, Rindfleisch vom Biohof Bruno Grätzer, Gemüse wächst beim Biohof Frey in Dürrenmettstetten. Die eigene Konditorei bietet den Gästen selbst gebackene Kuchen, gern auf der Terrasse am See. Die schwäbisch-badische Küche trägt eine unverwechselbare Handschrift. Die Küchenchefs Ludwig Grätzer und Konrad Schwarzwälder verarbeiten saisonal Produkte der persönlich bekannten Produzent*innen und Lieferant*innen der Region - auch aus der ökologischen Landwirtschaft. Davon profitiert nicht zuletzt die vegetarische Küche. Tagesgerichte und feine Menüs erwarten die Gäste mittags wie abends.
Das Naturparkmenü ist der Region, ihren Produkten und Lieferant*innen gewidmet. Besonders empfehlenswert sind das Cordon bleu von der Schwarzwaldforelle, mit Lachs und Käse gefüllt, in feiner Rieslingsoße mit Safrannüdelchen und Salaten oder das geschnetzelte Rehnüssle aus heimischer Jagd mit Wacholdersoße, gefülltem Preiselbeerapfel, Pfifferlingen und handgeschabten Spätzle. Auch das Gulasch vom Reh mit Speckpfifferlingen, handgeschabten Brettspätzle und Kräuter-Semmelknödelchen schmeckt richtig gut, ebenso die Schwarzwälder Lachsforelle vom Grill mit Blattspinat, Gorgonzolakäse und Schwenkkartöffelchen. Der Höhepunkt zum Abschluss ist das hausgemachte Schwarzwälder Kirsch-Tiramisu.
Schöne badische Weine, aber auch internationale Gewächse.

→ Es gibt Wellnessangebote direkt am See, auch mit japanischen Entspannungstechniken.

Restaurant Maier

Poststraße 1–3,
88048 Friedrichshafen-Fischbach
0 75 41 / 40 40
hotel-maier.de

Größe: 120 Plätze im Gastraum
Preise: Hauptgerichte 10–25 Euro
Kreditkarten: EC, Master, Visa
Öffnungszeiten: Di–Sa 12–14 und 18–23 Uhr; Ruhetage: Mo, So

Gutes aus dem See und dem Umland

Das »Restaurant Maier«, im Volksmund »Café Maier« genannt, war früher vor allem für seine Wildgerichte bekannt. Vor einigen Jahren wurde das Angebot auf regionale Küche und Produkte aus dem Umland erweitert. Familie Maier mit Tochter Sandra und Schwiegersohn Hendrik Fennel bewirtet die Gäste des Hauses charmant. Die ursprüngliche Gaststube mit ihren Holzbalken lässt eine rustikale Atmosphäre entstehen, die neueren Räume sind hell und modern eingerichtet. Mit der Karte lässt sich um den Bodensee reisen: der Bregenzer Wald mit seinen Käsen, der Fisch aus dem See, Spargel aus der Umgebung von Tettnang, frisches Gemüse der Insel Reichenau oder Kässpätzle aus dem Allgäu. Dazu das Bodenseeobst und die reiche Auswahl von Seeweinen. Die Nähe der regionalen Lieferant*innen wird auf der Speisekarte mit der Angabe der Entfernung zum Restaurant herausgestellt – von 25 Lieferant*innen sind nur zwei weiter als 60 Kilometer entfernt.

Ein Birnenschaumwein von der Champagnerbratbirne erhöht als Aperitif den Appetit auf die Vorspeisen. Mit dem Strudel von der Albschnecke mit Linsencreme und einem geschichteten Ziegenfrischkäse mit Apfel-Kürbis-Chutney und Wildkräutersalat oder dem Feldsalat (Seesalat aus Horgenzell) mit Walnussöl und luftgetrocknetem Bauernschinken vom Schwäbisch-Hällischen Schwein beginnt die kulinarische Exkursion rund um den See. Das gebratene Bodenseefelchenfilet* auf Krautfleckerln mit Senfbutter und Kartoffeltalern bringt den Klassiker gut zur Geltung. Das Zweierlei vom Reh (Rücken und Schäufele*) mit Steinpilzen und Kartoffel-Sellerie-Püree bestätigt den Ruf des »Restaurants Maier« als gutes Wildlokal. Ein Grauburgunder aus Lottstetten und ein Spätburgunder aus Hohentengen sind angenehme Begleiter. Der lauwarme Schokoladensavarin mit in Bodenseeportwein eingelegten Trockenfrüchten ist ein gelungener Abschluss.

Länderübergreifend werden Weine des deutschen Bodenseeufers ebenso angeboten wie Vorarlberger Weine und Schweizer Weine vom Bündner Land.

Biorestaurant Rose

Aichelauer Straße 6,
72534 Hayingen-Ehestetten
0 73 83 / 9 49 80
tressbrueder.de/rose-restaurant/

Größe: 80 Plätze im Gastraum
Preise: V 9–15, H 22–35 Euro
Kreditkarten: EC, Master, Visa
Öffnungszeiten: Mi–Fr, warme Küche 17.30–21 Uhr; Sa 11.30–21 Uhr; So, Feiertage 11.30–20 Uhr; Ruhetage: Mo, Di

Demeter-Urgestein in zeitgenössischer Farbgebung

Der Bauernhof der Familie Tress (seit 1950 Demeter-Mitglied) hat sich zu einem mittelständischen Biounternehmen entwickelt. Das Stammhaus ist die »Rose« mit ihrem vielfach ausgezeichneten Biorestaurant und dem ersten Biohotel Baden-Württembergs. Die gemütlichen Gasträume der »Rose« präsentieren sich in zeitgenössischem Farbenspektrum und strahlen stilvolle Eleganz aus. Das Restaurant bietet bodenständig-regionale Gerichte – Simon Tress und sein Team kochen aber auch schwäbische Crossover-Kompositionen. Viele Zutaten wachsen im eigenen Garten und Gewächshaus. Im Backhaus wird sämtliches Brot selbst gebacken. Alle Gerichte werden frisch und à la minute zubereitet. Was nicht aus dem eigenen Anbau stammt, bezieht man vorwiegend von Demeter- und Bioland-Betrieben der Region. In der Küche haben kreative Fleischgerichte unter Verwertung des ganzen Tieres die gleiche Wertigkeit wie innovative vegetarische und vegane Speisen. Alle Hauptzutaten werden mit Erzeuger, Ort und Entfernungsangaben zum Gasthof aufgeführt. Die feine Küche entwickelt sich beständig und erprobt alternative Angebote: Im angeschlossenen Bio-Fine-Dining-Restaurant 1950 wird ein Menü offeriert, bei dem der Kohlendioxidverbrauch berechnet wird.

Auf der Vorspeisenkarte gefällt die Trilogie von den Tress-Brüdern von Linse, Karotte und Kürbis. Bei den Hauptgerichten überzeugen Edelteil und Feinragout vom Masshalderbucher Bioland-Rind mit geschmortem Herbstgemüse und Kräuterkartoffeln. Braten und Ragout vom Hirsch werden kombiniert mit Kürbis sowie Püree und Schaum von der Kartoffel.

Der freundliche Service gibt kompetente Empfehlungen aus der reichen Bioweinauswahl.

Im Hofladen werden eigene Öle, Nudeln, Suppen, Salate und andere Feinkost verkauft. Ein Besuch der zehn Kilometer entfernten Hofkäserei Rauscher (Heidäckerhof, 72531 Hohenstein) lohnt. Besonders interessant ist der Albbüffelkäse als Mozzarella und als Schnittkäse. Hier gibt es zudem eine kleine Produktauswahl von der Schwäbischen Alb.

red – die grüne Küche

Poststraße 42,
69115 Heidelberg
0 62 21 / 9 14 52 06
red-diegruenekueche.com

Größe: 78 Plätze im Restaurant, 66 auf der Außenterrasse
Preise: Hauptgerichte 8–16 Euro
Kreditkarten: Alle gängigen Karten
Öffnungszeiten: Mo–Sa 11.30–21 Uhr; Ruhetag: So

Vegetarische Bioküche: So geht's!

In der Stadtmitte von Heidelberg bietet das Ehepaar Sickler im beliebten »red« eine konsequent kreative vegetarische Bioküche an. Das Konzept als Selbstbedienungsrestaurant hat sich nicht nur für die schnelle Mittagspause bewährt, vielmehr lässt das Ambiente ebenso ein ausgiebiges Abendessen in einer der gemütlichen Ecken und Nischen zu. Das Büfett ist abwechslungsreich und immer frisch, darauf legt die Chefin sehr viel Wert und kontrolliert höchstpersönlich. Die Auslegeschüsseln und -teller sind absichtlich nicht zu groß gewählt, damit jederzeit frisch aus der Küche nachgekocht und nachgelegt werden kann. Das Konzept ist einfach: Man nimmt sich einen Teller, läuft das ovale Buffet ab und lädt je nach Lust auf, an der Kasse wird nach Gewicht bezahlt. Das funktioniert so gut, dass im »red« keine Schnellimbissatmosphäre aufkommt. An freundlich-hellen Holztischen genießt man die reiche Auswahl an warmen und kalten Gerichten, Gratins, Aufläufen, Salaten und würzigen Gemüsen mit verschiedenen Dips und Dressings. Dazu gibt es täglich wechselnde Wokgerichte. Das »red« arbeitet ausschließlich mit Produkten aus biologischem Anbau und achtet auf möglichst kurze Transportwege: Die Tomaten werden beim Hof Oberholz in Freinsheim mit dem von Sicklers eigens gewonnenen Samen aufgezogen. Der Biolandhof Morgentau in Kleinniedesheim liefert gelbe Bete, rote Karotten, die »gelben Pfälzer« – eine Karotte mit Pastinakenaroma – und alle Kartoffelsorten. Kräuter und Salate liefert die Heidelberger Bioland-Gärtnerei Wiesenäcker. Alle Zutaten werden selbst verarbeitet, die Gerichte immer frisch zubereitet. Das Motto des sympathischen Ehepaars: »Das Leben ist zu kurz, um schlecht zu essen und zu trinken!«
Die Getränkekarte weist neben frischen Säften und selbst gemachten Limonaden auch lokale Biere und einige Pfälzer Weine von Bioland- oder Demeter-Betrieben aus. Der Kaffee kommt vom biozertifizierten Heidelberger Kaffeeröster Florian Steiner. Eine üppige Auswahl hausgemachter Kuchen und Torten, auch vegan und glutenfrei, lockt zum Nachmittagskaffee.

→ Das »red« bietet mehrmals im Jahr abendliche Kochkurse an: Die jungen wilden Kräuter – 3D: Dressings, Dips und Desserts – Tomatenvielfalt – Indisch-vegetarisch – Tolle Knolle: Die Kartoffel. Termine und Anmeldeformular finden sich auf der Webseite.

Restaurant Wolfsbrunnen

Wolfsbrunnensteige 15,
69118 Heidelberg
0 62 21 / 37 37 92
restaurant-wolfsbrunnen.de

Größe: 50 Plätze im Gastraum, 100 auf Terrasse und Biergarten
Preise: Hauptgerichte 17–35 Euro, Menüs ab 35 Euro
Kreditkarten: EC, Maestro, Visa
Öffnungszeiten: Mi–Sa 18–22 Uhr; So, Feiertage 12–15 und 18–22 Uhr; Ruhetage: Mo, Di

Gute Küche im kurfürstlichen Lust- und Jagdhaus

Im Heidelberger Stadtteil Schlierbach, einen kurzen Waldspaziergang vom berühmten Schloss entfernt, führt Artus Zeller mit dem »Restaurant Wolfsbrunnen« ein Haus, das Mitte des 15. Jahrhunderts seine erste Erwähnung fand. Nach sehenswerter Renovierung lädt es zur Einkehr ein. Im Sommer lockt der große Biergarten, wo unter der alten Linde Wander*innen und Radfahrer*innen Erfrischungen und einfache Speisen finden. In der gemütlichen Stube mit imposantem Kachelofen gibt es häufig wechselnde, am saisonalen Marktangebot orientierte Speisen. Fleisch- und Fischgerichte dominieren, doch auch Vegetarier*innen finden auf der Karte Reizvolles. Kraichgauer Landschwein und Simmentaler Rind aus dem Schwarzwald garantieren kurze Transportwege, den Fisch liefert der Forellenhof Spohn aus dem nahen Steinachtal. Befreundete Jäger*innen aus Heidelberg und der Pfalz liefern das Wild. Teile des Jagderfolgs werden im benachbarten Leimen vom Metzger des Vertrauens zur Herstellung der beliebten Wildbratwürste verarbeitet. Die meisten Salate stammen vom Schröderhof in Dossenheim, die Kartoffeln aus der Pfalz, und in der Saison bedient sich Artus Zeller der Leidenschaft pilzkundiger Sammler*innen. Ziegenkäse liefert der Nußlocher Ziegenkäsehof, doch seine Spätzle schabt der Chef selbst. Im Herbst sind hausgemachte Knödel in vielen Variationen die bevorzugte Beilage.
Neben Einzelgerichten werden auch drei- bzw. viergängige Menüs angeboten. Hier erfreut man sich an Champignon-Graupen mit Schnittlauch, Lammvariation mit Bärlauch und Schmelzkartoffeln und einem Nougat-Salz-Karamell als Nachtisch. Eine vegetarische Empfehlung ist das Safran-Risotto mit sautierten Zuckerschoten. Fischliebhaber*innen freuen sich an Wolfsbarsch mit Spinat, Brandade und geschmolzenen Kirschtomaten. Alle Gerichte kommen liebe- und kunstvoll angerichtet auf den Tisch, der Service ist angenehm und kundig.
Neben regionalen Bieren wird eine Auswahl an badischen, pfälzischen, württembergischen, aber auch internationalen Weinen angeboten.

Im 18 km entfernten Heiligkreuzsteinach fließt die saubere Steinach direkt durch die Fischbecken des Forellenhofs Spohn (Forellenhof Spohn, In der Au 2, 69253 Heiligkreuzsteinach, 0 62 20 / 92 24 62). Wer möchte, kann nach Reservierung selbst angeln gehen.

Adler-Stuben

Adlerplatz 3,
79856 Hinterzarten
0 76 52 / 12 70
parkhoteladler.de

Größe: 100 Plätze im Restaurant
Preise: Hauptgerichte 15–39 Euro
Kreditkarten: Alle gängigen Karten
Öffnungszeiten: Täglich 18–21 Uhr

Feine Schwarzwälder Regionalküche in gediegenem Ambiente

Die »Adler-Stuben« im gleichnamigen Parkhotel am Ortsrand des malerischen Schwarzwaldorts Hinterzarten bieten eine feine Regionalküche. Das Haus hat eine über 500-jährige Familientradition, die Gäste werden in der gemütlichen Schwarzwaldstube in gediegener Umgebung bewirtet. Küchendirektor und -meister Bernhard König betreibt seit mehr als zehn Jahren die Umsetzung eines nachhaltigen, regionalen Gastronomiekonzepts. Die Fleischspezialitäten kommen von der Metzgerei Kaltenbach in Schallstadt, Obst und Gemüse werden regelmäßig vom Kartoffelhof Binder in Forchheim geliefert. Auch die übrigen Einkaufsquellen werden vorbildlich in der Speisekarte gelistet. Das Restaurant ist Mitglied bei den Naturparkwirten, die sich für die regionale Beschaffung der Grundprodukte einsetzen. An warmen Tagen kann man auf der Restaurantterrasse unter dem historischen Holzbalkon des prächtigen Schwarzwaldhauses speisen.

Der Schwerpunkt liegt auf traditionellen badischen oder elsässischen Spezialitäten. Selbst gemachte Flammkuchen werden als kleine Zwischenmahlzeit serviert. Passend zur Jahreszeit gibt es Markgräfler Spargel, auch mit Kratzerle*. Feine Wildgerichte mit selbst gemachten Nudeln stehen im Spätjahr und Herbst auf der Karte. Gelegentlich werden geschmorte Schweinebäckle oder Ochsenbäckle angeboten.

Die Weinkarte versammelt badische, aber auch internationale Positionen; vor allem unsere französischen Nachbarn sind gut vertreten.

Biobiere kann man bei der Brauerei Rogg in Lenzkirch genießen.

Gasthaus zur Sonne

Hauptstraße 21,
79241 Ihringen-Wasenweiler
0 76 68 / 2 29
sonne-wasenweiler.de

Größe: 80 Plätze
Preise: Hauptgerichte 10–25 Euro
Kreditkarten: EC, Visa, Master
Öffnungszeiten: Di–Sa 11–14 und 17–23 Uhr; So 10.30–23 Uhr; Ruhetag: Mo

Bodenständige und raffinierte Dorfküche

Seit fast 300 Jahren und in der achten Generation betreibt die Familie Ambs die Dorfwirtschaft, die in der Abendsonne in warmem Gelb erstrahlt. Im Ortszentrum unterhalb der Kirche gelegen, ist sie das Herz der Gemeinde. Wer in Wasenweiler etwas zu feiern hat, geht in die »Sonne«. Die Verankerung im Dorfleben spiegelt sich auch in der Speisekarte: bodenständige, regionale Küche mit saisonalen Angeboten wie Spargel oder Pfifferlinge. Die Betreiber der Sonne lassen auch bei Regen den Kopf nicht hängen - weil es dann mehr Pilze gibt. Statt der grassierenden Jungbullenmanie verwendet Herr Ambs deutsche Färsen, weibliche Rinder, die noch nicht gekalbt haben und ein viel besseres Fleisch bieten.

Ein Essen beginnt mit einer Flädlesuppe oder einer traditionellen Badischen Schneckensuppe. Marktfrisch zubereitete Salate gibt es in vielen Varianten, auch die typischen Spezialitäten wie Bibiliskäs*, Rindfleischsalat oder Ochsenmaulsalat kommen perfekt angemacht und auf Wunsch mit Brägele* auf den Tisch. Als vegetarische Gerichte werden frische Rahmchampignons im Spätzlenest oder Gemüsevariationen frisch vom Markt mit Kartoffelrösti angeboten. Für Fleischliebhaber gibt es den klassischen Badischen Sauerbraten mit hausgemachten Spätzle. Auf der Karte stehen Innereien: Leberle geröstet oder sauer mit Brägele* oder Saure Kutteln mit Brägele*. In den Wintermonaten gibt es donnerstags und freitags auch das »Süür«-Essen*, eine Kaiserstühler Schlachtspezialität. Regelmäßig auf der Karte sind Wildgerichte, die hausgemachten Wildschweinbratwürste mit Steinpilzen müssen sich vor den Pfannengerichten mit Schnitzelvarianten nicht verstecken.

Auf der Weinkarte finden sich lokale Erzeuger, sie werden auch glasweise angeboten. Schön ist das reiche Digestifangebot.

Rudmanns Hofladen, ein Demeter-Betrieb in der Hauptstraße am Ortseingang, ist für sein Tomatensortiment bekannt.

Gasthaus Krone

Hauptstraße 30,
75428 Illingen-Schützingen
0 70 43 / 22 64
krone-schuetzingen.de

Größe: 45 Plätze im Gastraum, 20 im Nebenzimmer
Preise: Hauptgerichte 9–22 Euro
Kreditkarten: EC
Öffnungszeiten: Di–Fr 11.30–14 und 17.30–23.30 Uhr; So 11.30–20 Uhr; Ruhetage: Mo, Sa, jeden 3. So im Monat

Gasthaus wie aus dem Bilderbuch, Dienstag ist Schlachttag

Am nordöstlichen Rand des Enzkreises liegt der zur Gemeinde Illingen gehörende Ortsteil Schützingen. Das Bild des denkmalgeschützten Straßendorfs ist geprägt durch eine beeindruckende Fachwerkarchitektur. Im Ortskern befindet sich in einem schmucken Fachwerkhaus aus dem 16. Jahrhundert das »Gasthaus Krone«. Seit mehr als einem Jahrhundert und in der vierten Generation führt Familie Späth das Gasthaus mit Metzgerei. Im einfachen, gemütlich eingerichteten Gastraum herrscht eine ungezwungene, familiäre Atmosphäre: Wohlfühlen in der »Krone«. Bodenständige, schwäbische Hausmannskost dominiert das Angebot. Auf den Tisch kommen bewährte Gerichte, gekonnt zubereitet mit Zutaten in bester Qualität. Fleisch- und Wurstwaren stammen aus eigener Herstellung. Gemüse und Getreide bezieht man von Produzenten aus nächster Umgebung. Die Küche grüßt mit Schmalztöpfle und Brezel. Anschließend gibt es eine gehaltvolle Tagessuppe oder ein Tatar. Siedfleisch, (Zwiebel-)Rostbraten, Maultaschen mit schlotzigem Kartoffelsalat – die schwäbischen Klassiker fehlen auf der Speisekarte nicht und entspannen auch Esser mit großem Appetit. Der selbst im Schwäbischen selten gewordene Ochsenmaulsalat sowie der angemachte Schwartenmagen* schmecken, die Kutteln erhalten durch die Spezialwürzung eine eigene Geschmacksnote. Küchenchef Claus Späth hat sich vorgenommen, alte Rezepte zu bewahren und damit die traditionelle regionale Küche weiterzuführen. Bei einer hauseigenen Metzgerei sind die Schlachtplatte mit Siedfleisch und andere deftige »Schweinereien« auf der Speisekarte obligatorisch. Dienstag ist »Schwienstag«. Im Oktober und November wird das Gänseessen zelebriert.
Auch beim Weinangebot bleibt man im Ländle und konzentriert sich auf die wohlschmeckenden Erzeugnisse der regionalen und lokalen Weingüter.

→ Eine Tischreservierung ist ratsam.

Gasthaus zum Hirschen

Am Neuweg 2,
79400 Kandern-Egerten
0 76 26 / 3 88
hirschen-egerten.de

Größe: 40 Plätze im Gasthaus, 45 im Garten
Preise: Hauptgerichte 12–34 Euro
Kreditkarten: Keine
Öffnungszeiten: Mi–Sa 17–22 Uhr; Ruhetage: So–Di

Behaglicher Familienbetrieb mit langer Tradition

Das Gasthaus »Zum Hirschen« liegt im Kanderner Ortsteil Egerten am Ausgang des idyllischen Wollbachtals, zwanzig Autominuten von Lörrach oder Basel entfernt. Es ist ein lupenreiner Familienbetrieb, Gastwirt Max Geitlinger junior hat Hof und Wirtschaft in zehnter Generation übernommen; er bringt ausschließlich regional-lokale Grundprodukte zum Einsatz. Das Ambiente ist der dörflichen Umgebung und dem alten Gebäude angemessen: schlicht, ohne Kitsch, dafür mit hohem Behaglichkeitsfaktor. Die holzgetäfelte Stube mit schönem Kachelofen ist ursprünglich. Dieser Eindruck setzt sich auch im Garten fort: Unter Kastanien, an angewitterten Blechtischen, schweift der Blick gedankenverloren ins Grüne. Zum Gasthaus gehört eine Landwirtschaft mit einem kleinen Weinbaubetrieb, der auf ökologische Bewirtschaftung umgestellt wird.

Viel kürzer kann eine Speisekarte, die kaum Änderungen erfährt, nicht sein. Vorspeisen und Suppen sucht man vergeblich. Schäufele* mit Kartoffelsalat und Kalbsschnitzel mit Rösti sind die unumstößlichen Pfeiler der Hirschen-Küche. Das Fleisch kommt vom nahen Metzger. Schweineschnitzel und Rinderfilet sind die weiteren Gerichte, immer von Kartoffelsalat oder Rösti begleitet. Wer mag, bestellt ein Bauernhofeis oder den selbst gebackenen Kuchen. Zur Vesperzeit werden Wurstsalat, Speck und Bauernwürste angeboten. Die Weinauswahl ist überschaubar, aber gut und prägnant. Es kommen ausschließlich eigene Weine oder Abfüllungen vom Weingut Lämmlin-Schindler in den Ausschank. Klassiker ist der eigene Gutedel. Ein Gläschen Selbstgebranntes von eigenen Mirabellen- oder Kirschbäumen kann die Mahlzeit beschließen.

Fünf

Kanalweg 52,
76149 Karlsruhe
07 21 / 97 66 47 12
fuenf.de

Größe: 80 Plätze im Gastraum, 90 im Biergarten
Preise: Hauptgerichte 16–20 Euro
Kreditkarten: EC
Öffnungszeiten: Di–Sa 18–23 Uhr; So Menüabende mit Ankündigung; Ruhetag: Mo

Fernab vom städtischen Trubel genussvoll speisen

In der Nordstadt von Karlsruhe liegt im ehemaligen Gebäude der amerikanischen Bibliothek das Restaurant »Fünf«. Es verfügt über einen offenen und großzügig gestalteten Gastraum sowie einen Barbereich mit einer Wein-Probier-Bar. Dort stellen regelmäßig regionale Weingüter ihre Weine vor. Bei gutem Wetter lädt ein gemütlicher Biergarten ein. Immer wieder gibt es kleine Kunstausstellungen.

Die feste Karte mit Tapas, Salaten, Hauptgerichten und Desserts wird ergänzt durch wöchentlich wechselnde Angebote. Die Küche bietet regionale und saisonale Produkte und Speisen, die stets frisch zubereitet werden und durch kreative Geschmackskombinationen überraschen. Auch Vegetarier*innen sind willkommene Gäste, für sie gibt es zum Beispiel Nuss-Curry-Bratlinge oder Kürbis-Gemüse und Hagebuttenketchup. Für Sonderwünsche hat die Küche ein offenes Ohr. Im Winterhalbjahr werden Themenabende mit festgelegten Menüs veranstaltet. Ein Hauptgerichtbeispiel ist das herbstliche Steak und Ragout von der Hirschkalbkeule mit Steinpilzgnocchi und Wirsing. Die Wochenkarte bietet außergewöhnliche Kombinationen, ebenso die Desserts: Schokoflan mit Salzkaramell-Sauce und Erdnuss-Krokant oder Birnensorbet mit Gewürz-Schokoschaum und Mandelcrunch.

Die Weinkarte listet Weine aus Baden, der Pfalz, Frankreich, Portugal, Spanien und Italien im offenen Ausschank und als Flaschenweine; auch hier gibt es Tagesangebote. Zu moderaten Preisen werden aromatische, auch alkoholfreie Cocktails angeboten. Der aufmerksame Service und die herzliche Atmosphäre tragen zur guten Stimmung im »Fünf« bei.

➜ Am Wochenende ist eine Tischreservierung zu empfehlen.

NEU

Restaurant erasmus

Nürnberger Straße 1,
76199 Karlsruhe
0 72 1 / 40 24 23 91
erasmus-karlsruhe.de

Bio

Größe: 30 Plätze im Restaurant, im Garten und auf der Dachterrasse
Preise: 30–85 Euro, Mittagsmenü ca. 40 Euro
Kreditkarten: VISA, Master, EC
Öffnungszeiten: Mi–Mo Küche 12–13.30 und 18–20.30 Uhr; Ruhetag: Di

Italienische Gerichte aus exzellenten Bioprodukten

Im Sommer 2014 wurde das Restaurant »erasmus« in einem denkmalgeschützten Bauhaus-Gebäude eröffnet. Das modern eingerichtete Restaurant ist hell und einladend. Die Gastronomen Andrea und Marcello Gallotti sind Absolventen der Slow Food Universität im italienischen Pollenzo. Sie räumen der Herkunft, der Qualität und der Nachhaltigkeit ihrer Produkte einen bemerkenswert hohen Stellenwert ein und haben ein beispielhaftes regionales Netzwerk erstklassiger, biozertifizierter Erzeugerbetriebe geknüpft. Tiere aus kleinbäuerlicher Landwirtschaft werden komplett verwertet. Es wird streng darauf geachtet, dass die Produkte von Partner*innen stammen, die nach Slow Food Standard »gut, sauber und fair« produzieren. Die Küche ist authentisch italienisch, das bedingt den Einkauf charakteristischer Zutaten aus persönlich bekannten italienischen Quellen. Alle Gerichte stammen aus eigener Herstellung einschließlich der Brotspezialitäten und Pralinen zum Abschluss. Selbstverständlich gibt es vegetarische Speisen mit Zutaten aus dem Umland. Mittags werden alle Gerichte rabattiert angeboten. Besonders angenehm speist man bei gutem Wetter im Garten oder auf der Dachterrasse.
Die Konzeption des »erasmus« wird schon bei den Vorpeisen wie dem hausgemachten Lardo vom biodynamisch gehaltenen Schwäbisch-Hällischen Landschwein, Pane sifonato, Ricottamousse und Caviar Naccari deutlich. Unter den Primi findet sich eine Lasagne mit ragú vom biodynamischen Glanrind. Bei den Secondi erfreut eine vegetarische und laktosefreie Komposition von mit Safran geschmortem Fenchel, Hülsenfrüchten und frittiertem Grünkohl. Selbstverständlich vegetarisch ist das Dessert: Kastanienmousse, pochierte Williams-Christ-Birne und Crumble.
Die Weinkarte bietet mit rund 400 Positionen eine schöne Auswahl interessanter Weine aus der Region (Baden, Pfalz) sowie aus Deutschland, Italien und Frankreich.

→ Das »erasmus« ist Teil der Mustersiedlung für die internationale Bauhaus-Ausstellung. In der Nähe steht der Originalpavillon von 1929 mit einem Modell der Originalsiedlung, den man wie die ganze Siedlung besichtigen kann.
Andrea und Marcello Gallotti sind aufgrund ihrer herausragenden Bemühungen für eine nachhaltige Gastronomie und Landwirtschaft 2018 in die Vereinigung der BIO-Spitzenköche des Bundesprogramms Ökologischer Landbau/Nachhaltige Landwirtschaft (BÖLN) aufgenommen worden.

Im an das Restaurant angrenzenden Delikatessengeschäft können selbst herstellte oder verwendete Bioprodukte erworben werden.

Scheidels Restaurant zum Kranz

Offenburger Straße 18,
79341 Kenzingen
0 76 44 / 68 55
scheidels-kranz.de

Größe: 50 Plätze im Gastraum, 50 im Garten
Preise: Hauptgerichte 15–29 Euro
Kreditkarten: EC, Amex, Master, Visa
Öffnungszeiten: Mi–So 11.30–14 und 17.30–22 Uhr; Ruhetage: Mo, Di

Schöner Biergarten, traditionelles Ambiente

Das zwei Jahrhunderte alte Landgasthaus ist in siebter Generation in Familienbesitz. Das Haus liegt am Rande der Kleinstadt Kenzingen im Landkreis Emmendingen. Die alte Gaststube mit ihrer alten Theke macht einen gemütlichen Eindruck. Der schöne Biergarten mit altem Baumbestand im Innenhof ist im Sommer ein guter Platz für Radreisende, die in der Rheinebene unterwegs sind. Kranzwirt Franz Scheidel und sein Küchenteam kochen eine Frischeküche mit Einflüssen aus Frankreich und Italien – sie verarbeiten Produkte auf leichte Art und bringen sie schnörkellos auf den Teller.

Als Vorspeise mundet das Carpaccio vom Kalbsbäckchen mit Oliven-Vinaigrette. Die Menüs werden, auch wenn sie mediterran angehaucht sind, mit Fleisch und Gemüse aus der Region hergestellt. Sehr zu empfehlen sind die ideenreichen und schmackhaften vegetarischen Menüs. Bei den Fleischgerichten ist das zarte Lammfilet mit saisonalem Gemüse ein Gaumenschmaus. In der Jagdsaison kocht Scheidel gekonnt verschiedene Wildgerichte. Das Fleisch bringen heimische Jäger*innen. Besonders beliebt sind die Rehspezialitäten wie der Rehrücken mit hausgemachten Spätzle, Brokkoliröschen, Pilzen und Preiselbeeren oder das Rehragout mit frischem Marktgemüse und Nudeln. Bekannt ist Scheidel auch für seine Fischküche. Die Fischfilets werden in Butter zart angebraten und auf den Punkt gegart serviert, wie im Frühsommer das in Butter gebratene Schollenfilet mit Blattspinat und neuen Kartoffeln. Die Portionen im »Kranz« sind reichhaltig. Wer noch Platz für Süßes hat, freut sich über die Dessertkarte.

Der Weinkeller bietet eine große Auswahl vorwiegend badischer Gewächse, darunter die Spitzenweingüter der Gegend, dazu eine schöne Auswahl offener Weine.

Restaurant Café Rapp

Dörfle 22,
78126 Königsfeld im Schwarzwald, OT Buchenberg
0 77 25 / 9 15 10
cafe-rapp.de

Größe: 50 Plätze im Restaurant
Preise: Hauptgerichte 19–36 Euro
Kreditkarten: EC
Öffnungszeiten: Mi–Sa 12–13.30 und 18–20.30 Uhr; So 12–13.30 und 17.30–20 Uhr; Ruhetage: Mo, Di; Café Mi–So 11.30–21.30 Uhr

Sehr viel mehr als nur ein Café!

Das beschauliche Buchenberg in unmittelbarer Nähe des Naturschutzgebiets Glasbachtal, ein Ortsteil der Gemeinde Königsfeld, liegt in schönster Schwarzwaldlandschaft. Daniela und Alexander Rapp haben das von den Eltern übernommene Café in einem gelungenen Stilmix aus Moderne und traditionellem Schwarzwälder Stil renoviert, antike Schwarzwälder Möbel und Uhren schmücken die Räumlichkeiten. Die Küche von Alexander Rapp, der sein Handwerk bei Harald Wohlfahrt gelernt hat, ist badentypisch von der französischen Küche beeinflusst. Das Angebot wird bestimmt von der regionalen Verfügbarkeit qualitätvoller Produkte. Rapp legt darauf besonderen Wert, um gut kochen zu können. Industriell vorbereitete Halbfertig- oder Fertigprodukte schließt er ebenso aus wie Geschmacksverstärker und andere Küchenchemie. Fleisch bezieht er bevorzugt vom Bauernhof Weisser in Tennenbronn, Käse vom Mooshof ebendort und die Kartoffeln vom Bauer Haas direkt aus der Nachbarschaft. Von hier kommt auch das Wild. Brot kommt ebenso aus der eigenen Backstube wie die köstlichen Kuchen und Torten.

Auf der wohltuend übersichtlichen, von der Saison bestimmten Karte findet sich ein warmer, hausgeräucherter schottischer Lachs, der mit einem Albleisa*-Salat serviert wird. Bei den Hauptgerichten gefällt der Tafelspitz mit Marktgemüse, Petersilienkartoffel und Meerrettichsauce oder der rosa gebratene Hirschrücken mit Rotkohl, Steinchampignons, Haselnussspätzle und Wacholderjus.

Das Mineralwasser liefern die Peterstaler Mineralquellen, Bier die Schwarzwälder Privatbrauerei Waldhaus. Die Weinkarte lässt ebenso wenig Wünsche offen wie die kompetente Weinberatung durch Servicechef Alexander Pfaff.

→ Unweit des Restaurants befindet sich das St.-Nikolaus-Kirchlein. Kirchenschiff und Sakristei stammen vermutlich schon aus dem letzten Viertel des 11. Jahrhunderts. Vor Ort nach dem Schlüssel fragen.

Nicht weit vom Restaurant Café Rapp entfernt bietet der Untermühlbachhof (Mühlbach 1, 78112 St. Georgen-Peterzell, www.waelder-gbr.de) die Möglichkeit zum Einkauf regionaler Produkte. Sein Schwerpunkt ist die Rinderhaltung (Erhaltungszuchtbetrieb Hinterwälder Rind) zur Erzeugung herrlich würziger Käse. Zudem gibt es vorzügliche Wurst- und Fleischprodukte von offensichtlich glücklichen Schweinen.

Schildwirtschaft zum Rothen Ochsen

Kapellenstraße 23,
88471 Laupheim
0 73 92 / 90 07 30
rothen-ochsen.de

Größe: 25 Plätze im Gastraum, 20 auf der Terrasse
Preise: Hauptgerichte 18–35 Euro
Kreditkarten: EC, Master, Visa
Öffnungszeiten: Di–Fr 12–18 Uhr; Do–Sa ab 18 Uhr; Ruhetage: So, Mo

Feine Spezialitäten der regionalen Küche

Die »Schildwirtschaft zum Rothen Ochsen« liegt im Zentrum der Kleinstadt Laupheim. Das Haus, seit 1814 jüdische Gastwirtschaft und bis 1939 fast durchgängig im familiären Besitz, war Mittelpunkt der Laupheimer Gesellschaft und Kultur. Vor vier Jahrzehnten wurde das marode Gebäude von Grund auf erfolgreich saniert und daraufhin mit dem Peter-Haag-Preis des Schwäbischen Heimatbunds bedacht. Der besondere Charme zeigt sich auch im Inneren: Der überschaubare Gastraum vermittelt eine fast private Atmosphäre. Als Pächter wirkt Familie Wilfert, sie betreibt Restaurant und Hotel. Die Küche verbindet den Respekt vor der Tradition mit dem Wunsch, die Gäste mit kreativen Ideen und kulinarischen Köstlichkeiten zu überraschen. Regionale Zutaten und Erzeugnisse sind die unabdingbare Basis, wie Schweinefleisch und Grünzeug vom Bioland-Hof Artenvielfalt Hochstetterhof, das Schwäbisch-Hällische Landschwein, Brot von der Bäckerei Mast in Untersulmetingen, Spirituosen von Stilvol in Laupheim, Bier von der Beer Brewery in Senden – und nicht zuletzt der regelmäßige Einkaufsbummel über den Ulmer Wochenmarkt.
Auf der Karte finden sich saisonale Gerichte und Spezialitäten der regionalen Küche: Flädlesuppe und Maultaschen, Rostbraten und Kässpätzle mit Allgäuer Bergkäse. Raffinierte Variationen der heimischen Küche wechseln mit der Saison: Im Frühjahr gibt es als Vorspeise Schinken vom Schwäbisch-Hällischen Landschwein mit Bärlauch-Frischkäse, dann ein Kotelett vom Sattelschwein mit Spargelgemüse, ein edles Kalbsfilet in der Morchelkruste oder ein vegetarisches Spargelrisotto mit Rucola und Parmesan.
Die Weinkarte bietet ein angenehmes Sortiment von Grau-, Weiß- und Spätburgundern aus Baden und der Pfalz. Fruchtbrände vom Bodensee oder aus Österreich runden den Abend ab. Der exzellente Service ist trotz aller Aufmerksamkeit stets dezent und unterstreicht den persönlichen Charakter dieser Wirtschaft.

Gasthaus zum Adler

Kreuzbühl 1,
88637 Leibertingen
0 74 66 / 3 18
adler-leibertingen.de

Größe: 30 Plätze in der Gaststube
Preise: Hauptgerichte 15–29 Euro
Kreditkarten: Alle gängigen Karten
Öffnungszeiten: Mo, Do–Sa 11.30–14 und 17–24 Uhr; So, Feiertage 11.30–24 Uhr durchgehend; Ruhetage: Di, Mi

Bodenständige Gerichte mit Tradition und neuen Ideen

Leibertingen liegt in einer reizvollen, waldreichen Landschaft mit herrlichen Wandermöglichkeiten im Naturpark »Obere Donau«. Der »Adler« blickt auf eine über 500-jährige Geschichte zurück; er wird seit acht Generationen als Familienbetrieb geführt. Neben der gemütlichen und geschmackvoll eingerichteten Gaststube mit Kachelofen gibt es eine schöne Terrasse und den stilvoll renovierten Gewölbekeller. Koch Peter Veeser legt Wert auf Regionalität, jahreszeitliche Orientierung und Frische der Zutaten. Er lebt Ethik in der Küche, für ihn sind die vollständige Tierverwertung, von der Schnauze bis zum Schwänzchen, und die Achtung vor dem Tier wichtig. Fleisch, Gemüse, Backwaren und Milchprodukte werden, soweit möglich, aus der Region und direkt von Erzeuger*innen bezogen, die im Naturpark umweltfreundlich wirtschaften müssen. Bioprodukte werden gern verwendet, sofern sie geschmacklich überzeugen. Regionale Traditionsgerichte inspirieren Veeser. Seine Kinderstube – der Vater war Metzger, die Mutter hat zu Hause gekocht – hat viel zu seiner Sorgfalt im Umgang mit Lebensmitteln beigetragen. Auch bringen ihn alte Rezepte auf neue Ideen.
Empfehlungen gelten ganz besonders den Naturpark-Klassikern des »Adlers«, wie dem butterzarten Heuduftbraten vom heimischen Rind, der im Oktober mit hausgemachten Nudeln, einer wunderbar gewürzten Sauce und knackigem Rahmwirsing gereicht wird. Auch das Hirtengulasch ist immer eine gute Empfehlung sowie die zur Saison angebotenen Wildgerichte aus heimischer Jagd. Sehr beliebt ist der Schwäbische Zwiebelrostbraten vom heimischen Rind mit hausgemachten Spätzle. Nicht nur die Fleischgerichte überzeugen: Auch der bunte gemischte Salat begeistert mit seinen liebevoll zusammengestellten Komponenten. Ausgezeichnetes Dessertangebot.
Imponierend die zu den Desserts passenden hochwertigen Weine. Die Weinkarte bietet eine hervorragende Auswahl, wobei die Weine aus der benachbarten Anbauregion Bodensee dominieren. Das Bier liefert die sehr gute Hirsch-Brauerei in Wurmlingen. Dazu liefert die eigene Brennerei Brände von heimischem Obst, das auf Streuobstwiesen angebaut wird oder wie Schlehe und Zibarte (Wildpflaume) in freier Natur wächst.

→ Vom »Gasthaus Adler« empfiehlt sich ein Ausflug zur nahe gelegenen wildromantischen Burg Wildenstein mit Parkplatz und Wandermöglichkeiten (Ausschilderung im Ort). Ebenso empfehlenswert ist ein Besuch des sechs Kilometer entfernten Klosters Beuron (Benediktiner Erzabtei St. Martin) im Donautal.

Besenwirtschaft Fritz Funk

Friedhofstraße 25,
74369 Löchgau
0 71 43 / 76 66
weinbau-fritz-funk.de

Größe: 40 Plätze in der Wirtschaft
Preise: Hauptgerichte 5–9 Euro
Kreditkarten: EC, Master, Visa
Öffnungszeiten: April, Mai und im Spätsommer, Herbst: Mo–Sa ab 16 Uhr; So ab 11 Uhr

Kompromissloser Wein – freudiges Erlebnis

Je nach Weinanbaugebiet wird die ungewöhnliche Gasthausvariante »Straußenwirtschaft«, »Buschenschank« und in Württemberg »Besen« oder »Besenwirtschaft« genannt. Der Fiskus begünstigt die jährlich zwei Monate lange Besenzeit, in der nur eigene Weine ausgeschenkt und selbst gemachte Gerichte angeboten werden dürfen. Erkennungszeichen ist ein bändergeschmückter Besen über dem Eingang des Weinguts. Dass ein Besen Slow Food *Genussführer*-tauglich ist, zeigt das Weingut Fritz Funk in Löchgau unweit von Bietigheim auf erfreuliche Weise. Das Weingut, das seine Rebsorten kompromisslos trocken ausbaut, serviert sie unfiltriert in Probiergläsern. Das ist in einer Besenwirtschaft nicht üblich und ermöglicht den Gästen das Kennenlernen des Sortiments. Angeboten werden auch einfache Besenweine im Henkelglas sowie Schnäpse und Mineralwasser.

»Fritz« serviert gut gelaunt und gesprächig mit einem flinken und kompetenten Team, was aus der Küche seiner Frau kommt: Schlachtplatte, Würste, Vesperteller und Käse einschließlich Selbstgebackenem oder einer anständigen Portion Luggeleskäs*, ein angemachter Quark. Auf der Karte stehen zahlreiche traditionell-regionale Gerichte wie Maultaschen mit Kartoffelsalat und Ripple mit Sauerkraut. Würste und Ripple sind aus der örtlichen Metzgerei um die Ecke, die Charentais-Melonen kommen ebenso aus dem eigenen Garten wie die Freilandtomaten. Sie werden mit selbst gemachtem Walnusspesto oder mit Schafskäse serviert. Das gut bewertete Weinangebot – das Weingut hat aktuell dreieinhalb Sterne im Eichelmann-Führer – deckt ein breites Rebsortenspektrum ab. Im Funk'schen Besen gibt es keine Reservierungen, also Obacht, die Besenzeit nicht verpassen!

Restaurant Drei König

Basler Straße 169,
79539 Lörrach
0 76 21 / 4 25 83 33
restaurant3k.de

Größe: 70 Plätze im Restaurant, 45 auf der Terrasse.
Preise: Hauptgerichte 19–43 Euro
Kreditkarten: EC, Master, Visa
Öffnungszeiten: Di–Sa 11.30–14.30 und 17.30–24 Uhr, Küche bis 21.30 Uhr; Ruhetage: So, Mo

Die Rückkehr

Das »Drei König« hat sich trotz Wirtewechsel und Corona äußerlich nicht verändert. Konrad Winzers Handschrift bleibt erkennbar, nicht nur durch das große Reliefporträt an der Wand. Die schlichten Holztische für lange und kleine Tafeln und die offene Küche für den freien Blick in die Werkstatt hinter der Speisekarte passen auch zu Stefan Sicks Idee von einer feinen, regionalen Küche mit hohem handwerklichen Anspruch. Ein besonderer, doppelt slower Höhepunkt ist der Mittagstisch am Samstag, wenn unten das lebhafte Treiben auf dem Lörracher Wochenmarkt die perfekte Kulisse für Küche und Teller bildet – und das dank Lörrachs klimatisch bevorzugter Lage nicht nur im Sommer. Küchenchef Gabriel Haas orientiert sich an dem, was Markgräflerland und Wiesental zu bieten haben. Grünzeug und Eingelegtes kommen ausweislich der Speisekarte direkt vom Markt. Die Gemüsesprache ist vielfältig, frisch und einfallsreich.
Das Allerlei vom Kalbskopf präsentiert sich in einer Variante des badischen Traditionsgerichts mit einem exotischen Akzent, während das Kalbsrahmgeschnetzelte mit Champignons, Marktgemüse und Kartoffelgratin seinen Wurzeln recht treu bleibt. Beilagen wie Kartoffelstampf und Perlgraupenrisotto erinnern an ihre Ursprünge in der guten Hausmannskost. Slow Food Lörrach hat den Küchenchef auf Ochsenschlägers Riedgockel gebracht, ein langsam aufgewachsenes Freilandhähnchen aus bäuerlicher Aufzucht eines Slow Food Mitglieds. Der Gockel kommt als knusprig geschmorte Keule mit Sellerie, Roter Bete und Kräuter-Kartoffelstampf oder als zarte Brust, in Salbei gebraten und mit gebackenem Kürbis, Kräuterseitlingen und Perlgraupen auf den Teller.
Die Weinkarte listet vornehmlich Güter des Markgräflerlandes.

→ Im Sommer sonntagabends geöffnet.

Badischer Hof Seckenheim

Seckenheimer Hauptstraße 114,
68239 Mannheim
06 21 / 97 86 14 30
badischerhof.net

Größe: 60 Plätze im Restaurant, 36 in der Vinothek, 90 im Gewölbekeller, bis zu 100 im Jugendstilsaal, 20 auf der Terrasse
Preise: Hauptgerichte 11–37 Euro
Kreditkarten: EC, Master, Visa
Öffnungszeiten: Di–Sa 11.30–14 und 17.30–22 Uhr; So 11.30–14.30 Uhr; Ruhetag: Mo

Frischer Wind im Traditionshaus

Der »Badische Hof« im Mannheimer Vorort Seckenheim blickt auf eine lange Tradition als Brauerei, Gaststätte und Kulturhaus zurück. 2009 wurde er von der Familie Neumeister behutsam restauriert und modernisiert. Koch Klaus-Peter Wamich, Nachwuchsprüfer bei der IHK, sorgt mit drei angestellten Köchen für die Speisen. Die Gäste werden mit frischen Qualitätsprodukten und gutem Service in einem schönen Ambiente verwöhnt. Fleisch vom Schwäbisch-Hällischen Landschwein* und Hohenloher Rind* wird von der Erzeugergemeinschaft bezogen. Das Wild kommt aus dem Odenwald und dem nahen Hessen. Spargel wird vom Spargelhof im Ort, Käse von der Odenwälder Molkerei Hüttenthal bezogen; das Bier stammt aus lokalen Brauereien, und die sehr umfangreiche Weinkarte greift gern auf die lokalen Produzenten an der Bergstraße und der nahe gelegenen Pfalz zu. Auf der Speisekarte stehen neben Fischgerichten bemerkenswert zahlreiche vegetarische Gerichte. Eine täglich wechselnde Mittagskarte beinhaltet immer ein Fleisch- oder Fischgericht und ein vegetarisches Essen. Auf etwaige Unverträglichkeiten nimmt die Küche Rücksicht, das routinierte Servicepersonal macht sachdienliche Vorschläge.
Neben der Standardkarte mit Rouladen, Steak und Brauhausschnitzel mit Bratkartoffeln bietet Wamich im monatlichen Wechsel »Besonderes aus der Küche« an, Schmankerl nach Marktangebot. Als Vorspeise gefällt eine Trilogie vom gebackenen Ziegenkäse, als Alternative eine klassische Maultaschensuppe. Hauptdarsteller sind der Winterkabeljau auf Kräuterrisotto und originellen Ringelbeten sowie das Spanferkelkarree an buntem Linsensalat mit Kartoffelgnocchi. Mit dem Mousse au Chocolat steht ein begeisternder Klassiker auf der Nachtischkarte. Leicht daher kam das Panacotta mit ausgewähltem Beerenobst.

Das Gasthaus selbst bietet mit dem »Spezialitätenmarkt« die Klassiker der Speisekarte vorgekocht auch zum Mitnehmen an, z. B. Rinderrouladen und -braten, Maultaschen, 1/2 Grillente und Bäckchen vom Schwäbisch-Hällischen Landschwein*, jeweils zusammen mit einer Rezeptempfehlung.

Gasthaus Zähringer Hof

Stohren 10,
79244 Münstertal
0 76 02 / 2 56
zaehringerhof.de

Größe: 52 Plätze im Gastraum, 35 auf der Terrasse
Preise: Hauptgerichte 15–32 Euro
Kreditkarten: EC
Öffnungszeiten: Mi–So, Küche von 12–14 Uhr, Vesper 14–17 Uhr und von 18–21 Uhr; Ruhetage: Mo, Di

Beste Küche im Wanderparadies

Die ruhige Traumlage des »Gasthauses Zähringer Hof« im Münstertal auf 1.100 Metern NHN inmitten grüner Wiesen und mit Panoramablick auf das Rheintal und die Vogesen ist jederzeit einen Ausflug wert. Das Wanderparadies ist kaum 20 Kilometer von Freiburg entfernt. Die temperamentvollen Hinterwälder-Rinder grasen direkt am Haus. Familie Riesterer verwöhnt ihre Gäste in der dritten Generation mit bester badischer Küche – vom feinen Menü bis zum einfachen Wurstsalat. Trotz Renovierung strahlt das Lokal Gastlichkeit aus, auch ein Kachelofen fehlt nicht. Glanzlichter der Küche sind Wild- und Fischspezialitäten sowie hausgemachte Kuchen und Torten. Das Wildfleisch kommt aus Jagden im Münstertal, Kalbfleisch vom Hansemichelhof in Storen, Forellen von Drafehn in Seelbach-Wittelbach, den Ziegenkäse liefert der Ringli-Hof in Horben, Gemüse bringt der Händler Hiss aus Mengen. Der »Zähringer Hof« ist engagiert bei den »Naturparkwirten Südschwarzwald« und außerdem Mitgliedsbetrieb der gastronomischen Initiative »Schmeck den Süden«.
Beim Blick in die Speisekarte machen die Forellengerichte Appetit, aber auch der geschmorte Ochsenschwanz mit Rotkohl und Kartoffel-Sellerie-Püree. Der feine Tafelspitz wird auf einem Meerrettichrisotto serviert, die gebratenen Kalbsnierle werden aromatisch von Knoblauch und Tomaten begleitet. Neben dem Lammrücken leuchten appetitlich die Bärlauchtomaten. Fast alle Hauptgerichte werden auf Wunsch in kleinen Portionen serviert. Ein Mittagstisch wird angeboten und natürlich eine Vesperkarte für die zahlreichen Wander*innen, die hier einkehren.
Die Auswahl offener Weine ist badisch-regional orientiert.

→ Gäste können auch per E-Bike die schöne Gegend des Münstertals erkunden.

Restaurant Spielweg im Münstertal

Spielweg 61,
79244 Münstertal
0 76 36 / 70 90
spielweg.com

Größe: 90 Plätze im Restaurant, 60 auf der Terrasse
Preise: Hauptgerichte 20–30 Euro
Kreditkarten: Alle gängigen Karten
Öffnungszeiten: Täglich 12–13.30 und 18.30–21 Uhr; Mo, Di kleineres Angebot

Feine badische Küche mit eigenem Rohmilchkäse

Die Lage des Restaurants im Münstertal, zu dem auch das Romantikhotel Spielweg gehört, ist einmalig. Regionale und saisonale Produkte in den historischen Wirtsstuben mit Kachelofen und Holzvertäfelungen zu genießen ist jeden Umweg wert. Familie Fuchs sind Gastronomen bereits in sechster Generation und repräsentieren badische Kochkunst in Exzellenz. Das ist ein sympathischer Familienbetrieb im besten Sinn. Der Übergang in die nächste Generation ist glücklich vollzogen. Patron Karl-Josef Fuchs widmet sich mit Passion den Kochkursen und der eigenen Käserei, seit Kurzem von Johannes tatkräftig unterstützt: Handwerklich werden Spielweger Bergkäse, Obermünstertäler Weichkäse und Molkenziger Frischkäse hergestellt. Tocher Vicky hat die Regie im Restaurant übernommen. Viele Gerichte gibt es auch als kleine Portion, Desserts sogar als Miniportion. Regionale Lieferant*innen sind der Sonnenhof Hartheim mit Eiern, Tress aus der Wutach mit Forellen, die Erzeugergemeinschaft »Echt-Schwarzwald« mit Rindfleisch, und Lamm, Gemüse und Obst kommen von Blust in Königsschaffhausen.
Badischen Flädlesuppe* und eine hausgemachte Wildpaté mit Apfel-Sellerie-Salat sind überzeugende Entrées. Erfreulich auch die von Vicky in Erinnerung an ihre asiatischen Erfahrungen eingeführten Wildschwein-Dim-Sum. Als Hauptspeisen kommen die Kalbsleber mit Rösti und Gemüse auf den Teller oder ein Schwarzwälder Lammrücken mit Gemüse und das Wiener Schnitzel vom Wildschweinrücken mit Haselnusspanade, Wirsing-Karotten-Gemüse, Spätzle und Preiselbeer-Pfeffer-Jus. Alle Gerichte sind handwerklich meisterlich zubereitet und munden vorzüglich. Vegetarier*innen werden umsorgt mit gratiniertem Molkenfrischkäse mit Frühlingssalat und Bärlauchpesto oder hausgemachten Frischkäseravioli im Kräuterfond, glaciertem Marktgemüse und geröstetem Knoblauchbauernbrot. Statt eines Desserts können die preisgekrönten Produkte der eigenen Käserei bevorzugt werden. Überdies locken die Angebote der Spielweg-Bäckerei.
Vorwiegend badische Weine. Im Sommer sind die Terrasse und der Pool am Bach eine unschlagbare Erfrischung.

→ Die Kochkurse sind sehr beliebt, gerade die Wild- und Hinterwälder-Kurse sind schnell ausgebucht.

Landgasthof zum Rössl

Heidelberger Straße 15,
69151 Neckargemünd-Waldhilsbach
0 62 23 / 26 65
roessl-waldhilsbach.de

Größe: 75 Plätze in Gasträumen, 90 auf der Terrasse
Preise: Hauptgerichte 12–28 Euro
Kreditkarten: EC
Öffnungszeiten: Do–So 12–14 und 17.30–21 Uhr; Ruhetage: Mo-Mi

Gepflegte Gastlichkeit in ehemaliger Poststation

Der »Landgasthof zum Rössl« in Waldhilsbach liegt im Kleinen Odenwald vor den Toren Heidelbergs. Das Haus wurde erstmals 1642 als Poststation erwähnt. Schon in fünfter Generation führt die Familie Hauck das bekannte Landgasthaus. Jochen Hauck sammelte Erfahrungen in der Sternegastronomie, bevor er sich entschied, die Familientradition gepflegter Gastlichkeit fortzuführen. Seinen Gästen serviert er Klassiker, dazu den Jahreszeiten folgende »Monatsempfehlungen« und eine Tageskarte, die das aktuelle Marktangebot widerspiegelt. Das Wild steuern jagende Nachbarn bei, Forellen schwimmen, bis sie in seiner Küche anlanden, in der nahen Steinach. Die Metzgerei Künzer in Meckesheim-Mönchzell liefert die beliebten Wurstwaren, Geflügel der Zieglerhof aus dem Nachbarort Bammental. Gemüse und Obst bezieht Hauck vom Händler seines Vertrauens in Frankenthal/Pfalz. Die Speisen überzeugen und bieten ein faires Preis-Leistungs-Verhältnis.
Als Vorspeise locken eine intensive Kraftbrühe mit Leberknödeln und eine überragende Bouillabaisse mit Röstbrot und Sauce Rouille. Zum Hauptgang erfreuen die Steinach-Forellenfilets in Riesling gedünstet mit Dillrahm, Shrimps und Kartoffeln. Vegetarische Gerichte sind je nach Marktangebot erhältlich, hier darf gerne nachgefragt werden. Fleischliebhaber*innen werden das Ragout von Reh und Hirsch mit Wirsinggemüse und Spätzle oder die gekochte Ochsenbrust mit selbst eingelegten süß-sauren Früchten, Meerrettichsauce und Kartoffeln schätzen. Wem ein klassischer Nachtisch zu viel wird, muss auf die hausgemachten Pralinés keinesfalls verzichten.
Der Service ist aufmerksam und freundlich. Die Weinkarte enthält eine gute Auswahl aus Baden und der Pfalz, zudem einige Tropfen aus Frankreich, Italien und Spanien.

In Sinsheim-Dühren liegt die Metzgerei René Ohr. Sie verarbeitet Frischfleisch aus artgerechter Aufzucht von ausgewählten Rassen: Metzgerei Ohr, Karlsruher Straße 36, 74889 Sinsheim-Dühren, www.metzgerei-ohr.de.

Gasthof zum Hirsch

Argenstraße 29,
88099 Neukirch-Goppertsweiler
0 75 28 / 17 65
gasthof-zum-hirsch.com

Größe: 60 Plätze in drei Gasträumen
Preise: Hauptgerichte 15–27 Euro
Kreditkarten: EC, Master, Visa
Öffnungszeiten: Mi–Sa 17.30–22 Uhr; So 11.30–14 und 17.30–21 Uhr; Ruhetage: Mo, Di

Gehobene Küche mit Sammelleidenschaft und lässigem Flair

Der »Gasthof zum Hirsch« ist im Dreiländereck Deutschland, Österreich und Schweiz am Rand des Argentals beheimatet. Inhaber Artur Frick-Renz streift mit seinem Hund fast täglich die Argen entlang, immer auf der Suche nach Gaben der Natur wie den Samen des Springkrauts oder den Holunderblüten, die er körbeweise sammelt. Im Hirsch lässt sich leger und lässig auf gehobenem Niveau speisen, in einer dörflichen Gaststube, in einem eleganten Speiseraum oder im gemütlichen, windgeschützten Garten. Das Fleisch bezieht die Küche aus dem Allgäuer Umland, Wild aus der Region, Forellen vom Nachbarn Sauter - oder aus dem Bodensee. Auch der eigene Kräutergarten spielt eine tragende Rolle.

Bei den Vorspeisen gefällt das Tiramisu von der Gänseleber besonders. Überzeugend ist der Salat mit warmem Ziegenkäse. In der Spargelsaison schmeckt der Frischkäseauflauf mit Spargel und Radieschenvinaigrette. In der Apfelsaison lohnt es sich, die hausgemachten Apfel-Sellerie-Teigtaschen auf einem Rehragout zu probieren. Bei den Hauptgerichten überzeugt die Perlhuhnbrust mit Zucchinigemüse und Knoblauchpüree. Die Rehnüsschen werden im Herbst mit Kartoffelgratin und Gemüse und im Frühsommer gebraten an Tannenspitzen-Morchelsoße mit Mairüben und Kartoffelgratin serviert. Wenn der Tafelspitz in zwei Gängen auf der Karte steht, sollte er erste Wahl sein. Er wird zuerst in der Tafelspitzbrühe als Maultasche und dann klassisch mit Rahmspinat, Apfelmeerrettich und Kartoffeln geschickt. Bei den Desserts lockt neben Sorbet und Zabaione ein Feigenflan mit Cranberries. Vom Holunderblüten-Steckenpferd des Kochs kündet sowohl der Holundernougatkuchen mit Pfirsichwürfeln und Rhabarbersorbet, abgerundet mit knusprig frittierten Holunderblüten, als auch der Campari-Blutorangen-Schaum mit Holundereis.

Die Sammelleidenschaft von Frick-Renz gipfelt in einem Holundermost als Aperitif. Schöne Bodenseewein-Auswahl, ergänzt um weitere deutsche und europäische Anbaugebiete.

FOXX Deli & Café

Freiburgerstraße 41,
77652 Offenburg
foxxdeli.de

Größe: 35 Plätze im Gastraum, 80 im Außenbereich
Preise: Gerichte von 7–15 Euro
Kreditkarten: EC
Öffnungszeiten: Mo–Sa 9–14 Uhr; Ruhetag: So

Schickes Tagescafé im urbanen Stil

Das »Foxx Deli & Café« befindet sich im neuen Stadtteil Kronenwiese am Rande der Offenburger Innenstadt in einem architektonisch markanten Gebäude – in unmittelbarer Nachbarschaft zum Burda-Verlag und zu Obi. Dominiert wird der moderne Raum durch eine große Theke aus heimischem Fichtenholz. Die liebevolle Dekoration wechselt mit den Jahreszeiten. Im Mittelpunkt stehen die zahlreichen, größtenteils bekannten lokalen Lieferant*innen, die ihre Spezialitäten mit viel Handwerk und Liebe herstellen. Mit dem gleichen Respekt werden die lokalen Produkte verarbeitet – mit Rezepten und Ideen aus aller Welt. Dem Selbstbedienungslokal, geführt von Daniel Hormann, ist ein »Lokalmarkt« angeschlossen. Schinken und Würste kommen von der Metzgerei Markus Dirr aus Endingen und Fleisch von Jochen Bohnert aus Oberkirch. Forellen und Saiblinge liefert Anselm in Neuried. Das Brot kommt aus dem nahen Elsass.

Zum Start in den Tag gibt es von der ausgeweiteten Frühstückskarte Pancakes mit Spiegelei, Speck und Ahornsirup. Kleine Snacks – Panini, Quiches, Suppen, Salate und Kuchen – gibt es den ganzen Tag über mit Kaffee aus der Manufaktur Arnold's in Offenburg. Die täglich wechselnden, saisonal orientierten Mittagsgerichte wie die wärmende Gulaschsuppe oder ein Taco mit Pulled Pork vom Schwäbisch-Hällischen Landschwein werden um hausgemachte Pasta und ein Deli-Curry mit saisonalem Gemüse ergänzt.

Die Weine kommen vom ausgezeichneten Weingütern aus Durbach und aus dem Bühlertal.

→ Das FOXX liegt nahe an der A5 (3 Minuten).

Das Mittagessen kann vorbestellt und mitgenommen werden. Als Take-away-Verpackung kommen ausschließlich Weckgläser zum Einsatz. Was nicht ins Glas passt, kommt in Papiertüten.

NEU

Kloster Allerheiligen

Allerheiligen 6,
77728 Oppenau
0 78 04 / 12 00
kloster-allerheiligen.de

Größe: 50 Plätze im Gastraum
Preise: Gerichte 9–38 Euro
Kreditkarten: Alle gängigen Karten
Öffnungszeiten: Mi–So 11–18 Uhr; Ruhetage: Mo, Di

Weideschwein und Auerox am Wasserfall

Das Kloster Allerheiligen mit seiner Klosterruine und den nahen Wasserfällen ist ein beliebtes Ausflugsziel im mittleren Schwarzwald. Seit einigen Jahren wird die Gaststätte »Kloster Allerheiligen« von Katja Aschenbrenner geführt. Sie arbeitete lange Jahre im gehobenen Gastro-Service und machte sich dann mit ihrem Mann Sascha Hummel selbstständig. Seit über einem Jahrzehnt kümmert sich Sascha um eigene Mangalitza-Schweine, die die Schweineweide in Kehl-Kork wiederbelebt haben. Aber auch Sundheimer Hühner aus der Region leben in einer kleinen Schar in der Nähe des Gasthauses. Sie sorgen für Eier und schmackhaftes Geflügel. Hinzu kommt eine kleine Herde von Heckrindern, eine Haustierrasse, die den ausgestorbenen Auerochsen nachempfunden wurde, die vor vielen Jahrhunderten unsere Landschaft beweideten. Sie leisten Pflegedienste und halten die Hügel des Hochschwarzwalds im Naturschutzgebiet frei.
Aus den selbst produzierten Produkten sowie aus Produkten von befreundeten Landwirten der Gegend wird die Speisekarte bestückt. Events sorgen für außergewöhnliche Genussmomente, wenn etwa ein Auer-Ox geschlachtet wird. Aber auch Kochkurse, wie zum Beispiel ein Elsässischer Baeckeoffe, werden gelegentlich angeboten. Für die Besucher der Wasserfälle gibt es deftige Vesperplatten oder belegte Brote mit Speck, Leberwurst oder Mangalitza-Schmalz. Die Maultäschle sind selbst gemacht, vom Ox gibt es des Öfteren Braten oder Entrecôte, der Schweinenacken kommt aus dem Dry-Ager und verwöhnt auch anspruchsvolle Genießer. Selbst die Pommes frites, die es zum Pulled-Pork-Burger gibt, sind handgeschnitzt und wunderbar kross. Vegetarier kommen mit einem Topinambur-Schnitzel oder anderen regionalen Köstlichkeiten auf ihre Kosten.
Die Weinkarte ist übersichtlich und sehr kulant kalkuliert, zudem sind zahlreiche Bierspezialitäten im Angebot. Die Kaffeekarte ist bemerkenswert. Ein schönes Beispiel ist der für Sascha Hummel geröstete Kaffee aus einer kleinen Plantage in Südamerika.

→ Die Wasserfälle in der Schlucht sind gut zu Fuß erreichbar.

Im Klosterladen, der freitags bis dienstags geöffnet ist, werden die Wurstwaren von Sascha Hummels Schweinen auch in Dosen angeboten. Der rohe Schinken oder Speck wird ohne Nitritpökelsalz und nur mit Meersalz, viel Zeit und Rauch verarbeitet; auch an die Schwarz- und Leberwurst kommen nur Meersalz und Gewürze.

Rosenkranz-Genuss

Zeppelinstraße 1,
72793 Pfullingen
0 71 21 / 9 88 57 98
rosenkranz-genuss.de

Größe: 65 Plätze im Gastraum, großzügige Terrasse
Preise: Hauptgerichte 10–15 Euro
Kreditkarten: EC
Öffnungszeiten: Di–So 8–17 Uhr; Ruhetag: Mo

Stilvolles Kaffeehaus und Lokal mit schwäbischen Klassikern

»Rosenkranz-Genuss« ist ein modern und stilvoll eingerichtetes Kaffeehaus. Den Eingangsbereich dominiert eine Eistheke, die großzügige Auslage lockt mit selbst gemachten Kuchen, weiteren Backwaren, den süßen »Stückle« und Pralinen. Die Sitzplätze verteilen sich auf unterschiedliche Bereiche. Neben Frühstück und Mittagstisch wird auch Pfullinger Eis angeboten. Regelmäßig gibt es Kochkurse oder Veranstaltungen. Gekocht und gebacken wird mit hochwertigen Zutaten, wenn irgend möglich, direkt aus der Region. Bis an den Bodensee reicht die Liste der Lieferant*innen, wie ein Weingut, das auf der Karte gut vertreten ist. Die Küche arbeitet flink, versteht ihr Handwerk und geht gern auf individuelle Wünsche ein. Bei allen Gerichten steht das Produkt im Vordergrund.
Die saisonale Speisekarte ist knapp gehalten und bietet einschließlich eines veganen Gerichts für alle etwas: schwäbische Klassiker wie Maultaschen mit Kartoffelsalat – schlotzig, wie der Schwabe es gern mag –, Saure Kutteln mit Bratkartoffeln oder auch Gaisburger Marsch. Ein »Rosenkranz«-Klassiker ist das Schnitzel Wiener Art mit Kartoffelsalat. Täglich wird ein Mittagstisch angeboten. Immer wieder gibt es Wildgerichte; es wird Wert darauf gelegt, das ganze Tier zu verarbeiten.
Die Getränkekarte zeigt hausgemachten Sirup, frisch gezapftes Bergbier, Weine vom Bodensee und aus Österreich, Bergkräutertee aus dem Allgäu. Der Service ist aufmerksam und zugewandt.

Verkauf von Pralinen, Gebäck und speziellen Broten vor Ort.

Safran Bio-Restaurant

Löwengasse 22, am Gerberplatz,
78315 Radolfzell
0 77 32 / 1 30 50
biocatering-safran.de

Bio

Größe: 60 Plätze im Gastraum und die Terrasse
Preise: Hauptgerichte 7–15 Euro
Kreditkarten: Keine
Öffnungszeiten: Mo–Fr 11–18, Küche bis 17 Uhr; Sa 10–16, Küche 11–15 Uhr; Ruhetag: So

Ziegenkäse vom höchsten Berg des Linzgaus

Beim Betreten des biozertifizierten »Safran Bio-Restaurants« mitten im Bodenseestädtchen Radolfzell liegt ein feiner Duft in der Luft: Es sind fruchtig-würzige Aromen, denn gerade wird ein Pflaumen-Ingwer-Chutney eingekocht. In dem modern, im Bistrostil eingerichteten Lokal bestellen die Gäste ihr Essen an der Theke. Sie nehmen Getränke und Besteck mit, das Essen wird am Tisch serviert. Wenn um die Mittagspausenzeit das »Safran« bis auf den letzten Platz besetzt ist, kann nur auf diese Weise gewährleistet werden, dass jeder Gast routiniert und zügig ein mit Liebe und Sorgfalt frisch gekochtes Gericht erhält. Unter diesen Abläufen kann Bio für alle gekocht werden. Das Angebot ist überwiegend vegetarisch, gelegentlich gibt es Fisch oder Fleisch. Das Engagement der seit zwei Jahrzehnten mit Bioprodukten kochenden Küchenchefin Tina Laakmann zeigt sich nicht zuletzt in ihrem Einsatz für die in einem Sozialprojekt hergestellten Bioteigwaren.
Ein Erbsentöpfchen und das frische Gemüse von der Insel Reichenau bringen authentischen Geschmack frisch auf den Teller. Zum Nachtisch schmecken die selbst gebackenen Möhren- sowie Maronen-Nuss-Kuchen wunderbar. Die vor der Haustür auf der vorderen Höri gewachsenen Salate sind berühmt für ihre reichhaltige Sprossengarnitur, auch wenn die Sprossen nicht mehr ausschließlich selbst gezogen werden. Auch einfache Gerichte wie der feine Bioland-Ziegenkäse vom Höchsten, dem höchsten Berg des Linzgaus, werden von den bunten Keimlingen vitaminreich begleitet. Bei den Linsengerichten wird der Slow Food Arche-Passagier Albleisa* eingesetzt. Auch die selten gewordene Zwiebel Höri-Bülle*, ebenfalls ein Slow Food Arche-Passagier, wird hier in Bioqualität verarbeitet. Für Vollwertfans am Deutsch-Schweizer Bodenseeufer gibt es Birchermüsli. Saftig kommen die frisch belegten Eingeklemmten auf den Teller.
Säfte kommen von regionalen Streuobstverarbeitern.

NEU

Gutsgaststätte Alteburg

Hofgut Alteburg 1
72770 Reutlingen
0 71 21 / 8 20 12 93
alteburg.de

Größe: 130 Plätze im Gastraum und eine große Terrasse
Preise: Hauptgerichte 14–30 Euro
Kreditkarten: Keine
Öffnungszeiten: Mi–Sa 11.30–14.30 und 16.30–22.30 Uhr; So 11.30 –21 Uhr; Ruhetage: Mo, Di

Gemütliches Traditionshaus zwischen Wald und Wiesen

Die Gutsgaststätte Alteburg ist ein gemütliches Traditionshaus. Wenige Autominuten von Reutlingen entfernt liegt es zwischen Wiesen und Wald mit großer Gartenterrasse, Kinderspielplatz und guten Parkmöglichkeiten. Das benachbarte Hofgut Alteburg wird biologisch-organisch bewirtschaftet. Hierher bezieht Küchenchef Daniel Seywald einen Teil seiner Produkte. Regionaltypische Gerichte und hochwertige Zutaten aus dem Biosphärengebiet Schwäbische Alb sind in seiner Küche selbstverständlich.

Die abwechslungsreiche Speisekarte bietet neben schwäbischen Traditionsgerichten zahlreiche Wildgerichte aus eigener Jagd. Neben den nur noch selten angebotenen Klassikern wie Hirnsuppe nach Omas Rezept und sauren Kutteln im Lembergersößle gibt es Saure Nierle in Balsamico-Trollinger-Jus, Letztere selbstverständlich mit Bratkartoffeln. Auch die gebratene Rinderleber an kräftiger Trollingersoße mit grünem Pfeffer und geschmelzten Zwiebeln hat sehr gemundet. Außerhalb der Karte wird gelegentlich eine ausgezeichnete gefüllte Kalbsbrust mit hausgemachten Schupfnudeln und Pfifferlingssoße angeboten. Bei den Wildgerichten überzeugten ein feines geschmortes Rehhäxle mit Ratatouille und Rosmarinkartoffeln sowie der zarte Rehbraten im Schlehensößle mit Speckrosenkohl und hausgemachten Eierspätzle. Kässpätzle mit Lautertalkäse, Rahm und geschmelzten Zwiebeln, Alb-Champignon-Lauchrahmnudeln und der vegane Veggi-Burger mit Wildkräutern, Pflaume-Ingwer-Chutney und süß-sauer eingelegtem Butternut-Kürbis – dazu werden Süßkatoffel-Pommes gereicht – zeigen die Vielfalt vegetarischer Gerichte. Weitere hausgemachte Produkte wie Bratwürste, Leberspätzle oder Maultaschen sind unbedingt probierenswert.

➜ Einige hundert Meter entfernt findet sich der hölzerne Aussichtsturm Käpfle. Er bietet einen grandiosen Rundblick ins Albvorland in Richtung Tübingen, Reutlingen und zum Schönbuch, auf die Gönninger Streuobstwiesen und den Roßberg inkl. Roßbergturm.

Der Hofladen des Hofguts mit seinem vielfältigen Angebot hat Montag bis Samstag von 17–18.30 Uhr geöffnet. Milch, Eier, Honig, Apfelsaft und Nudeln sind rund um die Uhr aus einem Automaten im Milchhäusle erhältlich. Auch die Gutsgaststätte bietet selbst gemachte Produkte ganztägig aus einem Automaten neben dem Eingang an.

Gasthof zum Hirsch

Albstraße 9,
72587 Römerstein-Böhringen
0 73 82 / 9 39 70
hirsch-boehringen.de

Größe: 40 Plätze in der Gaststube
Preise: Hauptgerichte 11–23 Euro
Kreditkarten: EC, Master, Visa
Öffnungszeiten: Mi–Sa 11.30–20 Uhr; So 11.30–19 Uhr; Ruhetage: Mo, Di

Schwäbische Küche mit Leib und Seele

Im denkmalgeschützten Gasthof mit altem Fachwerk, zwischen Reutlingen und Ulm gelegen, begeistert Inhaber Hans Heinrich Weeger mit seiner schwäbischen Küche und saisonal wechselnden Speisen. Er ist Koch mit Leib und Seele, fest in seiner Heimat verwurzelt und arbeitet überwiegend mit Zutaten von der Schwäbischen Alb. Kräuter und Salate kommen aus dem eigenen Garten, die Fische aus dem nahe gelegenen Seeburger Tal. Auch die Kuchen werden selbst gebacken. Der »Hirsch«, das ist echte schwäbische Küche mit Gerichten, die fast in Vergessenheit geraten sind.
Zu den selten gewordenen Speisen zählt das feine Hirnsüpple. Der »Hirsch« hält die Kultur des Schmorbratens ebenfalls hoch: Von Woche zu Woche wechseln Kalbsrahmbraten, Schweinebraten, Rinderbraten, Braten vom heimischen Wild oder auch vom Württemberger Lamm. Der einst im Ländle allseits beliebte gemischte Braten wird ebenso angeboten wie der Wildschweinrücken in Nusspanade mit Brokkoli, Pastinake und Schupfnudeln. Die traditionelle schwäbische Speisenauswahl wird mit Sauren Kutteln in Rieslingsoße, Nierle mit Bratkartoffeln sowie Zwiebelrostbraten vom Staufer Färsenrind mit Spätzle und buntem Salat vervollständigt. Erwähnenswert ist auch die zarte Rinderzunge in Madeirasoße. Vegetarier*innen finden auf der Speisekarte mindestens drei Gerichte, etwa die Kässpätzle oder auch einen Blumenkohlbratling mit Schupfnudeln und Kürbischutney. Wer eine gute schwäbische Vesper mit Holzofenbrot schätzt, wird ebenfalls begeistert sein. Ein schönes Beispiel aus der Dessertauswahl: Crème brûlée mit Zitroneneis und Zwetschgenkompott. Die Weine kommen vorwiegend aus Württemberg. Das Böhringer Bier wird von der Verwandtschaft am Ort gebraut.

→ Böhringen liegt im Biosphärengebiet Schwäbische Alb, Ausflüge nach Bad Urach mit Therme, Wasserfall, Burg und Schloss oder nach Laichingen mit der berühmten Tiefenhöhle bieten sich an.

Recks Restaurant

Bahnhofstraße 111,
88682 Salem
0 75 53 / 2 01
recks-hotel.de

Größe: 110 Plätze in drei Stuben
Preise: Hauptgerichte 15–29 Euro
Kreditkarten: EC, Master, Visa
Öffnungszeiten: Fr–Di 12–14 und 18–22 Uhr; Ruhetage: Mi, Do

Unverfälschster Geschmack bei den drei Schwestern

Salem liegt im Hinterland des Bodensees, eingebettet in eine idyllische Landschaft mit sanften Hügeln und weiten Tälern. Viele Wander- und Radwege erschließen ein Erholungsgebiet von besonderem Reiz. Kloster Salem zählt zu den schönsten Kulturdenkmälern am Bodensee. Die einst mächtige Zisterzienserabtei vereint gotische Würde mit barocker Pracht. Im 19. Jahrhundert machten die Markgrafen von Baden die Klosteranlage zu ihrem Schloss. Wer das Schloss mit seinen Museen und zahlreichen Kunstschätzen besichtigen möchte, kann sich in »Recks Restaurant« stärken. Den Schwestern Annette, Christine und Alexandra Reck scheint die herzliche Gastlichkeit schon in die Wiege gelegt worden zu sein. Alexandra Reck kocht frisch, regional, saisonal - eine Kombination aus traditionellen Gerichten und neuer Küche. Dabei legt sie Wert auf unverfälschte Grundprodukte. Sie verarbeitet frisches heimisches Wild, Fische vom Bodensee und Obst und Gemüse der Region. Die regionale Küche ergänzt sie mit täglich wechselnden Feinschmeckermenüs.
Die Karte ist überschaubar, auch an vegetarisch lebende Menschen ist gedacht. Als Vorspeise passt ein Carpaccio von Roter Bete mit Ziegenkäse oder die nur im Frühling erhältliche Bärlauchcremesuppe, dazu selbst gebackenes Kartoffelbrot, eine Spezialität in »Recks Restaurant«. Als Hauptspeise gibt es im Frühjahr Spargel mit Kartoffeln, Kratzete* - das sind Eierpfannkuchen -, Sauce hollandaise und Schinken aus dem Schwarzwald oder ein auf den Punkt gebratenes, butterzartes Kalbssteak. Eine weitere Hauptspeise sind zweierlei Fischfilets vom Bodensee auf Blattspinat mit Kartoffeln. Als Nachspeise gibt es eine Passionsfruchtcreme mit frischen Erdbeeren. Die Portionen sind groß bemessen, bei allen Gerichten ist das gute Handwerk der Küche erkennbar.
Die große Weinkarte bietet Weine aus Deutschland und der Region, aber auch internationale Gewächse bekannter Anbaugebiete. Der Service ist freundlich und zuvorkommend.

→ Der nahe Affenberg mit Berberaffen und Damwild, mit dem Karpfenweiher und der Aufzuchtstation für Störche ist einen Besuch wert.

Riehles Rebstock

Lindenstraße 11,
79238 Scherzingen
0 76 64 / 6 05 98
riehles-rebstock.de

Größe: 30 Plätze und im Hinterhof
Preise: Hauptgerichte 10–28 Euro
Kreditkarten: Alle gängigen Karten
Öffnungszeiten: Di–Fr ab 17, Sa ab 12 Uhr; Ruhetage So, Mo

Gut gemachte Küche hinter der Bahn

In Scherzingen am Bahnhöfle gab es schon immer herzhafte badische Küche. Nachdem Herr Riehle seinen Gasthof in Ebringen aufgegeben hatte, übernahm er das Restaurant und hat es in »Rebstock« umbenannt. Er ist kein Unbekannter in der Freiburger Gastro-Szene, betrieb er doch über 25 Jahre den »Grünen Baum« in Merzhausen. Nicht nur seine Freiburger Gäste finden nun nach Scherzingen. Sein Küchenmotto gilt nach wie vor: »Es ist gleich viel Arbeit, etwas gut oder schlecht zuzubereiten. Da kannst du es gleich gut machen!« In der Küche arbeitet neben Hans und Ulla Riehle auch Sohn Benedikt. Der Service ist flott, etwas Geduld für die immer frisch gekochten Gerichte sollte mitgebracht werden.

Die kleine Speisekarte wird regelmäßig durch jahreszeitliche Gerichte ergänzt. Die klassischen Gerichte sind behutsam modernisiert und »entfettet«, behalten aber ihren Ursprung und Charme. Auch die unbekannteren Teile des fünften Viertels eines Tierkörpers werden hier verarbeitet, insbesondere gehört die Badische Leber als Spezialität zu den »Rebstock«-Gerichten. Weitere Lieblingskinder der Küche sind die Rinder- oder Schweinebäckle, verschiedene Bratengerichte und jahreszeitlich passend Wild aus einer nahen Jagd, die immer wieder auf der Karte stehen. Auch der Kräuterquark mit Brägele* hat einen festen Platz. Das Geflügel, meistens Maispoularden, kommt aus dem nahen Elsass und wird gekonnt und appetitlich zubereitet.

Die Weinkarte ist regional ausgerichtet und berücksichtigt auch Weingüter vor Ort, das Bier stammt von der Brauerei Waldhaus aus dem Schwarzwald. Im Sommer sitzt man im Hinterhof und lässt sich auch von der nahen Bahnlinie nach Basel nicht aus der Ruhe bringen.

Wenige Meter entfernt kann man vorzügliche Markgräfler Weine verkosten.

Gasthof Adler

Hauptstraße 60,
78144 Schramberg-Tennenbronn
0 77 29 / 9 22 80
adler-tennenbronn.de

Bio

Größe: 80 Plätze im Gastraum
Preise: Hauptgerichte 16–32 Euro
Kreditkarten: EC, Master, Visa
Öffnungszeiten: Mi–Sa 18–21 Uhr (Küche); Do–Sa 12–13.30 Uhr; So 11.30–14 und 17–19.30 Uhr; Ruhetage: Mo, Di

Gute Schwarzwaldküche im Tennenbronner Familienbetrieb

Das Traditionshaus »Gasthof Adler« liegt im malerischen Luftkurort Tennenbronn im Schwarzwald, unweit von Schramberg an der Uhrenstraße. 1790 gegründet, wird es in sechster Generation von der Familie Reutlinger geführt. Das gepflegte, großzügig und stilvoll eingerichtete Restaurant hat den Charme eines Schwarzwälder Gasthauses bewahrt. Die Atmosphäre ist gastfreundlich und gemütlich. Thomas Reutlingers Küche ist inspiriert von einer traditionellen, ehrlichen Schwarzwaldküche. Er ist überzeugter Bioland-Partner und verbindet im Restaurant eine regionale und saisonale Küche mit zeitgemäß kreativen Elementen. Die Speisekarte orientiert sich an der Saison und den Verfügbarkeiten aus Feld, Wald und Wiese. Durchgehend werden Gerichte von Rind und Kalb von Tieren aus der Region angeboten; Kalbfleisch wird vom Hof Bogenschütz in Sumpfohren bezogen, Rindfleisch von Arthur Merz in Mundelfingen. Das Wild stammt aus heimischer Jagd, Thomas Reutlinger verarbeitet die Rehe »from Nose-to-Tail«. In der Speisekarte wird vorbildlich auf die Herkunft der Ausgangsprodukte hingewiesen.
Steht die rosa gegarte Rehkeule mit Rotkohl und Spätzle auf der Karte, sei sie dem Wildfreund unbedingt empfohlen! Hervorzuheben sind auch das Cordon bleu vom Schwäbisch-Hällischen Landschwein, gefüllt mit Bauernschinken und Käse vom Mooshof oder das Kalbrahmgulasch mit Spätzle und Salat. Auch ein vegetarisches Menü wird im Adler angeboten. Die Weinkarte versammelt ausgesuchte Bioweine, vorwiegend aus Baden, aber auch aus Frankreich, Spanien und Italien. Der Service unter Leitung von Christine Reutlinger berät fachkundig und freundlich.

→ Eine Reservierung ist empfehlenswert.
Dem an Architektur und Uhrentechnik Interessierten sei ein Abstecher in das Junghans Terrassenbau Museum in Schramberg empfohlen. Fans alter Autos sollten sich die Autosammlung Steim und das Museum »Auto- und Uhrenwelt Schramberg« ebendort nicht entgehen lassen.

Nahe am »Gasthaus Adler« gelegen, bietet der Biobetrieb Mooshof (Schwarzenbach 271, 78144 Schramberg-Tennenbronn, www.bio-mooshof.de) die Möglichkeit, ausgezeichneten Schwarzwälder Käse aus eigener Herstellung einzukaufen. Ergänzt wird das Angebot von typischen Schwarzwälder Wurstwaren und Speck.

Dorfstube im Romantik-Hotel Hirsch

Im Dorf 12,
72820 Sonnenbühl-Erpfingen
0 71 28 / 9 29 10
restaurant-hotel-hirsch.de

Größe: 25 Plätze in der Dorfstube
Preise: Vorspeisen 8–14, Hauptgerichte 18–31 Euro
Kreditkarten: EC, Amex, Master, Visa
Öffnungszeiten: Täglich 12–14 und 18–21.30 Uhr

Ausgezeichnete Regionalküche auf der Schwäbischen Alb

Das schwäbische Sonnenbühl liegt auf der Hochfläche der Schwäbischen Alb südlich von Reutlingen. Das »Romantik-Hotel Hirsch« mit dem Sternerestaurant Hirsch und der Dorfstube im Ortsteil Erpfingen ist seit 1902 in Familienbesitz. In der rustikalen Dorfstube mit einer Holztäfelung aus dem 19. Jahrhundert wird mit Kerzen und weißen Decken stilvoll eingedeckt. Kulinarisch dominiert die schwäbische Küche. Ob Alblamm, Galloway, Albbüffel oder Biogemüse vom örtlichen Erzeuger, es wird ausschließlich beste Qualität verarbeitet. Die Küche von Sternekoch Gerd Windhösel ist unbedingt regional verwurzelt. Nicht ohne Grund erhielt er die Auszeichnung »Beste Regionalküche in Baden-Württemberg«. Das Speisenangebot ist saisonal ausgerichtet und wechselt. Der Service unter Leitung von Silke Windhösel ist freundlich und angenehm.

Zuerst wird wunderbares selbst gebackenes Brot gereicht. Als Vorspeisen und Suppe gefallen die Suppen-Terrine Lamm-Nierle süß-sauer vom Münsinger Alblamm mit Apfelwürfeln oder die Sülze vom Kalbstafelspitz mit Blattsalat, Schnittlauch-Vinaigrette, Meerrettich und Waffelkartoffeln sowie die Terrine Saure Kutteln vom Rind im Rotweinsud. Sie kann – wie die Sülze – mit Röstkartoffeln auch als Hauptgericht gewählt werden. Als Hauptgang lockt der Dorfstuben-Teller mit paniertem Schnitzel vom Alb-Schwein, Kartoffel-Gurken-Salat mit Radieschen und Blattsalaten. 24 Stunden niedertemperaturgegart sind die Würfel vom Albwagyu in Rotweinsoße mit Älbler Ofengemüse und Kartoffelpüree. Die hausgemachten Hirschwirts-Maultaschen werden gebraten, mit Zwiebeln geschmelzt und von Blatt- und Kartoffelsalat begleitet, das Ragout vom Älbler Rehbock von geschmelzten Semmelknödeln, Wacholderrahmsoße und Preiselbeeren. Saisonal sind Brust und Keule von der heimischen Ente erhältlich, serviert mit Rotweinsoße, Rotkraut und Kartoffelnudeln. Verlockend sind Vespern wie hauchdünn aufgeschnittener, hausgemachter Pastrami vom Albwagyu mit frischem Meerrettich, Kapern, Landbrot und Butter. Zum Dessert überraschen die Mousse von der Älbler Biokarotte und weißer Schokolade, eine süße Karottengrütze mit Schaum und karamellisierten Sonnenblumenkernen oder der warme Grießbrei vom Älbler Einkorn mit Albsafranquitte.

Im Weinkeller liegt eine umfangreiche Auswahl interessanter Gewächse.

Landgasthof Failenschmid

Parkstraße 2,
72813 St. Johann-Gächingen
0 71 22 / 82 87 10
failenschmid.de/landgasthof

Größe: 150 Plätze in den Gasträumen
Preise: Hauptgerichte 15–23 Euro
Kreditkarten: EC
Öffnungszeiten: Do–So 11–21.30 Uhr, Küche bis 20.30 Uhr; Ruhetage: Mo–Mi

Schwäbischer Landgasthof mit Hausschlachtung und Albbüffel

Vor Jahrzehnten pilgerten die Reutlinger und Stuttgarter am Sonntag zum Essen mit anschließendem Spaziergang auf die Schwäbische Alb; manch einer kann von dieser Tradition nicht lassen. Der Weg lohnt sich, auch wenn das Wetter auf der Alb ziemlich rau ist. Das ehemals als Gasthof Hirsch geführte Restaurant mitten im beschaulichen Ortsteil Gächingen, Kreis Reutlingen, gibt es schon seit mehr als 260 Jahren. Jetzt heißt es »Landgasthof Failenschmid«. Das Ambiente ist keineswegs verstaubt: Helle Holzvertäfelungen und rustikale Tische mit frischen Blumen signalisieren schwäbische Gemütlichkeit. Seit 2014 ist der Landgasthof von der Initiative »Schmeck den Süden« zertifiziert, 90 Prozent der Speisen stammen aus der Region. Das Fleisch kommt aus der Hausschlachtung, Maultaschen gibt es erst ab Donnerstag nach dem Schlachten – und den Zwiebelrostbraten gibt es auch nicht immer.

Die Speisekarte bietet schwäbische Klassiker wie Hirnsuppe oder Saure Kutteln vom Albrind. Bei den Hauptgerichten finden sich Tagesangebote wie Saure Nieren mit Bratkartoffeln. Zur Wahl steht außerdem Schmorbraten mit Jägersoße vom Albschwein mit Speck, Zwiebeln und selbst gemachten Spätzle oder der ausgezeichnete Sauerbraten. Bei den Salaten ist der Kartoffelsalat zu loben – schlonzig, wie Schwaben ihn mögen. Vorzüglich auch das Ochsenkotelett vom Grill, das auf dem Holzbrett mit selbst gemachter Kräuterbutter serviert wird. Hier kann man gelegentlich den Albbüffel – dafür ist Failenschmid bekannt – oder das Albleisaschwein probieren. Vegetarisch lebende Menschen kommen nicht zu kurz mit gebratenen Schupfnudeln* mit gemischten Albkräutern und Ehestetter Champignons, dazu ein Salat. Die Teller sind großzügig, von vielen Gerichten werden kleine Portionen angeboten. Kalte und warme Vesper runden das Angebot ab. Wer ein Dessert möchte, muss wegen des frühen Küchenschlusses zeitig bestellen.

Regionale Biere wie Albquell und Zwiefalter, alkoholfreie Aperos aus Schlat und eine Weinkarte mit regionalen Tropfen stillen den Durst. Zum Abschluss ausgesuchte Brände und Whiskeys von der Alb.

Im Haus befindet sich die weithin bekannte Metzgerei.

Landgasthof Rössle

Neuenbürger Straße 1,
75334 Straubenhardt-Conweiler
0 70 82 / 22 27
roessle-conweiler.de

Größe: 110 Plätze im Gastraum
Preise: Hauptgerichte 10–23 Euro
Kreditkarten: EC
Öffnungszeiten: 11.30–14 und 17–21 Uhr; Ruhetag: Do

Traditionsreicher Landgasthof mit eigener Metzgerei

Der »Landgasthof Rössle« von Pia und Max Lamparth liegt an der Pforte zum Nordschwarzwald im Enzkreis. Unübersehbar an der Hauptstraße von Conweiler gelegen, ist er eine lokale Berühmtheit: Der Heimatdichter Wilhelm Ganzhorn soll die Landschaft hinter der Gaststätte erinnert haben, als er sein später zum Volkslied erhobenes Poem »Im schönsten Wiesengrunde« schrieb. Das frühere Panorama ist inzwischen verbaut, die Gäste kommen heute wegen des Essens hierher, das sich sehen und schmecken lassen kann. Seit Generationen in Familienbesitz, pflegt man im Rössle die gediegene schwäbische Kochtradition. Der Weg zu den schlichten Gasträumen führt an der kleinen Familienmetzgerei vorbei, die beim Einkauf auf artgerechte Tierhaltung Wert legt. Die Erwartung einer soliden, deftigen Metzgereiküche wird nicht enttäuscht. Das Rössle bekennt sich zur Region. Der Inhaber hat sich dem Verband der Naturparkwirte Nordschwarzwald angeschlossen. Damit geht die Verpflichtung einher, über das ganze Jahr ein Menü und mindestens sechs Gerichte anzubieten, die nur aus im Schwarzwald produzierten Erzeugnissen bestehen.

Als Vorspeise ist die hausgemachte Schweinskopfsülze mit Vinaigrette, als Hauptgang eine geschmorte Schweinshaxe oder Saure Kutteln mit Bratkartoffeln eine gute Wahl. Wer es weniger deftig liebt, liegt mit einem Gurkenrahmsüpple richtig, gefolgt von einem Zwiebelrostbraten. Die Speisekarte lässt keinen Zweifel, dass zu einem ordentlichen schwäbischen Lokal nicht nur selbst gemachte Maultaschen und Leberknödel, sondern unbedingt auch ein Gaisburger Marsch* gehört. Die typische Schwabensuppe wird im Rössle ganz ohne Tütenzutaten oder Geschmacksverstärker gekocht, schließlich hat man ja alles im eigenen (Metzgerei-)Haus, woraus anständige Suppen und Soßen gezogen werden können.

Alpirsbacher Klosterbräu sowie Weine aus den Anbaugebieten Baden und Württemberg stehen auf der Getränkekarte.

Lamm Feuerbach

Mühlstraße 24,
70469 Stuttgart
07 11 / 8 82 26 22
lamm-feuerbach.de

Größe: 36 Plätze im Restaurant
Preise: Hauptgerichte 12–22 Euro
Kreditkarten: EC
Öffnungszeiten: Mi–Sa ab 17 Uhr;
Ruhetage: Mo, Di, So, Feiertage

Aus Liebe zur Kochkunst

Der Stuttgarter Vorort Feuerbach ist durch große Arbeitgeber überregional bekannt. Doch sind hier nicht nur technische, sondern auch kulinarische Errungenschaften zu vermelden. Ein hervorragendes Beispiel ist das »Lamm Feuerbach«. Im heimeligen Gastraum bezeugen zahlreiche Koch- und Weinbücher eine ausgeprägte Liebe zur Kochkunst. Die junge Dame im Service ist von einnehmender Freundlichkeit. Brigitte Idler, ihre Mutter, stemmt die Arbeit in der Küche alleine. Im »Lamm« werden die täglich wechselnden Gerichte auf einer Schiefertafel präsentiert. Die Wertschätzung der Köchin für Schmorgerichte ist unübersehbar. Fleisch bezieht sie von einem regionalen Händler, Gemüse kommt aus dem Ort.

Auf der Tafel stehen eine Suppe, ein Salat, vier Hauptgerichte und ein Nachtisch. Zunächst wird eine leichte Flädlesuppe mit butterzarten Flädle serviert. Das Kalbsschnitzel wird mit perfekten Spätzle und einer milden Morchelsoße serviert. Der zarte Kalbstafelspitz wird meist von Meerrettich begleitet. Er wird zudem mit einer raffinierten Schnittlauchsoße aufgetragen, die gut zu den krossen Bratkartoffeln passt. Die saftigen Kalbfleischküchle sind dezent gewürzt und harmonieren mit der delikaten Bratensoße. Dazu gibt es Petersilienkartoffeln und knackig-frisches Bohnengemüse. Der traditionelle Nachtischteller vereint Himbeersorbet mit Orangenlikör, Erdbeerspalten, Sauerrahmeis, Crème brûlée und Rhabarberkuchen. Donnerstags gibt es ausschließlich Maultaschen, Brühe und Kartoffelsalat. Stammgäste lassen sich die Idler-Maultaschen nicht entgehen. Das gilt für den traditionellen Gaisburger Marsch* ebenso.

Die Weinkarte offeriert zahlreiche offene Weine aus Württemberg und Baden. Auch Spitzenwinzer aus der Pfalz sind vertreten.

Speisekammer West

Rosenbergstraße 89,
70193 Stuttgart
07 11 / 93 59 06 22
speisekammer-west.de

Bio

Größe: 45 Plätze im Gastraum, 32 im Außenbereich
Preise: Hauptgerichte 10–22 Euro
Kreditkarten: Alle gängigen Karten
Öffnungszeiten: Mo–Sa 11.30–14.30 Uhr und 17–21 Uhr; Ruhetage: So, Feiertag

Saisonales und Regionales frisch aus der Speisekammer

Die »Speisekammer West« wurde als typische Stuttgarter Eckwirtschaft zeitgemäß weiterentwickelt: Die dicht besiedelte Nachbarschaft möchte gut speisen und, wie der Schwabe sagt, »was Rechts« zu sich nehmen. Es gibt viele Zweiertische, an denen allein oder zu zweit die Dinge des Tages durchdacht werden. Die großen Fenster erzeugen eine gewisse Öffentlichkeit, eine Integration in das Flair des Stuttgarter Westens. Der Raum ist hell, hat zwei Ebenen und ist ein wenig hellhörig. Die »Speisekammer West« versteht sich als Küche, die ihren Gästen saisonale und regionale Produkte ohne industrielle Geschmacksverstärker und ohne künstliche Zusatzstoffe anbietet. Alle Lieferant*innen sind aufgeführt, ohne Ausnahme aus der Region.
Als Gruß aus der Küche kommt ein Kürbisaufstrich mit Curry. Es folgt eine Grießklößchensuppe, in der dunklen, kräftigen, nicht überwürzten Brühe schwimmen längliche Klößchen. Sehr fein sind die Kürbisravioli mit Salbeibutter und Pinienkernen. Der süßliche Ackersalat mit karamellisierten Nüssen und Roter Bete ist einladend angerichtet. Die Maultaschen sind nicht zu fleischig, mit köstlich geschmelzten Zwiebeln und einem Salat mit knackigen Linsen. Das Skuddenlammragout aus der ältesten deutschen Schafrasse ist dunkel, aromatisch und hat Biss, dazu werden angebratene Serviettenknödel und blanchiertes Gemüse der Saison gereicht: Einschließlich der Soße ist das Gericht gut und würzig. Der Rostbraten vom Albrand mit Spätzle wird überzeugend gut und klassisch ohne Schnickschnack serviert. Den Schlussakkord geben Quittenstreusel, lauwarmer Schokoladenkuchen, Quarkkrapfen oder die Käseauswahl.
Bei den Weinen überwiegen süddeutsche Etiketten. Neben bewährten Klassikern fallen PIWI-Rebsorten wie Acolon und Cabernet Dorsa auf. Die Bedienung ist umsichtig und kompetent.

NEU

Weinstube Klink

Epplestraße 1C,
70597 Stuttgart
07 11 / 69 34 86 02
weinstubeklink.de

Größe: 30 im Innenraum, 30 im Garten
Preise: Hauptgerichte 13–38 Euro
Kreditkarten: EC, Debit
Öffnungszeiten: Mo–Fr 18–23 Uhr;
Ruhetage: Sa, So

Hinterhofidyll am Kesselrand

Direkt an der U-Bahn-Station Degerloch, wo die viel befahrene Löffelstraße zur Oberen Weinsteige wird, befindet sich die Weinstube Klink. Gut versteckt, fast nur von Eingeweihten zu finden, liegt der unscheinbare Eingang im Hinterhof eines Versicherungsbüros. Man erreicht ihn durch eine Häuserlücke. Die traditionelle Weinstube wurde im Inneren dezent mit Leuchten und kleineren Deko- und Einrichtungsgegenständen aufgefrischt. Der kleine Garten abseits des Straßentrubels läd wunderbar zum Verweilen ein – eine schnelle Entschleunigung in einer anderen Welt. Als Geschäftsführer und Küchenchef ist Thomas Brenner verantwortlich, zumeist nur als Zwei-Mann-Betrieb, zusammen mit der guten Seele Kosta im Service. Auch Frau und Schwager unterstützen bei erhöhtem Gastaufkommen. Das vielseitige und dennoch übersichtliche Speisenangebot wird auf Schiefertafeln präsentiert. Ein wichtiger Grundsatz der Weinstube Klink ist, dass hier weitgehend alles hand- und selbst gemacht ist. Auch der Nudelteig für die Maultaschen entsteht in der eigenen Küche. Die Maultaschen nach weiterentwickeltem Hausfrauenrezept kommen geschmelzt mit klassischem schwäbischen Kartoffelsalat. Die Kartoffeln werden vom Bio-Hof Binder aus dem Schönbuch bezogen, wie auch der Ziegenfrischkäse, der gratiniert und mit lauwarmem Gemüsesalat bei den Vorspeisen einen herrlichen Auftakt bildet. Alle Fleisch- und Wurstwaren kommen von der Bäuerlichen Erzeugergemeinschaft Schwäbisch Hall und werden von Thomas Brenner an deren Markthallenstand ausgesucht, das Gemüse und weitere Produkte werden auf dem Stuttgarter Wochenmarkt eingekauft. Die verlässlichen Klassiker wie das panierte Schnitzel vom Schwäbisch-Hällischen Landschwein mit Kartoffel-Blattsalat, der Zwiebelrostbraten mit Röstkartoffeln und Spitzkraut aus dem Ofen oder die schon erwähnten Maultaschen werden auf den Schiefertafeln durch saisonale Gerichte ergänzt. Das Regionale wird gekonnt mit leicht mediterranen Einflüssen kombiniert, so gefällt auch der rosa gebratene Kalbstafelspitz mit Schalotten und Artischocke auf Trüffeljus. Dazu gibt es Spätzle vom Brett – also handgeschabt.

Gasthaus Schwanen

Talstraße 9,
79780 Stühlingen-Schwaningen
0 77 44 / 51 77
gasthaus-schwanen.de

Größe: 80 Plätze im Gastraum und Biergarten
Preise: Hauptgerichte 13–26 Euro
Kreditkarten: Alle gängigen Karten
Öffnungszeiten: Mo, Di, Do–Sa 17–23 Uhr; So 10–14.30 Uhr und 17–20 Uhr; Ruhetage: Mi, Okt–April auch Do

Perfekte Einkehr nach der Fahrt mit der Sauschwänzlebahn

Die Stadt Stühlingen, deren Ortsteil Schwaningen ist, liegt in der Ferienregion Südschwarzwald unweit der Schweizer Grenze. Das »Gasthaus Schwanen« wird schon in der dritten Generation von Familie Wekerle betrieben. Der Restaurantfachfrau Alexandra Wekerle gelingt es, mit Liebe zum Detail und Antiquitäten, Kuriositäten und Schwänen in jeglicher Form ein gepflegtes nostalgisches Flair in die Gaststube zu bringen. Beständige Qualität mit frischen Produkten ist im »Schwanen« wichtiger als flüchtige Moden, das belegen etliche Auszeichnungen. In der Küche ist Markus Wekerle in seinem Element, er ist Koch aus Leidenschaft. Die Speisekarte wird von sorgfältig ausgewählten Zutaten der Region, der eigenen Jagd und den Jahreszeiten bestimmt. Typische badische Gerichte wechseln mit Ausflügen in die internationale Küche.
Als Hauptgericht werden Kalbskutteln mit Borlottibohnen, Knoblauch, gerösteten Kartoffelscheiben und Pecorino überbacken serviert. Aus der eigenen Jagd wird ein Rehschnitzel aus der Keule an Holunder-Pfeffer-Soße, dazu Landbrotknödelscheiben und Marktgemüse aufgetischt. Vegetarier kommen mit den Wellendinger Dinkelküchle mit Gemüse vom Markt auf ihre Kosten.
Wer nach dem Essen gern ein Schnäpsle trinkt, sollte aus der eigenen Schnapswerkstatt einen Muskateller- oder einen Quittenbrand versuchen. Schöner Biergarten.

→ Im Sommer ist eine Fahrt mit der Sauschwänzlebahn für Jung und Alt ein Erlebnis.

Landgasthof Rebstock

Hauptstraße 77,
79295 Sulzburg
0 76 34 / 50 31 40
kellers-rebstock.de

Größe: 95 Plätze im Gastraum, 30 auf der Terrasse
Preise: Hauptgerichte 9–29 Euro
Kreditkarten: EC
Öffnungszeiten: Mo, Di, Do-Sa 12–14.30 und 18–23 Uhr, Küche mittags bis 13.45 Uhr, abends bis 21.45 Uhr; Ruhetage: Mi, So

Fein Geschmortes und Aloha-Spirit im malerischen Sulzburg

Das historische Gebäude des »Landgasthofs Rebstock« im Herzen Sulzburgs im Markgräflerland ist vermutlich ein altes Handelshaus, 1373 erstmals als »Schänke zum oberen Tor« erwähnt. In seiner heutigen Form ist der Landgasthof im späten 18. Jahrhundert entstanden. Seit einem Jahrzehnt ist neues Leben in den Gasthof eingekehrt. Nach Lehr- und Wanderjahren in der »Traube Tonbach«, auf Hawaii und bei weiteren guten Adressen ist Christoph Keller zurückgekehrt; seine Familie hat den »Rebstock« übernommen und aufwendig renoviert. Keller bietet in der gemütlichen, stilvoll und hell eingerichteten Gaststube schmackhaftes, naturnahes Essen. Die Karte ändert sich vierteljährlich mit der Saison und spiegelt die Vielfalt der Region. Die Produkte werden regional eingekauft, das Gemüse kommt aus dem Markgräfler Land.

Markgräfler Spargel nimmt im Frühjahr einen wichtigen Platz auf der Karte ein, Wildgerichte aus heimischer Jagd im Spätjahr, wie der Rehrücken in Ingwer-Bitterschokoladen-Soße mit Spätzle. Das panierte Schnitzel, das mit hausgemachten Spätzle und Salat serviert wird, stammt vom heimischen Freilandschwein. Bekannt ist Keller für seine Schmorgerichte. Dazu gehören der Schweinebraten, die Milchkalbschulter, aber auch die Kalbsbrustschnitten. Die Salate sind auch visuell immer ein Genuss, da sie häufig um Blüten und Kräuter ergänzt werden. Vegetarisch orientierte Gäste genießen den gebackenen Bioziegenfrischkäse vom Ringlihof im Sesam-Knuspermantel auf Ratatouillegemüse mit Gnocchi oder ein Safranrisotto.

Als Digestif beruhigt ein feiner Zibärtlebrand. Die umfangreiche, auffallend fair kalkulierte Weinkarte gibt den Markgräfler Weingütern breiten Raum, die Kollegen des Kaiserstuhls sind ebenfalls gut vertreten. Auch das Angebot offener Weine ist angemessen. Frau Keller, die den Service führt, berät gern.

Bioweine gibt es im nahe gelegenen Heitersheim.

Distelhäuser Brauhaus

Grünsfelder Straße 3,
97941 Tauberbischofsheim-Distelhausen
0 93 41 / 80 58 20
distelhaeuser-brauhaus.de

Größe: 54 Plätze im Restaurant und Gartenterrasse
Preise: Hauptgerichte 7–17 Euro
Kreditkarten: EC, Visa
Öffnungszeiten: Täglich von 17–22 Uhr; Sa Brotzeitkarte ab 11.30 Uhr, So warme Küche auch von 11.30–14 Uhr.

Brauereigaststätte mit guter Regionalküche

Das zeitgenössisch-elegante Ambiente des »Brauhauses« ist eingebaut in die alte Füllerei der Distelhäuser Brauerei. Auf der kleinen Terrasse lässt sich die Sonne genießen und die Betriebsamkeit der Brauerei betrachten. Brauerei und Brauereigasthaus werden nach gleichen Grundsätzen geführt: Qualität aus der Region. Küchenchef Markus Ruppert verwöhnt mit präzise gekochten regionalen Rezepten. Die Zutaten und Rohstoffe kommen von lokalen Erzeugerinnen und Erzeugern. Zur Mittagszeit werden deftige regionale Spezialitäten angeboten.

Den Anfang macht eine Tafelspitzbouillon mit Flädle oder eine Kartoffelsuppe mit gebratener Blutwurst. Als Hauptgerichte gefallen der geschmorte Färsenschaufelbug mit Rotweinschalotten-Sauce, Spitzkohl und hausgemachten Spätzle oder die Fleischpflanzerl vom Kalb mit Biersenf-Rahmsauce und Kräuter-Kartoffel-Pürée. Für den kleinen Hunger bietet die Bier-Bratwurst mit Sauerkraut die richtige Alternative. Samstags gibt es Schweinshaxe mit Weißbier-Kümmelsauce, Krautsalat und Bauernbrot. Auch die Bratwurst mit Gemüsesoße und Grünkerntrambele* ist einen Versuch wert. Wer es vegetarisch mag, hat Spaß an den Grünkernplätzchen* mit Balsamicosoße, Paprikapesto und Blattsalaten. Als Nachtisch empfehlen sich Ofenschlupfer* und das Halbgefrorene von weißer und dunkler Schokolade mit eingemachten Sauerkirschen gleichermaßen. Die Brotzeitkarte macht Appetit auf vorzügliche Würste und Schinken aus der eigenen Metzgerei sowie Alpenrohmilchkäse von der Biokäserei Zurwies.

Auf der Getränkekarte stehen die preisgekrönten Biere der Distelhäuser Brauerei. Außergewöhnlich sind die Empfehlungen des Biersommeliers zu den Speisen. Kleine Weinauswahl von der Becksteiner Genossenschaft, aus dem Fränkischen Taubertal und dem Markgräflerland.

→ Planen Sie eine Radtour entlang des Taubertalradwegs im unteren Taubertal zwischen Werbach und Wertheim.

Die Metzgerei Bauers Brotzeit (Bundesstraße 49, 97941 Distelhausen) bietet hochwertiges Schlacht- und Wildfleisch sowie vorzügliche fränkische Wurstwaren.

Gasthof zur Sonne

Hauptstraße 57,
78250 Tengen-Wiechs
0 77 36 / 75 43
sonne-wiechs.de

Größe: 40 Plätze im Restaurant
Preise: Hauptgerichte 17–28 Euro
Kreditkarten: EC, Master, Visa
Öffnungszeiten: Fr–So 11–14.30 Uhr; Mi–So ab 17 Uhr; Ruhetage: Mo, Di

Wenn Tribelhorn kocht, geht die Sonne auf

Westlich vom Bodensee, nahe der Schweizer Grenze, liegt das kleine Dorf Wiechs am Randen. Auf 600 Meter Höhe blickt man weit in den Hegau mit seinen markanten Vulkankegeln. Egbert Tribelhorn hat nach zehn Lehr- und Wanderjahren im Tessin vor zwei Jahrzehnten den »Gasthof zur Sonne« von seinem Vater übernommen. Nach einer behutsamen Modernisierung präsentiert sich das Haus mit gemütlicher Stube für etwa 40 Gäste, einem Saal für größere Veranstaltungen und einer Außenterrasse. Kulinarische Höhepunkte sind die »Tessiner Wochen«, das »Fischfestival« und die Weindegustationen mit Weingütern aus der Region. Dazu komponiert Tribelhorn passende Menüs. Da er allein in der Küche steht, verzichtet er auf eine umfangreiche Karte. Wild gibt es mit Rücksicht auf die Schonzeiten rund ums Jahr. Der Fisch kommt von Züchter*innen aus dem Schwarzwald und vom Bodensee. Teigwaren werden grundsätzlich selbst gemacht. Gemüse und Kräuter wachsen im eigenen Garten.

Als Vorspeisen gefallen die hausgemachten Ravioli mit Bärlauch-Ricotta-Füllung und das Entenfleisch im Nudelnest mit Orangensauce besonders gut. Als Hauptgerichte gibt es Saibling, Forelle, Egli* oder auch Kabeljau in unterschiedlichen Zubereitungen. Fast alle Gerichte werden auch als kleine Portionen angeboten – eine gute Gelegenheit, vieles zu probieren. Manche Gerichte werden tagesaktuell empfohlen. Sehr gut sind der bei Niedrigtemperatur gegarte Tafelspitz mit Steinpilzen aus dem Ofen sowie die mit Schinken und getrockneten Tomaten gefüllte Perlhuhnbrust an einer Rotweinschokosauce. Zum Nachtisch überzeugten das Blutorangenparfait und der Tessiner Brotkuchen mit Marsala-Zabaione.

Die Weine stammen aus der Region, aber es liegt auch Charaktervolles aus Italien und Frankreich im Keller der »Sonne«. Der freundliche Service sorgt für einen reibungslosen Ablauf und gute Stimmung.

Brauerei und Gasthof zur Krone

Bärenplatz 7,
88069 Tettnang
0 75 42 / 74 52
krone-tettnang.de

Größe: 54 Plätze in der Bierstube
Preise: Hauptgerichte 10–25 Euro
Kreditkarten: EC, Master, Visa
Öffnungszeiten: Di–Fr 11.30–14 und 17–22.30 Uhr; Sa, So ab 11–14 und 17–22.30 Uhr; Ruhetag: Mo

Schwäbisches mit Liebe und Sorgfalt

Am Bärenplatz im Herzen der Hopfenstadt Tettnang liegt der traditionelle »Brauerei-Gasthof zur Krone«. Das Herz des Gasthofs ist die seit 1934 unveränderte altschwäbische Bierstube. Bemerkenswert sind die Schnitzereien der Lampen und die Darstellung der Handwerkszünfte. Die handwerkliche Kronen-Brauerei ist seit sieben Generationen im Besitz der Familie Tauscher; das Bierbrauen wird vom Vater auf den Sohn vererbt. 1993 wurde erstmals Biobier gebraut. Die Gäste schätzen die feine schwäbische Küche, die mit Liebe und Sorgfalt zubereitet wird. Viele regionale Produkte und das jahreszeitliche Angebot bestimmen die Karte und das preiswerte Tagesessen. Bemerkenswert ist das reiche Vesperangebot.

Die Speisekarte versammelt schwäbische Spezialitäten nach alten Rezepten in handwerklicher Tradition. Berühmt ist der Tettnanger Salat. Als Vorspeise bietet sich eine Flädlesuppe* oder die geschmelzte Maultaschensuppe an. Bei den Hauptgerichten erfreuen hausgemachte Maultaschen, mit Zwiebeln geschmelzt und einem Salat, oder die Sauren Linsen mit Saitenwürstle* und hausgemachten Spätzle. Urschwäbische Gerichte sind die Sauren Kutteln mit Bratkartoffeln ebenso wie das Tellerfleisch aus dem Sud mit Gemüsestreifen, frisch geriebenem Meerrettich und Bratkartoffeln. Zu den Klassikern zählen der Schwäbische Rostbraten mit gedämpften Zwiebeln, handg'schabten Spätzle und Salat, und, nicht zu vergessen, die geschmorten Schweinebäckchen. Als Nachtisch lockt der Ofenschlupfer* mit Biovanilleeis vom nahen Illmensee. Wie in alten Zeiten gibt es dienstags und mittwochs schlachtfrische Leber und Nierle. Mit etwas Glück steht auf der Tageskarte ein Katzagschroi – das sind Kartoffeln, Rindfleisch, Zwiebeln und Ei gebraten, dazu grüner Salat.

Kronenbier, frisch aus dem Brauereikeller und in Tonkrügen ausgeschenkt, ist der beliebteste Durstlöscher.

Dorfgasthaus »dasrößle«

Im Dürracker 3,
79674 Todtnau-Geschwend
0 76 71 / 9 92 54 46
dasroessle.de

Größe: 53 Plätze in zwei Gasträumen, 45 im Garten
Preise: Hauptgerichte 14–25 Euro
Kreditkarten: EC
Öffnungszeiten: Mi–Mo, Küche 11.30–14 und 17.30–21 Uhr, dazwischen Vesperkarte; Ruhetag: Di

Badische Köstlichkeiten im historischen Baudenkmal

Das Schwarzwalddorf Geschwend mit seinen 15 noch bewirtschafteten Schwarzwaldhöfen ermöglicht historische Eindrücke im Herzen der Belchen-Feldberg-Region des Südschwarzwalds. Das Genossenschaftliche Dorfgasthaus »dasrößle« ist ein historisches Baudenkmal aus dem Jahr 1773, das komplett renoviert und 2013 eröffnet wurde; die Genossenschaftler stammen hauptsächlich aus dem Dorf. Die Wand- und Deckenverkleidungen sind original erhalten, Kenner schätzen das traditionelle Mobiliar. Der Kulturverein »dasrößle e. V.« bespielt die urige Gaststube mit einem vielfältigen Veranstaltungsprogramm: Jetzt springt es wieder, das Rössle. Aus der Küche schickt Chefkoch Michael Spitz frisch zubereitete, schmackhafte badische Gerichte. Die Lieferant*innen kommen alle aus der Umgebung, das Rindfleisch vom Naturpark Südschwarzwald, wo der Slow Food Arche-Passagier, das Hinterwälder Rind, Fleisch in Bioqualität liefert. Aufmerksamkeit verdienen die kulinarischen Wochenaktionen.
Als Vorspeise belebt die knackig-bunte Salatvariation mit geräuchertem Hirschschinken. Das »Rößle-Spezial« vom Rindvieh sind Oxefetze (Rindfleischstücke) an dunkler Zwiebel-Bier-Soße mit selbst gemachten Spätzle. Auch Suuri Leberli (saure Leber) mit Brägel* ist ein vertrautes badisches Gericht. Angeboten werden vegetarische, laktosefreie, glutenfreie sowie vegane Gerichte. In vielen Fällen sind kleine Portionen bestellbar.
Auf der Weinkarte stehen Güter des Markgräflerlands, das frisch gezapfte Bier kommt aus dem Hotzenwald von der Brauerei Waldhaus. Der freundliche Service ist aufmerksam und unaufdringlich.

→ Durch seine Lage zwischen den höchsten Schwarzwaldbergen bietet Geschwend vielseitige Wander-, Rad- und Mountainbikerouten.

der Waldfrieden

Dorfstraße 8,
79674 Todtnau-Herrenschwand
0 76 74 / 9 20 93 0
derwaldfrieden.de

Größe: 90 Plätze im Gastraum, 25 auf der Terrasse.
Preise: Hauptgerichte 16–30, 3-Gang-Menü ab 36 Euro
Kreditkarten: EC, Maestro, Visa
Öffnungszeiten: Mi–Mo 12–14 und 18–21 Uhr; Ruhetag: Di

Natürlich-ehrliche Küche mit Ambitionen

Auf einem Hochplateau mitten im Hochschwarzwald liegt das Naturparkhotel »der Waldfrieden« der Familie Hupfer mit dazugehörigem Restaurant. Das Haus hat eine lange Tradition, das Wort Familie wird großgeschrieben, und dennoch wird immer wieder Neues gewagt. Die Architektur ist raffiniert-modern, Lichtführung und Naturelemente »erden« und werden als angenehm empfunden. Es gibt keinen Handyempfang. Den regionalen Anker erkennt man an vielen Lieferant*innen, die auch in der Speisekarte zu finden sind. Dazu zählen die einheimischen Jäger*innen, die Chäs-Kuchi aus Schopfheim-Gersbach, aber auch Biohöfe für den Kaiserstühler Spargel. Als zertifiziertes Naturparkhotel wird das Thema Nachhaltigkeit betont. Die Küche von Volker Hupfer kann als natürlich und ehrlich beschrieben werden, hat aber durchaus Ambitionen. Die Teller sind durchweg attraktiv angerichtet.

Die Saisonalität und Regionalität stehen im Vordergrund, wie in der Spargelsaison verschiedene Variationen des Stangengemüses, ob klassisch als Spargel mit Kratzede* oder auch mit einem Entrecôte vom Weiderind, abgerundet mit Kräutern aus dem heimischen Garten. Für Fischliebhaber ist das legierte Süppchen von der Bachforelle ein Leckerbissen. Eine typische Vorspeise ist das Carpaccio vom regionalen Weiderind mit Bockshornklee. Ein herausragender Hauptgang: Feines vom Todtmooser Lamm mit Rosmarinjus, Blattspinat und Kartoffelgratin.

Viele passende Getränke und Weine begleiten die Speisen.

→ Die Lage im Dreiländereck Schwarzwald, Schweiz und Elsass macht Herrenschwand zum interessanten Ausgangspunkt für Ausflüge und Wanderungen.

Gasthaus Tanne

Alter Weg 4,
79677 Tunau
0 76 73 / 31 0
tanne-tunau.de

Größe: 40 Plätze im Restaurant, 25 im Obstgarten
Preise: Hauptgerichte 18–26, Menü 31 Euro
Kreditkarten: EC, Master, Visa
Öffnungszeiten: Mi–Sa 17–21, Küche ab 17.30 Uhr; So 12–14 und 17–21 Uhr; Ruhetage: Mo, Di

Überzeugende Küche im Biosphärengebiet

Das »Gasthaus Tanne« liegt in der kleinen Gemeinde Tunau auf 734 Meter Höhe mitten im Biosphärengebiet des Schwarzwalds oberhalb des Städtchens Schönau. Schon der Anblick beeindruckt: Im über 400 Jahre alten, imposanten, schindelgedeckten Schwarzwaldhaus mit Glockentürmchen sind das Restaurant und einige Gästezimmer untergebracht. Im Sommer laden urige Holzbänke und Tische im Obstgarten zur Einkehr. Das gemütliche Haus ist mit dem ursprünglichen Mobiliar ausgestattet, geschnitzte Stühle, rustikale Tische und ein großer Kachelofen empfangen die Gäste. Wände und Simse sind mit originalen Schwarzwälder Utensilien dekoriert: Ein Bollenhut und die Skier des Skispringers Sven Hannawald grüßen von der Wand. Gespannte Aufmerksamkeit weckt der Spirituosenschrank mit ausgesuchten Edelbränden. Inhaber Claus Ruch hat nach langen Jahren als Koch, hauptsächlich in der Schweiz, den Weg nach Tunau zurückgefunden und den Familienbetrieb übernommen.

Die Speisekarte ist erfreulich überschaubar. Besonders zu empfehlen sind die Wildgerichte. Das Fleisch für das Rehschnitzel mit Holunderrahmsoße, Apfelrotkohl und hausgemachten Knöpfle bringen heimische Jäger*innen in die Küche. Im Frühling gibt es Gitzi-Keule mit Kräutern, Kartoffelbrei und Gemüse. Gitzi sind Zicklein; sie stammen aus dem Dorf. Sehr schmackhaft ist der Lammrücken mit Oliven und Thymian, begleitet von Kartoffelgratin, Gemüse und Salat. Das Lammfleisch wird aus dem nahen Elsass bezogen, Rind und Schwein von umliegenden Bauern oder vom Metzger in Schönau. Forellen kommen frisch aus einem zehn Kilometer entfernten Weiher. Eine Frühlingsspezialität sind die Bärlauchgerichte. Als süßen Schlusspunkt sind marinierte Erdbeeren mit weißer Mousse au Chocolat zu empfehlen.

Die Weinkarte ist gut sortiert, die Weißweine kommen ausschließlich aus Baden.

Landgasthof Keller

Riedweg 2,
88662 Überlingen-Lippertsreute
0 75 53 / 82 72 90
landgasthofbrauereikeller.de

Größe: 50 Plätze in der Gaststube
Preise: Hauptgerichte 14–27 Euro
Kreditkarten: Keine
Öffnungszeiten: Mi–So 11.30–13.30 und 17–20.30 Uhr; Ruhetage: Mo, Di

Regionale Küche der ersten Stunde in schöner Umgebung

Begünstigt vom milden Klima in der Bodenseeregion, hat sich frühzeitig eine große Zahl regionaler Erzeuger etabliert. Für die Gastwirte ist es ein Leichtes, Zutaten für eine regionale Küche zu finden. Eines der ersten Restaurants, die sich ihr verschrieben hat, ist der »Landgasthof Keller«, der im Überlinger Ortsteil Lippertsreute liegt. In der heimeligen Gaststube fühlen sich alle wohl, die einen Platz ergattert haben. Im schönen Garten unter alten Kastanien neben dem eigenen Küchengarten mit Kräutern, Gemüse und Obst kann die herrliche Aussicht auf das Salemer Tal und Schloss Heiligenberg genossen werden. In der Küche verfeinert das Keller-Team die Lebensmittel der Heimat auf individuelle Weise. Sie kennen sich bestens im Kräutergarten des Linzgaus aus und wissen sie einzusetzen, um »alten« Gerichten einen aromatischen Pfiff zu geben. Alles, was auf der Speisekarte steht, kommt aus dem eigenen Garten oder wird in der Region gekauft – und kommt frisch auf den Tisch.

Vor allem die Tage nach den Schlachtterminen sollten nicht verpasst werden: Mittwochs und donnerstags stehen frische Innereien auf der Karte, Kalbsleberscheiben und Nieren, Kalbskopf und Kalbszüngle. Zur Fastenzeit ist der Gasthof berühmt für seine Gerichte mit Linzgauer Schnecken. Besonders gut schmecken die marinierten Felchenmatjes* mit hausgemachtem Kräuterdip und Bratkartoffeln und das panierte Kotelett vom Hausschwein. Auch bei der Zubereitung von Salat von der Albleisa mit Ziegenfrischkäsepralinen im Körnermantel werden regionale Zutaten verwendet, die teilweise die besondere Aufmerksamkeit von Slow Food genießen. Zum Abschluss verführt ein feines Schokimousse mit Kompott von Alexander-Lukas-Birnen aus dem eigenen Hausgarten. Die Käseauswahl von der Hofkäserei Heggelbach wird von selbst gemachter Tomatenmarmelade begleitet. Die Weinkarte bietet einige besondere Tropfen der Region.

In einem schönen Fachwerkhaus befindet sich die Salemer Käseschmiede von Regina Moser (Schlossstraße 11, 78464 Salem) gegenüber von Schloss Salem.

Landgasthof »Zum Adler«

Hauptstraße 44,
88662 Überlingen-Lippertsreute
0 75 53 / 8 25 50
adler-lippertsreute.de

Größe: 85 Plätze im Restaurant, 50 im Garten
Preise: Hauptgerichte 15–30 Euro
Kreditkarten: EC, Master, Visa
Öffnungszeiten: Küche 11.30–14 und 17.30–21 Uhr; Ruhetage: Mi, Do

Atmosphäre und gutes Essen im prächtigen Adlerhorst

Auch im Vorbeifahren ist er kaum zu übersehen: Der prächtige Landgasthof »Zum Adler« in Lippertsreute mit seiner imponierenden Fachwerkfassade ist über drei Jahrhunderte alt, liebevoll restauriert und gepflegt. Im Gasthof empfangen den Gast traditionsreiche, rustikale Räume mit Holzvertäfelung, Holzdielen und blank gescheuerten Ahorntischen. Urig und heimelig ist besonders das »Ahnenstüble«. Heimatliche Küche beginnt für Peter Vögele mit den einfachsten Gerichten: »Heimat kann man riechen, sie duftet frisch!« Für seinen Vollkornpfannkuchen verwendet der Küchenchef frisch gemahlenes Mehl. Vögele kocht regional, seit er vor mehr als zwei Jahrzehnten die Regie in der Küche von seiner Mutter übernahm. Das gelingt ihm mit badischen Klassikern wie Kalbszüngle oder Lammleber, aber auch mit raffinierter Zubereitung. So serviert er die Lammleber mit Linzgauer Graupen, die er wie ein Risotto kocht. Die Kunst der regionalen Küche besteht seiner Meinung nach darin, regionale Lebensmittel nach internationalen Maßstäben zu verfeinern. Er kam aber auch auf die Idee, Kalbsnieren zu kochen, wie man sie vor Jahrzehnten im Linzgau aß: am Stück, in der Fettschale. Mancher Gast freut sich, denn so schmeckte es früher: Wer den Linzgau schmecken will, ist hier richtig. Die Tageskarte ist gespickt mit traditionellen Gerichten nach Saison und mit Produkten der Region: Saiblingsfilet, Rehragout, Bodenseefelchenfilet* in Riesling oder geschmorte Schweinsbäckle, die Buggenseggler Lammschulter, geschmort mit Kartöffele und Bohnengemüse. Unbedingt probierenswert ist der lauwarm marinierte Kalbskopf mit Kräutersalätle. Das Kalbsschnitzel wird in Calvadosrahm serviert. Berühmt ist das Gasthaus für das Zwölf-Gänge-Menü an Silvester. Vielfältig sind die hausgemachten Desserts, meist mit Linzgauer Obst.
Ausgesuchte Weine lagern im Naturfelsenkeller. Freundlicher Service.

→ Es empfiehlt sich, Wochen im Voraus zu buchen.

Restaurant Rose

Ortsstraße 13,
74541 Vellberg-Eschenau
0 79 07 / 22 94
www.eschenau-rose.de

Größe: 55 Plätze in Gaststube und Nebenzimmer
Preise: Hauptgerichte 14–29 Euro
Kreditkarten: EC, Diners, Master, Visa
Öffnungszeiten: Mi–So, Feiertage 17.30–21.30 Uhr; Fr–So, Feiertage 11.45–13.45 Uhr; Ruhetage: Mo, Di

Experimentierfreudige Kräuterküche mit Bioprodukten

Eschenau liegt in der Nähe des pittoresken Städtchens Vellberg im idyllischen Tal der Bühler, zwanzig Kilometer östlich von Schwäbisch Hall. Am Ortseingang hinter der altehrwürdigen Brücke liegt ein bescheiden-behäbiges Gebäude, Ende des 18. Jahrhunderts als Ausdinghäuschen errichtet. Seit fünf Generationen in Besitz der Familie Andruschkewitsch, wurde es erheblich vergrößert. Die hölzerne Vertäfelung des Gastraums strahlt bürgerliche Gemütlichkeit aus. Während Adelheid Andruschkewitsch den Service leitet, waltet der Ehemann Jürgen, ein experimentierfreudiger Kräuterexperte, als Küchenchef. Seine neue Regionalküche ist ein kulinarischer Genuss, sie schmeckt leicht und gut. Als zertifizierter Biobetrieb und Bioland-Partner kommen viele Lebensmittel aus dem Ökoanbau.

Die Speisekarte weist zahlreiche vegetarische Gerichte auf, etwa die klare Brennnesselsuppe mit Spargeltempura oder das Gratin aus wilden Ackerschachtelhalmblüten mit grünem Spargel. Einen Versuch unbedingt wert ist der gebratene Spargelsalat im Wildkräuternest oder das Talheimer Saiblingsfilet mit Bärlauchkruste auf Rieslingsoße mit Kräuterflecken – Nudelflecken mit ganzen Kräutern. Vorzüglich schmecken die mit Kräutern gefüllte Biohähnchenbrust auf Morchelsoße mit Gelbmehlweizenküchle oder die mit Bioschafskäse gefüllten Kürbistaschen auf Tomaten-Mangold-Gemüse. Empfehlenswert als Dessert ist die Palmischbirnen-Terrine mit Vanille-Sahne-Soße und hausgemachtem Waldhonigparfait oder zur Spargelzeit das Spargelpannacotta mit Erdbeercarpaccio. Weine aus Hohenlohe und dem Heilbronner Land. Auch die Brände wurden in Hohenlohe destilliert, das Bier kommt aus Schwäbisch Hall.

➜ Das »Restaurant Rose« ist als eines der besten vegetarischen Restaurants Deutschlands ausgezeichnet worden.

Der Ziegenhof Zick de Hohenlohe (Klingenstraße 23, 74532 Ilshofen-Unteraspach) verkauft Ziegenquark, Ziegenfrischkäse und halbfesten Ziegenkäse sowie Zickleinfleisch und -wurst.

Restaurant Rindenmühle

Am Kneippbad 9,
78052 Villingen-Schwenningen
0 77 21 / 8 86 80
rindenmuehle.de

Größe: 45 Plätze im Restaurant
Preise: Hauptgerichte 19–36 Euro
Kreditkarten: EC, Amex, Master, Visa
Öffnungszeiten: Di–Sa, Feiertag 12–14 und 18–22, Küche 12–13.30 Uhr und 18–21.30 Uhr; Ruhetage: So, Mo

Raffinierte Genüsse – die Natur schreibt die Karte

Mit dem Einstieg von Dominik und Michael Weißer ist die Zukunft des Villinger Traditionsrestaurants Rindenmühle gesichert. Das Hotel befindet sich in reizvoller Randlage mit tollen Wandermöglichkeiten in nächster Umgebung. Im Restaurant wie auf der einladenden Sommerterrasse ist die Atmosphäre gepflegt und stimmig – zum Wohlfühlen. Auf der Karte findet man Produkte der Umgebung und einen Mix aus regionalen und internationalen Gerichten. Die Speisen variieren nach den Jahreszeiten. Wild kommt von der Hammereisenbacher Jagd, Käse vom Mooshof in Tennenbronn und der Ziegenkäse Monte Ziego aus dem Schuttertal. Brot wird von der Bäckerei Beha in Villingen, den Biospargel von Landmann am Tuniberg bezogen, das Gemüse stammt von der Insel Reichenau und wird über die Firma Blessing in Villingen eingekauft. Eier liefert der Dieterlehof in Gremmelsbach, Fleisch die Metzgerei Gür in Pfaffenweiler und der Villinger Schlachthof; außerdem bedienen sich die Rindenmüllers aus dem eigenen Garten.
Die Speisekarte präsentiert sich übersichtlich und präzise mit regionaltypischen Gerichten. Im Oktober überzeugen die Consommé von Krustentier und Tomate und der Cappuccino von Steinpilzen aus heimischen Wäldern. Als Hauptgerichte sei auf den Rücken vom Vorderwälder Kalb mit Kartoffel-Steinpilz-Kruste, Burgunderjus, Steinpilz-Rahmwirsing und Serviettenknödel oder das rosa gebratene Roastbeef vom Weiderind mit Trüffeljus, zweierlei Sellerie und Kartoffelrösti hingewiesen. Die offene Lasagne von Spinat Blinis, Höri-Bülle, Kartoffel, Möhre und Roquefort ist vegetarisch.
Die Getränkekarte bietet Biomineralwasser aus Bad Dürrheim, selbst gemachten Apfelsaft, regionale Biersorten und eine präzise Weinauswahl mit Schwerpunkt Baden. Hochwertige Weine auch im offenen Ausschank.

➜ Ein Besuch der Villinger Innenstadt mit ihrer fast vollständig erhaltenen Stadtmauer und dem Villinger Münster ist zu empfehlen. Besonders schön ist der Villinger Wochenmarkt auf dem Münsterplatz (Samstag vormittags, im Sommer auch Mittwoch vormittags) mit köstlichen Produkten von der Baar, dem Schwarzwald, dem Bodensee und vielem anderen mehr.

Die Fischveredlung Hug aus Unterkirnach präsentiert am Mittwoch- und Samstagvormittag auf dem Villinger Wochenmarkt und am Freitag vormittag auf dem Donaueschinger Wochenmarkt ihre Produkte. Verarbeitet werden die ausgezeichneten Forellen der Fischzucht Lohmühle aus Alpirsbach. Neben feinen Fischpasteten sind natürlich auch frische und frisch geräucherte Schwarzwaldforellen erhältlich.

Gasthaus zum Kaiserstuhl

Niederrotweil 4,
79235 Vogtsburg im Kaiserstuhl
0 76 62 / 2 37
gasthaus-zum-kaiserstuhl.de

Größe: 20 Plätze im Gastraum und Außenbereich
Preise: Hauptgerichte 12–29 Euro
Kreditkarten: EC, Visa
Öffnungszeiten: Di–Sa 12–14 und 18–21.30 Uhr; So 12–15 Uhr; Ruhetag: Mo

Feine, gehobene Küche beim Kräuterkoch vom Kaiserstuhl

Das familiär geführte »Gasthaus zum Kaiserstuhl«, 30 Kilometer von Freiburg entfernt, ist ein für den Kaiserstuhl klassisches Wirtshaus. Küchenchef und Inhaber Lothar Koch hat es von seinen Eltern übernommen. Er begrüßt seine Gäste mit dem Spruch »Willkommen im kleinsten Gasthaus am Kaiserstuhl mit Speisen aus Wald, Wiese und Garten«. In der Gaststube stehen sechs Tische, ebenso viele im Sommergarten unterm Birnbaum. Je nach Wetterlage wird drinnen oder draußen serviert. Das beschränkte Platzangebot wird durch einen perfekten Abholservice ergänzt. Die feine, gehobene Küche von Lothar Koch steht im Zeichen einer kreativen Kräuterküche und ist kompromisslos saisonal und regional geprägt. Der von der ganzen Familie liebevoll gepflegte Kräutergarten direkt am Haus liefert täglich frische Zutaten. Die Speisekarte wird von der Jahreszeit bestimmt, die Angebote von Jäger*innen, regionalen Produzent*innnen und aus der Natur sorgen für beständigen Wechsel. Käse kommt aus dem nahen Elsass; Angusrind, Ziegen- und Lammfleisch liefern umliegende Bauernhöfe. Wird ein Reh erlegt, steht Rehbraten auf der Karte. Blüten und Kräuter bieten je nach Saison ungewöhnliche optische und geschmackliche Erlebnisse auf hohem Niveau. Im Frühling gibt es Wiesenlöwenzahnsalat nach altem Hausrezept oder St. Petermer Milchgeislebraten. Auch Gänseblümchen und Schafgarbe, Waldmeister, Taubnessel und Veilchen finden Verwendung. Gelegentlich gibt es frische Rinderleber mit Brägele*. Dazu backt Walburga Koch täglich Brot und sammelt Pilze und Wildkräuter.
Die Getränkekarte bietet mehr als 120 exzellente badische Weine von Erzeugern des Kaiserstuhls und des Tunibergs. Der freundliche, unaufdringliche Service trägt zur persönlichen Atmosphäre dieses nur äußerlich einfachen Gasthauses bei.

→ Mehrmals im Jahr bietet der Wirt ein Weinmenü an, das im historischen Gewölbekeller beginnt. Zum Sieben-Gänge-Menü stellen Kaiserstühler Winzer ihre Weine vor. Ein Besuch der Kirche St. Michael mit dem Hochaltar des Meisters HL lohnt sich immer.

Winzerhaus Rebstock

Badbergstraße 22,
79235 Vogtsburg im Kaiserstuhl-Oberbergen
0 76 62 / 93 30 11
franz-keller.de/winzerhaus-rebstock

Größe: 50 Plätze im Gastraum, Innenhof
Preise: Hauptgerichte 9–20 Euro
Kreditkarten: Alle gängigen Karten
Öffnungszeiten: Mi–So, Feiertage 12–22, Küche bis 20.30 Uhr; Mi–Sa 14–17 Uhr kleine Karte; Ruhetage: Mo, Di

Badisch-elsässische Küche mit Kaiserstühler Charme

Das fast 200 Jahre alte Wirtshaus mit seinem verwinkelten Innenhof verfügt über einen holzgetäfelten Gastraum und blanke Holztische. Im Nebenzimmer hängt das Originaltrikot des 1954er-Fußballweltmeisters Helmut »Boss« Rahn. Nach sensibler Renovierung hat das Restaurant den Charme einer Dorfgaststätte behalten. Die Gerichte sind bodenständig, ohne rustikal zu wirken; es wird badisch-elsässisch gekocht. Die Produkte werden zusammen mit dem Sternerestaurant »Schwarzer Adler« in der Region und damit auch aus dem Elsass beschafft. Spezialität ist in der Spargelzeit der kondomfreie Spargel aus dem Elsass, der ohne Plastikabdeckung wachsen darf. Patron Fritz Keller legt Wert auf Kaiserstühler Charme. Und: Im Nebenzimmer werden alle wichtigen Fußballspiele übertragen, schließlich ist er jetzt Präsident des DFB. Der »Rebstock« liegt gegenüber vom »Schwarzen Adler«.

Auf der Speisekarte locken Mistkratzerle* mit Pommes frites oder dreigeteilte Badische Antipasti mit Wurstsalat, Bibiliskäs* und Kalbsmaulsalat, ein schönes Kalbschnitzel oder ein Steak vom Vorderwälder Rind. Zuweilen werden Gerichte aus Großmutters Zeiten wie Kalbskopf oder Kalbsnieren angeboten. Das dreigängige Menü ist preiswert, die aktuellen Tagesgerichte stehen auf der Schiefertafel.

Die recht umfangreiche Weinkarte ist gastfreundlich kalkuliert. Neben den eigenen Weinen finden sich die Weine fast aller Topwinzer der Region. Die Gewächse der örtlichen Genossenschaft werden im offenen Ausschank angeboten – und es gibt auch einige internationale Tropfen.

➜ Wandern Sie auf den Magerwiesen des Badbergs, und genießen Sie die Ausblicke in den Kaiserstuhl.

Viele Kaiserstühler Weingüter und Brennereien liegen in Reichweite.

Gasthaus Werschemer Lamm

Mühlackerstr. 15,
75446 Wiernsheim
0 70 44 / 9 09 16 87
werschemer-lamm.business.site

Größe: 40 Plätze im Gastraum, 40 im Außenbereich
Preise: Hauptgerichte 10–24 Euro
Kreditkarten: Keine
Öffnungszeiten: Mi–So 17.30–21.30 Uhr; Ruhetage: Mo, Di

Bodenständiger Gasthof mit ehrlicher Hausmannskost

Im östlichen Enzkreis, inmitten der reizvollen Naturlandschaft des Heckengäus, liegt die Gemeinde Wiernsheim. Im Ortskern des in Mundart Wersche genannten Dorfes betreibt Familie Hess seit 2015 das »Werschemer Lamm«. Thomas Hess, gelernter Metzger, ist der Herr der Töpfe, seine Frau Dagmar übernimmt den Service in der hell und freundlich eingerichteten Gaststube. Thomas Hess legt Wert auf eine ehrliche, bodenständige Küche und auf hohe Qualität der Produkte. Das Fleisch - zum Teil in Bioland-Qualität - stammt aus eigener Schlachtung und von örtlichen oder Bauernhöfen in der Nähe. Gemüse, Salat und frische Früchte sind kompromisslos regional und saisonal.

Die Speisekarte ist überschaubar, für regionale Gerichte sich Begeisternde kommen auf ihre Kosten. Einen schmackhaften Einstand bieten die Flädlesuppe oder hausgemachte Maultaschen in Rinderbrühe. Die Herrgottsbscheißerle* werden auch in anderen Zubereitungsarten angeboten, etwa als Hauptgang mit Kartoffelsalat, mit dreierlei Soßen oder auch in einer vegetarischen Variante. Hervorragend schmeckt das in Butter gebratene Schnitzel vom Württemberger Landschwein. Das Schlemmersteak vom Schwein wird in Gerstensaft der örtlichen Brauerei eingelegt, bevor es gebraten und mit Spiegelei und Bratkartoffeln auf den Tisch kommt. Saure Kutteln in Rieslingsoße mit Bratkartoffeln fehlen ebenso wenig auf der Karte wie ein anständiger Schwäbischer Zwiebelrostbraten. Nicht nur für Schwaben gibt es ihn auch als Schwabenteller auf Perouser Sauerkraut mit Maultasche und Bratkartoffeln. Das Gasthaus bietet ein ständig wechselndes, preiswertes Tagesgericht an. Die Speisekarte wird regelmäßig durch Saisonangebote ergänzt, Spargel, Pilze, Gans oder Wild stehen beispielhaft für die saisonale Ausrichtung.

Die kleine Weinauswahl beschränkt sich auf Gewächse aus den nahe gelegenen Weinbergterrassen der Rosswager Halde im Enztal. Im Lamm gibt es Feines von einer familiengeführten schwäbischen Biermanufaktur sowie vom kleinen örtlichen Betrieb Adlerbräu.

Landgasthaus Hirsch Manolzweiler

Kaiserstraße 8,
73650 Winterbach-Manolzweiler
0 71 81 / 4 15 15
hirsch-manolzweiler.de

Größe: 100 Plätze in der Gaststube
Preise: Hauptgerichte 13–38 Euro
Kreditkarten: EC
Öffnungszeiten: Fr, Sa 12–14.30 und 17.30–23 Uhr; So, Feiertage 12–14.30 und 17–21 Uhr; Ruhetage: Mo–Do

Der Wirt geht auf die Pirsch – kreative Tradition

Manolzweiler liegt etwas abseits im Schurwald, zwischen Rems- und Neckartal im Rems-Murr-Kreis. Im Aufgang zur Gaststube des traditionsreichen »Landgasthauses Hirsch« hängen viele Auszeichnungen, die einiges über die Region und ihre Traditionen erzählen. Die Gaststube ist geschmackvoll eingerichtet, ländlich und urgemütlich. Küchenchef Sven Waldenmaier legt Wert auf regionale Qualität und pflegt langjährige Beziehungen zu seinen Lieferant*innen. Spargel wird erst aufgetischt, wenn er vor Ort frisch gestochen wird. Das Wild wird vom Wirt selbst geschossen und steht nur bei Jagdglück auf der Karte. Auf der Karte verschmelzen Tradition und kreative Neuerungen.

Selbst gebackenes Holzofenbrot kommt als Gruß aus der Küche. Der lauwarme Kalbskopf mit hausgemachter Remoulade, heute ein seltenes Gericht, sieht herrlich aus und schmeckt ausgezeichnet. Das Cremesüpple vom Stangenspargel mit Einlage ist sämig und frühlingshaft. Die Vorspeise des Menüs aus Kräuterblütensalat, mit Birnenbalsam mariniert, Saiblingstatar und Kerbelchips an Schnittlauchcreme, ist außergewöhnlich gut. Auch die Landgockelbrust auf Risotto mit Bärlauch und wildem Spargel ist geschmacklich überaus gelungen. Ergänzt wird das Menü von einem geschmacksintensiven Joghurt-Waldmeister-Süppchen und einem Rhabarbersorbet und kandierten Veilchenblüten. Klassiker wie der Zwiebelrostbraten von der freesischen Färse, das Rahmschnitzel vom Schwein und die hausgemachten Maultaschen – in der Saison mit Bärlauch – sind sehr zu loben. Bei den vegetarischen Gerichten wird nicht einfach das Fleisch weggelassen: Die Panzerotti mit Bärlauch und Mascarpone oder das cremige Risotto mit zweierlei Spargel und Frühlingsmorcheln sind eigenständige Gerichte. Die Dessertkarte bietet Eisvariationen, ergänzt um Apfelküchle in Zimtzucker und Schokoladenkuchen mit flüssigem Kern.

Menschen, die gern biozertifizierte Destillate genießen, werden im »Hirsch« ihre Freude haben. Die Weinkarte ist umfangreich, regional orientiert mit Weinen von vielen schwäbischen Spitzenwinzern.

Berggasthof Schlüssel

Pfaffenberg 2,
79669 Zell i. W.-Pfaffenberg
0 76 25 / 3 75
berggasthof-schluessel.de

Größe: 70 Plätze im Gastraum, 40 auf der Terrasse
Preise: Hauptgerichte 17–38 Euro
Kreditkarten: Alle gängigen Karten
Öffnungszeiten: Do–Mo 11.30–14 und 17.30–21 Uhr, Sa, So durchgehend warme Küche; Ruhetage: Di, Mi

Traditionshaus mit Charme und tollem Ausblick

Der Berggasthof »Schlüssel« im Oberen Wiesental zwischen Zell und Schönau ist in etwa 40 Autominuten von Lörrach aus zu erreichen. Der idyllische Schwarzwaldgasthof mit langer Tradition liegt in herrlicher Aussichtslage des Zeller Berglands. Die schöne Terrasse mit einem Ausblick ins Tal und auf die umliegenden Berge ergänzt die gemütlich-rustikale Gaststube mit Wohlfühlatmosphäre. Küchenchef Jakob Brasch sammelte in Sterneküchen in Genf, Paris und Baiersbronn Berufserfahrung. Er kocht mit Leidenschaft und legt großen Wert auf frische und hochwertige Produkte. Alle Soßen und Fonds werden selbst zubereitet. Frische Kräuter erfreuen Gaumen und Auge, Kuchen und Brot werden täglich gebacken. Das Wild kommt aus örtlicher Jagd, der Fisch kommt aus Zell-Atzenbach. Die regionalen Anbieter sind zum Teil in der Speisekarte genannt.

Die bodenständigen Gerichte sind fein und gelegentlich raffiniert umgesetzt. Auf der Speisekarte stehen klassische Gerichte wie das panierte Schnitzel mit Pommes frites oder der Zwiebelrostbraten in Burgunderjus mit Röstzwiebeln, hausgemachten Spätzle und Gemüsegarnitur. Doch finden sich Anleihen aus der gehobenen Küche auf der saisonal wechselnden Karte oder im großen Menü, wie eine Terrine von Brunnenkresse und Champignons in Madeiragelee mit gebackenem Kalbskopf oder Filets von der heimischen Schwarzwaldforelle aus Ebi's Forellenweiher in Atzenbach mit Blattspinat und Pilzravioli. Vegetarisch lebende Menschen sehen ihre Einstellung nicht nur im Frühjahr hervorragend berücksichtigt mit den Bärlauchgnocchi mit Spargelragout und Taggiasca-Oliven an Parmesan-Salbei-Velouté.

Im Keller warten Weine vom Kaiserstuhl und Tuniberg, der Ortenau und natürlich vom nahen Markgräflerland. Der aufmerksame und freundliche Service wird von Sunny Städter geleitet.

Bayern

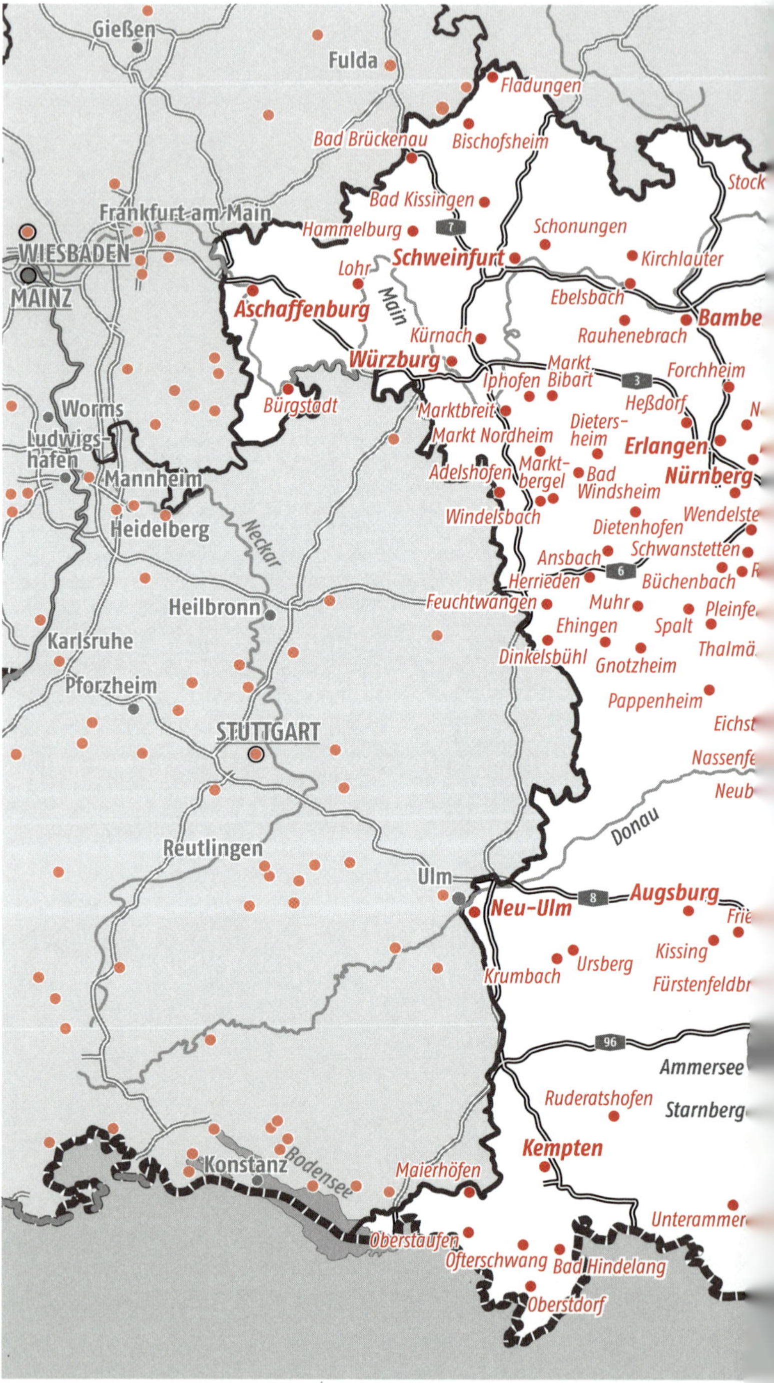

Gießen
Fulda
Fladungen
Bad Brückenau
Bischofsheim
Bad Kissingen
Frankfurt am Main
Hammelburg
Schonungen
WIESBADEN
MAINZ
Lohr
Schweinfurt
Kirchlauter
Aschaffenburg
Main
Ebelsbach
Rauhenebrach
Kürnach
Würzburg
Markt Bibart
Iphofen
Forchheim
Bürgstadt
Worms
Marktbreit
Heßdorf
Ludwigshafen
Markt Nordheim
Dietersheim
Erlangen
Adelshofen
Marktbergel
Bad Windsheim
Nürnberg
Mannheim
Heidelberg
Neckar
Windelsbach
Dietenhofen
Ansbach
Schwanstetten
Herrieden
Büchenbach
Heilbronn
Feuchtwangen
Muhr
Ehingen
Spalt
Karlsruhe
Dinkelsbühl
Gnotzheim
Pforzheim
Pappenheim
STUTTGART
Donau
Reutlingen
Ulm
Augsburg
Neu-Ulm
Ursberg
Kissing
Krumbach
Ammersee
Ruderatshofen
Kempten
Konstanz
Bodensee
Maierhöfen
Oberstaufen
Ofterschwang
Bad Hindelang
Oberstdorf

Plauen
Berg
Waldershof
Neualbenreuth
Bayreuth
93
Neustadt a. d. Waldnaab
Amberg
Hohenburg
Nittenau
Chammünster
Velburg
Duggendorf
Regensburg
Eichhofen
3
Aiterhofen
Straßkirchen
Freyung
Perlesreut
Passau
Osterwaal
Landshut
Ortenburg
Freising
Pleiskirchen
MÜNCHEN
Inn
Forstinning
Fridolfing
Waging am See
Chiemsee
Laufen an der Salzach
Rosenheim
Bernau
8
Inzell
Piding
Neubeuern
Frasdorf
Bad Tölz
Samerberg
Schleching

Landhaus zum Falken

Haus Nr. 41,
91587 Adelshofen-Tauberzell
0 98 65 / 94 19 40
landhaus-zum-falken.de

Größe: 60 Plätze in der Gaststube, 40 auf der Terrasse
Preise: Hauptgerichte 7–24 Euro
Kreditkarten: EC, Master, Visa
Öffnungszeiten: Mi–So 11.30–14 und ab 17.30 Uhr; Ruhetage: Mo, Di

Charme und Tradition im ursprünglichen Taubertal

Der mehr als vier Jahrhunderte alte Gasthof liegt etwas zurückgesetzt von der Taubertalstraße, zwölf Kilometer unterhalb von Rothenburg ob der Tauber. Hier wie dort lohnt ein Besuch. Von der Terrasse des »Landhauses zum Falken« hat man einen schönen Blick auf die ruhig gen Main ziehende Tauber, deren Ufer baumbestanden sind. Die ländlich anmutende Gaststube lädt zum Hocken ein, während die Fachwerkscheune großen Gesellschaften bäuerliches Flair verleiht. Der Gewölbekeller dient als Weindepot für die heimischen Tropfen der Lage »Hasennestle« und bietet einen guten Rahmen für Verkostungen und Weinveranstaltungen. Lars Zwick, Patron und Küchenchef, präsentiert eine saisonale Küche der Region: gut, solide, voller Geschmack und ohne Schnörkel.
In der Saison ist die Suppe vom Bärlauch mit Grießnocken probierenswert, ebenso die Pfannkuchensuppe mit kraftvoller Consommé und fein geschnittenen Kräuterflädle oder das Beste aus Franken und Hohenlohe – Bratwurstgehäck, Leberwurst und Ziegenkäse mit Leindotteröl. Bei den Hauptspeisen gefällt die geschmorte Rehkeule mit Haselnussspätzle und Blaukraut oder die in Fenchelbutter geschmorte Lachsforelle mit Rosmarinkartoffeln. Wer Innereien schätzt, freut sich über das Beste von Herz, Lunge und Zunge (Beuschel*, wie man in Österreich sagt) in würziger Soße mit Semmelkloß. Ein besonderer Höhepunkt sind Zwicks Bratwursttage, die jeden Donnerstag und Freitag stattfinden. Frankens Kultspeise kommt dann schlachtfrisch auf den Tisch – ohne Senf, der laut Zwick nicht an eine fränkische Bratwurst gehört, aber mit Beilagen wie Sauerkraut, Bratkartoffeln, Kartoffelsalat oder Brot. Auch Nichtvegetarier sollten die hausgemachten Leindotter-Spätzle versuchen, die mit knusprigen Zwiebeln garniert sind. In der Saison sind die Erdbeernachspeisen ein Muss, die gebrannte Creme mit Zimteis eine feine Wahl für die kalte Jahreszeit. Für den kleinen Hunger bietet die Vesperkarte eine schöne Auswahl klassisch fränkischer Spezialitäten mit hausgemachten Bratwürsten, gelegentlich auch vom Wildschwein.
Weine gibt es vom eigenen Weinberg und aus dem Taubertal, die umfangreiche Karte der Destillate lässt keine Wünsche offen.

→ Wanderung durch die Weinlage Tauberzeller Hasennestle mit schönen Blicken auf die durch das Tal mäandernde Tauber, der Taubertalradweg führt direkt am »Landhaus zum Falken« vorbei.

Im nahen Auernhofen bieten die Weingüter Krämer und Stahl außergewöhnliche Weine aus Taubertäler Lagen.

Historische Wirtsstube im Landgasthof Murrer

Passauer Straße 1,
94330 Aiterhofen
0 94 21 / 9 94 30
murrerhof.de

Größe: 120 Plätze in verschiedenen Stuben und der Biergarten
Preise: Hauptgerichte 7–20 Euro
Kreditkarten: EC, Amex, Master, Visa
Öffnungszeiten: Mo–Fr 11–14 und 17–20 Uhr; So 11–14 Uhr; Ruhetag: Sa

Altbayerischer Landgasthof mit moderner Auslegung

Im Zentrum des Gäubodens unweit von Straubing liegt die alte Gemeinde Aiterhofen. Auf lockeren mineralischen Böden wachsen Kartoffeln, Zuckerrüben und – in der Kornkammer Bayerns – vor allem Getreide. Seit 1764 besteht an der Passauer Straße eine Gaststätte, die seit 1895 von Familie Murrer geführt wird, nunmehr von Anja und Ludwig Murrer in vierter Generation. In der rustikal-gemütlichen historischen Wirtsstube pflegt der Küchenchef eine raffinierte, der altbayerischen Tradition verpflichtete Küche, die Anregungen der Lehrjahre in der Schweiz und als Schiffskoch einfließen lässt.
Nach dem Bier-Essig-Malzamico (von Kriegl in Pilsting) oder einem alkoholfreien Bioprisecco als Aperitif mundet die Vorspeise, eine Bioziegenfrischkäseterrine auf Kohlrabi-Carpaccio, besonders gut. Auf der straffen Karte stehen einige Suppen. Von der Angebotslage abhängig gibt es Fischpflanzerl und Fischstriezeln* aus Donauweißfisch und -hecht gemacht. Vom Straubinger Fischer frisch geliefert, schmecken die Flussbarschfilets (die »bayerische Dorade«), kross gebraten, an Bärlauchpesto mit Gäubodenspargel und Kartoffeln und die Donauhechtwickerl auf Rieslingkräutersoße mit Marktgemüse und Linsen ausnehmend gut. Ebenso der Braten vom Hällischen Schwein mit Kruste an Dinkelbiersoße mit Wurzelgemüse und der Bayerwald-Ochs vom Grill, mit Knoblauch gespickt, auf Biosalat. Sehr schmackhaft sind die vegetarischen Burger oder die Pilzgerichte der Saison. Zum Abschluss empfehlen sich karamelisierter Kaiserschmarrn mit Zimtzucker und Apfelmus oder Rupfhauben mit Zwetschgen.
Die gepflegten Biere reichen vom Arcobräu aus Moos bis zum 1881er-Festbier im Steinkrug von der Straubinger Röhrlbräu. Weine aus Rheinhessen, Franken und Österreich. Gute Auswahl schottischer Single Malts. Murrers beteiligen sich am Projekt Waldwasser, bei dem in schönen Karaffen Trinkwasser aus dem Bayerischen Wald serviert wird. Gute Idee!

Die Murrers haben sich ein Standbein im Außer-Haus-Verkauf aufgebaut und liefern nach Vorbestellung.

NEU

Landgasthof Sörgel

Lieritzhofen 25,
91236 Alfeld
09 15 7 / 2 56
landgasthof-soergel.de

Größe: 80 Plätze im Restaurant, 100 im Festsaal, 80 auf der Terrasse
Preise: Hauptgerichte 5–28 Euro
Kreditkarten: EC
Öffnungszeiten: Mi, Fr–So 11–20.30 Uhr; Ruhetage: Mo, Di, Do

Regionalität, Saisonalität und Frische

Alfeld ist eine Gemeinde im mittelfränkischen Landkreis Nürnberger Land im Grenzgebiet zur Oberpfalz. Im Ortsteil Lieritzhofen ist seit vielen Generationen der »Landgasthof Sörgel« beheimatet. Nach Lehr- und Wanderjahren leiten Sven und Bernd Sörgel, der zudem Metzger gelernt hat, die Küche. Mit viel Engagement, Zielstrebigkeit und Kreativität haben sie eine gastronomische Institution geschaffen, die ihre Wurzeln in regionalen Gerichten hat und sie nicht vernachlässigt. So pflegen sie mit Hingabe die Kirchweih- und Schlachtschüsselkultur. Ein besonderes Kirchweihgericht ist die Vogelsuppe*, die am Donnerstag vor der Kirchweih serviert wird. Das kulinarische Spektrum des Landgasthofs ist vielfältig – vom knusprigen Spanferkel oder Schäufele bis zur verfeinerten Kreation aus der gehobenen Küche. Das ausführliche Lieferant*innenverzeichnis mit den Produkten der Region ist mustergültig.
Feine Waldpilzcremesuppe mit gebackener Praline oder eine Tomatensuppe mit Kräutercroutons aus aromatischen Grundzutaten sind ein vielversprechender Start ebenso wie der ofenfrische Leberkäse mit Kartoffelsalat und Salatteller. Zart sind die geschmorten Ochsenbäckchen auf Selleriepüree mit buntem Gemüse, Balsamico-Schalotten und Kartoffelplätzchen. Von Metzgerhand pariert, ist das voluminöse Bäckchen perfekt geschmort, Geschmack und Konsistenz sind fein, zart und passend zu den aromatischen Beilagen. Der Zwiebelrostbraten vom Rumpsteak mit Röstzwiebeln, Speckbohnen, Kartoffel-Trüffelkrapfen und gemischtem Salat aus einem marmorierten und perfekt gereiften Fleisch wird mit knusprigen Zwiebelringen serviert. Das Rehschnitzel, im Knuspermantel gebacken mit Preiselbeer-Senf, Pfifferlings-Kartoffelsalat und gemischem Salat ist innen zart und außen knusprig. Bei Himbeer- und Erdbeersorbet, Crème brûlée und Schokoladensoufflé zeigt sich die hervorragende Arbeit der Patisserie.

➜ Wie die Vogelsuppe entstand, kann Uli Vogel vom »Gasthof Vogel« in Pommelsbrunn erzählen.

Hauseigene Metzgerei mit Schlachthaus. Durch die Warmfleischverarbeitung wird das einmalige, ursprüngliche Frischfleischaroma bewahrt. Bei der Bratwurstherstellung kann auf den Zusatz von Phosphat verzichtet werden. Öffnungszeiten: Mi 9.30–19 Uhr; Fr 9–20 Uhr; Sa, So 10–20 Uhr

Restaurant Alte Nagelschmiede

Oberer Markt 13,
90518 Altdorf
0 91 87 / 9 52 70
nagelschmie.de

Größe: 95 Plätze in drei Stuben, 40 auf der Terrasse
Preise: Hauptgerichte 7–26 Euro
Kreditkarten: EC
Öffnungszeiten: Mo–Sa 11.30–14 Uhr und 17–20 Uhr; Ruhetag: So

Fränkische Spezialitäten – traditionell und modern

Die Wallenstein-Festspielstadt Altdorf 25 Kilometer südöstlich von Nürnberg bietet eine reiche Geschichte und zahlreiche Sehenswürdigkeiten. Das Restaurant und Hotel »Nagelschmiede« befindet sich in einem historischen Gebäude direkt am Marktplatz. Der Gastraum ist rustikal eingerichtet. Hans-Werner Recknagel ist seit mehr als 30 Jahren der kulinarische Platzhirsch. Ein Blick in die Speisekarte verrät ihn als Küchen- und auch Metzgermeister. Die breite Auswahl ist saisonal und regional orientiert. Es gibt Gerichte und das Menü der Woche, ein Mittagsgericht, Klassiker, Wild, Frisches vom Fisch, Vegetarisches, Innereien, Omas Küche – und aus der Wurstmanufaktur mittwochs die Schlachtschlüssel. Die regionalen Lieferant*innen und solche aus fairem Handel sind ausgewiesen. Zum Anwärmen empfehlen sich die Wildrahmsuppe mit Pfifferlingen, die fein säuerliche Tomatensuppe oder die Maultaschensuppe; selbst hergestellte Fonds bildet ihre aromatische Grundlage. Sehr erfreulich sind die in Butter gebratenen Steinpilze und das Tatarbeefsteak aus feinem Muskelfleisch mit Senf, Gürkchen, Zwiebeln, Sardellen und Kapern. Wallerfilet im Wurzelsud mit zerlassener Butter, Petersilienkartoffeln und Salatteller in schonender, feiner Zubereitung und in Rotwein geschmorte Ochsenbäckle, von Wirsing und Kartoffelplätzchen begleitet, sind zwei ausgezeichnete Hauptgerichte. Weitere Angebote: Lammbratwürste, dazu Kartoffel-Gurken-Salat, Saure Nieren mit Kartoffelbrei und Salat oder das Rehragout mit Pfifferlingen, Semmelknödel und Salat. Der Küchenchef zeigt sein hohes handwerkliches Können auch beim Kürbisrisotto mit Salatteller und anderen Veggieangeboten. Verführend der Topfenknödel mit Rhabarber und Waldmeistereis zum Abschluss. Die Nagelschmiede offeriert einige selten gewordene Gerichte wie Zwetschgenbames*, Kalbsbries, Kutteln oder das Altdorfer Gwerch* (hier mit Stadtwurst, Pfannensülze und Schäufelesülze*).
Umfangreiche Getränkekarte mit regionalen Lieferant*innen und mit deutschen und europäischen Weinen.

➜ Alle drei Jahre werden Wallenstein-Festspiele in der ehemaligen Universitätsstadt veranstaltet, die reich an geschichtlichen Plätzen ist.

Verkauf von Wurst und Geräuchertem.

NEU

Zur schönen Aussicht

Hegnenberg 9,
90518 Altdorf
0 91 57 / 52 32
hegnenberg-kreuzeder.de

Größe: 70 Plätze im Restaurant, 130 auf der Sonnenterrasse
Preise: Hauptgerichte 14–29 Euro
Kreditkarten: Alle Kreditkarten außer Amex
Öffnungszeiten: Do–So 11.30–22 Uhr; Ruhetage: Mo–Mi, außer Feiertage

Esskultur auf dem Berg

Im Altdorfer Oberland liegt auf beachtlicher Höhe, umgeben von Wäldern und Wiesen, Hegnenberg. Der Ort hat Historie – und ein altes, einige Jahre geschlossenes Dorfwirtshaus. Es ist ein Glücksfall, dass es vom Altdorfer Koch Philipp Kreuzeder gepachtet und Anfang 2022 neu eröffnet wurde. Mit freigelegter Holzbalkendecke, dezenter Renovierung und einem neuen Stammtisch hat er ein behagliches Ambiente geschaffen. Hervorzuheben ist die Sonnenterrasse unter Bäumen am Berghang. Kreuzeder kocht eine fränkisch-regionale und durchaus kreative Küche. Die Slow Food Philosophie »gut, sauber und fair« setzt er in besonderem Maße um. Er praktiziert die »Nose-to-Tail«-Verarbeitung von Tieren und zeigt regionale Kompetenz durch regionale Kochkultur und regionale Grundprodukte, deren Erzeuger auf der Karte herausgestellt werden. Die motivierte Küchenbrigade teilt seine Leidenschaft und arbeitet achtsam und nachhaltig. Gleichermaßen eine Freude ist der junge, charmante Service.
Zu den Vorspeisen auf der saisonal orientierten Karte zählen gegarter fränkischer Rettich mit Dunkelbier, das Pühlheimer Bio-Beeftatar mit Bio-Ei und mariniertem Kohlrabi und das fränkische Seefischcarpaccio aus Erlangen mit roter Zwiebel und Limette. Dazu wird ein mit der Bäckerei Gukkenberger entwickeltes Brot serviert. Beispielhafte Hauptspeisen sind die Hegnenberger Bratwürste mit Rahm-Sauerkraut und das knusprige, auf der Haut gebratene fränkische Lachsforellenfilet mit Beeren. Selbstverständlich wird Vegetarisches und Veganes angeboten. Der fränkische Spargel-Quinoa-Risotto aus Oberrieden mit warmem Radieschen-Salat ist ein schönes Beispiel, ebenso wie die hausgemachten Krautwickerl, die von Linsen und Paprika-Creme begleitet werden. Die Sonntagskarte ist eine Reminiszenz an die fränkische Tradition der Sonntagsbratenküche, vor allem der gemischte Braten vom fränkischen Strohschwein, Pühlheimer Bio-Weiderind und Geschmortem vom Altdorfer Reh mit Natursoße, handgedrehten Kartoffelknödeln und Salat. Auf Bestellung wird zum Nachtisch ein Hegnenberger Pfännchen mit saisonalem Fruchtkompott im Stil der Salzburger Nockerln gebacken. Chapeau für die Patissière, auch für ihr Eis und Sorbet. Neben dem üblichen Getränkeangebot sind die Aperitifs eine gute Wahl. Die Biere der Leinburger Privatbrauerei sind gute Begleiter zum Sonntagsbraten. Die Weinkarte listet überwiegend deutsche und österreichische Gewächse.

Bäckerei Gukkenberger, Untere Brauhausstraße 13, 90518 Altdorf bei Nürnberg.

Casino Wirtshaus

Schrannenplatz 8,
92224 Amberg
0 96 21 / 2 26 64
casino-wirtshaus.de

Größe: 70 Plätze und 90 im Biergarten
Preise: Vorspeisen 5–9, Hauptgerichte 9–23 Euro
Kreditkarten: Keine
Öffnungszeiten: Di–So ab 10, Küche 12–14 und 18–22 Uhr; Ruhetage: Mo, sonntagachmittags, im Sommer sonntagabends

Vorzeigewirtshaus in der Oberpfalz

Das »Casino« entspricht dem Idealbild eines Wirtshauses der Oberpfalz. Auf historischem Boden ist in Symbiose zwischen der früheren Franziskanerkirche und dem Stadttheater etwas Besonderes entstanden: eine Kirche mit Wirtshaus oder ein Wirtshaus mit Kirche. Das Casino sieht sich in der Tradition der Oberpfälzer Stadtkultur, ein Treffpunkt zum Trinken und Speisen, zum Reden, Streiten und Kartenspielen für die 18- bis 80-Jährigen. Die »Altdeutsche Stube« mit der Holztäfelung und den blanken Holztischen hat eine gemütliche Atmosphäre. Der schattige Biergarten darf im Sommer nicht fehlen. Geführt wird das Casino von den Geschwistern Evi und Hans Graf. Der Name des Wirtshauses verweist auf die Verwandtschaft zum Offizierscasino. Für alle Gerichte werden gute Erzeugnisse der Region verwendet, eine Liste der Lieferant*innen ist auf der Speisekarte verzeichnet.

Die Küche ist der traditionellen, saisonalen und frischen Küche der Oberpfalz verpflichtet. Neben der Standardkarte mit Brotzeiten und Getränken gibt es eine überschaubare, interessante Tageskarte mit einem schönen Wochenrhythmus: Innereien am Dienstag, Ripperl am Donnerstag, frischer Oberpfälzer Fisch (Saibling und Forelle) am Freitag und die traditionelle Bratenküche mit selbst gemachten Erdäpfelknödeln am Sonntag.

Der gratinierte Bioziegenfrischkäse und die Biokäseplatte zeigen die Verbundenheit zu Qualitätserzeugern der Region. Auf der Karte gefallen die Dinkelnockerlsuppe sowie überbackene Bauchstecherla*, aus den Handflächen herausgedrehte Kartoffelnudeln mit Spinat. Der Presssacksalat und Dotsch*, ein Reibekuchen mit Apfelmus und Kraut, sind einfache, schmackhafte Gerichte ebenso wie die empfehlenswerten Bratkartoffeln. Die Küche traut sich auch an Klassiker wie Kalbsbeuscherl mit Semmelknödel. Weitere Favoriten: Wirschingwickerl, mit Lamm gefüllt, oder geschmolzene Blutwurst oder Nierchen mit Senf-Sahne-Soße. Zum Dessert gibt es Kaiserschmarrn oder Quarknockerln mit Rotweinbirne. Das Bier liefert die Brauerei Kummert, darunter das süffige Zoiglbier. Aktionsbiere kleiner Brauereien runden das Angebot ab. Weine aus Österreich, der Pfalz und aus Franken.

➔ In der Nähe befindet sich das kleinste Hotel der Welt – das Eh'Häusl. Mehr Privatsphäre geht nicht! www.ehehaeusl.de

Biokäserei Wohlfahrt, Harald, Heidi und Magdalena Wohlfahrt (Weißenberg 1, 92265 Edelsfeld, www.biokaeserei-wohlfahrt.jimdo.com).

Wirtshaus Schwarzer Bock

Pfarrstraße 31,
91522 Ansbach
09 81 / 42 12 40
schwarzerbock.com

Größe: 50 Plätze im Gastraum, 80 im Außenbereich
Preise: Hauptgerichte 10–30 Euro
Kreditkarten: EC, Amex, Master, Visa
Öffnungszeiten: Täglich 12–22, Küche 12–20.30 Uhr; 24. Dez, 1. Jan geschlossen

Fränkisch-pfälzische Küche und ein bisschen mehr

Ansbach, geprägt durch die Markgrafen von Ansbach-Brandenburg, ist eine Perle des Rokokos. Im historischen Hotel-Wirtshaus »Schwarzer Bock« wird seit mehr als 500 Jahren fränkische Gastlichkeit gepflegt. Seit 2009 führt die Pfälzerin Meike Appel-Fuhrmann das Traditionshaus. Angeboten werden Klassiker der fränkisch-pfälzischen Küche und internationale Feinschmeckergerichte. Gekocht wird nach MOALA-Standard: Menüs ohne Additive und Laboraromen, sauberes Handwerk, ohne Hefeextrakt und Geschmacksverstärker.

Als Haustrunk kommt der erfrischende »Wald-Hugo« ins Glas: Holundersirup mit Frankensecco, Mineralwasser und einem Schuss Waldmeister. Als Vorspeise gibt es einen Klassiker, die Fränkische Festtagssuppe mit Einlage. Eine Spargel-Rahm-Suppe mit gebratenem Spargel und eine Kressesuppe, mit Riesling abgeschmeckt, ergänzen das Angebot. Zum fränkischen Kulturgut gehören die Bratwurst nach Ansbacher Art mit Merkendorfer Kraut und das fränkische Krustenschäuferla* aus dem Rohr mit Biersoße und Kartoffelkloß nach historischem Rezept. Auf der Wirtshauskarte steht der Wildtopf mit hausgemachten Spätzle. Eine gute Wahl, denn zum »Schwarzen Bock« gehört eine eigene Jagd: Die Chefin ist Jägerin. Fleischqualität und geschmackliche Abstimmung sind überzeugend. Das Wiener Schnitzel vom Kalb ist aus dem Frikandeau geschnitten und wird mit fränkischem Kartoffelsalat sowie einer »Zitrone im Nachthemd« serviert. Vegetarisch ist das Parmesanrisotto mit Bärlauch oder die von einem dicken Pfälzer Pfannkuchen begleitete Portion Spargel. Fränkische Bohnerkern*, ein fast vergessenes Gericht des nördlichen Mittelfranken, gekochte Wachtelbohnen in Soße mit Kloß, das sich zunehmender Nachfrage erfreut. Von den süßen Verlockungen ist der Bock-Schmarrn: süße Spätzle mit Rosinen, Marzipan und Zwetschgenröster, so nirgendwo zu finden.

Auf der umfangreichen Getränkekarte finden sich viele deutsche Weine, darunter Pfälzer Prädikatsweine und erfreulicherweise auch kleine und halbe Flaschen. Professioneller Service, freundlich und fachkundig.

→ Am ersten Juliwochenende finden Rokokofestspiele statt.

Oechsle im »Zum goldenen Ochsen«

Karlstraße 16,
63739 Aschaffenburg
0 60 21 / 2 31 32
www.zumgoldenenochsen.de

Größe: 52 Plätze im Restaurant, Wintergarten und weitere Stuben
Preise: Hauptgerichte 15–32 Euro
Kreditkarten: EC, Master, Visa
Öffnungszeiten: Di–Sa 17.30–21.30 Uhr; Ruhetage: So, Mo

Gehobene Küche mit fränkisch-mediterranem Mix

Das Restaurant »Oechsle« liegt im Herzen der Stadt Aschaffenburg, wenige Schritte vom Schlossgarten und vom prachtvollen Renaissanceschloss Johannisburg entfernt im Hotel »Zum goldenen Ochsen«. Der historische Teil des Ensembles, an der Fassade erkennbar, beherbergt das Restaurant. Die Gestaltung des schlanken Raums mit langer Theke, einem original Schweizer Stubenofen und hübsch gedeckten Tischen vermittelt Wohlbehagen. Florian Löffler, der Küchenchef des Familienbetriebs, versteckt sich nicht in der Küche, sondern kommt regelmäßig an die Tische. Löffler hat zuvor in guten Häusern gearbeitet, darunter auch in Kolja Kleebergs Restaurant in Berlin. Er verarbeitet regionale, saisonale und frische Produkte mit gebändigter Kreativität zu Gerichten, die ihren fränkischen Ursprung nicht verleugnen. Gelegentlich schimmert ein wenig mediterraner Esprit durch.
Als Gruß aus der Küche kommt eine Variation des Gerupften, ein angemachter Camembert auf knusprigem Brot. Die folgende Rinderkraftbrühe mit Lebernockerl, Kräuterflädle und Gemüse überzeugt ebenso wie die kreativ-fränkische Version eines Vitello tonnato: ein perfekt rosa gegartes Stück fränkisches Kalbfleisch mit einer Soße von geräucherter Spessartforelle und Kapern aus unreifen Holunderbeeren. Köstlich sind die Kräuterflädle, gratiniert mit Ziegenfrischkäse vom Berghof mit Wildkräutersalat. Fränkischer Klassiker ist der Waller aus dem Silvaner-Essigsud mit frisch geriebenem Meerrettich und Pellkartoffeln, aber auch gebackene Meefischli fehlen nicht auf der Karte. Der Schweinebraten wird in Apfelwein geschmort und mit Semmelknödel und Leberwurstschmelz serviert. Eine besondere Empfehlung sind die Gerichte vom Biogeflügel (Pute und Perlhuhn) vom Bauern Behl aus Miltenberg. Auch die vegetarischen Gerichte, wie die Fränkischen Falafel auf Ofengemüse, Kürbischutney und Schnittlauchschmand, sind ein Gaumenschmaus. Die Desserts bestätigen das Niveau, sowohl die Karthäuserklöße auf Aprikosenkompott als auch die Mousse von der Herrenschokolade.
Den gut bestückten Weinkeller mit vielen Frankenweinen verantwortet Nadine Gala, Lebenspartnerin, Miteigentümerin und Geschäftsführerin des Betriebs. Der Service ist aufmerksam, gelegentlich springt der Chef mit ein.

→ Das Renaissanceschloss mit Garten und schönen Ausblicken lohnt einen Besuch. Genießerradtouren des »Oechsle« führen in die nähere Umgebung.

Kappeneck. Essen und Trinken

Kappeneck 30,
86152 Augsburg
08 21 / 51 26 60
www.kappeneck.de

Größe: 80 Plätze im Gastraum
Preise: Hauptgerichte 9–22 Euro
Kreditkarten: EC
Öffnungszeiten: Di–Sa 17.30–23 Uhr; Ruhetag: Mo, So

Traditionshaus mit mediterranem Touch

Das Ecklokal in der Augsburger Altstadt scheint schon auf den ersten Blick eine Studentenkneipe zu sein. Der Eindruck bestätigt sich angesichts der einfachen, rohen Holztische und Stühle in einem schlicht gestalteten Raum. Doch das »Kappeneck« ist eine Traditionsgaststätte, die von ihrer Wirtin Christine Weber seit drei Jahrzehnten betrieben wird, seit gut einem Jahrzehnt zusammen mit dem unter Augsburger Genussmenschen bestens bekannten Koch Helmut Hengelmann. Seine Bezugsquellen – biologisch, nachhaltig, regional – sind im Lokal und auf der Webseite hervorragend dokumentiert.
Sogleich fällt die große handgeschriebene Tafel mit den täglich wechselnden Gerichten ins Auge. Ganz oben steht eine Spargelcremesuppe als Tagessuppe. Weiter unten sind leckere Salate mit Ziegenfrischkäse oder Entenbrust und ein deftiger Schweinebraten mit Kartoffelknödel und Krautsalat vom Schwäbisch-Hällischen Landschwein verzeichnet. Vom Hohenloher Rind ist die gesottene Ochsenbrust mit schwäbischem Linsengemüse und Kartoffeln. Auf der Standardkarte stehen ein Schnitzel Wiener Art vom Schwäbisch-Hällischen Schwein mit Röstkartoffeln und ein Ragout mit Bulgur und kleinem Salat vom Hohenloher Lamm. Auch vegetarische Gerichte sind aufgeführt, etwa die Blätterteigtaschen, gefüllt mit Wirsing, Walnüssen und Ziegenkäse. Ein Blattsalat wird mit gebratenem Saiblingsfilet vom Stadtfischer Schindler, Gemüse und Baguette serviert. Weiter gibt es italienisch inspirierte Nudelgerichte und diverse Pizzen. Zum Nachtisch locken das Bauernhofeis der Familie Lidl aus Mering – oder fantasievolle Leckereien aus der Küche.
Die Getränkekarte offeriert Biere der Augsburger Hasenbräu und ein süffig-würziges Zirndorfer Kellerbier. Weintrinker freuen sich über offene Bioweine aus Italien, Frankreich und Österreich. Fruchtsäfte und Kaffeespezialitäten kommen aus fairem Handel. Im Sommer sitzt man im kleinen Gastgarten. Der Service ist aufmerksam und freundlich.

Suppen im Glas, hausgemachte Dressings und frisches Gänseschmalz (im Herbst) zum Mitnehmen.

Gasthaus Obere Mühle

Ostrachstraße 40,
87541 Bad Hindelang-Oberdorf
0 83 24 / 28 57
obere-muehle.de

Größe: 60 Plätze im Gastraum, 20 im Garten
Preise: Hauptgerichte 18–42 Euro
Kreditkarten: EC, Master, Visa
Öffnungszeiten: Di–Sa 17–23.30 Uhr, warme Küche 17.30–21.30 Uhr; Ruhetage: So, Mo (außer Feiertage)

Essen statt sägen – Bodenständiges in der alten Mühle

Familie Egger-Rohrmoser erwarb 1987 die Sägemühle im Oberallgäuer Bad Oberdorf im schönen Ostrachtal und baute sie zum Gasthaus um. Im ehemaligen Rossstall befindet sich seit 1994 eine Biokäserei, in der guter Rohmilchkäse hergestellt und im Hofladen verkauft wird. 2007 wurde nebenan ein familiäres Superior-Hotel eröffnet. Im Sommer sitzen die Gäste im Garten und erfreuen sich an der traditionelle Schindelfassade, im Biergarten werden Brotzeiten angeboten. Einladend die herrlichen alten Stuben aus dem 17. Jahrhundert mit ihrer geschmackvollen Ausstattung. Das Speisenangebot ist regional und international, die Karte wechselt monatlich und bietet fürs Allgäu seltene kulinarische Erfahrungen.
Es gibt sämtliche Innereien vom Kalb und in der Osterzeit auch vom Lamm. Auch Kopf, Hirn und Bries sind zeitweise im Angebot, alles aus örtlicher Aufzucht. Die hausgemachten Nudel- und Knödelgerichte sind bodenständig: Maultaschen, Kässpätzle und Käsknödel – oder gleich eine Trilogie. Beim Fisch finden sich neben dem einheimischen Saibling auch Lachs, Dorade, Hummerkrabbe und Oktopus. Die Hauptgerichte zeigen zwei Schwerpunkte: Gerichte vom Bad Oberdorfer Kalb in allen Variationen vom Züngerl über geschnetzelte Innereien von Herz, Leber und Nieren bis hin zu kostbaren Kalbsteaks, Kalbsrücken und Kalbsfilets. Das Geschnetzelte kommt mit einem Hauch Salbei und einer unwiderstehlichen kastanienbraunen Soße. Der zweite Schwerpunkt ist edles Rindfleisch vom Rost: Zwiebelrostbraten, Rumpsteak und Rinderfilet sowie die Klassiker Entrecôte double und Chateaubriand – wiederum aus heimischer Aufzucht. Auch das gekochte Ochsenfleisch ist ein Genuss. Zuerst wird von der freundlichen, professionellen Bedienung die konzentrierte Brühe mit Flädle und Maultäschchen serviert, dann das Fleisch mit frischem Meerrettich und Schnittlauchrahm. Knusprig comme il faut waren die Bratkartoffeln zur zarten und intensiven Ochsenbrust. Die Desserts sind Kunstwerke.
Auf der Weinkarte versammeln sich die europäischen Anbaugebiete, darunter ein halbes Dutzend offener Weiß- und Rotweine.

Schuberts – Wein und Wirtschaft

Kirchgasse 2,
97688 Bad Kissingen
09 71 / 26 24
www.weinstube-schubert.de

Größe: 80 Plätze im Restaurant
Preise: Hauptgerichte 14–34 Euro
Kreditkarten: EC
Öffnungszeiten: Do, Fr ab 17.30 Uhr; Sa, So 12–14 und ab 17.30 Uhr; Ruhetage: Mo–Mi

Genießen im Wohlfühlambiente

Im Herzen der Altstadt Bad Kissingens steht mit »Schuberts – Wein und Wirtschaft« ein traditionsreiches Haus mit einem in der Region bekannten Namen für Qualität. Inhaber und Küchenchef Christian Hippler sorgt für eine gute, bodenständige Küche. Die abwechslungsreich eingerichteten fünf Stuben ermöglichen das Tafeln in unterschiedlichem Ambiente: intim, historisch-fein, ländlich. Die historische Weinstube mit ihrem Interieur aus dem Ende des 19. Jahrhunderts hat eine besondere Ausstrahlung. An lauschigen Sommerabenden sitzt man gern im Weinhof. Die vom Restaurant verarbeiteten Lebensmittel sind weitgehend lokal: Fleisch- und Wurstwaren liefern Metzgerei Brunner und Ludwig, Bioschweine aus Freilandhaltung vom Bauernhof der Familie Brand, Brot die Bäckereien Schmitt und Röttinger, Gemüse kommt von Gemüse Mönch und Käse von der Biokäserei Zeitz in Dittlofsroda. Christian Hippler kocht bodenständig, aber mit viel Geschmack und Raffinesse.
Empfehlenswert sind nicht nur seine Klassiker wie der Sauerbraten von der Ochsenbacke mit glasiertem Frühlingsgemüse und Löffelspatzen*, das Spargelrisotto mit zweierlei Spargel, Wildkräutern und gebeiztem Eigelb, das fränkische Hochzeitsessen vom Kalbstafelspitz mit Meerrettichsoße, Preiselbeeren und Semmelnudeln und das Volkacher Wallerfilet im Augustiner-Bierteig mit Kartoffel-Feldsalat und hausgemachter Remoulade, sondern auch die Karotten-Ingwer-Suppe mit geräucherter Entenbrust sowie die feine, tiefgoldene Consommé mit Röllchen vom Kalbsbrät in Kräuterpfannkuchen. Das Ochsenschwanzragout wird in einer konzentrierten Soße mit gebackenen Ochsenschwanzstäbchen, Karottengemüse und Linguine angerichtet, der Sauerbraten vom Rhöner Weiderind in tiefdunkler, zart säuerlicher Soße wird von Rahmwirsing und Klößen begleitet. Als Dessert schmecken die Griesflammeri mit geeistem Rhabarber und Erdbeeren.
Die Weinauswahl wird von guten Erzeugern des Mains und der mittleren Saale dominiert. Bier kommt unter anderem von der Rhöner Will Bräu. Empfang und Service sind freundlich, die Küche ist ausgesprochen flott.

Die Hofkäserei Zeitz in Dittlofsroda bietet eine gute Käseauswahl, die Milch stammt von Kühen des Slow Food Arche-Passagiers Fränkisches Gelbvieh.

Adelskammer

Dorfplatz 10,
95138 Bad Steben,
Ortsteil Carlsgrün
0 92 88 / 84 40
gasthof-adelskammer.de

Größe: 30 Plätze, 17 im Nebenraum, 20 auf der Terrasse
Preise: Hauptgerichte 10–16 Euro
Kreditkarten: Keine
Öffnungszeiten: Do–Mo 10–21 Uhr; Ruhetage: Di, Mi

Fränkischer Methusalem mit Kultstatus

Bad Steben mit seinen Thermen und der staatlichen Spielbank liegt in der Grünen Krone Bayerns, dem Frankenwald. Die Adelskammer hat als ältestes Wirtshaus in der Region definitiv Kultstatus. Nur noch wenige Gasthäuser sind in dieser Weise traditionell geprägt. In der Küche der Familie Gebelein hat das Handwerk einen herausgehobenen Stellenwert. Besonders hervorzuheben ist das Engagement der Wirtsleute für den Fortbestand der Kartoffelsorte »Schwarzblaue aus dem Frankenwald«. Sie ist Slow Food Arche-Passagier. Um in den Genuss der hausgemachten thüringischen Klöße aus der Schwarzblauen zu kommen, ist es ratsam, für den Sonntag einen Tisch zu bestellen. Dann wird die Schwarzblaue geschält, gerieben, gepresst, zu Klößen geformt und gekocht. Das Fleisch für die Schmorgerichte kommt von den Tieren der eigenen Landwirtschaft. Salat, Gemüse und Eier bezieht man ebenfalls vom eigenen Hof.
Die Speisekarte, ein einzelnes Blatt, zählt eine Handvoll klassischer fränkischer Gerichte auf: Gansbrust, Rouladen, Sauerbraten und Stockfisch, alles in Begleitung von Klößen, von denen großzügig nachgenommen werden kann – »erscht's dreizehnte Klees koscht was extra!« Wer außerhalb der Kloßzeit einkehrt, hat eine schöne Auswahl an hausgemachten Brotzeiten. Schinken, Presssack und Bratwürste werden von einer Metzgerei aus der Verwandtschaft geliefert. Mehrmals im Jahr schlachten die Wirtsleute ein Schwein und verwerten es komplett. Neben der Brotzeit werden Stammessen wie Kasseler mit Kraut oder Hackfleischbaggerla* mit Stampf angeboten.
Bier vom Fass bezieht man von den regionalen Brauereien Scherdel, Meinel und Budenschuster. Die Brauerei Budenschuster, von zwei jungen Braumeistern 2016 gegründet, liefert ein hervorragendes Lagerbier.

→ Auf der Website werden kulinarische Höhepunkte des Jahreslaufs wie Schlachtfeste, Stockfischessen, Gänseschwaz oder Kärba angekündigt.

Gasthaus Jägerwirt

Nikolaus-Rank-Straße 1,
83646 Bad Tölz-Kirchbichl
0 80 41 / 95 48
jaegerwirt.de

Größe: 100 Plätze im Restaurant, 65 im Biergarten
Preise: Hauptgerichte 10–32 Euro
Kreditkarten: EC, Master, Visa
Öffnungszeiten: Mo, Fr 11–15 und 17–23 Uhr; Do 17–22 Uhr; Sa, So 11–22; Ruhetage: Di, Mi

Oberbayerisch-urig mit Liebe zur alpenländischen Küche

Südöstlich des schönen Kirchsees, nahe Bad Tölz, ist das urige »Gasthaus Jägerwirt« zu finden. Im ehemaligen Bauernhaus trafen sich Jäger regelmäßig mit dem damaligen Besitzer – schon 1928 wurde die Bauernstube zur Gaststube. Seit 1996 erhalten Sabine und Peter Rank die bayerische Wirtshaustradition. Verstärkung in der Küche erhält Peter Rank von seinem Sohn Martin, der nach seiner Ausbildung im Egerner Hof in Rottach-Egern in angesehenen Häusern arbeitete. Mit frischen Produkten der Region und Kräutern aus dem eigenen Garten wird für die Gäste gesorgt. Es gibt eine täglich wechselnde Speisekarte, die eine Erzeuger*innenliste enthält, sowie eine »Jeden Tag gibt's«-Karte. Kartoffeln kommen vom Stadler-Bauer in Aying und Fleisch direkt vom Nachbarn Schlör. Das Wild liefern, wie in alten Zeiten, die Jäger*innen der Umgebung; Wildgerichte gehören zu den Spezialitäten des Hauses.

Als Vorspeise locken lockere Grießnockerl in Rinderbrühe. Der Schweinsbraten kommt am Wochenende frisch aus dem Rohr. Dazu gibt es – mittlerweile eine Seltenheit – handgeriebene Kartoffelknödel. Immer wieder steht ein Wildschweinbraten, ein Tellerfleisch mit Kren und Wurzelgemüse oder Lammfleischpflanzerl auf der Tageskarte. Auf Vorbestellung werden Kalbs- und Schweinshaxn vom Grill serviert, ebenfalls mit hausgemachten Knödeln. Ein Genuss sind der lauwarme Kartoffelsalat und der Salat aus roh verarbeiteten roten Rüben. Beim Geflügel wird auf Bestellung eine Ente oder Gans (vom Lugeder) ins Rohr geschoben, dazu Kartoffelknödel und harmonisch gewürztes Blaukraut. Seit geraumer Zeit ist der Wildburger (ausschließlich Wild aus der Umgebung) mit Bergkäse der Naturkäserei Tegernsee beliebt. Auch die Roggenweckerl werden selbst gemacht, wie auch die anderen Brotsorten auf der Karte. Als Nachspeise locken die Bayrisch Creme mit hausgemachtem Himbeersorbet oder hausgemachte Sorbets und Cremeeissorten. Der Käsekuchen (wie bei Oma) und die Schmalznudeln sind ebenfalls nicht zu verachten.

Der Hauptlieferant für die Biere ist die nahe gelegene Klosterbrauerei Reutberg. Die Schnäpse kommen von der Edelbrennerei Schauer aus Oberfischbach und von der Destillerie Lantenhammer aus Hausham/Schliersee, die Weine aus Deutschland, Österreich, Frankreich und Italien. Die Obstsäfte der Mosterei Wenig sind ein Genuss.

Gasthaus zum Goldenen Hirschen

Markgrafenstraße 13,
91438 Bad Windsheim-Lenkersheim
0 98 41 / 48 23
gasthausschwemmer.de

Größe: 40 Plätze in der Gaststube
Preise: Hauptgerichte 10–22 Euro
Kreditkarten: Keine
Öffnungszeiten: Fr, Sa ab 17.30 Uhr; So zusätzlich 11.30–14 Uhr; Ruhetage: Mo–Do

Klein und fein – regionale Küche auf hohem Niveau

Lenkersheim ist ein Ortsteil des Kurortes Bad Windsheim. Das unscheinbare, efeubewachsene Gasthaus mit seinen kleinen Fenstern ist denkmalgeschützt - nur der Ausleger mit dem goldenen Hirschen verrät den gastronomischen Ort. Urgemütlich ist die Gaststube, warmes Holz aus guter Schreinerarbeit an den Decken und Wänden, wie es sich für ein fränkisches Wirtshaus gehört. Im Sommer sitzt man im kleinen Garten. Joachim Schwemmer, ehemals Landwirt, lernte sein Kochhandwerk in renommierten Häusern wie dem »Eisenhut« und der »Villa Mittermeier«. Rückbesinnung auf seine Herkunft und die Suche nach Qualität bewogen ihn, in das elterliche Gasthaus zurückzukehren. Auf der Speisekarte sind zuerst die Lieferant*innen der verwendeten Produkte genannt. Sie kommen überwiegend aus der Umgebung, Schweinefleisch, Obst, Gemüse und Kartoffeln sogar vom eigenen Hof. Schwemmer versteht es, Tiere fachgerecht zu zerlegen und ganz zu nutzen. Demonstriert wird das nicht zuletzt am fränkischen Tiger. Gemeint ist der Slow Food Arche-Passagier Ansbach-Triesdorfer Rind. Geboten werden neben einem Drei-Gänge-Menü weitere Vorspeisen und Zwischengerichte, dazu fünf Hauptgerichte und ein Dessert. Die Karte ändert sich von Woche zu Woche und von Saison zu Saison.

Zu empfehlen ist die Essenz vom fränkischen Tiger, der Gemüse-Buchweizen-Strudel mit Kräuterschaum sowie der Kaninchenrücken im Brotmantel mit Pfifferlingen. Auch die Lasagne vom Lenkersheimer Reh und vor allem der rosa gebratene Rehrücken mit buntem Gemüse und gebratenem Serviettenknödel schmecken ausgezeichnet. Das vegetarische Gericht ist bei Joachim Schwemmer kein Alibi, sondern fester Bestandteil der Speisekarte. Von den (selbstverständlich hausgemachten) Spaghetti mit Pfifferlingen oder den Bärlauchnudeln mit grünem Spargel schwärmen auch nicht vegetarisch lebende Menschen. Als Dessert gefällt das Hollerküchlich*: gebackene Holunderblüte mit Tahiti-Vanille und hausgemachtem Erdbeereis (ein Gericht mit kurzer Saison) und das Dunkelbier-Tiramisu. Das hausgebackene Tomatenbrot ist knusprig-frisch, der Service freundlich.

Die Weine kommen aus dem südlichen fränkischen Weinland, das Bier aus Bad Windsheim. Weil der »Goldene Hirsch« nur an drei Tagen geöffnet hat, ist eine Reservierung angeraten.

➔ Im nahen Ickelheim finden Sie den von Slow Food Mainfranken-Hohenlohe mit bewirtschafteten Pfahlweinberg, bepflanzt mit »Alten fränkischen Satz«, einem Slow Food Arche-Passagier.

Weinstube zu den drei Kronen

Schüsselmarkt 7,
Bad Windsheim
0 98 41 / 9 19 99 03
weinstubedreikronen.de

Größe: 40 Plätze im Restaurant, 20 auf der Terrasse
Preise: Hauptgerichte 10–26, 4-Gänge-Menü 56 Euro
Kreditkarten: EC, Master, Visa
Öffnungszeiten: Mo, Do–So 17.30–22 Uhr, Küche bis 20.30 Uhr; Ruhetage: Di, Mi

Ein Gastrosoph mit gehobener Fantasieküche

Der ländliche Kurort Bad Windsheim mit reichstädtischer Vergangenheit liegt an den Grenzen von Steigerwald und Frankenhöhe. Ein Juwel aus dem 14. Jahrhundert ist das mittelalterliche Fachwerkhaus, das die »Weinstube zu den drei Kronen« beherbergt. Hier kocht seit 2016 Marco Schneider. Der Theater-, Medien- und Musikwissenschaftler sattelte auf Koch um und absolvierte eine Tour durch Sternerestaurants und Trendlokale. Seine Avantgardeküchenerfahrungen verbindet er mutig mit einer bodenständigen fränkischen Küche. Viele Gerichte werden auf der Speisekarte mehrsprachig und fantasievoll angeboten, ergänzt um eine Liste der Produkt- und Getränkepartner*innen. Bei der modernen Interpretation der traditionellen Gerichte kennt Schneider keine Geschmacksgrenzen – ein Höhepunkt in der gehobenen fränkischen Gastroszene. Serviert werden die Gerichte in ansprechend kreativer Form von einem freundlichen Service.

Beim Vier-Kronen-Signature-Menü »Ozymandias« mit Weinbegleitung kommt eine gebeizte fränkische Lachsforelle, Rhabarber, Wasabi mit Crispy Nishiki Reis in bester Qualität auf den Teller. Als raffiniertes Zwischengericht wird Spargel mit Bambus, Feldsalat und Sesam serviert. Dann liegt der Duft eines gebratenen Chili-Schwarzfederhuhns (Los Pollos Hermanos) über dem Tisch: Das Fleisch hat eine intensive Chilinote und wird ergänzt von samtigem Mais und frittiertem grünen Spargel mit Limettennote. Als Dessert folgt Birne mit weißer Schokolade, gekrönt von Blue Crystal Anis. Eine ebenso fein abgestimmte Alternative ist die geschmorte Lammkeule, Miso, Rhabarber, Kartoffel-Bärlauch-Gratin. Als Dessert lockt knusprig gebackenes Grüntee-Eis mit Schokoladenmousse (Some like it hot): Eine Art Frühlingsrolle entfaltet nach dem Aufbrechen in Verbindung mit dem Schokoladenmousse eine kleine Geschmacksexplosion. Die Weinbegleitung harmonierte bestens mit den jeweiligen Gängen. Die Karte weist auch einige konventionellere Gerichte aus: einen Frühlingssalat, ein grünes Bärlauch-Fenchel-Süppchen oder auch ein gestandenes Wiener Schnitzel vom Sugenheimer Milchkalb mit Kartoffelsalat. Und selbst die Bratwurst ist als fränkische Bärlauchbratwurst von Bratwurstkönig Jens Hoferer vertreten.

Die Weinkarte mit Weinen der Region wird ergänzt von einer langen Liste vielfältiger Drinks der Extraklasse. Das Angebot erreicht das Niveau einer internationalen Bar.

➔ Das Fränkische Freilandmuseum in Bad Windsheim macht 700 Jahre Zeitgeschichte lebendig und ist einen Besuch wert.

Kropf – Bamberger Köstlichkeiten

Untere Königsstraße 28,
96052 Bamberg
09 51 / 2 08 30 95
kropf-restaurant.de

Größe: 80 Plätze im Gastraum,
60 im Kräuterhof
Preise: Hauptgerichte ab 22 Euro
Kreditkarten: EC
Öffnungszeiten: Mi–So 17.30–23 Uhr;
Ruhetage: Mo, Di

Gehobene Küche – Gastlichkeit wird großgeschrieben

Küchenchef und Inhaber Christopher Kropf stammt aus einer eingesessenen Bamberger Familie und legt großen Wert auf die Verarbeitung heimischer Erzeugnisse. Das Haus liegt im Bereich der »unteren Gärtnerei« inmitten des Bamberger Weltkulturerbes – und doch abseits der großen Touristenströme. Das Restaurant ist zeitlos modern eingerichtet. Neben dem Gastraum und dem Kaminzimmer steht im Sommer der romantische Innenhof zur Verfügung. Die vom Restaurant verarbeiteten Lebensmittel kommen weitgehend aus Bamberg und der näheren Umgebung. Die Fische liefert sein Onkel Michael von der Fischerzunft Bamberg, Gemüse wächst in der Hofstadt-Gärtnerei Dechant und in der Biogärtnerei Niedermaier, das Wild stammt von Kropfs Großonkel Hans-Joachim Rost. Das Angusrind weidet im Angushof Schauer in Bamberg. Christopher Kropfs Küche zeichnet sich durch hohe Raffinesse und Vielseitigkeit aus, die Handschrift seines Lehrmeisters Alexander Herrmann ist zu erkennen.

Die Karte wechselt regelmäßig, der Frucht- und Gemüsefolge der Bamberger Gärtner folgend. Empfehlenswert ist das Köstlichkeitenmenü; es wird auch in einer vegetarischen oder veganen Variante angeboten. In diesen Menüs spiegelt sich das Konzept des Chefs: Bamberger Köstlichkeiten, den Jahreszeiten entsprechend, in vielen kleinen Portionen serviert: Dreierlei zum Probieren. Auch wer à la carte essen möchte, bekommt zumindest ein Zweierlei serviert: Zweierlei vom Angusrind, Zweierlei vom Schwäbisch-Hällischen Schwein, Zweierlei Wild und Zweierlei Fisch. Wer statt eines Desserts Käse als Abschluss des Menüs bevorzugt, ist ebenfalls bestens aufgehoben.

Die Weinauswahl wird von guten Weingütern des Mains dominiert. Es wird eine auf das Menü abgestimmte Weinbegleitung angeboten. Der Empfang und Service sind herzlich, man bekommt kompetente Auskünfte. An lauschigen Sommerabenden sitzt man gern im Innenhof.

Mittwochs von 17.30 bis 20.30 Uhr bietet das Restaurant unter der Bezeichnung »Fine Dining« ein Drei-Gänge-Menü für Studierende zum halben Preis an.

→ Zum Bamberger Weltkulturerbe zählt neben der Altstadt mit dem Dom auch die Gärtnerstadt am Rande der Altstadt. Besuchen Sie das Gärtner- und Häckermuseum und den Bamberger Sortengarten in der Mittelstraße.

Bamberg ist die Bierhauptstadt Frankens, wenn nicht Europas – ein Besuch bei einem der vielen Brauereigasthöfe, insbesondere der Brauereien Spezial und Schlenkerla (Slow Food Arche-Passagier Bamberger Rauchbier), ist ein Muss.

Fuchsbräu

Hauptstraße 23,
92339 Beilngries
0 84 61 / 65 20
fuchsbraeu.de

Größe: 120 Plätze in drei Gasträumen, 120 im Biergarten
Preise: Hauptgerichte 10–27 Euro
Kreditkarten: EC, Amex, Master, Visa
Öffnungszeiten: Täglich 11.30–14 und 18–21.30 Uhr

Feine Regionalküche in der Altmühl-Jura-Region

Der »Fuchsbräu« war bis 1972 eine Brauerei mit Bierstube und ist seit fünf Generationen ein Familienbetrieb. Heute wird er von Denise und Christian Amrhein geführt. Das stattliche Anwesen aus sechs Gebäuden liegt in der historischen Altstadt von Beilngries: das Restaurant, das Hotel und die Kaiserbeck-Bar. Die Räumlichkeiten atmen unaufgeregte Stilsicherheit. In der Speisekarte legt Küchenchef Silvester Meyer Wert auf regionale wie saisonale Zutaten mit einem stetig wachsenden Bioanteil. Hervorzugeben sind das Juradistl-Weiderind und -Lamm sowie die Biberbacher Forellen und Saiblinge. Das Freiland-Jura-Geflügel kommt aus Rapperszell, Demeter-Gemüse und Bioeier stammen aus dem Altmühltal.

Auf der Speisekarte fallen zunächst die aufgeschlagene Bärlauchsuppe mit gebeiztem Biberbacher Forellenfilet oder die Beilngrieser Zwiebelsuppe mit Weißbrotcroutons und Käse überbacken auf. Auch das lauwarm geräucherte Biberbacher Forellenfilet mit Sahnemeerrettich und Spargel weckt Interesse. Unter den Hauptspeisen finden sich ein Rückensteak vom Berchinger Strohschwein in der Ziegenfrischkäsekruste auf Spargel-Tomaten-Gemüse und Kartoffelgratin oder der Zwiebelrostbraten vom Oberpfälzer Rind mit Röstzwiebeln und Bratkartoffeln. Besonders empfehlenswert ist die gekochte Ochsenbrust vom Juradistl-Weiderind in Meerrettichsoße mit Wirsinggemüse und Salzkartoffeln oder die gebratenen Oberbürger Rehnüsschen in Pfifferlingsauce mit Spargel und gebackenen Kartoffelkrapfen. Zu den vegetarischen Angeboten zählen Altmühltaler Bandnudeln mit saisonalem Gemüse und Kräuterpesto oder ein Kartoffelragout, mit Gemüse und Ingwer, Curry und Kräutern verfeinert. Zum guten Schluss gibt es Bioeis von da'Oberlipp, Dörndorfer Bauernhofeis, die Bayrisch Creme* mit Franken-Holundersirup oder die duftigen Nonnenfürzle*, ein Schmalzgebäck.

Es stehen regionale Biere von Schattenhofer, Lammsbräu, Riedenburger, Winkler oder Gutmann zur Auswahl. Die Weinkarte listet Gewächse aus Franken, Pfalz und von der Mosel.

➜ Beilngries liegt im nordöstlichen Naturpark Altmühltal, ideal zum Wandern und Radeln.
Gleich um die Ecke (fünf Kilometer entfernt) liegt das Benediktinerkloster Plankstetten mit seiner biozertifizierten Landwirtschaft und dem Biohofladen.

NEU

Post Berching

Johannesbrücke 5,
92334 Berching
0 84 62 / 20 04 20
post-berching.de

Größe: 140 Plätze in drei Gasträumen, 140 im Biergarten
Preise: Hauptgerichte 13–27 Euro
Kreditkarten: EC, Amex, Master, Visa
Öffnungszeiten: Täglich 7–23 Uhr

Küche weckt historisches Gebäude aus dem Dornröschenschlaf

Seit beinahe 300 Jahren steht das Gebäude des früheren Hotels Post in der Berchinger Vorstadt. Nach einer langen Phase des Leerstands hauchten Denise und Christian Amrhein dem Haus neues Leben ein. Ende 2019 eröffnete nach sehr aufwendiger und überaus gelungener Renovierung die »Post Berching«. In ihrer Speisekarte legen die beiden Küchenchefs Michael Weidinger und Matthias Bersch Wert auf regionale und saisonale Zutaten. Hervorzuheben sind das Juradistl-Weiderind sowie die Biberbacher Forellen und Saiblinge. Das Freiland-Jura-Geflügel kommt aus Rapperszell, Demeter-Gemüse und die Bioeier stammen aus dem Altmühltal.

Als Voressen gefallen das Brezenknödel-Carpaccio mit weißem Balsamico, in Knoblauchbutter gebratenen Champignons, Rucola und Parmesanspänen sowie die Rinderkraftbrühe mit Grießnockerl, Leberspätzle und Pfannkuchenstreifen. Unter den Hauptspeisen finden sich ein feiner Kräuterbraten vom Kalb in Heurahmsauce mit hausgemachten grünen Spätzle und Salat oder das Böfflamott vomJuradistl-Weiderind mit Blaukraut und Serviettenknödel. Ebenfalls empfehlenswert sind das Bergschnitzel vom Oberpfälzer Schwein mit süßem Senf und Kren in Bergkäse-Brezenpanade gebacken, mit Kartoffel-Gurkensalat und Weißbier-Preiselbeeren, sowie die Lasagne vom Juradistl-Lamm auf Grillgemüse mit Rosmarinjus und Salat mit Caesar-Dressing mit Knoblauchcroutons. Zu den schönen vegetarischen Alternativen zählen das Knödel-Tris aus Spinat-, Rote-Bete- und Olivenknödeln in Walnuss-Salbeibutter geschwenkt auf Grillgemüse oder die Schupfnudeln mit Kirschtomaten, Knoblauch, Chili, Oliven und Lauchzwiebeln. Zum guten Schluss gibt es Dörndorfer Bauernhofeis, Rosmarin-Panna-cotta mit Erdbeermark und frischen Erdbeeren oder einen geeisten Espresso mit Sahnehaube.

Es stehen regionale Biere von Schattenhofer, Lammsbräu, Riedenburger, Winkler oder Gutmann zur Auswahl. Die Weinkarte listet Gewächse vornehmlich aus Franken und der Pfalz.

→ Die Amrheins betreiben auch das »Fuchsbräu« in Beilngries.
Berching liegt im nordöstlichen Naturpark Altmühltal, ideal zum Wandern und Radeln. Gleich um die Ecke (fünf Kilometer entfernt) liegt das Benediktinerkloster Plankstetten mit seiner biozertifizierten Landwirtschaft und dem Biohofladen.

NEU

Gasthaus »Zur Hulda«

Tiefengrüner Straße 1,
95180 Berg
0 92 93 / 6 37
gasthaus-zur-hulda.de

Größe: 100 Plätze in der Gaststube
Preise: Hauptgerichte 10–19 Euro
Kreditkarten: EC
Öffnungszeiten: Di–Sa 11.30–13.30 und 17–20 Uhr; So, Feiertage 10–14 Uhr; Ruhetag: Mo (Di Ruhetag, wenn Mo ein Feiertag ist)

Ein hochfränkischer Klassiker

Das Gasthaus »Zur Hulda« liegt idyllisch im Bayerischen Vogtland am Rand zum Frankenwald. Es wurde im Jahr 1838 von der Familie Frank übernommen und über Generationen weitergegeben. Im Jahr 1989 erlebte die »Hulda« einen Aufschwung, weil die Gäste aus dem benachbarten Hirschberg/Thüringen es wieder besuchen konnten. Der Blick in die Speisekarten verspricht sehr bodenständige und regional verbundene Gerichte. Auf der Speisekarte und auf der Webseite wird überzeugend vermittelt, dass die Zutaten für die Küche aus der Region bezogen werden. Die Bezugsquellen für Fisch, Kartoffeln, Schweine, Eier, Kräuter, Ziegenkäse und Wild werden namentlich genannt.
Auf der Sonntagsspeisekarte hat vor allem das traditionelle Krenfleisch nach Frankenwälder Art beeindruckt, das mit einer groben, mit Brot gebundenen Soße serviert wird, in die man sich den frisch geriebenen Kren nach Geschmack dazugibt. Ebenso gefällt die sehr zarte Rinderzunge in Kapern-Weinsoße. Von überzeugender Qualität sind auch die Entenbrust, die gefüllte Rinderroulade und der Wildschweinbraten. Alle Gerichte werden mit traditionellen Grünen Klößen serviert. Auf der Abendkarte stehen Karpfen »blau« mit brauner Butter, Salzkartoffeln und frischem Meerrettich, paniert gebacken mit Kartoffelsalat oder als Sülze mit Remoulade und Bratkartoffeln; diese Varianten gelten auch für die Forellen. Seit über 35 Jahren werden in der »Hulda« dienstags und mittwochs die Klassiker Leckeres mit Leber und Gebackenes Blut serviert. Ein Blick in den Kühlschrank an der Theke offenbart eine große Auswahl hausgemachter Spezialitäten wie Schinken- und Brettlaspeck, Presssack, Schmalzfleisch, Eisbein, Schweinskopfsülze, Kutteln und Geschlinge. Beim Bier greift man auf die nahe gelegene Brauerei Meinel aus Hof zurück. Vom Fass gibt es die Biersorten Pils, Lager, Weizen und Zwickel. Aus der Flasche werden weitere Biersorten wie Dunkellager, Märzen, Weizenbock oder Doppelbock angeboten. Hauptsächlich Weine aus unterfränkischen (Groß-)Lagen wie dem »Kitzinger Hofrat«, »Volkacher Kirchberg« und »Dettelbacher Honigberg«. Zur Verdauung bietet die »Hulda« Schnaps aus hiesigen Brauereien.

→ Eine Reservierung für das nur am Karfreitag angebotene Stockfischessen ist anzuraten. Traditionell oberfränkisch wird der getrocknete Kabeljau vor der Zubereitung gewässert, mit Zwiebeln, Speck und getoastetem Brot geschichtet und gebacken. Dazu serviert werden eine klassische Eierbrühe und natürlich die nordfränkischen Grünen Klöße.

Gasthaus Weißenbeck

Ludwig-Thoma-Straße 56,
85232 Bergkirchen-Unterbachern
0 81 31 / 7 25 46
weissenbeck.de

Größe: 120 Plätze in der Gaststube und im Garten
Preise: Hauptgerichte 19–29 Euro
Kreditkarten: EC, Amex, Master, Visa
Öffnungszeiten: Mi–Fr 17.30–23 Uhr; Sa, So, Feiertage 11.30 –23, warme Küche bis 14.30 Uhr und ab 17.30 Uhr; Ruhetage: Mo, Di,

Feine saisonale Landküche in idyllischer Lage

Als Adressangabe für dieses Gasthaus in Unterbachern bei Dachau genügt »zwischen Maibaum und Kirche«. Es wurde von Anni Weißenbeck 1956 auf basisdemokratischen Druck hin gegründet. Denn wegen ihrer Kochkunst hatte sie sonntags oft Gäste auf ihrem Bauernhof. Sie wurde schließlich überredet, ein eigenes Gasthaus aufzumachen – heute leitet es Enkelin Elisabeth. Das Essen schmeckt hier so gut, weil Elisabeth Weißenbeck und ihre Mutter Barbara die nötige Kenntnis und Beharrlichkeit beim Einkauf der besten Zutaten bei regionalen Erzeugern haben. Der Fisch kommt aus heimischen Gewässern, das Rind aus bäuerlichen Betrieben der Umgebung. Schweinefleisch wird aus artgerechter Haltung der Bäuerlichen Erzeugergemeinschaft Schwäbisch Hall bezogen, das Wild selbst geschossen. Zudem bereiten sie die Speisen mit größter Sorgfalt zu.
Die Qualität der Küche zeigt sich schon bei den Vorspeisen wie der feinen Wildterrine oder der Rehpastete, ebenso an den hervorragenden Kartoffelknödeln – hier sind sie wirklich noch hausgemacht. Auch die Wildschweinswürstel, die es nur während der Jagdsaison gibt, kommen aus eigener Produktion. Bei den Hauptspeisen gefallen besonders der Schweinebraten vom Schwäbisch-Hällischen Landschwein, der Zwiebelrostbraten und die Ente, zu der die Sauce ganz traditionell in einer Sauciere gereicht wird. Ein wichtiger Ratschlag: den »Weißenbeck« nicht verlassen, ohne die hausgemachten Kuchen zu probieren. Ein schöner Obstler rundet das Mahl ab. Die ausgeschenkten Biere kommen von einer Kelheimer Spezialitätenbrauerei, dazu gibt es Weine aus Deutschland und Österreich.

NEU

Fischerei Minholz

Birkenallee 48,
83233 Bernau am Chiemsee
0 80 51 / 6 01 90 59
fischerei-minholz.de

Größe: 50 Plätze im Restaurant, 100 im Garten
Preise: Hauptgerichte 18–25 Euro
Kreditkarten: EC ab 20 Euro
Öffnungszeiten: Mi–So 11.30–22 Uhr; Ruhetage: Mo, Di

Genuss am See

Der fünfhundertjährigen Familientradition folgend, fahren Thomas und Dominik Minholz in aller Frühe hinaus, um Renke, Hecht, Barsch und gelegentlich einen Zander zu fangen. Die Lage am wunderschönen Chiemsee, das neu gestaltete Restaurant und die Genussküche von Gastgeber Dominik Minholz mit Partnerin Julia führen dazu, dass der Fang nicht immer reicht. Dann hilft Kollege Martin Kreuz aus Übersee aus. Saiblinge, die es nicht im Chiemsee gibt, liefert die Fischzucht Waldheim aus Dachau lebend an. Selbstverständlich wird geräuchert, nach Matjes-Art eingelegt und werden Fischsalate produziert – Frische ist Trumpf. Auch sonst stehen heimische Lieferant*innen an erster Stelle, vom Wild des örtlichen Jägers über Brot und Semmeln der Bäckerei Obermaier in Bernau bis zu Milch und Milchprodukten aus der Pidinger Molkerei und Gemüse von Lermer in Siegsdorf. Ein guter Start gelingt mit den selbst kreierten Aperitifs BALIS Sprizz oder Rosato-Royal. Appetitmacher sind der hausgemachte Matjes-Tatar von der Renke auf geröstetem Schwarzbrot und das klassische Renkenmatjesfilet mit Apfel, Essiggurke und Zwiebeln. Alternativ mundet ein gebeizter Bachsaibling mit Rote-Bete-Ragout, Kartoffelcroutons und Zitronen-Crème-fraîche. Aus der Fülle des Angebots sollen Chiemsee-Renkenfilets in Butter gebraten mit hausgemachter Zitronen-Velouté, Grillgemüse und Petersilienkartoffeln, Chiemsee-Zanderfilets auf der Haut gebraten mit hausgemachter Knoblauchsauce, Selleriepüree und Buttermandeln und das Duett von Saibling und Garnele in schäumender Orangen-Zimt-Butter gebraten mit Petersilienkartoffeln genannt werden. Der Nachwuchs darf es mit Chiemsee-Fish-and-Chips versuchen, gebackenen Renkenfilets mit Pommes. Drei Winzer aus der Pfalz, von der Nahe sowie aus der Südsteiermark liefern ihre Tropfen, damit die Fische ein zweites Mal schwimmen können. Die weiteren Getränke kommen fast komplett aus der Region, Tee von der Traunsteiner Bioteaque und Kaffee aus der Dinzler'schen Rösterei am Irschenberg.

Im angeschlossenen Fischladen gibt es die Schätze des »Bayerischen Meeres« auch für zu Hause.

NEU

Gasthaus Laurer

Sunzendorf 2 1/2,
92262 Birgland
0 96 66 / 2 76
gasthaus-laurer.com

Größe: 90 Plätze in zwei Gasträumen, 50 auf der Terrasse
Preise: Hauptgerichte 11–30 Euro
Kreditkarten: Alle gängigen Karten
Öffnungszeiten: Mi–So 10–14 und 17–22 Uhr, Küche 11.30–14 und 17–21 Uhr; Ruhetage: Mo, Di, außer Feiertage

Genusstempel der Oberpfalz

Im östlichen Dunstkreis der Metropolregion Nürnberg, in der oberpfälzischen Gemeinde Birgland, liegt der Weiler Sunzendorf mit 34 Einwohnern. Er ist umgeben von Wäldern, seine Pflanzenwelt ist einzigartig. Das »Gasthaus Laurer« ist der gastronomische Hotspot der Region. Das seit 1899 familiengeführte Gasthaus hat den Gipfel der gehobenen Küche erklommen. Die beiden hellen, modernen und gemütlichen Gasträume werden ergänzt durch zwei Terrassen. Die Küche ist das Revier von Küchenchef Andreas Laurer. Neben den traditionellen Speisen der Oberpfalz kocht er außergewöhnliche Kreationen mit raffinierter Rezeptur. Entsprechend seiner Philosophie kommen die geschmackreichen Zutaten aus der Region, Lieferanten und Produzenten sind auf der Lieferantenliste einzusehen. Als Aperitif gefällt der ungewöhliche Laurer(G)in. Aromengesättigt sind Vorspeisen wie das Carpaccio vom Bergländer Bio-Rind mit frisch geriebenem Höflinger Bio-Heumilch-Käse und der vegetarische Salat von Ochsenherz-Tomaten und Pfirsich. Am fränkischen und oberpfälzischen Bratwurst- und Bratenäquator wird der Geschmacks- und Genusstest bei den Hauptgerichten Schnitzel Wiener Art vom Birglandschwein mit Kartoffelsalat und Preiselbeeren und der Sauerbraten vom Birgländer Bio-Rind mit Schwarzbrotknödel mit Bravour bestanden. Für die Laurer-Brotzeit werden drei hausgemachte dicke Bratwürste nach Opas Rezept aus purem Birglandschwein ohne jegliche Zusatzstoffe wahlweise mit Kraut und Brot, Kartoffelsalat oder sauer mit Brot angeboten, lecker wie im Bratwursthimmel. Sonntags (nur mittags und an Feiertagen) werden Klassiker wie knuspriges Schäuferl vom Birglandschwein und Braten vom Birglandschwein mit Kloß zu bemerkenswert moderaten Preisen angeboten. Als süßem Abschluss erfreuen das mit Prosecco aufgefüllte hausgemachte Erdbeersorbet, und mit »As süße Kasterl«, hausgemachtem Mascarpone-Tonkabohneneis, Espresso und Buttermilch-Panna-Cotta, zeigt die Küche eine weitere Glanzleistung.
Aus der Getränkeliste sind die Biere der Veldensteiner Brauerei sehr zu empfehlen, vor allem das Mandarina Bavaria Weißbier. Die Weinempfehlungen kommen aus Deutschland und Europa mit italienischem Schwerpunkt.

➜ Kulinarische Höhepunkte sind das abendliche »Menù degustazione« und die länderspezifischen Schlemmerwochen, bei denen der Chef de Cuisine sein bemerkenswertes Kochniveau entfaltet.

Gasthaus »Zum Ritter«

Eckeltshof 8,
92262 Birgland-Eckeltshof
0 91 57 / 3 94
ritter-eckeltshof.de

Größe: 100 Plätze im Gastraum
Preise: Hauptgerichte 8–25 Euro
Kreditkarten: Keine
Öffnungszeiten: Mi–Sa 11.30–14 und 17–21 Uhr; So 11.30–14 und 17–20 Uhr; Ruhetage: Mo, Di

Ritterschlag für die frische Oberpfälzer Küche

Der Ort Eckeltshof liegt entlegen auf den Jurahöhen der Oberpfalz im Grenzgebiet zu Mittelfranken. Das Dorfwirtshaus von Rita und Richard Kölbel unter altem Baumbestand wurde modernisiert. Die einladenden Räume sind in hellem Holz gehalten, auch im Garten stehen Tische. Küchenchef im »Ritter« ist Richard Kölbel, er wird tatkräftig von der Familie unterstützt. Seine abwechslungsreiche Speisekarte hat einen guten Ruf. Die Gerichte sind saisonal orientiert und überwiegend regional. Die Lieferant*innen sind auf der Karte detailliert vermerkt.
Erfreulich ist das wechselnde Angebot mit Saisongerichten und auch Innereien. Die Tradition des Sonntagsbratens mit klassischen Fleischgerichten der Oberpfalz wird ebenfalls gepflegt. Wildkräuter, frisch aus Wald und Flur, verfeinern viele Gerichte der Ritter-Küche. Ein schöner Beginn sind die gute Wildkräutersuppe mit Waldpilzen und die pikant gewürzte Kornäpfelsuppe. Die Auswahl der Vorspeisen ist groß und macht Appetit, etwa auf ausgelöste Wachtel, das Kaninchen mit Salbei und Zucchinisalat, auf das Lammfilet auf Paprika-Oliven-Gemüse oder die feine Entenleber – alles ist geschmackvoll und von guter Produktqualität. Als Hauptgang gefielen das Hirschgeschnetzelte mit Schupfnudeln* und Salat (wie von Muttern) und ein zartes Wildgulasch mit wunderbarer ungebundener Soße. Der Lammrücken wurde mit Bärlauchkruste und Balsamicosoße, Rahmwirsing und Nockerln serviert. Zu anderen Wildgerichten gab es Mohnplätzchen. Schön zart sind die Kalbsleberscheiben mit Salbei oder das rosa gebratene Rumpsteak mit Bärlauchkruste. Von der nahen Regelsmühle kommen die Fische, sie werden veredelt wie der Bachsaibling, mit Lorbeer gespickt und im Ofen gebacken. Auf der Dessertkarte stehen eine Zwetschgenterrine mit Nüssen und Omas Bratapfeleis.
Die Weine aus Franken, der Pfalz und dem Rheingau entsprechen dem Niveau der Küche. Das Bier liefert die Brauerei Wolfshöher, die fränkischen Edelbrände kommen von der Brennerei Hack. Das Angebot an Aperitifs mit regionalem Bezug ist erstaunlich: Rieslingsekt mit Holunderblüten oder mit hausgemachtem Schlehensaft sind die Favoriten.

➜ Der Wacholderwanderweg (31 km) gehört mit zu den schönsten Wanderwegen im Jura. Er führt von Schmidmühlen bis Kastl.

Gasthaus Dickas

Josefstraße 9,
97653 Bischofsheim in der Rhön
0 97 72 / 4 56
rhoener-schaubrennerei.de

Größe: 35 Plätze im Restaurant, 30 im Biergarten
Preise: Hauptgerichte 8–15 Euro
Kreditkarten: Keine
Öffnungszeiten: Mo, Di, Fr, Sa 10.30–14.30 und 17–22.30 Uhr; So 10–21 Uhr; Ruhetage: Mi, Do

Unverfälschte Rhöner Küche am Fuße des Kreuzbergs

Bischofsheim liegt am Fuß des Kreuzbergs, dem heiligen Berg der Franken. In der kleinen Josefstraße liegt das unscheinbare Gasthaus mit seiner Schaubrennerei. Seit mehr als 130 Jahren hat die Familie Vorndran das Schankrecht, seit bald 120 Jahren das Brennrecht. Die beiden Gaststuben sind mit freundlich-hellen Holzmöbeln ausgestattet. Claus Vorndran, Patron und Chefkoch, zählt in der Rhön zu den Besten seines Faches. Seine Küche basiert auf regionalen Produkten, mit denen er die traditionellen Gerichte gekonnt modernisiert. Im Restaurant ist Brigitte Vorndran eine charmante Gastgeberin. Sie ist ebenfalls Küchenmeisterin und stammt aus der thüringischen Rhön – einige thüringische Gerichte sind von ihr inspiriert und zubereitet.
Empfehlenswert sind die Kartoffelsuppe mit Waldpilzen, die Forellencremesuppe mit geräucherter Bachforelle oder eine Brühe vom Rhönschaflamm mit Quarkklößchen und Gemüsestreifen. Zweierlei Fischmousse von Forelle und Saibling wird mit Blattsalaten angeboten, das Züngle vom Rhönschaflamm wird von einer Weißwein-Meerrettich-Sauce fein begleitet. Die Ziegenmedaillons mit Wirsing und Apfel-Kartoffelrösti sowie das Thüringer Rostbrätel vom Rhöner Landschwein sind ausgezeichnete Hauptgänge ebenso wie die Variation vom Hirsch mit Medaillon und Braten, begleitet von Spatzen, Serviettenkloß und Rotkraut. Als Dessert schmeckt zweierlei Parfait von Rhöner Früchten mit Bayrisch Creme*.

→ Claus Vorndran ist Mitbegründer der Wirtevereinigung »Aus der Rhön, für die Rhön« und seit Langem deren Vorsitzender. Die Vereinigung hat wesentlichen Anteil daran, dass die Rhönschafrasse vor dem Aussterben bewahrt werden konnte.
In der Schaubrennerei produziert Claus Vorndran aus Rhöner Obst und Rhöner Kräutern Brände und Liköre. Für eine gute Verdauung empfiehlt sich der Brennnesselschnaps.

Beckerwirt

Hauptstraße 15,
85113 Böhmfeld
0 84 06 / 9 12 42
beckerwirt.de

Größe: 150 Plätze in den Gaststuben
Preise: Hauptgerichte 15–26 Euro
Kreditkarten: EC, Master, Visa
Öffnungszeiten: Fr 17–24 Uhr;
Sa, So, Feiertage 11.30–14 und 17–24 Uhr,
Ruhetage: Mo–Do

Dorfwirtshaus mit Bio- und Kräuterküche

Der »Beckerwirt« im wenige Kilometer nördlich von Ingolstadt gelegenen Böhmfeld ist ein Dorfwirtshaus mit Tradition und Schankrecht - seit 1591. Der alte Kuhstall wurde zum gemütlichen Wirtshaus umgebaut. Kräuterpädagogin Andrea Beck leitet die Küche, ihre Schwester Maria Beck den Service. In der Küche des zertifizierten Wirtshauses werden Biolebensmittel meist aus der unmittelbaren Nachbarschaft verwendet. Die eigene Landwirtschaft liefert einen Teil der Lebensmittel. Schweine von Biobauern der Umgebung werden in der Küche zerteilt und verarbeitet, in der passenden Jahreszeit liefert ein Schäfer der Region ganze Lämmer. Wild stammt aus dem Böhmfelder Flur. Roter Faden in der Küche ist die Verwendung frischer Wildkräuter vom Bärlauch bis zur wilden Malvenblüte. Aroma und Geschmack der Kräuter von den Magerwiesen des Altmühltals ermöglichen kulinarische Erlebnisse.

Als Vorspeise schmeckt eine Ziegenkäse-Crème-brûlée mit Kräuter-Mandelpesto. Im Frühling genießt man den überaus schmackhaften und attraktiv angerichteten Salat mit Linsen, Sesam, Kichererbsen, Rote-Bete-Bulgur, grünem Spargel und Kräutern, im Sommer den Wiesensalat mit Blüten. Vegetarische Klassiker sind - je nach Blütezeit - die Unkrautsuppe oder das Bayerische Risotto aus eigenem Emmer mit Steinpilzen, grünem Spargel und Bärlauch. Das Attenzeller Wildschweinschnitzel Wiener Art wird mit Herbstfrüchtesalsa und Petersilien-Kartoffelpüree serviert. Das Rehragout mit Serviettenknödeln ist fein und mürbe, der Schweinsbraten zart, mit einem schmackhaften Fettrand unter der knusprigen Kruste. Sonntags sind die selbst gemachten Knödel aus eigenen Biokartoffeln besonders empfehlenswert. Je nach Jahreszeit stehen hausgemachte Leber- und Blutwürste mit Sauerkraut, Bratkartoffeln und Hausmachersenf auf der Speisekarte, dazu selbst gebackenes Brot. Als Nachspeise sind das selbst gemachte Fichtennadelhonigeis oder der Hausklassiker Dinkelmehlwindbeutel mit Eis und Himbeeren ein Muss.

Auch Bier und Wein kommen aus Biobetrieben. Es gibt Kräuterlimonaden und selbst angesetzte Liköre von Mohnblüte, Quitte oder Hagebutte.

→ Zwischen April und September werden Wildkräuterwanderungen mit anschließender Verkostung angeboten, zudem abwechslungsreiche Kochkurse zu den Jahreszeiten.

Aus der eigenen Landwirtschaft können Biokartoffeln oder selbst gemachter Senf erworben werden.

Landgasthof Kraft

Ritterstraße 6,
91186 Büchenbach
0 91 71 / 89 22 15
landgasthof-kraft.de

Größe: 45 Plätze im Gasthof, 160 im Biergarten
Preise: Hauptgerichte 11–23 Euro
Kreditkarten: EC
Öffnungszeiten: Mo, Mi–So 11–22, Küche bis 21 Uhr; So, Feiertage bis 20 Uhr; Okt–April: Mo ab 17 Uhr; Ruhetag: Di

Stattlicher Landgasthof mit fränkischer Küche

Der »Landgasthof Kraft« in Kühedorf, einem Ortsteil von Büchenbach im Kreis Roth, wird in vierter Generation geführt. Daniel Kraft leitet die Küchenbrigade mit Unterstützung von Küchenchef David Laberer. Für beide ist die Verbindung zur Region selbstverständlich. Sie beziehen ihre Produkte von bäuerlichen Betrieben um die Ecke und verwenden weder Geschmacksverstärker, Süßstoffe noch künstliche Aromen. Die Liste regionaler Lieferant*innen, die mit Respekt vor Tier und Natur arbeiten, ist umfangreich. Alle vier Wochen wird eine Empfehlungskarte geschrieben. Am Freitag stehen von September bis April Karpfenspezialitäten auf der Karte. Angeboten werden vegetarische und vegane Speisen neben der in Franken unverzichtbaren Brotzeit mit Wurstspezialitäten aus der Metzgerei vor Ort. Im Sommer sitzt man im schattigen Biergarten mit Blick auf das Damwild- und Wildschweingehege.

Ein guter Anfang ist die Rinderkraftbrühe mit Leberknödel und Gemüsestreifen, eine fränkische Lieblingssuppe mit kräftiger, klarer Fleischbrühe. Neben dem luftgetrockneten Wildschweinschinken mit Babyblattsalat gefällt die Karpfenbruschetta mit Bauernbrot, eine kreativ-frische Kombination vom geräucherten Karpfen mit Tomate, Mozzarella, Gurke und Basilikum. Dann folgten größere Herausforderungen: Wildschweinbraten mit Rahmwirsing und Brezenknödel: Das Fleisch kommt aus der benachbarten Jagd, das Wildaroma wird mit Thymian und Majoran verfeinert. Die Kalbshaxenscheiben auf Schmorgemüse und hausgemachten Kartoffelgnocchi waren fränkisch gewürzt. Deftig ist der ofenfrische Ritterbraten vom Schwein mit Speck, Lauch und Champignons, dazu gibt es einen Kloß und gemischten Salat. Die gebratene Hähnchenbrust vom Gustenfeldener Freilandhähnchen wird auf Rahmspinat und Kartoffelgnocchi angerichtet. Der Auslauf der Tiere verleiht dem Fleisch einzigartiges Aroma und Saftigkeit. Der gebackene Pfefferkarpfen darf nicht vergessen werden, ein Klassiker fränkischer Küche. Mit dem Schwarzwälder Kirschtiramisu und Rotweinpflaumen an Vanilleeis zeigt die Küche ihr Können auch beim Dessert.

Vielfältiges Angebot alkoholfreier Getränke, dazu Biere der Region und fränkische Gewächse.

➜ Zur Biergartenzeit donnerstags Fleisch vom Grill und freitags frischer Fisch vom Grill.

Restaurant im Adler Landhotel

Hauptstraße 30,
63927 Bürgstadt
0 93 71 / 9 78 80
www.adler-buergstadt.de

Größe: 40 Plätze im Restaurant, 80 in der Galerie, 80 in der Wein- und Gartenlaube
Preise: Hauptgerichte 10–28 Euro
Kreditkarten: EC, Master, Visa
Öffnungszeiten: Di, Mi, Fr, Sa 17–21 Uhr; So 12–14 und 17–20 Uhr; Ruhetage: Mo, Do

Genuss- und liebevoll umsorgt

Der schöne alte Gasthof wurde 2010 renoviert, erhalten blieb die ländlich-elegante Atmosphäre. Warme Holztöne, geschmackvolle Deko, schöne Textilien und feines, weingerechtes Glas ergeben einen stimmungsvollen Rahmen. Für Empfänge, kleine Imbisse und ein Glas Wein bietet die Hofterrasse Gelegenheit, während in der warmen Jahreszeit der Gastgarten lockt, eine attraktive Insel im Herzen Bürgstadts. Evelyn als Patronin und Norbert Bachmann als Küchenchef sind überaus gastfreundlich. Bachmanns Küche basiert auf Produkten der Umgebung, wie etwa das Rind- und Kalbfleisch aus Mutterkuhhaltung. Die Karte beginnt mit dem empfehlenswerten und günstigen Adler-Menü, das zu den Hauptgerichten überleitet, und schließt mit der Dessertkarte. Als Einstieg sind die Weinsuppe und die gute Rindsbouillon mit Pfannkuchenstreifen und Wurzelgemüse zu empfehlen. Gerichte vom Bürgstädter Kalb sind eine Spezialität des Hauses. Das panierte Kalbsschnitzel – das Tier stand auf einer lokalen Weide – ist butterzart und wird begleitet von Bratkartoffeln und einem Blattsalat. Der Kalbstafelspitz mit Meerrettichstreifen auf Bouillongemüse und Kartoffeln ist ein Beleg für die Produktqualität ebenso wie die Kalbshackknödel mit Kartoffel-Rucola-Salat. Aber auch Forelle und Bachsaibling kommen auf den Teller, geliefert aus dem nahen Spessart und dem Odenwald. Zur Saison wird Spargel mit Sauce hollandaise, Kartoffeln oder Kräuterpfannkuchen serviert, ergänzt durch Schinken, Lachsforelle oder Rumpsteak vom Angusrind. Typisch fränkische Vesper sind die hausgemachte Wildbratwurst und Kalbshackküchle mit Bratkartoffeln oder hausgemachte Sülze. Von der Dessertkarte gefallen die üppige Rote-Beeren-Grütze mit Vanilleeis und das hausgemachte Tiramisu mit Erdbeereis und frischen Früchten.
Die Weinkarte ist umfangreich und zeigt neben lokalen Weinen – unter anderem aus der Toplage Centgrafenberg – auch Gewächse anderer Regionen und Länder. Der Service ist zuvorkommend und freundlich.

Hausgemachte Wildschweinbratwürste und Destillate sowie Konfitüren aus dem eigenen Garten zum Mitnehmen. Rotweine der Weingüter Burkhard Hench und Paul Fürst.

Gasthaus zum Ödenturm

Zum Ödenturm 11,
93413 Chammünster
0 99 71 / 8 92 70
oedenturm.de

Größe: 160 Plätze im Gastraum, 60 auf der Außenterrasse
Preise: V 9–15, H 13–28, N 3–11 Euro
Kreditkarten: EC, Master, Visa
Öffnungszeiten: Mi, Fr, Sa, Feiertage 11–14 und 17–23.30 Uhr; Di, Do 17–23.30 Uhr; So 11–14 Uhr; Ruhetag: Mo

Hunger ist der beste Koch

Das »Gasthaus zum Ödenturm« in Chammünster ist ein beliebtes Restaurant im Vorderen Bayerischen Wald. Die ursprünglich rustikale Gaststube und die Nebenräume erhielten durch die klare Farb- und Formensprache von Brigitte und Ernst Hunger ein gemütliches und modernes Ambiente. Aus dem kühlen Schatten mit altem Walnussbaumbestand reicht der Blick bis zur »Skyline« von Cham. Vor einiger Zeit haben Brigitte und Ernst Hunger das Gasthaus übernommen, was der Kulinarik einen innovativen Touch gegeben hat. Tradition trifft mediterrane und asiatische Küche. Die frisch zubereiteten Gerichte zeichnen sich durch gelungene Präsentation und Innovation aus. Regionalität wird – neben der Frische – großgeschrieben. Zu vielen Gerichten sind die Zutaten nebst Gemüse, Fleisch- und Fischlieferant*innen aufgeführt; sie stammen größtenteils aus der Region. Eine Wochenkarte bietet neben der Standardkarte zusätzliche saisonal-regionale Schmankerln. Vegetarische Gerichte, wie z. B. mediterrane Artischocken »Bari-goule« (Gemüse, Gnocchi, Safran, Knoblauch) oder Spargel-Parmesan-Risotto, sind immer dabei. Jegliche Sonderwünsche werden gerne erfüllt. Passend zur Jahreszeit wird im Januar mit einer Maronensuppe oder im Mai mit einem Spargelsalat mit Haselnussmarinade und Bauernei gestartet. Hauptgänge sind im Winter das Zweierlei vom Reh oder das geschmorte Ochsenbackerl, im Frühjahr sind das Zweierlei vom Lamm mit hausgemachten Nudeln und Frühlingsgemüse ein Genuss. Zum Dessert besteht die Qual der Wahl zwischen hausgemachten Pralinen, einer Panna cotta mit Orangenspiegel und Blutorangensorbet oder Nougatknödel mit Bröselbutter und marinierten Erdbeeren und anderen Köstlichkeiten. Alle Gerichte können auch zum Mitnehmen/Abholen bestellt werden.
Auf der Getränkekarte stehen neben alkoholfreien Getränken, selbst gemachten Limonaden, Biere von den regionalen Brauereien. Senior Hunger berät bei der Auswahl des passenden Weines aus dem sehr gut sortierten Weinkeller, zum Abschluss empfiehlt er einen Tropfen aus einer Brennerei des Bayerischen Walds oder einen Espresso vom regionalen Röster.

➔ Die Burgruine »Ödenturm« beherrscht das Regen- und Chamtal. Sie war Teil der Befestigungsanlage zu Böhmen hin. Nur zehn Gehminuten entfernt befindet sich das historisch bedeutende Marienmünster, die Urkirche des Bayerischen Walds. Eine Übernachtung in den gemütlichen Doppelzimmern lohnt sich auch wegen des Frühstücks mit regionalen Produkten und des herzlichen Service.

Gasthaus Fetz

Götteldorf 25,
90599 Dietenhofen
0 98 24 / 9 30 91
gasthaus-fetz.de

Bio

Größe: 45 Sitzplätze in Gasträumen und die Terrasse
Preise: Hauptgerichte 10–19 Euro, veg. Menüs ab 26, sonst ab 37 Euro
Kreditkarten: Keine
Öffnungszeiten: Fr 17–21 Uhr, Sa–So 11–21, keine Küche 14–17 Uhr; Ruhetage: Mo–Do

Kreative Landhausküche mit Biolandhof

Götteldorf ist ein Ortsteil des Markts Dietenhofen im mittelfränkischen Landkreis Ansbach. Das Kirchdorf, 1265 erstmals urkundlich erwähnt, liegt idyllisch mitten im Erholungsgebiet Rangau mit vielen Wander- und Radwegen. Das urig-rustikale Dorfwirtshaus wurde dezent modernisiert und ist ein Kleinod der Region. Der junge Küchenchef Johannes Fetz hat seine Ausbildung im »Schindelhof« in Nürnberg absolviert und als Souschef verlassen. Nach Wanderjahren ist der Küchenmeister ins elterliche Gasthaus zurückgekehrt und hat mit Unternehmergeist und Leidenschaft die biodynamische Bewirtschaftung für die eigene Landwirtschaft eingeführt. Die Speisekarte bietet kreative und auch ungewöhnliche Gerichte, Produktqualität und Zubereitung entsprechen dem Niveau einer gehobenen regionalen Landhausküche. Fleisch, Karpfen und viele andere Produkte kommen vom eigenen Biohof, die übrigen Lebensmittel werden regional eingekauft, wie die Lieferant*innenliste bestätigt.

Die Speisekarte wird wöchentlich erneuert. Sie ist geprägt von fränkischen Klassikern, ergänzt durch nicht alltägliche Gerichte mit kreativem Touch. Ein vielfältiger Brotgenuss ist das dreierlei Biobrot aus der Zandmühle mit Bärlauchpesto und Apfelzwiebelschmalz. Visuell und geschmacklich ist das Rindercarpaccio mit Spargel, Wildkräutern und geröstetem Sonnenblumenbrot ein Erlebnis. Die Frühlingsrolle von der Heidschnucke mit Bärlauchpesto, Spargel und Salat ist warm und knusprig mit ihrer aromatischen Füllung aus Heidschnuckenragout. Ostermenü und Frühlingsmenü bieten drei Gänge zu einem günstigen Preis: Gemüsecouscous und gebackener Ziegenkäse, danach Wildkräuter- und Spargelsalat mit Croutons und gebackenem Ziegenkäse (vom Ziegen-Schober) und den Heidschnuckenrücken mit Rosmarinkruste und Roulade mit Karotten-Tomaten-Gemüse und Polenta. Zum Abschluss erfreuen Vanilletörtchen mit Erdbeersorbet und der halbflüssige Schokoladenkuchen.

Die Getränkekarte bietet eine kleine Weinauswahl, regionale Biere (Brauerei Reuter aus Unterbibert) und Schnäpse aus eigenem Obst. Einmal im Monat Schlachtschüssel mit Rüssele, Schläpple, Zunge und anderem.

Michael Hülf, Hauptstraße 6 in Unteraltenbernheim, Hofmetzgerei mit eigenem Schlachthaus, verarbeitet Tiere aus artgerechter Haltung und regionaler Herkunft in Warmfleischverarbeitung und verzichtet auf Zusatzstoffe.

Landgasthof Fiedler

Oberroßbach 3,
91463 Dietersheim-Oberroßbach
0 91 61 / 24 25
www.landgasthof-fiedler.de

Größe: 120 Plätze im Gastraum und der Biergarten
Preise: Hauptgerichte 7–29 Euro
Kreditkarten: EC, Master, Visa
Öffnungszeiten: Mo–Mi, Fr 17.30–22 Uhr; Sa 11.30–14.30 und 17.30–22 Uhr; So 11.30–14.30 Uhr; Ruhetag: Do

Regionale Klassiker und eine eigene Weinedition

Das beschauliche Oberroßbach gehört zur Gemeinde Dietersheim im Kreis Neustadt an der Aisch. Inhaber und Küchenchef Markus Fiedler führt in achter Generation die Tradition des »Landgasthofs Fiedler« fort. Sein Konzept der saisonalen und regionalen Küche realisiert er auf überzeugende Weise, die Liste der Lieferant*innen ist ein erster Qualitätsnachweis. Ehefrau Carmen Fiedler sorgt charmant für den Service. Im Sommer sitzt man auf der Terrasse oder im lichten Wintergarten, im Winter gemütlich im Wirtsstübla oder in der großen Gaststube an eingedeckten Tischen. Auf der Webseite kann man sich über saisonale Speisen informieren: Hopfensprossen, Lamm, Zicklein, Karpfen, Pfifferlinge und Steinpilze.
Neben der regionalen Speisekarte gibt es eine Kinderkarte, eine Karte für den Fondueabend, das Candle-Light-Dinner sowie eine Steakkarte – jeweils mit Getränkeempfehlungen. Das »Weindegustationsmenü« und ein »Bierkulinarium« machen neugierig, etwa auf ein Bieramisu mit Erdbeeren und Doppelbock »gestachelt«. Passende Biere und Weine wählt Carmen Fiedler aus. Den Anfang macht eine Flädlesuppe* mit Leberknödel in leichter Brühe. Die Cremesuppe mit Pfifferlingen und Croutons ist gehaltvoll. Das vegetarische Hauptgericht sind aromatische Pfifferlinge mit Ei und Salzkartoffeln, dazu gibt es einen Salat. Zum Ende der Matjessaison sind die frischen Primtjes* mit Bohnen und Bratkartoffeln eine Delikatesse. Die Kalbsbacken sind im Braumalzsud geschmort und werden von Kohlrabi und Brezenknödel begleitet. Die Lammhüfte mit Knoblauchbutter und Speckböhnchen ist aus der Keule geschnitten, mager und zart, dazu wird ein gereifter Regent empfohlen. Der Oberroßbacher Zwiebelrostbraten ist perfekt englisch gebraten und wird serviert mit Bratensoße, glaciertem Gemüse und Bratkartoffeln, dazu passt ein frischer Weißburgunder. Zum Nachtisch sind in der Saison glasierte Erdbeeren mit Vanilleeis unwiderstehlich.
Die Weinkarte listet mehr als 100 überwiegend fränkische Gewächse, die Bierkarte über 30 Sorten.

→ Als »Edition Fiedler« werden ausgesuchte Weine, Biere und Brände angeboten. Seit Kurzem gibt es auch einen Frankensecco.

NEU

Historischer Gasthof Stirzer

Hauptstraße 45,
92345 Dietfurt
0 84 64 / 6 02 59 90
gasthof-stirzer.com

Größe: 90 Plätze im Wirtshaus, 170 im Biergarten und Stall
Preise: Hauptgerichte 10–21 Euro
Kreditkarten: EC, Master, VISA
Öffnungszeiten: Mi–Sa 11.30–14 und 17–22 Uhr; So, Feiertage 11–14.30 und 17–21 Uhr; Ruhetage: Mo, Di

Altehrwürdiger Gasthof mit zeitgemäßer nachhaltiger Küche

Olaf Scimia und Kerstin Frohnholzer hat es nach einer langjährigen und erfolgreichen Laufbahn als Caterer in der Musikszene ins beschauliche Dietfurt an der Altmühl geführt. Dort haben sie Anfang 2020 den »Historischen Gasthof Stirzer« übernommen. Sie fühlen sich den Slow Food Prinzipien verpflichtet, was sich in vielen Facetten der Führung dieses altehrwürdigen Wirtshauses widerspiegelt.
Im schönen Biergarten im Innenhof beginnt man am besten mit einem innovativen und sehr schmackhaften Bayrischen Vitello, einer gekochten Kalbsbrust mit Räuchersaibling-Mayonnaise auf Feldsalat oder auch einer bestens mundenden traditionellen Leberknödelsuppe. Bei den Hauptgerichten wird ebenfalls eine angenehme, nicht zu große Bandbreite zwischen traditionell und zeitgenössisch gewahrt. Das klassische Schäuferla mit Schwarzbiersauce ist mit einer wunderbar reschen Kruste versehen, die gebratene Kalbsleber ist zart und wird von frischen Röstzwiebeln begleitet. Beim Stirzer Pfännchen mit Schweinefilet imponieren die karamellisierten Tomaten und die aromatische Steinpilznote der Sauce. Auch leichtere Gerichte sind geschmackvoll und hochwertig. Der Backhendlsalat ist frisch, bunt und mit Rotkrautsprossen. Das Backhendl ist außen kross und innen zart und saftig. Der Linsenbratling mit Gemüsebeilage ist ein schmackhaftes Gericht aus dem vegetarischen Angebot der Speisekarte, die regelmäßig und gemäß den Jahreszeiten überarbeitet wird. Zu den empfehlenswerten Nachspeisen zählen der warme Schokoladenkuchen mit flüssigem Kern sowie die aromatischen Hollerküchle.
Die Getränkekarte bietet eine breite Auswahl von Fass- und Flaschenbieren der guten Brauereien der Region, Weiß- und Rotweine stammen überwiegend aus Weingütern der Pfalz, Baden und Franken.

Der Gasthof Stirzer bietet die Mitnahme einiger hausgemachter Produkte an.

Moarwirt

Sonnenlängstraße 26,
83623 Dietramszell-Hechenberg
0 80 27 / 10 08
moarwirt.de

Größe: 140 Plätze im Haus, 400 im Wirtsgarten
Preise: Hauptgerichte 13–28 Euro
Kreditkarten: EC
Öffnungszeiten: 12–23 Uhr; Ruhetage: Jan, Feb, Nov: Mo–Mi; März–Ende Okt und Dez: Mo, Di und 24. Dez

Regionale Biokost mit Blick auf die Voralpen

Im Voralpenland vor Bad Tölz, im beschaulichen Hechenberg, ist der »Moarwirt« beheimatet. In den bayerisch-gemütlichen Stuben oder bei gutem Wetter im großen Wirtsgarten mit schönem Blick auf die voralpenländische Bergkette ist ein Besuch immer ein Ereignis. Seit knapp einem Jahrzehnt ist der »Moarwirt« vom Bioverband Naturland zertifiziert und bezieht seine Produkte aus der umliegenden Region von verschiedenen Biopartnern. Er verbindet die altbayerische Küche mit pfiffigen Ideen, das Team um Sebastian Miller achtet auf Herkunft und Qualität der Produkte, kennt ihre Lieferant*innen und vertraut ihnen. Hühner und Enten liefert das Chiemgau, das Wild kommt aus der örtlichen Jagd, und das Rind- und Schweinefleisch kommt vom Biobauern ums Eck. Das Brot wird im eigenen Brotbackofen traditionell mit Sauerteig selber gebacken.
Tatsächlich spiegelt sich die Regionalität in den Gerichten: Kräuter aus dem eigenen Garten und Müsli mit eigenem Honig, im Frühjahr ersetzt durch Fichtennadelhonig aus mit Zucker eingekochten Triebspitzen.
Gemüse kommt nach Saison und Fisch nach Tagesfang auf den Teller, und so heißt er dann auch: regionaler Fisch nach Tagesfang mit schwarzem Reis und Urkarotte. Auch die wenig bekanntere Goldforelle wird zuweilen angeboten. Fleischbrühen für Suppen sind hausgemacht, das kann bei der Meerrettichsuppe geschmeckt werden. Das Dreierlei von der Tomate ist eine schöne Vorspeise. Eine Herausforderung ist das Böfflamott* – lange geschmort. Es ist der Appetit eines Bergwanderers notwendig, um die Portion zu bezwingen. Wer sich auf der Speisekarte nicht entscheiden kann, dem hilft vielleicht das Drei- oder Fünf-Gänge-Menü mit einem Querschnitt aus der Karte. Als Abschluss gibt es einen lockeren Kaiserschmarrn oder eine gebrannte Creme mit Tannensprösslingen, die im Frühjahr in umliegenden Wäldern gesammelt werden.
Selbst gemachte Limonade und Biere vom Kloster Reutberg sind im Wirtsgarten bei herrlichem Wetter und mit Blick auf die Tölzer Voralpen der schöne Abschluss einer Bergwanderung.

➜ An schönen Tagen, wenn die Familienausflügler die Tische besetzen, ist eine Reservierung dringend erforderlich.

Deutsches Haus

Weinmarkt 3,
91550 Dinkelsbühl
0 98 51 / 60 58
deutsches-haus-dkb.de

Größe: 50 Plätze im Restaurant
Preise: Hauptgerichte 9–34 Euro
Kreditkarten: EC, Amex, Master, Visa
Öffnungszeiten: Täglich 12–14 und 18–21.30 Uhr

Fränkische Spitzenküche an der »Romantischen Straße«

Das 1440 errichtete »Deutsche Haus« bietet im spätmittelalterlichen Stadtbild von Dinkelsbühl eine der schönsten süddeutschen Fachwerkfassaden. Bezeichnet als eine der größten Leistungen deutscher Spätrenaissance, begann hier 1575 die Tradition anspruchsvoller Gastlichkeit. Seit mehr als einem halben Jahrhundert wird das Hotel von Familie Kellerbauer betrieben. Sohn Florian wurde von der Slow Food Philosophie über den regionalen Sternekoch Hubert Retzbach beeinflusst. Nach seinem Studium und prägenden Stationen in der Sternegastronomie führt er die Familientradition mit neuem Akzent fort. Die Karte ist in »Unsere Leidenschaft« und »Unsere Heimat« geteilt. Auf der Heimatkarte sind regionale Speisen zu finden, moderne fränkische Küche auf höchstem Niveau. Bezugsquellen und Lieferant*innen sind aufgeführt. Die Leidenschaft zeigt ungewöhnliche Kreationen, inspiriert von Erfahrungen in der Sterneküche.
Tafelspitzbrühe mit Kräuterflädle oder das Tatar vom Rinderfilet mit Räucheraal, Brotchips, Blumenkohl und Buttermilchvinaigrette sind überzeugende Geschmackserlebnisse. Die Heimat grüßt mit Fränkischen Bratwürsten mit Bratkartoffeln und Sauerkraut, Brät und Gewürze entsprechen der regionalen Rezeptur. Das Beste vom fränkischen Zicklein (geschmorte Schulter, Karrée und Keule) wird mit Bohnenkraut, Peperonata und Fondantkartoffeln perfekt zubereitet serviert. Weitere Beispiele des Kochhandwerks von Kellerbauer: mit Morcheln gefüllte Perlhuhnbrust mit glasiertem Spargel oder der Ansbacher Saibling mit sauer eingelegtem Wurzelgemüse und grünem Meerrettich. Im Gedächtnis bleibt das Cassoulet von Kalbsnieren, Kalbsleber, Kalbsbries und Hirn mit Essigrübchen und Kartoffelschaum. Zum Finale kommt der Kirschenmichel: ein süßer Brotauflauf mit Sauerkirschen und Vanilleeis.
Die umfangreiche Weinkarte enthält Spitzengewächse deutscher und internationaler Weingüter.

→ Dinkelsbühl bietet viele Kulturveranstaltungen vom Osterkonzert der Knabenkapelle bis zum mittelalterlichen Stadtfest (www.dinkelsbuehl.de).

NEU

Schlosswirtschaft Heitzenhofen

Naabstraße 6,
93183 Duggendorf
09473 / 9519556
schlosswirtschaft-heitzenhofen.de

Größe: 120 Plätze im Restaurant, 150 im Biergarten
Preise: V 8–15, H 17–29, N 3–11 Euro; Menüs ab 65 Euro
Kreditkarten: Alle Karten außer Amex und Diners
Öffnungszeiten: Mo, Di, Fr 17.30–22 Uhr; Sa, So, Feiertage 11.30–22 Uhr; Ruhetage: Mi, Do

Genuss und Idyll in harmonischem Einklang

Im schönen Naabtal, abseits der großen Straßen, liegt die wunderschöne Schlosswirtschaft in Heitzenhofen, einem Ortsteil der Gemeinde Duggendorf. In Kallmünz war Phillipp Eichinger Pächter des »Goldenen Löwen«, bevor er mit seiner Lebensgefährtin Alisa Stahl die »Schlosswirtschaft« pachtete. Im Sommer ist der Biergarten direkt an der Naab unter schattigen Bäumen gut besucht, da der Naabtal-Radweg vorbeiführt. Eine Reservierung ist immer angeraten. Die Gaststube ist gemütlich und geschmackvoll eingerichtet, an den Wänden finden sich Abbildungen der verschiedenen Lieferanten aus dem näheren Umkreis. Lamm, Ziege, Kaninchen und Geflügel kommen von Bauern aus der Umgebung, das Rindfleisch stammt aus Moosendorf vom Simmernhof. Das Gemüse kommt von Gemüse Lehner aus Winzer bei Regensburg; das Brot liefert die Bäckerei Feihl aus Neumarkt, und Fisch kommt saisonal vom Fischerhof Mulzer bei Schwandorf. Die Philosophie der beiden Pächter entspricht in allen Punkten der von Slow Food. Regionale und vor allem auch saisonale Produkte werden zu ehrlichen, modern-bayerischen Gerichten verarbeitet. Dabei stehen moderne und mutige Geschmacksbilder auf dem Teller der Slow Food Philosophie. Vom mehrgängigen Überraschungsmenü über verschiedene Vorspeisen, Zwischengerichte und Fisch oder Fleisch bietet die Speisekarte Regionales und Saisonales. So schmeckt bei den Vorspeisen ein Tatar vom Rind mit gepickeltem Spargel und Bärlauchmayo mit Senfkörnern oder ein Frühlingssalat mit Weintrauben und Ziegenkäsebällchen. Bei den Zwischengerichten munden die Bärlauchschaumsuppe mit Cräcker und das gebackene Kalbsbries mit schwarzem Trüffel, Blumenkohl und Holunderbeere. Bei den Hauptgerichten überzeugen sowohl das rosa Kalbsfilet mit weißem und grünem Spargel, Hollandaise und Kartoffelkrusteln als auch die Lachsforelle mit Risotto und geschmortem Fenchel sowie Fenchelsalat. Auf jeden Fall sollte Platz für eine Nachspeise bleiben. Hier bieten ein weißes Schokoladenmousse mit Erdbeere und Rhabarber oder etwas deftiger die Biokäseauswahl mit hausgemachtem Nussbrot wunderbare Schlussakkorde. Sonntag ist klassischer Bratentag, an dem Krustenbraten oder Ente zu überzeugen wissen.

→ Die Schlosswirtschaft bietet immer wieder Veranstaltungen wie z. B. Weindegustationen an.
In unmittelbarer Nachbarschaft liegt die »Schlossresidenz Heitzenhofen«, die zum Übernachten in historischer Umgebung einlädt.

NEU

Gasthaus Zehendner

Obere Eichenleite 2,
97500 Ebelsbach-Gleisenau
0 95 22 / 18 31
gasthaus-zehendner.de

Größe: 40 Personen in der Gaststube, 60 Personen im Nebenzimmer
Preise: Hauptgerichte 10–12 Euro
Kreditkarten: Keine
Öffnungszeiten: Di, Mi ab 16 Uhr; Fr, Sa ab 15 Uhr; Ruhetage: So, Mo, Do

Familienbetrieb mit eigener Landwirtschaft und Weinbau

Gleisenau ist ein Ebelsbacher Ortsteil am Rande des Naturparks Hassberge. Ortsprägend ist das imposante Schloss Gleisenau mit seinem schönen Garten. Direkt gegenüber liegt das »Gasthaus Zehendner«, ein Familienbetrieb mit eigener Landwirtschaft. Die in der Küche von Familie Zehendner verarbeiteten Produkte stammen zu einem großen Teil aus eigenem Anbau: Schweine werden gemästet, Getreide und Raps angebaut, Weinbau betrieben und Streuobstwiesen bewirtschaftet.
Die Speisekarte ist ein Spiegel der traditionellen fränkischen Brotzeiten – alles aus eigener Herstellung. Lobenswert sind der Kochkäse und ein feiner Zwetschgenbammes*, hauchdünn geschnitten und von zarter Würze. Die Bratwürste kommen entweder gebraten mit Kraut oder als Blaue Zipfel* in ihrem Blausud auf den Teller. Die warmen Hauptgerichte wechseln. Gekocht wird, was die Jahreszeit hergibt. Das zarte Schweineschnitzel wurde von einem wunderbarem Kartoffelsalat begleitet.
Die Weine stammen aus eigenem Anbau.

Gasthaus zum Löwen

Hauptstraße 44–46,
91725 Ehingen am Hesselberg
0 98 35 / 5 08
gasthauszumloewen-hesselberg.de

Größe: 40 Plätze in zwei Gaststuben, 50 im Außenbereich
Preise: Hauptgerichte 8–20 Euro
Kreditkarten: Keine
Öffnungszeiten: Mo, Mi, Do ab 16.30 Uhr; Fr, Sa, So 9.30–14.30 und ab 16.30 Uhr; Ruhetag: Di

Gut gekocht mit Erzeugnissen aus eigener Landwirtschaft

Das bäuerliche Anwesen nördlich des Hesselbergs existiert seit dem Dreißigjährigen Krieg. Die Wirtstochter Barbara Wagner ehelichte im Jahr 1658 Tobias Keil, sie eröffneten zusätzlich zur Land- und Gastwirtschaft den »Keilsbäck« und eine Krämerei. Obwohl Frieda Keil und August Blank den Betrieb 1951 in »Blank« umtauften, geht man im Ort bis heute zum »Keilsbäck«, wenn man das »Gasthaus zum Löwen« besucht. Weniger verwirrend ist die Herkunft der Lebensmittel: Christian Blank und Familie betreiben bis heute Landwirtschaft, viele Produkte kommen aus dem eigenen Betrieb. In dem werden Schweine, Ziegen, Schafe und Enten gehalten und handwerklich verarbeitet. Ein fairer Umgang mit Umwelt und Tieren ist Blanks Anliegen. In der Küche wird ohne Geschmacksverstärker oder künstliche Aromen gearbeitet, das gilt auch für zugekaufte Ware. Die Speisekarte ist geprägt von der Vielfalt der Kulturlandschaft rund um den Hesselberg, der höchsten Erhebung von Mittelfranken. Das grundlegende Motto lautet: »Aus der Region, in der Saison.« Im Gasthaus »Zum Löwen« sitzt man auch in dem kleinen Biergarten unter einem ausladenden 50-jährigen Walnussbaum schön.
Als Vorspeise steht ein Bunter Frühlingssalat mit gebratenen Kräuterseitlingen, dazu gebratene Leber vom eigenen Weidelamm und Balsamicojus auf der Karte. Ebenso gut schmecken die Fränkischen Bratwürste mit Merkendorfer Fasssauerkraut, zu denen es frisches Brot gibt. In der fränkisch-kreativen Küche sind auch die selbst gemachten Maultaschen gut aufgehoben, gefüllt sind sie mit Bärlauch vom Hesselberg, frisch geriebenem Parmesan und Frühlingssalat. Sehr gelungen sind der Rehrücken und Filet von der Ehinger Jagd mit Pfefferkirschen und gebratener Semmelterrine. Gelegentlich steht ein Hesselberger Forellenfilet auf Pastinaken-Karotten-Gemüse, selbst gemachte Bandnudeln und Silvanersoße auf der Karte. Auch Süßigkeiten werden angeboten wie die selbst gemachte Sorbetvariation aus dem eigenen Obstgarten: Apfel, Kirsche und Birne und das Schokosoufflé mit selbst gemachtem Walnusseis und Kirschragout vom Obstgarten.
Im Bierausschank überrascht das Münchner Paulaner. Ansonsten finden sich die Hesselberger Säfte der Region und fränkische Weine.

→ Mittwochs und donnerstags kleine Karte.

NEU

Brauereigasthof Eichhofen

Von-Rosenbusch-Straße 3,
93152 Eichhofen
0 94 04 / 16 62
eichhofener.de

Größe: 100 Plätze im Restaurant, weitere Räume und Biergarten
Preise: V 6–15, H 14–28, N 6–12 Euro
Kreditkarten: EC
Öffnungszeiten: Do, Fr ab 17 Uhr; Sa, So, Feiertage ab 11 Uhr, Ruhetage: Mo–Mi

Ein kulinarisches Gesamtkunstwerk

In Eichhofen vor den Toren Regensburgs, im idyllischen Tal der Schwarzen Laber, hält die Schlossbrauerei ihre vierhundertjährige Brautradition lebendig. Seit zweihundert Jahren werden die Biere im »Brauereigasthof« ausgeschenkt und begleiten gutes Essen. Die Begeisterung für gutes Bier und gelebte Gastfreundschaft mit raffiniert zubereiteten, regionalen Gerichten sind ihr Anspruch und Ansporn zugleich. Der Gastraum und der angeschlossene Wintergarten sind einladend, der benachbarte Biergarten mit altem Baumbestand ist ein beliebter Treffpunkt.
Auf der konzentrierten Karte bietet Küchenchef Felix Wagner eine traditionelle, modernisierte Oberpfälzer Küche mit regionaler und saisonaler Ausrichtung an. Großen Wert legt er auf die Wahl der Lieferant*innen: Brot von der Bäckerei Altmann, dem Mehl aus der Poschenrieder Mühle oder dem kontrolliert angebauten Gemüse aus Winzer. Das Lamm kommt vom Schäfer Josef Rebitzer, das Wild liefert Jäger Wolfgang Bezold. Bioschwein und Bioweiderind stammen von den Naturland-Höfen Beer und Heigl, Geflügel liefert der Veitshof. Eier kommen von den Hühnern der Familie Hüttner, und die leckeren Zander und Lachsforellen steuert der Fischhof Mulzer bei. Kaffee von Rehorik und Käse von der Biokäserei Wohlfahrt runden das Bild ab. Vollendet wird der Genuss mit zahlreichen frischen Kräutern aus dem Kräutergarten.
Vorspeisen sind eine Hülsenfrüchtesuppe oder eine Erbsen-Velouté mit Bärlauch, Kokos und Brennnessel. Ebenfalls überzeugen der Ziegenfrischkäse mit Rote-Bete-Tatar, der Feldsalat mit gebackenem Pressack, Zwiebelpüree und schwarzem Rettich sowie die gepickelte Mairübe. Hauptspeisen sind der Eichhofener Burger vom Bioweiderind, geschmorten Schweinebäckchen im Biersud, Gulasch vom Wildschwein mit Reiberknödel und Urkarotte sowie Oberpfälzer Zander mit schwarzem Venere-Risotto und Roter Bete. Im vegetarischen Segment verwöhnen Veggie-Bowl, hausgemachte Tagliatelle und Emmer-Risotto.
Die Patisserie wartet mit überzeugenden Kreationen auf: Sauerkirsch-Sorbet, Heidelbeermousse mit Nuss-Granola, Kokos und Granatapfel sowie Pistazieneis mit Schokoladencrumble.
Biere der Schlossbrauerei und eine gute Auswahl an Wein, Sekt und alkoholfreien Getränken.

→ Es werden Entdeckungsreisen durch den Schloss- und Heilkräutergarten, moderierte Degustationsmenüs und Brauereiführungen angeboten.
Das Labertal eigent sich für kleine und große Wanderungen, Spaziergänge und Fahrradtouren.

Biere der hauseigenen Brauerei und selbst gemachte Kuchen.

NEU

Ståderer

Franz-Xaver-Platz 1,
85072 Eichstätt
0 84 21 / 6 02 90
staderer.com

Größe: 50 Plätze im Restaurant
Preise: Hauptgerichte 14–36 Euro
Kreditkarten: EC, Master, VISA
Öffnungszeiten: Täglich 18–21 Uhr

Hochwertige Produkte vom Land für anspruchsvolle Stadtmenschen

Andreas Hofrichter brachte vor einigen Jahren seine innovativen bayerischen Tapas ins malerische Eichstätt. Sei Anfang 2020 leitet der talentierte Koch das Küchenteam des Restaurants »Ståderer« im neuen IBB Hotel direkt an der Altmühl. Der Name »Ståderer« mit dem skandinavisch anmutenden »å« ist bayerische Mundart und eine augenzwinkernde Bezeichnung für Stadtmensch. Die von Hofrichter kreierte, saisonal wechselnde Speisekarte hält ein Angebot für das internationale Publikum des Hotels bereit. Seine moderne Interpretation deutscher und internationaler Gerichte kocht er mit hochwertigen Zutaten regionaler Lieferanten.

Bei den Vorspeisen überzeugt ein dekonstruierter Strammer Max mit einem eine Stunde gegarten Bioei und Schinken von Wolfgang Speth aus Bergheim. Das Ceviche von der Altmühltaler Forelle ist delikat gebeizt und gleichzeitig geschmacksintensiv. Auch Spargelcremesuppe, Rindertatar und Ziegenkäse-Crème-brûlée munden und sind optisch ansprechend. Hauptgerichte sind unter anderem zarte Kalbsbackerl, ein deftiger Zwiebelrostbraten sowie der Fang des Tages, gebratene Altmühltaler Forellenfilets auf einem Bett von Fregola Sarda. Attraktive vegetarische Gerichte sind der Pflücksalat mit karamellisiertem Ziegenkäse, Beerendressing und Altmühltaler Kürbiskernen oder die Brotgnocchi mit Schwammerlrahm. Nicht nur für die Hotelgäste werden Klassiker wie Club Sandwich oder Caesars Salad mit Huhn vom Jura-Geflügel aus Rappertszell zubereitet. Zum Abschluss sind Mousse au Chocolat, Zitronengras-Crème-brûlée und eine Rohmilchkäse-Auswahl willkommene Genüsse.

Auf der Getränkekarte findet sich neben einer guten Auswahl regionaler Wässer, Säfte und Biere ein sehr ansprechendes Angebot an Weinen deutscher und europäischer Herkunft.

Das Muskat – Biorestaurant und Café

Hauptstraße 60,
91054 Erlangen
0 91 31 / 97 43 43
das-muskat.de

Größe: 60 Plätze im Restaurant und Terrasse
Preise: Hauptgerichte 8–25 Euro
Kreditkarten: EC, Amex, Master, Visa
Öffnungszeiten: Mi–Sa 12–23 Uhr; So 12–15 Uhr; Ruhetage Mo, Di

Frische Biokulinarik im Zentrum von Erlangen

Erlangen, Bayerns achtgrößte Stadt mit der zweitgrößten Universität des Landes, liegt inmitten der Europäischen Metropolregion Nürnberg. Seit 2012 liegt in zentraler Lage »Das Muskat«, gegründet von Daniela und Zacharias Dengler. Die Küche des zertifizierten Biorestaurants ist geprägt durch Frische und saisonale Bioprodukte. Neben Klassikern findet man auf der Tages- und Abendkarte ein abwechslungsreiches Angebot. Die vielfältigen vegetarischen Speisen werden kreativ und raffiniert zubereitet, das vegetarische Mittagsmenü ist für kleines Geld erhältlich. Lieferant*innen der Bioprodukte werden auf der Webseite oder auch direkt bei den Gerichten auf der Speisekarte genannt. Der Geschmack der Bioprodukte ist überzeugend aromatisch, alles wird schonend zubereitet.

Als Apero lockt ein Waldmeister-Sprizz, gemixt aus selbst gemachtem Waldmeistersirup und Sekt mit einem Ingwer-Zitronen-Spritzer. Die Kartoffel-Lauch-Champagner-Cremesuppe ist ein Geschmackserlebnis. Als Zwischengerichte erfreuen das Rote-Bete-Gemüse mit Kartoffelstampf und der im Steinkeller gereifte Schinken aus Altmühl-Franken mit Melone und Rucolasalat. Delikat auch der Gartenspaziergang: frische Feinkostsalate, bunte Gemüseauswahl, Getreidebackling und Ofenkartoffel. Als Hauptgerichte folgen das Bauerngröstel vom Kalb und Schwein mit Kartoffeln und Gemüse. In der Saison gibt es frischen Stangenspargel von Hofmann in Schnepfenreut mit zerlassener Butter, Kartoffeln und Schnittlauch. Die Lammkoteletts mit Rosmarinkartoffeln und Salat und auch die Altmühltaler Lammkeule aus dem Ofen sind zart und mit frischen Kräutern gewürzt. Zu empfehlen ist das Kalbsschnitzelchen mit Hirschbrät oder das frische fränkische Saiblingsfilet mit Kartoffeln und Gemüse. Als Dessert folgt ein Rhabarbermousse mit frischen Erdbeeren.

Als Essensbegleiter steht eine wohlsortierte Auswahl biologischer Biere und Weine bereit und ein ungewöhnliches Angebot frisch zubereiteter Säfte und innovativer Getränke.

→ Erlangen gilt als eine der besterhaltenen barocken Planstädte Deutschlands.

Die Fischerei

Am Deckersweiher 24,
91056 Erlangen
0 91 31 / 4 55 56
fischerei-oberle.de

Größe: 75 Plätze im Gastraum, Feiern im Hof und im Pavillon
Preise: Hauptgerichte 10–26 Euro
Kreditkarten: EC, Master, Amex
Öffnungszeiten: Do–So 11.30–14 und 17–22.30 Uhr; Ruhetage: Mo–Mi

Tempel fränkischer Fischküche mit eigenen Teichen

Kosbach ist ein idyllischer Ortsteil von Erlangen am Rand des Aischgrunds. Seit 360 Jahren ist das Ensemble des Nützelhofs mitsamt der Fischerei in Familienbesitz. 2000 wurde die Fischzucht durch ein Fischrestaurant im denkmalgeschützten Hofgebäude ergänzt. Familie Oberle agiert mit Leidenschaft nach der Devise: Regionale Speisefische aus eigener Zucht - frisch vom Weiher auf den Teller. Die Fische leben in 40 Teichen mit über 100 Hektar Wasserfläche. Vielfalt ist garantiert: Neben den Spiegelkarpfen werden zahlreiche heimische Arten wie Zander, Barsche, Aale, Hechte, Waller, Gras- und Silberkarpfen saisonal angeboten. Küchenchef Michael Manina und seine Brigade verstehen ihr Handwerk und verwandeln die Fische in kulinarische Köstlichkeiten. Dazu zählen immer wieder neue Karpfengerichte. Die Karte wechselt nahezu täglich. Die Räume bieten schöne Ausblicke auf Teiche und Becken.
Zuerst das Karpfenpastenbrot - ein delikater Klassiker nach der Geheimrezeptur der Seniorchefin. Die Karpfenrogencreme »Taramas« wird von Oliven, Gurken und Kirschtomaten begleitet, ein modern interpretiertes griechisches Gericht mit feinem Fischgeschmack. Ein außergewöhnliches Geschmackserlebnis bietet die Forellenleber in Mandelbutter mit Feldsalat. Für das Meerrettichrahmsüppchen mit gebackener Petersilienwurzel verdient die Küche Lob. Jetzt hat der Karpfen das Wort: Karpfen und Graskarpfen gebacken mit Kartoffel- und Endiviensalat oder auch Karpfen blau mit Dampfkartoffeln, zerlassener Butter und Sahnemeerrettich - den perfekten Klassikern ist nichts hinzuzufügen. Empfehlungen des Küchenchefs sind das gedämpfte Hechtsteak in Dillrahm, mit Kartoffelpüree und Salat und der Waller im Speckmantel mit Mandeltraubenbutter, Weißweinschaum und Selleriepüree. Die nicht alltäglichen Kombinationen überzeugen. Auf der Karte finden sich auch Räucherforelle und andere Räucherfischvariationen. Eine kleine Auswahl wechselnder Fleisch- und vegetarischer Gerichte bietet Alternativen. Zum Schluss gibt es geeisten Espresso, Apfelsorbet, Apfelstrudel oder zweierlei Schokoladenmousse.
Die Getränkekarte empfiehlt eigenes Hofbier und die Erzeugnisse regionaler Brauereien. Die Weinauswahl konzentriert sich auf Franken, dazu Brände der Region.

→ Hoffest im Juli mit Fisch und Jazz.

Polsterstube im Gasthaus Polster

Am Deckersweiher 26,
91056 Erlangen
0 91 31 / 7 55 40
gasthaus-polster.de

Größe: 52 Plätze in der Stube
Preise: Hauptgerichte 13–30 Euro, Menüs ab 50 Euro
Kreditkarten: EC, Amex, Master, Visa
Öffnungszeiten: Täglich 11–24 Uhr, Küche 11.30–14 und 17–22 Uhr; Ruhetage: Mo, Heiligabend, Neujahr

Fränkische Spitzenklasse

Das »Gasthaus Polster« ist seit mehr als 160 Jahren in Familienbesitz. Heute ruht der Betrieb auf drei Säulen, neben der traditionellen Polsterstube dem Gourmetrestaurant und dem Landhotel. Zum Gasthaus gehört ein idyllischer Garten, den Frau Polster liebevoll pflegt. Seit dreieinhalb Jahrzehnten führt Johann Polster, der bei Heinz Winkler und Eckart Witzigmann gelernt hat, den Familienbetrieb. Er ist in die fränkische Spitzenklasse aufgestiegen, inzwischen haben Schwiegersohn Christian Schauer und Sohn Dominic die Küche übernommen. Fleisch und Wild kommen von den Höfen und Jagden der Umgebung, die Fische aus heimischen Gewässern. Die» Polsterstube« bietet eine gute Auswahl fränkischer Gerichte, dazu Spezialitäten aus Christian Schauers österreichischer Heimat. Vorzüglich schon die Fränkische Hochzeitssuppe als kräftige Brühe mit Einlagen oder die Kartoffel-Steinpilz-Suppe. Als Vorspeise gefallen die Spanferkelblutwurst mit Kartoffel-Apfel-Gröstl, ein aromatisches Geschmackserlebnis, und die Schafskäsemousse mit Quitten und Salat. Ein Gericht, das man selten findet: Gebackener Ochsenschwanz mit Kartoffelsalat und Meerrettichcrostini, innen weich und saftig, außen knusprig, der Kartoffelsalat mit einer leicht speckigen Konsistenz. Nicht fehlen darf das Schweineschäufele* in Kümmelsoße mit Kloß und Sauerkraut. Der Waller im Speckmantel wird auf Spinat mit Salzkartoffeln und sanfter Meerrettichsoße serviert, auch visuell perfekt. Drei saftige Scheiben Wildschweinbraten mit Pilzen und gut gewürzter Soße gab es zu Spätzle und knackigem Rotkraut. Als vegetarisches Gericht sind die Feigenravioli mit Lauchgemüse und Steinpilzsoße sehr gelungen. Ein Topfen-Nougat-Knödel oder die Apfelküchle auf Vanillesoße mit Rahmeis sind als Dessert nicht zu verachten.

Die Erlanger Brauerei Kitzmann liefert das bekannte Kellerbier sowie Edelpils, Helles, Dunkles, Urbock und Weißbier. Gute Weinauswahl.

Die »Käse-Ecke« zählt zu den besten Käseläden Deutschlands. Volker Waltmann, Maitre Affineur (!), verfeinert über 200 Käsesorten, überwiegend Rohmilchkäse von Schaf, Ziege und Kuh. Neben dem Verkauf an Privatkunden beliefert er 500 Spitzengastronomen (Friedrichstraße 10, 91054 Erlangen, www.waltmann.de).

Restaurant »Greifen-Post«

Marktplatz 8,
91555 Feuchtwangen
0 98 52 / 68 00
hotel-greifen.de

Größe: 60 Plätze im Restaurant, 50 auf der Terrasse
Preise: Hauptgerichte 18–27 Euro
Kreditkarten: EC, Amex, Master, Visa
Öffnungszeiten: Di–Sa 18–21.30 Uhr; So 12–14 Uhr; Ruhetag: Mo, in der Festspielzeit auch mittags geöffnet

Nichts als Romantik und ein saftiges Steak

Feuchtwangen liegt an der »Romantischen Straße« mit ihren vielen touristischen Glanzlichtern. Die »Greifen-Post« von 1369 konnte über die Jahrhunderte eine stattliche Reihe gekrönter und ungekrönter Berühmtheiten unter ihrem Dach begrüßen. Küchenchef Dirk Becker hat nach Wanderjahren durch die gehobene Küche Deutschlands mit seiner Frau Birgit Becker-Plaha das Romantikhotel und Restaurant übernommen. Der »Chef de Cuisine« verwendet überwiegend regionale Produkte und gibt den kreativ-aromatischen Gerichten einen besonderen Pfiff. Ein interessanter Zulieferer ist der Bioland-Hof Geiselsöder, der Zwergzebus hält.

Attraktive Vorspeisen sind die Bäckchensülze mit Musik und Bauernbrot und eine schöne Terrine vom Feuchtwanger Reh an Erdbeeren und altem Balsamico. Als Hauptgerichte überzeugen mindestens vier Wochen gereifte Kotelette vom Biowollschwein, dazu gebratener grüner Spargel und Pfifferlinge, Sauce béarnaise und hausgemachte Pommes frites. Eine gute Alternative ist das Rinderrückensteak mit Balsamicozwiebeln auf Berglinsengemüse und handgeschabten Spätzle. Eine wirklich süße Verführung ist Mieze Schindler – die alte Erdbeerensorte wird mariniert mit Vanillesauce und hausgemachtem Eis gereicht. Das – vegetarische – Spiegelei sind zwei Bio-Landeier, mit Olivenöl und schwarzem Pfeffer in der Gusspfanne zubereitet, dazu geröstetes Bauernbrot und Kresse. Besondere Aufmerksamkeit wird dem Dry-Aged-Fleisch zuteil, das unter anderem von der bayerischen Färse kommt.

Die Getränkekarte enthält viele fränkische Gewächse, aber auch andere Regionen Europas sind mit attraktiven Tropfen gut vertreten.

➜ Gegenüber vom Hotel finden die jährlichen Kreuzgangspiele statt. Seit 1949 wird in den Sommermonaten von Mitte Mai bis Mitte August großes Theater geboten.

Gasthaus Sindel-Buckel

Spitalstraße 28,
91555 Feuchtwangen
0 98 52 / 25 94
sindel-buckel.de

Größe: 40 Plätze in der Wirtsstube
Preise: Hauptgerichte 7–27 Euro
Kreditkarten: EC, Master, Visa
Öffnungszeiten: 8–24 Uhr, Küche 11.30–13.45 und 17.30–20.45 Uhr; Ruhetag: Mi

Behagliches Wirtshaus mit eigener Teichwirtschaft

Feuchtwangen liegt an der Romantischen Straße zwischen Rothenburg ob der Tauber und Dinkelsbühl. Es ist mit der schon im frühen Mittelalter gegründeten Benediktinerabtei verbunden und erlebte eine wechselvolle Geschichte. Im Zuge der Reformation wurde das spätere Chorherrenstift aufgelöst, dessen spätromanischer Kreuzgang die eindrucksvolle Kulisse für die jährlichen Kreuzgangspiele bildet. Mitten im Ort mit seinen altfränkischen Fachwerkhäusern liegt der »Gasthof Sindel-Buckel«. Der Koch, Jäger und Teichwirt Heiner Sindel ist Vorsitzender des Regioverbunds »Verein artenreiches Land – lebenswerte Stadt«. Die Gaststube mit ihren Holztischen und Bänken ohne überladenen Schnickschnack strahlt Gemütlichkeit aus, der Wintergarten ist luftig und hell; an warmen Tagen sitzt man im Biergarten. Aus der Region kommen Enten, Schweine, Rinder und Kälber, Tauben und Schafe. Karpfen, Hechte, Schleien und Zander schwimmen in den eigenen Teichen oder nahen Gewässern. Rehe und Hasen liefert die eigene Jagd.

Auf der Vesperkärtla stehen hausgemachte Bratwürste mit Kraut – ohne sie geht nichts in Franken. Fischliebhaber freuen sich über ein gebratenes Filet vom Hecht mit Knoblauch und Kräutern – ein seltener Genuss. Als vegetarische Abwechslung schmecken Pfannenkartoffeln mit Salbei, gerösteten Zucchini, Paprika und Kirschtomaten, dazu ein Kräuterquark. Unter den Fleischgerichten findet sich ein Rinderschmorbraten vom lokalen Weiderind nach Art des Zwiebelrostbratens. Das panierte Schnitzel vom Metzger Krannich wird mit Kartoffel-Gurken-Salat angerichtet, der Milchkalbsbraten vom Bauernhof Soldner mit Knödeln und Salat. Die Wildgerichte – sofern sie nach einem Jagderfolg vorrätig sind – sollten unbedingt probiert werden: Beim Rehbraten klassisch mit Spätzle, Preiselbeeren und Salat ist das Fleisch zart und saftig. Für Kenner ein Muss ist der Rehaufbruch aus Herz, Leber und Nieren in dunkler, süßsaurer Soße. Apfelröster mit Vanilleeis beschließen ein gutes Essen.

Dazu als Besonderheit ein Schnaps aus dem Urgetreide Emmer. Die Weinkarte versammelt Gewächse aus Franken, Rheinhessen, Württemberg und Südtirol. Gute Hohenloher Fruchtsäfte.

Berggasthof Sennhütte

Sennhütte 1,
97650 Fladungen
0 97 78 / 9 10 10
sennhuette-rhoen.de

Größe: 120 Plätze in der Gaststube
Preise: Hauptgerichte 10–20 Euro
Kreditkarten: EC, Master, Visa
Öffnungszeiten: Di–Do 11.30–14.30 und 17.45–21.30 Uhr; Fr 16–21.30 Uhr; Sa, So 12–21.30 Uhr; Ruhetag: Mo

Wunderschöne Aussicht in der Langen Rhön

Der Berggasthof 20 Kilometer nordwestlich von Bad Neustadt liegt 750 Meter über NHN unweit des einzigartigen Naturschutzgebiets »Schwarzes Moor«. Im Dreiländereck Bayern, Hessen und Thüringen kündet ein ehemaliger DDR-Wachturm mit Museum von der früheren deutsch-deutschen Grenze. Vom Restaurant mit seiner beheizbaren Veranda eröffnet sich eine wundervolle Aussicht auf die thüringische Rhön. Das gediegene Ambiente ist von dunklem Holz bestimmt. Patronin Birgit Klingenberg ist, unterstützt von Jonas Ankenbrand, die Herrin der Töpfe. Zusammen pflegen sie eine handwerklich gut gemachte, saisonale fränkische Küche nach Rhöner Spielart in ordentlichen Portionen. Die Grundprodukte werden weitgehend in der Rhön und im Grabfeldgau erzeugt, vieles in nächster Umgebung. Hervorzuheben ist die appetitliche Speisenpräsentation mit Sinn für Farben und Formen.

Empfehlenswert sind die Heusuppe von der Sennhüttenwiese, das Landbrot mit Rhöner Coppa oder die Lammbratwürstchen auf Rahmwirsing und Salzkartoffeln. Hausgemacht sind die Linguine mit Steinpilzen im Kräuterrahm. Deftiger kommt der Wurstmarktteller mit Lammbratwurst, Rhönfilou (Rindsbratwurst) und Wildbratwurst daher, leicht dagegen das gebackene Biohuhn mit Ofenkartoffeln und Ratatouille. Fisch ist eine Spezialität des Hauses. Nur wenige Kilometer westlich wird die Bachforelle als Wildling gezüchtet, die nach Müllerin Art serviert wird. Auch das Saiblingsfilet auf Thüringer Rahmsauerkraut mit Kartoffelpüree ist eine gute Wahl. Eine unbedingte Empfehlung ist der Apfel-Zimt-Blootz* oder auch die Hollerküchlich* (gebackene Holunderblüten) mit Holunderblütensorbet vom eigenen Holunderbaum. Für Cafégäste wird täglich Kuchen gebacken.

Die Biere und Destillate kommen aus der Rhön, die Weine aus dem Maintal. Kristallklar ist das Wasser aus der eigenen Basaltgesteinquelle. Der Service ist flott und aufmerksam.

→ Besuchenswert ist das Fränkische Freilandmuseum in Fladungen, erlebenswert die Lange Rhön, ein Paradies für Wanderer. Alle zwei Jahre lockt am 2. Oktoberwochenende der Rhöner Wurstmarkt zahlreiche Besucher nach Ostheim.

In Oberelsbach-Ginols bietet der Rhönschafladen von Josef Kolb allerlei vom Slow Food Arche-Passagier Rhönschaf. Ostheimer Leberkäs' – ebenfalls Slow Food Arche-Passagier – gibt es bei der Metzgerei Ortlepp in Ostheim v. d. Rhön.

Restaurant »Zum Alten Zollhaus«

Hauptstraße 4,
91301 Forchheim
0 91 91 / 97 09 90
zollhaus-forchheim.de

Größe: 70 Plätze im Restaurant, 50 im Biergarten
Preise: Hauptgerichte 18–27, Menüs ab 52 Euro
Kreditkarten: EC, Amex, Visa
Öffnungszeiten: Mi–Sa 17.30–22.30 Uhr, So 11.30–14.30 und 17.30–21 Uhr; Ruhetage: Mo, Di

Wilde Zeiten zwischen Fachwerkhäusern

Forchheim, das Tor zur Fränkischen Schweiz, liegt in reizvoller Tallandschaft. Die historische Altstadt ist geprägt von malerischen Fachwerkhäusern. Christopfer Kraus arbeitete nach seiner Ausbildung in gehobenen Häusern. Zurück in Forchheim, eröffnete er das Restaurant »Zum Alten Zollhaus« im drei Jahrhunderte alten Zollhaus mit Renaissancefassade. Als Küchenchef und Jäger hat er einen hohen Anspruch an seine regionalen Lieferant*innen. Im Frühling und Sommer ist er persönlich auf der Suche nach Wildkräutern. Das Wild aus eigener Jagd verarbeitet er von der Nase bis zum Schwanz. Er kombiniert traditionell fränkische Küche mit Einflüssen aus der ganzen Welt. In den stilvollen Räumen oder im Wirtsgarten, direkt an der Wiesent, hat Cinja Kraus, die Seele des Hauses, die Hoheit über Service und Weinkeller.
An einem schönen Sommertag ist die Schaumsuppe vom Spargel mit Gartenkräutern und Croutons mit ihrem feinen Spargelaroma genau passend. Raffiniert sind die bunten Wildkräutersalate im gebackenen Frühlingsrollenkorb mit Hausdressing. Das Carpaccio von Lachs und Loup de Mer, mit Gin-Tonic-Gurken, Sanddorncurry, Schmand und Rote-Bete-Sauerrahmeis demonstriert eindrucksvoll das Können des Kochs. Beim Hauptgang, Filet vom Milchlamm mit Spargel, Meersalzkartoffel, dazu Sauce hollandaise, ist das Lammfleisch appetitlich hellrot gegart, zart, würzig und feinfaserig. Aus dem Zeegendorfer Jagdrevier kommt feinster Rücken vom Deggendorfer Wildschwein mit glaciertem Gemüse, Süßkartoffel-Curry-Gnocchi und Portweinjus. Die Wilde Variation ist eine kulinarische Überraschung aus dem, was Kraus vor die Flinte kam. Durch die Verarbeitung ganzer Tiere gibt es ungewöhnliche und seltene Genüsse, auch Innereien. Bester Geschmack steckt in der Rinderschulter, die in drei Tagen im Vakuum gegart wird. Lachs, kross gebackene Kartoffelrösti mit gebratenem Spargel, confierten Tomaten und Rhabarber-Rucola-Salat stehen ebenfalls auf der Karte, eine vegetarische Wohlfühlküche. Als Abschluss ein Dessert mit herben Akzenten: Mozarteiscreme, fränkischer Obstbrand und ein Espresso.
Die Getränkekarte zeigt fränkische Gewächse, deutsche und internationale Weine, Biere regionaler Brauereien.

➜ Zu den festlichen Höhepunkten Forchheims gehört das bekannte Annafest in der letzten Juliwoche.

Zum Vaas

Münchner Straße 88c,
85661 Forstinning
0 81 21 / 4 30 91
zum-vaas.de

Größe: 120 Plätze im Wirtshaus, 100 im Biergarten
Preise: Hauptgerichte 13–35 Euro
Kreditkarten: EC, Master, Visa
Öffnungszeiten: Mi–So 11.30–14 und 17.30–21 Uhr; So 11.30–20 Uhr; Ruhetage: Mo, Di

Ausgezeichnete Landküche in unkomplizierter Atmosphäre

Das Restaurant »Zum Vaas« von Veronika und Johannes Bauer am Ebersberger Forst unweit des Flughafens ist im besten Sinne gutbürgerlich. Die beiden Gasträume sind hell, einfach eingerichtet und doch gemütlich. Bei passendem Wetter ist der Biergarten geöffnet. Die Slow Food Prinzipien werden im Vaas gelebt. Der Fisch kommt von einer Zucht im Nachbarort Marktschwaben, das Fleisch von lokalen Metzgern, die von Bauern der Umgebung beliefert werden. Nur die Hühner werden aus Frankreich bezogen, weil dort freilaufende Tiere in ausreichender Stückzahl zu bekommen sind. Geschmacksverstärker sind auch in der Wurst tabu. Gewürze, Obst und Gemüse kommen zum Teil aus dem eigenen Garten, in dem gerade Obstbäume gepflanzt wurden, aber auch von lokalen Gärtnereien und sogar von einigen Gästen. Die Speisekarte ist knapp gehalten und wechselt häufig, die Gerichte richten sich nach der saisonalen Verfügbarkeit. Die Beilagen sind frisch und selbst gemacht, nur Pommes frites werden zugekauft.
Auf der Klassiker-Karte stehen die traditionellen Gerichte Schweinebraten, Tafelspitz, Wiener Schnitzel von der Kalbslende und Steaks, wobei die Steakzuschnitte ebenso wechseln wie die Beilagen; ausgezeichnet ist die hausgemachte Kräuterbutter zum Fleisch. Besonders gut schmeckt das in Butter gebackene Wiener Schnitzel. Auf der Tageskarte steht eine Pfannkuchensuppe mit einer kräftigen Rinderbrühe, die ebenso zu empfehlen ist wie die Kartoffelsuppe. Die saftige und gut gewürzte Forelle Müllerin, das Filet vom Kabeljau und das panierte Kalbskotelett mit Kartoffelsalat finden große Zustimmung. Das gegrillte Kalbsherz mit Bratkartoffeln und Salat ruft Begeisterung hervor. Zum Abschluss geht am hausgemachten Eis kein Weg vorbei. Nicht vergessen werden soll, dass drei Kindergerichte angeboten werden.
Zu trinken gibt es Weißbier von Unertl und Biere der Schlossbrauerei Maxlrain. Eine Überraschung ist die dreißig Seiten umfassende ehrgeizige Weinkarte, die hauptsächlich Weine aus Deutschland, aber auch aus Österreich und Frankreich versammelt. Die Bedienung ist freundlich und aufmerksam.

Schlosswirtschaft Wildenwart

Ludwigstraße 8,
83112 Frasdorf-Wildenwart
0 80 51 / 27 56
schlosswirtschaft-wildenwart.de

Größe: 230 Plätze im Restaurant, dazu der Biergarten
Preise: Hauptgerichte 12–24 Euro
Kreditkarten: EC
Öffnungszeiten: Mi–So 10–14 und 17–24 Uhr; Ruhetage: Mo, Di

Traditionelle bayerische Wirtschaft mit Rind von nebenan

Burg Wildenwart wurde im 13. Jahrhundert errichtet, im 16. Jahrhundert wird die Schlosswirtschaft urkundlich erwähnt. König Ludwig III. liebte das Schloss, in dem heute ein Urenkel mit Familie lebt. Die Schlosswirtschaft im oberbayerischen Kreis Rosenheim wird vom Herzoglich Bayerischen Brauhaus Tegernsee verwaltet. Seit mehr als einem Jahrzehnt ist Christoph Gelder Pächter und Gastgeber. Er stammt aus der Region, und die regionale Küche ist ihm eine Herzensangelegenheit. Sein Rindfleisch »wächst« auf dem Hof hinterm Schloss, und selbstverständlich verarbeitet er das ganze Tier. Die Lieferant*innenliste in der Speisekarte umfasst allein vier Fischzuchten und Fischer*innen.
Die saisonal ausgerichtete Küche bietet zum Auftakt eine Maronensuppe, eine Kürbiscremesuppe oder die typisch bayerische Leberknödelsuppe. Wer eine größere Vorspeise in Angriff zu nehmen in der Lage ist, dem sei die Bratensülze mit Röstkartoffeln und Kernöl empfohlen. Die Hauptgerichte bieten vieles aus der Jagd wie verschiedene Teile vom Reh oder ein herrlicher Wildhasenpfeffer mit Preiselbeeren, Topfenspätzle und Wirsing. Vom heimischen Schmidochsen gibt es das Lendensteak mit Kartoffelrösti und Blattspinat, von Hirzingers Biokalb das gemischte Gekochte – Herz, Schulter, Zunge – mit Salzkartoffeln. Vegetarisch Orientierte haben es in diesem Himmel der Bayern etwas schwerer, doch Spinatknödel mit Salbeibutter, Parmesan und Salat und die hochgelobten Steinpilzravioli sind mehr als nur ein Ersatz. Ein spezieller Genuss sind die Desserts, etwa der Wildenwarter Apfelschmarrn mit Vanilleeis oder die Topfen-Nougat-Knödel, die mit einer herausragenden Bioschokolade als Mousse und mit Himbeersorbet gereicht werden.
Auf der Getränkekarte spielen das berühmte Tegernseer Bier und das dort abgefüllte Quellwasser von Wildbad Kreuth eine zentrale Rolle. Nur die Bioweine kommen nicht aus dem Chiemgau, sondern aus Baden und Österreich.

→ Nur vier Kilometer sind es zu einem Kleinod der Kunstgeschichte, St. Jakobus in Urschalling, nur sechs Kilometer zum Priener Chiemseestrand.

Gasthaus Landbrecht

Freisinger Straße 1,
85354 Freising-Haindlfing
0 81 67 / 89 26
gasthaus-landbrecht.de

Größe: 80 Plätze in der Gaststube, 45 auf der Terrasse
Preise: Hauptgerichte 10–21 Euro
Kreditkarten: EC, Master, Visa
Öffnungszeiten: Mi–Fr 17.30–21 Uhr; Sa, So, Feiertage 11.30–14 und 17.30–20.30 Uhr; 1. So im Monat 11.30–14 Uhr; Ruhetage: Mo, Di

Schmucke bayerische Gemütlichkeit – ausgezeichnete Küche

Etwa 30 Kilometer nördlich von München liegt die schöne Domstadt Freising, fünf Kilometer weiter im Ampertal liegt der Weiler Haindlfing. Mittendrin sitzt das schmucke »Gasthaus Landbrecht«, das von der gleichnamigen Familie seit 1914 bewirtschaftet wird. Die Metzgerei von Opa Arthur gibt es leider nicht mehr, aber auch Maximilian Landbrecht pflegt nachdrücklich die Tradition eines richtig guten bayerischen Gasthauses. Die Produkte werden regional bezogen, Lamm und Schafkäse vom Bartlhof Sünzhausen oder Biohof Meier, Rind und Schwein von der Metzgerei Häuslmeir in Kirchdorf an der Amper, Kartoffeln vom Kartoffelhof Ziegltrum in Attaching. In berechtigter froher Erwartung lässt man sich in einer der beiden gemütlichen Stuben nieder, im Sommer auf der Terrasse. Selbstverständlich wird alles frisch gekocht. Familienfeiern und Hochzeiten zeigen, dass der Qualitätsstandard auch bei größeren Gruppen nicht verloren geht. Hier draußen muss der Wirt seinen Gästen an manchen Tagen mehr als bayerische Küche bieten. Gelegentliche Küchenpartys und monatliche Probiermenüs muten französisch an und überwinden die kulinarische Landesgrenze.
Am Sonntag gibt es eine ausgezeichnete Ochsenschwanzbouillon mit Gemüse, gefolgt vom Jungschweinebraten mit Semmelknödel und natureller Soße, dazu Kartoffelsalat und Blattsalate. Besonders gefallen der fein angemachte, knackig frische Kopfsalat und der Kartoffelsalat. Das gebackene Wiener Schnitzel vom Kalbslendchen kommt natürlich aus der Pfanne, und der Ochsenschmorbraten und Ochsenschwanz in pikanter Preiselbeersoße mit Kartoffelknödel (Spezialitäten vom Haindlfinger Ochsen Selmerhof) ist ebenfalls ein Gedicht. Danach eine Bayrisch Creme* mit Zwetschgenpowidl* und Vanilleeis zum ausgezeichneten Espresso aus der uralten Faema-Maschine – die Welt ist in Ordnung.
Das Essen wird begleitet vom guten Bierangebot des Hofbräuhauses Freising und wechselnden offenen Weinen.

→ Eine Reservierung wird empfohlen.

NEU

Franziskus

Allersberger Straße 35,
92342 Freystadt
0 91 79 / 9 63 38 53
restaurant-franziskus.de

Größe: 120 Plätze in den Restaurants, 100 im Festsaal, 80 im Biergarten
Preise: Hauptgerichte 9–22 Euro
Kreditkarten: EC, Master, Visa
Öffnungszeiten: Mi–Fr 17–23 Uhr; Sa, So 11–23 Uhr; Ruhetage: Mo, Di

An Gottes Segen ist alles gelegen

Freystadt mit seinem mittelalterlichen Stadtkern liegt im Landkreis Neumarkt i. d. Oberpfalz. Charakteristisch ist seine zum Platz erweiterte Marktstraße mit einer Durchfahrt im zentral errichteten Rathaus. In einem Seitenflügel des Franziskanerklosters hat die Neumarkter Wirtstochter Beate Schiller 2014 das Restaurant »Franziskus« eröffnet. Das ehemalige Kirchengebäude mit seinen repräsentativen Innenräumen wurde aufwendig und behutsam renoviert. Ein schöner Wirtsgarten und die Innenhöfe ergänzen das Ensemble. Die Köchin verwendet saisonale und regionale Produkte. Jäger*innen liefern Reh und Wildschwein aus heimischen Wäldern, das Juradistl-Lamm stammt von Weideflächen der kräuterreichen Trockenrasen des Oberpfälzer Jura, Teichwirt*innen aus der Nachbarschaft züchten Karpfen und Saiblinge. Zur Verfeinerung der Gerichte werden Waldpilze, Kastanien, Nüsse und vieles mehr gesammelt. Die Küche pflegt eine gehobene Oberpfälzer Landhausküche, modern und kreativ interpretiert.
Uns gefiel die klare Wildbrühe mit Waldpilzknödel und Gemüsestreifen, bei den Vorspeisen die kräftig gewürzten hausgemachten Wildbratwürste mit Rahmwirsing, Kürbisrösti und Hagebuttenketchup. Aromatisch das Carpaccio vom Reh mit Waldbeeren-Balsamico, Pecorino und gerösteten Zedernnüsschen, fein die Wildschweinleber gebraten mit Steinpilzcreme, Biofeldsalat, und geräucherten Walnüssen. Als vegetarische Gerichte werden gebackene Waldpilzknödel mit buntem Herbstgemüse, Walnusssauce und Fichtenstaub angeboten. Probierenswert auch der vegane Kohlrabi-Burger mit Pilzragout, Kürbiscreme und Hagebuttensauce. Bei den Hauptgerichten erfreut das zart geschmorte Ossobuco vom Juradistl-Lamm mit Waldaromen, confiertem Kürbis, gebratenen Kräuterseitlingen und Brennnessel-Gremolata. Das confierte Karpfenfilet aus der Braumühle wird von Rahmwirsing, Kartoffel-Carpaccio und Tannenspitzenöl begleitet, die Saibling-Roulade im Strudelteig – ebenfalls aus der Braumühle – von Preiselbeersaft, Pastinake und Pilzen. Ein Dessert trägt den lustigen Namen »Ein Männlein steht im Walde« und vereint Hagebuttensorbet, Hagebuttengelee, Schokoladenmousse und Schokoladencrumble.
Zahlreiche Biogetränke und Biere von der Biobrauerei Neumarkter Lammsbräu. Aperitifs mit hausgemachten Limonaden, verschiedene Sprizz und Cocktails. Übersichtliches Weinangebot und feine Edelbrände.

Tafernwirtschaft und Café Danibauer

Falkenbach 2,
94078 Freyung
0 85 51 / 42 83
danibauer.de

Größe: 40 Plätze im Gastraum, 70 im Garten
Preise: Hauptgerichte 7–18 Euro
Kreditkarten: Keine
Öffnungszeiten: Do–Fr ab 17 Uhr; Sa, So, Feiertage ab 12 Uhr; Ruhetage: Mo–Mi

Zeitreise mit typischen Gerichten des Bayernwalds

Im Mittelalter wurde auf dem Goldenen Steig, der Handelsstraße zwischen Bayern und Böhmen, Salz von Passau nach Prachatitz transportiert - heute ist das die Bundesstraße 12. Die Handeltreibenden machten damals in Tafernwirtschaften Rast. Kurz vor Freyung steht mit der »Tafernwirtschaft Danibauer« ein solches Wirtshaus mit Café und Pension, seit dem 17. Jahrhundert von der Familie Gruber bewirtschaftet. Eva Gruber ist die Herrin des uralten Vierseithofs mit gemütlicher Gaststube und einem als »Gewölbe« bezeichneten Nebenraum, in das ein altes »Schratzlloch« mündet, ein Erdstall. Fleisch liefert Metzger Piser in Hohenau, Wild der Hausjäger. Die Forelle kommt von einer Nachbarin, deren Teiche vom Wildwasser der Buchberger Leite gespeist werden.

Auf der Schiefertafel am Eingang sind die von der Autodidaktin Gruber täglich gebackenen Kuchen verzeichnet: Himbeerbiskuitrolle, Preiselbeer-Schoko-Torte oder eine Rhabarberschnitte mit Topfeneis; die Beeren haben Frauen aus dem Dorf gesammelt. Auch der gebackene Mohnschmand* mit Waldbeerengrütze klingt verlockend. Doch würde zu viel Süßes den Hunger verderben auf die traditionell niederbayerischen Speisen und die Bayernwaldküche allgemein, denen das Haus verpflichtet ist, wie die Erdäpfelsuppe mit Majoran und Bauernspeck oder die Apfel-Meerrettich-Suppe als Einstimmung. Dazu gibt es wunderbares Sauerteigbrot vom Bruder der Wirtin. Die Hauptspeisen sind auf wenige Gerichte reduziert, oft folgen sie alten Rezepturen. Schon als Mädchen schaute Eva Gruber der Oma bei der Zubereitung der sauren Schweinsleber zu - heute ein Danibauer-Klassiker. Die geschmorten Schweinsbackerln mit Serviettenknödel und Blaukraut sind zart und ebenso köstlich wie das Blutwurstgröstl* mit Äpfeln und Mostsauerkraut.

Die Biere braut die Privatbrauerei Lang in Freyung. Die Weintrinker freuen sich über pfeffrigen Veltliner und würzigen Blaufränkisch aus der Steiermark. Apfel-Birnen-Most kommt aus dem Nachbardorf, Obstbrände und Liköre von der Brennerei Braun in Ortenburg. Gastfreundliche Atmosphäre, stimmungsvoller Garten im Vierseithof.

Gasthaus Unterwirt

Hadrianstraße 26,
83413 Fridolfing
0 86 84 / 9 69 76 09
gasthaus-unterwirt.de

Größe: 55 Plätze in zwei Gaststuben
Preise: Hauptgerichte 13–35 Euro
Kreditkarten: EC, Master, Visa
Öffnungszeiten: Mi–Sa 17.30–24 Uhr; So 11.30–14 und 17.30–22 Uhr; Ruhetage: Mo, Di

Chiemgaus Frischeküche: Genuss gradaus und alles verwertet

2017 haben Margit und Bernd Weinhart das »Gasthaus Unterwirt« im schönen Voralpenland erworben. Ihre Philosophie, frische regionale Produkte möglichst vollständig zu verwerten, passt ausgezeichnet in den bäuerlichen Chiemgau mit seiner Ökomodellregion Waginger See – Rupertiwinkel. Die Weinharts brachten aus dem Schrobenhausener Spargelland, ihrer alten Heimat, gute kulinarische Beziehungen mit. Bernd Weinhart versteht sein Gasthaus, die abschließende Station seiner langen Kochkarriere, als Wohnzimmer für Freunde. »Genuss gradaus« – das gilt hier für Speis' und Trank.
Als Vorspeise überzeugen der Salat vom Stangenspargel der Familie Wagner in würziger Vinaigrette mit hausgebeizter Seeforelle ebenso wie der Wiener Backhendlsalat mit Kartoffel-, Blatt- und Tomatensalat, Kernöl und gebackener Biohühnerbrust. Appetitanregend auch die mit Apfel und Zitrone gewürzte Spargelcremesuppe, stärkend die Kraftbrühe vom Biogockel und Truthahn mit Gemüsestreifen und Wacholderschinkenschöberl. Als Hauptgerichte sind der Schmorbraten aus der Schulter vom Biokalb vom Biohof Koch in Teisendorf mit gebackenem Semmelknödel und Spargel oder das Fischgulasch vom fangfrischen Waginger Seewaller mit geräuchertem Knoblauchbrot erste Wahl. Ausschließlich sonntags steht der ofenfrische Krustenbraten vom Voralpen-Strohschwein mit Kartoffelknödel und Bayrisch Kraut zur Auswahl. Pflanzerl vom Getreideschrot, getrockneten Tomaten und frischen Gartenkräutern mit Rote-Bete-Creme oder Gnocchi von der Süßkartoffel in Spargelsahne mit frischem Oregano werden vegetarisch und vegan lebende Menschen erfreuen. Als Desserts verführen karamellisierte Apfelpfannkuchen mit Fridolfinger Heumilch-Vanilleeis, Schokoladen- und Heidelbeereis oder das Ragout von Rhabarber, Apfel und Erdbeere mit Mascarponemousse.
Auf der Getränkekarte stehen Biobiere der Schlossbrauerei Stein, Bio- und konventionelle Weine mit den Schwerpunkten Deutschland, Österreich und Italien sowie Kaffee aus der Aßlinger Martermühle.

→ Nur sieben Kilometer sind es bis ins Mekka der bayerischen Wanderschuhe und Lederhosen, zum Meindl in Kirchanschöring.

Gasthaus Goldener Stern

Dorfstraße 1,
86316 Friedberg-Rohrbach
0 82 08 / 4 07
gasthaus-goldenerstern.de

Größe: 80 Plätze in den Gaststuben, 100 im Biergarten
Preise: Hauptgerichte 8–17 Euro
Kreditkarten: Keine
Öffnungszeiten: Mi–Sa 11.30–14.30 und ab 18 Uhr; So 11.30–15 Uhr; Ruhetage: Mo, Di

Oxenfleisch am alten Oxenweg

Mit der dunklen Holzvertäfelung, den weißen Tischdecken und der stilvollen Dekoration ist die Stube des Traditionsgasthauses »Goldener Stern« von Familie Fuß gastlich und einladend. Rohrbach liegt etwa zehn Kilometer südöstlich von Friedberg im Landkreis Aichach-Friedberg, der an Augsburg grenzt. Die kleinen, täglich wechselnden Speisekarten bieten beinahe ausschließlich Produkte der unmittelbaren Umgebung und tragen die Handschrift der Wirtin und ihres Sohnes Stefan. Eine Spezialität des Hauses sind Gerichte vom Oxen: Das Lokal gehört nicht nur zum Verein der »Spezialitätenwirte im Wittelsbacher Land«, es liegt auch am »altbayerischen Oxenweg« und bietet Gerichte mit einer nur in dieser Region gehaltenen Ochsenrasse an.
Das Oxenfleisch in Honigmarinade mit Äpfeln und Blattsalaten wird schön präsentiert und ist herrlich zart. Die im Gemüsesud gesottene Oxenzunge harmoniert gut mit dem Spargelgemüse und würzigem Bärlauchpüree. Der typisch-aromatische Rindfleischgeschmack kommt gut zum Tragen beim schön marmorierten Wittelsbacher Oxenbraten, der mit hausgemachtem Blaukraut und einem überdimensionalen Kloß serviert wird. Üppig auch der legendäre ofenfrische Schweinebraten mit Kloß und Salat. Die leicht rosa und zart gebratene Lammhüfte kommt mit Paprika-Zucchini und einem Perlgraupenrisotto auf den Tisch; die hausgemachten Saucen zu den Gerichten werden apart gereicht. Frisch und aromatisch schmeckt die hausgemachte Terrine von Forelle und gebeizter Lachsforelle mit Feldsalat; die Fische kommen aus der Region. Der Wittelsbacher Bachsaibling wird von cremigen Lauchkartoffeln und Salat begleitet. Die Wittelsbacher Schokoladen-Birnen-Variation zum Dessert ist unbedingt zu empfehlen.
Auf der Getränkekarte stehen neben dem üblichen Bier- und Getränkesortiment vor allem fränkische und österreichische Weine. Der Service ist freundlich und aufmerksam. Im Sommer ist der Biergarten geöffnet.

→ An jedem ersten Montag im Monat gibt es das Sechs-Gänge-Schlemmermenü.

NEU

Fürstenfelder

Fürstenfeld 15,
82256 Fürstenfeldbruck
0 81 41 / 88 87 54 10
fuerstenfelder.com/restaurant

Bio

Größe: 120 Plätze im Gastraum, 120 auf der Terrasse
Preise: Hauptgerichte 18–27 Euro
Kreditkarten: EC, Visa, Master, Amex
Öffnungszeiten: Mo–Sa 11.30–14 Uhr Lunchbüfett; Di–Sa, 17–23 Uhr (Küche bis 21.30 Uhr); So 11–14.30 Uhr Brunch; Biergarten: Mo–Fr ab 14 Uhr; Sa, So, Feiertage ab 11 Uhr

Biorestaurant auf barockem Klostergelände

Die Umgebung ist eindrucksvoll. Eingebettet in das Gelände des 1263 gestifteten Zisterzienserklosters mit seiner weltberühmten spätbarocken Klosterkirche, findet man das Restaurant »Fürstenfelder« in Fürstenfeldbruck. Der Gastraum ist der ehemalige Klosterstall mit einem böhmischen Kappengewölbe. Seit dem Umbau 2018 steht das Wichtigste noch mehr im Mittelpunkt: Biozutaten und ihre Zubereitung in der offenen Küche. Neben saisonalem und regionalem Gemüse kommen ausgewählte Fleisch- und Fischprodukte aus artgerechter Haltung auf den Teller. Bereits seit 2003 ist die Fürstenfelder Küche biozertifiziert. Der »Fürstenfelder« setzt auf ein Küchenteam, das Spaß am Zusammenarbeiten hat und Raum, Neues auszuprobieren. Abends werden die Speisen auf der Kochinsel im Gastraum zubereitet. Dort kommt der Josper zum Einsatz, ein spanischer Hochtemperatur-Holzkohlegrill, der Fleisch – vor allem Dry-Aged-Roastbeef – und Gemüse eine besondere Geschmacksnote verleiht.
Als Vorspeise gibt es eine geräucherte Lachsforelle von Birnbaums Fischzucht. Sie wird auch als Hauptgericht vom Josper angeboten. Vegane Gerichte sind der geröstete Blumenkohl oder der Hokkaidokürbis. Ein Vorspeisensharing bietet sich an, wenn Entscheidungen schwerfallen. Putenbruststeaks kommen von Wallners Bioputenhof und die Beilagen aus den umliegenden Betrieben wie Engelsbergerhof, Heckers Gärtnerei oder am Samstag direkt vom Bauernmarkt auf dem Gelände. Mittags gibt es ein Bio-Lunch-Büfett für den großen oder kleinen Hunger. Nachspeisen wie Topfenknödel oder Schokoladen-Kürbiskernmousse vervollständigen die Karte.
Auf Weine aus Übersee wird verzichtet, das Wasser kommt von Adelholzener oder direkt aus Fürstenfeldbruck, Bier und Limonaden aus dem Sortiment von Lammsbräu und das Bio-Weißbier von Unertl.

→ Navi-Adresse Parkplatz: Zisterzienserweg.
Großen Zuspruch finden Sonderveranstaltungen wie die Küchenpartys mit zahlreichen, kreativen Gängen und oft in Anwesenheit örtlicher Erzeuger*innen, die gern Rede und Antwort bei Fragen zu ihren Produkten stehen.
Zum Fürstenfelder gehören auch ein Biobiergarten mit Selbstbedienung und die bediente Restaurantterrasse mit herrlichem Blick auf die Fassade der barocken Klosterkirche.

Auf dem Klostergelände findet samstags ein Bauernmarkt statt.

Klosterstüberl

Fürstenfeld 7c,
82256 Fürstenfeldbruck
0 81 41 / 52 68 19
klosterstueberl.de

Größe: 65 Plätze im Wirtshaus, 150 im Wirtsgarten
Preise: Hauptgerichte 15–25 Euro
Kreditkarten: EC, Master, Visa
Öffnungszeiten: Mi–Sa, 11.30–22 Uhr; So bis 21 Uhr; Ruhetage: Mo, Di

Bayern im Herzen – und auf dem Teller

Das »Klosterstüberl« befindet sich auf dem Anwesen des ehemaligen Zisterzienserklosters Fürstenfeldbruck, direkt gegenüber dem prächtigen Portal der Klosterkirche. Der überwältigende Ausblick kann im Sommer aus dem Biergarten im Klosterinnenhof ebenso genossen werden wie aus dem alten Wirtsgarten auf der anderen Klosterseite unter schattigen alten Kastanien – bei einem Kellerbier der Brauerei König Ludwig oder einer Apfelschorle. Die Gemeinde Fürstenfeldbruck hat in die Renovierung des historischen Gebäudes investiert. Wirt Martin Peter konnte seine Vorstellungen bei Küchenausstattung und Interieur realisieren. In zwei Stuben sitzt man in gemütlicher Landhausatmosphäre. Im Klosterstüberl wird die traditionelle bayerische Küche gepflegt. Die Zutaten kommen von regionalen Anbietern – und aus der eigenen Metzgerei.
Bei den Vorspeisen und Suppen sollten neben Leberknödeln und Festtagssuppe auch das Carpaccio vom Breznknödel oder die Filets von der Regenbogenforelle probiert werden. Unter den Hauptgerichten sind Klassiker der bayerischen Wirtshausküche vom Schweinsbraten bis zum Schnitzel Wiener Art gelistet, dazu eine reiche Auswahl an Kalbs- und Rindfleischgerichten. Dreierlei vom Kalb vereint Kalbsschnitzel, Tafelspitz und Zwiebelrostbraten und zeigt den gelernten Metzger im Koch. Besonders hervorzuheben sind die gebratenen Enten, frisch aus dem Rohr mit Preiselbeeren und Kartoffelknödel. Wer einen großen Appetit mitbringt, wagt sich an ein Kloster-Schmankerl mit dem Viertel einer reschen Bauernente und einer Tranche Schweinsbraten, dazu Kartoffelknödel und Apfelkraut. Neben den Klassikern gibt es saisonale Gerichte, die für Abwechslung sorgen. Spargel und Matjes werden von der Tomate abgelöst, danach der Kürbis vom Grünkohl. Nicht alles ist immer verfügbar – ein gutes Zeichen. Die Variation von Windbeuteln ist als Nachspeise sehens- und empfehlenswert. Der Gast wird von freundlicher und aufmerksamer Bedienung in Tracht umsorgt.

→ Stammgäste notieren sich Termine wie den Schmarrntag oder Tatartag und das Ochsenschlachtfest, die im Oktober starten. Sehenswert auch das Video auf der Webseite »Stadt Land Lecker« mit Sternekoch Nelson Müller.

Innerhalb des Klostergeländes befindet sich der Bauernmarkt. Am Samstagvormittag verkaufen landwirtschaftliche Betriebe ihre Produkte.

Gasthof Gentner

Spielberg 1,
91728 Gnotzheim-Spielberg
0 98 33 / 98 89 30
gasthof-gentner.de

Größe: 70 Plätze im Gasthof, 40 im Innenhof
Preise: Hauptgerichte 17–24 Euro
Kreditkarten: EC, Maestro, Master, Visa
Öffnungszeiten: Mi–Sa 18–22 Uhr; So, Feiertage 11.30–14 Uhr; Ruhetage: Mo, Di; im Winter: Fr, Sa 18–22 Uhr; So 12–14 Uhr

Authentische Küchenkunst in historischem Ambiente

Der »Gasthof Gentner« liegt im mittelfränkischen Landkreis Weißenburg-Gunzenhausen, etwa zehn Kilometer südlich von Gunzenhausen unterhalb der Burg Spielberg. Die Räumlichkeiten sind mit traditionellen fränkischen Bauernmöbeln einfach und geschmackvoll eingerichtet. Ans Haus schließt sich die »Obstarche« mit alten Apfel- und Birnensorten Frankens an, die hier eine neue Heimat erhalten. Die Auswahl der Gerichte wird sorgfältig auf die regional verfügbaren Produkte und Mengen abgestimmt. Die nachhaltig interpretierte Küche des historischen Gasthofs verarbeitet die frische Regionalware ohne Verluste. Das kann dazu führen, dass ein Gericht von der Karte aus ist. Die klein gehaltene Speisekarte lässt das kulinarische Erbe Altmühlfrankens spüren. Bei den verwendeten Rohstoffen zielt man auf Produktqualität und authentische Herkunft. Küchenchef Oliver Marschall kocht traditionelle Gerichte mit einer kreativen Note. Brot kommt von der Bäckerei Schroth in Heidenheim, Käse von der Schmalzmühle Wassertrüdingen, die Kartoffeln wachsen in Munningen auf dem Hof Hertle, Lammfleisch liefert der Schafberg in Heidenheim. Auch Fisch von der Fischzucht Übler ist regionaler Herkunft. Obst und Wildkräuter erntet man von der eigenen Wiese.
Die Spargelcremesuppe mit Tonkabohne und Heidenheimer Klosterschinken und der Bunte Frühlingssalat mit Wildkräutern führen in das Essen ein. Als Hauptgerichte überzeugen die rosa gebratene Flugentenbrust mit Kohlrabi-Zuckerschoten-Gemüse und Himbeeressigreduktion, das Roastbeef von der Weidefärse mit grünen Kartoffelnocken und Salat und das Zanderfilet auf der Haut gebraten mit Safransoße, Nudeln und Grünspargel-Spinat-Gemüse. Als süßer Schlussakkord mundet ein Vanilleeis mit Spielberger Vanilleäpfeln von der Obstarche.
Aus dem Zapfhahn fließen die Biere der Spalter Stadtbrauerei, die Obstbrände kommen von umliegenden Brennereien. Und es gibt ein eigenes Gentner-Bier. Autofahrer*innen und Kinder freuen sich über die Hesselberger Saftspezialitäten.

Forsthaus Schweigelberg

Behringersmühle,
91327 Gößweinstein
01 72 / 8 12 08 71
forsthaus-schweigelberg.de

Größe: 35 Plätze in der Gaststube, 50 im Biergarten
Preise: Hauptgerichte 12–20 Euro
Kreditkarten: Keine
Öffnungszeiten: März–Nov, Sa, So 12–17 Uhr; Ruhetage: Mo–Fr

G'scheitgut essen im urigen Gasthaus

Das Forsthaus Schweigelberg liegt im Herzen der Fränkischen Schweiz im Kreis Forchheim. Pächterin Marga Linhard übt seit 1970 die Jagd aus und entschloss sich nach zwei Jahrzehnten in einem privaten Kochklub, unter dem Motto »das Einfache gut machen« ihren Traum als professionelle Gastgeberin zu verwirklichen. Das Forsthausteam ist der Slow Food Idee verpflichtet und bringt unter Beachtung des jahreszeitlichen Rhythmus einfache, klare Gerichte ohne Schnörkel auf den Tisch. Eine Speisekarte mit E-Nummern sucht man vergebens. »Wir versichern, dass wir seit 20 Jahren keinerlei Konservierungsstoffe und Glutamate in unserer Küche verwenden. Unsere Philosophie ist die frische, saisonale Küche mit hochwertigen, vorwiegend regionalen Grundprodukten.« Auf Nachfrage werden Metzgereien, Bäckereien, Brennereien, Brauereien und Obstbaubetriebe der Region genannt, und es wird begeistert von ihnen erzählt. Das Forsthaus ist nicht mit dem Auto erreichbar! 15 Minuten dauert der Fußweg vom Parkplatz am Tennisplatz bei der Behringer Mühle.
Das Tagesangebot wird auf Schiefertafeln präsentiert. Die Gerichte wechseln nahezu täglich. Eine Vorspeise ist die Kartoffelsuppe mit frischem Bärlauch vom Weiher hinterm Haus, das Sauerteigbrot mit hausgemachtem Griebenschmalz und Äpfeln immer einen Versuch wert. Die Putenschnitzelchen mit Kartoffelsalat kommen in Bioqualität vom Geflügelbauern vor Ort, das Rehschnitzel stammt von Tieren aus eigener Jagd. Beide Fleischgerichte sind butterzart, der warme Kartoffelsalat bestens. Auch Salate der Saison werden regelmäßig angeboten. Bei Interesse gibt die Inhaberin Auskunft über die Herkunft des Fleischs und erläutert seine Zubereitung vom Zerlegen bis zum Flambieren. Als Nachtisch wird eine duftige Bayrisch Creme* mit frischen Beeren gereicht. Unbedingt probierenswert sind der selbst gebackene Kuchen und das zarte Buttergebäck.
Im Weinregal liegen fränkische, österreichische und italienische Gewächse.

➜ Regelmäßige Veranstaltungen zum Thema »Speisen und Erleben«. Ein Blick in den Veranstaltungskalender ist lohnend.

Alter Wirt Grünwald

Marktplatz 1,
82031 Grünwald
0 89 / 64 19 34-0
alterwirt.de

Größe: 90 Plätze im Gastraum, 90 auf der Terrasse und im Biergarten
Preise: Hauptgerichte 14–34 Euro
Kreditkarten: Alle gängigen Karten
Öffnungszeiten: Mo–So 12–21 Uhr; Frühstücksbüfett Mo–Fr 6.30–10 Uhr, Sa, So 7.30–11 Uhr

Zeitgemäßes bayerisches Kochhandwerk

Den »Alten Wirt« in Grünwald gibt es seit 1919. Jakob Portenlänger führt das Biogasthaus in vierter Generation. Seit 1983 ist ein Hotel mit 50 Zimmern angegliedert, dass seit 2016 biozertifiziert ist. Die Waren werden größtenteils von regionalen Bioerzeugern bezogen. Fisch kommt vom Ökofischbetrieb Wagner, Lechtalfleisch von der Biometzgerei Juffinger. Die Biorinder grasen im Erdinger Moos. Es werden meist ganze Tiere gekauft und komplett verarbeitet. Eier und Geflügel liefert der Grosserhof in Pfarrkofen. Nur das Augustiner-Bier hat kein Biosiegel. Jeden Abend um 18 Uhr wird ein neues Holzfass angezapft. Wer es sich zutraut, der kann es selbst einmal versuchen. Beim Personal setzt man auf eigene Ausbildung und stellt gezielt junge Leute aus verschiedenen Kulturkreisen ein. Schön, mit welcher Begeisterung die jungen Mitarbeiter in bayerischer Tracht ans Werk gehen.
Im Restaurant gibt es neben einer saisonal orientierten Tageskarte mit zumindest zwei vegetarischen Gerichten auch eine Monatskarte. Die Klassiker wie das Wiener Schnitzel, die Kasspatzen* und der Schweinebraten, der 24 Stunden bei 60 Grad im Rohr sanft vor sich hingart, stehen regelmäßig auf der Karte. Neben Lammnüsschen mit Bärlauchgnocchi, veganer Lasagne oder auch Forelle mit Kohlrabi, Romanesco und Süßkartoffelpüree kommen Hirschgulasch, gefüllte Paprikaschoten und ein Weißbierobatzda auf den Tisch. Bei den Nachspeisen sind die eingemachten Kriecherl*, der klassische Kaiserschmarrn und ein nicht übersüßtes Schokomousse sehr zu empfehlen.
Die internationale Weinkarte bietet Außergewöhnliches wie einen Gemischten Satz oder einen Blanc de Noir vom Spätburgunder aus dem Hause Seckinger.

Auf dem Anwesen wird von zwei jungen Grünwaldbiobäckern eine offene Backstube betrieben. Da kann man beim Brotbacken zusehen und es gleich erwerben.

Gasthof Nöth

Morlesauer Straße 3–6,
97762 Hammelburg-Morlesau
0 93 57 / 4 79
hotel-noeth.de

Größe: 80 Plätze im Restaurant
Preise: Hauptgerichte 12–28 Euro
Kreditkarten: EC, Master, Visa
Öffnungszeiten: Fr–Di 11.30–13.30 und 17.30–20.30 Uhr; Ruhetage: Mi, Do

Frisch-fränkisch mit einem Schuss Portugal im Saaletal

Abseits der üblichen Reiserouten, im stillen Tal der unteren fränkischen Saale, schmiegt sich sechs Kilometer westlich von Hammelburg das alte Fachwerkdörfchen Morlesau zwischen Fluss und Berghang. Nahe am Dorfeingang, mit Garten zur Saale, liegt das Hotel Nöth, auf der gegenüberliegenden Seite das zugehörige Restaurant. 250 Jahre Gastlichkeit - und doch ist nichts altmodisch. Harald Spath hat seiner in internationalen Spitzenhäusern geschulten Tochter Karolin die Küchenleitung übergeben und arbeitet gelegentlich noch mit ihr in der Küche. Der portugiesische Schwiegersohn unterstützt Mutter Elisabeth im Service und sorgt für kulinarische Einflüsse, die gut mit dem Küchenstil des Hauses harmonieren. Das Restaurant ist fränkisch-gemütlich eingerichtet und strahlt Behaglichkeit aus. Im Sommer sitzt man auf der Terrasse und blickt hinüber zur Saale. Die Spaths pflegen eine herzhafte, saisonale fränkische Küche, mit Kreativität verfeinert. Die Fische stammen vom Teichwirt im nahen Schondratal.
Hausgeräucherter Schinken vom Rhöner Hirsch garniert geschmackvoll einen Salat, die Steinpilze in der Wildrahmsuppe sind oft selbst gesammelt. Empfehlenswert ist der lauwarme Bratwurstsalat auf Semmelkloßcarpaccio. Die gefüllte Rindsroulade mit Kartoffelpüree und Kürbis wird begleitet von dekorativen Steinpilzscheiben. Hervorragend sind die Wildgerichte - zarter Rehbraten, echtes Jägerschnitzel aus der Rehkeule oder der Wildburger. Auf der Standardkarte findet sich neben vegetarischen Gerichten wie dem Grünen Burger auch das portugiesische Nationalgericht Bacalhou com Broa – Kabeljau mit Kartoffeln und Gemüsen im Ofen überbacken. Beim Nachtisch überzeugt das Parfait mit Gugelhupf und Beeren.
Die Weinkarte versammelt gute fränkische Tropfen und die besten Saalewinzer, das Bier kommt von der Rhöner Biobrauerei. Der Service ist aufmerksam.

➜ Besucher können in der warmen Jahreszeit die hauseigenen Kanus für eine Bootsfahrt auf der Saale mieten. Die Gegend um Morlesau bietet sich für ausgedehnte Wanderungen oder Radtouren in die Rhön an.

Die Bäckerei Sorrentino in Gräfendorf bietet sehr gute Backwaren und selbst gemachte Heinerle. Im nahen Hammelburg lohnt ein Besuch des Bioweinguts Schloss Saaleck.

Landgasthof Wallner

Dorfstraße 20,
85241 Hebertshausen-Prittlbach
0 81 31 / 37 67 20
gasthof-wallner.de

Größe: 70 Plätze im Gastraum, 30 im Wirtsgarten
Preise: Hauptgerichte 10–20 Euro
Kreditkarten: EC
Öffnungszeiten: Mo–Di, Do-Fr 11.30–14 und 17–20.30 Uhr; So 11.30–14 Uhr; So und feiertagabends geschlossen. Ruhetage: Mi, Sa

Urbayerisches Dorfidyll vor den Toren Münchens

Versteckt im Hügelland nördlich von Dachau liegt das kleine Prittlbach. Direkt neben dem Maibaum befindet sich der gestandene »Landgasthof Wallner«. Er wurde grundlegend renoviert, dennoch ist in der gemütlichen Gaststube mit ihrem Kachelofen zu spüren, dass hier die bayerische Wirtshaustradition fortbesteht. Gekocht wird traditionell bayerisch, ohne Zugeständnisse an den Zeitgeist. Die täglich wechselnde Karte beschränkt sich auf wenige einfache, mit großer Sorgfalt zubereitete Gerichte. Alle Speisen (bis auf die Kartoffelknödel) sind hausgemacht. Grundprodukte werden von den umliegenden Landwirtschaften bezogen, Fleisch liefert der Dachauer Metzger Boneberger.

Die Speisekarte spiegelt den Gang einer traditionellen bayerischen Mahlzeit auf dem Lande. Vorspeisen, wie die internationale Küche sie kennt, sucht man vergeblich, aber ein kleiner gemischter Salat wird gern serviert. Und auch eine Brühe lässt der Bayer gelten: hausgemacht, mit Einlagen aus der Suppenschüssel geschöpft. Besonders gelungene Einlagen sind Bärlauchnockerl und Pfannkuchenstreifen. Bei den Hauptgerichten überwiegen kräftige Fleischgerichte und insbesondere die Braten, die allesamt frisch aus dem Rohr kommen. Dazu wird gut angemachter gemischter Salat gereicht. Feste Größen sind der saftige Schweinsbraten und feine Semmel- oder Kartoffelknödel, der zarte Tafelspitz mit Petersiliensoße und Bratkartoffeln sowie das in Butter gebratene Wiener Schnitzel mit Bratkartoffeln. Auch der Kalbsbraten in Rahmsauce mit Spätzle, der Lammbraten mit Bärlauchspatzen zur Saison und der Ochsenbraten überzeugen mit ihrer Qualität. Nachspeisen sind Terrain von Herrn Wallner - und immer einen Versuch wert.

Bei schönem Wetter genießt man unter Kastanien im Wirtsgarten das Dorfidyll mit süffigem Ludwig-Thoma-Bier aus dem Steinkrug.

Restaurant »freihardt«

Hauptstraße 81,
90562 Heroldsberg
09 11 / 5 18 08 05
freihardt.com

Größe: 60 Plätze im Gastraum und der Wintergarten
Preise: Hauptgerichte 23–39, Menüs ab 45 Euro
Kreditkarten: EC, Master, Visa
Öffnungszeiten: Mi–Fr ab 18 Uhr; Sa–So 11.30–14 und ab 18 Uhr; Ruhetage: Mo, Di

Gaumenfreude und Augenweide auf höchstem Niveau

Heroldsberg ist ein Markt im Landkreis Erlangen-Höchstadt. Der gelernte Metzger und Küchenmeister Hans-Jürgen Freihardt wurde im Sternerestaurant »Bammes« ausgebildet und war der Chef de Partie in der Münchener »Käfer-Schänke«. 2002 erhielt er den Meisterpreis der bayerischen Staatsregierung und hat alldieweil zahlreiche Köche ausgebildet. Nach einer Renovierung zeigt sich das Restaurant mit großzügigem Wintergarten. Schön gedeckte Tische, ein freundlicher, kompetenter Service und die profunde Weinberatung versprechen einen angenehmen Aufenthalt. Für Freihardt ist die Region das Fundament seines Konzepts, dazu kommt sein handwerkliches Können auf höchstem Niveau. Das Speisenangebot: ein Jahreszeitenmenü, die Mittagskarte mit Businesslunch, die Klassikerkarte, die Kidskarte und schließlich das Angebot von Freihardts Wet-Aged- und Dry-Aged-Beef. Das Fleisch kommt größtenteils aus der eigenen Metzgerei, dort werden Simmentaler Rinder von bayerischen Höfen verarbeitet. Viele Gerichte wecken den Appetit, etwa das handgeschnittene Beeftatar vom bayerischen Färsenfilet mit Wachtelspiegelei oder die doppelte Kraftbrühe vom Jungrind mit dreierlei Einlage und Wurzelstreifen. Das Bärlauchsüppchen wird mit Wildsaibling und Avocado veredelt. Probierenswert auch der Ochsenmaulsalat mit Saubohnen. Zu den prachtvollen Hauptgerichten gehören Rinderfiletspitzen mit Cognac-Pfeffer-Rahm, Rösti und Blattsalat. Die Kalbsleber wird in schäumender Butter mit Ingwer, Vanille und Peterle gebacken. Das Rindfleisch reift bis zu acht Wochen professionell im Schaukühlschrank. Alle Klassiker der Steakpalette werden angeboten: Filetsteak, Ribeye, T-Bone, Rumpsteak oder Porterhouse mit klassischen Beilagen, Soßen, Dips, Salat und Gemüse. Vegetarisch orientierte Menschen müssen nicht zu Hause bleiben: Ein Heidelbeerrisotto mit Steinpilzöl, Pfifferlingen, Totentrompeten und glacierten Wacholderpastinaken lohnt den Weg. Zum Nachtisch lockt ein Schokoladentörtchen mit Erdbeeren.

Ansehnliche Weinauswahl von überwiegend deutschen und europäischen Gewächsen, Biere der Neumarkter Lammsbräu.

Landhotel Zur Sonne

Vordere Gasse 5,
91567 Herrieden
0 98 25 / 9 24 60
sonne-herrieden.de

Größe: 70 Plätze im Restaurant, 80 im Saal, 45 im Außenbereich
Preise: Hauptgerichte 9–22 Euro
Kreditkarten: EC, Master, Visa
Öffnungszeiten: Mo–Do, Sa 7–14 und 17–22 Uhr; So 8–14 und 17–22 Uhr; Ruhetag: Fr

Kulinarische Inspiration an der oberen Altmühl

Im Zentrum der historischen Altstadt von Herrieden am Oberlauf der Altmühl im mittelfränkischen Kreis Ansbach ist das »Landhotel zur Sonne« zu finden. Die modern eingerichteten Gasträume zeigen ihre fränkischen Wurzeln, die dezente Dekoration zeugt von Individualität. Bücher in allen Räumen zeugen von einer ansteckenden Literaturbegeisterung und werden zum Lesen und Mitnehmen angeboten. Die Auswahl der Gerichte lässt erahnen, dass hier nicht nur mit ländlich-fränkischer Inspiration gekocht wird, sondern dass auch die Produkte aus der Region stammen. Claus Christ steht am Herd, künstliche Aromen und Geschmacksverstärker haben Hausverbot, auch in zugekaufter Ware. Die Herkunft der Rohwaren ist in der Karte dokumentiert. Das Fleisch kommt aus dem Familienbetrieb und von zwei örtlichen Metzgereien, die wiederum aus der Region beliefert werden. Fränkische Fische, Backwaren, Käse und Marmeladen kommen von Lieferant*innen rund um Herrieden, das Gemüse wächst im benachbarten Knoblauchsland.
Besondere regionale Gerichte sind der karamellisierte Ziegenfrischkäse an Rotweinschalotten oder das Sauerkrautsüppchen als Vorspeisen. Die Sülze vom Tafelspitz kommt mit einem Salatbukett auf den Teller, dazu Bratkartoffeln. Als Hauptgericht erfreut die fränkische Bauernente aus dem Rohr mit Rahmwirsing und Kloß. Originell ist der Herrieder Bratwurstsalat mit Gurke, Tomate, Zwiebeln und fränkischem Landbrot. Die Kalbsnierle werden in einer leichten Senfsoße mit Reis serviert. Der Fisch ist ein Bachsaibling mit Kräutern gefüllt in Pergament, dazu gibt es Salzkartoffeln.
Tucher (Nürnberg) und Zirndorfer liefern die Biere, der Wein kommt aus Würzburg, und die Streuobstsäfte liefern die ortsansässigen »Hesselberger«.

Wirtschaft von Johann Gerner

Dannberg 3,
91093 Heßdorf
0 91 35 / 81 82
wirtschaft-von-johann-gerner.de

Größe: 100 Plätze in drei Stuben
Preise: Hauptgerichte 18–27 Euro, Menü ab 33 Euro
Kreditkarten: EC, Master, Visa
Öffnungszeiten: Mi–Fr 17–22 Uhr; Sa, So, Feiertage 11.30–14 und 17–22 Uhr; Ruhetage: Mo, Di

Attraktive Speisen mit i-Tüpfelchen

In diesem typisch fränkischen Sandsteingebäude in Heßdorf westlich von Erlangen garantieren das kleine »Ofenstübla«, die gemütliche »Alte Stube«, die elegante »Neue Gaststube« sowie eine bildschöne Terrasse einen angenehmen Aufenthalt. Detlef Gerner, Weltmeister der Jungköche von 1993, setzt die fränkische Gastwirtstradition fort und kocht in fabelhafter Manier mit überwiegend regionalen und saisonalen Produkten. Sein Ziel ist eine unkomplizierte Küche, die einfach nur schmeckt. Wild aus heimischer Jagd, Enten und Spargel aus Kairlindach, Kräuter aus Buttenheim, Lämmer und Schweine aus der Region, auch Limousinrinder direkt vom Ort finden ihren Weg auf die regelmäßig wechselnde Karte. Die Pflege des Weinkellers besorgt Detlefs Gattin Tanja. Seniorchefin Gunda Gerner leitet mit Fritz Keck den aufmerksamen Service mit fränkischem Charme.
Die Menüs bieten eine überzeugende Vorstellung von Gerners kreativer Küchenleistung, die durch neue Mitarbeiter aus renommierten Küchen gesteigert wurde. Die Sülze vom Tafelspitz mit Radieschensalat und Meerrettichschaum ist optisch und geschmacklich ein Genuss. Lebernockerlsuppe mit Pfannkuchen oder – je nach Saison – die Pfifferlingssuppe mit Frühlingsröllchen oder die Kürbissuppe mit Kalbstascherl sind delikate Warmmacher. Als Hauptgang kann die Wahl auf das Zweierlei von der Ente auf Thymianspitzkraut mit Kartoffelteigtaschen oder die Schäuferle* mit Kloß fallen. Die Forelle mit supergrünem Brokkoli und Salzkartoffeln ist kross gebraten und fein gewürzt. Die hausgemachten Gnocchi werden mit frischem Ziegenkäse und Pesto kombiniert, das Wallerfilet mit Blattspinat, Herbsttrompeten und Rosmaringratin angerichtet. Als Dessert sei die karamellisierte Vanillecreme mit Sorbet und Obst der Saison nur erwähnt.
Die ambitionierte Weinkarte bietet heimische und internationale Tropfen in hochwertigen Gläsern. Auf der Speisekarte wird neben jedem Gericht ein Wein empfohlen, der glasweise ausgeschenkt wird. Zudem werden verschiedene Aperitifessenzen angeboten.

→ Die Vogelfreistätte Weihergebiet bei Mohrhof ist ein ausgedehnter Teichkomplex und Schutzgebiet von europäischem Rang.

NEU

Restaurant, Biohof & Café Hammermühle

Hammermühlstraße 32,
92277 Hohenburg
0 96 26 / 92 98 53
cafe-hammermuehle-bio.de

Bio

Größe: 50 Plätze im Restaurant und der Biergarten
Preise: V 4–12, H 12–18, N 5–7 Euro
Kreditkarten: Keine
Öffnungszeiten: Do–So 11–19 Uhr, Frühstück 8.30–11 Uhr (auf Reservierung); Ruhetage: Mo–Mi

Landidyll im Lauterbachtal

Im landschaftlich reizvollen Lauterbachtal, versteckt hinter dem Truppenübungsplatz Hohenfels, hat sich die »Hammermühle« seit 2005 zu einem Genusstreffpunkt entwickelt. Fast alle Produkte - vom Roten Höhenvieh bis zum Gemüse, den Kartoffeln, Salaten und Kräutern - werden in der eigener Demeter-Landwirtschaft erzeugt und in der Küche »from Nose-to-Tail« bzw. »from Leaf-to-Root« verarbeitet. Das Getreide aus eigenem Anbau ist die Basis für die leckeren Kiachl, Kuchen und Torten, die Burgerbuns und letztlich das Paniermehl. Produkte, die nicht aus dem eigenen Betrieb stammen, werden von regionalen, weitgehend biologisch produzierenden Betrieben bezogen. Das Schweinefleisch liefert ein kleiner Biometzger aus dem Neumarkter Landkreis, die Fische kommen vom Züchter aus dem Nachbardorf, den Käse steuert die Käserei Wohlfahrt in Weißenberg bei. Milchprodukte bezieht Familie Schaller vom Ökoring, das resche Brot steuert Donatus Lorenz aus Allersburg bei, und der Brunnerhof liefert saisonale Gemüse und Früchte wie Spargel und Erdbeeren. In der romantisch umgebauten Scheune und dem angeschlossenen Biergarten werden die Speisen und Getränke vom sehr freundlichen und aufmerksamen Team serviert.

Es werden vegetarische und vegane Gerichte angeboten, doch vor allem die Rindfleischgerichte von Tieren aus der eigenen Zucht sind eine Reise wert. Einerlei ob als gekochtes Rindfleisch, als wunderbar mürber Sauerbraten, als fein abgestimmtes Filetgulasch oder saftiger Burger. Die selbst gemachten Kiachl, Kuchen und Torten munden im wunderschönen Biergarten.

Die Getränkekarte bietet eine Reihe biologischer Säfte, eine reichhaltige Auswahl an Biobieren vom Lammsbräu sowie biologisch angebauten Weinen aus Franken und Württemberg.

→ In der Nähe der Hammermühle bietet sich unterhalb der Burg Hohenburg ein weiter Blick in die strukturreiche Landschaft. Circa 20 km südlich liegt die wunderschöne Kreisstadt Amberg mit ihrer tausendjährigen Geschichte und der komplett erhaltenen Stadtmauer.

Abgerundet wird das Angebot durch den Hofladen mit Produkten aus der eigenen Demeter-Landwirtschaft - Rindfleisch, Getreide und Kartoffeln -, aber auch anderen regionalen Produkten, je nach Saison.

machtSINN

Raiffeisenstraße 8,
83607 Holzkirchen
0 80 24 / 6 08 89 24
machtsinn.bayern

Bio

Größe: 26 Plätze im Restaurant, 35 im Genussgarten
Preise: Hauptgerichte 10–18 Euro
Kreditkarten: EC, Visa, Master
Öffnungszeiten: Di–Do 10–19 Uhr; Fr 10–23 Uhr; warme Küche täglich 12–15 Uhr; Ruhetage: Sa–Mo

Treffpunkt und Marktplatz im Gewerbegebiet

Radikal regional: Mit dieser Einstellung haben Andrea Brenner und Bernhard Wolf das Restaurant neu eröffnet. Es liegt im Gewerbegebiet Holzkirchen - in erstaunlich grüner Umgebung, weil ein Genussgarten zum Wohlfühlen mit Obstbäumen, Beerensträuchern und Blumenwiese angelegt wurde. Ein ernsthaftes Mittagsangebot auch für die Beschäftigten des Gewerbegebiets, über die üblichen Imbisswagen hinaus. Es werden regionale und saisonale Zutaten verwendet. Als Mitglied der Chef Alliance hat Wolf das Vermögen, aus den Produkten vielfältige schmackhafte Gerichte zuzubereiten; es gibt eine wöchentlich wechselnde Karte.

Ein Blick in seinen Kochtopf zeigt das »radikal regional« schon beim Risotto vom Chiemgaukorn mit Grünkohl. Erfinderisch der vegetarische Miaschburger aus regionalem Buchweizen mit Kürbis und Joghurt-Hanfdip; weitere vegetarische Gerichte vom Kürbis und Blumenkohlgratin ergänzen die Mittagsgerichte. Auch Fleisch und Fischgerichte stehen dort: geschmorte Rindsroulade, Lachsforellen vom Schliersee und Putengeschnetzeltes. Lieferant*innen wie Thomahof, Tagwerk, Eva's Paradiesgarten sind vorbildlich und transparent in der Karte genannt.

Der Apfel- und Apfel-Birnensaft stammt vom Biohof in Bad Feilnbach, das Bier wird von lokalen Brauereien wie Hoppebräu und Haderner bezogen. Probierenswert sind die vielen eigenen Sirupe wie Salbei oder Miesbacher Ingwer, aus denen hausgemachte Limo hergestellt wird.

→ Bernhard Wolf bietet Kochkurse an, Slow Food gerecht »Nose-to-Tail« oder bayerisch »Knödeldreher«.

In das Restaurant ist ein Bioladen integriert. Kompetente Kochberatung, Wolf ist Mitglied der Chef Alliance.

Forsthaus Adlgaß

Adlgaß 1,
83334 Inzell
0 86 65 / 4 83
forsthaus-adlgass.de

Größe: 120 Plätze in der Gaststube und der Biergarten
Preise: Hauptgerichte 10–18 Euro
Kreditkarten: Keine
Öffnungszeiten: Mi–So ab 11.30 Uhr; Ruhetage: Mo, Di

Fesch und echt bayerisch im Schatten der Berge

Das Gasthaus liegt in traumhafter Alleinlage an einem Wanderparkplatz fünf Kilometer außerhalb von Inzell, dem Chiemgauer Eisschnelllaufparadies. Der Blick schweift über Wiesen, Wälder und das Staufenmassiv. Die hier Landwirtschaft Treibenden haben sich verpflichtet, auf gentechnisch veränderte Futtermittel zu verzichten. In vier gemütlichen Gaststuben stehen Kachelöfen, die wohlige Wärme verbreiten. Das Ambiente des von Gertrud Maier, Ursula Pastötter und Christine Waldherr geführten Gasthauses ist fern jeden modischen Landhausstils über die Jahre gewachsen und echt bayerisch. Die Küchentür ist weit geöffnet, eine transparentere Speisekarte wird man kaum finden. Zuerst werden die zuliefernden Betriebe genannt - alle aus der Region. Selbst das Öl für die Küche kommt aus der Nachbarschaft, von Tittmoning an der Salzach. Das Rindfleisch stammt von benachbarten Biobetrieben, das Schweinefleisch teilweise aus eigener Freilandhaltung, zerlegt und verarbeitet von Inzeller Metzgereien. Kräuter werden im Garten gepflückt, Gemüse von der Salzburger Biogärtnerei Feldinger bezogen.
Als Vorspeise wird neben einigen Suppen ein Hirschcarpaccio mit Kernöl, Feldsalat und Vollkornbrot angeboten oder ein Adlgasser Vorspeisenteller mit Schafsalami, Wollschweinspeck und hausgemachtem Schmalz oder gebratenes Gemüse auf Salat. Die Hauptgerichte sind typisch bayerisch mit einem Schweinsbraten mit Semmelknödel und gemischtem Salat oder einem Schweineschnitzel Wiener Art mit Bratkartoffeln und Salat. In der Saison wird Rehrücken mit Preiselbeeren, Spätzle und Blaukraut serviert. Der vollwertorientierte oder vegetarisch orientierte Gast erfreut sich an Getreide-Zucchini-Pflanzerl auf Tomatenragout oder einem Risotto vom Purpurweizen mit Kräutern, Biokäse und Salat. Deftige Brotzeiten mit hausgemachter Bratensülze lassen wie die appetitliche Kuchentheke keine Wünsche offen.
Der große Biergarten ist traumhaft, die Bedienung fesch im Dirndl. Die Brauerei Wieninger in Teisendorf liefert Bier, die Kelterei Stadler Säfte.

→ Im Winter öffnet die nahe gelegene Naturrodelbahn, im Sommer gibt es bei schönem Wetter Volksmusik.

Zur Iphöfer Kammer

Marktplatz 24,
97346 Iphofen
0 93 23 / 8 77 26 77
kammer-iphofen.com

Größe: Restaurant 26 Plätze, 16 auf der Terrasse
Preise: Hauptgerichte 19–28 Euro
Kreditkarten: EC
Öffnungszeiten: Mi–Sa 18 Uhr; So 11.30–15 Uhr, Ruhetage: Mo, Di

Anspruchsvolle Regionalküche und mediterranes Flair

Markus Lösch eröffnete 2017 mit Lebensgefährtin Heidrun Kaufmann in Iphofen das Restaurant »Zur Iphöfer Kammer«. Das kleine Eckhaus mit seinen grünen Fensterläden liegt am historischen Marktplatz, dem Rathaus gegenüber. Der Gastraum ist freundlich: weiß getünchte Wände, niedrige Decke, solides Holzmobiliar in warmer Farbe. Gebäude und Restaurant sind Eigentum des großen örtlichen VDP-Weinguts Wirsching, es werden ausschließlich die ausgezeichneten Weine des Guts ausgeschenkt. In der Küche waltet Markus Lösch, das Restaurant betreut Heidrun Kaufmann, erfahrene Weinexpertin und frühere Weinkönigin. Als Gästeführerin kennt sie Ort und Landschaft. Löschs Küche beruht auf guten heimischen Produkten, hat aber auch keine Scheu vor mediterranen Genüssen und Einflüssen, frischen Meeresfrüchten und exotischen Früchten. Die Speisen sind leicht und elegant, sie verraten seine Schule in großen Küchen.
Die Karte ist bewusst einfach gehalten, zur Auswahl stehen vier Vorspeisen, die auch als Zwischengerichte bestellt werden können, drei Hauptspeisen, zwei Desserts und eine Käseauswahl. Köstlich sind die warm geräucherte Lachsforelle und die Brunnenkressesuppe. Nicht minder genussvoll sind die Ravioli mit Kirschtomaten und Spargel. Zu den Rehmedaillons reicht Lösch ein luftiges Kartoffel-Sellerie-Püree, zum Saibling ein Salzzitronenrisotto und Spargel. Eine Versuchung ist das Ossobuco vom Lamm mit Gemüse und Kartoffelgratin oder die Kalbsleber mit Tomatenpolenta und Gemüse. Wenn verfügbar, sollte man unbedingt die Gerichte vom Steigerwälder Schwarzerle, deutsche Cornwallschweine aus Freilandhaltung, probieren, z. B. den Rücken mit Bohnen und Rosmarinkartoffeln. Die hausgemachten Desserts wie Panna cotta oder Mandelparfait, alternativ die Auswahl von heimischem und importiertem Käse, sind gelungene Schlusspunkte.

→ Eine Wanderung zum Museumsweinberg am oberen Ende der Iphöfer Weinlagen ist ein Muss, beim Sonnenuntergang ist der Blick über das fränkische Weinland atemberaubend.

Iphofen lädt aufgrund der großen Zahl seiner Weingüter zum Weineinkauf geradezu ein. Ein Überblick über das Angebot bietet die Vinothek in der Touristikinfo. Dort gibt es auch Schinken und Wurst vom Eichelschwein. Gutes Brot und sonstige Teigwaren in Bioqualität bietet der Franzensbäck.

Weinstube Hensler

Vogtstraße 8,
87435 Kempten/Allgäu
0 83 1 / 59 09 45 65
hensler-kempten.de

Größe: 30 Plätze in der Gaststube, 30 auf der Terrasse
Preise: Hauptgerichte 15–23 Euro
Kreditkarten: Keine
Öffnungszeiten: Mo–Fr 17–22 Uhr; Ruhetage: Sa, So, Feiertag

Kraftplatz kulinarischen Handwerks in historischen Räumen

Die »Weinstube Hensler« befindet sich in einem Haus aus dem 15. Jahrhundert, ihr Keller teilt ein Stück der alten Stadtmauer. Historisches Flair ist in der alten Gaststube mit ihrer zentralen Säule und der Gewölbedecke zweifellos zu spüren. Im Frühjahr 2018 hat Peter Geissler die Weinstube übernommen. In der Küche wird er von Ivan Bayev unterstützt, vom Brot bis zum Strudelteig bereiten beide alles handwerklich und ohne Fertigprodukte zu. Das Gemüse kommt zum Großteil vom Demeter-Hof Grasser in Aitrang, Rind- und Kalbfleisch aus dem Oberallgäu, Fisch von der Bergfischzucht Gunzesried und aus dem Bodensee von Bernd Kaulitzki.
Klassiker auf der täglich wechselnden Speisekarte sind die hausgemachten Maultaschen, der Allgäuer Saibling, das Wiener Kalbsschnitzel, das Cordon bleu und natürlich Geisslers Leibspeise, der schwäbische Kartoffelsalat. Wer ein Faible für Schmorgerichte, Innereien, Fisch und Traditionelles mit Fusion-Kick hat, hat hier die richtige Anlaufstation. Einen festen Platz auf der Karte nehmen die großartigen Alpkäse von »jamei laibspeis« ein, die eine Klasse für sich darstellen.
Der Titel »Weinstube« ist Programm. Der Schwerpunkt der Weinkarte liegt auf erstklassigen deutschen, österreichischen und französischen Tropfen, die in großer Auswahl auch offen ausgeschenkt werden. Biere gibt es von der Meckatzer Brauerei, von Maria Hilf und von Michl Klein.

Lenz im Hirsch

Lenzfrieder Straße 55,
87437 Kempten
08 31 / 5 74 00 40
hirsch-kempten.de

Größe: 90 Plätze im Gastraum, 90 im Außenbereich
Preise: Hauptgerichte 14–27 Euro
Kreditkarten: Master, Visa
Öffnungszeiten: Mi–So ab 17 Uhr; Ruhetage: Mo, Di

Zeitgenössische, hochwertige Allgäuer Küche

Das Restaurant »Lenz im Hirsch« im historischen Landhotel Hirsch in Kemptens Ortsteil Lenzfried im Allgäu konzentriert sich nach Selbstauskunft auf das Wesentliche und Ehrliche. Familie Mauderer betreibt es mit ihrem Team seit 2014 und offeriert ihren Gästen eine frische, saisonale, hochwertige Küche mit regionalen Zutaten. Die sorgfältige Auswahl der Erzeuger*innen ist das A und O, Produzent*innen und Lieferant*innen werden auf Karte wie Webseite genannt. Das Fleisch stammt von den Allgäuer Metzgern Florian Gerg in Bad Hindelang, von Göppel in Aitrang, Metzgerei Baur in Ronsberg und der Bäuerlichen Erzeugergemeinschaft Schwäbisch Hall. Das Gemüse liefert der Biohof Grasser in Aitrang, Mehl wird von der Dinkelmühle Graf in Tannheim bezogen. Alle Gerichte werden handwerklich zubereitet – ohne Einsatz von Fertigprodukten oder Zusatzstoffen.
Das vorab gereichte zweierlei Brot ist selbst gebacken und wird ofenfrisch und duftend mit Kräuterquark gereicht. Die beliebten Lenz-Klassiker Wiener Schnitzel vom Allgäuer Kalb mit eingemachten Preiselbeeren, Allgäuer Kässpatzen mit gereiftem Alpkäse, der Lenz-Burger und der Jamei-Burger – verfeinert mit Jamei-Laibspeis-Alpkäse der bekannten Kemptener Käseaffineure Thomas Breckle und Martin Rößle – haben ihre eigene Fangemeinde in Kempten und bei den Stammgästen des Landhotels. Bis zum Ketchup wird in der Küche alles selbst gemacht. Am »Wirtshaus-Montag« gibt es eine kleine Brotzeitkarte mit Allgäuer Leberkäse von Metzger Florian Gerg aus Bad Hindelang, dazu hausgemachten Kartoffelsalat und Mariahilfer Biersenf. Vegetarische Alternativen sind immer zu haben. Das Bier stammt zu 100 Prozent aus dem Allgäu, besonders gut ist das Mariahilfer Bier. Die Weißweine kommen größtenteils aus deutschen Anbaugebieten, die Rotweine sind Europäer. Empfehlenswert sind die Brände von Martin Meier in Wangen.

Landgasthof Wagner

Unteremmendorf 5,
85125 Kinding
0 84 67 / 2 79
landgasthof-wagner.de

Größe: 160 Plätze im Gastraum, 84 auf der Terrasse und im Biergarten
Preise: Hauptgerichte 10–30 Euro
Kreditkarten: EC, Master, Visa
Öffnungszeiten: Di–So 11.30–14 und 17.30–24 Uhr, Küche bis 21 Uhr; Ruhetage: Mo, im Winter Mo, Di

Fangfrischer Fisch im schönen Gasthof an der Altmühl

Ob wandernd, im Boot, auf dem Fahrrad oder im Auto – entlang der Altmühl zwischen Kinding und Beilngries ist das kleine Unteremmendorf nicht zu verfehlen. In seiner beschaulichen Mitte liegt der »Landgasthof Wagner«. Der Koch Michael Wagner hat – nach einer Zeit der Wanderschaft durch große Küchen – vor einem Jahrzehnt in vierter Generation die Lokalität übernommen. Im angenehm unaufgeregten Gastraum, auf der Terrasse neben dem plätschernden Brunnen und im neuen Biergarten lässt sich gut rasten. Die regionalen Produzenten sind vorbildlich in der Karte aufgeführt. Die unbestrittene Kompetenz und Spezialität des Hauses ist Fisch, der von Teichwirten der unmittelbaren Umgebung kommt. Die Fische werden mehrmals pro Woche lebend angeliefert und in einem Bachabschnitt gehältert, der vor dem Gasthof vorbeifließt. Erst nach der Bestellung werden sie in die Küche gebracht – frischer geht es nicht. Wild und Lamm werden ganz verwertet.
Bei den Vorspeisen ist zuerst auf die Ceviche von der Goldforelle mit ihrer zitronigen Frische und leichte Schärfe hinzuweisen. Als Hauptspeisen bieten sich – abhängig von der Saison – ein Karpfen in Bierteig an oder ein in der Folie gegarter, mit Schalotten und Kräutern gefüllter Saibling, dazu jahreszeitliches Gemüse und Schnittlauchkartoffeln. Die Forellen gibt es blau oder gebraten. Neben dem Fisch wird das Fleisch nicht vergessen. Ein feines Voressen ist das glacierte Kalbsbries mit Spargelragout und Morcheln. Vegetarisch sind das Gerstlrisotto oder die Bärlauchknödel mit brauner Butter. Weitere Höhepunkte sind der Sauerbraten vom Wildschwein mit Butterspätzle oder das resche Schäufele* vom Naturschwein in Dunkelbiersoße. Kraftvoll ist das Geschmorte vom Altmühltaler Lamm mit Gemüse und Belugalinsen. Nicht vergessen werden darf das Backhendl mit Kartoffel-Gurkensalat. Für Kinder gibt es hausgemachte Fischstäbchen. Zum Abschluss mundet eine Crème brûlée von der Tonkabohne oder Eis von der Bioeiswerkstatt da'Oberlipp.
Biere der regionalen Brauereien Schattenhofer, Winkler und Riedenburger sowie Weine aus Franken und Österreich.

→ Die schöne Landschaft im Naturpark Altmühltal ist des Verweilens wert.

Alte Wirtschaft an der Lamitz

Königstraße 12,
95158 Kirchenlamitz
0 92 85 / 9 68 47 00
alte-wirtschaft.de

Größe: 50 Plätze im Gastraum, 30 im Außenbereich
Preise: Hauptgerichte 10–25 Euro
Kreditkarten: Keine
Öffnungszeiten: Mi–Fr ab 14 Uhr; Sa, So ab 11 Uhr; Ruhetage: Mo, Di

Altfränkische Gemütlichkeit

Kirchenlamitz liegt im nördlichen Fichtelgebirge, eingebettet zwischen Kornberg und Epprechtstein. Nach einer Renovierung lädt das »Alte Fischerhaus« mit seiner geschmackvollen Einrichtung zum Erleben der fränkischen Wirtshauskultur ein. Forellen, Saiblinge und Karpfen stammen aus eigener Teichwirtschaft, Eier und Lammfleisch kommen vom Bauernhof der Familie. Das Rind- und Schweinefleisch wird von einer regionalen Metzgerei geliefert, die eng mit regional Landwirtschaft Treibenden zusammenarbeitet und die Herkunft der Tiere gewissenhaft kontrolliert.
Als Vorspeise sind die cremige Süßkartoffelsuppe mit Chili, Apfel und Knusperstroh sowie der lauwarme fränkische Bioziegenkäse aus Würnsreuth mit Zwiebelmarmelade zu empfehlen. Auf der Hauptkarte sind die Klassiker hausgemachtes Pulled Pork vom Schwein aus Strohhaltung, Nudeltaschen mit Steinpilzfüllung oder Dry-Aged-Porterhousesteak aus der Salzkammer gelistet. Auf der zweiwöchig wechselnden saisonalen Karte finden sich Entrecôte vom Frankenwald-Weidelandrind oder das Special-Cut-Steak aus dem Nacken vom Strohschwein mit seinem leicht nussigen Aroma. Auf der Wochenendkarte werden typische Braten nach fränkischer Art wie gesottener Tafelspitz vom Frankenwald-Weidelandrind in Krensoße mit Klößen und verschiedene klassische Pfannengerichte angeboten. Gute Auswahl regionaler Biere von Lang Bräu, Hönicka und Meinel; auf der Wochenkarte werden regelmäßig weitere Biere vorgestellt. Regionale Weinauswahl. Die Edelschnäpse und Brände mit Spezialitäten wie Vogelbeerbitter oder Wacholdergeist aus Sacks Destille stammen aus der unmittelbaren Nachbarschaft.

→ Auf der Website werden Höhepunkte wie das traditionelle Stockfischessen angekündigt.
In unmittelbarer Umgebung kann man den Lehrpfad zum Granitabbau und ein Granitlabyrinth besuchen.

Gutshof Andres

Ortsteil Pettstadt Nr. 1,
96166 Kirchlauter-Pettstadt
0 95 36 / 2 21
gutshof-andres.de

Größe: 70 Plätze in drei Gaststuben, Biergarten am See
Preise: Hauptgerichte 12–32 Euro
Kreditkarten: EC, Master, Visa
Öffnungszeiten: Mi–Fr ab 17 Uhr; Sa, So, Feiertage 11.30–14 und 17.30–21 Uhr; Ruhetage: Mo, Di

Historischer Gutshof am See im Naturpark Hassberge

Der zauberhaft gelegene Gutshof, 30 Kilometer nordwestlich von Bamberg am Ende des Lautertals, ist umgeben von einer großen Teichanlage. Er wurde 1757 erbaut und ist seit fast 160 Jahren im Besitz der Familie Andres. Die Gaststuben sind markant eingerichtet, z. B. mit barocker Stuckdecke oder einer Originaleinrichtung von 1920. Im wintergartenähnlichen Anbau kommt das Gefühl auf, inmitten des angrenzenden Teichs zu sitzen - aus dem die meisten Fische stammen, die auf den Teller kommen. Auch der schöne Biergarten liegt direkt am Wasser. Die Landwirtschaft ist verpachtet, aber die Bezeichnung »Gutshof« hat nach wie vor ihre Berechtigung, denn einige Produkte stammen aus eigener Herstellung. Karpfen, Hechte und Schleien stammen aus der eigenen Fischerei, das Brot und der Kuchen aus dem Holzbackofen, Destillate und Säfte von eigenen Streuobstwiesen. Bernd Andres pflegt als Küchenchef eine modernisierte fränkische Küche mit Produkten der Region. Schon das Studium der regelmäßig wechselnden Speisekarte ist ein Vergnügen.
Schon die Vorspeisen machen Appetit: die Rinderbrühe mit Pfannenkuchenstreifen, die Lammleber auf Sommersalat, das Kalbsbries und Küchla mit Morchelrahm, die Bachsaibling-Klößchen mit Gurken in Sauerrahm und das rosa gebratene Rehfilet auf Birnenbackers* mit gerösteten Nüssen. Bei den Hauptgerichten sollte das Duett von Zander und Lachsforelle mit Flusskrebssoße, Butterreis und Spinat ebenso wenig übersehen werden wie der Bachsaibling mit Estragonbutter, Petersilienkartoffeln und Salat. Ein nicht alltäglicher Genuss ist die gefüllte Wachtel auf Zwetschgensoße mit Speck, Backers* und Salat. Ebenfalls ausgezeichnet schmeckt das krosse Schweineschäuferla mit Rauchbiersoße, Kloß und Kraut oder das Ragout vom Wildschwein mit hausgemachten Nudeln. Als Desserts gefallen das Joghurt-Panna-Cotta mit Erdbeeren und Minze oder die Weincreme mit Traubengelee.
Dazu oberfränkische Biere kleiner Brauereien und mainfränkische Weine zu freundlichen Preisen. Die Destillate stammen aus der vielfach prämierten Hausbrennerei, die Obstsäfte und Moste kommen von eigenen Streuobstwiesen. Der Service ist zuvorkommend und freundlich.

→ Die Gästezimmer in der ehemaligen Remise laden dazu ein, den Naturpark Hassberge für ein paar Tage zu erkunden. Besuchenswert: das nahe Königsberg in Bayern mit seiner intakten Altstadt, vielen Fachwerkhäusern und der staufischen Burgruine.

Hofeigene Destillate, Marmeladen, Säfte und Wurstwaren.

Kühners Landhaus

Gewerbering 3,
86438 Kissing
0 82 33 / 2 00 05
kuehners-landhaus.de

Größe: 120 Plätze in der Gaststube
Preise: Hauptgerichte 15–29 Euro
Kreditkarten: EC
Öffnungszeiten: Mi–Fr 17.30–24 Uhr; Sa 11.30–15.30 und 18–24 Uhr; So 11.30–15.30 Uhr; Ruhetage: Mo, Di

Landhausküche mit herrlichem Oxenfleisch

»Kühners Landhaus« liegt in Kissing, zehn Kilometer südlich von Augsburg. Das Restaurant wurde in den letzten Jahren umgebaut und erneuert. Den Gast empfängt ein zeitgemäßes bayrisches Ambiente. 400 Jahre alte Holzbalken treffen auf moderne Glaselemente. Im Winter erzeugt der offene Kamin eine wohlig warme Atmosphäre, im Sommer ist es auf der überdachten Terrasse sehr angenehm.
Bayerisch-moderne Küche – das ist das Motto vom Küchenchef und seiner Mannschaft. Es werden die Produkte von Herstellern und von den landwirtschaftlichen Produzenten der Region verarbeitet. Die Jahreszeiten geben das Angebot in der Speisekarte vor. Wie ein roter Faden zieht die kulinarische Vielfalt des Wittelsbacher Landes durch die Küche. Bestes Fleisch, frischer Fisch, heimisches Obst und Gemüse werden mehrmals pro Woche von ausgewählten Lieferanten im Landhaus angeliefert und in der Küche zu außerordentlich schmackhaften Gerichten veredelt.
Auch das Serviceteam ist auf die Wünsche der Gäste bedacht. Ein Tausch von Beilagen in einem Gericht ist immer möglich, und die Empfehlungen von Gerichten und Weinen lassen das Herz der Gäste höherschlagen.
Auf der Speisekarte sind im Frühjahr die Spargelgerichte zu empfehlen, die Kalbsleber ist ein Gedicht, der Zwiebelrostbraten rosarot gegart. Für Fleischfreunde kann man nur die Steakvarianten empfehlen und als Besonderheit die ganze Bayrische Ente. Sehr schön ist auch die doch recht umfangreiche Kinderkarte, es gibt sehr viel mehr als Pommes und Ketchup.

Hörger

Hohenbercha 38,
85402 Kranzberg
0 81 66 / 99 09 80
hoerger-biohotel.de

Größe: 300 Plätze in den Gaststuben
Preise: Hauptgerichte 9–24 Euro
Kreditkarten: EC, Amex, Master, Visa
Öffnungszeiten: Täglich Küche 11.30–21.30 Uhr; Ruhetag: 24. Dez, Jahreswechsel

Bayerische Wirtshauskultur weckt kulinarische Sinnesfreuden

Ein Kachelofen, Holzbänke und am Abend auch mal eine Runde Schafskopfspieler: Dreißig Kilometer nördlich von München hält das Gasthaus »Hörger« die bayerische Wirtshauskultur hoch. Leben mit der Natur und ihren Früchten im Wechsel der Jahreszeiten und frische Erzeugnisse von Produzent*innen der Umgebung: Diese Prinzipien legt Gastwirt Andreas Hörger der Küche seines seit 1878 in Familienbesitz befindlichen Gasthofs »Hörger« zugrunde. Mit eigener Biometzgerei und eigenem Gemüsegarten verarbeitet er seine Rohstoffe nach handwerklichen Traditionen. Hörger ist bereit, sich in die Karten seiner herausragenden Küche schauen zu lassen, er nennt Name und Ort seiner regionalen Lieferant*innen. Seit 2007 verwendet er ausschließlich Biolebensmittel, weil Bioprodukte aus der Region ihm besser schmecken. Ein solches Verständnis von Produkt- und Kochkultur ist eine ökonomische Gratwanderung, daraus macht Hörger keinen Hehl. Auch deshalb ergänzt seit 2007 ein Biohotel das Angebot. Im Sommer sitzt man draußen auf der Terrasse. Unter Schatten spendenden Apfelbäumen hat man einen schönen Blick über die Hügel bei Hohenbercha.

Auf der Tageskarte gibt es von Montag bis Freitag ein wechselndes dreigängiges Vitalmenü, das auf eine gesunde und ausgewogene Ernährung setzt. Während der Saison gibt es Biospargel vom Hof Keil in Kapfelberg. Wer die bayerische Küche wertschätzt, kommt bei einer kräftigen Münchner Bratstrudelsuppe oder der feinen Kürbiscremesuppe auf seine Kosten. Die klassischen selbst gemachten Leberspätzle- oder Speckknödelsuppen oder der Salat mit gebratener Bioputenleber sind weitere Vorspeisen im »Hörger«. Bei den Hauptgerichten gefallen vor allem die zarte und aromatisch gefüllte Brust vom Milchkalb mit Kartoffel-Gurken-Salat, das Breznknödel-Carpaccio, die Brust vom Weideochsen und der Rehrücken mit Wacholderrahm. Nicht vergessen werden darf der Schweinsbraten von den Schweinen Hubert Lehmairs aus Lueg. Unter den Dessertangeboten stechen die Bayrisch Creme*, der Kaiserschmarrn mit Kompott von eigenen Äpfeln und das hausgemachte Vanille-Ingwer- oder Schokolade-Orangen-Eis hervor.

Gasthof Diem

Kirchenstraße 5,
86381 Krumbach
0 82 82 / 8 88 20
gasthof-diem.de

Größe: 105 Plätze in den Stuben, 165 in Biergarten und Terrasse
Preise: Hauptgerichte 10–28 Euro
Kreditkarten: Alle gängigen Karten
Öffnungszeiten: Täglich von 6.30–21.30 Uhr, Küche von 11.30–14 und 17.30–21.30 Uhr. Nachmittags reduzierte Speisekarte.

Beste Fleischküche mit eigener Metzgerei

Zum in achter Generation geführten »Gasthof Diem«, im mittelschwäbischen Krumbach zwischen Kirche und altem Rathaus gelegen, gehören eine Metzgerei und ein Hotel. In der Küche bereitet das Team um Chefkoch Johannes Diem, der auch Mitglied der Slow Food Chef Alliance ist, typisch schwäbische und saisonale Gerichte mit modernen Akzenten in handwerklicher Vollendung zu. Das Fleisch kommt aus dem Umland und wird in der eigenen Metzgerei verarbeitet. Dabei wird Wert darauf gelegt, alle Teile des Tieres zu verwerten. Auch die übrigen Lebensmittel kommen meist aus dem heimischen Umfeld. Auf der Speisekarte sind die Herkunftsangaben bei nahezu allen Gerichten exakt vermerkt. In den traditionell und stilvoll eingerichteten Stuben wird der Gast vom stets aufmerksamen und freundlichen Service umsorgt.

Vorweg sind die Tiroler Kaspressknödel in einer Rinderkraftbrühe mit frischen Kräutern oder die feine Pastinakencremesuppe mit gebackenem Kalbsbries eine gute Wahl. Überzeugend sind das Krumbacher Schnitzel vom Ellenrieder Bioschwein mit Meerrettich-Senf-Panade und Speckkartoffeln und vom selben Tier das 28 Tage gereifte Dry-Aged-Tomahawk-Steak – eines von mehreren Dry-Aged-Steaks. Auch die Schweinebäckchen vom Billenhauser Landschwein mit Pfefferrahmsauce und die Sauren Nieren vom Niederraunauner Milchkalb mit Sellerie und hausgemachten Bärlauchschupfnudeln schmecken ausgezeichnet. Die Leber Berliner Art kommt nicht vom Kalb oder Schwein, sondern vom Ebershauser Milchlamm. Ein ausgezeichnetes Geflügelgericht ist das Zweierlei vom Maishähnchen – gebratene Brust und gefüllte Ravioli – mit gegrilltem grünen Spargel, Perlgraupen und Bärlauchpesto, als Fisch kommen ein gedämpftes Lachsforellenfilet oder gebackene Felchen auf den Teller. Ein schöner Abschluss ist das Apfelküchle im Zwickelteig gebacken mit Vanilleeis und Apfelkompott.

Weinangebot mit deutschen und österreichischen Tropfen, die italienisch und französisch ergänzt werden. Obstbrände und Liköre von Katharina Zott aus dem nahen Ustersbach und vom Danner aus Kirchheim.

Im eigenen Onlineshop werden Feinkostkonserven verkauft, seit diesem Jahr gibt es auch ein vegetarisches Angebot.

Gasthof zum Schwan

Semmelstraße 2,
97273 Kürnach bei Würzburg
0 93 67 / 9 07 20
schwan-kuernach.de

Größe: 100 Plätze in den Stuben
Preise: Hauptgerichte 13–28 Euro
Kreditkarten: EC, Master, Visa
Öffnungszeiten: Mi 17–21 Uhr, Do–So 11–14 und 17–21 Uhr; Ruhetage: Mo, Di

Eleganter Dorfgasthof mit verfeinerter fränkischer Küche

Der »Gasthof zum Schwan« in der Kürnacher Ortsmitte vor den Toren Würzburgs ist mit seiner rot gestrichenen Fassade kaum zu verfehlen. Gisela und Walter Heeg führen das gastliche Haus in der dritten Generation, seit 2015 hat Tochter Eva-Maria die Verantwortung in der Küche übernommen. Die Familie Heeg lebt die Tradition mit Leidenschaft, »der Schwan« ist fest im Dorfleben verankert. Die Küche beruht auf den Produkten der Region, vorbildlich werden die Lieferant*innen auf der ersten Seite der Speisekarte genannt: Kartoffeln vom Biobauern aus dem Ort, Brot aus der örtlichen Bäckerei, Wild aus den umliegenden Jagdrevieren und das Fleisch von der Bäuerlichen Erzeugergemeinschaft Schwäbisch Hall und von der Familie Dörflein aus Michelau am Steigerwaldrand. Es gibt eine Tageskarte und eine Karte mit fränkischen Klassikern wie dem perfekt gebratenen Rumpsteak vom Weiderind mit knusprigen Bratkartoffeln. Traditionell ist die kräftige Fränkische Festtagssuppe mit Schwimmerli, leicht und luftig die feine Cremesuppe vom fränkischen Spargel. Bei den Hauptspeisen gefallen die Schweinebäckle in einer kräftigen Sauce mit luftigem Kartoffelstampf und Marktgemüsen und das Fränkische Schäufele* mit krosser Schwarte in Dunkelbiersoße und Kartoffelkloß. Modern angehaucht sind die Rehbolognese mit Tagliatelle und Pfifferlingen oder der rosa gebratene Tafelspitz mit Kartoffel-Schmand-Kuchen*. Einen schönen Abschluss bildeten die hausgemachten Desserts – Panna cotta mit Erdbeeren und das Rhabarberragout mit Schokoladeneis. Bei kleinem Hunger hilft die Brotzeitkarte mit Spezialitäten vom Metzger Limbach aus dem Nachbarort. Die Getränkekarte enthält eine gute Auswahl fränkischer Weiß- und Rotweine, sowohl als echte Schoppen als auch in Flaschen, Biere von der Brauerei Düll in Krautheim und einige exquisite fränkische Destillate. Der Service ist freundlich und kompetent.

→ Ein Besuch der Mainschleife und der Vogelsburg mit herrlichem Blick über die Weinberge bis zum Steigerwald ist ein lohnenswerter Abstecher.

Landshuter Hof

Löschenbrandstraße 23,
84032 Landshut
08 71 / 96 27 20
landshuter-hof.de

Größe: 150 Plätze im Restaurant
Preise: Hauptgerichte 12–22 Euro
Kreditkarten: Keine
Öffnungszeiten: Mi, Do 16–23 Uhr; Fr–So 11–23 Uhr, Küche 11–13.30 und 17.30–21 Uhr; Ruhetage: Mo, Di

Bayerisch-österreichische Küche und viel Handgemachtes

Am westlichen Stadtrand von Landshut, mit der Flutmulde vor dem Haus, liegt der »Landshuter Hof« an einem Grünzug, der von Radfahrern gern genutzt wird. Entsprechend beliebt ist die Terrasse in der warmen Jahreszeit. Südlich der Flutmulde trotzen zahlreiche Gartenbaubetriebe mit Engagement dem wachsenden Siedlungsdruck und liefern täglich frische Ware auf den Markt und in das Lokal. Küchenmeister Franz Hopper, der mit seiner Familie den Betrieb seit mehr als zwei Jahrzehnten betreibt, ist Wirt mit Leib und Seele und engagiert sich auch für die Interessen seiner Berufskollegen. Im großen Gastraum, der gediegen eingerichtet ist, fühlt man sich auch bei vollem Hause gemütlich untergebracht und umsorgt. Bestreben des Küchenmeisters ist es, zusammen mit seiner Crew - darunter fünf Auszubildende! - möglichst viel selbst zu machen. Im Herbst wird in großem Umfang Holunder verarbeitet, der im nahen Wasserschutzgebiet in beachtlichen Mengen zur Verfügung steht. Wenn es viele Äpfel gibt, wird Apfelstrudel auf Vorrat gebacken. Frisches Obst wird zu Eis verarbeitet. Süßwasserfische kommen von einer nahen Fischzucht. Jede Woche wird von den Köchen ein Schwein zerlegt und komplett verwertet. Beim Rindfleisch werden Weidetiere verarbeitet. Bauernhendl kommen von einem kleinen Betrieb in Laberweinting. Eine der letzten Handwerksbäckereien am Ort liefert das Brot. Die Gerichte orientieren sich an bayerisch-österreichischen Traditionen, aber auch vegetarisch lebende Menschen kommen auf ihre Kosten. Die Jahreszeit bestimmt die Speisekarte. Zu empfehlen sind die geschmorten Ochsenbacken in Rotweinsoße mit Kartoffel-Sellerie-Püree. Selten so gut wie hier schmeckt der Kartoffel-Gurken-Salat, den es zum ausgelösten Backhendl gibt. Das Innereienangebot wechselt und folgt der ganzheitlichen Verwertung. Als Beispiel sei das Züngerl genannt, das durch Zwiebelröhrchen eine frische Note bekommt. Eine breite Palette Wildbret liefern die Jäger*innen aus der nahen Münchner Au, auch hier folgt die Speisekarte dem wechselnden Angebot. Der österreichische Einfluss wird bei den Kaspressknödeln, beim Steirischen Backhendlsalat oder beim Rindfleischsalat mit Kürbiskernöl erkennbar.
Umfangreiche Weinkarte.

Waldgasthof Am Letten

Letten 13,
91207 Lauf an der Pegnitz
0 91 23 / 95 30
waldgasthof-am-letten.de

Größe: 170 Plätze in den Stuben, 110 im Außenbereich
Preise: Hauptgerichte 18–29, Menüs ab 47 Euro
Kreditkarten: EC
Öffnungszeiten: Mo–Sa 12–14 und 18–21.30 Uhr, Ruhetag: So

Gehobene Küche im Waldgasthof

Letten ist ein Ortsteil der Stadt Lauf an der Pegnitz im Landkreis Nürnberger Land. Der imposante Waldgasthof ist von Wald, Wiesen und Feldern umgeben. Hotel und Waldgasthof wurden von Seniorchef Hermann Wittmann aufgebaut. Der Gasthof ist mit stilvollen und individuellen Gasträumen ausgestattet. Sohn Michael Wittmann hat während der Ausbildung in Aschau, England und Österreich gastronomische Luft geschnuppert. Inzwischen hat er zusammen mit Ehefrau Katja Kratzer-Wittmann und Schwester Stefanie die Regie übernommen. Das Haus pflegt eine gehobene fränkische und internationale Küche. Die Lebensmittel kommen überwiegend aus der Region, Rind- und Kalbfleisch sowie Milchprodukte aus der Biolandwirtschaft.
Die Lieblingssuppe der Franken ist die Fränkische Festsuppe, eine kräftige, klare Rinderkraftbrühe mit Leber- und Grießklößchen sowie Pfannkuchenstreifen. Der frische Spargel wird kombiniert mit warmem Schinken und fränkischer Bratwurst, dazu Petersilienkartoffeln und wahlweise braune Butter oder Sauce hollandaise. Das Wildragout gehört zu den traditionellen Speisen, hier wird es mit edlen Fleischpartien zum würzig-delikaten Schmaus mit Rahmpilzen, Preiselbeeren, Semmelknödel und Brokkoli. Das geschmorte Ochsenbackerl mit Rotweinsauce wird mit glaciertem Gemüse und Kartoffel-Semmel-Plätzchen gereicht. Wegen der Fleischqualität gelingt ein butterzartes Schmorgericht der Extraklasse. Beim ofenfrischen Krustenbraten in Dunkelbiersauce mit Kloß und Wirsing ist das Wichtigste die knusprige Hülle – und die nicht zu herbe Dunkelbiersauce. Die ganze Seezunge Müllerin Art mit Petersilienkartoffeln und buntem Salat ist fest im Fleisch und von leicht nussigem Aroma. Eine typisch fränkische Nachspeise sind die Apfelkräpfle in Zimt-Zucker mit Vanilleeis. Freundlich-charmanter Service.

→ Der Waldgasthof ist ein guter Ausgangspunkt für Wanderungen in die Hersbrucker Schweiz.

Kapuzinerhof

Schlossplatz 4,
83410 Laufen
0 86 82 / 95 40
kapuzinerhof.de

Größe: 185 Plätze in fünf Gaststuben
Preise: Hauptgerichte 10–18 Euro
Kreditkarten: EC, Master, Visa
Öffnungszeiten: Täglich 11–14 und 17.30–21.30 Uhr, So bis 21 Uhr

Konsequent regional im ehemaligen Kapuzinerkloster

Laufen liegt etwa 20 Kilometer nördlich von Salzburg. Das ehemalige Kapuzinerkloster ist heute das Bildungszentrum der bayerischen Akademie für Naturschutz und Landschaftspflege. Es ist zugleich öffentliches Hotel und Gaststätte. Pächterin ist Sina Fingerhut. Ihr Mann Peter, gelernter Metzger, Küchenmeister und Euro-Toques-Mitglied, steht für eine gute Küche, in der praktisch alles selbst gemacht wird. Das Haus ist Mitglied der »Solidargemeinschaft Berchtesgadener Land« und erwirbt alle Lebensmittel aus dem Landkreis und der direkten österreichischen Nachbarschaft. Die Konsequenz der regionalen Ausrichtung: Es gibt Graupen statt Reis und Reichenhaller Forelle statt Thunfisch. Hinzu kommt ein außergewöhnliches, selbstverständlich saisonales Gemüse- und Kräuterangebot. Die Speisekarte wechselt entsprechend dem Jahreslauf und bietet einige vegetarische und vegane Gerichte.

Rinderbouillon mit Frühlingsgemüse, Kerbeleierstich und Spargelfritatten, eine feine Kürbissuppe mit Speckpflaumen, ein Spargelcocktail mit Brunnenkresse und Eiermousse oder eine gute Leberspätzlesuppe sind schmackhafte Appetitanreger. Unter den Hauptgerichten finden sich hausgemachte Nudelgerichte wie Bärlauchpasta mit Spargel-Tomaten-Gemüse. Ein beliebter Favorit sind die Gemüseteller mit allem, was Küche und Saison gerade bieten, auch in der kalten Jahreszeit. Auf der Karte stehen nicht nur Filets, Steaks oder ein Spanferkelkotelett in der Kräuterkruste mit Blumenkohlgratin und Drillingen, sondern auch Innereien und Schmorgerichte, gelegentlich auch vom Wild. Im süßen Fach sind hausgemachtes Rhabarbersahneeis, Tannenspitzenhonigeis oder Wildkräuter-Joghurteis ebenso wie der Strudel von einzigartiger Qualität.

Die g'schmackigen Biere kommen aus Bad Reichenhall, die Weine vor allem aus Österreich.

➔ Über die historische Salzachbrücke geht es ins schöne Salzburger Land.

Die Schweizer Wirtin

Schlegldorf 83,
83661 Lenggries
0 80 42 / 89 02
schweizer-wirt.de

Größe: 80 Plätze in der Gaststube
Preise: Hauptgerichte 10–23 Euro
Kreditkarten: EC, Amex, Master, Visa
Öffnungszeiten: Mi–So 11.30–14 und 17.30–21.30 Uhr, von 14–17.30 Uhr kleine Karte; Ruhetage: Mo, Di

Bayerisch-österreichische Schmankerln mit Bergblick

Fährt man von Bad Tölz über die kurvige Staatsstraße 2072 Richtung Lenggries, erreicht man den Weiler Schlegldorf. Hungrige Reisende sollten die steile Auffahrt zur »Schweizer Wirtin« nicht verpassen. Direkt am Höhenweg liegt das alte Gasthaus, das von Barbara Hipp vom »Schweizer Wirt« zur »Schweizer Wirtin« und zu neuer Blüte gebracht wurde. Der Gast findet neben einem Wirtsgarten auch eine Terrasse mit Blick auf die Berglandschaft des Isarwinkels sowie zwei gemütliche Stuben mit gediegenem Ambiente. In der Karte werden die lokalen und regionalen Erzeuger benannt.

Als »Schmankerln der Region« werden beständig drei Gerichte, darunter geschmorte Ochsenschulter mit Gemüse und Kartoffelpüree oder der Kalbsbraten auf Gemüse mit Topfen-Serviettenknödel, angeboten; hin und wieder gibt es Innereien wie Kalbszüngerl in Schnittlauchrahm. Die Rinderkraftbrühe mit Frittaten* und Nockerl wird ebenso selbst zubereitet wie die Kürbissuppe. Unter den Vorspeisen findet sich Kalbsbries auf Blattsalat oder ein lauwarmer Salat vom Kalbszüngerl mit Kernöl, ebenso ein kleines Fischgericht wie das geräucherte Saiblingsfilet auf Kartoffel-Lauch-Salat. Die Hauptspeisen sind vorwiegend der südbayerischen Tradition verhaftet wie der Kalbstafelspitz in Meerrettichsauce mit Cremespinat und Röstkartoffeln oder der Zwiebelrostbraten, der knusprige Schweinsbraten und andere Fleischgerichte. Wenn auf der Karte Gams, Reh oder Hirsch stehen, kann man darauf vertrauen, dass das Tier unweit des Gasthauses erlegt wurde. Geflügel indes wird aus Frankreich zugekauft. Fisch kommt bevorzugt von der nahe gelegenen Fischerei und wird veredelt zu einem mit Kräutern gebratenen Saibling mit jungem Spinat und Kartoffeln oder zur gebratenen Lachsforelle auf Linsengemüse und Kartoffeln. Den Abschluss bildet der Marillen-Palatschinken* oder die Crème brûlée mit Mangoragout. Frisch gezapftes Bier kommt aus der Brauerei Kaltenberg, die Weinkarte ist gut sortiert und die Bedienung ist freundlich und kompetent.

→ Wer etwas für die Fitness tun will, fährt mit der Bayerischen Oberlandbahn nach Lenggries, Haltestelle Obergries, und läuft den kurzen Weg zu Fuß.

Restaurant Harmonie

Schlossberg 2,
95192 Lichtenberg
0 92 88 / 2 46
harmonie-lichtenberg.de

Größe: 60 Plätze im Saal und Kachelofenzimmer
Preise: H 17–28 Euro, Menüs 33–47 Euro
Kreditkarten: EC, Master, Visa
Öffnungszeiten: Mi 17.30–21 Uhr; Do–So 11.30–14 und 17.30–21 Uhr; Ruhetage: Mo, Di

Blaue Zipfel und Schiefertrüffel im Frankenwald

Das 1824 zu einem Gasthaus umgebaute und an die »geschlossene Gesellschaft Harmonie« vermietete Gebäude liegt inmitten des verträumten Örtchens Lichtenberg im Frankenwald. Im »Restaurant Harmonie« präsentiert die junge Küchen- und Servicemannschaft unter Leitung von Iris Steiner und Susanne Däumer-Lentz eine saisonale Küche der Region, die raffiniert und liebevoll zubereitet ist.
Als absoluter Klassiker ist die Fränkische Schiefertrüffelsuppe des Probierens wert. Die Trüffel für die Suppe werden eigenhändig vom Seniorchef gesammelt. Ebenso sind die Fränkischen Rostbratwürste, original aus Nürnberg, oder die Blauen Zipfel* im Weingemüsesud – von der Landmetzgerei Diezel in Langenbach und der Metzgerei Unglaub aus Bad Steben – zu empfehlen. Als Hauptgericht sind die geschmorten Ochsenbäckchen in einer pfiffigen Soßenvariante mit Spätburgunder und Egerlingen im Rahm Favoriten. Eine gute Wahl ist das Zweierlei vom Saibling. Mit etwas Glück gibt es die Gelegenheit, die seltene Kartoffelsorte Schwarzblaue aus dem Frankenwald, einen Slow Food Arche-Passagier, als Beilage zu erhalten. Die Saiblinge kommen von Joachim Schwab aus Kautendorf, aber auch von Rungis-Express. Die Qualität der Medaillons vom Schwäbisch-Hällischen Landschwein war erwartungsgemäß gut, das Fleisch auf den Punkt gebraten.
Die Getränkekarte spiegelt Regionalität. Mineralwasser kommt direkt aus der nahe gelegenen Quelle aus Hölle. Die Brauerei Meinel aus Hof ist der Bierlieferant, der mit dem »Hupfenzupfer« oder »Mephisto« interessante neue Abfüllungen anbietet. Weine von einem fränkischen Weingut.

➜ In unmittelbarer Umgebung befindet sich das durch den Fluss Selbitz tief in den Frankenwald eingeschnittene Höllental mit dem sagenumwobenen Hirschsprung. Am Ende des Höllentals kann das Schaubergwerk Friedrich-Wilhelm-Stollen besichtigt werden.

Am Dorfbrunnen

Am Dorfbrunnen 1,
97816 Lohr am Main-Halsbach
0 93 59 / 2 36
facebook.com/Gasthausam
Dorfbrunnen

Größe: 30 Plätze in der Gaststube, Nebenräume und Terrasse
Preise: Hauptgerichte 9–19 Euro
Kreditkarten: EC
Öffnungszeiten: 15. Juni–Sept: Do–So 11.30–14 Uhr und ab 17 Uhr; Okt.–Mitte Juni: Do, Fr ab 17 Uhr; Sa, So ab 11.30–14 Uhr und ab 17 Uhr; Ruhetage: Mo–Mi

Idyll zwischen Maindreieck und -viereck

Halsbach kauert sich in eine Talmulde des Hochplateaus der Fränkischen Platte. Das umgrünte Haus in der Dorfmitte wirkt mit den typisch fränkischen, holzgetäfelten Wänden, soliden Tischen und Stühlen dezent urig; im Sommer locken schöne Plätze auf der Terrasse. In der Küche waltet Patron Paul Feser, der sich den regionalen Produkten der Saison verschrieben hat. Das Wild kommt aus dem nahen Spessart, Schweinefleisch wird in der Umgebung erzeugt, Gänse stammen aus Eußenheim bei Karlstadt am Main. Obst, Gemüse und Spargel sind lokale Produkte aus Halsbach und Umgebung.

Paul Fesers fränkischer Kochstil stellt traditionelle Zubereitungen neben sensibel modernisierte. Auf der Karte stehen zwei Suppen und die Tagesempfehlungen. Neben tatsächlich handgemachten Klößen zum Fränkischen Sauerbraten gibt es ein feines Dreierlei vom Spessarter Weiderind (Zunge und Herz aus dem Wurzelsud, Braten in Spätburgundersoße). Auf Vorbestellung gibt es auch Fisch. Empfehlenswert zur Einstimmung ist der Saisonsalat mit Räucherforelle oder auch die Rote-Bete-Suppe mit Meerrettichklößchen, als Hauptgang – klassisch fränkisch – ein Rehbraten mit Kartoffelklößen und Blaukraut oder der Kalbsnierenbraten. Auf Vorbestellung gibt es im Winter Gänsebraten, bei den beliebten Beilagen ist vor allem das Blaukraut besonders zu loben. Im Frühling schmeckt die Spargelsuppe mit Garnelenspieß vorzüglich, ebenso die Schweinelende mit Spargelrahmgemüse, hausgemachten Eierspätzle und Salat. Desserts gibt es als Tagesempfehlung, dazu eine kleine Eiskarte: ungewöhnlich und gut das Vanilleeis mit Kürbiskernöl in Begleitung eines Espressos.

Die Weinkarte listet eine kleine Auswahl offener Weine aus Franken. Die Destillate kommen vom benachbarten Obsthof Stenger und von der renommierten Alten Hausbrennerei Alfred Wecklein aus Arnstein-Binsbach, Mitglied der Vereinigung »Rosenhut«. Vom Hahn gibt es Kellerbier der örtlichen Kleinbrauerei Goikel.

→ Die Altstadt von Lohr mit Schloss und Fachwerkhäusern ist eine Besichtigung wert.

Die Goikelbräu im Ort bietet am Freitag und Samstag unfiltriertes Bier an. Der Dorfladen im nahen Wiesenfeld führt ein umfangreiches regionales Angebot.

Naturlandhaus Krone

Kirchweg 2,
88167 Maierhöfen
0 83 83 / 2 54
naturlandhaus-krone.de

Größe: Restaurant 100 Plätze, 45 im Biergarten, 25 auf der Terrasse
Preise: Hauptgerichte 10–26 Euro
Kreditkarten: EC, Master, Visa
Öffnungszeiten: Mo-Sa 14.30–17 Uhr Kuchen, Eis und Brotzeiten; warme Küche Do–Sa 17.30–20.00 Uhr; Ruhetag: So

Hausgemachtes in behaglicher alpiner Atmosphäre

In der Ortsmitte von Maierhöfen, direkt neben der Kirche, findet man das »Naturlandhaus Krone«. Das typische Allgäuer Schindelhaus wurde bereits vor 240 Jahren urkundlich erwähnt. Familie Übelhör renovierte das Gebäude mit Naturstein, Holz und Glas und passte es den modernen Ansprüchen an - und bewahrte den heimeligen Charakter des alten Gebäudes. Der große Gastraum, ein kleineres Nebenzimmer, eine schöne Terrasse und der Biergarten laden zum Einkehren ein. Das Haus ist Mitglied der Vereinigung »Landzunge - das Beste aus der Region«. Das Ambiente passt zur ausgezeichneten Küche von Frank Übelhör, der traditionelle Gerichte aus frischen, regionalen Zutaten vorsichtig modernisiert. Rind- und Schweinefleisch stammen aus regionaler Bioaufzucht, die vielfältig eingesetzten Kräuter aus dem eigenen Garten.
Unter den hausgemachten Nudelgerichten sind die Maultaschen und die Schlutzkrapfen* mit Käse und Kräutern hervorzuheben. Als regionale Klassiker gelten unter anderem die Kraftbrühe vom Hörmoos-Alprind mit dreierlei Knödeln oder die gefüllte Kalbsbrust mit Semmeln, Kräutern und Brät, dazu glaciertes Gemüse und hausgemachte Kräuternudeln; auch der Sauerbraten schmeckt ausgezeichnet. Kürzlich wurde das vegane Angebot mit alten Gemüsesorten und veganem Burger erweitert. Die Salate werden mit vielen Kräutern verfeinert. Als Beilage ist das selbst gebackene Brot zu empfehlen, als Dessert gefällt das sahnige Grießflammerie mit Vanille und Waldbeerkompott.
Kleine Weinkarte, überwiegend mit Weinen vom Bodensee.

➜ Wirtschaft und Biergarten sind montags bis samstags von 14.30–22 Uhr geöffnet.

Die Bioland-Bäckerei Holderied (Hauptstraße 47/97, 88161 Lindenberg) verwendet ausschließlich Sauerteig und verzichtet auf Fertigmischungen aller Art. Die selbst hergestellten Pralinen sind ein schönes Mitbringsel.

NEU

Gasthaus zur Traube

Ziegenbach 8,
91477 Markt Bibart
0 91 67 / 7 83
gasthaus-zur-traube-ziegenbach.de

Größe: 70 Plätze in der Gaststube, 50 im Biergarten
Preise: Hauptgerichte 8–26 Euro
Kreditkarten: EC
Öffnungszeiten: Do–Mo 11–22 Uhr, warme Küche 11.30–20 Uhr; Ruhetage: Di, Mi

Fränkisch Gut in Ziegenbach

Das Dorfwirtshaus im kleinen Ziegenbach im Bierland Mittelfranken liegt in der Nachbarschaft der Weinbaugemeinden Castell und Iphofen. Patron Hans Pfeufer ist mit der eigenen Landwirtschaft verbunden, die Seele der Wirtschaft ist die Wirtin Renate. Sohn Matthias, Koch und Metzger, steht in der Küche. Viele Produkte kommen aus dem eigenen Stall (Schweine, Geflügel, Enten), dem Garten und den Wäldern und Weihern in der Nachbarschaft (Wild und Karpfen). Eine Liste der Lieferanten, überwiegend aus der Region, liegt vor. Auf der Speisekarte geben sich die fränkischen Klassiker (Schäufele, Bratwürste aus eigener Herstellung) ein Stelldichein, zudem Gerichte mit kreativen Rezepturen. Typisch fränkische Brotzeiten und selbst gemachtes Eis und Sorbet runden das Angebot ab.
Ein gelungener Auftakt sind Vorspeisen wie eine kleine Portion Aufbruch (kleines Jägerrecht) vom heimischen Wild mit dem »Geräusch« (Zunge, Herz, Leber, Lunge, Milz und Nieren), verfeinert mit Zwiebeln, Speck und Majoran, dazu ein Mehlkloß oder in Butter geschwenkte Ricotta-Brennnessel-Ravioli, darüber Späne vom Aischtaler Hartkäse. Forellen aus dem Steigerwald, frisch aus dem Bassin, in Butter gebraten oder im Wurzelsud, dazu Salzkartoffeln und bunter Salatteller, rosa gebratener Wildschweinrücken mit frischen Pfifferlingen in Rahm, serviert mit Kartoffelkrapfen, folgen als Hauptgerichte. Die Frische und der charaktervolle Geschmack der Produkte sind bemerkenswert. Das Kotelett vom Schwein wird von einem Kartoffelsalat begleitet, der mit Essig und Öl angemacht ist. Gefüllte Täubchen werden auf Bestellung serviert. Bei den hausgemachten Bandnudeln mit frischen Pfifferlingen und Cocktailtomaten, in fränkischem Rapsöl geschwenkt, darüber Aischtaler Hartkäsespäne, zeigt der Koch Können im vegetarischen Bereich. Selbst gemachtes Eis mit Basilikum aus Vollmilchschokolade, Zwetschge oder Johannisbeere, erfrischende Sorbets, der Quark-Reisauflauf an Vanillesauce und Zwetschgenröster oder der Blaubeerkäsekuchen – köstliche süße Abschlüsse.
Bier aus der Region (Kauzen Bräu Ochsenfurt), eine umfangreiche Auswahl fränkischer Gewächse sowie edle Schnäpse und Liköre von den Brennern aus Mittel- und Unterfranken stehen auf der Getränkekarte.

➔ Während der Aischgründer »Karpfenschmeckerwochen« werden kreative Gerichte ebenso angeboten wie traditionelle fränkische Gerichte der Saison.

Regionale Wurstwaren aus eigener Produktion erhältlich und Schneeballen, ein Gebäck aus Mürbeteig aus der Region Hohenlohe/Franken.

Landgasthof zum Schwarzen Adler

Ulsenheim 97,
91479 Markt Nordheim
0 98 42 / 82 06
frankenurlaub.de

Größe: 30 Plätze in der Gaststube, 70 in Nebenzimmern
Preise: Hauptgerichte 12–27 Euro
Kreditkarten: EC
Öffnungszeiten: Do–Sa 11.30–14 und 17.30–21.30 Uhr; So 11–14 und 17–20 Uhr; Ruhetage: Mo–Mi

Gute fränkische Küche in gemütlich-stilvoller Atmosphäre

Der imposante »Gasthof zum Schwarzen Adler« im kleinen Ort Ulsenheim im Steigerwald befindet sich seit dem 17. Jahrhundert im Besitz der Familie Meyer. Die Gaststätte wurde konsequent modernisiert und erweitert, ohne dass sie ihren Charakter verloren hätte. Die von Küchenchef Bernd Meyer und seinem Team verarbeiteten Produkte stammen aus der Region, die Schweine kommen von Landwirtschaftsbetrieben aus dem Ort. Die Weine werden zum großen Teil selbst gekeltert, auch die Wurst stammt aus eigener Herstellung. Bernd Meyer pflegt eine traditionelle fränkische Küche, die sich gelegentlich Ausflüge in ferne Gefilde erlaubt.
Die Speisekarte enthält bewährte Klassiker wie Zwiebelrostbraten vom fränkischen Rind oder Schäuferle* mit Kloß und setzt im Laufe des Jahres saisonale Akzente mit Eintopf-, Lamm-, Bärlauch-, Spargel- und Karpfenwochen. Donnerstag ist traditioneller Schlachttag, Kopf- und Bauchfleisch, Herz und Nieren sowie die Bratwurst kommen mit frischem Sauerkraut auf den Tisch. Als Einstieg sollte unbedingt die Fränkische Klößchensuppe probiert werden. Die intensive Brühe vom Rind mit Leber- und Butterklößchen und Flädle schafft eine gute Grundlage für den Hauptgang. Im Frühjahr sind die Lammgerichte zu empfehlen, im Herbst der gebackene Karpfen aus dem Aischgrund, der traditionell mit den Ingreisch (Innereien) auf den Tisch kommt. Besonderes Lob verdienen die hausgemachten Ravioli, deren Füllung mit der Jahreszeit wechselt: Bärlauch, Spargel, Steinpilze. Vegetarisch sind die hausgemachten Spinatklößchen mit zerlassener Butter und gehobelten Parmesanspänen. Als Dessert sind das hausgemachte Rahmeis, die Sorbets oder gleich die süßen Variationen zu empfehlen. In der kalten Jahreszeit werden duftige Waffelspezialitäten angeboten.
Die überaus fair kalkulierten Weine stammen aus eigenen Weinbergen, die Karte bietet zudem Weine anderer fränkischer Weingüter. Aus dem Zapfhahn fließen die Biere der Kesselring-Brauerei aus Marktsteft.

→ Ein Besuch im Fränkischen Freilandmuseum Bad Windsheim lohnt sich, fünf Kilometer weiter steht bei Ickelheim der größte historische Pfahlweinberg Deutschlands, der von Slow Food Mitgliedern gerettet wurde.

In Auernhofen westlich der B8 im Ochsenfurter Gau befindet sich das Bioweingut von Stephan Krämer (Slow Food Mitglied).

»Rotes Ross« Marktbergel

Würzburger Straße 1,
91613 Marktbergel
0 98 43 / 93 66 00
rotes-ross-marktbergel.de

Größe: 156 Plätze in verschiedenen Räumen
Preise: Hauptgerichte 14–22 Euro, Menü ab 33 Euro
Kreditkarten: EC, Master, Visa
Öffnungszeiten: Di–Sa 17–23, Küche 17.30–21.30 Uhr; So, Feiertag 11.30–14.30 Uhr; Ruhetag: Mo

Fränkischer Genuss mit Charakter und Geschichte

Marktbergel liegt im mittelfränkischen Landkreis Neustadt an der Aisch/Bad Windsheim an den Nordrändern des Naturparks Frankenhöhe. Das markante und schmucke Anwesen des »Roten Rosses« wurde vermutlich im 16. Jahrhundert erbaut und ist ein markantes Schmuckstück. Nach Umbauten im 18. und frühen 19. Jahrhundert wurde das Gebäude vor knapp zwei Jahrzehnten von der Gemeinde umfangreich saniert und beherbergt nun ein Hotel und Restaurant. Küchenchef Thomas Bogner kocht geschmackvolle regionale Gerichte, die Grundprodukte kommen überwiegend von Erzeugern des »Regionalbufetts«, in dem sich bäuerliche Direktvermarkter, Gastronomie und Handwerksbetriebe aus Mittelfranken zusammengetan haben.

Die kleine, feine Speisekarte wechselt fast wöchentlich und präsentiert ein vegetarisches Menü, ein Drei-Gänge-Menü sowie regionale Klassiker und Steaks. Des Probierens wert sind die Cremesuppe vom Blumenkohl und der Wildkräutersalat mit Spargel, Ziegenkäse und Honig, in dem der Käse seinen eigenen Geschmack zeigen kann. Ein veritables Hauptgericht ist das Zweierlei vom Lamm mit geschmorter Schulter und Lammrücken, begleitet von Ratatouille, Kartoffelstampf und Salat – die Schulter ist perfekt geschmort, der Rücken vorsichtig rosa gebraten. Eine eigene Seite auf der Karte beanspruchen die Steaks vom Herford- und Angusrind, die mit Kräutern und Knoblauchbutter serviert werden. Das Ausgangsprodukt ist feinfaserig und schön marmoriert, nach dem Braten zart und saftig mit vollem Rindfleischaroma. Als fruchtig-süßer Abschluss sind Erdbeeren mit Blätterkrokant und Eis oder die eingelegten Pflaumen Alternativen.

Im Mittelpunkt des Weinangebots stehen fränkische Erzeuger, die klassische regionale Rebsorten auf unterschiedliche Art spannend interpretieren. Auch das weitere Angebot an Getränken überzeugt. Der freundliche und kompetente Service wird von Britta Bogner geleitet.

➜ Ein Stadtrundgang durch Rothenburg ob der Tauber sowie der Besuch der Therme und des fränkischen Freilandmuseums Bad Windsheim sind zu empfehlen.

Alter Esel

Marktstraße 10,
97340 Marktbreit
0 93 32 / 5 94 94 77
alteresel-marktbreit.de

Größe: 20 Plätze im Gastraum, 30 im Nebenraum
Preise: Hauptgerichte bis 23 Euro
Kreditkarten: EC, Master, Visa
Öffnungszeiten: Mi–So 18–22 Uhr; So, Feiertag auch 11.30–14 Uhr; Ruhetage: Mo, Di

Fusionsküche im historischen Ortskern

In einem geschichtsträchtigen Gebäude aus dem 18. Jahrhundert im denkmalgeschützten Ensemble Altstadt Marktbreit sind Ramona Söder als Restaurantleiterin und Markus Söder als Küchenchef Inhaber des »Alten Esels«. Söder richtet sich bei seinem Angebot nach dem, was der regionale Markt saisonal anbietet. Mittags gibt es gewöhnlich zwei Vorspeisen, drei Hauptgerichte und ein Dessert. Abends werden Vier-Gänge-Menüs vorgeschlagen, die sich erweitern lassen. Söder ist ein kreativer Koch, der sich nicht auf einen bestimmten Stil festlegen lässt. Einer Fusionsküche nicht unähnlich, verbindet er heimische Produkte unkonventionell miteinander. Die bezieht er aus der unmittelbaren Umgebung – Fisch aus Obernbreit, Geflügel aus dem Steigerwald bzw. dem nahen Gülchsheim, Wild aus dem Spessart und den Slow Food Arche-Passagier Fränkisches Gelbvieh* aus der Rhön. Auf der Webseite werden die Hauptlieferanten für Backwaren, Fisch, Gemüse, Salate, Geflügel, Wild, Fleischwaren, Kaffee, Biere und die Weingüter genannt.

Typische Vorspeisen sind neben einer Suppe von Champignon und Mandel, die mit Trüffel aromatisiert wird, ein Frühlingssalat mit Frischkäse und Apfelchutney oder ein Rinderfilet in Thai-Marinade mit Reiskrokant, als Hauptgericht Saiblingsfilet oder Kalbsrahmbraten mit Rosmarinkartoffeln und Champignons. Ein abendliches Frühlingsmenü bietet als Vorspeise Spargelsalat mit Bärlauch und gehacktem Landei, als Suppe Consommé vom Freilandhühnchen, aromatisiert mit Ingwer und frischen Champignons, als Hauptspeise Maibock* mit Kohlrabi und Grünkern* und als Dessert die Crème brûlée mit Erdbeerschaum und Rhabarbereis sowie Käse vom Wagen.

Auf der Weinkarte mit seinem fränkischen Schwerpunkt findet sich auch der Slow Food Arche-Passagier Alter Fränkischer Satz*. Bei den Bieren stehen neben der Kleinbrauerei Sternbräu in Albertshofen und Neumarkter Lammsbräu die Monatsbiere der Pax-Brauerei aus der Rhön zur Auswahl. Ramona Söder berät den Gast bei der Getränkeauswahl kompetent.

➜ Wanderung durch die Altstadt von Marktbreit mit dem Malerwinkelhaus und Besuch des dortigen Museums.

Die Hofmetzgerei Gernet in Segnitz am gegenüberliegenden Mainufer bietet ausgezeichnete Fleisch- und Wurstwaren aus eigener Herstellung, die Hagenmühle in Willanzheim bietet neben Forellen und Lachsforellen (frisch, geräuchert) aus eigener Zucht verschiedene Mehle und andere Köstlichkeiten an.

Brauereigasthof Düll

Pfarrer-Geier-Straße 1,
97340 Marktbreit-Gnodstadt
0 93 32 / 86 63
duell-gnodstadt.de

Größe: 40 Plätze in der Gaststube, 30 im Nebenraum, kleiner Biergarten
Preise: Hauptgerichte 6–15 Euro
Kreditkarten: Keine
Öffnungszeiten: Di, Do–So 17–23 Uhr, So auch 11.30–14.30 Uhr; Ruhetage: Mo, Mi

Klassische fränkische Küche und eigenes Bier

Etwa 20 Kilometer südöstlich von Würzburg befindet sich in Marktbreit-Gnodstadt der altehrwürdige »Brauereigasthof Düll«. Dort wird ein süffiges Bier seit mehr als 150 Jahren gebraut; man beliefert noch einige wenige weitere Gasthäuser. Das Ambiente der Gaststube ist klassisch-altfränkisch mit soliden Bänken und Tischen. Für Feste bietet der historische Saal im Obergeschoss mit den Stukkaturen und Fresken einen außergewöhnlichen Rahmen. Seit 300 Jahren führt Familie Düll den Betrieb. Die Mutter des Küchenchefs und Braumeisters Martin Rank ist eine geborene Düll. Bis vor wenigen Jahren kochte sie selbst und prägte den guten Ruf des Hauses, dem sich Martin Rank weiterhin verpflichtet fühlt.

Die Speisen, die im besten Sinn eine altfränkische, bäuerliche Küche repräsentieren, machen Spaß. Der beruht nicht nur auf dem Können von Martin Rank, sondern auch darauf, dass Schweine, Kartoffeln und Gemüse aus der nahen Umgebung kommen. So setzt man auf die Zusammenarbeit mit dem Metzger im nahen Oberickelsheim, dem Fischräucherer aus dem nahen Obernbreit, den heimischen Jägern beim Wild und beim Geflügel mit dem Züchter aus Kleinlangheim. Ein Genuss ist die Hochzeitssuppe mit verschiedenen Einlagen oder die Petersilienwurzelsuppe mit geräucherten Forellenstückchen, der Kartoffelsalat mit würzigen, selbst hergestellten Bratwürsten, die es auch mit Kraut und gutem Natursauerteigbrot gibt, der Fränkische Sauerbraten nach Art des Hauses oder die Ochsenbäckchen. Weitere Angebote sind die krossen Schweineschäufele mit handgemachtem Kloß und Salat oder die knusprige Bauernente mit Blaukraut und Kloß. Den Göger* (Hähnchen) gibt es sonntags und auf Vorbestellung. Als Nachtisch lockt ein Kartäuserkloß* mit fruchtiger Weinsoße. Alle zwei Wochen wird dienstags die üppige Schlachtschüssel mit Würsten, Fleisch und Kraut angeboten.

Bei den Bieren ist das Pils probierenswert und im Winter der Bock; einige einfache fränkische Weine ergänzen die Getränkekarte.

Gasthof Michels Stern

Bahnhofstraße 9,
97340 Marktbreit
0 93 32 / 13 16
michelsstern.de

Größe: 30 Plätze im Restaurant, 40 im Nebenzimmer
Preise: Hauptgerichte 13–28 Euro
Kreditkarten: EC, Master, Visa
Öffnungszeiten: Mo, Di ab 18 Uhr; Fr–So 12–14 und 18–22 Uhr; Ruhetage: Mi, Do

In »Michels Stern« isst man gern

Als Bauernhaus in Marktbreit, 25 Kilometer südöstlich von Würzburg, im späten 18. Jahrhundert errichtet, wurde das Gebäude in den 1920er-Jahren durch den Urgroßvater der heutigen Besitzer zur Gastwirtschaft, in den 1980er-Jahren schließlich zum Hotel mit Restaurant. Nun ist mit Stefan und Wolfgang Michel die vierte Generation verantwortlich. Das Restaurant begrüßt seine Gäste in einem gediegenen Ambiente mit handwerklich solider, unaufdringlicher Möblierung und dezenten Textilien.

Wolfgang Michel schafft den Spagat zwischen traditioneller fränkischer Wirtshausküche und nicht alltäglichen Gerichten wie etwa der Terrine von Lachsforelle und Zander. Die eingesetzten Produkte sind sorgfältig ausgewählt und stammen aus der näheren Umgebung. Das Gemüse kommt von den Gärtnereien aus Segnitz auf der anderen Mainseite, die Lachsforelle von der Hagenmühle im nahen Breitbachtal. Die Rinder – unter anderem Fränkisches Gelbvieh – liefert die Metzgerei Rögele in Gnodstadt, Rinder und Schweine die Hofmetzgerei Gerrnet aus Segnitz, Steigerwälder Schwarzerle (Deutsches Cornwallschwein) kommen aus Oberlaimbach. Sie werden vom gebackenem Kalbskopf bis zur Ochsenschwanzsuppe in Gänze verarbeitet. Zur Spargelzeit findet man neben dem traditionellen Pfund Spargel aus Michelfeld mit Beilagen auch raffiniertere Gerichte wie Schweinelendchen mit Speckpfannkuchen und Spargelgemüse. Wildgerichte, hauptsächlich vom heimischen Reh, stehen zur Saison im Mai und im Herbst auf der Karte. Aber auch die traditionellen Gerichte wie Leberklößchensuppe, Sauerbraten oder das Kalbsschnitzel werden hier zur Besonderheit.

Stefan Michel leitet den Service und ist ein kompetenter, ja enthusiastischer Weinkenner. Die Weinkarte umfasst 150 Positionen von mehr als 30 Gütern ausschließlich aus dem fränkischen Weinland und ist ein kleines weinkulturelles Wunderwerk – hier ergibt die Frage nach gereiften Weinen Sinn. Bier kommt aus dem Nachbarort Ochsenfurt von der Privatbrauerei Oechsner. Reiche Auswahl fränkischer Obst- und Tresterdestillate.

Lachsforellen und Forellen (frisch, geräuchert und gebeizt), Mehl und Kartoffeln verkauft die Familie Pfannes in der Hagenmühle (www.hagenmuehle-willanzheim.de). In Gnötzheim befindet sich der Thomashof der Familie Gebhardt, Quelle für Biosonnenblumenöl und ausgezeichnete Essige. In Frickenhausen bietet sich der Besuch der Weingüter Bickel-Stumpf und Laudens Bach, beide Slow Food Unterstützer, an.

Gasthaus zum Hirschen

Ansbacher Straße 4,
91735 Muhr am See
0 98 31 / 39 40
restaurant-altmuehlsee.de

Größe: 60 Plätze in den Gaststuben, 100 im Biergarten
Preise: Hauptgerichte 9–20 Euro
Kreditkarten: EC, Master, Visa
Öffnungszeiten: Di, Do–So 10.30–14.30 und 17–22 Uhr; Mi 17–22; Ruhetag: Mo

Urfränkische Tradition am Altmühlsee

Das »Gasthaus zum Hirschen« in Muhr am See wird seit 1965 von Familie Heinz geführt. Es liegt unweit des Bahnhofs, der Altmühlsee mit Badestrand ist ebenfalls nahe. Die Gasträume sind hübsch eingerichtet, und im schattigen Biergarten werden ge-legentlich Spanferkel gebraten. In der Küche kommen nur frische Produkte aus nach-haltiger Produktion in die Töpfe und Pfannen. Die mit »Regionalbuffet«-Rohware zubereiteten Speisen werden in der Speisekarte entsprechend gekennzeichnet, andere Waren stammen ebenfalls von regionalen Hersteller*innen, auch wenn bisher nur ein eingeschränktes Bioangebot zur Verfügung steht. Regionale Bioprodukte werden ebenfalls in der Karte vermerkt. Geschmacksverstärker und Convenience-Produkte haben im »Hirschen« Hausverbot.

Auf der Speisekarte geht es fränkisch zu: Es gibt Cordon bleu mit Meerrettich und Bauernschinken gefüllt, gebratenes Schäufele* mit Klößen sowie zwei Fränkische Bratwürste mit Sauerkraut und Bauernbrot. In puncto Fränkischness trägt das Fränkische Dreierlei mit Dunkelbiersoße unangefochten den Sieg davon: die Vereinigung der drei Hauptnahrungsmittel Bratwurst, Klöße und Bier. Auch vegetarisch lebende Menschen fühlen sich mit den Käsespätzle mit Röstzwiebeln als echte Franken – die nicht regionale Falafel ist vegan. Von September bis April wird gebackener Karpfen mit Kartoffelsalat angeboten, im Juni sind Lammwochen mit Tieren aus dem Altmühltal. Es gibt eine Kinderkarte und manchmal Burger.

Bei den Getränken stehen altmühlfränkische Biere, mittelfränkische Weine, Säfte von den Hesselbergern und die Destillate aus dem Fränkischen Seenland im Mittelpunkt.

→ Naturbeobachtung am Altmühlsee auf der Vogelinsel und im Wiesmetgebiet, zahlreiche Wasser- und Angelsportmöglichkeiten sowie die Altmühlsee-Festspiele in Muhr bieten ein abwechslungsreiches Programm. Vorm und im »Hirschen« wird im Juli die Kirchweih gefeiert.

NEU

Das Kulinariat

Schwanthalerstraße 143,
80339 München
0 15 1 / 23 52 55 33
daskulinariat.de

Größe: 25 Plätze im Restaurant, 30 im Hinterhof
Preise: Hauptgerichte 20–30 Euro
Kreditkarten: EC
Öffnungszeiten: Mi–Fr 11.30–17 Uhr; Sa 10–17 Uhr (auch Frühstück); 1. So im Monat 10–17 Uhr; Ruhetage: Mo, Di

Kochen für die, die gutes Essen schätzen.

Im August 2020 eröffneten Stefanie »Steffi« Fritz und Johannes »Josch« Höcherl im Münchner Westend »Das Kulinariat«. Der Gast fühlt sich im Restaurant und im grünen Hinterhof, in dem Josch auch Kräuter und Gemüse selbst anbaut, von Beginn an wohl. Gekocht und angerichtet wird vor den Augen des Gastes an der Theke im Gastraum. Den Inhabern liegt die Zusammenarbeit mit ausgewählten regionalen Anbietern am Herzen. Das Biogemüse liefern der Billesberger Hof und der Spargelbauer Rehm. Das Fleisch kommt von der Biometzgerei Tagwerk und vom Gutshof Polting, Wild direkt vom Jäger, Fisch von einem Fischer in Ammerland am Starnberger See. Kuchen, Torten und Patisserie werden von der Konditorei Anton und Ella aus München bezogen. Selbst beim Geschirr haben Steffi und Josch auf regionale Kompetenz gesetzt und sich dieses bei der Töpferin Amika Schüler, ebenfalls im Münchner Westend, herstellen lassen.
Die Speisekarte wechselt saisonal und bietet ein vegetarisches Grundmenü, das für Fleischessende Zusatzkomponenten enthält. Als Beispiel sei eine im Salzteig gebackene Bete mit Selleriecreme und Pinienkern-Gremolata genannt, die mit gebratener Seeforelle oder geschmorter Rinderschulter ergänzt werden kann. Beim Samstagsfrühstück hat der Gast die Wahl zwischen Klassikern wie zwei Münchner Weißwürsten von der Biometzgerei Tagwerk, Omas Katerfrühstück mit Matjes und Bismarckhering oder dem Westend Lox Bagel mit gebeiztem Saibling, frischem Meerrettich, Zitronen-Frischkäse und roter Essigzwiebel.

Der Pschorr

Viktualienmarkt 15,
80331 München
0 89 / 4 42 38 39 40
der-pschorr.de

Größe: 370 Plätze in der Wirtschaft, 350 im Wirtsgarten
Preise: Hauptgerichte 13–35 Euro
Kreditkarten: EC, Amex, Master, Visa
Öffnungszeiten: So–Fr 11–23.30 Uhr; Sa, Feiertage 10–23.30 Uhr

Einzigartige Rindfleischspezialitäten am Viktualienmarkt

Der Viktualienmarkt im Zentrum der Altstadt ist Einkaufsparadies für Genießer und Publikumsmagnet. Jürgen Lochbihler, der am Rand des Markts neben der Schrannenhalle auf zwei Etagen den »Pschorr« betreibt, rührt als Vorsitzender des »Vereins zur Förderung des Murnau-Werdenfelser Rinds*« kräftig die Werbetrommel für die seltene Rinderrasse, die Slow Food Arche-Passagier ist. Im Pschorr stehen Gerichte aus dem Fleisch der letzten autochthonen oberbayerischen Züchtung im Vordergrund. Geliefert wird das Fleisch u.a. vom Archehof Schlickenrieder, einem Naturland-Betrieb in Otterfing. Auch sonst wird mit regionalen Produkten nicht gegeizt: Fisch kommt vom Ammersee und aus der Aumühle im Isartal. Der süße Senf für die Weißwürste wird von der Senfmanufaktur Münchner Kindl bezogen. Die wichtigsten Bezugsquellen werden auf der Speisekarte benannt, die Lieferant*innen kurz vorgestellt.

Deftige Brotzeiten – hier mit Wurst vom Murnau-Werdenfelser Rind oder mit Heumilchkäse von der Naturkäserei Tegernseer Land – stehen auf jeder bayerischen Speisekarte traditionell ganz oben. Für den größeren Appetit bietet die Küche einen Steak-Tatar-Burger oder eine Roulade nach Hausfrauenart vom Murnau-Werdenfelser Rind*. Die durchwachsene geschmorte Hochrippe in Rotwein steht immer einmal wieder auf der wechselnden Tageskarte und zeigt das Geschmackspotenzial der Rinderrasse. Natürlich werden auch bayerische Klassiker wie Schweinshaxe, Sauerbraten oder die halbe Niederbayerische Ente vom Geflügelhof Lugeder präsentiert. Als Abschluss gibt es Apfelstrudel mit Vanillesoße, lauwarmes Schokoküchlein mit Beerenragout, Vanilleeis vom Bauernhof oder einen Schlehenbrand von Johann Guggenbichler aus Frasdorf.

Bei den Bieren empfiehlt sich das frische »Edelhell«. Es wird von Lochbihler herkömmlich behandelt: Damit die traditionellen Holzfässer nicht austrocknen und die Kohlensäure entweicht, wird im Bierkeller mit Stangeneis gekühlt. Ergebnis: ein süffiges, spritziges Helles, ideal zu bayerischen Speisen. Weil die Biergläser in einer eigenen Gefrieranlage vorgefrostet werden, bleibt der Gerstensaft im Glas länger kühl. Wer alkoholfrei bevorzugt, wählt die Biosäfte von Johannes Perger vom Ammersee.

Goldmarie

Schmellerstraße 23,
80337 München
0 89 / 51 66 92 72
goldmarie-muenchen.de

Größe: 30 Plätze im Wirtshaus, 20 im Garten
Preise: Hauptgerichte 10–24 Euro
Kreditkarten: EC, Master, Visa
Öffnungszeiten: Di–Fr 12–15 und 18–23 Uhr; Sa 18–23 Uhr; Ruhetage: So, Mo

Bayerische Küche mit südlichem Einschlag

Das Gasthaus »Goldmarie« im Münchener Stadtteil Sendling ist von der U-Bahn-Haltestelle Poccistraße aus in wenigen Minuten zu erreichen. Die Wirtsstube ist freundlich, hell und mit schönen Holztischen rustikal eingerichtet. Der Garten liegt vor dem Haus an der wenig befahrenen Schmellerstraße, das Publikum kommt größtenteils aus Sendling. Die »Goldmarie« wird von Petra Mirwald, Karin Stüwe und der Köchin Julia Schneider geleitet. Sie bringen frische Ware aus der näheren Umgebung auf den Tisch. Das Gemüse stammt vom Biogärtner Sailer bei Freising und aus der Gärtnerhalle des Großmarkts. Schweinefleisch vom Strohschwein, das Rindfleisch und die Eier liefert der Biofrischdienst Espenberger, inklusive einer Kooperation mit dem Bergwinklhof in Monigottsöd. Da mit den gerade verfügbaren Zutaten gekocht wird, wechselt die Mittagskarte täglich und die Abendkarte wöchentlich.

Der Schwerpunkt liegt auf vegetarischen Gerichten, wobei ein südlicher Einschlag nicht zu übersehen ist. Die Mittagskarte bietet fünf typische Vorspeisen, drei Hauptgerichte und zwei Nachspeisen, die Abendkarte hat ein etwa doppelt so großes Angebot. Empfehlenswert sind die herrlich lockeren Südtiroler Kasnocken mit Butter und Parmesan, die täglich auf der Mittags- und der Abendkarte stehen. Der Schweinebraten vom oberbayerischen Strohschwein mit Blaukraut und Kartoffelknödel wird meist nur auf der Abendkarte angeboten. Ab und an stehen Ziegen vom Michlbauer aus der Oberpfalz und Wild aus dem Mangfalltal vom Jäger Josef Walter auf der Karte. Hervorragend auch das Matjesfilet vom Chiemsee-Saibling, es gibt ihn aber nur vor der Laichzeit. Auch auf der Abendkarte: ein marinierter Fenchel vom Waldgärtner mit Kapern und Ziegenfrischkäse. Wer weiß, wann der Holunder blüht, findet hier sein Hollerkücherl.

Zu trinken gibt es verschiedene Biere, doch Wein dürfte zu vielen Gerichten die bessere Wahl sein. Die Karte bietet eine ausreichende Auswahl von offenen und Flaschenweinen aus Deutschland, Frankreich, Italien und Österreich. Die Bedienung ist freundlich und aufmerksam.

➜ Es ist ratsam, für einen Abendbesuch zu reservieren; mittags ist leichter ein Platz zu finden.

Neu gibt es »Goldmarie im Glas«: Eingekochte Speisen können abgeholt, per Post verschickt oder innerhalb Münchens geliefert werden.

Herrmannsdorfer Landwerkstätten

Frauenstraße 6
(am Viktualienmarkt),
80469 München
0 89 / 23 22 57 18
herrmannsdorfer.de/verkauf/bistros

Größe: 30 Plätze im Gastraum, 20 auf der Terrasse
Preise: Hauptgerichte 11–16 Euro
Kreditkarten: EC
Öffnungszeiten: Mo–Fr 11.30–16 Uhr; Sa 11.30–15 Uhr, Mai–Okt, Sa geschlossen; Ruhetag: So

Bio

Kleines Tagesbistro am Viktualienmarkt

Die »Herrmannsdorfer Landwerkstätten« sind ein ökologischer Betrieb, der alle Stufen der Lebensmittelverarbeitung auf seinem Hofgut in Glonn vereint und in der Münchner Innenstadt ein Tagesbistro gegenüber vom berühmten Viktualienmarkt betreibt. Im hinteren Bereich des kleinen Ladens, in dem Fleisch, Käse und Brot aus dem eigenen Betrieb sowie andere ökologische Lebensmittel verkauft werden, befindet sich das kleine Bistro mit der offenen Küche. Christian Lindner, der seit über zwei Jahrzehnten das Lokal leitet, bereitet hervorragende bodenständige Gerichte vor den Augen der Gäste zu. Das Fleisch kommt ausschließlich aus Herrmannsdorf, der Fisch aus nachhaltiger Fischerei oder aus zertifiziertem Wildfang und das Gemüse von Biogärtnern der Umgebung.
Die täglich wechselnde Speisekarte stellt zwei Suppen zur Auswahl, wie etwa eine feine Pastinakenrahmsuppe, eine Rinderbrühe mit Gerste und Gemüse oder auch eine Hühnerbrühe mit Gemüse. Bei den vegetarischen Gerichten finden sich gemäß der Saison knackige Salate mit Kürbis und Pilzen oder schöne Knödelvariationen. Bei den Hauptgerichten ist die fein zubereitete Ochsenbrust mit Kraut-Rettich-Salat und Bratkartoffeln empfehlenswert, die durch ihre Fleischqualität besticht. Häufig werden der Kalbsschulterbraten mit Gemüse und Kartoffeln oder das Kalbskotelett mit grünen Bohnen angeboten. Manche Gerichte gibt es nur an einzelnen Wochentagen: Besonders zu empfehlen sind am Dienstag die Ochsenpflanzerl mit feinem Kartoffelsalat und am Mittwoch der Schweinsbraten mit Knödeln. Wer gern Innereien wie Leber, Herz oder Niere isst, kommt immer wieder auf seine Kosten. Fisch, etwa das Wildsaiblingsfilet mit Kohlrabi, der gebackene Fisch mit Kartoffelsalat und der Bodensee-Egli* mit Salat, gibt es in bester Qualität. Als Nachspeise isst man eine gebrannte Creme, einen frisch gebackenen Kuchen oder einen hausgemachten Apfelstrudel. Der Koch und sein Team berücksichtigen individuelle Wünsche. Das wissen viele Stammgäste zu schätzen.

Klinglwirt

Balanstraße 16,
81669 München
0 89 / 85 67 61 99
klinglwirt.de

Größe: 90 Plätze in der Gaststube, 55 im Außenbereich
Preise: Hauptgerichte 15–27 Euro
Kreditkarten: EC, Master, Visa, Amex
Öffnungszeiten: Mo–Sa 17–23/24 Uhr; So- und Feiertage ab 12 Uhr

Uriges bayerisches Wirtshaus mit unkonventionellem Charme

Seit 2011 betreibt die Wirtin Sonja Obermeier mit ihrem engagierten Team ein bayerisches Wirtshaus mitten im Münchner Stadtviertel Haidhausen, das seit Jahren durch Luxussanierung und Gentrifizierung im Gespräch ist. Ein bayerisches Gasthaus ist hier eine kleine Sensation. Beim »Klinglwirt« wird auf bayerische Tradition gesetzt, die die Wirtin mit modernen Elementen verbindet. Das Lokal ist eine heimelige Wirtschaft mit Loftcharakter, einer rotfarbenen Vertäfelung und augenzwinkernden Utensilien in den Wandnischen. Im Publikum mischen sich eingeborene Haidhauser, eher mondäne Zugezogene und Karten spielende Studierende. Die Klinglwirtin setzt konsequent auf bayerische Gerichte und regionale Produkte. Fleisch und Wurst kommen von den Herrmannsdorfer Landwerkstätten, die Fische vom Starnberger See, die Biofreilandeier vom Zehatmoarhof, und die Kartoffeln liefert der Biohof Lenz in Zorneding. Auch die anderen Produkte sind überwiegend »bio«, immer aus der Region.

Neben der Speisekarte mit dem hervorragenden Schweinsbraten finden sich auf einer wechselnden Wochenkarte drei bis vier Gerichte. Je nach Verfügbarkeit gibt es die vorzüglichen Herrmannsdorfer Schweinswürste. Außerdem werden Bayrisches Gröstl*, Fleischpflanzerl (nicht immer) oder die hausgemachten Spinatkäsespatzen und mindestens zwei vegane Gerichte angeboten. Weitere Klassiker sind das Biergulasch vom Bio-Rind, der legendäre Klinglwirtsalat und – je nach Saison und Verfügbarkeit – Fisch und Leber. Immer im Angebot sind das gute Brotzeitbrettl mit Wurst, Schinken, Speck und Schmalz aus Herrmannsdorf sowie vorzügliches Brot von Martin's Holzofenbäckerei. Fest auf der Speisekarte ist das Schnitzel Wiener Art, das Fleisch wird aus der Schweinelende geschnitten. Ein lauwarmer Kuchen mit Vanilleeis von der Del Fiore Eismanufaktur in München rundet das Mahl ab.

Dazu passt ein kühles Helles oder Dunkles, auch die Weinkarte kann sich sehen lassen – mehr als die Hälfte der Weine kommt aus Biobetrieben, etwa der Grauburgunder aus dem rheinhessischen Wonnegau. Neben feinen Säften, pur oder als Schorle, finden sich alkoholfreie Aperitife wie Hugo ohne Sepp oder Rhabarber Sprizz auf der ständig wachsenden kreativen Getränkekarte. Zum Schluss ein Eierlikör vom Zehatmoarhof oder ein Biokaffee von Merchant & Friends, geröstet in Herrmannsdorf.

Restaurant Sir Tobi

Sternstraße 16,
80538 München
0 89 / 32 49 48 25
sirtobi-muenchen.de

Größe: 25 Plätze in der Gaststube, 10 im Außenbereich
Preise: Hauptgerichte 10–21 Euro
Kreditkarten: EC
Öffnungszeiten: Mo–Mi 12–15 Uhr; Do, Fr 12–15 und 17.30–24 Uhr; Ruhetage: Sa, So, Feiertage

Beste Hausmannskost im »bairischen Bistro«

Wenn man in München auf der eleganten Maximilianstraße flaniert, ist man gut beraten, hinter dem Denkmal Max II. linker Hand die Sternstraße zu suchen. In dem beinahe tristen Eck hat sich ein kleines, mutiges Lokal etabliert, ein »bairisches Bistro«, wie es stolz verkündet: das »Sir Tobi«. Der Namensgeber bekocht seine Gäste selbst. Sie werden von Inhaberin Claudia Zabel freundlich umsorgt – mehr als 25 können in dem kleinen, einfachen, aber liebevoll arrangierten Lokal nicht verköstigt werden, außer im Sommer, wenn eine Handvoll draußen sitzt. Einige der lokalen und regionalen Erzeuger*innen – der vorzügliche Metzger aus dem Salzburgischen wird großzügig einbezogen – werden auf der Karte genannt. Pazifische Gambas und ähnliche Importware werden nicht angeboten, stattdessen gibt es Hausmannskost bester Tradition, nicht volkstümelnd, auch nicht immer rein bayerisch, aber absolut frisch aus erstklassigen Zutaten. Eigentlich hätte dieses wunderbare Lokal eine bessere Lage verdient – doch selbst hier empfiehlt sich eine Reservierung. Und es kann sein, dass ein Gericht aus ist – doch Sir Tobi zaubert garantiert eine vorzügliche Alternative.

Das Mittagsangebot lässt die Wahl zwischen Salat und Suppe, etwa aus Pastinaken oder Blumenkohl, danach Klassiker wie gefüllte Paprikaschoten oder gebratener Fisch. Das sind Gerichte, die der hungrige, Qualität wertschätzende Gast sucht. Auf der wechselnden Mittagskarte finden sich Mangalitzafilet, Spätzle und Pfefferrahmsauce, aber auch Kalbsnieren mit Kartoffelpüree und Salat oder eine Rinderroulade. Zu den Klassikern von Sir Tobi zählen die ausgezeichnete Petersiliensuppe, das Cordon bleu vom Kalb und das Wiener Schnitzel, jeweils mit Kartoffel-Gurken-Salat. Convenience ist ein Fremdwort, alles ist frisch und selbst gemacht wie die wunderbaren Käsespätzle, dazu passt die hausgemachte Zitronenlimonade. Zum Abschluss lockt ein köstlicher Pfannkuchen mit eigener Aprikosenmarmelade.

Selbstverständlich gibt es eine anständige Weinauswahl und Weißbier von Gutmann.

Waldwirtschaft Bienenheim

Bienenheimstraße 11,
81249 München
0 89 / 89 55 59 27
waldwirtschaft-bienenheim.de

Größe: 80 Plätze im Gastraum, 40 im Biergarten
Preise: Hauptgerichte 10–27 Euro
Kreditkarten: EC
Öffnungszeiten: April–Okt, Di–Fr 12–22 Uhr; Sa, So bei schlechtem Wetter erst ab 17 Uhr; Ruhetag: Mo

Junge bayerische Landhausküche

Vor 125 Jahren baute der Imkerverein von Aubing ein Vereinshaus in der ruhigen Aubinger Lohe. Im Lauf der Zeit ist daraus ein schönes Restaurant mit Bier- und Wirtsgarten geworden. Vor einem knappen Jahrzehnt haben Wolfgang Niederdorfer und Daniela Michaylow das Restaurant übernommen. Zumeist steht Wolfgang Niederdorfer allein in der Küche, Wartezeiten lassen sich verschmerzen, denn frisch zubereitetes Essen braucht seine Zeit; das Ergebnis kann sich schmecken lassen. Für alle Gerichte gilt: Wenn's aus ist, ist's aus. Das Brot kommt von der Bäckerei Schmid, die »Wildbakers« genannt. Geflügel liefert Kirschnik, die Enten kommen von Lugeder, Fleisch von Schirnhofer – besonders das Almochsenfleisch gehört zu den Favoriten in der Küche. Es werden Kräuterwanderungen angeboten.
Wildkräuter werden vor allem in den vegetarischen Gerichten wie den Kräuter-Kässpätzle und in vielen Salaten eingesetzt. Angeboten werden Teigtaschen, gefüllt mit Frischkäse und Minze, Radieserlblatt-Pesto, Nussbutter und Parmesan oder ein mediterranes Gemüse mit gebratenen Gnocchi. Die Verbindung zum Honig spiegelt sich im Imkerbraten frisch aus dem Ofen: ein Schulterbraten vom österreichischen Premiumschwein mit Dunkelbier-Honig-Soße, Kartoffelknödel und Bayrisch Kraut*. Die Knödel werden nicht selbst gemacht, aber zumindest frisch gebrüht. Für den traditionellen Gaumen ist das Böfflamott* zu empfehlen, ein Rinderschmorbraten von der Schulter mit Rotwein, Bourbon-Whisky, Wurzelgemüse und Speckknödel. Die Stundenente ist eine Spezialität, die man vorbestellen muss – und nach genau einer Stunde Garzeit steht sie pünktlich auf dem Tisch. Samstags und sonntags kann eine Viertelente knusprig gebraten frisch aus dem Ofen genossen werden, mit Kartoffelknödeln, Zwetschgen-Blaukraut und g'schmackiger Soß'.
Auf der Getränkekarte stehen neben verschiedenen Biersorten auch Honigbierspezialitäten.

→ Bei Regen, Kälte und im Winter ist nur am Wochenende geöffnet. Es ist in jedem Fall angeraten, sich über die Öffnungszeiten zu informieren und zu reservieren.

Gasthaus Stark

Dorfstraße 17,
85128 Nassenfels-Wolkertshofen
0 84 24 / 4 85
gasthaus-stark.de

Größe: 130 Plätze in den Stuben, 60 Plätze im Innenhof
Preise: Hauptgerichte 10–30 Euro
Kreditkarten: EC
Öffnungszeiten: Di–Fr 18–23, Küche bis 21 Uhr; Sa 11.30–14 und 18–24 Uhr, Küche bis 13.30 bzw. bis 21 Uhr; So 11.30–16, Küche bis 14 Uhr; Ruhetag: Mo

Hochwertige Küche in ländlich-bayerischem Ambiente

Wolkertshofen im Schuttertal liegt zwischen den Städten Neuburg, Eichstätt und Ingolstadt am Rande des Altmühltals. Seit nunmehr einem Jahrhundert ist das Gasthaus im Besitz der Familie Stark. Nach dem Neubau 1988 entstanden neben der Gaststube mehrere kleinere, urgemütliche Stuben, im Sommer ist der Innenhof ein schöner Platz. Angela und Josef Stark haben den Betrieb 2007 übernommen. Während die Chefin den Service leitet, ist Josef Stark für die Küche verantwortlich; ihn kann man durch große Fenster bei der Arbeit beobachten. Die regelmäßig angepasste Speisekarte orientiert sich an den saisonalen Zutaten der Region und setzt auf Qualität. Hervorzuheben ist die Verarbeitung von folienfrei angebautem Spargel aus Schrobenhausen. Je nach Jahreszeit werden Lämmer vom nahe gelegenen Schäferhof Detlef Müller oder Wild von örtlichen Jägern angeboten. Fische entstammen dem frischen Quellwasser in Kipfenberg-Regelmannsbrunn. Das Rindfleisch wird von der Naturland-Marktgesellschaft sowie den örtlichen Naturland-Bauern und -Bäuerinnen bezogen. Des Weiteren kommt hervorragendes Schweinefleisch vom Naturschwein zur Verarbeitung. Das »Gasthaus Stark« überzeugt durch seine hervorragende, regionale und vielfältige Küche. Ohne Frage wird alles frisch und in bester Qualität zubereitet.
Zuerst erfreut ein Gruß aus der Küche. Neben schmackhaften Suppen, unter welchen die hausgemachte Rinderkraftbrühe mit Pfannkuchenstreifen besonders geschätzt wird, gibt es feine Vorspeisen wie karamellisierten Ziegenkäse mit Speck oder einen marinierten Blattsalat mit gebratenen Pilzen. Als Hauptgang ist ein Saiblingsfilet mit feiner Kruste auf bissfestem Gemüse eine Gaumenfreude. Auch die Fleischgerichte schmecken erstklassig: Tafelspitz mit Wirsing und geriebenem Meerrettich oder der rosa gebratene Rehrücken mit Portweinfeigen auf Selleriepüree mit Rosmarinkartoffeln sind neben zahlreichen weiteren Gerichten zu empfehlen. An Sonn- und Feiertagen wird die klassische Bratenküche gepflegt. Wer gerne vegetarisch essen möchte, wählt z. B. eine Kartoffel-Spinatroulade mit Pilzen oder – in der Saison – mit Spargel. Bei Nachtisch locken süße Schmankerln und hausgemachtes Eis.
Biere kommen von den lokalen Brauereien Hofmühl, Gutmann, Winklerbräu und Lammsbräu, feine Brände vorwiegend aus dem Donaumoos und Unterfranken. Die gut sortierte Weinkarte bietet überwiegend Weine deutscher Herkunft.

Gasthof zur Post

Reuttier Straße 172,
89233 Neu-Ulm/Schwaighofen
07 31 / 97 67-0
post-schwaighofen.de

Größe: 80 Plätze im Restaurant, 80 im Biergarten
Preise: H 12–28, Saisonmenüs 40–45 Euro
Kreditkarten: Alle gängigen Karten
Öffnungszeiten: So–Do 11.30–14 und 17.30–22 Uhr (So bis 21 Uhr); Ruhetage: Fr, Sa

Anspruchsvolle Küche vor den Toren Ulms

Im Örtchen Schwaighofen (heute ein Stadtteil von Neu-Ulm) um 1900 als Poststation mit Landwirtschaft gegründet, betreibt Familie Tschischka in vierter Generation den Gasthof mit Hotel. In der Küche führt Juniorchefin Michaela Regie, unterstützt vom Vater Ludwig. Der Service ist in der Hand von Erika und Irene Tschischka sowie Stephanie Madel. Der Gast wird in renovierten Räumen in einem elegant-hellen, doch heimeligen Ambiente empfangen. Alles, was den Qualitätsansprüchen der Küchenchefs entspricht, kommt aus der Region, ist frisch und saisonal. Die Tageskarte enthält ein saisonales Menü und eine kleine, wohlüberlegte Auswahl à la carte.
Es locken attraktive Vorspeisen, und bei den Hauptgerichten finden sich immer Gemüsegerichte, Fleisch, Wild und Fisch. Zudem empfiehlt der freundliche Service meist ein oder zwei Angebote außerhalb der Karte. Bemerkenswert die Petersilienwurzelsuppe, zu der kleine Happen von drei Räucherfischen und Röstiecken gereicht werden. Eigentlich eine Vorspeise, reicht sie für einen kleinen Hunger. Auf der Standardkarte stehen schwerpunktmäßig regionale Klassiker. Bei den Vorspeisen gibt es eine Reminiszenz an die Ulmer Tradition von Mast und Handel mit Weinbergschnecken, eine Fischsuppe oder Tafelspitzbrühe mit Einlagen. Beim Fleisch lockt der unverzichtbare Schwäbische Rostbraten mit Spätzle, ein wunderbar dünnes, aber saftiges Wiener Schnitzel vom Kalbsrücken oder auch ein Chateaubriand für zwei Personen. Vegetarisch Genießende finden eine Gemüsetarte mit Salat oder gelegentlich hausgemachte Frühlingsrollen. Wünsche außerhalb der Karte werden vom freundlichen Service gern aufgenommen. Ein kleiner Hunger wird durch die Vesperkarte mit kalten und kleinen warmen Gerichten besänftigt. Für die Desserts findet saisonal verfügbares Obst Verwendung. Ansprechende Variationen erfahren Crème brûlée oder Sorbets. Die exzellenten Apfelküchle gibt es fast das ganze Jahr.
Die gut sortierte und reiche Weinkarte präsentiert überwiegend Gewächse aus Deutschland. Hervorzuheben ist das Angebot offener Sekte und Weine. Biertrinker freut das Angebot von drei regionalen Brauereien.

Altmugler Sonne

Altmugl 20,
95698 Neualbenreuth
0 96 38 / 2 48
altmuglersonne.de

Größe: 40 Plätze im Gastraum und Terrasse
Preise: Menüs 29–74 Euro
Kreditkarten: EC, Amex, Master, Visa
Öffnungszeiten: Di–Sa ab 18 Uhr; So 12–14 Uhr, Küche nur mit Reservierung für Menübeginn 18–20 Uhr; Ruhetag: Mo

Weltoffen bayerisch genießen

Seit dem Brexit liegt Altmugl nicht mehr am geografischen Mittelpunkt Europas, aber in unmittelbarer Nähe zu Bayerns jüngstem Bad Neualbenreuth. Die Mühe der Anreise wird mit einem Blick weit ins Stiftland belohnt, am besten auf der Terrasse der »Altmugler« Sonne. Silvia und Johann Lemberger bezeichnen ihre Küche als »weltoffen bayrisch«, verlieren das Regionale und Saisonale aber nicht aus den Augen. Größter Wert wird auf die Auswahl der Produkte wie auch deren Lieferanten gelegt. Fleisch vom »Roten Höhenvieh« liefert Metzger Siller in Mitterteich, Limousinkälber aus Mutterkuhhaltung steuert Metzger Krispert aus Thanhausen bei. Das Mitterteicher Sattelschwein kommt vom benachbarten Bauern, das Wild liefert Josef Andritzky, die Süßwasserfische bezieht Johann aus der Region. Bei Lebendanlieferung werden die Fische nach Ike Jime geschlachtet. Bäcker Seer aus Hohenthann liefert das Brot, Käse sind von der Biokäserei Wohlfahrt aus Edelsfeld. Kartoffel, Gemüse und Salat kommen aus dem Demeter-Anbau von Roswitha Ulrich in Rennermühle und aus dem eigenen Garten. Die Spezialität »Altmugler Blaumohn« produziert Sebastian Grillmeier aus Neualbenreuth. Man kann beim Menü zwischen drei, vier oder fünf Gängen wählen, Unverträglichkeiten oder persönliche Vorlieben werden berücksichtigt.
Ein winterliches Menü, mit Gewürzbutter und einer hausgemachten Leberwurst vom Mitterteicher Sattelschwein, ist der Jahreszeit perfekt angepasst. Es folgt ein auf der Haut glasig gebratenes Filet vom Fuchsmühlener Saibling auf Gerstengraupenrisotto mit marinierten Wildkräutern. Bei der Karotten-Ingwer-Schaumsuppe mit Ziegenkäsebällchen harmoniert die bodenständigen Karotte mit ihren kulinarischen Gefährten. Als Hauptgang folgen rosa gebratener Rücken und butterzart geschmorte Backe vom Rind mit bunter Bete, dem seltenen Wintergemüse Vulkanspargel* und kleinen, in salziger Butter geschwenkten Kartoffeln. Das perfekte Finale bildet ein Strudel vom Altmugler Mohn mit Fichtenspitzeneis und Gewürzpflaumen.
Silvia Lemberger begleitet in ihrer frischen, sympathischen Art den Abend als perfekte Gastgeberin und rundet das Genusserlebnis wundervoll ab. Eine feine, fair kalkulierte Weinkarte ergänzt das Menü. Damit man von den vielen kleinen Destillaten noch kosten kann, sollte man dort übernachten, um am nächsten Morgen nach einem guten Frühstück den Ausflug in die nördlichste Oberpfalz abzuschließen.

➜ Als Alternative zum früheren Mittelpunkt Europas bietet sich ein Spaziergang zum Muglbach-Wasserfall an.

Auers Schlosswirtschaft

Rosenheimer Straße 8,
83115 Neubeuern
0 80 35 / 26 69
auers-schlosswirtschaft.de

Größe: 65 Plätze in zwei Gaststuben
Preise: Hauptgerichte 15–30 Euro
Kreditkarten: EC
Öffnungszeiten: Di–Sa ab 18 Uhr; Ruhetage: So, Mo

Gute bayerische Küche mit vegetarischen Akzenten

Am malerischen Marktplatz von Neubeuern am Inn im oberbayerischen Kreis Rosenheim liegt die Gründungsstätte der Rosenheimer Auerbräu. Im dort ansässigen Traditionsgasthaus »Auers Schlosswirtschaft« kochte Pächterin Astrid Hilse bereits seit 1987 die ersten vegetarischen Gerichte des Landkreises. Ihre kochhandwerklich hergestellte, vegetarische und auch vegane Vollwertkost wird von Fleisch- und Fischgerichten ergänzt. Hilses Markenzeichen ist die saisonale, frische Zubereitung. Zahlreiche regionale Lieferant*innen belegen ein sorgfältig entwickeltes Netzwerk: die Fischzucht in Wasserwiesen mit Amurkarpfen, Waller und Hecht, die Schönwälder Spezialitäten aus Eggstätt mit bayerischem Geflügel und Chiemseefisch ebenso wie die Wachinger Mühle aus Neubeuern mit Biogetreide. Biosaisongemüse kommt von der kleinen Gärtnerei Kraus in Winkl. Wildkräuter, Bachkresse und Bärlauch sammelt die Köchin selbst. In der Saison wird waidgerecht erlegtes Wildbret ins Haus gebracht. Als bemerkenswertes Zeichen gegen Massentierhaltung gibt es kein Schweinefleisch.
Wir haben zum Auftakt Tafelspitz in der Senfkruste mit Radieserlsalat, gefüllte Kartoffelroulade mit Schnittlauchtopfen und gebratenen Schwammerln, eine Rehconsommé mit Bratstrudel und eine sämige Kürbiscremesuppe mit Kürbiskernöl gegessen. Hervorzuheben sind die vegetarischen Gerichte, beispielsweise die Auberginen-Linsen-Pflanzerl auf pikanten Chilikarotten und Mangold oder das Zucchinipflanzerl an Süßkartoffelpüree mit Blumenkohl und Pesto. Fleischgerichte wie eine bayerische Färsenlende mit Ingwerzwiebeln und glasiertem Kohlrabi oder ein Saltimbocca von der Landhendlbrust mit Balsamicogemüse werden mit dem gleichen Können zubereitet. Kalbsherz mit Portweinsauce, Pastinakenpüree und Schupfnudeln* oder Kalbsleber mit karamellisierten Aprikosen, Bratkartoffeln und Salat belegen darüber hinaus, dass das ganze Tier verwendet wird, nicht nur die Edelstücke. Die Süßspeisen sind ein Gedicht. Neben Fruchtsäften der Obstverwertung Rohrdorf und den traditionell Bierspezialitäten von Auerbräu wird eine durchdachte Weinauswahl aus Deutschland und Österreich offeriert. Zum Abschluss ist ein Dinzler-Kaffee aus Rosenheim zu empfehlen.

→ Im ersten Stock bietet www.auers-livebuehne.de Konzerte und Kleinkunst vom Feinsten.

Gasthof Neuwirt

Färberstraße 88,
86633 Neuburg an der Donau
0 84 31 / 20 78
neuwirt-neuburg.de

Größe: 100 Plätze in der Gaststube, großer überdachter Biergarten
Preise: Hauptgerichte 8–18 Euro
Kreditkarten: EC, Master, Visa
Öffnungszeiten: Mo, Mi–Fr ab 17 Uhr; Sa, So, Feiertage 11–14 und ab 17 Uhr; Ruhetag: Di

Gaumenfreuden aus dem Schatz der neuen bayerischen Küche

Der »Neuwirt« ist ein Neuburger Traditionshaus und gleichzeitig Stammhaus des Julisbräu, der ältesten und inzwischen einzigen Brauerei der Stadt. Das angenehm ursprüngliche Ambiente ist einladend, die gemütliche Gaststube prägen der Kachelofen, der Holzboden und die dunkle Wandtäfelung. Anke und Karl Deiml führen das Haus seit 2004. Für die gute bayerische Küche sind die Wirtin und der Küchenchef Frank Hennig verantwortlich. Alle Gerichte, Soßen und Fonds sind selbst gemacht, Convenience-Produkte sind verpönt. Die regionalen Lieferant*innen sind auf der Karte detailliert gelistet, seit mehreren Jahren ist der Neuwirt als Biobetrieb zertifiziert, und seit 2020 ist Köchin Anke Deiml Mitglied der Chef Alliance. Mit Freude wird das Engagement für das Murnau-Werdenfelser Rind* gesehen, einen Slow Food Arche-Passagier. Das Putenfleisch stammt von der Gablinger Putenfarm bei Augsburg.
Täglich frisch aus dem Rohr kommt der klassische Schweinsbraten mit Dunkelbiersoße, Kartoffelknödel und Krautsalat - und ist meist recht schnell aufgegessen. Passend zur Saison und Region - das Schrobenhausener Anbaugebiet liegt vor der Tür - schmecken im Frühling Spargelcremesuppe mit Schnittlauchsahne, gebackener Spargel und Spargelsalat. Das Murnau-Werdenfelser Rind wird von der Küche zu geschmortem Ochsenbraten mit Butterspatzen veredelt. Probierenswert auch das Hüftsteak mit Zwiebel-Senf-Kruste, das Ochsengulasch in kräftiger Rotweinsoße mit Serviettenknödeln oder das Carpaccio mit gehobeltem Hartkäse. Saisonales Gemüse - sei es als vegetarisches Hauptgericht oder als Beilage - wird frisch zubereitet. Als Nachtisch schmeckten das Bioeis von Cramer aus München und das hausgemachte Dreierlei von der Schokolade.
Biergenießer freuen sich: Es gibt nicht nur Helles und Dunkles vom Fass, sondern auch »Julius unfiltriert«, »Julius Laetitia« (Volksfestbier), »Julius Märzen-Spezial« und »Julius-San-Cucino«. Dazu die regionalen Gutmann-Weißbiere und Ingolstädter Nordbräu. Schoppenweine ergänzen das Angebot.

→ Nur wenige Gehminuten entfernt lockt die historische Altstadt mit dem wunderschönen Karlsplatz und dem Residenzschloss.

Polsters Klosterhof

Innerer Markt 7,
91077 Neunkirchen am Brand
0 91 34 / 7 07 30
polsters-klosterhof.de

Größe: 100 Plätze in der Gaststube und der Biergarten
Preise: Hauptgerichte 10–32 Euro
Kreditkarten: EC
Öffnungszeiten: Do, Sa, So 11.30–14 Uhr; Di–So 17.30–21 Uhr; Ruhetag: Mo

Feine saisonal-fränkische und internationale Küche

Am Rand der Fränkischen Schweiz, wenige Kilometer von Erlangen entfernt, liegt Neunkirchen am Brand. Es hat sich mit seinen Fachwerkhäusern, der bemerkenswerten Pfarrkirche des ehemaligen Augustinerstifts, einer Stadtmauer aus dem 16. Jahrhundert und dem zum Museum umgestalteten Zehntspeicher ein geschlossenes Ortsbild bewahrt. Mittendrin liegt »Polsters Klosterhof«. Das denkmalgeschützte Haus wurde vor mehr als einem Jahrzehnt von der Familie Polster erworben. Die Gasträume sind rustikal bis elegant gestaltet, es gibt eine fränkische Bauernstube und einen Biergarten im Innenhof. Küchenchef Norbert Polster, unterstützt von den Kindern Sandra und Michael, bietet eine gute Kombination aus regionaler und internationaler Küche, die stark von den Jahreszeiten geprägt ist. Die Lieferant*innen, teilweise Biobetriebe, kommen aus der Umgebung und werden sporadisch in der Speisekarte aufgeführt.
Die kleine Karte bietet eine ansprechende Auswahl mit Fisch (Karpfen), Lamm und Wild. Perfekt zubereitet wird das Fleisch des wunderbaren Simmentaler Rinds, es ist würzig und aromatisch. Viele Braten werden bei niedriger Temperatur gegart, manche über Nacht. Beim Büfett im Garten werden Steaks, Entrecôte und Rinderfilet vom Simmentaler Rind gegrillt. Am Dienstag liegt eine Schnitzelkarte auf. Das Spargelcremesüppchen als Vorspeise ist leicht und frisch. Als Hauptgericht von der Tageskarte wecken der Zickleinbraten mit Speckbohnen und Kartoffelkloß oder das Stubenküken, das entbeint und mit feiner Fülle serviert wird, die Aufmerksamkeit. Der Biorinderbraten kommt in Rotwein geschmort mit Kartoffelkloß auf den Tisch, die Lammkeule mit Ratatouille und Kartoffelgratin – alles ist wohlschmeckend, das Fleisch zart. Als Dessert lockt die Schokomousse mit Früchten. Die Weine kommen vorwiegend aus Franken, dazu Biere von Kulmbacher, Mönchshof (Kloster Schwarzbier) und Kapuziner.

➜ Für Festlichkeiten ist der Zehntspeicher mit Festsaal im historischen Ambiente eine romantische Kulisse. Besuchen Sie auch das Felix-Müller-Museum im Zehntspeicher.

NEU

Fischerstüberl im Restaurant Kuhlemann

Freyung 39,
92660 Neustadt/Waldnaab
0 96 02 / 94 18 72
restaurant-kuhlemann.de

Größe: 64 Plätze im Gastraum und Fischerstüberl
Preise: Hauptgerichte 11–22, 3-Gänge-Menü 27–33, 7-Gänge-Menü 70 Euro
Kreditkarten: Debit, Master, Visa
Öffnungszeiten: Mi–Sa ab 18–21 Uhr und nach Vereinbarung; Ruhetage: So–Di

Zweite Liebe mit viel Herz

Das »Hotel Grader« ist eine gastronomische Konstante im beschaulichen Neustadt an der Waldnaab. Der Sohn der Besitzerin, Adrian Kuhlemann, beschloss nach Lehr- und Wanderjahren mit einem Gastro-Stipendium in der Schweiz, in der Heimat sesshaft zu werden. Im 2020 eröffneten »Restaurant Kuhlemann« bietet er ein mehrgängiges Menü, während er in seinem als »zweite Liebe« bezeichneten »Fischerstüberl« regionale Genüsse à la carte zaubert. Für Adrian Kuhlemann ist es eine Herzensangelegenheit, enge Lieferantenbeziehungen aufzubauen und mit seinen Speisen die Region und Jahreszeit abzubilden. Fisch liefert Andreas Rösch aus Bärnau, der sogar einige Fischarten nur fürs »Kuhlemann« zieht. Rinder, Milch und Gänse kommen vom Demeter-Hof Finstermühle in Pleystein, Schwein und Wurst von der Metzgerei Christoph Lindner. Das Mehl stammt von einer Mühle bei Kemnath, bei der Gärtnerei Sura hat er ein eigenes Gewächshaus eingerichtet für Tomaten und Erbsen. Um Lebensmittelreste zu retten, fährt er Brotabschnitte ins »Brauhaus Floss«, um eigenes Bier herstellen zu lassen: Slow Food in Reinform.

Im »Fischerstüberl« stehen auf der täglich wechselnden Speisekarte selbst gemachte Hühnerleberpastete, eingelegte Radieschen und lauwarmer Blumenkohl mit Kräutern als Magenkratzerl. Weitere leckere Vorspeisen sind der luftgetrocknete Guanciale, Brot und Quark mit frischen Kräutern, Kuhweichkäse mit Zwiebelmarmelade und Wintersalat. Als Hauptgang schmeckt geschmortes Rindfleisch mit Spitzkohl und Kartoffelpüree. Hervorragend mundeten sowohl der Bachsaibling als auch Rumpsteak Strindberg mit Bratkartoffeln. Als Alternative stehen Risotto mit Radicchio oder Lachsforelle mit Schönbuchlinsen zur Auswahl. Den süßen Abschluss bilden Cremeeis mit schwarzen Johannisbeeren oder ein Zitrus-Trifle.

Der Service ist aufmerksam und kompetent. Biere kommen vom Brauhaus Floss und Lammsbräu, die Weinkarte wird als »Ab-vom-Schuss« etikettiert, gemeint sind individuelle Winzer jenseits des Mainstreams.

➔ Stadtmuseum am Kirchplatz, Besuch der Brauerei Floss (nur mittwochs).

Angeschlossen ist ein Tante-Emma-Laden (Proviant), geöffnet jeden Donnerstag bis Samstag ab 15 Uhr, in dem es handverlesene Spezialitäten der Zulieferer gibt (z. B. Sauerteigbrot, Chutney, Märzenbier, Käse etc.).

Brauereigasthof Jakob

Hauptstraße 10,
93149 Nittenau
0 94 36 / 82 24
brauereigasthof-jakob.de

Größe: 100 Plätze im Gastraum, 100 im Biergarten
Preise: Hauptgerichte 9–32 Euro
Kreditkarten: EC
Öffnungszeiten: 9–14 und ab 17 Uhr; Ruhetag: Mi

Tradition und Moderne in perfekter Symbiose

Der seit 1875 bestehende »Brauereigasthof Jakob« wurde in 2021 liebevoll renoviert und ausgebaut. Die Familie Jakob hat sehr darauf geachtet, die für die Region typische, wunderschöne Gaststube zu erhalten. Der am Regen gelegene Biergarten lädt zum Genießen der modern interpretierten Oberpfälzer Küche ein. Christoph Jakob arbeitet mit seinem motivierten Küchenteam daran, den jahreszeitlich orientierten Gerichten noch mehr Geschmacksnuancen zu entlocken. Die sehr engen Beziehungen zu ihren Lieferant*innen, oft aus der unmittelbaren Nachbarschaft, sind Basis für eine heimatverbundene Küche mit Pfiff. Den fangfrischen Fisch liefern Horst Potempa aus Nittenau oder der Fischhof Mulzer. Detlev Krager und Holger Dahlem steuern Fleisch, Gemüse und Obst bei. Das Strohschwein kommt vom Brunnerhof in Schwandorf und das Wild aus Jagden rund um Nittenau. Die Backstube ist fest in Mamas Hand, das leckere Bier braut Bruder Sebastian.
Sonntags locken Oberpfälzer Klassiker wie Krustenbraten, zarte Ente mit Blaukraut oder Bœuf à la mode mit Wurzelgemüse. Immer eine Empfehlung sind Zwiebelrostbraten vom heimischen Rind oder Butterbröselzander mit Remoulade. Ein Gedicht ist die wunderbar zarte Kalbsleber in Rotwein, dem die dahinschmelzenden Ochsenbackerl mit Wirsing oder der Hirschrücken mit Spargel-Bärlauch-Ragout in nichts nachstehen. Vegetarier kommen ins Schwärmen bei Grünkernpflanzerl mit Paprikacreme oder hausgemachten Ravioli mit Spinat und Ziegenkäse sowie Fingernudeln mit gebratenen Pilzen und Bergkäse. Für Fischfreunde gibt es Wallerfilet im Wurzelsud oder Zanderfilet mit Parmesanrisotto und Orangen-Fenchelsalat. Platz zu lassen für ein erfrischendes Basilikumsorbet oder die Zitronen-Baiser-Tarte fällt nicht leicht.
Die Biere der eigenen Brauerei sind ein Muss, seien es die Klassiker wie Hell, Dunkel, Festbier, Hefeweißbier oder aber die kreativen Craftbiere. Lust auf ein wirklich ausgezeichnetes Alkoholfreies? Dann unbedingt das vielfach preisgekrönte Le Chauffeur probieren und staunen. Selbstverständlich kommen auch die Säfte aus eigener Kelterei und Eigenanbau.

➜ Tageskarten für das familieneigene Fischwasser (6 km) am Regen erhältlich. Übernachtungsgäste können ihren Fang vom Küchenmeister nach Oberpfälzer Art zubereiten lassen.

Der »Brauereigasthof Jakob« gehört zur Gilde der Privaten Brauereigasthöfe & Hotels, bei dem die vorzüglichen Biere auch für zu Hause gekauft werden können.

Café Arte – Essen Wein Kultur

Kartäusergasse 1,
90402 Nürnberg
09 11 / 1 33 12 86
arte-cafe.de

Größe: 70 Plätze im Gastraum
Preise: Hauptgerichte 13–21 Euro
Kreditkarten: EC, Master, Visa
Öffnungszeiten: Di–So 10–18 Uhr; Mi bis 20.30 Uhr; Ruhetag: Mo

Esskultur mit Kunstgenuss

Das Germanische Nationalmuseum in Nürnberg ist das größte kulturhistorische Museum des deutschen Sprachraums. Das Mittagsrestaurant »Café Arte« bietet nicht nur den Besuchenden des Museums einen attraktiven Rahmen für ihre Kunstpause; ein entsprechender Hinweis wäre wünschenswert. Unter einem großen hellen Glasdach können ein ausgedehntes Frühstück oder nachmittags eine große Teeauswahl oder Kaffeekreationen genossen werden, dazu feinste, meist selbst gebackene Obstkuchen und Torten. Neu ist das französische Patisserieangebot mit Törtchen und Petits Fours. Brot kommt von »Hildes Backwut«. Das Team um Küchenchef Andreas Maierhofer bietet auf der wöchentlich wechselnden Karte eine Auswahl geschmackvoller Gerichte an. Die Zutaten kommen, wenn immer möglich, in Bioqualität, von regionalen Lieferant*innen, die auf der Webseite ausführlich benannt werden.

Zu einer Kürbiscremesuppe mit Mangonote wird eine Pipette mit Kürbiskernöl gereicht. Sehr fein sind die Kürbismaultaschen mit brauner Butter und Parmesanspänen. Eine fränkische Spezialität ist die gebratene Blutwurst mit Bratkartoffeln und Apfel. Die sous-vide gegarte Rinderschulter mit Karotten und Schnittlauchpüree wird von einer kräftigen Rotweinsoße begleitet. Zu den zarten Kalbsscheiben gibt es Bandnudeln und Tomatensauce. Zum Spargel werden klassische fränkische Bauernbratwürste und neue Kartoffeln serviert. Besonders aromatisch ist das Kalbsbeuscherl*, fein säuerlich mit kleinsten Würfeln von Gurken und Karotten, dazu gibt es gebratene Knödelscheiben. Feine Desserts – etwa ein Kastanienparfait mit Feigen und die Champagnercreme mit frischen Beeren – runden die Speisenfolge ab.

Die Getränkekarte bietet drei offene Weine; breite Flaschenweinauswahl aus der Vinothek. Bemerkenswertes Angebot an halben Flaschen.

→ Neu: Bei schönem Wetter ist der gARTEn von 12–17 Uhr im Klosterhof geöffnet. Es gibt Jazz und Klassik live, Museumsbrunch mit Führungen und monatlich ein Mittagskonzert mit der Staatsphilharmonie Nürnberg. Alle Termine und die Tageskarte sind auf der Webseite zu finden.

Restaurant Zirbelstube

Friedrich-Overbeck-Straße 1,
90455 Nürnberg
09 11 / 99 88 2-0
zirbelstube.com

Größe: 25 Plätze in der Gaststube, 14 im Gewölbe, 25 auf der Terrasse
Preise: 5-Gänge-Menü 58 Euro
Kreditkarten: EC, Master, Visa
Öffnungszeiten: Di–Sa 17.30–22 Uhr; erster Sa im Monat 12–14 Uhr; Ruhetage: So, Mo

Kulinarisches Kleinod am alten König-Ludwig-Kanal

Worzeldorf, ein Stadtteil im Süden Nürnbergs, erhielt seine wirtschaftliche Bedeutung Mitte des 19. Jahrhunderts mit dem Bau des Ludwig-Donau-Main-Kanals und des Hafens. Die »Zirbelstube« in einem denkmalgeschützten schmucken Sandsteinhaus liegt idyllisch am »Alten Kanal«. Das Restaurant von Erhard und Maria Kunkel wurde vor einem Jahrzehnt in zweiter Generation von Sebastian Kunkel und Susanne Wagner übernommen. Von Stationen im In- und Ausland kehrten sie mit frischen Ideen zurück und setzen die Tradition der abwechslungsreichen und kreativen Küche fort. Die Speisen und Menüs sind ein Erlebnis. Der Küchenchef bereichert die Speisekarte mit neuen und alten Gerichten; auf ihr sind die Lieferant*innen und Genusspartner*innen verzeichnet. Das stilvolle Ambiente, die Tischkultur, der unaufdringliche, zuvorkommende Service sowie die sicheren Weinempfehlungen von Susanne Wagner ergeben ein stimmiges Gesamtbild.
Die Kohlrabicremesuppe mit Zuckerschoten ist fein und leicht nussig, die Spargelsuppe dank frischem Koriandergrün wunderbar aromatisch. Aus regionalem Spargel bereitet der Küchenchef einen gebackenen Spargel mit Bärlauchrisotto und Walnussbutter zu, perfekt in Textur und Geschmack. Ein großartiges Gericht wird als Vorspeise oder Hauptgang angeboten: Zweierlei vom Kalbskopf mit Trüffelvinaigrette und Sellerie, ein hauchdünn geschnittenes Carpaccio vom Kalbskopf, in Kräuterpanade ausgebackene Stücke vom Kalbskopf, Selleriewürfel, hausgemachte Soße, dazu Kräutersalat und Blüten. Der Frischlingsbraten mit Preiselbeeren, Egerlingen, Marktgemüse und Serviettenknödel ist aromatisch, saftig und außergewöhnlich gefüllt, dazu gibt es eine delikate Soße. Nicht übersehen werden sollte das Zweierlei vom Rind mit Paprika, Bohnen und Quarknocken. Als Dessert wird ein hausgemachtes Rhabarber-Joghurt-Sorbet mit Marilleneis und Rhabarberragout vorgeschlagen.
Der Weinkeller ist gut gefüllt mit regionalen und internationalen Tropfen.

→ Erkunden Sie den Alten Kanal in Wanderschuhen. Und: In der »Zirbelstube« werden auch Kochkurse angeboten.

Weinrestaurant Steichele

Knorrstraße 2–8,
90402 Nürnberg
09 11 / 20 22 80
steichele.de

Größe: 160 Plätze in den Gaststuben
Preise: Hauptgerichte 9–29 Euro
Kreditkarten: EC, Amex, Master, Visa
Öffnungszeiten: Di–Sa 11.30–23 Uhr,
Ruhetage: So, Mo, Brückentage

Das Nürnberger Traditionsweinrestaurant

Seit 1897 sitzt das »Hotel und Weinhaus Steichele« in der historischen Altstadt von Nürnberg mit Germanischem Nationalmuseum, Opernhaus und Hauptbahnhof in der Nachbarschaft. In fünfter Generation leitet Bernhard Steichele das Haus, das in der Tradition einer fränkisch bodenständigen Küche steht. Die Gasträume teilen sich in das neue und alte Lokal mit Nebenzimmer und Elisabethenzimmer. Im Sommer sitzt man draußen. Die Innenräume des Restaurants sind in dunklem Holz gehalten, die Tische haben hell gescheuerte Ahornplatten. Bemerkenswert sind die Lüsterweibchenlampen und ehrwürdige Familienstücke als Dekoration. Der Speisekarte werden Tages- und Wochenkarte und saisonale Themenkarten zur Seite gestellt. Jahreszeitliche Genüsse wie Gänse, Karpfen, Wild vom Jäger aus Hersbruck und aus eigener Jagd, Pilze und Saisongemüse haben ihren festen Platz. Fleisch und Wurst liefern die Metzgereien vor Ort.
Bei den Stammgästen beliebt sind der selten gewordene Kalbskopf, die Leber oder Nierchen in bester Hausmacherart. Die Gerichte werden im Légumier mit Deckel serviert, so bleiben Geschnetzeltes, gefüllte Paprika und Hackbraten schön heiß. Bei den Vorspeisen findet man Nürnberger Bratwürstchen in verschiedenen Variationen oder Steicheles Bazi, eine Kugel Brie mit gehackten Zwiebeln und Schwarzbrot, und das Bratwurstgehäckbrot. Die Pfannen- und Schmorgerichte sind von gleichbleibend guter Qualität. Beliebt sind der Zwiebelrostbraten, die Filetspitzen Stroganoff und Schaschlik vom Schweinefilet. Fangfrisch kommen Saibling, Forelle und Karpfen auf den Teller. Vegetarische Gerichte sind, je nach Saison, Käsespätzle, Spargel mit Herkunftsgarantie oder hausgemachte Baggers mit zweierlei Käse und Spiegelei. Des Probierens wert sind die duftigen Fränkischen Apfelküchle.
Die Weine aus Franken, der Pfalz und Südtirol sind detailliert beschrieben. Biere vom Fass vom Lindenbräu, Ammerndorfer Hell und saisonal der Maibock von der Benediktinerabtei Plankstetten. Aufmerksamkeit verdient die schöne Digestifauswahl.

Feinkost Langer mit Affineurin Ulrike Langer (Ziegenstraße 20, 90482 Nürnberg) hat europäische Käseköstlichkeiten und vieles mehr im Regal. Seminare mit Besichtigung des Reifekellers.

Alpe Sonnhalde

Alpe Sonnhalde,
87534 Oberstaufen
0 83 86 / 96 24 18
alpesonnhalde.org

Bio

Größe: 30 Plätze im Gastraum, 50 auf der Terrasse
Preise: Hauptgerichte 10–13 Euro
Kreditkarten: Keine
Öffnungszeiten: 1. April–31. Okt, täglich ab 11 Uhr

Demeter-Hütte an der Allgäuer Nagelfluhkette

Die Demeter-zertifizierte »Alpe« wird vom Verein zur Erhaltung der Allgäuer Kulturlandschaft mitgetragen. Man erreicht sie auf bequemen Wanderwegen in jeweils einer Stunde von Steibis oder Buchenegg aus und auch vom Hündlegipfel herunter, zu dem eine Seilbahn verkehrt. Eine Anfahrt mit dem Auto ist nicht möglich. Die Gäste sitzen vor oder in der von Jakl Köhler bewirtschafteten Hütte, wie sie typischer nicht sein könnte. Man spürt, wie viel ihm an der Erhaltung von Natur und Landschaft liegt. Mit Humor, aber auch mit nachdrücklichem Engagement spricht er mit den Gästen über seine Anliegen.
Zum Wohlbefinden der Gäste tragen die hervorragenden Brotzeiten bei. Auf den Tisch kommen gebackene Ziegen- oder Alpkäse sowie Kräuterquark mit »sauguten« Bratkartoffeln. Alpkäse schmeckt auch kalt, da schält der Gast das letzte Eckle aus der Rinde. Darüber hinaus gibt es anständigen Schinken, frische Kuh- und Ziegenmilch und einen erfrischenden Apfelsaft. Zum wunderbaren Biobier aus Simmerberg ist der unverstellte Blick ins Tal ein ebenbürtiger Genuss. Als Gratisdessert gibt es eine doppelte Portion himmlischer Ruhe und - auf Wunsch - einen Kräutergeist. Auf den Wiesen grasen Jungrinder, ausgewachsene Kühe und Ziegen; auch Schweine und Hühner gehören zur Alpe.

Hotel Traube

Kirchdorfer Straße 12,
87534 Oberstaufen
0 83 25 / 92 00
www.traube-thalkirchdorf.de

Größe: 100 Plätze im Gastraum
Preise: Hauptgerichte 14–30 Euro
Kreditkarten: EC, Master, Visa
Öffnungszeiten: Mi–So 12–23 Uhr, Küche 12–13.30 Uhr und 18–21 Uhr; Ruhetage: Mo, Di

In der »Traube« isst das Auge mit

Die »Traube« ist ein schönes altes Haus in Thalkirchdorf mit Fachwerk und Schindeln in wunderschöner Umgebung mit Bergpanorama und Allgäuer Natur. Auf der Karte wird die Geschichte des Hauses beschrieben und ein Bekenntnis abgelegt zu regionalen Rohstoffen unter konsequenter Nennung der heimischen Lieferant*innen. Verantwortlich in der Küche war seit mehr als vier Jahrzehnten Ludwig Mittermeier, sein Nachfolger ist Stefan Zimmer, der bisherige Souschef.

Die monatlich wechselnde Karte bietet zwei Menüs an: eines mit herrlich altmodischem Bœuf à la mode*, einem aufwendigen Schmorgericht, das mit Vorsuppe und Apfelmichl* preiswert angeboten wird, und ein vegetarisches Menü. Die Hauptkarte beginnt mit Vorspeisen oder Gerichten für den kleinen Appetit, etwa den Maultäschle in der Brühe oder einem Käsesüpple. Viele Gäste loben das Saure Lüngerl mit Knödel, auch der Leberknödel fällt locker vom Löffel. Erfreulicherweise gibt es weitere Innereien wie das gebackene Bries, die geschnetzelte Leber mit Schalotten und kleinen Kartoffelrösti oder die Nieren in Senfsauce. Vom einheimischen Rind gibt es neben Filetsteak und Rumpsteak den traditionellen Rostbraten, aber auch einen Sauerbraten und ein Tellerfleisch. Die Forelle kommt aus dem nahen Weißachtal. Alle Gerichte, selbst die fantasievollen Desserts, sind auch in kleinen Portionen erhältlich.

Das gepflegte Bier stammt aus der Region – von der Brauerei Meckatzer. Beim Wein empfiehlt die Speisekarte einen Weißen und einen Roten, daneben gibt es offene Weine gediegener Provenienz. Die Bedienung ist freundlich, man fühlt sich herzlich aufgenommen.

Rieger's Restaurant

Rankgasse 7,
87561 Oberstdorf
0 83 22 / 38 31
riegers-restaurant.de

Größe: 47 Plätze im Gastraum, 30 auf der überdachten Terrasse
Preise: Hauptgerichte 17–25 Euro
Kreditkarten: EC
Öffnungszeiten: Di–Sa 17–22.30 Uhr; Ruhetage: So, Mo

Ambitionierte Küche mit regionalem Gütesiegel

In der Skisprunggemeinde Oberstdorf steht »Rieger's Restaurant« für eine gute traditionelle und regionale Küche. Familie Rieger bewirtet ihre Gäste in angenehmer Atmosphäre mit Produkten bester Qualität aus heimischer Herkunft. Brigitte und Oliver Rieger praktizieren eine Küche der kurzen Wege: Was auf den Tisch kommt, ist regionaler Herkunft, passt gut in die Jahreszeit und entspricht in Präsentation, Textur und Geschmack den Erwartungen: Die Gemüse sind mit Biss gegart, um den Eigengeschmack zu erhalten, die Soßen sind frei von Convenience- oder Verlängerungszugaben. Die Lieferant*innen sind auf der Webseite verzeichnet. Mit dem saisonalen Wandel ändert sich Karte.
Im Frühjahr wird dem Spargel eine besondere Aufmerksamkeit zuteil, aber auch eine klare Allgäuer Rinderbrühe mit Kräuterbrätstrudel, hausgemachte Bandnudeln mit Bärlauchpesto und ein Böfflamott* mit Wurzelgemüse und Eierspätzle stehen ebenso auf der Karte wie Medaillons aus der Hirschkalbskeule mit Kürbiskernkruste oder das Zanderfilet auf Rahmsauerkraut. Unter den appetitlichen Nachspeisen gefällt besonders ein Topfengratin mit Rhabarber und Vanilleeis. Für den kleinen Appetit sind hauchdünne Flammkuchen passend, vegetarische und vegane Gerichte kommen in »Rieger's Restaurant« nicht zu kurz. Das Bier kommt von der Brauerei Schäffler aus Missen, die Weine aus der Bodenseeregion, aus Österreich und Südtirol.

➜ Das Restaurant trägt das Gütesiegel »Landzunge – der Geschmack der Region«.

freistil

Schweineberg 20,
87527 Ofterschwang
0 83 21 / 35 09
kiehnes-freistil.de

Größe: 30 Plätze im Gastraum, 30 auf der Terrasse
Preise: Hauptgerichte 14–36 Euro
Kreditkarten: EC, Master, Visa
Öffnungszeiten: Täglich 18–21 Uhr; Sa, So 12–14 Uhr nur auf Anfrage

Kreativküche vor Alpenkulisse – schön, hier zu sein

Schweineberg hat eine malerische Lage – und liegt doch versteckt als Ortsteil des Skiweltcuportes Ofterschwang, Bei der Anfahrt eröffnet sich ein Panoramablick über die gesamte Oberallgäuer Alpenkette. Chef Constantin Kiehne steht in der Restaurantküche des elterlichen »Alpenhotels Dora«. Er hat seine Ausbildung bei Johannes King im Rantumer Söl'ringhof absolviert. Die Karte orientiert sich an den saisonalen Angeboten regionaler Produkte. Kiehne kennt die Produzent*innen und den Weg der Zutaten vom Anbau oder von der Zucht bis in die Küche. Kalb, Rind und Wild wachsen buchstäblich nebenan auf. Beeindruckend ist seinem Umgang mit Fisch, den er in Kombinationen und in einer Frische arrangiert, wie sie aus der gehobenen japanischen Küche bekannt sind. Der Fisch stammt überwiegend aus der Bergfischzucht Gunzesried, die für ihre im Quellwasser aufgezogenen Saiblinge gelobt wird.

Die Gerichte auf der Karte sind, dem Zeitgeist folgend, puristisch anmutend als Einzelpositionen verzeichnet: Als Vorspeise erfreuen gebeizte Regenbogenforelle, Radieschen, Dill, Apfel und Gurke. Gunzesrieder Alpensaibling, Fenchel, Apfel und Römersalat werden von Kiehne raffiniert und kreativ auf die Teller gebracht. Seiner Philosophie, den Gast – und vielleicht auch sich selbst – immer wieder überraschen zu wollen, wird er jedenfalls gerecht; so schmeckt auch das Oberstaufener Reh, Spinat, Spargel und Kartoffelkrapfen. Kreativ aufgestellt ist Kiehne auch im Hinblick auf die Komposition vegetarischer Gerichte wie Karotten-Gersten-Risotto mit Bergkäse. Abgerundet wird das Angebot durch eine Dessert- und Kuchenauswahl, wie Basilikumparfait mit Crumble und Erdbeere.

Der Kaffee kommt aus der Rösterei Dinzler, die Tees von Ronnefeldt, die Biere aus der Hirschbrauerei Sonthofen. Das Weinangebot stammt von deutschen Weingütern, ergänzt durch österreichische Gewächse; der Hauswein kommt vom Bodensee.

Zum Hammel

Marktplatz 15,
94496 Ortenburg
0 85 42 / 4 32
facebook.com/moststubn

Größe: 45 Plätze in der Stube, 100 im Außenbereich
Preise: Hauptgerichte 9–17 Euro
Kreditkarten: Keine
Öffnungszeiten: Do–Sa 16–24 Uhr; So 11.30–13.30 Uhr; Ruhetage: Mo–Mi

Überraschend raffinierte bayerische Küche

Mitten im von Streuobstwiesen geprägten Klosterwinkel von Ortenburg, dem evangelischen Kleinod im katholischen Niederbayern, steht der Gasthof »Zum Hammel«. Die dem Marktplatz zugewandte grüne Fassade verbirgt einen stattlichen Vierseitenhof. Der Weg vom landwirtschaftlichen Vollbetrieb mit kleiner Moststube zum Wirtshaus ist geglückt. Die alte Wirtsstube mit großem Kachelofen und der geschützte Innenhof sind zu jeder Jahreszeit einladend. Köchin Martina Holzeder hat ein feines Gespür für Einrichtung und individuelle Accessoires. Das Speisenangebot zeigt kulinarische Vielfalt und Verbundenheit mit der Region. Auf ihren täglichen Einkaufsfahrten lässt sich die Chefin vom Angebot ihres Landkreises inspirieren. Fleisch und Molkereiprodukte kommen von Kleinbetrieben aus der direkten Umgebung, bevorzugt in Bioqualität. Fisch kommt von der Donaufischerei Wagner, Wild aus hiesigen Jagden. Obst, Gemüse und Kräuter wachsen entweder im eigenen Garten oder bei benachbarten Kleinbauern und -bäuerinnen. Brot und Teigwaren werden vorwiegend selbst hergestellt.
Die kleine Karte bietet Hammelklassiker und Brotzeiten. Mehrmals in der Woche wechselt die Tageskarte, die vegetarische Angebote bereithält. Als Vorspeise probierenswert sind die Suppe vom Grünkernschrot* mit rosa Leberkasnockerl oder hausgemachte Schlutzer* mit Kalbskopf-Kürbis-Füllung. Zum Hauptgang darf es das Kartoffeltascherl mit Sauerkraut-Bratwurst-Füllung, Butter und Parmesan oder das Rehschnitzel auf Biobauernbrot mit gebratenen Pfifferlingen sein. Als vegetarische Alternative punktet das Kürbisschnitzel mit gebackener Kartoffel und Salat. Die geschmorte Rinderbacke mit Grießknödel und Gemüse lässt kaum Platz für das Dessert.
Schwager Stephan Krämer und Ehemann Karl Heblich bieten Weinkompetenz. Die überzeugenden Bioweine aus dem fränkischen Taubertal ergänzt Weinprofi Heblich mit Entdeckungen kleiner Winzerbetriebe aus Südtirol und Piemont. Auf der Getränkekarte stehen Biere der Wolferstetter Brauerei aus dem benachbarten Vilshofen, Künzinger Obstsäfte, Apfel-Birnen-Most aus dem Ortenburger Land und Brände von Harbeck.

Gasthaus Spitzer

Lohweg 10,
84072 Osterwaal
0 87 52 / 74 55
gasthaus-spitzer.de

Größe: 160 Plätze im Gastraum, 150 im Biergarten
Preise: Hauptgerichte 11–24 Euro
Kreditkarten: EC, Master, Visa
Öffnungszeiten: Do–So 11–23 Uhr; Ruhetage: Mo–Mi

Perle der Hallertau mit innovativ-regionaler Küche

Die Hallertauer Perle ist als aromatische Hopfensorte bekannt. Die Bezeichnung bietet sich auch für das »Gasthaus Spitzer« an, das eingebettet im größten zusammenhängenden Hopfenanbaugebiet der Welt liegt. Stefan Spitzer jr. baut unter Bewahrung kulinarischer Traditionen und Produkte der Region seinen Küchenstil auf. Er hat die gemütliche bayerische Gaststube mit Kaminofen und schönem Dielenboden um einige Räume ergänzt, draußen wurde die Terrasse erweitert. Die kulinarischen Wanderjahre des Gastgebers bringen einen erfrischend innovativen und schmackhaften Akzent in die bayerische Küche. Die Zutaten der handwerklich zubereiteten Speisen stammen von nachbarschaftlichen Produzent*innen, die vorbildlich auf der Speisekarte bekannt gegeben werden.
Spitzers Vorspeisenschmankerl geben einen guten Einstieg, ebenso die Bayrischen Kronjuwelen (gebackene Stierhoden mit Feldsalat und süßem Senf) und das Saiblingstatar. Handwerklich einwandfrei gekochte, schmackhafte Suppen wie die weiße Paprikasuppe oder die Gartentomatensuppe wechseln saisonal. Bei den Hauptgerichten begeistert der gegrillte Kalbsrücken mit Steinpilzen, Hollerbeeren und Latschenkiefer-Butter, ebenso das Zanderfilet mit aromatischen Kohlrabi-Nudeln, Kartoffelkrapfen und Weißweinschaum. Hinzu kommen Klassiker wie Böfflamot, 24 Stunden geschmortes Schulterscherzel vom Freiland-Rind mit Sauerrahm-Spätzle oder der obligatorische Zwiebelrostbraten. Jüngere Gäste erfreuen sich an BBQ-Ribs vom Naturschwein aus der Nachbarschaft oder der Power-Food-Bowl, einer wilden Mischung aus Waldorfsalat, Hummus, Feldsalat, Holledauer Bio-Haselnüssen, Hanf und Apfeldressing. Die Nachspeisenkarte bietet Zwetschgenknödel mit Mohneis, Heumilch-Creme mit Cassis, warmen Schoko-Kuchen oder dreierlei Sorbet. Bemerkenswert ist das Signaturdessert von Patissier Alex: griechischer Joghurt mit Gurke, Apfel und Gin.
Die Bierauswahl ist prächtig. Die Brauereien Hohenthann und Weihenstephan verstehen ihr Handwerk. Auch das für Spitzer eingebraute »Spitzer Bier«, ein erfrischendes Kellerbier, unfiltriert und durch die Hopfensorte Polaris mit besonderer Note, ist einen Versuch wert. Craftbiere wie Dry Hop Pale Ale von Camba Bavaria und das Le Chauffeur des Brauhauses Nittenau ergänzen die Karte. Die Weine haben ihren Ursprung vorwiegend in Südtirol, Liköre und Edelbrände kommen aus der Hallertau und Österreich.

→ Stefan Spitzer bietet regelmäßig Kochkurse an sowie kulinarische Themenabende.

Gasthof zur Sonne

Deisingerstraße 20,
91788 Pappenheim
0 91 43 / 83 78 37
sonne-pappenheim.de

Größe: 200 Plätze in verschiedenen Räumen und 100 auf der Terrasse
Preise: Hauptgerichte 9–20 Euro
Kreditkarten: EC
Öffnungszeiten: Mi–Mo 11.30–13.30 und 17.30–20.30 Uhr; Ruhetag: Di

Die Sonne im Altmühltal

Der Gasthof im Zentrum der historischen Altstadt von Pappenheim liegt im ersten Stock eines traditions- und geschichtsreichen Hauses. Der Gastraum strahlt mit seinem angenehm dominierenden Kachelofen, der stilvollen Dekoration und dem stimmigen Geschirr eine leicht rustikale Atmosphäre aus. Der Wintergarten ist modern gestaltet und lichtdurchflutet. In der Küche verarbeitet die »Sonne« ganze Tiere, Gemüse kommt garten- oder marktfrisch unters Messer. Auf Geschmacksverstärker wird konsequent verzichtet. Gegenüber den Gästen wird die eingeschränkte Verfügbarkeit regionaler Qualitätsprodukte aktiv kommuniziert. Der Gasthof hat zahlreiche Auszeichnungen erhalten. Die Auswahl der Gerichte lässt den starken Bezug zur Region erkennen. Regionales aus dem Naturpark Altmühltal prägt die Speisekarte. Zu den Lieferant*innen zählen die Schäferei Neulinger mit dem Altmühltaler Lamm und der Obelshof mit Geflügel. Die Fische kommen vom benachbarten Hahnenkamm, Wachteleier und Früchte von einem Mitglied des »Regionalbuffets«, eines Zusammenschlusses zur Stärkung der Region, dem auch die »Sonne« angehört.
Als Gerichte mit regionalem Charakter gefallen die Kartoffelbaunzer, eine fränkische Variante der Gnocchi, und das Fränkische Krustenschäufele* mit Dunkelbiersoße und Kartoffelknödel. Schön deftig kommen drei altmühlfränkische Bratwürste mit Merkendorfer Fasssauerkraut und Landbrot auf den Teller. Ungewöhnlicher und origineller ist die Zunge vom Schwein mit Passionsfrucht-Senfsoße, Wirsingroulade und Petersiliennocken. Vom Altmühltaler Lamm wird ein Fränkisches Beuscherl* in feiner Senfkorn-Sherryessig-Soße serviert mit Semmelknödeln und Marktsalat sowie ein fein geschmorter Lammbraten mit Gartenkräutern, Balsamicosoße, Schnibbelbohnen in Räucherspeckrahm und Kartoffel-Rosmarin-Püree.
Die Säfte liefern »Hesselberger« und »Frankenholunder«. Die Biere wurden aus mehr als zwei Dutzend regionalen Brauereien ausgewählt (Spalt, Wurm, Hecht). Regionaltypische Weine, meist aus Ökoanbau.

➜ Der Gasthof liegt am Altmühltalradweg, Wanderwege befinden sich in direkter Nähe.

Goldenes Schiff

Unterer Sand 8,
94032 Passau
0 85 1 / 3 44 07
goldenes-schiff.de

Größe: 80 Plätze in den Gaststuben
Preise: H 9–22, mittags 9 Euro
Kreditkarten: EC
Öffnungszeiten: Täglich 11.30–24 Uhr; So ab 16 Uhr geschlossen, außer an Feiertagen

Juwel bayerischer Wirtshauskultur in der Grenzregion

Das »Goldene Schiff« befindet sich in einem Haus von 1750 zu Füßen des Passauer Doms und nahe dem Inn. Auferstanden aus den Fluten des Jahrhunderthochwassers 2013, präsentiert es sich als Juwel bayerischer Wirtshauskultur. Dank der Tatkraft und des Geschmacks des Inhaberpaares sowie des Eigentümers und dank vieler Unterstützer übt das Gasthaus mit neuem Charme und alten Werten seine gewohnte Zugkraft aus. Die Küchenchefs Peter Wolf und Sohn Josef setzen auf heimische Produkte und saisonale Rezepte. Neben bayerisch-österreichischen Klassikern rund ums Schwein (in zertifizierter Bioqualität), Rind und Wild finden sich zunehmend vegetarische Gerichte. Bekannte Handwerksbetriebe der Region zählen zu den Lieferant*innen, so der Biometzger Kammermeier in Hauzenberg und die Biobäckerei Wagner in Ruderting. Auch vom Wochenmarkt und aus Oberösterreich werden die Rohstoffe vorwiegend in Bioqualität bezogen, die zu feinen Gerichten nach bayerischen, österreichischen und italienischen Rezepten verarbeitet werden. Seit 1987 lebt das Gastronomenpaar Peter Wolf und Annette Piwowarsky die Philosophie des verantwortungsvollen Einkaufens und einer Gastlichkeit zum rundum Wohlfühlen, ihr Sohn ist Absolvent der Slow Food Youth Academy und zudem Mitinhaber des Essstudios am Passauer Residenzplatz, das ausgesuchte Bioprodukte der Region und daraus gefertigte kleine Gerichte anbietet.
Auf der Speisekarte finden sich populäre Klassiker des »Schiffs« wie der täglich frische Schweinebraten aus der Rein' mit Semmelknödl und Salat (bis er aus ist), der Tafelspitz mit Frankfurter Grüner Soße oder eine butterzarte Rinderzunge mit Meerrettichsoße. Das vielfältige Angebot einfallsreicher vegetarischer Gerichte und die Salatvariationen (das Hausdressing probieren!) werden ergänzt durch die abwechslungsreiche saisonale Tages- und Mittagskarte (z. B. Kürbis-Quarkknödel mit Waldpilzragout oder Krautwickerl mit Kartoffelbrei) und bodenständige Brotzeiten (Kartoffelkas, Bratensülze). Stets herausragend sind die hausgemachten Apfelstrudel, Palatschinken*, Kuchen und Desserts.
Das süffige Bier kommt von der nahen Klosterbrauerei Aldersbach. Weine, Säfte und Winzersekt stammen aus Österreich, vorwiegend aus der Wachau, vieles von Biobetrieben. Dazu etwas Friaul und Toscana.

→ In der Fahrradpension besteht eine Übernachtungsmöglichkeit.

Passauer Wochenmarkt, dienstags und freitags am Klostergarten, samstags am Domplatz.

Hafner Wirtshaus

Marktplatz 17,
94157 Perlesreut
0 85 55 / 6 99
hafner-wirtshaus.de

Größe: 75 Plätze in der Wirtsstube, 50 auf der Aussichtsterrasse
Preise: Hauptgerichte 10–25 Euro
Kreditkarten: EC
Öffnungszeiten: Do–Di 11–24 Uhr; Ruhetag: Mi

Gelegentlich modernisierte, niederbayerische Klassiker

Das »Hafner Wirtshaus« in Perlesreut im niederbayerischen Landkreis Freyung-Grafenau war früher das Wirtschaftsgebäude eines untergegangenen »Gasthofs zur Post«. Zunächst als Möbelschreinerei genutzt, wurde nach deren Aussiedelung aus der Werkstatt eine solide Wirtsstube mit unverkennbarer Handschrift der Hafner-Brüder, Bildhauer der eine, Innenarchitekt der andere. Nach langen Wanderjahren hatten sich Monika und Martin Hafner ihren Traum vom eigenen Herd erfüllt. Inzwischen haben die Kinder Veronika und Samuel das Zepter übernommen. Das schlägt sich in feinen, modernen Interpretationen der bayerischen Wirtshausküche nieder. Das Bekenntnis zur Regionalität ist bei ihnen keine modische Floskel, die Speisekarte gibt ausführlich Auskunft über die Herkunft der Rohprodukte: Bison- und Kalbfleisch von der Ilztal-Ranch bei Oberhüttensölden, Wildbret von der Perlesreuter Jägerschaft, Buntes Bentheimer Schwein aus Eging, Forellen aus Hutthurm, Gemüse aus Sonndorf. Das ist ein gut funktionierendes regionales Netzwerk.
Die Küche ist bodenständig mit einem Schuss Raffinesse, aber immer g'schmackig und auf der Grundlage hervorragender Rohstoffe. Es gibt Lüngerl oder saures Gansjung* mit Serviettenknödeln, ein feines Weideochsensülzchen und eine gebratene Leber, für Fischesser wird ein Bachforellenfilet im Kräutereimantel serviert, als vegetarische bzw. vegane Gerichte stehen Urkorn-Risotto mit Schmorkürbis oder Topfengnocchi mit Gemüse auf der Karte – um nur einige Beispiele zu nennen. Die Desserts richten sich nach dem jahreszeitlichen Obstangebot, etwa beim Karamellparfait mit frischen Früchten. Am Nachmittag wird selbst gemachter Kuchen angeboten.
Interessant die Liste der Spirituosen, sie reicht von einer interessanten Whiskyauswahl bis zu aromatischen Streuobstbränden von Poschinger.

➜ In lockerer Abfolge gibt es Kleinkunst, Musik und Kabarett; Ankündigungen auf der Webseite.

Lohmayr Stub'n

Salzburger Straße 13,
83451 Piding
0 86 51 / 71 44 78
lohmayr.com

Größe: 40 Plätze in zwei Gaststuben, 25 im Gastgarten
Preise: Hauptgerichte 14–24 Euro
Kreditkarten: EC, Master, Visa
Öffnungszeiten: Mo, Do–Sa 17–22 Uhr; So 11–14 und 17–22 Uhr; Ruhetage: Di, Mi

Alpenländisch-salzburgische Küche mit Geschichte(n)

Bis ins 14. Jahrhundert reicht die Geschichte des Lohmayrguts in Piding zurück. Als gebürtiger Bad Reichenhaller ist Sebastian Oberholzner der Geschichte verpflichtet und kennt die Geschichten seiner Speisen. Der Maibock aus der örtlichen Jagd und der nahen Wieninger Brauerei, das Fleisch vom Bad Reichenhaller Metzger, der selbst schlachtet, oder Bärlauch und Pilze aus den Pidinger Auen sind die nächstliegenden Lieferanten. Natürlich kommt die Milch aus der berühmten Molkerei Berchtesgadener Land, weniger als einen Kilometer entfernt. Aktuell wurde zugunsten des regionalen Adelholzener Mineralwassers auf San Pellegrino verzichtet. Brot backt Sebastian Oberholzner selbst, denn er will genau wissen, was drin ist. Aus eigenen Erfahrungen sind die Wirtsleute gut auf Allergiker eingestellt und können auf Anfrage glutenfreie Speisen anbieten. Auch das nahe Salzburg beeinflusst die saisonal ausgerichtete Küche.
Zum Auftakt gibt es eine Rinderbrühe mit Frittaten*, Kaspressknödel* oder Grießnockerln. Eine besondere Empfehlung ist die originell präsentierte Lohmayrs Vorspeisenétagère. Als Hauptgerichte bieten sich die rösche Bauernente mit Blaukraut und Kartoffelknödel, Kalbskutteln in weißer Balsamicosoße mit Kartoffel-Speck-Gröstl* oder geschmorte Kalbsbackerl in Cabernetreduktion mit Püree an. Die Tiere haben auch edle Teile: Hirschmedaillons auf Cassissoße mit Rosenkohl und Walnusspüree und geschmorte Ochsenschulter mit Bohnen und Serviettenknödel – Österreich und Bayern harmonieren in der Küche vorzüglich. Vegetarisch orientierte Menschen dürfen sich auf ein viergängiges Menu à la saison freuen. Bei den Desserts gibt es ein Wiedersehen mit der Étagère, jetzt mit Dessertvariationen. Ein Kürbiskernparfait, ein Topfenknöderl auf Zwetschgenragout mit Zimteis oder ein Sorbetteller mit frischen Früchten locken, das Kalorienzählen auf morgen zu vertagen. Die Weinkarte hat einen österreichischen Schwerpunkt, ergänzt durch südfranzösische Tropfen von Freunden der Familie.

➜ Nur wenige Kilometer sind es von Piding nach Salzburg oder Bad Reichenhall, der Radweg Bodensee–Königsee führt am Haus vorbei.

Landgasthof Meier

Hilzhofen 18,
92367 Pilsach-Hilzhofen
0 91 86 / 2 37
landgasthof-meier.de

Größe: 150 Plätze in vier Stuben und der Biergarten
Preise: Hauptgerichte 5–33, Menüs ab 69 Euro
Kreditkarten: EC, Amex, Master, Visa
Öffnungszeiten: Mi–So, Feiertag, 12–23 Uhr; Ruhetage: Mo, Di, außer Feiertag

Eleganter Landhausstil und Oberpfälzer Spitzenküche

Der »Landgasthof Meier« repräsentiert die traditionelle Oberpfälzer Wirtshauskultur. Er liegt in Hilzhofen, Gemeinde Pilsach, eingebettet in die Hügellandschaft des Oberpfälzer Jura. Mit dem Um- und Anbau hat sich Patron Michael Meier eine Spitzenküche der Sonderklasse zugelegt. Das Ambiente ist zwischen stylisch und rustikal angesiedelt. Wunderschön ist der Wiesenbiergarten unter alten Bäumen. Die Küchenbrigade hat einen grandiosen Ausblick in die Landschaft. Von der im eleganten Landhausstil gehaltenen »Hüzhof-Stube« haben die Gäste Einblick ins Reich der Köche. Nach dem Motto »Essen, wie es von Natur aus schmeckt« werden Produkte bester Qualität der Region verwendet, die Erzeuger*innen werden genannt. Obst, Gemüse und Kräuter kommen aus dem Eigenanbau. Wild und Fisch liefern umliegende Wälder und Gewässer. Der Trend zu Bioprodukten wie Biobrudergockel und Bioschweinen ist auffällig. Eine echte Spezialität ist das Juradistl-Lamm. Übers Jahr gibt es mal Zwicklbier-, mal Lammwochen. Auf der Karte findet man Klassiker der Oberpfälzer Küche und saisonale Gerichte. Die Gäste werden von Chefin Claudia Meier mit Charme gehegt und gepflegt.
Ein perfekter Einstieg sind die hausgemachten Fingernudeln und Spätzle mit Gartenkräuterpesto und die selbst gemachte geräucherte Bauernleberwurst. Ebenfalls zu empfehlen ist das Carpaccio vom Oberpfälzer Jungrind. Als Hauptgang sind die Klassiker an der Reihe: gefüllte Juradistl-Lammbrust mit rahmigen Schwarzwurzeln und Kartoffelpüree sowie Zweierlei vom Wild: Hirschnüsschen und Rehrücken in Mandelkruste mit Kartoffelknödel, Birnenpreiselbeer-Dip, buntem Gemüse und Shiitakepilzen. Gute Alternativen sind nicht weit: geschmorte Beinscheiben vom Galloway (vom Nachbarn Bircha), Filet von der Forelle mit Meerrettichkruste oder auch der zarte Wildschweinbraten. Da man kleine Portionen bestellen kann, ist vielleicht Platz für einen Kaiserschmarrn oder Holunderküchle. Auf der Getränkekarte stehen feine Aperitifs mit Regionalbezug, deutsche und europäische Weine, dazu Biobier von Lammsbräu und Edelbrände von Ziegler und Bernhard (Bodensee).

➜ Für Sonderschließtage bitte die Webseite konsultieren.

Den Pionier der Biobiere, Neumarkter Lammsbräu, ist in der Amberger Straße 1, 92318 Neumarkt (www.lammsbraeu.de) zu finden.

Landgasthaus »Zur Linde«

Spalter Straße 2,
91785 Pleinfeld-Stirn
0 91 44 / 2 54
zur-linde-stirn.de

Größe: 160 Plätze in den Gasträumen, 60 auf der Terrasse
Preise: Hauptgerichte 9–25 Euro
Kreditkarten: EC, Master, Visa
Öffnungszeiten: Mi–Sa 11–14 und 17–23 Uhr; So 11–15 Uhr;
Ruhetage: Mo, Di

Neufränkische Küche in schönem Ambiente

Mitten im kleinen Ferienort Stirn im Fränkischen Seenland liegt das Landgasthaus »Zur Linde«. Die rustikal eingerichteten Gasträume sind geschmackvoll und angenehm zurückhaltend dekoriert. Der aus Tirol stammenden Ehefrau des Inhabers sind die holzvertäfelte Kaminstube und ein Stodl geschuldet, die gehobenes Landhausambiente vermitteln. Das Haus wird in der dritten Generation als Familienbetrieb geführt und bewahrt seine fränkischen Wurzeln und Traditionen. Die Auswahl der Gerichte lässt erkennen, dass Wert auf fränkische und saisonale Qualitätsprodukte gelegt wird, der Weltoffenheit und Kreativität nicht ausschließt. Kochkunst und regionale Verantwortung zählen zu den Eckpfeilern der Küchenphilosophie. Der Bezug der Lebensmittel macht diesen Ansatz transparent. So wird das Altmühltaler Lamm von einer Ellinger Schäferei, das Fleisch vom Metzger aus Pleinfeld und das Jura-Geflügel aus Rapperszell geliefert. Gemüse kommt vom Knoblauchsland, Fisch aus Altendettelsau. Die Linde verwendet konsequent keine Aromastoffe, Geschmacksverstärker oder künstliche Zusätze und erwartet dies auch von den Zulieferern.
Als Gerichte mit regionaler Herkunft gefällt als Vorspeise die Spargelcremesuppe mit Ciabatta-Tomaten-Chip. Unter den Hauptgerichten ist die rosa Hüfte vom Altmühltaler Lamm mit Schmorgemüse und Herzoginkartoffeln reizvoll oder das Zillertaler Ochsenwangerl mit Kartoffel-Röstzwiebel-Püree und Frühlingsgemüse. Die Brust vom Freilandhuhn behält dank des Lardos ihre Saftigkeit und wird mit Paprikarahmsoße, Käsenockerl, geröstetem Speck und Gemüse serviert. Im Frühjahr macht die Kalbsschulter in Bärlauchrahmsoße Appetit. Sie wird begleitet von Spätzle und einem Salatteller. Zum Nachtisch erfrischt ein Bauernhofeis vom Werzingerhof – wenn die Wahl nicht doch auf die Dessertvariation Landgeflüster fällt.
Das Ritter-Bier kommt aus Nennslingen, Fruchtsäfte von den Hesselbergern und der Stirnerbrand ist lokal. Beim Wein dominieren Franken und Württemberg, aber auch Rheinhessen, Österreich, Südtirol und Ungarn sind vertreten.

→ Das Haus liegt am Brombachsee-Radweg B3 und am Wanderweg »Sandachse«. Auch der Fernwanderweg »Seenländer« ist leicht zu erreichen.

Huberwirt

Hofmark 3,
84568 Pleiskirchen
0 86 35 / 2 01
huber-wirt.de

Größe: 65 Plätze in drei Gaststuben
Preise: Hauptgerichte 24–39 Euro
Kreditkarten: EC, Master, Visa
Öffnungszeiten: Mi–So 12–14 und 18–21.30 (geöffnet bis 24 Uhr); Ruhetage: Mo, Di

Traditionell bayerisch trifft Avantgardeküche

Seit 1612 ist der »Huberwirt« in Pleiskirchen, Landkreis Altötting, eine Institution. In der nunmehr elften Generation präsentieren die Wirtsleute Alexander und Sandra Huber makelloses, genussreiches Handwerk. Senior Josef Huber bereichert mit seiner Milzwurst und dem geräucherten Schinken die kulinarische Palette. »Ein Produkt ist immer nur so gut wie sein Ursprung.« Mit dieser Philosophie hat Alexander Huber das Genussnetz der Produzenten der deutschen Jeunes Restaurateurs initiiert. Regionale Spitzenqualität von rund 70 Lieferant*innen ist die Grundlage für traditionelle Gerichte und ihre kreative Weiterentwicklung. Die Region bietet Hervorragendes. Ob Biopasta und Feinkost von Byodo oder Unertls Bio-Dinkel-Weiße aus dem benachbarten Mühldorf, Kaffee aus der Rösterei Rechenauer, Milch, Topfen und Butter aus der Alztaler Hofmolkerei oder Lamm, Wild und Fisch vom Gutshof Polting: Sie zählen alle zu den hervorragenden Lieferant*innen des Gasthauses.
Die Handschrift von Alexander Huber wird in seiner Bayerischen Bouillabaisse mit Zander, Saibling, Forelle und Hanfölcrostini oder in Alexanders Kalbslüngerl mit Semmelknödel und feinem Gemüse ebenso deutlich wie in der hausgemachten Kalbsbries-Milzwurst mit Erdäpfel-Gurken-Salat. Als Hauptgerichte stehen Schrobenhausener Spargel und Olivenöl-Hollandaise mit Bamberger Hörnla* und Porree, Böfflamott* mit Petersilienpasta, grünem Spargel und Kohlrabi sowie der Gebratene Bachsaibling mit Krautfleckerl, Lauch, Speck und Beurre Blanc auf der Karte. Schmelzig ist die Poltinger Lammschulter in Schmorjus mit Chiemgaulinsen, breiten und weißen Bohnen und Alztaler Ricotta. Mehr als nur eine Fleischalternative ist das hervorragende viergängige Menü für Vegetarier*innen. Wiener Sachertorte, Wachauer Marille oder Alexanders Naschereien mit Rechenauer Espresso runden das Menü süß ab.
Die meisten Weine sind aus dem Bioanbau. Außergewöhnliche Bierauswahl bayerischer und österreichischer Traditions- und Craftbierbrauereien!

Brauerei-Gasthof Bayer

Schulterbachstraße 15,
96181 Rauhenebrach-Theinheim
0 95 / 5 42 93
bayer-theinheim.de

Größe: 80 Plätze in drei Stuben, 30 im Innenhof
Preise: Hauptgerichte 12–24 Euro
Kreditkarten: Keine
Öffnungszeiten: Mi, Do ab 17 Uhr; Fr–So 11.30–14 und 17–21 Uhr; Ruhetage: Mo, Di

Fränkischer Küche und eigene Bierkreationen

Die Rauhe Ebrach schlängelt sich von der Steigerwaldkante nach Osten Richtung Regnitztal. Folgt man dem Fluss, gelangt man vom Weinfranken ins Bierfranken. Im kleinen Theinheim findet sich mit dem Brauereigasthof »Bayer - Zum Grünen Baum«, die erste Brauerei entlang des Weges mit einer Tradition von fast 300 Jahren. Küchenmeister Michael Bayer führt den Gasthof, Irmgard Bayer leitet den Service. Braumeister Helmut Bayer geht gern neue Wege. Neben dem traditionellen Land- und Weißbier werden Craftbiere als Starkbiere im Holzfass gelagert. Unbedingt probierenswert ist der Vinator, ein Weizendoppelbock, dessen Würze während des Brauvorgangs frisch gepresster Traubenmost zugesetzt wird. Michael Bayer bezieht die Zutaten für seine Küche aus der unmittelbaren Nachbarschaft, Fische aus der eigenen Teichwirtschaft, Biolamm von den am Ort Schafe Haltenden, Fleisch aus der Metzgerei im Nachbardorf.
Seine Liebe zur fränkischen Küche zeigt sich in den Blut- und Leberwursträdchen in knuspriger Bierteighülle ebenso wie beim Champignonsalat mit hausgemachtem Wildschweinschinken. Ebenfalls klassisch fränkisch und gut sind das Wildschweinragout mit Pilzen und hausgemachten Bandnudeln oder die geschmorten Ochsenbäckle in Landbiersoße mit frischen Gartengemüsen. Im Frühjahr erfreut der Spargel aus dem Steigerwald. Er wird nicht nur traditionell gekocht und mit Butter und Kartoffeln serviert, sondern auch als Spargeldätscher*: auf knusprigem Hefeteig mit Frühlingsgemüsen, Spargelstücken und rohem Schinken aus eigener Herstellung. Zu dieser Zeit sind die heimischen Lämmer delikat, besonders als Lammnüsschen mit Kartoffelauflauf und Speckbohnen. Für den kleinen Hunger sind die hausgemachten Wildschweinbratwürste ideal, ebenso die Hausmacher Wurstwaren. Als süßer Abschluss ist die hausgemachte Schokoladenmousse und die Hutzeln in Bierteig mit Beerenkompott und Vanilleeis empfehlenswert.
Auf der kleinen Weinkarte finden sich Schoppen aus dem benachbarten Oberschwappach. Die Destillate sind aus der eigenen Brennerei.

➜ Entlang der drei Flüsse Rauhe, Mittlere und Reiche Ebrach lädt ein gut ausgebautes Radwegenetz zu einer Radtour ein, der Naturpark Steigerwald bietet ein großes Netz an Wandernmöglichkeiten.

Hausgebraute Biere der Brauerei Beyer, Hausmacher Wurstwaren. Die Broschüre »Ruhe und Natur – Zu Gast im nördlichen Steigerwald« listet Einkaufsmöglichkeiten im Tal der Rauhenebrach auf.

Gasthof Hofmann

Haus Nr. 1,
96181 Rauhenebrach-Schindelsee
0 95 49 / 9 87 60
schindelsee.de

Größe: 95 Plätze im Gastraum, 60 auf der Terrasse
Preise: Hauptgerichte 12–34 Euro
Kreditkarten: EC
Öffnungszeiten: Mi, Fr ab 17.30 Uhr; Sa, So, Feiertage 11.30–14 und ab 17.30 Uhr; Ruhetage: Mo, Di, Do, im Winter Mo–Mi

Ländlicher Gasthof mit kreativer Küchenchefin

Der Weiler Schindelsee mit seinen knapp 70 Seelen liegt 28 Kilometer westlich von Bamberg am Rand von Unterfranken im wildreichen Steigerwald. Das stattliche Haus beherbergt ein Restaurant mit zwei Räumen: Der vordere hat mit dunklem Mobiliar und weißen Tischläufern einen elegant-rustikalen Charakter. Der separierbare zweite Raum hat durch seine Vertäfelung und warmes Licht ein gediegenes Ambiente. Die Küche von Bettina Hofmann ist abwechslungsreich und raffiniert, ohne die fränkischen Wurzeln zu verdecken. Gemüse und vielerlei Obst kommen aus der Region, ebenso Wild, Fisch und Schlachtfleisch. Das Brot wird selbst gebacken, Schweine- und Wildschweinschinken stammen aus der eigenen Räucherei. Die Speisekarte ist bewusst reduziert, die Menüempfehlungen folgen stets der Saison. Im Mittelpunkt stehen die Menüs »Wald, Wasser Wiese« und »Weder Fisch noch Fleisch«, aus denen man aber alle Gänge einzeln wählen bzw. kombinieren kann. Zusätzlich bietet die Karte eine Auswahl an Braten- und Fischgerichten.

Küchenchefin Bettina Hofmann liebt eine leichte, moderne fränkische Küche, wie etwa den Lammrücken unter der Kräuterkruste mit Fenchel und Rosmaringraupen oder das Ragout vom Angusrind mit Kräuternocken und Pastinaken. Den hohen Qualitätsanspruch zeigt der Kleinlangheimer Landgockel mit Salbei, Rhöner Coppa und Selleriepüree. Sehr zu empfehlen ist die Wildschweinkeule aus heimischer Jagd mit Waldpilzen, Petersilienwurzel und Semmelschmarrn. Die Chefin glänzt auch mit Ausflügen ins Nichtfränkische, wie beim Apfel-Nuss-Risotto und und gebratenem Blaukraut. Vorzüglich ist der hausgemachte Zwetschgenbames*, eine regionale Spezialität: Die Farbe des stark geräucherten oder luftgetrockneten Rinderschinkens erinnert an Zwetschgen. Hausgemacht ist auch das Eis, unter anderem von der (wirklichen) Zwetschge.

Die großartige Weinkarte enthält neben einem breiten Angebot erstklassiger Frankenweine viele Gewächse aus Europa und Übersee. Dazu eine phänomenale Auswahl regionaler Obstbrände. Der freundliche Service berät kompetent bei der Auswahl. Den Empfehlungen folgt man gern.

Forst's Landhaus

Mühlstraße 37b,
93339 Riedenburg
0 94 42 / 9 91 93 99
forsts-landhaus.de

Größe: 70 Plätze im Restaurant, 40 auf der Terrasse
Preise: V 10–19, H 24–33, N 10–12 Euro; Menüs 65–85 Euro
Kreditkarten: Alle Karten außer Amex und Diners
Öffnungszeiten: Mi–Sa 18–22 Uhr; Sa, So, Feiertage 11.30–14 und 17.30 –20 Uhr; Ruhetage: Mo, Di

Regionalküche im idyllischen Altmühltal

Der Schambach plätschert, leises Gemurmel der Gäste auf der kleinen, aber feinen Terrasse direkt am Wasser und die Erwartung eines schönen Mahles, so beginnen schöne Abende im sommerlichen »Forst's Landhaus«. Geführt wird das Landhaus vom ehemals ersten Sternekoch der Oberpfalz, Rüdiger Forst, der mit der ganzen Familie das Restaurant und Hotel betreibt. Das Lokal verteilt sich auf ein bayerisches Wirtshaus mit 35 Plätzen und einen Speisesaal, sehr apart eingerichtet und immer mit perfekter Tischdekoration, mit ebenfalls 35 Plätzen.
Rüdiger Forst fokussiert auf eine bodenständige regionale Spitzenküche mit besten Rohwaren. Bauerngockerl, Enten und Gänse werden vom Maierhof in Painten. Lamm, Ziege, Wollschwein, Kaninchen kommen vom Archehof »Gut Laubenhard« aus Hemau, das Rindfleisch ist biozertifiziertes Schottisches Hochlandrind aus Kochenthal. Das Gemüse liefern Gemüsebauern der Winzerer Höhen; Kartoffeln sind vom Josef Zinner aus Neustadt/Donau, Brot liefert der Riedenburger Bäcker Frank, und Fisch kommt vom Fischhof Mulzer. Die erfreulich übersichtliche Speisekarte verrät Regionales und Saisonales. Als Vorspeisen ein Genuss sind die warme Kalbszunge, Feldsalat, Orangen-Couscous, ein roh marinierter Saibling mit Wasabi-Gurken. Bei den Hauptgerichten überzeugt der Oberpfälzer Bachsaibling mit Glasnudeln und Bohnen ebenso wie der Lammrücken mit Kräutern, dazu Topinambur-Gratin und Zucchini, oder aber der Iberico Rücken mit Auberginen und Gnocchi. Die Vegetarier genießen die Bärlauch-Tagliolini mit Spitzmorchel. Wer es noch schafft, darf sich auf gebackene Erdbeeren mit Ananas und Cassis-Eis und das Mousse von Kalamansi und Banane freuen. Oder man entscheidet sich etwas kräftiger für die schöne Bio-Käseauswahl mit Nüssen und Trauben von der Biokäserei Wohlfahrt aus Edelsfeld bei Amberg. Sonntags liegt der Fokus auf Braten und Geflügel. Die im schönen Altmühltal viel verkehrenden Radfahrer bekommen auf Wunsch auch einfache Brotzeiten als Stärkung liebevoll zubereitet.
Weine beziehen die Forsts vom Biowinzer Hemer aus Rheinhessen, Bier aus der Gutmann Brauerei aus Titting und Augustiner aus München. Brände von der Brennerei Schneider aus Kelheim und als Krönung Whisky vom Schraml aus Erdendorf bei Weiden.

→ Das Haus verfügt über elf liebevoll eigerichtete Einzel- und Doppelzimmer.

Zum Einkaufen und Mitnehmen: hausgemachte Marmeladen, Griebenschmalz vom Wollschwein, Chutneys, Gänserillettes.

NEU

Landgasthof Kraft

Müchener Straße 22,
91154 Roth
0 91 71 / 8 96 62 17
landgasthof-kraft.de

Größe: 70 Plätze in der Gaststube, 50 im Biergarten
Preise: Hauptgerichte 13–23 Euro
Kreditkarten: EC
Öffnungszeiten: Mi–Sa 11.30–23 Uhr; So 11–23 Uhr; Ruhetage: Mo, Di

Burger-Gipfel mit Schwäbisch-Hällischem Freilandrind

Die mittelfränkische Kreisstadt Roth mit dem Markgrafenschloss Ratibor liegt in der Europäischen Metropolregion Nürnberg in unmittelbarer Nähe zum Fränkischen Seenland. Der »Landgasthof Kraft« in Büchenbach ist das Stammhaus und ebenfalls im Genussführer vertreten. Der junge Gastwirt Daniel Kraft hat im August 2021 seinen gastronomischen Betrieb nach Roth erweitert. Die Philosophie der Regionalität und Saisonalität entspricht der des Stammhauses, Speisekarte und Lieferantenliste sind nahezu identisch. Küchenchef und Service führen auch die Leistungen des Stammhauses ohne Abstriche weiter.

Die Vorspeisen, gegrilltes mariniertes Gemüse, kalt serviert mit Balsamico-Dressing und Baguette und die Zwerg-Tomatencremesuppe mit Croutons sind ein gelungener Start. Die Verwendung von Erzeugnissen der Bäuerlichen Erzeugergemeinschaft Schwäbisch Hall (Schwäbisch-Hällisches Freilandschwein und Boeuf de Hohenlohe) zeigt den Anspruch an die Produktqualität. Das panierte Schnitzel oder die geschmorte Rinderroulade nebst Beilagen punkten mit typischem Fleischgeschmack und Aroma. Fränkische Klassiker wie der ofenfrische Schweinebraten oder das Schäufele mit Kloß bereichern die Speisekarte neben Geflügel vom Geflügelhof Wagner in Gustenfelden und Fischen wie Saibling oder Forelle. Lobenswert ist das Angebot vegetarischer und veganer Gerichte. Eine Besonderheit ist die Burger-Auswahl, Hamburger oder Cheeseburger vom Schwäbisch-Hällischen Freilandrind mit Pommes frites oder Süßkartoffelpommes, eine Referenz an den Zeitgeist und die Rother Jugend. Zum Dessert wird ausschließlich Eis vom Bauernhof Höfler aus Wachendorf angeboten.

Die Getränkekarte präsentiert eine Vielfalt regionaler Biere (Spalter Brauerei und Gutmann) sowie eine kleine Auswahl von Weiß- und Rotweinen der Weinbauregion Franken.

➜ Kostenlose Tiefgarage bis zu drei Stunden in der Tiefgarage Münchener Straße in Roth

Landgasthof Hubertus

Wenglinger Straße 2,
87674 Ruderatshofen-Apfeltrang
0 83 41 / 8 19 76
hubertus-apfeltrang.de

Größe: 180 Plätze und der Biergarten
Preise: Hauptgerichte 15–29 Euro
Kreditkarten: Visa, Mastercard
Öffnungszeiten: Mo, Di 17–22 Uhr, warme Küche 17–21 Uhr; Mi–So 8–22 Uhr, warme Küche 11.30–13.30 Uhr und 17–21 Uhr

Ein Geschmacksleuchtturm auf dem Land

Bei einer Fahrt auf der Bundesstraße 12 von Kaufbeuren Richtung Kempten ist es eine gute Empfehlung, auf der Höhe von Marktoberdorf abzubiegen und in Ruderatshofen-Apfeltrang im »Landgasthof Hubertus« bei Familie Petrich einzukehren. Das Lokal ist ein gutes Beispiel dafür, dass es auch auf dem Land bei Fuchs und Has' Leuchttürme des guten Geschmacks gibt. Das einladende Restaurant des Landgasthofs hat einen eleganten Touch. Den Kontrapunkt setzt der rustikale Stadl mit viel Balkenwerk im offenen Giebel. In der warmen Jahreszeit werden Gäste im beschatteten Biergarten hinterm Haus bewirtet. Der Chef des Hauses, Thomas Petrich, bezieht seine Produkte aus der biologischen Vielfalt seiner Umgebung, um gleichbleibende Frische und Qualität auf den Tisch zu bringen. Das Wild kommt aus eigener Jagd in Frauenau.

Die Speisekarte präsentiert ein breites saisonales und regionales Angebot, vorweg eine Allgäuer Brätknödelsuppe, denn nichts ist aufschlussreicher als ein aus wenigen Komponenten bestehendes Rezept, in dem Geschmack und Frische auf den Punkt gebracht werden. Es stehen viele Klassiker auf der Karte, immer in pfiffigen Variationen. So wird aus einem Cordon bleu ein Schweinerücken im Kräutermantel, begleitet von einer wunderbar cremig gearbeiteten Soße, die das Kräuterkrüstchen unterstützt. Die Spätzle erscheinen so plüschig und eiergelb, dass man sie anlächeln muss. In der Spargelsaison ist es ratsam, Spargel weiß und grün mit einem saftigen Lachsforellenfilet im Limonenrauch gegart aus der Fischzucht von nebenan mit einer aromatischen Safran-Butter-Soße und Sesamkartoffeln zu probieren. Auch die Desserts wie das Bauernhofeis von der Familie Guggemos aus Altusried oder eine Mousse au Chocolat mit Früchtebegleitung sind ein Genuss.

Die Getränkekarte befriedigt alle Bedürfnisse, das Bier ist hausgemacht.

NEU

Alpenrose Grainbach am Samerberg

Kirchplatz 2,
83122 Samerberg-Grainbach
0 80 32 / 82 63
alpenrose-samerberg.de

Größe: 100 Plätze in Restaurant und Stüberl, 150 Plätze im Gastgarten und auf derVeranda
Preise: Hauptgerichte 12–24 Euro
Kreditkarten: EC, Mastercard
Öffnungszeiten: Mi–So 11–14 und 17.30–21 Uhr; Ruhetage: Mo, Di

Genießen zwischen Hochries und Wendelstein

Im Zentrum des oberbayerischen Wandergebiets Samerberg liegt Grainbach. Mitten im Ort, auf dem Weg zur Pfarrkirche, liegt die »Alpenrose« – seit 1565. Der Biergarten unter den Linden, die rankenumschlungene Veranda und die Dachterrasse weiten den Blick, in den gemütlichen Stuben entspannen Körper und Geist. Seit 1868 im Familienbesitz, wird das Haus heute von Florian Lerche als Gastgeber und Koch geführt. Er hat ein bemerkenswertes Netzwerk mit regionalen Lieferanten und Selbstvermarktern geknüpft. Den Wert von Beziehungen zur Urproduktion hat er während seiner Lehre in der Steiermark schätzen gelernt. Sein Gemüse kommt vom Permakulturprojekt MellaLand vom Samerberg und der Biogärtnerei Irmgärtchen aus Frasdorf. Mehrere Metzger aus dem Landkreis liefern Chiemgauer Strohschwein, Rindfleisch und Lamm. Sepp Schweiger, ein Jäger aus Grainbach, erlegt Reh, Hirsch und Wildschwein. Vom Munzingerhof aus Atzing kommen die Biohendln und vom Maschdeihof das Samerberger Luing-Rind. Die Karte ist ein Spiegel von Jahreszeit und Angebot.
Als Aperitif erfrischen die hausgemachte Kräuterlimonade oder ein »JOLATO« (Johannisbeere-Lavendel-Tonic). Eine klare Hendlsuppe wird mit Gemüse oder auch »asiatisch« angeboten. Als Vorspeise mundet das Chiemsee-Renkenmatjesfilet mit Liebstöckelpüree, Äpfeln und Zwiebeln oder ein Brezenknödlcarpaccio mit Radieserlvinaigrette. Als Hauptgerichte überzeugen der Demeter-Kalbsnierenbraten mit Spätzle und Gemüse, die Gustostückerl vom Reh und Hirsch mit Rahmdotschn und Gemüsepüree und das Tellerfleisch mit Kartoffel-Gurkensalat und frischem Kren. Einen größeren Umweg wert ist der ofenfrische Schweinsbraten mit Semmelknödel, Kartoffel- oder Krautsalat. Vegetarisch sind die Bärlauchknödeln auf buntem Gemüse und Käsesauce ebenso wie das Gartenkräuterrisotto mit marinierten Kräutersaitlingen, schwarzem Pfeffer und Parmesan. Die Dessertkarte offeriert hausgemachtes Eis, Minz-Panna-cotta oder Apfeltiramisu.
Die Weinkarte ist erkennbar steirisch geprägt. Bier, Mineralwasser und Säfte haben im reichen Chiemgauer Angebot ihre Ursprünge.

➜ Eine Besonderheit ist der Haferlschuhmacher Auer im Nachbardorf Törwang.

»Gasthof Zellerwand - Beim Birner«

Raitener Straße 46,
83259 Schleching-Mettenham
0 86 49 / 2 17
gasthof-zellerwand.de

Größe: 35 in der historischen Stube, 150 in Gasträumen
Preise: Hauptgerichte 8–18 Euro
Kreditkarten: Keine
Öffnungszeiten: Im Sommer Do–Mo ab 11 Uhr; Ruhetage: Di, Mi; im Winter Fr ab 16 Uhr, Sa, So ab 11 Uhr; Ruhetage: Mo–Do

Bayerische Küche und Kärntner Desserts in der Urgaststube

Das denkmalgeschützte Wirtshaus »Gasthaus Zellerwand - Beim Birner« im Achental wurde 1853 erbaut. Die holzgetäfelte und kachelofenbeheizte Gaststube ist im Originalzustand. Als älteste Urgaststube im Chiemgau strahlt sie urbayerische Gemütlichkeit aus. Die Wirtsleute Dominik und Angelika Müller bieten bayerische Spezialitäten in bodenständiger Qualität. Biorindfleisch von Demeter- und Naturland-Bauern kommt aus dem Achental, zahlreiche Zutaten wie die Chiemseefische, Kürbis, Käse oder Honig stammen aus der Umgebung. Lokale Produkte sind Kräuter aus dem eigenen Garten und naturtrüber Apfelsaft, selbst gemachter Hollerblütensirup* und eigene Limonade. Hin und wieder verschlägt es einen Stallhasen aus eigener Aufzucht in die Küche.
Auf der Demeter-Karte dominieren lokal/regionale, saisonale und immer öfter auch vegetarische Gerichte. Hauptegerichte sind der Biorahmrinderbraten, der abgebräunte Leberkäs mit Spiegelei und Kartoffelsalat oder die Rindsbratwürstl mit Sauerkraut. Die als Beilagen gereichten Spätzle oder Semmelknödel sind selbstverständlich hausgemacht. Dominik Müller ist der Auffassung, dass die Lehrlinge das Kochen lernen sollen, nicht das Packerl-Aufreißen. Die Chefin tischt süße Rezepte aus ihrer Kärntner Heimat wie Topfenknödel auf Zwetschgenröster oder das Lebkuchenparfait mit Kirschragout auf. Sie wurde dafür mehrfach ausgezeichnet. Alle Speisen sind appetitlich angerichtet.
Die Flaschenbiere liefern kleine Brauereien aus der Region, der Wein kommt aus Südtirol, Österreich und Deutschland. Der Service ist flott. Im Sommer locken Biergarten und eine schöne Sonnenterrasse.

→ Im Winter ist eine Runde in der Langlaufloipe als Appetitanreger empfehlenswert, im Sommer sind Bergradeln, Wandern oder Kanufahren angesagt. 300 Meter entfernt liegt der Zellersee und ihm gegenüber die Zellerwand, ein beliebter Kletterfelsen.

Brauereigasthof Martin

Hausener Hauptstraße 4,
97453 Schonungen
Ortsteil Hausen
0 97 27 / 40 30 11
brauerei-martin.de

Größe: 30 Plätze im Gastraum,
50 in zwei Nebenräumen, 100 im Saal
Preise: Hauptgerichte 6–17 Euro
Kreditkarten: Keine
Öffnungszeiten: Mo, Mi–Sa 12–22 Uhr;
So, Feiertage 10.30–21.30 Uhr

Bodenständige unterfränkische Küche

2008 verwirklichte Braumeister Ulrich Martin seinen Traum von einer eigenen Braustätte mit angeschlossenem Wirtshaus. Sein Gasthof liegt im Schonungener Ortsteil Hausen im unterfränkischen Landkreis Schweinfurt. Die bierfränkische Wirtshauskultur zeigt sich in sorgsam restaurierten Gasträumen. Anja Martin stammt aus einem Gemüseanbaubetrieb im nahen Sennfeld. Von dort kommen die Gemüse und Kräuter für die Küche, in der auf künstliche Geschmacksverstärker verzichtet wird und in der auch keine industriell hergestellten Lebensmittel verarbeitet werden. Die Martins leben den Slow Food Gedanken und unterstützen das Reinheitsgebot für fränkische Wurst.
Das Speisenangebot ist konsequent fränkisch ausgerichtet; an Sonn- und Feiertagen gibt es eine Tageskarte mit deftigen Bratengerichten und selbst gebackenen Kuchen. Charaktervoll sind die gebratene Leberwurst mit Bratkartoffeln und die hausgemachten Bratwürste mit Sauerkraut. Auch ein ursprünglich einfaches Restegericht wie die g'schnippelten Klöß mit Ei und Salaten der Saison ist ausgezeichnet gelungen. Bei den Bratengerichten überzeugten die fränkischen Klassiker Schäuferle* mit Kloß, der Sauerbraten und die Wildleberklöße mit Kartoffelbrei. Das Wildbret stammt aus der Hausener Jagd. Eine vegetarische Alternative sind Spinatspätzle mit Käsesoße.
Die Getränkekarte zeigt eine große Saftauswahl von selbst vermarktenden Erzeugern aus der Region. Der naturtrübe Apfelsaft vom eigenen Streuwiesenobst wird selbst gekeltert. Die fränkischen Weine kommen aus Thüngersheim. Im Mittelpunkt stehen die mit viel Leidenschaft gebrauten Biersorten Hefe und Pils, dazu saisonale Bockbiere und der Klassiker, das bernsteinfarbene, süffige Spezial.

→ Nur drei Kilometer entfernt vom Brauereigasthof Martin liegt der Mainradweg. Da lässt sich der volle Bauch ein wenig freistrampeln.

Der Schwan

Am Marktplatz 7,
90596 Schwanstetten
0 91 70 / 10 52
hotel-der-schwan.de

Größe: 52 Plätze in den Stuben
Preise: Hauptgerichte 10–22 Euro
Kreditkarten: EC, Master, Visa
Öffnungszeiten: Mo–Mi, Fr 16.30–21 Uhr; Sa, So 11.30–21 Uhr; Ruhetag: Do

Moderne fränkische Tafelfreuden im herrlichen Fachwerkhaus

Im 14. Jahrhundert als »Erbschänke zum Schwan« erwähnt, wurde das Traditionsgasthaus von Wallenstein geschliffen, bald jedoch wieder aufgebaut. Seit September 2013 wird in den behutsam renovierten Gasträumen eine ebenso traditionelle wie moderne fränkische Küche zunächst unter Daniela Selz, seit 2018 von Walter Berger serviert. Ihr Augenmerk liegt auf regionalen und saisonalen Produkten, modern und ausgefallen interpretiert. Auf der Speisekarte werden die wichtigsten Lieferant*innen und Produzent*innen namentlich genannt.

Auf der Tageskarte steht eine Bärlauchcremesuppe mit feiner Bärlauchnote und der Saison entsprechend eine Spargelcremesuppe. An heißen Tagen kann eine geeistes Gurkensüppchen mit Erdnusscroutons erfrischen. Fränkisches Carpaccio vom falschen Rinderfilet wird begleitet von gerösteten Brotstäben. Die hauchdünnen marinierten Rindfleischscheiben aus der Schulter sind zart und aromatisch. Der Fischgang ist ein Forellenfilet aus heimischen Gewässern mit Sonnenblumenkern-Rosinen-Butter und Salzkartoffeln, kross auf der Haut gebraten. Probierenswert die mild gepökelte, gebackene Rinderzunge mit frischem Meerrettich an Rahmwurzelgemüse und Kartoffelgratin. Das gebackene Kotelett mit Kartoffel-Gurkensalat ist saftig und fein gewürzt. Die typisch fränkischen Gerichte wie Schäufele* und Schweinsbraten mit Kloß und Salat sowie die Fränkischen Krautwickele mit Kartoffelpüree stehen in schöner Regelmäßigkeit auf der Tageskarte. Das vegetarische Schnitzel vom zarten Kohlrabi im Vollkornmantel gebacken mit Kartoffelgratin und einer Soße von Frühlingskräutern begeistert rundherum. Saisonal die Desserts: Rhabarber in Portwein mit Erdbeeren und Vanilleeis oder das köstliche Parfait vom Basilikum an Erdbeersoße und Mandel-Tausendblättern.

Biere vom Fass von der Stadtbrauerei Spalt und Flaschenbiere der Brauerei Gutmann. Kleine Auswahl offener Weine, wie die Edelbrände überwiegend aus Franken. Romantischer Biergarten, gute Brotzeiten!

➔ Jeden Mittwoch beginnt um 17 Uhr ein Grillabend.
Von hier aus empfehlen sich schöne Ausflüge ins fränkische Seenland und nach Nürnberg.

Weinstube Hess

Fischerrain 67,
97421 Schweinfurt
0 97 21 / 18 58 88
weinstube-hess.de

Größe: 50 Plätze in der Gaststube
Preise: Hauptgerichte 10–24 Euro
Kreditkarten: Alle gängigen Karten
Öffnungszeiten: Di–Sa ab 18 Uhr; Ruhetage: So, Mo

Feine Adresse in der Altstadt

Die »Weinstube Hess« liegt in einem der ältesten Viertel Schweinfurts, wo einst die Mainfischer zu Hause waren. Es ist seit Langem als Ort gepflegten Speisens bekannt. Die jetzige Inhaberin führt es seit bald drei Jahrzehnten. Der kleine, elegant-intime Gastraum ist - wie das ganze Haus - einfühlsam renoviert worden. Ute Hess kocht eine ambitionierte Regionalküche, die Produkte der Umgebung veredelt. Der Mainfischer arbeitet quasi ums Eck, Gemüse wird vor den Toren der Stadt in Sennfeld angebaut und auf dem einige hundert Schritte entfernten Marktplatz angeboten. Kartoffeln erhält man aus dem nahen Euerbach. Wild liefert die Metzgerei Rückert in Bergrheinfeld, Fleisch und Wurst die Schweinfurter Metzgerei Winter oder die Filiale der Werntalmetzgerei Hemmerich. Ute Hess möchte eine feinere Esskultur etablieren. Dazu hatte bietet sie ein Degustationsmenü, das die große Küche als Vorbild hat, aber zu kleinen Preisen angeboten wird, serviert werden dabei fünf Gänge.
Die saisonal wechselnde Speisekarte bietet im Frühjahr ein feines Spargelsüppchen mit Schnittlauch, im Winter ein ebenso wohlschmeckendes Schwarzwurzelsüppchen mit Schinkenchips. Eine gelungene Vorspeise sind die zarten Scheiben vom Rinderfilet mit Rucola, Olivenöl, Balsamico und Parmesanspänen oder die gefüllten Nudeln vom grünen und weißen Spargel mit Bärlauchpesto, der Bärlauch wächst im Altmaingebiet wild. Bei den Hauptgerichten wird Spargel pfundweise serviert mit Schinken, Schweinelende oder auch mit Lachs und Limettensößchen. Saftig und vorzüglich ist das Ragout vom Auenland Beef, geschmort in Domina-Wein, mit Semmelschmarrn. Überzeugend auch die ausgelöste Lammhaxe mit Ratatouille und Kartoffelplätzchen. Die üppige Dessertauswahl bietet neben Eisvariationen einer handwerklichen Eisdiele in Grafenrheinfeld ein Schokoladensoufflé mit Vanilleeis und roten Beeren.
Die Weine kommen vor allem aus Franken, dazu einige ausländische Gewächse. Die Destillate stellt Glasers Alte Hofbrennerei in Nordheim her. Bier kommt aus der Brauerei Roth, nur wenige hundert Meter entfernt.

→ Die Industriestadt Schweinfurt wartet mit dem Georg-Schäfer-Museum (Spitzweg-Dauerausstellung) und der Kunsthalle mit zwei herausragenden Museen auf.

Auf dem nahen Marktplatz ist dienstags, mittwochs, freitags und samstags Wochenmarkt, beschickt von Sennfelder Gärtnereien und anderen Erzeugern der Region.

Gastwirtschaft Forsters Einkehr

Güsseldorf 1,
91174 Spalt-Güsseldorf
0 91 75 / 2 95
gastwirtschaft-forster.de

Größe: 76 Plätze im Gastraum, 40 auf der Terrasse
Preise: Hauptgerichte 8–25 Euro
Kreditkarten: EC
Öffnungszeiten: Fr–Mo, 11–14 und 17–20 Uhr; Ruhetage: Di–Do

400 Jahre Bauernhof – 200 Jahre Gasthof

Die »Gastwirtschaft Forster« lädt mit ihrer von Hopfen umrankten Terrasse ein. In den Stuben empfängt die Gäste die Atmosphäre eines fränkischen Wirtshauses im Hopfenland. Die ländlich geprägte Speisekarte mit ihren bodenständigen Gerichten weist auf eine enge Verbindung zur Landwirtschaft hin. Dem sind die Öffnungszeiten geschuldet: An drei Tagen hat der bäuerliche Betrieb mit seiner klein strukturierten Land- und Forstwirtschaft und den Obstkulturen Vorrang. Vom Landwirt zum Gastwirt – das ist keine leere Worthülse, dieser Anspruch wird tatsächlich und täglich gelebt. Die Auswahl der Gerichte verspricht fränkische Genusserlebnisse. Fränkisch bescheiden, wird nicht viel Aufhebens über die eigenen Produkte gemacht. Neben den vielen Eigenerzeugnissen kommen die Grundprodukte meist aus dem Dorf oder der unmittelbaren Umgebung. Darüber wird am Tisch und auch auf der Karte informiert. Die Küche bietet Spezialitäten vom Fränkischen Gelbvieh an, einem Slow Food Arche-Passagier.
Appetitanregend das Carpaccio vom hausgeräucherten Schinken mit Balsamico-Blattsalat. Der Bierschopfbraten auf Sauerkraut und Semmelkloß, die hausgemachten fränkischen Bratwürste mit Kartoffelsalat und das Fränkische Schäufele* mit Kloß und Salat sind bodenständige Hauptgerichte. In einer kurzen Frühlingssaison gibt es Hopfensprossensalat aus Spalter Aromahopfen, zum Ende des Jahres die ofenfrischen Gänse aus einer Tierhaltung im Nachbardorf.
Das Bier kommt selbstverständlich aus der Spalter Stadtbrauerei, die Weine stammen aus Franken und der Pfalz, aus Württemberg und Österreich. Die Fruchtsäfte sind vorwiegend selbst gekeltert aus Obst von der eigenen Streuobstwiese. Alle zwei Wochen Hausschlachtung.

→ Das Haus hat einen guten Ruf, eine Reservierung ist empfehlenswert.
Der »Forster« ist von lichtdurchfluteten, stillen Kiefernwäldern umgeben, die zum Wandern einladen und im Herbst eine reichhaltige Pilzernte versprechen.

Landgasthof Schäferhof

Freiherr-von-Harsdorfer-
Straße 18,
91174 Spalt-Enderndorf am See
0 91 75 / 7 87 78
landgasthof-schaeferhof.de

Größe: 60 Plätze im Gastraum, 30 im Wintergarten
Preise: Hauptgerichte 11–19, Schmankerlmenü 30 Euro
Kreditkarten: EC
Öffnungszeiten: Do 17.30–22 Uhr; Fr–Mo 11.30–14 und 17.30–22 Uhr; Ruhetage: Di, Mi

Engagierte Regionalküche im Herzen des Seelands

Das kleine Enderndorf befindet sich im Herzen des fränkischen Seelands am Schnittpunkt von Igelsbachsee und Großem Brombachsee. Der »Landgasthof Schäferhof« liegt an der Straße zum See in einem Fachwerkhaus mit beschaulichem Innenhof und Gastgarten und ist einfach, aber stilvoll eingerichtet. Wolfgang Schramm hat nach Stationen auf der »Queen Elisabeth II.« und im »Deidesheimer Hof« den Landgasthof in der Hopfenregion vor mehr als zwei Jahrzehnten übernommen. Er profiliert sich mit einer ehrlichen Regionalküche. Die Küche verzichtet schon lange und bewusst auf Convenience und achtet auch bei zugekaufter Ware darauf, dass keine Geschmacksverstärker eingesetzt werden. Schramm engagiert sich bei der Kooperation »Regionalbuffet Fränkisches Seenland« und unterstützt aktiv die Regionalmarke »Altmühltaler Lamm«. Zu den Lieferant*innen zählen die Metzgerei Gruber im benachbarten Großweingarten, das Altmühltaler Lamm kommt von der Schäferei Wörrlein in Stopfenheim. Der Geflügelhof Rebelein in Dettenheim und der Obsthof Walther aus Großweingarten ergänzen die verarbeiteten Produkte.
Als besonders interessante Gerichte mit regionaler Rezeptur sind die geschmorte Rinderbacke in Rotweinsoße mit Marktgemüse und Kräuterpüree und die Variationen vom Altmühltaler Lamm – Kotelett und Ossobuco – mit Schmorgemüse und Kartoffelgratin zu empfehlen. Ebenfalls probierenswert ist das Fränkische Gewürzrindfleisch mit Rucola. Als süße Verführung ist im Frühjahr die Panna cotta mit Rhabarber und Erdbeeren kaum zu vermeiden.
Aus dem Hahn fließt das Bier des Fürstlichen Brauhauses in Ellingen, Obstsäfte liefert Frankenholunder aus Hilpoltstein. Fränkische Weine und Brände ergänzen das Angebot. Und ein Brombachseer Kirschsirup kommt aus unmittelbar lokaler Produktion.

Landgasthof Detsch

Coburger Straße 9,
96342 Stockheim-Haig
0 92 61 / 6 24 90
landgasthof-detsch-haig.de

Größe: Restaurant 60 Plätze
Preise: Hauptgerichte 15–34 Euro
Kreditkarten: EC, Master, Visa
Öffnungszeiten: Di–Sa ab 17 Uhr; an Feiertagen (Ostern, Pfingsten, Muttertag) von 11.30–14 Uhr fränkischer Mittagstisch; Ruhetage: Mo, So

Fränkischer Gasthof mit Bauernhof – oder umgekehrt

Unmittelbar an der Hauptstraße von Haig, einem kleinen Weiler fünf Kilometer nördlich von Kronach, steht ein stattlicher Landgasthof mit bürgerlich-fränkischem Ambiente. Gegenüber steht das Gästehaus, Stallungen und ein Garten schließen sich an. Es werden Kartoffeln angebaut sowie Schwäbisch-Hällische Schweine und Angusrinder gehalten. In der Küche stehen Barbara Detsch, die Tochter des Hauses, und ihr Mann Manfred Schagar, ein Österreicher aus Kärnten – es wundert nicht, dass manches Gericht auch österreichische Züge trägt. Die Qualität der Speisen gründet auf guten Rohstoffen, alles wird frisch gekocht. Das Fleisch kommt von den eigenen Tieren, die der Senior liebevoll betreut. Auch Kartoffeln und Kräuter sind aus eigenem Anbau. Die Lieferant*innen sitzen größtenteils in der Region. Sogar exotische Früchte können aus dem Tropenhaus »Klein Eden« in Tettau am Rennsteig bezogen werden. Die Küche von Barbara Detsch und Manfred Schogar ist »frankenwäldlerisch« ausgerichtet, überzeugt aber immer mit feinen Raffinessen, die heimische Produkte sowohl zu regionalen als auch zu international inspirierten Gerichten verarbeitet. Bei den Regio-Gerichten kommen 95 Prozent der Zutaten aus der Region. Empfehlenswert sind nicht nur die Frittatensuppe, das Carpaccio vom Angusrind, der Angusbraten mit thüringischen Klößen und Salat oder der Frankenwälder Maibock*, der mit frischen Pfifferlingen und Brezenknödeln gereicht wird. Das fränkische Täubchen wird ausgelöst und gefüllt im Ofen gebacken und kommt mit Mandelbällchen und Gemüse auf den Tisch. Das Coburger Fuchsschaf wurde als Duett auf dem Teller serviert – perfekt rosa gebraten die Rückenstücke mit Kräuterkruste, wunderbar mürbe die Schulter. Sehr empfehlenswert sind auch die vegetarischen Gerichte, z. B. die hausgemachten Gnocchi mit Rahmspinat und Parmesanchip. Als Nachtisch machen die Dessertvariationen Spaß, aber auch die frischen Erdbeeren mit gratiniertem Vanilleeis oder das Rahmeis mit fränkischen Zwetschgenröster.

Die mittelgroße Weinkarte und zeigt neben fränkischen Weinen auch Etiketten aus dem europäischen Ausland. Der Service ist flott und charmant, hier wird im ganzen Haus echte Gastlichkeit gelebt.

→ Der Andrang ist groß, unbedingt reservieren.

Restaurant Jedermann

Irlbacherstraße 1,
94342 Straßkirchen
0 94 24 / 948 04 37
jedermann-strasskirchen.de

Größe: 45 Plätze im Gastraum, 60 auf der Terrasse
Preise: Hauptgerichte 12–20, Menüs ab 28 Euro
Kreditkarten: Alle gängigen Karten
Öffnungszeiten: Mi, Do 16.30–23 Uhr; Fr, Sa 16.30–24 Uhr; So 11.30–23 Uhr; Ruhetage: Mo, Di

Nose-to-Tail für jeden Gast

Direkt an der Kirche von Straßkirchen zwischen Straubing und Plattling steht ein moderner, lichtdurchfluteter Holzflachbau. Hier entwickelt Sebastian Völkl seit 2013 sein »Jedermann«-Konzept mit Nachhaltigkeit, größtmöglicher Regionalität und Respekt vor den verwendeten Produkten. Insbesondere das »Nose-to-Tail-Konzept« und die Variationen des Themas auf dem Teller sollen jedermann und jede Frau ansprechen. Die Mittagskarte bietet einen verfeinerten Imbiss, zu dem sich oft die Belegschaften naher Betriebe einfinden. Nachmittags verwandelt sich das Haus in ein Café mit Kuchen und Eis (von der Eismanufaktur Plötz in der Oberpfalz). Am Abend bestimmt eine feine und teilweise experimentelle Küche aus hervorragenden regionalen Rohprodukten die Karte. Völkl kauft regelmäßig ganze Tiere, die er komplett verwertet: Enten kommen direkt aus der Nachbarschaft, Bioschweine von Gäuboden-Bauern und -Bäuerinnen, Milchkälber bezieht er aus der Oberpfalz, das Wild von örtlichen Jäger*innen. Der Bioanteil von Salat und Gemüse wird kontinuierlich ausgebaut.
Die Mittagskarte ist klein gehalten, auf handwerklich hohem Niveau: zum Beispiel mit dem Gulasch vom Schwein oder einer Currywurst vom Bioschwein mit hausgemachter, fein abgestimmter Currysoße. Am »Casual Tuesday« werden spezielle Tagesgerichte außerhalb der Mittagskarte auf einer Tafel angekündigt. Mit seinem »Dreierlei«, etwa vom Schwein, vom Milchkalb oder von der Ente, hat Völkl einen guten Weg gefunden, seine Gästen an weniger nachgefragte Teile der Tiere heranzuführen: Dann liegt beispielsweise ein rosa gebratenes Entenbruststück neben einem Tupfen Enten-Rillette und einem Entenpflanzerl. Gerne wird der regionale gebratene Bachsaibling mit Kren-Zuckerschoten geordert oder Wildschnitzel mit Estragonkartoffeln in Brezen-Panier. Als Dessert gefallen das Kürbiskerneis und die einfachen, gut durchkomponierten und gewürzten Kompotte. Durchgängig gibt es eine Auswahl selbst gemachter Kuchen. Das hervorragende Brot kommt von der Straubinger Bäckerei Steinleitner.
Die Weinkarte dominieren österreichische Weine. Bier, Tee und Kaffee gibt es auch in Bioqualität, Obstschaumweine kommen vom nahe gelegenen »Steppelhof« aus dem Straßkirchener Ortsteil Entau.

→ Unter der Woche auf der Terrasse Selbstbedienung.

Gasthof Winkler

Alfershausen 187,
91177 Thalmässing
0 91 73 / 6 60
gasthof-winkler.de

Größe: 75 Plätze in der Gaststube, 50 im Nebenzimmer
Preise: Hauptgerichte 9–24 Euro
Kreditkarten: EC, Master, Visa
Öffnungszeiten: Mo, Di, Fr–So 9–14.30 und 17–22 Uhr; Mi 17–22 Uhr; Ruhetag: Do

Paradies der glücklichen Ochsen

Thalmässing liegt am Rand des Naturparks Altmühltal an der Grenze zum Fränkischen Seenland. Der stattliche Gasthof, schon 1471 als »Goldener Ochse« erwähnt, setzt die Tradition der echt fränkischen Küche mit Produkten vom eigenen Hof und aus eigener Schlachtung fort – seit 1994 mit Marianne und Thomas Winkler. Der Wirt ist Metzger und Koch und der handwerklichen Herstellung regionaler Produkte verpflichtet. Sohn Christian, in den Herrmannsdorfer Landwerkstätten ausgebildet, hält als Juniorküchenchef Kurs. Der zugehörige Hof hat freilaufende Weideochsen, Schweine und Heidschnucken sowie sieben Karpfenweiher. Artgerechte Haltung der Tiere ist die Basis für gut schmeckende Gerichte. Die Lieferant*innenliste dokumentiert den regionalen Bezug der Küche. Produkte der Vereinigung »Regionalbuffet« sind auf der Karte gekennzeichnet.
Das Angebot wird täglich aktualisiert. Jeden Freitag ist Schlachtfest mit Metzelsuppe und Schlachtplatte. Es gibt eine besondere Tageskarte am Sonntag, eine Kinderkarte und Brotzeitspezialitäten. Ochsenschinken mit Gurken, Schwarzbrot und Butter ist ein schöner Starter, ebenso die cremige Spargelsuppe. Dann ist der Gürtel zu lockern für die herrliche Schlachtplatte mit Blut-, Leber- und Bratwurst, Kesselfleisch, Sauerkraut und Brot, kesselfrisch am Schlachttag gegessen. Im Wurzelsud gekochtes Ochsenfleisch mit Kren, Kartoffelsalat und Salatteller kommt feinfaserig und saftig auf den Teller, das Fleisch ist von hellen Fettadern durchzogen. Der Spargel wird morgens gestochen und mittags serviert. Aus eigener Haltung kommt das ordentlich marmorierte Rumpsteak vom Weideochsen mit Kartoffelgratin, Bratkartoffeln und buntem Gemüse. Gelegentlich gibt es Wildhasen, Bauerngockel, Karpfen. Knusprige Schäufele*, den fränkischen Klassiker, mit Kartoffelknödel und Salat gibt es am Sonntagmittag oder auf Vorbestellung. Kleine Dessertauswahl wie das Bauernhofeis vom Werzingerhof.
Auf der Getränkekarte stehen die Pyraser Biere aus dem Nachbardorf und viele Spezialbiere; dazu noch Spezialitäten wie Weizenbock, Josephi Starkbier oder Doppelbock. Überwiegend deutsche Weiß- und Rotweine. Obstbrände der Region.

→ Barbara Krasemann ist mit ihrem naturnahen Landschaftsgarten bekannt geworden, auch aus der TV-Reihe »Querbeet« (Dixenhausen 23, 91177 Thalmässing, www.baerbels-garten.de).

Klosterbräuhaus Ursberg

Dominikus-Ringeisen-Straße 2,
86513 Ursberg
0 82 81 / 9 98 90
klosterbraeuhaus.de

Größe: 170 Plätze in drei Gaststuben
Preise: Hauptgerichte 7–18 Euro
Kreditkarten: Alle gängigen Karten
Öffnungszeiten: Täglich 7–23 Uhr, Küche 11–21.30 Uhr

Gute Küche, eigenes Bier, eigene Gärtnerei und Bäckerei

Zwischen Augsburg und Krumbach liegt Ursberg, bekannt für die im 12. Jahrhundert gegründeten Klosteranlagen. In ihnen ist eine Einrichtung für über 1.000 betreuungsbedürftige, kranke und behinderte Menschen integriert, die vorbildlich mit Menschen ohne Behinderung zusammenleben und -arbeiten. Zum Komplex gehören eine eigene Brauerei, Gärtnerei und Bäckerei. Mittendrin steht das Klosterbräuhaus mit großem Biergarten und Hotel. Die gemütlichen Gaststuben haben teilweise holzvertäfelte Wände und Kassettendecken, eine gediegen-traditionelle Einrichtung einschließlich Herrgottswinkel. Die Standardkarte, die Wochenkarte und verschiedene Tafeln zeigen das Angebot mit Zutaten aus eigener Produktion, vor allem aus der Klostergärtnerei, dazu kommen regionale Lieferant*innen. Die Küche trägt die Handschrift von Armin Frei, der den Augsburger Slow Foodies ein Begriff ist. Er kocht Gerichte, die nicht mehr alltäglich sind.

Wunderbar saftig ist der gebackene Kalbskopf mit hausgemachter Remoulade, Kartoffelsalat und Salatteller, köstlich das fein säuerliche Beuscherl* mit Serviettenknödeln, vorzüglich der Hirschrücken mit Kroketten und Rosenkohl. Aus heimischen Gewässern stammt das gebratene Filet vom Bachsaibling mit Klostergemüse und Tomatenrisotto. Empfehlenswert ist der Rostbraten aus der Rinderlende mit Röstzwiebeln und Butterspätzle. Typisch für die bayerisch-schwäbische Küche ist das Zwicklbiergulasch* mit Wurzelgemüse und Breznknödel. Weiter werden schöne Brotzeitteller und hausgemachte Bratensulz mit Brot aus der Klosterbäckerei angeboten. Vegetarische Gerichte sind die Allgäuer Kässpätzle mit Röstzwiebeln oder das Klostergemüse in Pestorahm, im Kräuterflädle serviert, mit Gremolata. Der bunte Blattsalat mit Streifen von der Hähnchenbrust, Malzknusperle und Baguette wird mit Zutaten frisch aus der eigenen Gärtnerei hergestellt. Als feiner Abschluss lockt das Nuss-Knusperle, Haselnusseis im Knuspermantel, Sahne und Baileys.

Biere aus eigener Brauerei, Weine vor allem aus deutschem Anbau. Alles wird stressfrei serviert vom freundlichen Service in landestypischer Tracht.

Bräustüberl im Winkler-Bräu

St.-Martin-Straße 6,
92355 Velburg-Lengenfeld
0 91 82 / 1 71 55
winkler-braeu.de/restaurant-velburg

Größe: 270 Plätze in der Gaststube, 90 im Wintergarten
Preise: Hauptgerichte 15–33 Euro
Kreditkarten: Alle gängigen Karten
Öffnungszeiten: Mo–Sa 11.30–13.30 und 17.30–20.30 Uhr im Winter, im Sommer bis 21 Uhr; So, Feiertage 11–14 Uhr und 17.30–20 Uhr; 14–17.30 Uhr kleine Nachmittagskarte

Stilvoll in historischen Gutshofstuben mit eigenem Bier

Seit 1428 werden in dem altehrwürdigen Gebäude hungrige Reisende bewirtet, seit 1628 in der eigenen Brauerei Gerstensafterzeugnisse hergestellt. Der Bilderbuchgasthof hat eine holzgetäfelte, alten Gaststube mit leinengedeckten Tischen, der helle, moderne Wirtsgarten im Hofgeviert hat ein Glasdach. Die Familien Böhm und Winkler haben in den sechs Gaststuben alles gut im Griff, die Atmosphäre bleibt immer herzlich. Vorbildlich ist die Liste der erzeugenden Betriebe und Lieferant*innen für Küche und Keller. Die Küchenleistung ist angesichts der Größe des Hauses beeindruckend und bietet bodenständige, zeitgemäße Gerichte.
Es gefallen Vorspeisen wie das Carpaccio vom Oberpfälzer Rind, die Hirschsalami mit Butter und Baguette oder das geräucherte Wammerl, aber auch der Salat mit gebratenen Landhendlstücken. Angeboten werden Menüs mit ausgewählten regionalen Produkten. Die Gänge können auch einzeln bestellt werden, ein vegetarisches Gericht ist immer dabei. Bei den Hauptspeisen klopft die bayerische Bratenküche den Takt mit vielen Wildgerichten vom Fleisch aus heimischen Revieren. Klassiker des Bräustüberl ist die knusprige Schweinshaxe mit Kartoffelknödel und Gartensalat. Saisongerichte gibt es zur Spargelzeit, zum Erntedank, zur Schwammerlsaison oder zu Advent und Weihnachten.
In einem Brauereigasthof braucht man über das Bierangebot keine großen Worte zu verlieren, doch das dunkle Kupfer in seinem schönen Pokal ist ein Muss. Neu auf der Bierkarte sind die im Holzfass gereiften Bockbiere. Weintrinker findet eine passable Auswahl offener Rot- und Weißweine. Freundlicher Service mit Oberpfälzer Charme in fescher Tracht.

➜ Feste und Termine rund um den Winkler-Bräu finden Sie auf der Webseite.

Im Brauereiladen können Braukästlichkeiten erworben werden.

Landhaus Tanner

Aglassing 1,
83329 Waging am See
0 86 81 / 69 75-0
landhaus-tanner.de

Größe: 100 Plätze in Restaurant und Stüberl
Preise: Hauptgerichte 10–32 Euro
Kreditkarten: EC, Master, Visa
Öffnungszeiten: Mo 17–21 Uhr; Di–Sa 12.30–21 Uhr; Ruhetag: So

Alpenkulinarik im Rupertiwinkel

Das Alpenpanorama vor Augen, am Ort der wärmste Badesee Oberbayerns - und im »Landhaus Tanner« bringen die Gastgeber Steffie und Franz Tanner ergänzend typische Gerichte aus den Produkten der alpinen Kulturlandschaft auf den Tisch. Die Ökomodellregion Waginger See/Rupertiwinkel schafft die besten Voraussetzungen. Gottfried Heilmaier liefert als Metzger vor Ort Fleisch und Innereien der im Rupertiwinkel heimischen Pinzgauer Rinder. Die Tachinger Fischzucht Nedler steuert Forellen und geschmackvolle Saiblinge bei. Deutschlandweit bekannt sind die Bergader-Käserei aus Waging und die Pidinger Molkerei. Die Genussregion bietet im Umkreis von nur zwanzig Kilometern Bioziegenkäse, Biogeflügel, Gemüse, Demeter-Kartoffeln und mehr.
Aus der lokalen Fülle schaffen Franz Tanner und sein engagiertes Küchenteam vielfältige saisonale Spezialitäten - bis auf einige Pastazutaten wird alles frisch gekocht. Als Vorspeise erfreuen Chiemsee-Renkenmatjes mit mariniertem Rohner, Krensauerrahm und Spinatsalat, im Frühling ein Bärlauchsupperl mit Croutons. Oma Lonis Kalbfleischpflanzerl mit Kren und Kartoffel-Gurken-Salat sind ebenso empfehlenswert wie das Schnitzel vom Bioschwein mit kalt gerührten Preiselbeeren, Petersilienkartoffeln und Salat. Nicht zu vergessen die Lende vom Rupertirind mit Zwiebelkruste, Selleriepüree und Linsen – im Frühling alternativ mit dem neuen Spargel. Zum Nachtisch gibt es pikanten Bergader Edelpilzkäse mit Feigensenf oder süße Topfenknödl mit Nussbrösl, Rhabarberragout und Vanillerahmeis. Einen eigenen Besuch wert sind das hausgemachte Eis, der Apfelstrudel, der Topfenpalatschinken* und die Windbeutel.
Vorwiegend österreichische Weinauswahl, Biere des Hofbräu Traunstein und Obstbrände aus dem direkten Umkreis. Im Sommer locken Sonnenterrasse und Biergarterl.

NEU

Wirtshaus zur Stieglmühle

Stieglmühle 1,
95679 Waldershof
0 92 85 / 9 68 47 00
stieglmuehle.de

Größe: 50 Plätze in der Wirtsstube, 35 in der Müllerstube, 120 im Außenbereich
Preise: Hauptgerichte 13–28 Euro
Kreditkarten: EC
Öffnungszeiten: Mi, Do, Sa 11–14 und 17–23 Uhr; Fr 17–23 Uhr; So 11–23 Uhr; Ruhetag: Mo

Am Tor zur oberpfälzischen Fischwelt

Im oberpfälzischen Teil des Fichtelgebirges, zwischen der Kösseine und der hohen Platte, dem höchsten Berg des Steinwaldes, liegt das »Wirtshaus zur Stieglmühle«. Das bereits 1591 urkundlich erwähnte Anwesen wurde 1997 vom Baron von Gemmingen-Hornberg übernommen und zu einem Landgasthaus umgestaltet. In wunderschöner Umgebung kann man die gute Küche der Familie Gläßl zu erschwinglichen Preisen genießen. Das Gemüse kommt zum Teil aus dem eigenen Garten direkt auf den Tisch, ansonsten von Höfen aus der nächsten Umgebung. Heimische Jäger*innen bringen in der jeweiligen Jagdsaison waidgerecht erlegtes Wild. Uwe Gläßl, gelernter Metzger und Koch, kauft halbe Rinder oder ganze Schweine aus der Umgebung, zerlegt sie und verwertet sie komplett. Einige Teile werden zugekauft. Gelegentlich hält die Familie Schafe, um das Fleisch im Wirtshaus anbieten zu können. Die Küche ist bodenständig, die Gerichte werden frisch für den Gast zubereitet.

Vorspeisen sind Sülze in Essig-Öl-Zwiebel-Marinade mit Holzofenbrot und Ziegenkäse im Schinkenmantel mit Quark und Olivenöl. Das im Butterschmalz herausgebratene Cordon bleu vom Schwein ist überaus saftig, die selbst gemachten Pommes überzeugen. Der heimische Rehbraten mit Knödel und selbst gekochtem Apfelblaukraut haben den typischen Geschmack. Der Saibling Müllerin mit Butterkartoffeln ist fangfrisch und aromatisch. Das ist der Region geschuldet, in der die Teichwirtschaft eine sehr lange Tradition hat. Jeden Donnerstag steht Kronfleisch (Zwerchfell vom Rind) auf der Speisekarte, ein absoluter Klassiker aus der Region.

Das Bier vom Fass wie Pils, Urtyp, Schwarzkittel oder Hefeweizen liefert die nahe Friedenfelser Schlossbrauerei. Der Wein, auch von Bioweingütern, kommt aus Deutschland und Österreich.

Einkaufsmöglichkeiten in der hauseigenen Mühlenmetzgerei. Uwe Gläßl verarbeitet Fleisch von Tieren aus der Umgebung. Angeboten werden Leberwurst, Presssack, Sülze, Brotzeitfleisch, Göttinger oder Fleischkäse ebenso wie Saure Lunge, Wildschweingulasch oder Rehragout in Dosen.

Gasthof zur Post von Johann Brunner

Alte Salzstraße 21,
90530 Wendelstein-Röthenbach
bei St. Wolfgang
0 91 29 / 42 65

Größe: 80 Plätze in zwei Gasträumen
Preise: Hauptgerichte 6–19 Euro
Kreditkarten: Keine
Öffnungszeiten: Mi–Fr 11.30–14.30 und 17.30–22.30 Uhr; Sa 11.30–14.30 Uhr; Ruhetage: So–Di

Ehrliche fränkische Küche ohne Schnickschnack

Die Familie Brunner hat das Anwesen mit Landwirtschaft, Metzgerei und Wirtshaus 1875 gekauft, seit 1990 wird ausschließlich der Gasthof betrieben. Das Gebäude ist eines der ältesten Häuser am Ort, etwa 15 Kilometer südlich von Nürnberg. Es diente als Postkutschenstation zum Übernachten und Pferdewechseln an einer alten Handelsstraße, daher der Name »Gasthof zur Post«. Die Innenausstattung ist unverändert, holzgetäfelte Wände vermitteln die Gemütlichkeit eines alten Dorfgasthofs. In der Küche hat die Schwester des Inhabers die Herrschaft. Inhaber Friedrich Brunner ist für Beschaffung, Organisation, Marketing und den Service zuständig. Als Wirt und vor allem Metzgermeister ist er verantwortlich für die fränkischen Bratwürste, die besten in der Region. Die Tiere werden bei wenigen Bauernhöfen aus der Oberpfalz bezogen und im Schlachthof Fürth geschlachtet. Kartoffeln, Kraut, Spargel, Gemüse und Salate kommen von Höfen aus dem Umland. Es werden in bester Manier typisch regionale Speisen saisonal gekocht.
Die Speisekarte ist klein und verzeichnet die traditionellen fränkischen Klassiker. Die Suppen von der Tageskarte sind wunderbar geschmackvoll. Kotelett, Kalbs- und Schweineschnitzel werden in der Pfanne gebraten, in der »Post« gibt es keine Fritteuse. Die fränkischen Bratwürste, die Schlachtplatte und der Leberkäse werden selbst hergestellt, der hausgemachte Kartoffel- und der Krautsalat sind ein Gedicht. Der fränkische Klassiker Schäufele* mit Kloß und Salatteller wird zum Teilen gern mit zwei Klößen und zwei Salattellern serviert. Zur entsprechenden Jahreszeit gibt es Spargel, Gans und mehr.
Die Frankenweine kommen aus zwei Häusern, es ist auch ein Biowinzer vertreten. Die Weinkarte wird ergänzt mit Gewächsen aus Württemberg, Italien, Spanien und Frankreich. Der Service ist freundlich und aufmerksam, man fühlt sich wohl und willkommen. Im Sommer sitzt man im schattigen Biergarten.

Bei »Feinkost Nikolaus Schwarz« gibt es fränkische Landbrote aus Natursauerteig: 30 Brotsorten und dazu fränkische Landwurst von ausgesuchten Metzgern und Höfen (Winklerstraße 10, 90403 Nürnberg).

Landhaus Lebert

Schlossstraße 8,
91635 Windelsbach
0 98 67 / 95 70
landhaus-rothenburg.de

Größe: 35 Plätze im Restaurant, 30 im Biergarten, 80 in der Scheune
Preise: Hauptgerichte 18–36 Euro
Kreditkarten: EC
Öffnungszeiten: Di–So ab 17.30 Uhr; Sa, So, Feiertage ab 11.30 Uhr; Ruhetag: Mo

Kulinarischer Sehnsuchtsort im Naturpark Frankenhöhe

Manfred Lebert ist gebürtiger Künzelsauer und Hohenloher. Als er vor rund drei Jahrzehnten das Dorfwirtshaus im bayerisch-mittelfränkischen Windelsbach erwerben konnte, zögerte er keinen Augenblick. Zusammen mit Ehefrau Gabriele baute er sich in dem 400-Seelen-Dorf nahe Rothenburg ob der Tauber ein gastronomisches Idyll für Menschen auf, die eine feine heimische Küche suchen. Der Gastraum, aufgeteilt in eine kleine, rustikale Bierstube und ein liebevoll gestaltetes Restaurant, atmet Ruhe und Gemütlichkeit. Die Herkunft der verarbeiteten Produkte ist mustergültig aufgelistet. Die Speisekarte respektiert die Jahreszeiten und bleibt mit fränkischen Weideochsen, dem Kuhkäse der Geifertshofener Dorfkäserei oder Wildspezialitäten aus Mittelfranken in der Region. Überwiegend fränkisch sind auch die Rezepte. Auf der Speisekarte findet man drei Menüempfehlungen, aus denen man jeden Gang einzeln wählen kann.
Vorzüglich die Suppen wie die Kraftbrühe mit Kräuterflädle und Gemüsestreifen, die Schwarzwurzelcremesuppe mit Trüffel oder der geräucherte Gewürzschinken mit gehobeltem Käse. Vegetarisch sind die hausgemachten Ravioli mit einem Saisonsalat. Sehr empfehlenswert ist das Ragout vom Dammhirsch, Gewürzrotkraut und Dinkelspätzle. Das geschmorte Bäckle vom Schwäbisch-Hällischen Schwein wird auf Gemüse-Zimt-Albleisa, das Schnitzel vom Biokalb mit einer feinen Jus und Pfifferlingen serviert. Außergewöhnlich ist das »Filet« vom Ochsenschwanz in seiner Soße mit Karottengemüse, Kartoffel-Sellerie-Püree und Spargel oder die entbeinte, gefüllte Wachtel mit Sellerie und Rotkohl. Selbst einfache Gerichte wie eine Bratwurst werden bei Lebert zum raffinierten Genuss: als Bratwurst mit Morcheln, Morchelrahmsoße und Zitronen-Kartoffelrösti. Als Desserts empfehlen sich die Nocken vom hausgemachten Rahmeis oder feine Kreationen wie die Rotweinbirne mit Vanillesauce und hausgemachtem Vanilleeis oder der Eisgugelhupf mit Pralinensoße.
Die Weinkarte favorisiert fränkische Weine, ergänzt von guten württembergischen und badischen Weingütern. Dazu eine schöne Auswahl an Destillaten und Bier aus Distelhausen.

→ Ein Besuch der Altstadt von Rothenburg ob der Tauber ist immer lohnend. Zudem bieten sich Wanderungen im Naturpark Frankenhöhe an.

Slow Food auf vier Rädern: Der Schäferwagen vor dem Landhaus bietet Mitbringsel aus Leberts Landhausküche.

Gasthaus Tilman am Ulmer Hof

Bronnbacher Gasse 10, Ulmer Hof,
97070 Würzburg
0 93 1 / 45 25 69
gasthaus-tilman.de

Größe: 44 Plätze in zwei Stuben
Preise: Hauptgerichte 7–20 Euro
Kreditkarten: EC
Öffnungszeiten: Mi, Do, Sa 11–15 Uhr; Fr 17–22 Uhr; Ruhetage: So–Di

Engagierte Ausbildungsgaststätte auf hohem Niveau

Der Ulmer Hof, bereits 1358 erwähnt und eine der ältesten Straßen im Herzen von Würzburg, ist heute ein verkehrsberuhigter Platz. In seinem Pflaster befinden sich Mosaiken mit den Wappen der Würzburger Partnerstädte. »Jung, begeistert und ein bisschen anders« ist das Motto des Hauses – ein Jugendhilfebetrieb der »Gesellschaft zur Förderung beruflicher und sozialer Integration«. Im Gasthaus bedienen und bewirten Jugendliche, die eine Ausbildung als Köchin/Koch oder als Fachkraft im Gastgewerbe erhalten. Angeleitet werden sie von Winfried Hofmann in der Küche, im Service von Martina Zink. Das Team legt Wert auf regionale, sorgfältig zubereitete Gerichte. Fonds und Soßen werden selbst gezogen. Die Betreuenden achten darauf, den Jugendlichen eine Ausbildung in allen Facetten mit sämtlichen Zubereitungstechniken zu bieten. Dazu gehört auch, dass durchweg mit lokalen Produkten frisch gekocht wird. Die Karte wechselt jede Woche. Auf der Mittagskarte stehen je zwei Vor-, Haupt- und Nachspeisen. Am Freitagabend wird »groß« gekocht. Um die Qualität zu halten, ist die Karte dann auf ein Minimum begrenzt.
Das Angebot umfasst traditionelle Gerichte wie gebackenen Karpfen mit Kartoffelsalat und Remouladensoße oder die Rinderbäckchen in Rotweinsauce, Karotten-Erbsen-Gemüse und Schupfnudeln. Auch Abstecher in die internationale Küche gehören zum Repertoire, wie Sushi vom Spargel oder das Lachsforellenfilet in Safran-Limettensauce und Spargelrisotto. Außergewöhnliche Stücke vom Rind wie ein Flanksteak mit Kräuterbutter und Kartoffelspalten werden verarbeitet, auch Innereien sind Bestandteil der Karte, etwa Kalbszüngerl, Bries, Leber oder Nieren. Beispiele sind das Kalbszüngerl in Weißweinsoße und Bandnudeln und die Nieren in Senfsoße. Auch Vegetarier werden mit einem wechselnden Wochengericht verwöhnt, z. B. mit den Linsen-Zucchini-Bratlingen mit Lauchgemüse und halbwildem Reis. Auch bei den Nachtischen folgt man weitgehend der Saison, schönes Beispiel ist das Johannisbeermousse mit Vanillesauce und Löffelbiskuit.
Die Getränkekarte bietet eine begrenzte Weinauswahl und Spirituosen aus der fränkischen Umgebung, etwa vom Bioweingut Manfred Rothe (SF Unterstützer) in Nordheim.

Im nahen Centrale Caffé & Vino (Bronnbacher Gasse 25) können alle zwei Wochen die hervorragenden Brote der Bäckerei Erbel aus Dachsbach gegen Vorbestellung bezogen werden.

Berlin & Brandenburg

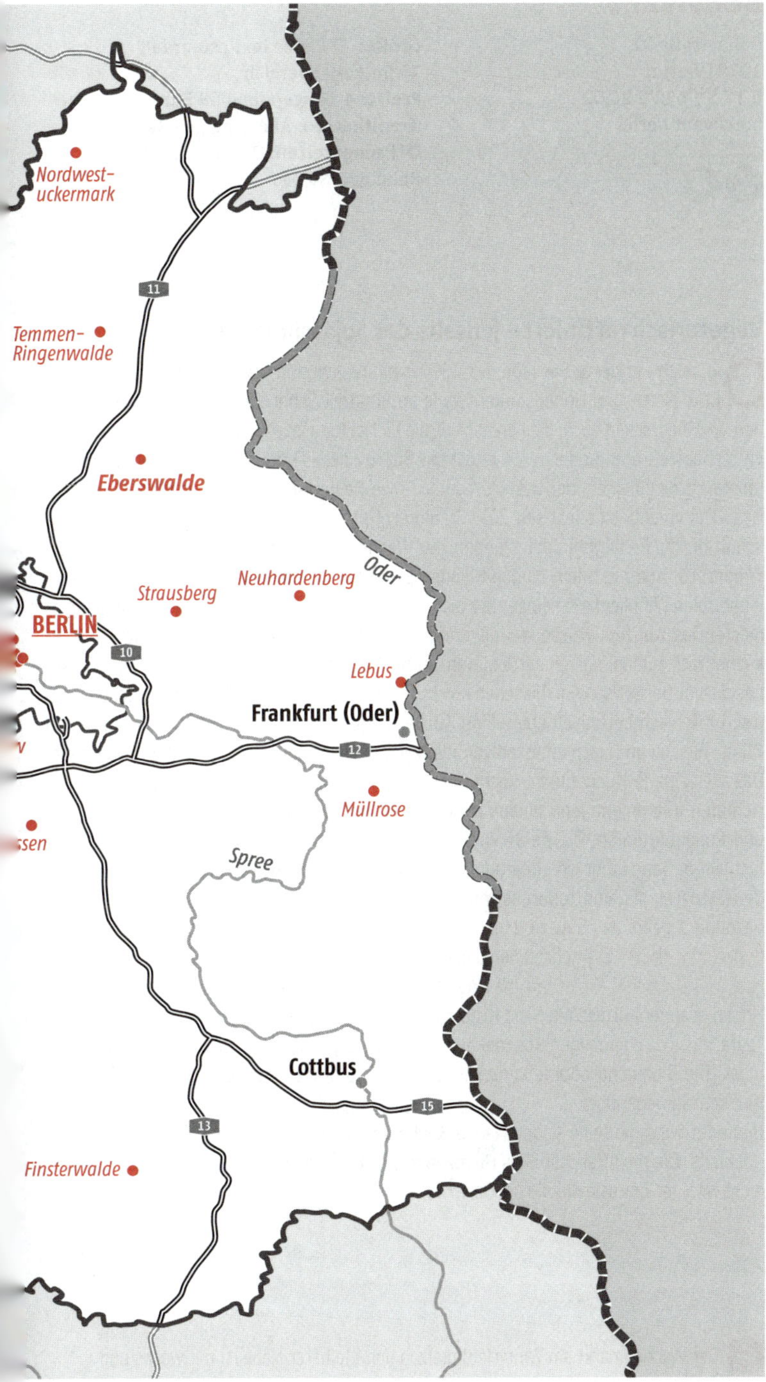
Nordwest-
uckermark
11
Temmen-
Ringenwalde
Eberswalde
Oder
Neuhardenberg
Strausberg
BERLIN
10
Lebus
Frankfurt (Oder)
12
Müllrose
Spree
Cottbus
15
13
Finsterwalde

NEU

Bonvivant

Goltzstraße 32,
10781 Berlin
0 17 6 / 61 72 26 02
bonvivant.berlin

Größe: 72 Plätze im Restaurant, 70 im Außenbereich
Preise: 4-Gänge-Menü 59 Euro
Kreditkarten: Alle gängigen Karten
Öffnungszeiten: Di–Sa ab 18 Uhr; Ruhetage: So, Mo

Vegetarisch raffiniert – jenseits des Sojaschnitzels

Die reich verzierte Fassade des 1894 erbauten, wunderschönen Eckhauses an der Ecke Goltz- und Hohenstaufenstraße im Stadtteil Schöneberg weist den Weg. Drinnen sind die Decken hoch, die Fenster tief, die Einrichtung im etwas verwinkelten Gastraum ist farbenfroh und modern. Als »Cocktail-Bistro« bezeichnet sich das Lokal, es könnte umstandslos zu einem der besten vegetarischen Restaurants Berlins umgetauft werden. Das »Bonvivant« existiert seit 2019. Kaum eröffnet, schüttelte die Pandemie die Belegschaft durch. Es folgten Schließungen, der Wechsel des Küchenchefs und schließlich die Wiedereröffnung mit dem jungen Nikodemus Berger als Chefkoch, der dem Restaurantleiter Jules Winnfield mit seiner »krassen Leidenschaft für Natur und Lebensmittel« imponierte. Das Konzept wurde weitgehend beibehalten - eine feine vegetarische Gemüseküche mit regional-saisonalen Zutaten, zu großen Teilen in Bioqualität. Seinen Kochstil beschreibt Berger so: »Ein bisschen nordisch, ein bisschen französisch, ein bisschen japanisch.« Typisch berlinisch eben. Eine Küche, die jenseits aller moralischen Diskurse um Klima, Fleisch und Nachhaltigkeit vor allem eines ist: aromatisch ausgefeilt und bildschön. Das vierköpfige Küchenteam kocht, fermentiert, weckt ein und: Es geht an fest eingerichteten »Sammeltagen« hinaus in Wald und Flur, schleppt Wildkräuter, Kiefernadeln und Rosenblüten an. Die Beute wird zu kreativ-bunten Kompositionen verarbeitet. Bei fast jedem Gang steht ein Lieferant mit auf der Karte. Etwa die Roten Beten von der Börde-Gärtnerei, als Mus zubereitet mit Äpfeln, weißer Schokolade und Rosenblüten. Ganz besonders gefiel das Sellerie-Mille-Feuille mit Beure blanc, Tannennadeln, Walnuss und Ponzu-Vinaigrette. Die gebratenen und glasierten Austernpilze werden von Zwiebeln, Kohlrabi, Haselnüssen, Kiefernaroma und Meerrettichschaum eskortiert. Der Wolkensteiner Hof im brandenburgischen Groß Kreutz ist einer der Hauptlieferanten, ein anderer Hortus Tayta, ein vom ehemaligen Spitzenkoch Sebastian Leyer betriebener Garten in der Uckermark. Die Biomilchprodukte kommen von Terra-Naturkost, das Brot liefert die Bäckerei Keit schräg gegenüber.
Begleitet wird die feine vegetarische Küche von ausgesuchten, zum Essen passenden Cocktails. Die mixt Barchef Elias Heintz in enger Abstimmung mit dem Chefkoch. Sie sind nicht weniger fantasievoll als die Gerichte.

Der Wochenmarkt am Winterfeldtplatz in unmittelbarer Nähe ist mittwochs und samstags sehr beliebt.

Braugasthaus Doldenmädel

Mehringdamm 80,
10965 Berlin
0 30 / 77 32 62 13
doldenmaedel-berlin.de

Größe: 160 Plätze im Gastraum, großer Biergarten
Preise: Hauptgerichte 16–25 Euro
Kreditkarten: EC, Master, Visa
Öffnungszeiten: So–Do 13–23 Uhr; Fr, Sa 13–24 Uhr

Craftbier-Maniacs mit gutem Essen

Dort, wo die Touristenrennbahn Bergmannstraße beginnt, liegt das »Braugasthaus Doldenmädel« - fast wie auf einer Insel. Innen wurde Recyclingholz verbaut und mit rohem Stahl eingefasst, eine berlinerisch wirkende Kreuzung aus Industrielook und Blockhüttendesign: rau, aber herzlich. Dazu die lange Theke, die sofort klarmacht, was im Mittelpunkt steht: Bier. Inhaber Oliver Reimann ist Biersommelier mit Brauerfahrung. 2015 hat er das Gasthaus auf die Schiene gesetzt. Sein Bekenntnis: »Wir lieben Craftbier, handwerklich gebraut von Menschen, für die das mehr ist als ein Beruf.« Wenn das Getränk so ambitioniert ist, dann, so Reimann, »kann ich nicht mit Tiefkühlschnitzeln um die Ecke kommen«. Also wurden vernünftige Produzenten für eine gute Heimatküche mit grenzüberschreitenden Akzenten gesucht. Die wichtigsten Lieferanten stehen auf der Karte: Der Landwerthof am Greifswalder Bodden liefert Biofleisch, ebenso die eigene Rinderherde auf Rügen in Biofreilandhaltung, Gemüse kommt von der Weihe GmbH im Fruchthof Berlin.

Was die Küche mit Koch Christoph Stelzer daraus macht, ist zeitgemäße Alltagskost, die - vernünftig portioniert und appetitlich angerichtet - richtig gut schmeckt. Bei den Vorspeisen sind das die kross gebackenen Kartoffelchips mit verschiedenen Dips oder die Rindermettstulle vom Rügenrind. Als »Hauptsache« gefällt der »Doldenmädel«-Klassiker, den auch Jungs gerne mögen: der Burger im Briochebrötchen mit selbst gewählten Füllungen und Auflagen. Gleich fünf Hauptgänge werden von der eigenen Herde des Rügener Freilandrinds angeboten, darunter Omas Gulasch mit Buttermöhren und Serviettenknödel oder die klassischen Königsberger Klopse mit Beten und Kartoffelpüree. Das süße Finale: lauwarmer Schokoladen-Porter-Brownie oder eine Bierpraline.

Das Essen soll zum Bier passen, so der kulinarische Kompass. Bei 20 Fassbieren am Hahn - davon neun fest, elf im Wechsel - beginnt das vergnügliche Probieren. Dazu kommen 30 bis 40 Flaschenbiere. Wen das überfordert, der bestellt die Testlatte mit fünf Minigläsern. Die Doldenmädels und -jungs im Service sind auch bei voller Hütte meist tough. Im großen Biergarten unter alten Bäumen findet man immer einen Platz.

Unweit des »Doldenmädels« liegt die Marheineke-Markthalle mit ihrem bunten kulinarischen Angebot.

NEU

Cookies Cream

Behrenstraße 55,
10117 Berlin
0 30 / 6 80 73 04 48
cookiescream.com

Größe: 80 Plätze im Restaurant
Preise: 5-Gänge-Menü 79 Euro
Kreditkarten: Alle gängigen Karten
Öffnungszeiten: Di–Sa 17–23 Uhr;
Ruhetage: So, Mo

Kreative Gemüseküche mit Wumms

An diesem Ort würde niemand eines der angesagtesten vegetarischen Restaurants Deutschlands vermuten. Düster, grau und hässlich präsentiert sich der verwinkelte Zugang mit tatorttauglichem Hinterhofcharme. Innen erinnert vieles an die Clubvergangenheit, einschließlich des zum Kultstatus aufgestiegenen Bilds »Ficken«. Gerne wird geduzt. Die raue Anmutung endet, sobald der erste kunstvoll präsentierte Teller auf den Tisch kommt. Im November 2007 wurde »Cookies« Cream zunächst als Clubrestaurant vom Berliner Gastronomen Heinz Gindullis gegründet. Heute gehört es mit seiner kreativ-experimentellen Gemüseküche zu den besten Restaurants Berlins, es gibt nichts Vergleichbares. Hier wird keine Pasta, kein Tofu, kein Reis, kein Seitan serviert. Hier gibt es eine regional tief verankerte Gemüse- und Kräuterküche mit Wumms, die immer wieder staunen macht. Chefkoch Stephan Hentschel hat französisches Kochhandwerk gelernt. Zusammen mit der neunköpfigen Crew kocht er »nicht healthy, sondern intensiv«. Ohne Chichi. Die Küche ist auch Labor, hier wird fermentiert, eingelegt, gegrillt, getrocknet, vakuumiert und vor allem reduziert und konzentriert. Es wird viel mit Pilzen gearbeitet, um geschmackskräftige Saucen zu erzielen. »Als wir anfingen, gab es keine Referenzpunkte für diese Art Küche«, sagt Hentschel. Inzwischen ist Cookies selbst Referenz geworden. Wichtigster Lieferant ist Peter Janoth mit seinem zwei Hektar großen Gemüsegarten im brandenburgischen Krielow, an den die Küche eng angedockt ist. Der niedersächsische Biobauer Marko Seibold zieht ebenfalls Gemüse und Kräuter für »Cookies«, dazu der Fruchthof Berlin. Milchprodukte kommen aus der Markthalle Neun.
Als Starter wird vegetarischer Kaviar mit Eigelb, Kartoffelschmand und Nussbutter serviert, danach der wunderbare »Cookies«-Klassiker gebackene Auberginenwürfel mit Bohnen, Papadam und Zwiebelasche. Und natürlich der berühmte Parmesanknödel. Die ihn begleitenden Saucen und das Gemüse variieren je nach Saison. Großartig der gebratene Blumenkohl mit Currysauce, die Sellerie-Consommé aus entsaftetem Knollensellerie oder der marinierte Chicorée – alles mit raffinierter Eskorte und massiven Saucen. Als Dessert ist die weiße Schokolade mit Waldbeeren-Creme, Süßdolde und Pistazien empfehlenswert. Beim Getränkeangebot imponiert die alkoholfreie Menübegleitung von Kevin Leismann mit ebenso ungewöhnlichen wie geschmacksintensiven Drinks. Junge, lockere Servicetruppe.

NEU

India Club

Behrenstraße 72,
10117 Berlin
0 30 / 20 62 86 10
india-club-berlin.com

Größe: 86 Plätze im Gastraum
Preise: Hauptgänge 18–27 Euro
Kreditkarten: Alle gängigen Karten
Öffnungszeiten: Mi–Mo ab 15.30 Uhr; Ruhetag: Di

Authentische nordindische Küche mit Bioprodukten

Berlinbesucher kommen fast automatisch in Tuchfühlung mit dem »India Club«. Das Restaurant liegt unweit des Brandenburger Tors gegenüber vom Holocaust-Mahnmal in der historischen Mitte der Stadt. Es sitzt unter dem gleichen Dach wie der China Club und gehört ebenfalls zur Jagdfeld-Gruppe. Der »India Club« ist im Gegensatz zu dem nur für Mitglieder offenen China Club ein öffentliches Lokal. Das Interieur ist nobel designed mit warmen »indischen« Farben. 2017 ist das Geburtsjahr, die Besitzerfamilie hatte den Ehrgeiz, »das beste indische Restaurant Deutschlands« zu etablieren. Auf jeden Fall ist es eine erstklassige Adresse für authentische nordindische Küche. Dafür sorgt Küchenchef Manish Bahukhandi mit seinen sechs Köchen. Bahukhandi hatte zuvor in renommierten Hotelküchen Delhis gekocht, wo ihn Familie Jagdfeld für das Berlinabenteuer gewinnen konnte. Er sagte zu unter der Bedingung, kein Fleisch von Schwein oder Rind zu verarbeiten.

Die Karte wechselt im Rhythmus der Jahreszeiten. Die Speisen haben nicht die extreme Schärfe der südindischen Küche, Bahukhandi sieht sie in der Tradition der nordindischen Bundesstaaten Punjab, Rajasthan und der Metropole Delhi, ihr würziger Duft erfüllt das ganze Restaurant. Obwohl der »India Club« nicht biozertifiziert ist, werden fast nur Biolebensmittel verarbeitet. Der Chefkoch outet sich als »big fan of bioproducts«, nur bei manchen Gewürzen bekomme er keine Bioware. Mehr als 90 Prozent der Lebensmittel liefert der Biohof Gut Vorder Bollhagen, der von der Jagdfeld-Gruppe in Mecklenburg betrieben wird und dort Geflügel und Lämmer, aber auch Kartoffeln und Gemüse produziert. Das Fleisch, sagt der Chefkoch, komme zu 98 Prozent aus eigener Freilandproduktion. Besonders gefeiert wird das Butter-Curry-Huhn nach dem Familienrezept des Kochs. Als Starter empfehlen sich der Kohlrabi-Salat mit Apfel, Mango, Minze, Ingwer oder die Kichererbsen mit Garam Masala. Viele Gerichte sind das Ergebnis von »very slow cooking«, manche simmern einen ganzen Tag vor sich hin. Aus dem Tandoori-Ofen kommt das 24 Stunden marinierte Tandoori-Huhn mit 15 Gewürzen für zwei Personen. Das vegetarische Fundament der indischen Küche zeigt sich in vielen würzigen Currys und köstlichem Gemüse. Ein Favorit: Linsen mit Bockshornklee. In größeren Gruppen mit geteilten Gerichten lässt sich die ganze Pracht dieser Küche erleben.

Weine aus Deutschland, Italien und Frankreich. Deutsches und indisches Bier. Professioneller, freundlicher Service.

NEU

Kitchen Library

Bleibtreustraße 55,
10623 Berlin
030 / 312 54 49
kitchen-library.de

Größe: 24 Plätze im Gastraum, 20 im Außenbereich
Preise: 4-Gänge-Menü 59 Euro
Kreditkarten: Alle gängigen Karten
Öffnungszeiten: Mi–Sa 17.30–24 Uhr; Ruhetage: So–Di

Sieben kleine Dinger mit Pfiff

Fünf Gehminuten vom Savignyplatz, in der Charlottenburger Bleibtreustraße, residiert das »Kitchen Library«. Ein kleines Lokal mit wenigen Tischen und vielen Kochbüchern. 700 Bände, papierne Zeugen einer großen Leidenschaft. Die Theorie steht in den Regalen, die Praxis wird im Zweiergespann umgesetzt: Daniela und Udo Knörlein bewirtschaften das Restaurant: Er kocht, sie serviert, basta. So geht das seit März 2016, als das junge Paar den Traum vom eigenen Restaurant verwirklichte. Die Karte wechselt im Wochenrhythmus, »sieben kleine Dinger« stehen drauf, sieben Gänge, von denen meist fünf vegetarisch sind. Stil des Hauses? »Schwer einzuordnen«, sagt der Koch, »mit der Bezeichnung »Fine Dining« habe ich Probleme.« Doch eine feine und raffinierte Küche ist es allemal, die kleinen Menüportionen schillern in allen Farben und Formen, liebevoll und kunstvoll angerichtet. Udo Knörlein ist gelernter Stukkateur, hat dann in der fränkischen Gastronomie gelernt mit kurzen Abstechern zu Harald Wohlfahrt und Schweizer Spitzenköchen. Seine Küche ist jung und originell, mit regionaler Ausrichtung, »wo immer es geht«. Dafür ist vor allem der Wochenmarkt am Karl-August-Platz verantwortlich, wo die beiden regelmäßig die Marktstände scannen. Spargel kommt aus Beelitz, Fleisch von einem Zusammenschluss friesischer Bauern, Fisch von den Müritzfischern.
Der Koch bekennt: »Ich kriege es besser hin, wenn's mir selber schmeckt.« Deshalb gibt es wenig Fisch (»mag ich nicht so«) und Lamm. Typisch ist das Spiel mit den Konsistenzen. Eine Bete oder Sellerieknolle wird gebacken, eingelegt, roh, als Crème, entsaftet oder geschmort serviert - nicht selten als Dreierlei auf einem Teller. Gemüse werden ganz verwertet, auch Blätter und Wurzeln, die »Haferwurzel frisch vom Feld« ist ein delikates Beispiel. Süßsaure Pickles und fermentierte Gemüse werden selbst hergestellt, die Einmachgläser im gemütlichen Gastraum erreichen aber noch nicht die Zahl der Bücher. Einige beispielhafte Gerichte: Variationen vom Reh mit Wildjus, gebackenen, süßsauren und rohen Pilzen werden im Herbst gekocht. Saisonale Gemüse-Pickles mit gebeiztem Ei und Fregola-Salat - ein anderer typischer Knörlein-Gang. Auch die Desserts sind raffiniert wie das Kürbiskernmus mit Sellerieeis und getrockneter Schokolade.
Daniela Knörlein liebt Pfälzer Weine, auch andere deutsche und südeuropäische Gewächse stehen auf der Karte. Der Service ist freundlich, die Atmosphäre locker.

NEU

Michelberger

Warschauer Straße 39/40,
10243 Berlin
0 30 / 2 97 78 59 24
michelbergerhotel.com/
restaurant

Größe: 80 Plätze im Restaurant, 70 im Innenhof
Preise: Drei-Gänge-Menü 44, Brunch 28 Euro
Kreditkarten: Alle gängigen Karten
Öffnungszeiten: Di–Sa 18–23 Uhr; Brunch Mo–Fr 7–12 Uhr; Sa, So 8–14 Uhr

Vegan und vegetarisch vom Tablett

Mittendrin im vor allem abends trubeligsten Teil von Berlin, an der Grenze zwischen Friedrichshain und Kreuzberg, gegenüber vom U-Bahnhof Warschauer Straße liegt das familiengeführte Hotel und Restaurant »Michelberger«. Im Restaurant werden Brunch und Abendessen angeboten – im Gastraum mit kurzen und langen Tischen in angenehmer Atmosphäre, auch im lauschigen Innenhof, wenn es warm ist. Dass in einem modernen Berliner Lokal der Schwerpunkt auf veganer und vegetarischer Küche liegt – auf Wunsch mit kleinen, aber feinen Ergänzungen von Fisch oder Fleisch –, ist kaum mehr etwas Besonderes. Dass alle Produkte aus biodynamischem, biologischem oder nachhaltigem Anbau sind, selbstverständlich möglichst regional und immer saisonal, schon eher. Und vor allem im Sinne von Slow Food. So hat das »Michelberger« seit 2019 eine eigene Farm im Spreewald, wo Obst und Gemüse für Küchenchef Alan Micks herkommen und auch alte und seltene Sorten angebaut werden. Obwohl der Anbau ständig erweitert wird, reicht das nicht aus. Fehlendes Gemüse kommt von »Plattform 2020« aus der Markthalle Neun in Kreuzberg oder von »Wilmars Gärten« in Trebbin.

Damit zu den Besonderheiten des Restaurants, in dem nur ein einziges, saisonal wechselndes Drei-Gänge-Menü angeboten wird: Eine freundliche Servicekraft stellt die an diesem Abend verarbeiteten Gemüse am Tisch den Gästen auf einem Tablett vor. Das klang im Herbst so: »Wir haben hier Austernpilze, Butternut, rote und gelbe Rüben, Weißkohl sowie Möhren, Rettich und Schwarzkohl, Quitten, Zwiebeln und Knoblauch für Sie, daraus bereiten wir heute Ihr Menü zu!« Ergänzend dazu die Frage, ob der Hauptgang mit Fleisch, Fisch oder vegan sein soll, auch auf Unverträglichkeiten wird eingegangen. Die dann servierten Gänge bestehen aus vier bis sechs Tellern, beginnend mit hausgebackenem Brot und Snacks, einer Reihe von Gerichten zum Teilen und dem gewählten Hauptgericht. Zum Start eines Menüs gehören – beispielsweise – fein geschnittene Rettichspiralen, im Ganzen frittierte Schwarzkohlblätter mit Dip, gepickelte Kohlblätter mit Sesam und gegrillte Hokkaidotranchen mit Sanddornmarinade. Als Nichtveganer schmeckten danach Speck-Pancakes in Brühe und sous-vide gegartes Wild mit Austernpilzen und Steckrübenpüree. Ein Dessert gehört nicht zum Menü, kann aber dazubestellt werden.

Umfangreiche Weinkarte mit Schwerpunkt auf Natur- und Bioweinen, hausgemachte Limonaden, handwerklich erzeugte Spirituosen kleiner Hersteller, Cocktails.

NEU

Neugrüns Köche

Schönhauser Allee 135a,
10437 Berlin
030 / 44 01 20 92
neugruenskoeche.de

Größe: 35 Plätze im Gastraum, einige wenige Außenplätze
Preise: 6-Gänge-Menü 58 Euro
Kreditkarten: EC
Öffnungszeiten: Mi–Sa ab 19 Uhr; Ruhetage: So–Di

Lieber essen als staunen

Das Restaurant »Neugrüns Köche« wird im Oktober 2022 volljährig. Dann ist es 18 Jahre her, dass Berit Brück und Eskil Neuroth den Weg in die Selbstständigkeit wagten. Ihr Menürestaurant in Prenzlauer Berg ist eine kleine Festung für Qualität und Beständigkeit. Brück und Neuroth sind ausgebildete Köche, die in der Küche des Berliner Sternekochs Siegfried Rockendorf gearbeitet haben und sich dort tiefer in die Augen blickten. Sie sind der feinen Küche treu geblieben, doch die Gäste sollen »nicht zum Staunen, sondern zum Essen« Platz nehmen, sagt die Restaurantleiterin, die Teller sollen nicht zu exotisch sein. Die Einrichtung des kleinen Lokals ist ruhig und unaufgeregt, kein Schnickschnack, mit klassischer Bestuhlung. Eingekauft wird »bio, wo es geht«, Nachhaltigkeit ist die konstante Begleitmelodie bei der Suche nach Erzeugern und Produkten. Jedes Brot, jede Pasta wird selbst gemacht, auch der Wildschweinschinken ist hausgereift. Als selbstverständlich gilt bei Neugrüns das Konzept »Nose-to-Tail«, also die Verarbeitung des ganzen Tieres. »Ausbildung ist uns wichtig«, sagt Berit Brück, »wir wollen das sinnige und sinnliche Handwerk im Team weitergeben.« Und schon werden die Lokale aufgezählt, wo Neugrüns-Schüler*innen heute die Chefs sind.
»Wir kochen für euch ein regionales Menü in sechs Gängen.« So steht es beim ersten Klick auf der Webseite, und so wird es mit einem saisonal wechselnden Angebot auch gehalten. Die Teller sind kunstvoll angerichtet, ohne elaboriert zu sein. Regelmäßig wird Wild angeboten, das Fleisch kommt seit vielen Jahren vom Jäger Jörn Korte aus der Schorfheide. Spargel liefern die Beelitzer Jakobshöfe, Fisch die Müritzfischer, Ziegenkäse der Ziegenhof Ogrosen, die Kräuter wachsen im eigenen Garten. Und manchmal geht die Chefin einfach um die Ecke und holt Obst und Gemüse im nächsten Bioladen. Typische Gerichte sind die Forelle mit gebratener Blutwurst und Sellerie-Ravioli oder das Beelitzer Kaninchen mit wildem Brokkoli und glacierten Karotten. Im Frühjahr standen vorzügliche Variationen vom Lamm mit grünem Spargel und Wildkräutern auf der Karte. Den süßen Schlusspunkt setzt ein Quittensorbet mit Walnussküchlein und Kürbisragout. Das schmeckt, das ist zeitgemäße, gute deutsche Küche mit mediterranem Einfluss. Vegetarier sollten sich anmelden, sie bekommen ein eigenes Menü.
Im Weinkeller ruhen 25 Positionen, der Schwerpunkt liegt in deutschen Anbaugebieten, ergänzt vor allem von französischen Rotweinen.

Speisewirtschaft

Skalitzer Straße 97,
10997 Berlin
Keine telefonische
Reservierung möglich
kumpelundkeule.de/
speisewirtschaft

Größe: 30 Plätze im Restaurant,
15 im Außenbereich
Preise: Hauptgerichte 23–38 Euro
Kreditkarten: Alle gängigen Karten
Öffnungszeiten: Do–Sa 17–22 Uhr;
Ruhetage: So–Mi

Attraktive Fleischküche von Berliner Topmetzgerei

Die »Speisewirtschaft« ist ein Ableger der Metzgerei »Kumpel und Keule«. Sie hat in der Kreuzberger Markthalle Neun mit ihrer Fleischqualität und gekonntem Marketing für Furore gesorgt. Anfang 2018 ging das kleine Restaurant an den Start. Nach langer Coronapause folgte die Wiedereröffnung im Frühjahr 2022. Das Lokal liegt am Görlitzer Bahnhof, ein paar Steinwürfe von der Markthalle entfernt. Das Ambiente: rustikales Gemäuer, kleine Tischinseln, ungezwungener Ton. Die Wandbilder verraten, wer den Takt klopft: Rinder, Schweine, Lämmer – von der Weide in den Reifeschrank und auf den Teller. Die Ansprüche sind hoch: »Wir wollen eine neue Fleischkultur ausleben.« Dazu gehört ein Nose-to-Tail-Konzept, also die Verarbeitung ganzer Tiere, eine vernünftige Tierhaltung bei den Produzenten und ein Team um Chefkoch Martin Temlitz »mit geballter Fleischkompetenz«. Die Lieferanten werden ausführlich vorgestellt: etwa die Erzeugergemeinschaft Schwäbisch Hall, Biopark Meckpomm, Jäger Michael Bjarsch und die Markthalle Neun als Gemüselieferant. Sollte Ihnen ein Schlacks mit dem T-Shirt »Make Wurst great again« über den Weg laufen, es ist Restaurantleiter Marco Scolaro.
Sich an den Tisch setzen und ein gutes Stück Fleisch essen! Wohlan. Auch die Vorspeisen sind rund ums Fleisch komponiert, aber es gibt auch ein vegetarisches Angebot, zuletzt der Büffelmozzarella mit Blutorange, Gurke und Dill. Gegen Voranmeldung werden auch vegetarische Hauptspeisen serviert. Die Karte wechselt im Rhythmus von acht Wochen. Dauerangebot bei den Startern ist das handgeschnittene Tatar vom Tafelspitz mit Kapern, Eigelb und Cognac. Bei den Hauptdarstellern ist der Dry-Aged-Cheeseburger immer dabei, ebenso das trockengereifte Steak. Auch Nierenzapfen, Königsberger Klopse oder ein Hühnerfrikassee werden gelegentlich angeboten. Die Tussi-Bratwurst musste weichen, dafür gibt's ein schönet Stück Fleisch mit Gemüse und Kräutern, wobei offen bleibt, welche Fleischpartie in der Pfanne schmurgelt. Das Chateaubriand findet man selten in der Gastronomie, die Speisewirtschaft hatte es im Frühsommer auf der Karte. Beilagen wie Goldtaler, Fritten oder Gemüse bestellt man extra. Die Vorzüge in einem Satz: In lockerem Ambiente gibt es gute Fleischküche von Freilandtieren.
Das alles wird von jungen Leuten serviert, echte Kumpels, aber ohne Keule! Dazu eigenes Bier, Bioweine aus der Naturweinecke und viele Getränke der Berliner Gastroszene.

Der kulinarische Hotspot Markthalle Neun ist nur 400 Meter entfernt.

Goldener Hahn

Bahnhofstraße 3,
03238 Finsterwalde
0 35 31 / 22 14
schreiber-cuisine.de

Größe: 50 Plätze im Restaurant
Preise: Hauptgerichte 15–35 Euro
Kreditkarten: Alle gängigen Karten
Öffnungszeiten: Do–Sa 18–22.30 Uhr; Ruhetage: So–Mi

Kulinarischer Leuchtturm in der Wüste

Es ist nicht einfach, im Süden Brandenburgs außerhalb des Touristenzentrums Spreewald gut zu essen. Eine Ausnahme bietet die Sängerstadt Finsterwalde. Frank Schreiber verwöhnt im Familienrestaurant »Goldener Hahn« seine Gäste mit Neuer Lausitzer Küche. Seine Gerichte sind vom Gruß aus der Küche bis zum Dessert kleine Gemälde aus Produkten der Region. Viele Produzent*innen befinden sich in der Nähe wie die Höfegemeinschaft Ogrosen, die Lamm- und Ziegenfleisch, Ziegenkäse und Gemüse liefert. Schreiber bietet regionale Spezialitäten wie Quark mit Lausitzer Leinöl, Sallgaster Spargel und Fisch aus dem Spreewald, vor allem Saibling. In diesen schwierigen Zeiten ist die Speisekarte reduziert, aber auf gewohnt hohem kulinarischen Niveau.
Zur Spargelzeit im Juni gibt es als Vorspeise gebackenes Ei mit Kohlesalz und Schafsfrischkäse mit grünem Spargel, Radieschen, Haselnüssen, Salatspitzen, Misosenf-Sauerrahm und Trüffel-Honig sowie geräuchertes Saiblingsfilet mit kalter Gurkensuppe, Apfelgurkensalat, Bio-Leinöl und Klee. Bei den Hauptgängen muss eine Entscheidung getroffen werden für Kalbsfilet mit Pilzrahmsauce und Gremolata mit Pfifferlingen, Nussbutterspargel und dreierlei Kartoffel, den Lammrücken mit Weizengras und schwarzem Knoblauch mit Cassoulet vom Sallgaster Spargel mit Bohnen oder die Lammschulter, Röstzwiebelcreme und Buchweizencracker. Die Desserts sind ein Genuss für Auge und Gaumen: Erdbeer-Crêpe-Törtchen mit Waldmeistercreme und Eis, flambierte Erdbeere und Honeycomb sowie Schokoladen-Mille-feuille und Schokoladenküchlein mit Erdbeer-Rhabarber-Salat, Haselnuss-Creme und Salzkaramell-Eis.
Die Getränkekarte listet beste VDP-Weingüter, auch mit offenen Weinen. Ehefrau Iris Schreiber sorgt für perfekte Gastlichkeit und leitet das Personal professionell an. Überdies bietet sie kulinarische Lesungen an.

→ In Schlieben gibt es einen historischen Weinberg mit Hohlweg und dreißig über 400 Jahre alte Weinkeller. Der Weinbauverein bietet im »Langen Berg« Wein aus Bacchus- und Müller-Thurgau-Reben zur Verkostung an.

»Orangerie« im Schloss Ziethen

Alte Dorfstraße 33,
16766 Kremmen,
Ortsteil Groß-Ziethen
03 30 55/ 9 50
schlossziethen.de

Größe: 60 Plätze im Restaurant und große Terrasse
Preise: Hauptgerichte 19–28 Euro
Kreditkarten: Alle gängigen Karten
Öffnungszeiten: Mo–Sa 17.30–21 Uhr; Ruhetag: So

Gehobene Regionalküche mit Herrenhausatmosphäre

Schloss Ziethen am Nordwestrand Berlins trumpft mit der wohl ältesten nachgewiesenen Küche Brandenburgs auf. Das märkische Herrenhaus hat seine Ursprünge im 14. Jahrhundert. Vor fast vier Jahrzehnten wurde es restauriert und ein modernes Hotel eingefügt. Im linken Flügel des Schlosses liegt die »Orangerie« in einem lichten hohen Raum mit großen Bogenfenstern. Festlich eingedeckt, vermittelt sie durchaus Herrenhausatmosphäre. Die Köche um Küchenchef Matthias Lingner setzen möglichst viele regionale Produkte ein, gelegentlich fahren sie zu den Erzeuger*innen ins Havelland und kaufen ein, »was wir so von den Bauern bekommen«. Mit den Produkten des Umlands kommt eine Verbindung aus regionaler, deutscher und internationaler Küche auf den Teller. Einige der verarbeiteten Lebensmittel stammen aus unmittelbarer Nähe wie das Obst und Gemüse vom Rixmannshof im Storchendorf Linum oder der Büffel-Mozzarella von der Paoletta-Käserei in Kremmen. Fleisch liefert die Hakenberger Fleisch GmbH in Fehrbellin, Wild der Jäger Jörn Korte aus der Schorfheide, Bio-Linda-Kartoffeln der Berliner Gemüsehof.
Die Gerichte sind ambitioniert zusammengestellt, Portionierung und Präsentation entsprechen der feinen Gastronomie. Das sieht appetitlich aus und schmeckt! Auf der zweimonatlich wechselnden Karte reizen im Herbst die angerauchten, mit leichtem Dressing und Chips servierten Rüben, Navetten, Pastinaken und roten und gelben Beten. Als Vorspeise gibt es häufig einen frischen Blattsalat mit mariniertem Gemüse oder den Kremmener Mozzarella mit Kirschtomaten und Pesto. Ein Klassiker unter den Hauptgerichten ist das Steak vom Linumer Rind, das zuletzt besonders fein von wildem Brokkoli und hausgemachten Gnocchi begleitet wurde. Ein typisches Herbstgericht ist der Kalbsklops mit Waldpilzen. Vegetarier bestellen gern die mit Feigen und Pecorino gefüllte Pasta mit confierten Tomaten und Rucola. Der freundlich zugewandte Service bringt als Dessert Eis aus der Region an den Tisch oder einen mit Schokolade und Vanille verfeinerten Bienenstich.
Die Weinkarte listet 30 Positionen, vor allem deutsche Anbaugebiete sind vertreten, dazu einige mediterrane Gewächse. Besonders entspannt speist man auf der großen Terrasse mit Blick in den prächtigen Park.

➜ Ein kleiner Rundgang im direkt gegenüberliegenden, höchst eindrucksvollen Park ist empfehlenswert und fördert die Verdauung.

Anglerheim

Oderstraße 16,
15326 Lebus
03 36 04 / 56 91
anglerheim-an-der-oder-lebus.
business.site

Größe: 80 Plätze in der Gaststube, 40 auf der Terrasse
Preise: Hauptgerichte 9–17 Euro
Kreditkarten: EC, Visa
Öffnungszeiten: Täglich 11.30–22 Uhr, So bis 18 Uhr; Ruhetag: Mi

Mehr als guter Fisch – nicht nur für Ostalgiker

Vom »Anglerheim« fällt der Blick über die mit Weiden bestandenen Ufer der Oder hinüber nach Polen: Dort erstreckt sich die »Województwo lubuskie«, die Woiwodschaft Lebus. Lebus, heute Brandenburgs kleinste Stadt, war im Mittelalter die Hauptstadt der Region und Bischofssitz. Das Vereinsgebäude des Anglervereins »Morgenröte« war zu DDR-Zeiten ein gastronomischer Anziehungspunkt. Nach der Wende stand es leer, bis Torsten Neufert es 1997 pachtete. Er stammt aus der Region und hatte im benachbarten Frankfurt die harte Kochausbildung der DDR genossen. Neufert hat wegen der Pandemie aktuell die Verarbeitung ganzer Schweinehälften eingestellt. Gemüse ziehen der Biohof Zielke in Görlsdorf und die Gärtnerei Ott in Gusow. Das »Anglerheim« ist wegen seines breiten Angebots überaus populär.
Davon zeugen die selbst gemachte Bärlauchbratwurst, der Rostbrätel und der Zander auf Gemüse. Ostalgiker fühlen sich bei Soljanka*, Würzfleisch* oder Schweinesteak au four* daheim. Seltene brandenburgische Traditionsgerichte wie Bollenfleisch* vom Lamm werden ebenso angeboten wie Grützwurst mit Kartoffeln und Sauerkraut, im Herbst Kürbis mit Lachs oder Zander. Neuferts große Leidenschaft ist Fisch. Aus dem benachbarten Frankfurter Ortsteil Booßen gibt es ihn täglich frisch. Neufert versteht es, Hecht grätenfrei zuzubereiten. Sein panierter Hecht in Dillsoße ist das beliebteste Gericht. Forellen aus dem Schlaubetal gibt es in verschiedenen Zubereitungen, ebenso Karpfen, die im Wurzelsud oder als panierte Filets aufgetragen werden. Sehr gelungen ist die Bouillabaisse mit Knoblauchbrötchen, zu den Klassikern gehören die Anglersuppe Morgenröte mit Weißfisch oder das Friesensteak (ein überbackenes Schweinerückensteak) mit Garnelen, Tomaten und Käse. Die Portionen sind mächtig.
Die Weinkarte ist übersichtlich.

→ Direkt am Haus führt der Rad- und Wanderweg längs der Oder entlang. Im Frühjahr blühen Adonisröschen. Dazwischen Spuren der blutigen Schlacht zwischen der Roten Armee und dem letzten Aufgebot der Wehrmacht im April 1945.

Der Oderbruch-Hof von Sylvia Nickel bietet Honig und Produkte von der Ziege. Er gehört zur Brandenburgischen Käsestraße (Rathstocker Straße 6 in 15328 Alt Tucheband).

Kaisermühle

Forststraße 13,
15299 Müllrose, Ortsteil
Kaisermühl
03 36 06 / 8 80
hotel-kaisermuehle.de

Größe: 50 Plätze im Gastraum,
50 im Außenbereich
Preise: Hauptgerichte 12–20 Euro
Kreditkarten: Alle gängigen Karten
Öffnungszeiten: Mo–Sa 12–19.30 Uhr;
So 12–16.30 Uhr

Wasser, Wald und Wohlgenuss

Der Ort zwischen Wald und Wasser ist alt, sehr alt. Schon 1495 betrieb ein »Gore Keyser auf der Bretmühle zu Melrase« einen Kupferhammer. Das jetzige Gebäude ist, wenn auch von Grund auf erneuert, um 1680 als Mühle entstanden. Die Alte Schlaube führt am Haus vorbei, hundert Meter weiter der Oder-Spree-Kanal mit Anleger. Der Bahnhof Müllrose ist fußläufig zu erreichen. Constanze Mikeska betreibt das Hotel mit geschmackvoll eingerichteten Zimmern und das Restaurant seit 1997. Am Herd steht Mirko Schultheiß mit seinem Team sieben Tage in der Woche unter Dampf. Die Chefin ist für den Einkauf verantwortlich und hat feste Lieferant*innen aus der Umgebung – es gibt das, was gerade angeboten wird. Auf der Karte stehen Schwein und Rind aus Neuzelle, Wild von der benachbarten Wildfleischerei Sommerfeld. Der Fisch, darunter garantiert heimischer Zander, kommt von der Fischerei Weidner am Groß Oelsener See, Ziegenkäse aus dem Oderbruch. Gemüse, im Frühjahr auch den Spargel, liefert ein naher Bauernhof. Die Köchinnen und Köche gehen mit den Produkten durchaus kreativ um, es macht ihnen Spaß, die Küche anderer Regionen und Länder mit heimischen Produkten zu verbinden. Alle drei Wochen legen sie eine neue Karte vor.
Ausgezeichnet schmecken Streuobstapfel mit Neuzeller Rotwurst und Quittenchutney, Suppe mit Markendorfer Hokkaidokürbis, Preiselbeeren und gereiftem Schafskäse, Wellmitzer Rinderbäckchen und gratinierte Feldfrüchte (vegetarisch). Ein anderes Mal werden Hirschbraten mit glacierten Frühlingszwiebeln und Linsen-Kartoffel-Salat und ein saftiges Kotelett vom Neuzeller Landschwein mit Orangen-Senf-Panade und Kartoffel-Pastinaken-Gratin sowie Wildblattsalat angeboten. Auch eine Brandenburger Landente auf Lebkuchensoße gehört zum Repertoire. Allseits beliebt sind die Wildbratwürste. Auf der Dessertkarte steht der Laugengebäcktaler mit Dörrobst aus der Butterpfanne, dazu Frischkäse-Feige-Honig-Eis.
Die Weinkarte enthält manche Entdeckung. Der Service: aufmerksame, freundliche junge Leute – und die allgegenwärtige Chefin.

→ Nach der Restaurierung der barocken Klosteranlage lohnt Neuzelle einen Besuch. Die Brauerei ist legendär, der historische Weinberg »Scheibe« wieder bepflanzt.

Das Schlaubetal gehört zu den Topwanderrouten. Stationen zum Einkehren und Einkaufen sind der Forellenhof Fünfeichen oder die Brennerei im Schlaubetal in Siehdichum-Rießen.

Landgasthaus Brennerei

Schinkelplatz,
15320 Neuhardenberg
03 34 76 / 60 00
schlossneuhardenberg.de

Größe: 80 Plätze in der Gaststube und der Biergarten
Preise: Hauptgerichte 16–26 Euro
Kreditkarten: Alle gängigen Karten
Öffnungszeiten: Täglich ab 12 Uhr

Gute Landhausküche am magischen Ort

Das weiße Schlossareal Neuhardenbergs mit dem Lenné-Landschaftspark und der Kirche von Preußens Baumeister Karl-Friedrich Schinkel mit ihrem blau-goldenen Sternengewölbe sind wahrhaft magische Orte. Nichts mehr ist zu sehen vom Grau der DDR-Zeit, als der Ort in »Marxwalde« umbenannt und Honeckers Flugzeugflotte stationiert wurde. Nach der Wende hatte ein Investor das Areal erworben und restauriert. Seit der Wiedereröffnung vor zwei Jahrzehnten zeichnet Sebastian Gier für die Hotelküche verantwortlich. Die »Brennerei« bietet gemütliche Wirtshausatmosphäre, einen Biergarten und einige Spezialitäten. Mittlerweile hat Gier Beziehungen zu Produzent*innen der Region geknüpft, um seine Küchenphilosophie umzusetzen. Fürs Wild sorgen Jägerinnen und Jäger aus den Wäldern des Barnim, die Rinder grasen auf den Weiden vor Fort Gorgast, Fisch kommt meist aus den Teichen im benachbarten Altfriedland, die vor 600 Jahren von Mönchen angelegt wurden. Ziegen und ihren Käse liefert der Ziegenhof Zollbrücke. Eine große Rolle spielt der Biohof Pimpinelle im Ortsteil Quappendorf, der Käse und Lammfleisch herstellt.
Die Karte wechselt häufig. Gebackener Quappendorfer Schafsfeta mit Salbei, Landrauchschinken auf Blattsalat oder Oderländer Frühlingsterrine mit Lammfleisch, Wurzelgemüse, Kartoffeln und Majoran sind appetitanregende Vorspeisen. Ein gebratener Oderwels auf grüner Spargelsoße mit Lauch, Kaiserschoten und Kräuterklößchen eröffnet den Reigen der Hauptgerichte. Düfte und Aromen aus dem Morgenland prägen das Oderwiesenlamm mit Kreuzkümmel, Aromaspieß von Kartoffeln, Gemüse und Korianderjoghurt. Die Bouletten vom Wild mit Rotweinzwiebeln und Pastinakenpüree bestechen durch ihre feine Würze. Zum Nachtisch gibt es gebackene Quarkkeulchen* an Zwetschgen-Piment-Kompott. Die Preise für die Gerichte sind moderat, erst recht bei der Zusammenstellung eines Menüs. Hervorragende, vernünftig kalkulierte Weinkarte.

→ Nicht zu vergessen: Auch Musikbegeisterte kommt nicht zu kurz. Laufend gibt es Kulturprogramme, der Geiger Daniel Hope führt hier seine Meisterkurse durch.
Im nahen Dorf Möglin erinnert ein sehenswertes Museum an Albrecht Daniel Thaer, den Begründer der deutschen Agrarwissenschaft, der vor mehr als 200 Jahren die erste Landwirtschaftsakademie aufbaute.

In Bad Freienwalde, Königstraße 7, findet man im Regionalladen »Oderbruchware« Spezialitäten aus dem Oderbruch. Der Genossenschaftsladen mit Café ist zugleich Infopunkt des Slow Food Conviviums Barnim-Oderland.

NEU

Gutshof Kraatz

Schlossstraße 7,
17291 Nordwestuckermark
Ortsteil Kraatz
03 98 59 / 6 39 76
gutshof-kraatz.de

Größe: 50 Plätze im Gasthaus und Terrasse
Preise: Hauptgerichte 10–18 Euro
Kreditkarten: Alle gängigen Karten
Öffnungszeiten: Do, Fr 14–21 Uhr; Sa 9–21 Uhr; So 9–18 Uhr; Ruhetage: Mo–Mi

Weinschänke in der Wildnis

Eine stoßdämpferfeindliche Betonstraße führt durch die wunderschöne Feldberger Seenlandschaft. Auf den ersten Eindruck ist mit der Gemeinde Nordwestuckermark, hart an der Grenze zu Mecklenburg-Vorpommern, das Ende der Welt erreicht. Auf den zweiten Blick entpuppt sich der 800-Einwohner-Ort Fürstenwerder ist eine literarische Adresse! Hier gibt es eine gemütliche Buchhandlung, und hier spielt der 2014 mit dem Leipziger Buchpreis ausgezeichnete Romanbestseller »Vor dem Fest« von Saša Stanišić. Ostwärts gelangt man zum Vorwerk Bülowssiege, einem der schönsten Bauernhöfe der Romantik. Und hier der »Gutshof Kraatz«. Edda Müller und Florian Profitlich haben eine alte Scheune gekauft und eine Apfelweinkellerei aufgebaut, die in Norddeutschland ihresgleichen sucht und bereits viele Preise eingeheimst hat. Von den Streuobstwiesen der Uckermark und den Bahndämmen entlang der stillgelegten Eisenbahnstrecken kommen die Äpfel, die besten werden sortenrein gekeltert. Zuerst konnte vor Ort nur probiert werden, dann entstand eine Weinschänke mit kleinem Imbissangebot, das Edda Müller Schritt für Schritt zu einem Gasthaus entwickelte. Mittlerweile sorgt Mateusz Pszybylski, ein Profikoch aus Polen, für beständige Qualität und Vielfalt. Die regionalen Produzent*innen geben sich ein Stelldichein, vor allem der Demeter-Hof im benachbarten Weggun.
Es gibt eine jahreszeitlich variierte Karte. Wer eine Brotzeit wünscht, erhält nicht nur einen Brotzeitteller, sondern auch Uckermärker Fisch, Forelle oder Wels, alles auf selbst gebackenem Brot. Jeden Donnerstag stehen Piroggen auf der Karte, eine Referenz an die polnische Küche. Wildbratwürste kommen von Richards Wild aus Fürstenberg an der Havel. Häufig im Angebot sind Gulasch-Varianten, mit Apfelwein geschmort, oder auch Rindsrouladen vom Angus-Rind. Vom Milchschafhof in der Nähe kommt Schafs-Feta als Salatbeigabe, wie es überhaupt ein gutes vegetarisches Angebot gibt.
Und selbstverständlich wird zu allem der jeweils passende Apfelwein empfohlen. Am Samstagabend lädt der Gutshof mit einem Gastkoch zu einem Thema ein, darunter Weltküche bis nach Japan. Oder Ex-Tatort-Kommissar Mario Kopper liest zu italienischer Folklore aus seinen Büchern. So bringt der Gutshof eine bunte Welt in die einsame Landschaft.

Im Marstall von Schloss Boitzenburg wird Schokolade hergestellt, es gibt verführerische Torten und selbst hergestelltes Eis. Neu ist eine eigene Brauerei. Vor allem: Man kann bei der Produktion zusehen.

Landhotel Potsdam

Reiherbergstraße 33,
14476 Potsdam-Golm
03 31 / 60 11 90
landhotel-potsdam.de

Größe: 90 Plätze im großen Restaurant, 32 im kleinen, 35 auf der Terrasse
Preise: Hauptgerichte 17–21 Euro
Kreditkarten: Alle gängigen Karten
Öffnungszeiten: Di–Sa 18–22 Uhr; Ruhetage: So, Mo

Regionales Essen zu fairen Preisen

Das kleine, von Grund auf frisch renovierte Landhotel Potsdam liegt in der Nähe von Park Sanssouci im Potsdamer Ortsteil Golm, einem bedeutenden Wissenschaftsstandort Brandenburgs. Mit guten Produkten der Region werden im geschmackvoll eingerichteten Hotelrestaurant regionale und saisonale Gerichte serviert. Für viele Produkte sind die Wege kurz, der Fisch kommt vom Fischer Kühn aus Werder, der Käse aus der Hofkäserei Hennig in Werder-Töplitz. Äpfel, Wildkräuter, Fichtensprossennadeln und Weintrauben werden am Reiherberghang hinter dem Haus geerntet.
Aus der saisonalen Karte ist die gut abgeschmeckte Kürbiscremesuppe mit Kernöl und gerösteten Kürbiskernen zu empfehlen. Aus der regionalen Karte gefällt der rosa Hirschrücken mit Schnittlauchsauce, Trauben und eingelegtem Rettich. Als regionales Hauptgericht ist der Tagesfang von Fischer Kühn mit Weißweinsauce, Roter Bete und Kartoffel-Meerrettich-Stampf an diesem Tag ein perfekt gebratener Bachsaibling. Fleischesser werden mit einem Schweinebraten vom Apfelschwein in eigener Sauce mit Preiselbeeren, Butterspätzle und glaciertem Wurzelgemüse verwöhnt, während das Kürbis-Risotto mit Mangold, geröstetem Buchweizen und roter Zwiebel vegetarisch ist. Die saisonale Karte bietet hausgemachte Gnocchi mit geröstetem Kürbis, Parmesan und Salbeibutter oder Schnitzel aus dem Schweinerücken mit Gurkensalat und Bratkartoffeln an. Auch die Desserts überzeugen mit einem Orangen-Financier mit eingelegten Brombeeren, Mandelchip und Buttermilch und Dreierlei Sorbet von regionalen Obstsorten.

Hofkäserei Hennig, Weinbergstraße 18, 14542 Werder (Havel), OT Töplitz.

Landgut Schönwalde

Dorfstraße 31,
14621 Schönwalde-Glien
030 / 65 21 79 89
daslandgut.de

Größe: 20 Plätze im Restaurant, 100 Terrasse und Biergarten
Preise: Hauptgänge 10–19 Euro
Kreditkarten: EC, Master, Visa
Öffnungszeiten: Fr 16–21 Uhr; Sa 11–21 Uhr; So, Feiertage 11–20 Uhr; Ruhetage: Mo–Do

Radikale Landküche im Havelland

Das »Landgut Schönwalde«, 1437 als Rittergut urkundlich erwähnt, wurde im 18. Jahrhundert zu einem Schlossgut umgebaut und war bis in die frühe Nachkriegszeit ein barockes Schmuckstück. Nach 2007 wurde aus dem 17 Hektar großen Landgut Schönwalde ein Reit- und Tourismuszentrum mit Poloplatz, Gastronomie und Gästehaus. Die radikale Landhausküche setzt auf regionale, oft lokale Produkte. Einiges stammt aus dem Garten des Landguts, Lamm vom Schäfer Kolecki, Wild aus Brieselang, Kaninchen und Geflügel aus Bötzow.
Der Gruß aus der Küche ist oft selbst gebackenes Sauerteigbrot mit selbst hergestelltem Schmalz. Zur Einstimmung überzeugen eine geschmackvolle Kaninchenbouillon mit Crostini oder der karamellisierte Ziegenfrischkäse mit Unkrautsalat. Zum Hauptgang bietet die herbstliche Karte neben Blanket vom Dorfkaninchen mit roter Bete und Bulgur, Kalbsfilet und -zunge mit sautiertem Gartengemüse auch Polenta mit Fenchel und Salzzitronen an. Zwei Personen können den Landgutschmaus wählen: Wie früher nach der Ernte wird alles, was die Küche hergibt (Salat, Fleisch, Gartengemüse, Beilagen und Soße), serviert. Zu dieser Gelegenheit werden auch kleinere Erträge aus dem eigenen Garten oder ein Einzelstück Wild verarbeitet, ein nachhaltiger Ansatz. Zum Ausklang verführt der Kuchen, frisch aus dem Ofen oder Omas Schokopudding mit Vanillesoße. Bei schönem Wetter laden Terrasse oder Biergarten zum Verweilen ein.

→ Jeden Freitag findet auf dem historischen Landgut Schönwalde ein Markt statt mit hochwertigen Lebensmitteln aus der Region. Die Marktschwärmerei findet wöchentlich statt: von März bis Ende Oktober von 17 bis 18.30 Uhr, November/Dezember von 16 bis 17.30 Uhr; Winterpause von Januar bis Anfang März. Weitere Informationen mit den Produzent*innen und Produkten unter marktschwaermer.de/de-DE/assemblies/11939.

Am Fischerkietz

Am Fischerkietz 6,
15344 Strausberg
0 33 41 / 49 79 00
restaurant-fischerkietz.de

Größe: 60 Plätze im Restaurant
Preise: Hauptgerichte 15–20 Euro
Kreditkarten: Alle gängigen Karten
Öffnungszeiten: Ab 12 Uhr; Ruhetage: Mo, Di

Regional schlemmen mit Seeblick

Strausberg bei Berlin ist seit 300 Jahren Garnisonsstadt, in der es gute Gastronomie nie leicht hatte. Seit einigen Jahren etabliert sich das Restaurant »Am Fischerkietz« in der Altstadt direkt am Straussee im ersten Stock eines Tagungs- und Gastronomiebetriebs. Die Glastüren des modern eingerichteten Restaurants öffnen sich zur großen Terrasse mit Blick auf den See – ein Idyll. Küchenchef und Inhaber Sebastian Marquardt macht es sichtlich Spaß, am Straussee mit Produkten der Region zu arbeiten. Seinen Fisch bezieht er von Hannes Böhm in Prötzel-Harnekop, und in Alexander Schmidt fand er einen Jäger, der auf Drückjagden verzichtet. Das Fleisch bezieht er vom Landhof Rahlf in Ahrensfelde, der Wert auf artgerechte Haltung legt. Von dort kommen Enten und Gänse aus dem Freiland und Gemüse. Ziegenmilchprodukte liefert der Karolinenhof bei Kremmen. Besonders schätzt Marquardt die Kräuterlounge in Altlandsberg mit ihren seltenen Kräutern und Gewürzen. Der Pandemiebedingungen wegen hat Marquardt einen Teil seines Angebots auf Abholung oder Lieferdienst umgestellt.
Nicht mehr als jeweils vier Gerichte stehen bei Vorspeisen, Fisch, Fleisch und Desserts auf der Karte, dazu zwei Suppen und ein vegetarisches Angebot. Gute Vorspeisenbeispiele sind die geräucherte Gänsebrust mit Quitte und Kürbis und der Kalbstafelspitz mit Blumenkohl, Aprikose und Pulpo. Als Hauptgänge sind die geschmorten Rinderbäckchen mit Wurzelgemüse und Petersiliengraupen oder der Zander mit Schmorgurken und Schnittlauchpüree zu nennen. Überzeugend die saisonale Ausrichtung auch bei den Wildgerichten: Die rosa gebratene Hirschkeule mit Blumenkohl und Pfifferlingsknödel gibt es nur zur passenden Zeit.
Auf der Weinkarte stehen deutsche Tropfen mit Präferenz für das Saale-Unstrut-Weingut Lützkendorf, dazu fair kalkulierte offene Weine. Empfang und Service sind freundlich und aufmerksam.

→ Im Schloss- und Landschaftspark Garzau steht die rätselhafte und größte Feldsteinpyramide Deutschlands.

Die Bioimkerei Lahres in Garzau (Alte Heerstraße) bei Strausberg bringt 500 Bienenstöcke im Umkreis von 300 Kilometern zu den richtigen Standorten. Große Honigvielfalt.

Hammers Landhotel

Genshagener Straße 1,
14513 Teltow-Ruhlsdorf
0 33 28 / 4 14 23
hammers-landhotel.de

Größe: 80 Plätze im Gastraum, 60 im Garten
Preise: Hauptgerichte 15–28 Euro
Kreditkarten: EC, Master, Visa
Öffnungszeiten: Di–Sa 16.30–21.30 Uhr, Feiertag ab 12 Uhr; Ruhetage: So, Mo

Teltower Rübchen trifft Bison

Um das Jahr 1800 kaufte der Urgroßvater von Marion Korn das Haus im Teltower Ortsteil Ruhlsdorf. Seine Nachfolger entwickelten es zum kulturellen Zentrum des Dorfs. Nach dem Mauerfall wurde »Hammers Landhotel« grundlegend saniert. Im Kaminzimmer sitzt man besonders schön, aber auch im Kornzimmer oder in der roten Stube schmeckt das Essen ausgezeichnet. Von Mai bis September wird der Sommergarten im Innenhof mit Sommerhaus und alter Linde geöffnet. Dann bleiben die Gasträume geschlossen. Küchenchef Steven Barth wechselt regelmäßig die saisonal angepasste Tageskarte. Eine Bisonzucht ist im Aufbau, die Tiere grasen ganzjährig auf der Ruhlsdorfer Weide. Ihr Fleisch steht schon jetzt des Öfteren auf der Karte, es kommt von der Bisonfarm Essel im Aller-Leinetal.

Das regional wichtigste Produkt ist das wunderbare Teltower Rübchen*, das ab Oktober in Variationen angeboten wird. Die Teltower-Rübchen-Suppe oder glacierte Teltower Rübchen stehen dann fast kontinuierlich auf der Karte. Es schmeckte allerdings auch die Kürbiscremesuppe vom Bio-Hokkaido mit karamellisierten Kürbiskernen und Kürbiskernöl. Probierenswert ist die Bisonbratwurst mit Süßkartoffelpommes und Trüffelmayonnaise, der Bisonburger und das Rumpsteak vom Bison mit Trüffelpüree, Bohnen im Speckmantel und Sauce béarnaise. Für den größeren Hunger empfiehlt sich Hammers Landhauspfanne mit Hähnchenbrust, Rindersteak und Schweinerücken. In der Vorweihnachtszeit steht die Gans im Mittelpunkt. Für vegetarisch lebende Menschen werden Emmis vegetarischer Burger, Salate sowie Nudel- und Kartoffelgerichte angeboten. Bei den Desserts gefiel die Tonkabohnen-Crème-brûlée mit Eis von der Valrhona-Schokolade.

Die Weinkarte ist ambitioniert. Die Hausweine Grauer Burgunder »Weißer Bison« und der Spätburgunder »Schwarzer Bison« stammen von der Nahe; auch Österreicher liegen im Keller.

➜ Teltower Rübchenfest am letzten Sonntag im September in Teltow-Ruhlsdorf.

Bestellungen über einen Lieferdienst möglich.

Landgasthof zum grünen Baum

Dorfstraße 57,
17268 Temmen-Ringenwalde
03 98 81 / 4 40 16
landgasthofzumgruenenbaum.de

Größe: 40 Plätze im Gastraum, 60 im Außenbereich
Preise: Hauptgerichte 7–16 Euro
Kreditkarten: Keine
Öffnungszeiten: Mo, Mi, Do 12–14.30 und ab 17 Uhr; Fr–So ab 12 Uhr durchgehend; Ruhetag: Di

Feine regionale Landhausküche im Biosphärenreservat

Im Herzen des Biosphärenreservats Schorfheide-Chorin, dort, wo die Uckermark beginnt, haben Katharina und Markus Räthel vor einem Jahrzehnt ein herausragendes Restaurant mit originell rustikalem Charme einschließlich Pension aufgebaut. Feine Landhausküche mit vielen Produkten der Region ist hier kein Werbespruch, sondern tiefe Überzeugung. Koch Markus Räthel kann exakte Auskunft über die Herkunft seiner Produkte geben, er kennt die Produzent*innen persönlich. Das Fleisch der Landfleischerei Buckow – Mastrinder aus der Schorfheide und das Schorfheider Molkeschwein, gefüttert mit Molke der Molkerei Hemme – ist von guter Qualität und wird durch die Zubereitung geschmacklich betont. Aus den endlosen Wäldern der Schorfheide kommt im Herbst das Wild. Vegetarier*innen müssen hier nicht darben. Im Sommer und Herbst liefert der heimische Garten frische Kräuter, Gemüse und Obst – oder es kommt aus der näheren Umgebung. Weitere Kräuter kommen von der Wildsameninsel Temmen. Käse wird von der Käserei Wolthers Uckerkaas bezogen. Die Bäckerei Hakenbeck in Friedrichswalde backt ein »Räthel-Brot«, das besonders beim Vesperteller zur Geltung kommt.
Als Vorspeisen überzeugen die Salatvariation mit gerösteten Kernen und Backpflaumen, das Rote-Bete-Carpaccio sowie die Bärlauchsuppe. Bei den Hauptgerichten waren das Hüftsteak vom Schorfheider Mastrind mit gebackenen Kartoffelecken, Rotweinzwiebeln und Salat und das Schnitzel Wiener Art vom Schorfheider Molkeschwein mit Bratkartoffeln und Rotkohlsalat von bester Qualität; begleitet wurden sie von mit Parmesan überbackenen Salbeignocchi. In der Saison gibt es Spargel aus dem Oderbruch, im Spätherbst die Uckermärker Freilandgans vom Straußenhof Berkenlatten.
Die Weinkarte wechselt, passend zu den Jahreszeiten und Gerichten. Der Service ist freundlich und kompetent.

→ Die Reaktivierung der Schorfheide-Bahn Eberswalde–Templin, die hier einen Haltepunkt hat, brachte neuen Aufschwung. Deshalb ist eine Reservierung ratsam.

Der Hauptort Temmen bietet Interessantes: eine Wildsameninsel und den Hofladen des Gutes Temmen, der u. a. Temmener Stracke anbietet, die in Patenschaft der hessischen Ahlen Wurscht entsteht und hier in den Kellergewölben reift.

»Restaurant 1A« im Hotel Reuner

Machnower Chaussee 1A,
15806 Zossen
0 33 77 / 30 13 70
hotel-reuner.de

Größe: 70 Plätze im Restaurant
Preise: Hauptgerichte 14–27 Euro
Kreditkarten: Alle gängigen Karten
Öffnungszeiten: Täglich 11.30–21.30 Uhr

Cuisine naturelle und Familiensynergie

Peter Reuner hat ein Hotel in Zossen und einen Gasthof in Baruth-Glashütte aufgebaut. 2015 hat er Hotel und Restaurant in Zossen an Sohn Daniel übergeben, den Gasthof in Glashütte an Sohn Christian. Er selbst verkauft in seinem Konsum-Laden in Glashütte überwiegend das, was die Reuner-Familie selbst produziert. Es gibt Wurst im Glas, luftgetrocknete Wurst und Schinken, frisches Fleisch von selbst aufgezogenen Lämmern oder selbst geschossenem Wild. Dazu Brot und Gemüse, selbst gebacken bzw. angebaut – eine fein ausgeklügelte Familiensynergie. Sohn Daniel hat Gastronomie einschließlich Stationen in renommierten Häusern von Grund auf gelernt. Hinter dem Hotel Reuner liegt ein großer Gemüse- und Kräutergarten. Dort weiden Kamerunschafe, die ihren Weg auf die Speisekarte finden. Was nicht aus eigener Produktion kommt, stammt aus unmittelbarer Umgebung: Fisch vom Motzener See, Schweinefleisch aus dem Nachbardorf Saalow. Daniel Reuner bezeichnet seinen Kochstil als »Cuisine naturelle«: Das Essen muss unverfälscht, saisonal und regional und mit handwerklicher Meisterschaft auf den Tisch kommen. Neben einigen Akzenten aus der internationalen Küche stehen immer regionaltypische Gerichte auf der Karte.

Beispiel sind das kultige Würzfleisch* vom Schwein oder die knusprige märkische Forelle mit Mandelbutter, regionalem Gemüse und Dillkartoffeln. Das Fleisch beim Zossener Wildlammspieß ist zart. Weitere Gerichte sind der Märkische Wildteller mit dreierlei Wildfleisch und der Branden-Burger aus Wildragout mit karamellisierten Apfelscheiben und Preiselbeerrotkohl zwischen zwei Scheiben Kartoffelklößen. Beliebt ist das Schnitzel oder Filet vom Saalower Kräuterschwein mit gebratenen Champignons. Bei den auch visuell feinen Desserts überzeugen Schokoladenmousse, Waldmeistergelee, Pistazieneis, Panna cotta und Parfait. Es gibt zwei vegetarische und ein veganes Gericht.

Der Service: junge, freundliche, aufmerksame Leute. Man spürt, dass Reuner Vizechef des Brandenburgischen Dehoga ist: Sein Ruf als fairer Chef und strenger Ausbilder ist ihm wichtig.

→ Das Museumsdorf Glashütte bei Baruth lohnt einen Besuch. Man kann die alte Glasbläserei von 1714 besuchen, kleine Handwerksgeschäfte, den Gasthof und Konsum der Familie Reuner. Direkt daneben der Weinsalon mit Brandenburg-Weinen.

Hessen

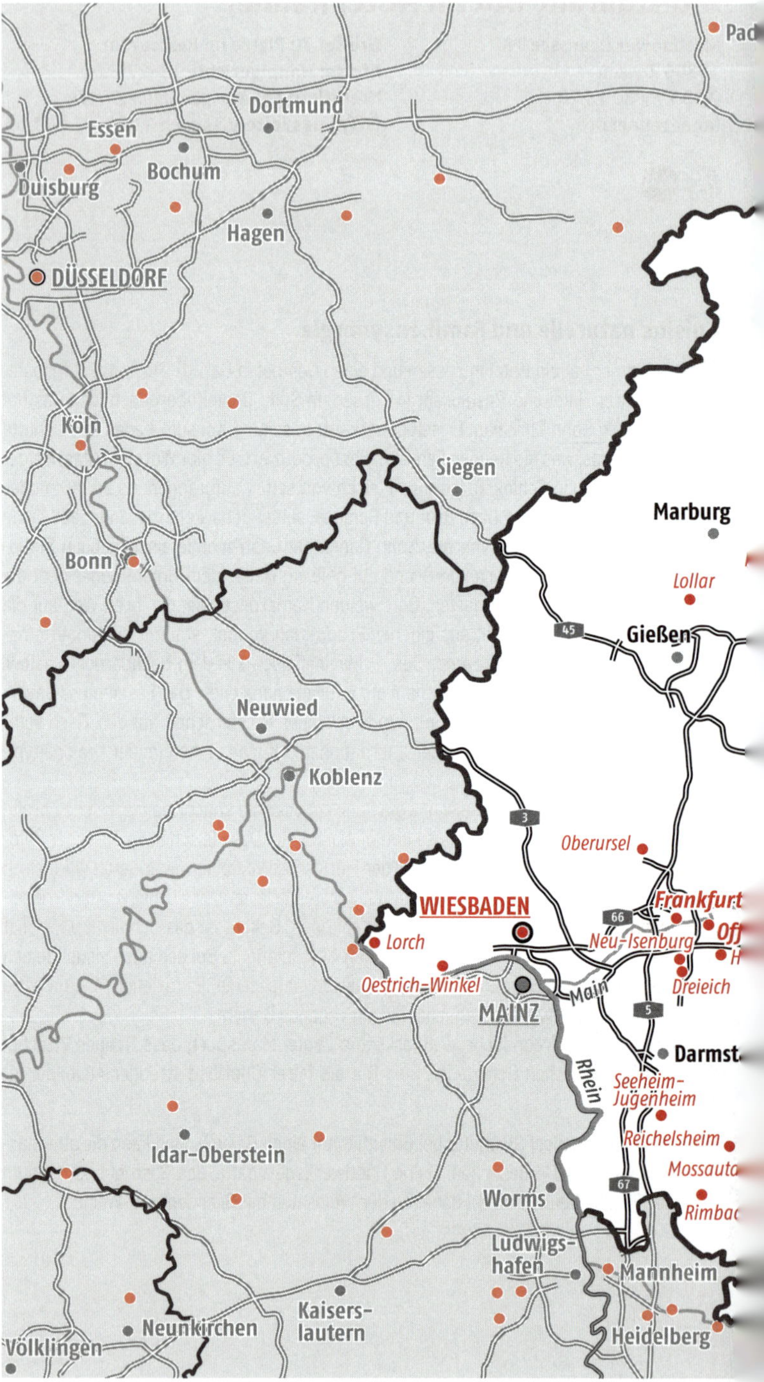
Pad
Dortmund
Essen
Bochum
Duisburg
Hagen
DÜSSELDORF
Köln
Siegen
Marburg
Bonn
Lollar
45
Gießen
Neuwied
Koblenz
3
Oberursel
Frankfurt
WIESBADEN
66
Off
Lorch
Neu-Isenburg
Oestrich-Winkel
Main
Dreieich
MAINZ
5
Darmst
Rhein
Seeheim-Jugenheim
Reichelsheim
Idar-Oberstein
Mossaut
67
Worms
Rimbac
Ludwigs-hafen
Mannheim
Kaisers-lautern
Neunkirchen
Heidelberg
Völklingen

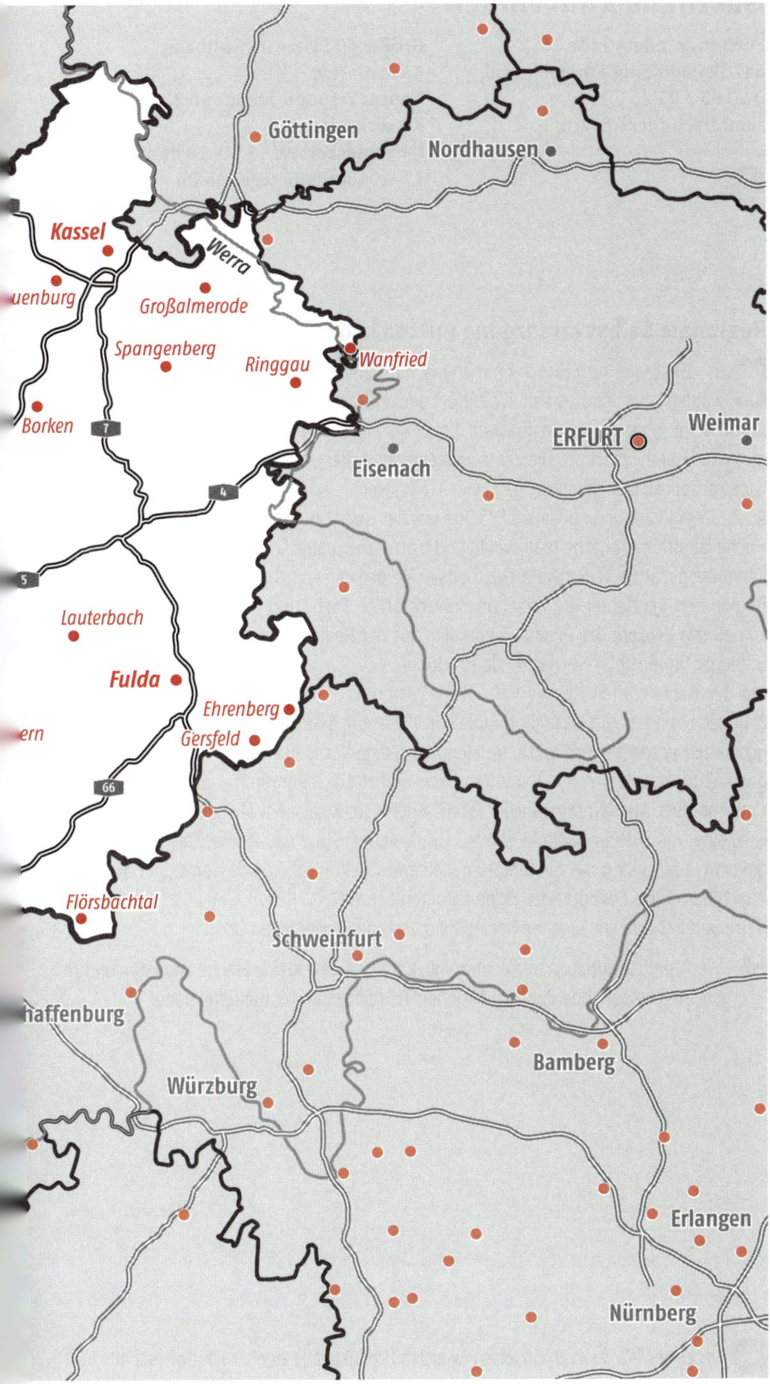
Göttingen
Nordhausen
Kassel
Werra
uenburg
Großalmerode
Spangenberg
Ringgau
Wanfried
Borken
7
ERFURT
Weimar
Eisenach
4
5
Lauterbach
Fulda
Ehrenberg
Gersfeld
ern
66
Flörsbachtal
Schweinfurt
haffenburg
Bamberg
Würzburg
Erlangen
Nürnberg

Hessen

Gasthaus Zum Hirsch

Fürstengrunderstraße 36,
64732 Bad König-Fürstengrund
0 60 63 / 91 25 20
zumhirsch-fuerstengrund.de

Größe: 40 Plätze im Gasthaus, 45 im Garten
Preise: Vesper 8, Menüs ab 23 Euro
Kreditkarten: EC
Öffnungszeiten: 11.30–14 und 17–20 Uhr; Ruhetage: Di–Do

Regionale Selbstversorgung mitten in der Odenwälder Natur

Das »Gasthaus zum Hirsch« mit angeschlossener Landwirtschaft mitten in der Odenwälder Natur gibt es seit 1762. Küchenchef Rainer Schäfer, gemeinsam mit Ehefrau Sigrid auch Inhaber des Gasthauses, kocht vor allem mit Produkten aus eigener Erzeugung und Landwirtschaft. Die Ernte vom eigenen Acker und aus dem neuen Gewächshaus wird konserviert, eingefroren, getrocknet, eingekocht und im alten Gewölbekeller gelagert. Auch Sauerkraut und süßsaure Früchte werden selbst hergestellt. Schäfers Odenwälder Küche ist althergebracht, traditionell und trotzdem kreativ. Das Gasthaus gehört zur Marketingkooperation »Odenwald-Gasthaus«. Sie proklamiert Qualität und Frische aus der Region und verzichtet auf Geschmacksverstärker, Farb- und Konservierungsstoffe. Bis zu neunzig Prozent der Produkte kommen aus der Region. Benachbarte und befreundete Erzeuger*innen liefern ergänzende Produkte.

Auf der Karte stehen Keeskadoffel (Käsekartoffeln), Firchtegrinner Schnitzel (Fürstengrunder Schnitzel mit Käse) und Alles von Unserem, eine Zusammenstellung ausschließlich selbst erzeugter Produkte. Im Menü wird eine Vorspeisensuppe serviert, als Hauptgang Wildschweinfilet mit Kartoffeltalern und Preiselbeer-Pfeffer-Soße, zum Dessert Bauernhofeis. Als Selbstversorger ist die Küche stark saisonal ausgerichtet. Im Frühjahr wird eine Odenwälder Lachsforelle mit Spargelnudeln und hausgemachter Bärlauchpaste gekocht. Deftig sind die gestampften Gälriewe (gelbe Rüben) mit Schweinebauch, zum Abschluss erfreut ein duftiger Birnen-Quitten-Strudel.

Säfte und Schorle aus eigener Herstellung, Brände vom eigenen Obst.

➜ Wer Gemüse anbauen und ernten will, kann hier eine kleine Fläche anmieten und sich beraten lassen. Ebenfalls im Angebot: Teilnahme an der Kartoffelernte.

Unter der Marke »Von Unserem« werden Produkte aus eigener Landwirtschaft vermarktet, auch Biohonig.

Gasthof Hack

Hoheneicher Straße 2,
34582 Borken-Kerstenhausen
0 56 82 / 99 60
gasthofhack.de

Größe: 25 Plätze in der Gaststube
Preise: Hauptgerichte 15–21 Euro
Kreditkarten: EC, Master, Visa
Öffnungszeiten: Fr, Sa ab 17.30 Uhr; So 12–14 Uhr; Ruhetage: Mo–Do, weitere Termine nach Vereinbarung

Aus der Sternegastronomie zurück zum Landgasthof

Von außen ist der »Gasthof Hack« ein normales Dorfgasthaus, und am Stammtisch genießen die Männer des Dorfs ihr Feierabendbier. Doch das Ambiente verändert sich Schritt für Schritt. An der Theke vorbei geht es in eine freundliche Stube. Im Service sind die Eltern von Patronin Katja Hack aktiv. Sie hat bei Manfred Schwarz im »Deidesheimer Hof«, bei Björn Freitag und als Küchenchefin bei Frank Buchholz in Mainz gearbeitet hat. Nach den Lehrjahren ist sie aufs Land zurückgekehrt. Soweit möglich, wird regional eingekauft. Mehl kommt aus der örtlichen Mühle. Fleisch und Wild wird weitgehend vom Metzger Kramer im Nachbarort Nassenerfurth bezogen, der selbst schlachtet. Wenn er ein Mangalitza-Wollschwein aus eigener Aufzucht anbietet, greift Katja Hack zu. Der Käse kommt vom Kellerwaldhof in Bad Zwesten. Die traditionellen Gerichte werden von Einheimischen eher selten bestellt. Wenn sie essen gehen, soll es nicht so sein wie zu Hause! Hack schafft es, den weißen Fleck der kulinarischen Landkarte Nordhessens kleiner werden zu lassen.

Die Speisekarte ist erfreulich klein, die üblichen Schnitzel sind verbannt. Dafür wird sie häufig nach Jahreszeit und Angebot gewechselt. Zwei Suppen, vier Zwischengerichte, davon zwei vegetarische, zwei Fischgerichte, fünf Hauptgerichte und drei Desserts werden angeboten. Zum Auftakt wird hausgebackenes Brot mit Schnippchen, einem nordhessischen Aufstrich, gereicht. Sonntags wird ein – sehr beliebtes – Drei-Gänge-Menü gekocht; die Preise sind ländlich moderat. Da gibt es zum Beispiel ein kaltes Gurkensüppchen mit Sauerrahm, einen knusprig panierten Fisch auf warmem Kartoffelsalat in Bechamelsoße mit Blattsalat oder ein ambitioniertes Rinderfiletmedaillon mit Trüffeljus, glasiertem Gemüse und Kartoffel-Sellerie-Püree. Als Dessert kommt ein Holunderblütenparfait mit Erdbeersalat und Minze. Stammgäste werden mit Angeboten wie Ahler Wurscht*, Bratwurst oder Strammem Max nicht vergessen. Schnippchen und Variationen des Duckefetts* werden beständig angeboten. Auch das Sulperknochenessen* ist regional verwurzelt.

Alte Backstube

Carl-Schumacher-Weg 3,
63303 Dreieich-Götzenhain
0 61 02 / 30 00 23
alte-backstube.de

Größe: 100 Plätze im Gastraum, 80 unter Bäumen
Preise: Hauptgerichte 6–16 Euro
Kreditkarten: Keine
Öffnungszeiten: Täglich 11–20 Uhr

Schönes Ausflugsziel – Einkaufskorb nicht vergessen!

Die »Alte Backstube« liegt in einem wunderbar ruhigen Landidyll mit kleinem See. Kein Dresscode ist zu beachten, es treffen sich Reitervolk und Golfspielende, Radfahrende und Wandernde oder Familien mit ihrem Nachwuchs, der unter Bäumen oder auf dem nahen Spielplatz glücklich ist. Die Selbstbedienung am Tresen wird mit reichlich kundigem Personal zügig abgearbeitet, Sonderbestellungen flexibel erledigt. In der Gaststube werden die Speisen am Tisch serviert.

Die Küche bringt bodenständige Angebote auf die Karte, nach Möglichkeit aus eigener Produktion. Wichtigster Lieferant ist die eigene Metzgerei. Zusätzlich lockt eine Angebotstafel mit saisonalen Gerichten. Immer gut sind die Teller aus der erweiterten Wurst- und Kuchenküche, wie es Patronin Catharina Schumacher formuliert. Es finden sich aber auch vegetarische Quiches und ein Fischgericht. Und es wird die deftige hessische Vesperküche geboten: Handkäs, Kochkäs, Schweinskopfsülze, Grüne Soße in unterschiedlichen Kombinationen. Von der Standardkarte sind die eigenen Bratwürste und die Frikadellen mit Kartoffelsalat besonders beliebt. Attraktiv ist die nachmittägliche Kuchenkarte mit Leckereien aus der eigenen Bäckerei und Konditorei. Spezialitäten wie den Rehrücken (das ist ein Kuchen!) oder Strudelvarianten gibt es nur sonntags, frische Blechkuchen, Frankfurter Kranz und anderes wird täglich produziert.

Zum regionalen Speisenangebot fehlt eigentlich nur ein passender Apfelwein. Die Traubenweine werden vom familieneigenen Pfälzer Weingut Schumacher in Herxheim am Berg importiert.

➜ Der Garten ist im Winter geschlossen.
Die »Alte Backstube« sollte nicht mit dem Gutsrestaurant »Hofgut Neuhaus« verwechselt werden, das eine klassisch französisch ausgerichtete Küche anbietet – unter der gleichen Anschrift.

Der Außer-Haus-Verkauf wird fortgeführt. Im Verkaufsladen (10–19 Uhr) gibt es Wurst- und Schinkenspezialitäten aus eigener Metzgerei, Kuchen, Torten, Brot und weiteres Selbstgemachtes.

krenzers rhön

Eisenacher Straße 24,
36115 Ehrenberg (Rhön)-Seiferts
0 66 83 / 9 63 40
rhoenerlebnis.de

Bio

Größe: 80 Plätze in der Wirtsstube
Preise: Hauptgerichte 8–18 Euro
Kreditkarten: EC, Master, Visa
Öffnungszeiten: Zurzeit ist das Restaurant ausschließlich für Hotelgäste geöffnet. Änderungen auf der Webseite.

Rhöner Regionalität zu Ende gedacht

Der Gasthof »krenzers rhön« – früher »Zur Krone« – liegt östlich von Fulda und wird seit über drei Jahrzehnten von Jürgen Krenzer geführt. Er hat eine Apfelschaukelterei, einen Laden für eigene Apfelprodukte und das »Rhöner Apfel-Sherry-Theater« rund um das historische Gasthaus aufgebaut. Gaststätte und Hotel wurden mit biologischen Baumaterialien liebevoll restauriert. Die Küche ist frisch und geschmackvoll und verarbeitet mit ihrem radikal-regionalen Konzept das, was die Rhön zu bieten hat. Schwerpunkte sind das Rhönschaf und Äpfel. In der Küche ist Annemarie Schrödl die Teamchefin. Sie setzt Krenzers Ideen und gelegentlich Oma Annas Rezepte kulinarisch um. Die Liste der regionalen Lieferant*innen ist eindrucksvoll, Transparenz wird großgeschrieben.

Als Vorspeisen werden die traditionelle Krempelsopp*, einige Salate, Gerichte von der Rhöner Bachforelle und auch Vegetarisches angeboten. Höhepunkte sind die Gerichte vom Rhönschaf. Besonders spektakulär ist die am Tisch tranchierte ganze Lammkeule mit Bärlauchpesto, Holzofenbrot, Kartoffelklößen und knackigem Pfannengemüse. Aber auch das deftige Weißbiergulasch vom Weiderind und das Brutzelfleisch vom Rhöner Schwein schmecken ausgezeichnet. Die Hackfleisch-Kraut-Pfanne ist seit Jahren unverändert gut. Spezialgerichte wie den Flurgönder*, einen heißen Schwartenmagen* mit Nudeln, gibt es nur an wenigen Tagen. Auch Brotzeiten und Käse, handwerklich und regional produziert, sind im Angebot. Auf der Karte finden sich viele kleine Gerichte, die Neiseln, die zum Probieren einladen. Als Nachspeise gibt es hausgemachtes Eis. Von vielen Gerichten wird eine kleinere Portion abgeboten.

Die Getränkekarte dominieren die zum Teil sortenreinen Apfelweine, dazu Apfelsecco und viele Apfeldessertweine. Bier, Saft, Wasser und Spirituosen aus der Rhön kommen meist von Ökobetrieben. Eine kleine Auswahl Traubenweine steht ebenfalls auf der Karte. Alkoholfreie Getränke kommen aus regionaler Bioproduktion, zum Beispiel der Bioapfelsaft von heimischen Streuobstwiesen. Der Kaffee ist bio und fair.

→ Auf Anfrage können Tagesgäste einen von Hotelgästen unbelegten Tisch reservieren.

Im angeschlossenen Kernhaus-Laden kann man Apfelsherry, -secco, -wein und andere Produkte aus eigener Produktion kaufen.

Mümlingstube

Hauptstraße 16,
64711 Erbach
0 60 62 / 33 79
muemlingstube.de

Größe: 65 Plätze in der Gaststube und die Terrasse
Preise: Hauptgerichte 9–16 Euro
Kreditkarten: EC, Master, Visa
Öffnungszeiten: 12–14 und 18–22 Uhr; Ruhetag: Do ab 14 Uhr

Einfach-ehrliche Regionalküche im Luftkurort

Seit 1976 gibt es die »Mümlingstube«, ein einfaches, gemütliches Gasthaus in der Stadtmitte des Luftkurortes Erbach im Odenwaldkreis. Nicht weit entfernt liegt das schöne Schloss Erbach, an dem die Mümling vorbeifließt, die diesem Haus mit dem hellen und freundlichen Gastraum seinen Namen gab. Die »Mümlingstube« gehört seit mehr als zehn Jahren zur Marketingkooperation Odenwald-Gasthaus. Die gastronomische Vereinigung verzichtet konsequent auf Geschmacksverstärker und andere Segnungen der Chemie. Der Großteil der hier verarbeiteten Produkte kommt unmittelbar aus der Region.
Küchenchef Dieter Mohr kocht Odenwälder Schlemmerschnitzel und eine gesottene Ochsenbrust mit Meerrettichsoße, Salzkartoffeln und Roter Bete. Die Odenwälder Forelle kommt traditionell Blau oder Müllerin Art auf den Tisch. Ungewöhnlich ist das Odenwälder Vierkäseschnitzel, überbacken mit Kräuter-Zikli, Nibelungenkäse, Mossautaler und Kellerkäse, dazu gibt es Bratkartoffeln und einen Salatteller. Zu der Schnitzelvielfalt des Hauses zählt das Schweineschnitzel, gefüllt mit Bärlauchpesto und Tomaten, abermals mit Bratkartoffeln und Salatteller. Als weitere Odenwälder Spezialität wird ein hausgeräuchertes Forellenfilet mit Sahnemeerrettich, Kürbisbrot und Butter gereicht. Das Wild wird in gräflichen Forsten erlegt.
Weine einer Winzergenossenschaft und Biere der Privatbrauerei Michelsbräu stehen auf der Getränkekarte.

→ Kulinarische Aktionswochen quer durch die Jahreszeiten, vom Odenwälder Lamm zu Ostern bis zur Weihnachtsgans am Jahresende.

Flörsbacher Hof

Vockeweg 1,
63639 Flörsbachtal-Flörsbach
0 60 57 / 7 90
floersbacher-hof.de

Größe: 50 Plätze im Gastraum
Preise: Hauptgerichte 12–24 Euro
Kreditkarten: EC, Master, Visa
Öffnungszeiten: Mi–Sa 12–14 und 18–22.30 Uhr; So, Feiertage 12 –14 Uhr und 18–20.30 Uhr; Ruhetage: Mo, Di

Ausflugsziel tief im Spessart

Der »Flörsbacher Hof« liegt im Naturpark Spessart auf dem Weg von Gelnhausen nach Lohr. Das Restaurant, umgeben von Wiesen und Wäldern, bietet einen guten Ausgangspunkt für Wanderungen. Der rustikale Gastraum ist gemütlich und üppig saisonal dekoriert. Bei schönem Wetter sitzt man auf der Terrasse. Inhaber Stefan Dietz bietet eine Regionalküche, die mit hausgemachten Spessartspezialitäten die Tradition nicht aus dem Auge verliert und zeitgemäß orientiert ist. Die Lieferant*innen werden auf der Webseite genannt.

Auf der Speisekarte des Flörsbacher Hofs stehen Kräuter im Fokus, zum Beispiel beim Wildkräuter-Spargel-Salat mit Walnussdressing. Dietz sammelt sie auf üppigen Kräuterwiesen. Seine zweite Leidenschaft ist die Liebe zum Wild, es findet sich immer ein feiner Wildbraten auf der Karte, der gern in Wacholdersoße mit Apfelrotkohl und Kartoffelknödeln serviert wird. Die Saison- oder Wochenkarte hält weitere Spezialitäten bereit. Gut eingeführt ist der Spessartmatjes, eine nach Matjesart gereifte regionale Forelle. Beliebt ist der Spessartmatjes mit Schmand* und selbst gemachtem Preiselbeersenf. Es gibt Burger vom Weideochsen oder vegetarische Dinkel-Käse-Spinatburger mit Pfannengemüse. Das Fleisch stammt von lokalen Produzent*innen, der Fisch kommt von der nahe gelegenen Fischzucht Röll.

Neben Apfelweinspezialitäten der Kelterei Stier und dem Bier der Familienbrauerei Martinsbräu sind eine Auswahl offener fränkischer Weine und ein ordentliches Flaschenweinangebot erhältlich.

→ Geführte Kräuter- oder Pilzwanderungen, aktuelle Vorschau auf der Webseite.

Die familiengeführte Metzgerei Pfaffenberger (Am Lohrbach 6, 97846 Partenstein) erhielt als eine der ersten Metzgereien in Deutschland das Zertifikat »Ohne Gentechnik«. Hier gibt es Fleisch und feine Wurstwaren von Rind, Kalb und Schwein, aber auch von Wild und Lamm.

NEU

Affentor-Schänke

Neuer Wall 9,
60594 Frankfurt am Main
0 69 / 66 11 96 64
affentorschaenke.de

Größe: 100 Plätze im Gastraum, 80 im Außenbereich
Preise: Hauptgerichte 15–28 Euro
Kreditkarten: Keine
Öffnungszeiten: Mi–Fr 16–24 Uhr; Sa, So 12–24 Uhr; Ruhetage: Mo, Di

Wie im Lorsbacher Thal – genauso gut, genauso »daheim«

Aufmerksam begleiten wir seit Jahren das »Lorsbacher Thal«, das Pia und Frank Winkler mit Herz, Geschmack und gutem Händchen mitten im kulinarisch nicht gerade wertvollen Sachsenhäuser »Apfelweinviertel« führen. Die Küche ist gleichermaßen traditionell wie modern und konsequent. Hier wird handwerklich gekocht, mit einigem »bio« und in Kooperation mit regionalen Erzeugern. 2019 übernahmen die Winklers zusätzlich die gleich ums Eck gelegene »Affentor-Schänke« am Neuen Wall. Die hatte ihren historischen Charme im Laufe einiger Renovierungen längst verloren. Es bedurfte Geschicks und Investitionen, um das Wirtshaus gemütlich herzurichten, ohne es staubig oder altbacken wirken zu lassen. Sich daheim zu fühlen ist das Konzept, das die Winklers ihren Gästen anbieten. Das ist ihnen auch in der »Affentor-Schänke« gelungen, sei es drinnen oder draußen an langen Tischen und Bänken im Trubel des Viertels. Die Küchenarbeit teilt man sich mit dem »Lorsbacher Thal«. Die Speisekarten sind sehr ähnlich – und das, was auf den Teller kommt, genauso gut.
Die Standardkarte bietet Frankfurter Häppchen – kleine Portionen lokaler Spezialitäten: die kleinen Bratwürstchen vom Bauern Trapp, ein Portiönchen Grüne Soße oder ein kleiner Salat aus Forelle und Roter Bete von der Gärtnerei Rappelt. Aus vier Portionen entsteht dann eine kleine Häppchenreise, auf Wunsch mit passenden Apfelweinen. Bei den Hauptgerichten fehlt das Frankfurter Rippchen nicht, zu den Fleischgerichten werden meist Apfel-Sauerkraut und Kartoffelstampf serviert.
Die Apfelweinkarte ist gut sortiert, Industrieprodukte sind außen vor.

→ Die »Affentor-Schänke« wird erstmals im Jahr 1760 erwähnt und war wohl schon zu jener Zeit ein Gasthaus. Der ungewöhnliche Name wird auf der Webseite erläutert: Im Spätmittelalter nutzten zahllose Reisende, Weinbauern und Schafhirten das südliche Stadttor. Räuber und Wegelagerer machten das Land außerhalb der Stadtmauern unsicher und gefährlich – vor dem Verlassen der sicheren Stadt wurde noch schnell ein Ave-Maria gebetet. Daraus entstand die Bezeichnung »Ave-Tor«, frankfurterisch das »Affe-Tor«. 1809 wurde das historische Torhaus zerstört.

Aus dem Außer-Haus-Verkauf, der vor dem Gasthaus in einem offenen Zelt stattfand, ist ein Onlineshop mit Daheim-Gerichten entstanden.

Bornheimer Ratskeller

Ketteleralle 72,
60385 Frankfurt am Main
0 69 / 79 37 03 00
ratskeller-bornheim.de

Größe: 80 im Restaurant, 200 im Garten
Preise: Vorspeisen 5–9, Hauptgerichte 10–25 Euro
Kreditkarten: Keine
Öffnungszeiten: Di–Sa 17–23 Uhr, warme Küche bis 21.30 Uhr; So 12–20 Uhr, warme Küche bis 15.30 Uhr und 16.30–19.30 Uhr; Ruhetag: Mo

Beeindruckend restauriertes Gebäude mit großem Gastgarten

Vor einigen Jahren hat Mario Furlanello, Koch, Metzger, Wirt und Kochbuchautor, diese wunderbare Liegenschaft wachgeküsst. Mit architektonisch geschultem Sinn für die historische Substanz im Äußeren und Geschick für eine zeitgemäße moderne Gastwirtschaft inklusive offener Küche im Inneren entstand ein Schmuckstück der Frankfurter Gastroszene. Der große Garten ist einer der schönsten in Frankfurt und bietet einen unverstellten Blick auf das beeindruckende Gebäudeensemble.
Im »Bornheimer Ratskeller« wird kompromisslos regional und saisonal gekocht, orientiert an Rezepten und Gerichten der Frankfurter Küche, zeitgemäß interpretiert und verfeinert auf hohem handwerklichen Niveau. Die Liste der regionalen Lieferanten ist lang, stellvertretend genannt werden hier die Schweine von »Der Vogelsberger« in Romrod, Lamm und Gemüse vom Biohof Jo Jung vom Otzberg sowie Geflügel und Eier von der Familie Antony in Rockenberg. Molkereiprodukte werden von Molkerei Hüttenthal aus dem Odenwald bezogen, das Wild stammt aus sieben Quellen, darunter das Forstamt Langen. Das Küchenteam des »Bornheimer Ratskellers« sammelt u. a. Bärlauch, Brennnesseln, Holunderblüten und -beeren sowie Brombeeren.
Als Vorspeisen gibt es neben Tagesangeboten immer Handkäse aus Hüttenthal und selbst gemachte Gänserillette mit hausgebackenem Sauerteigbrot. Als Hauptspeisen stehen z. B. hausgemachte Tagliatelle mit Rehbolognese, Eschersheimer Grüne Soße mit Kräutern der Gärtnerei Hanne, ein Bärlauch-Dinkel-Risotto oder die schon fast legendäre Ratskeller-Blutwurst mit karamellisiertem Apfel und natürlich selbst gemachtem Kartoffelpüree auf der häufig wechselnden Tageskarte. Nach Verfügbarkeit werden Wildgerichte angeboten. Schnitzel wird man hier nur selten finden, und wenn, dann von kompromissloser Fleischqualität.
Der Apfelwein kommt von Familie Nöll und vom Obsthof am Steinberg, Andreas Schneider, zwei Topadressen für das Frankfurter Lokalgetränk. Eine kleine Weinauswahl, vorwiegend mit Weingütern aus Rheinhessen und der Pfalz.

→ Für private Veranstaltungen ist neben einem schönen Saal ein Raum für bis zu 32 Personen mit kleinem Küchenstudio verfügbar.

NEU

chairs

Gronauer Straße 1,
60385 Frankfurt am Main
0 69 / 48 44 69 22
chairsffm.de

Größe: 40 Plätze im Gastraum, 20 im Außenbereich
Preise: Hauptgerichte 19–27 Euro
Kreditkarten: Alle gängigen Karten
Öffnungszeiten: Do–So 18–24 Uhr; Ruhetage: Mo–Mi

Saisonales Restaurant mit innovativer deutscher Küche

Das »chairs« ist in einem Ecklokal in einem Gründerzeithaus in Bornheim untergebracht. Die Einrichtung ist modern-puristisch, die Tische blankes Holz. Die Küche dieses Frankfurter Lokals wird von Chefkoch und Mitbetreiber Dennis Aukili verantwortet. Sie ist jahreszeitlich orientiert und legt Wert auf kompromisslose Qualität regionaler Lebensmittel. Der Koch selbst bezeichnet den Stil als »produktbezogenen Minimalismus«. Es gibt eine kleine, saisonale Karte mit täglich wechselnden Gerichten. Das »chairs« arbeitet in engem Kontakt mit Produzenten und Züchtern und versucht, soweit möglich, Tiere »from Nose-to-Tail« zu verarbeiten. Die häufig wechselnde Karte legt einen großen Schwerpunkt auf vegetarische Gerichte. Die Küche macht sehr vieles selbst wie die aufgeschlagene Butter und den selbst geräucherten Schinken vom Vogelsberger Landschwein. Das Sauerteigbrot kommt aus der Hausbäckerei Mehlwassersalz (Bäckerei und Bistro im Museum für Moderne Kunst Frankfurt). Ein Auszug aus der Liste der Produzenten und Lieferanten: Schweine, Eier, Getreide werden vom Biohof May bezogen, Fische von der Fischzucht Wetterfeld, Kräuter und Salate von Johannes Sehl, Gemüse von Frau Wong, Oberrad, und Lamm vom Vogelsberger Kräuterlamm Meyer.
Die Gerichte sind häufig innovativ angelegt. So im Frühling Rote Bete mit Rhabarber, ein raffiniert abgeschmeckter Blumenkohl mit Sonnenblumenkernen und Steinklee oder Zander mit fermentierter Gurke. Im Herbst sind Wetterfelder Forelle mit Kürbis oder Kartoffelrösti, Apfel und geräucherte Butter angesagt. Auch die Desserts sind eher ausgefallen, beispielhaft Rhabarber mit Milchreis oder Boskoop, Pastinake und braune Butter.
Größere Weinauswahl aus Deutschland und Europas, darunter viele Bioweine, auch Naturweine. Kleinere Auswahl offener Weine. Sehr kompetente und freundliche Bedienung. Gute Weinberatung.

Das gute Sauerteigbrot kann in der zum »chairs« gehörenden Bäckerei Mehlwassersalz, Domstraße 10, 60311 Frankfurt am Main (im Museum für Moderne Kunst), erworben werden.

NEU

Emma Metzler

Schaumainkai 17,
60594 Frankfurt am Main
0 69 / 83 04 00 94
emmametzler.de

Größe: 80 Plätze im Gastraum, 60 Plätze auf der Terrasse
Preise: Hauptgerichte: mittags 15–16, abends 21–34 Euro
Kreditkarten: Alle gängigen Kreditkarten
Öffnungszeiten: Di–Sa 12–23 Uhr; So 12–18 Uhr; Ruhetag: Mo

Angewandte Kunst und regionale Küche

Seit 2017 ist Anton de Bruyn Koch und Inhaber im »Emma Metzler«. Das Restaurant ist im modernen Bistro-Stil gestaltet (vom Frankfurter Designer Uwe Fischer) und fügt sich wunderbar in den Bau des Museums für Angewandte Kunst (Architekt Richard Mayer) ein. Die Außengastronomie verfügt über eine schöne Terrasse mit Blick in den Metzler-Park. Der junge Gastgeber hat Erfahrung in der internationalen Sterneküche gesammelt und widmet sich nun mit Leib, Seele und seinem zehnköpfigen Team der Küche mit regionalen Zutaten und der Verarbeitung »Nose-to-Tail« (hieraus entstehen u. a. auch selbst gemachte Blutwürste und Salami). Regionale Produzenten liefern Forellen aus dem Taunus, Hühner aus dem Odenwald, Rinder aus dem Vogelsberg. Biohof May züchtet Schweine, hält Hühner, baut diverse Getreide an, welche im »Emma Metzler« verarbeitet werden, Fische kommen aus der Fischzucht in Wetterfeld, Gemüse und Kräuter aus der Permakultur Sehl, Pilze aus einer Edelpilzzucht in der Nähe Offenbachs. Und das alles zum großen Teil in Bioqualität. Die Angaben sind transparent sowohl auf der Karte als auch auf der Webseite aufgeführt.
Aus diesen Zutaten entstehen handwerklich kreativ interpretierte, originelle Gerichte. Die Karte wechselt alle zwei Wochen, wobei es auch vorkommt, dass – je nach Verfügbarkeit der Produkte – einzelne Gerichte zwischendurch ausgetauscht werden. Auf der Mittagskarte stehen überwiegend vegetarische Gerichte, am Abend gibt es auch »Tierisches«. Als kalte Vorspeisen wird ein Rindertatar mit Topinamburknusper, Walnüssen, Pilzcreme und Schnittlauch oder ein Zanderceviche mit eingemachten Roscoff-Zwiebeln und Kastanienblüten angeboten. Unter den warmen Vorspeisen findet sich eine Schweinskopfsülze mit warmer Gurkenvinaigrette, Dattelcreme & Backerbsen. Als Hauptspeisen empfiehlt sich ein gegrilltes Lachsforellenfilet mit Lardo, Chinakohl und Blumenkohlcreme oder die Schweinekeule mit Kartoffelkugel, Kohlrabi und goldenen Rosinen. Auf keinen Fall sollte aus der Rubrik »Happen zum Teilen« das selbst gebackene Sauerteigbrot mit Sauerampferbutter verpasst werden.
Auf der Getränkekarte finden sich ökologisch und nachhaltig produzierte Naturweine (0,15 l/Glas) sowie eine Auswahl spezieller Cidres. Kompetenter und freundlicher Service.

→ Neun Museen reihen sich am südlichen Ufer des Mains in Sachsenhausen zwischen dem Eisernen Steg und der Friedensbrücke am Schaumainkai.

Ausgewählte, selbst hergestellte Produkte kann man vor Ort kaufen oder im Onlineshop bestellen.

Lorsbacher Thal

Große Rittergasse 49,
60594 Frankfurt am Main
0 69 / 61 64 59
lorsbacher-thal.de

Größe: 150 Plätze in der Gaststube, 250 im Garten
Preise: Hauptgerichte 15–27 Euro
Kreditkarten: Alle gängigen Karten
Öffnungszeiten: Mo, Mi, Fr 16–24 Uhr; Sa, So 12–24 Uhr; Ruhetage: Di, Do

Apfelweinspezialist mit bester Hausmannskost

Die historische Apfelweinwirtschaft »Lorsbacher Thal« wurde von Pia und Frank Winkler dezent und liebevoll modernisiert. Den alten Charakter zu bewahren gehört zum Konzept des Hauses. Inmitten des leider immer noch kränkelnden Alt-Sachsenhausens ist ein der lokalen Tradition im guten Sinn folgendes Schmuckkästchen entstanden, gastlich und im besten Sinne gemütlich. Inhaber und Team gelingt es, den Gästen ein heimisches Gefühl zu vermitteln. Im Fokus steht eine Frankfurter Küche, besser Hausmannskost, »wie ich sie aus meiner Familie kenne«, verrät Frank Winkler. Darunter sind einige Gerichte, die nur noch selten angeboten werden. Convenience hat Hausverbot, die Fritteuse wurde verbannt. Über gutes Handwerk wird gern diskutiert. Die Winklers legen Wert auf die Herkunft der Zutaten, bevorzugt werden regionale Lieferant*innen, gern in Bioqualität. Wurst und Schinken kommen von Frau Schreiber und dem Metzger Melchior, Koteletts und Rumpsteaks vom Bauer Winter. Bauer Trapp, der Kartoffeln und Zwiebeln liefert, stellt auch die Bauernbratwurst her. Aus all dem werden kulinarische Schätzchen: unverfälscht, handwerklich sauber, mit individueller Handschrift.
Die Standardkarte bietet Frankfurter Häppchen – kleine Portionen lokaler Spezialitäten: kleine Bratwürstchen vom Bauern Trapp, ein Portiönchen Grüne Soße oder ein kleiner Wurstsalat aus der Fleischwurst. Die Häppchenreise besteht aus vier bis acht Gerichten – auf Wunsch mit passenden Apfelweinen. Bei den Hauptgerichten fehlt das Frankfurter Rippchen nicht. Zu den Fleischgerichten werden meist Sauerkraut und Kartoffelstampf serviert. Auf der Sonderkarte stehen Gemüse und Früchte der Saison im Mittelpunkt. Auch einfache Gerichte wie der hausgemachte Kochkäse mit gutem Bauernbrot sind ein Genuss. Die beeindruckende Apfelweinkarte verzeichnet 250 Positionen (!) aus der halben Welt. Bei der Apfelweinbegleitung lässt man sich beraten oder bucht eine Verkostung. Es werden eigene Apfelweine gekeltert. Daneben eine kleine, sorgfältige Weinauswahl und selbst gebrannte Schnäpse.

→ Siehe auch unter dem Tochterlokal, die »Affentor Schänke«.
Seit April 2022 bietet der Ableger der Sachsenhausener Traditionshäuser »Daheim in der Kleinmarkthalle«, Innenstadt, Hasengasse 5-7, dienstags bis samstags 8 bis 18 Uhr, Hausmannskost in Probierportionen, Apfelwein und Wetterauer Craftbier an.

Alle Apfelweine, Weine und selbst gebrannten Schnäpse können auch zum Mitnehmen erworben werden

Mainlust – Desche Otto

Hegarstraße 1,
60529 Frankfurt am Main
0 69 / 35 65 09
mainlust-schwanheim.de

Größe: 60 Plätze im Gastraum, weitere 80 im Kolleg, 100 im Garten.
Preise: Hauptgerichte 5–12 Euro
Kreditkarten: Keine
Öffnungszeiten: Täglich ab 16.30 Uhr, Küche bis 22 Uhr

Apfelweinwirtsleute aus Leidenschaft laden in ihr Wohnzimmer

Unter dem Wirt Desche Otto wurde die Apfelweinwirtschaft »Mainlust« im Stadtteil Schwanheim zur Institution. Das Lokal von 1890 wurde nach einigen Turbulenzen vor einem Jahrzehnt von Louie Hölzinger und Lebensgefährtin Claudia Olinski zu neuem Leben erweckt. Der Gastraum ist mit alten Bänken und typischer Holzvertäfelung ausgestattet. Runde Holztische, bleiverglaste Buntfenster und eine Theke, hinter der sich zahllose Destillate versammeln, betonen den urig-gemütlichen Charakter. Im Winter verbreitet der Kachelofen Behaglichkeit, im Sommer ist im lauschigen Garten mit Weinreben und uraltem Birnbaum ein kühles Plätzchen zu finden. Die »Mainlust« ist das Wohnzimmer der Wirtsleute, die hier ihre Berufung gefunden haben.
Beim »Desche Otto« kommt die gutbürgerliche »Hessisch Küsch unn enn Schoppe« auf den Tisch. Der Handkäs wird nach Geheimrezept eingelegt und optimal »dorsch«, also reif, serviert. Spezialität sind die »Deckelchen«: runde Apfelweinbrotscheiben, belegt mit Hausmachermettwurst, Presskopf, Leberwurst, Blutwurst, Schmalz, Solber* mit Senf und Gürkchen, Schinken oder Handkäs. Die Spessart-Bratwürste mit Schmorzwiebeln sowie Rippchen mit Schoppenkraut werden mit köstlichem, selbst gebackenem Apfelweinbrot oder mit handgestampftem Kartoffelpüree kombiniert. Auf Wunsch gibt es Kartoffelstampf auch mit gebratenem Speck und Zwiebeln und anderem mehr – unbedingt ein Hauptgericht! Louie ist bekennender Irlandfan, daher tauchen auf der Tageskarte ab und zu irische Gerichte auf. Der »Desche Otto« ist und bleibt eine traditionelle Schoppenwirtschaft: Nachtisch gibt es keinen!
Die Empfehlung zur Verdauung: ein Haselnussgeist, Quitten- oder Speierlingsbrand. Die Getränkekarte bietet handwerklich gekelterte Apfelweine der Keltereien Geier, Hoppe, Nöll, vom Apfelweinkontor Frankfurt und Obsthof am Berg – und neuerdings auch einen eigenen Schoppe! Seltenheit in einem Apfelweinlokal: Es gibt Bier vom Fass, auch Guinness. Stolz werden 160 Obstbrände, Liköre und 30 Single-Malt-Whiskys auf der Schnapskarte präsentiert. Dazu eine kleine Weinauswahl.

➜ Legendär ist die jährliche Straßenbahnfahrt – mit einem historischen Wagen quer durch Frankfurt mit Worscht, Schoppe und Gesang. Die »Mainlust« ist ideal für eine Radtour. Von Frankfurt immer am Main entlang, an Niederrad vorbei bis Schwanheim.

Obsthof am Steinberg

Am Steinberg 24,
60437 Frankfurt am Main
0 61 01 / 4 15 22
obsthof-am-steinberg.de

Größe: 65 überdachte Plätze und Bänke, weitere zwischen den Obstbäumen
Preise: Kleine Gerichte 8–12 Euro
Kreditkarten: EC
Öffnungszeiten: Individuell, in der Regel Sa und So mit variierenden Öffnungszeiten, Informationen auf der Webseite

Schoppenwirtschaft mit großer Auswahl an Apfeligem

In Nieder-Erlenbach, unweit von Frankfurt, liegt, umgeben von Apfel- und Quittenbäumen, Schneiders »Obsthof am Steinberg«. Der Obsthof ist eine reine Schoppenwirtschaft mit Holzbänken und langen Holztischen, zum Teil überdacht. Am schönsten sitzt man allerdings im Freien, direkt unter den Obstbäumen, gern auch im Picknickstil auf mitgebrachten Decken. Andreas Schneiders Leidenschaft sind Äpfel, inzwischen gehören auch Quitten und Birnen dazu. In der Schoppenwirtschaft mit Selbstbedienung gibt es eine große Auswahl seiner größtenteils sortenrein und auch lagenrein gekelterten Jahrgangsapfelweine von Boskoop, Goldparmäne und anderen alten Sorten. Darüber hinaus sind Apfelcidre und Apfelschaumweine im Angebot. Äpfel und Birnen sind natürlich auch unvergoren als Saft und in der Keltersaison von August bis Dezember als »frischer Süßer« zu haben. Das Speisenangebot ist rustikal und kommt samt und sonders aus der Biolandwirtschaft und von regionalen Produzent*innen, die in der Speisekarte aufgeführt werden.
Besonders empfehlenswert sind die Bratwürste vom Lamm, Schwein und Rind, der Käseteller und natürlich der Handkäs. Auch Ahle Wurscht*, Ziegenknacker und Kartoffelsalat stehen auf der Karte. Vor allem am Wochenende kann es an der Theke zu längeren Warteschlangen kommen. Neu im Winterprogramm ist das Apfelraclette, das sich, mit Lagerfeuer und Stockbrot kombiniert, gut für eine Tour mit Freunden eignet.

→ Veranstaltungen, Apfelweinproben, Lagenwanderungen und sonstige Feierlichkeiten auf Anfrage. Biocatering.

Neben der Schoppenwirtschaft gibt es auch einen Hofladen. Hier kann man die wunderbaren Apfelweine, Schaumweine und selbst gemachten Brände – Apfel, Speierling, Wildpflaume – in Flaschen und Kanistern kaufen. Saisonal gibt es Erdbeeren, Süßkirschen, rote und schwarze Johannisbeeren, Aprikosen, Zwetschgen, Wildpflaumen und im Herbst eine riesige Auswahl seltener Apfelsorten sowie hausgemachte Marmeladen.
Der Demeter-Betrieb Dottenfelderhof in Bad Vilbel ist im biodynamischen Landbau führend in Forschung und Züchtung. Auf dem Hof finden sich neben einem Naturkostladen eine Hofkäserei und eine Hofbäckerei mit interessanten Produkten.

NEU

Restaurant »Zum Ritter«

Kanalstraße 18–20,
36037 Fulda
06 61 / 5 71 69
restaurant-ritter.com

Größe: 90 Plätze in den Gasträumen, 90 im Biergarten
Preise: Gerichte 7–36 Euro
Kreditkarten: Alle gängigen Karten
Öffnungszeiten: Mo–Sa 12–14 und 18–24 Uhr; Ruhetag: So

Manufaktur für feine Speisen in Traditionsräumen

Das geschichtsträchtige Restaurant »Zum Ritter« mit angeschlossenem Hotel ist ein Gasthaus mit traditionellem Charme. Es ist eng verbunden mit der Fuldaer Stadtgeschichte. Der Kunst- und Kirchenmaler Hugo Pfister malte 1926 den Rittersaal mit farbenfrohen Fresken aus, 2015 wurde das Restaurant um Werke des Fuldaer Künstlers Franz Erhard Walther bereichert. Im Biergarten, dem früheren Fuhrpark, kann man unter Kastanienbäumen gemütlich essen und trinken. 2015 übernahm Jonas Sporer mit seiner Lebensgefährtin das Restaurant, um mit handwerklich hervorragender, regionaler Küche mit süddeutschem Einschlag die Tradition des Gasthauses fortzusetzen. Der Grundgedanke des Küchenchefs ist das Angebot einer Speisekarte mit vielen regionalen, wenn möglich auch biologisch angebauten Produkten. Saisonale Küche ist selbstverständlich, ebenso eine gute Auswahl an vegetarischen und veganen Gerichten. Convenience-Produkte sind keine Option, ebenso werden die Hotelgäste nur mit unverpackten Waren wie Milch, Honig, Eiern und Brot aus der Nachbarschaft und Region bewirtet. Es besteht eine enge Zusammenarbeit mit regionalen Erzeuger*innen von Fleisch, Gemüse, Milchprodukten und Eiern. Die Speisekarte eröffnet die Möglichkeit, dass die Gäste zum gewählten Fleisch, Fisch oder zu einer vegetarischen Komponente einen frischen Salatteller auswählen können. Gern werden die klassische Hochzeitssuppe, eine Tafelspitzbrühe mit Markklößchen und Gemüse sowie die Rhönforelle mit geräuchertem Kartoffelpüree und saisonalem Gemüse gegessen. Ebenso beliebt sind »Schneiders Grobe«, die Bratwurst vom benachbarten Metzger, die mit Kraut serviert wird, sowie die hausgemachte Rinderroulade mit wunderbarem Schmorfond. Saisonal stehen Grüne Sauce, Spargel oder Gans auf der Karte. Besonders beliebt als Nachtisch ist das hausgemachte Eis; Minze- oder Tonkabohneneis stehen in der Beliebtheitsskala ganz oben, ebenso wie der kleine Schokotupfer.
Das Bier wird in der Hochstiftlichen Brauerei von Fulda gebraut, gern wird der Pilgerstoff, ein Märzenbier, aus dem Steinkrug getrunken. Die Weine kommen neben dem traditionell mit Fulda durch den Spätlesereiter verbundenen Rheingau aus der Pfalz. Die Säfte liefert die Beerenobstgemeinschaft Rhön/Vogelsberg.

→ Das Lokal liegt in Fußnähe zum Dom und lädt zu einem Stadtbummel durch die barocke Altstadt von Fulda ein.

Schlosshotel Gedern

Schlossberg 5,
63688 Gedern
0 60 45 / 96 15-0
schlosshotel-gedern.de

Größe: 80 Plätze im Restaurant
Preise: Hauptgerichte 20–30 Euro
Kreditkarten: EC, Amex, Master, Visa
Öffnungszeiten: Di 18–21.30 Uhr; Mi–So ab 18, Küche bis 21 Uhr; Sa, So zusätzlich 12–14 Uhr; Ruhetag: Mo

Regionale Küche in fürstlichem Ambiente

An der Grenze zwischen Wetterau und Vogelsberg liegt das beschauliche Gedern mit seinem Schloss aus dem 17. Jahrhundert. Das »Schlosshotel Gedern« wurden behutsam renoviert, sein Charme blieb erhalten. Die vier Restauranträume haben den Charakter unterschiedlicher Epochen, von der Ritterstube bis zur Schlossstube. Hauptattraktion des Hauses ist das Küchenteam. Der bei den Eurotoques aktive Küchenchef Hubertus Schultz zaubert Köstliches mit hervorragendem Handwerk und überwiegend aus der-Produktion von Wetterau und Vogelsberg. Dienstags gibt es ein dreigängiges Menü zum moderaten Preis.

Den Rehrücken, der mit Portweinreduktion und Sommergemüse serviert wird, hat Jäger Holley aus Reichelsheim in die Küche gebracht. Das Lammfleisch liefern Produzent*innen aus Altenstadt oder Lauterbach. Den Käse für den Spinatsemmelknödel mit Käse und Pfifferlingsragout stellt die Hungener Käsescheune bereit, Biobrot backt Vulkan-Biobäcker Haas in Schotten. Auf der Karte stehen Klassiker mit heimatlichem und regionalem Bezug, wie der regionale Rindertafelspitz mit Frankfurter Grüner Soße, Wetterauer Kartoffeln und Blattsalat der Saison in Schnittlauch-Schmand-Dressing zeigt. Zusätzlich werden ausgefallene Dinge angeboten, die Karte bietet eine gute vegetarische Auswahl jenseits des Standards: Ein gutes Beispiel sind die Roten Bete in Orangen-Olivenöl gegart, mit Haselnusskartoffelstampf, Apfel und getrüffeltem Selleriepüree. Augenfällig ist die Grenzüberschreitung zwischen der Frankfurter und Kasseler Küche.

→ An Sommerwochenenden nachmittags Kaffee und Kuchen. Menüabende finden sich im Veranstaltungskalender. Sonntags wird zum Mittagessen ein regionales Omamenü gekocht. Die weiteren Veranstaltungen, insbesondere die Kochkurse, die Hubertus Schultz anbietet, sind zügig ausgebucht.
Rund um Gedern bietet sich der neu hergerichtete, empfehlenswerte hessische Vulkanradweg an – die einfachste Möglichkeit, ohne steile Steigung und Autoverkehr den Vogelsberg zu überfahren. Auch ein Besuch der Keltenwelt am Glauberg lohnt.

Dorfstube Rengersfeld

Rengersfeld 25,
36129 Gersfeld
0160 / 90 65 40 50 oder
0 66 54 / 9 17 62 98
dorfstube-rengersfeld.de

Bio

Größe: 20 Plätze in der Stube, 12 auf der Terrasse
Preise: Hauptgerichte 15–30 Euro
Kreditkarten: EC
Öffnungszeiten: Fr 17–23 Uhr; Sa, So 12–15 und 17–23 Uhr; Ruhetage: Mo–Do

Rhöner Biorestaurant unter der Wasserkuppe

2015 gründeten Iris und Kornelia Eibeck das Gasthaus »Dorfstube« im drei Kilometer von Gersfeld entfernten Ortsteil Rengersfeld. Der gemütliche Gastraum befindet sich im Hauptgebäude eines ehemaligen Bauernhofes. Hier wird mit Liebe und Herzblut gekocht. Freude am Geschmack guter Lebensmittel, eine Atmosphäre zum Wohlfühlen und ein freundlicher Service erwartet die Gäste. Die Dorfstube ist ein zertifiziertes Biorestaurant, die Küche ist geprägt durch regionale und saisonale Bioprodukte. Neben Klassikern findet man auf der Speisekarte ein abwechslungsreiches Angebot, das vegetarische und vegane Speisen beinhaltet. Alle Gerichte bis hin zu den Gewürzmischungen werden hier handwerklich hergestellt. Biofleisch und Wild kommen von den Höfen und Revieren der Umgebung, die Bachforelle aus dem heimischen Teich unterhalb der Wasserkuppe, ebenso regional sind das Biogemüse und der Biosalat. Die Speisekarte gibt ausführlich Auskunft über die Herkunft der verwendeten Lebensmittel.

Als Vorspeisen gibt es mit Feigenbutter gratinierten Ziegenkäse vom Rhöner Ziegenbauern, Ceviche »Rhöner Art« von der heimischen Lachsforelle oder die Dorfstuben Kraftbrühe mit hausgemachten Markklößchen – alternativ eine Rote-Bete- oder Möhren-Ingwer-Koriander-Suppe. Als Hauptspeisen werden der Rinderschmorbraten vom Slow Food Arche-Passagier Gelbes Frankenvieh, verschiedene Lammgerichte vom Slow Food Arche-Passagier Rhönschaf sowie Gerichte vom heimischen Wildschwein oder Reh angeboten. Da die ganzen Tiere verwendet werden, finden sich auch hausgemachte Leberterrinen oder Wildsülze auf der Karte. Vegetarische Gerichte sind frische Salate sowie die Spinat- oder Wildkräutersemmelknödel. Ergänzt wird das vegetarische und vegane Angebot mit saisonalen Gerichten wie gefüllte Paprika, Kohlrouladen, leckeren Aufläufen oder, mit Anregungen aus der südländischen oder asiatischen Küche, einem orientalischen Kichererbsen-Auflauf, veganer Moussaka oder einem Orangen-Gemüse-Couscous mit gebratenem Sellerie. Die Speisekarte wechselt saisonal.

Eine gute Weinkarte, Rhöner Biobiere und Biosäfte begleiten die leckeren und vielfältigen Speisen.

→ Reservierung empfehlenswert.
Zwei Ferienwohnungen. Gersfeld liegt mitten im Biosphärenreservat Rhön unterhalb der Wasserkuppe nahe den bekanntesten Premiumwanderwegen der Rhön. Die Stadt verfügt über einen Bahnanschluss nach Fulda.

Jausenstation Weißenbach

Weißenbachstraße 1,
37247 Großalmerode-Weißenbach
0 56 04 / 9 19 12 30
der-urgeschmack.de

Größe: 70 Plätze im Gastraum, schöne Außenterrasse
Preise: Hauptgerichte 13–18 Euro
Kreditkarten: EC
Öffnungszeiten: Fr–So, Feiertage 11.30–19.30 Uhr; Ruhetage: Mo–Do

Wanderergasthaus mit Metzgerei, Käserei und Backstube

Die »Jausenstation« in Weißenbach wurde mit Engagement, handwerklichem Können und Liebe zur Region von den Familien Pflüger und Weiland zuerst als Ausflugslokal für Wanderer am Hohen Meißner betrieben. Inzwischen hat sie sich zu einem Gasthaus entwickelt, das von Matthias Pflüger geführt wird. Es wird – eingebettet in die herrliche Landschaft mit ihren Wanderwegen und Schutzgebieten – nicht nur von Naturliebenden besucht. Die Einrichtung ist rustikal-gemütlich, jahreszeitlich dekoriert und ansprechend gestaltet. Fleisch, Milch, Kartoffeln und Spirituosen stammen von umliegenden Erzeuger*innen, die in der Speisekarte aufgeführt sind. Vieles kommt aus Eigenproduktion, davon ein hoher Anteil aus ökologischer Landwirtschaft. Salate, Gemüse und Obst wachsen im eigenen Biogarten. Die Einkehrenden erwarten bodenständige Gerichte aus nordhessischer Küche. Auch das Sauerkraut ist hausgemacht. Küchenchefin Roswitha Pflüger geht als Autodidaktin mit Leidenschaft ans Werk. Alle Fonds und Brühen werden selbst hergestellt. Zum Kaffee werden eigene Torten und Blechkuchen, darunter auch ein Frankfurter Kranz, mit frischem Schmand* und Obst angeboten. Es gibt neben eigener Wurstherstellung auch eine Bioland-Hofkäserei und eine Backstube.
Nach traditionellen Rezepten verarbeitet, bilden typisch nordhessische Wurst- und Fleischspezialitäten den Schwerpunkt: Ahle Wurscht*, Weckewerk*, Bratwurst, Sülze, Leber- und Blutwurst sowie Gehacktes aus dem Glas. Zudem werden Braten-, Schmor- und Pfannengerichte von Schwein, Rind und Lamm sowie Gans und Pute als Hauptgerichte klassisch zubereitet und appetitlich angerichtet.
Die Getränkekarte wird von Bioprodukten und regionalen Erzeugnissen bestimmt: naturtrüber Streuobstwiesen-Apfelsaft, Holunderpunsch und Apfelmolke, Schinkels Biobier aus Witzenhausen, Wein vom Demeter-Betrieb Gustavshof, dazu Bioschorlen. Die üblichen Limonaden sucht man vergebens.

→ Für einen abendlichen Besuch empfiehlt sich eine Reservierung, da die Jausenstation schließt, wenn der letzte Gast gegangen ist. Das kann auch schon um 17 Uhr der Fall sein. Für Gruppen ab ca. 30 Personen können separate Termine vereinbart werden.

Die Jausenstation bietet regionale Feinkost zum Mitnehmen: luftgetrockneten Bauernschinken, Ahle Wurscht, Biokäse und andere Spezialitäten.

Gartenwirtschaft im Hofgut Patershausen

Hofgut Patershausen,
63150 Heusenstamm
0 61 04 / 6 79 63
hofgut-patershausen.de

Bio

Größe: 150 Plätze im Garten
Preise: Kleine Gerichte 3–10 Euro
Kreditkarten: Keine
Öffnungszeiten: März–Okt, nur bei schönem Wetter, Sa 14–19 Uhr; So, Feiertage 11–19 Uhr; Ruhetage; Mo–Fr

Biolandwirtschaft mit Sommergarten und eigener Rinderzucht

Das »Hofgut Patershausen« ist kein Gasthaus oder Restaurant, sondern ein landwirtschaftlicher Betrieb mit Selbstvermarktung und improvisierter Gartenwirtschaft. Das im Wald zwischen Heusenstamm und Dietzenbach gelegene Hofgut von Ingrid und Klaus Ommert geht zurück auf eine Klostergründung der Benediktiner. Heute ist es ein Demeter-Bauernhof mit Hofladen. Der Schwerpunkt liegt auf der Rinderzucht. Die Tierhaltung nach Biorichtlinien und Schlachtung direkt vor Ort vermeidet Transportwege und damit unnötigen Stress für die Tiere. Von März bis Oktober hat bei schönem Wetter die Bewirtschaftung im Garten an Samstagen, Sonn- und Feiertagen geöffnet. Man sitzt gemütlich unter alten Bäumen oder in der Sonne. Im Laufe des Tages wandern die Biertischgarnituren durch den Garten, mal der Sonne und mal dem Schatten folgend. Im Garten haben alle Gäste Platz – und wenn es doch mal eng wird, stellt man selbst einen weiteren Tisch und eine Bank auf. Der Verzehr mitgebrachter Speisen wird toleriert. Kinder freuen sich über den Auslauf rund um den Garten, Radfahrer*innen über die gut ausgebauten Wege zum Hof. Achtung, sonntags ist keine Anfahrt mit dem PKW erlaubt. Also: radeln oder zwanzig Minuten durch die schöne Gegend spazieren.

Im Garten werden Fleisch und Wurst vom Grill serviert, selbstverständlich von den eigenen Tieren. Dazu gibt es selbst gemachten Kartoffelsalat, der häufig so schnell aufgegessen ist, dass es nach der Mittagszeit nur noch Brot zur Wurst gibt. Vegetarisch ist der Handkäs mit Musik aus der Käserei Birkenstock im Odenwald, wenn die eigenen Tomaten reif sind, gibt es Tomaten mit Biomozzarella. Am Nachmittag sind die Kuchen vom Blech und der Gugelhupf der Renner: Die Kuchen werden entweder vom Biobäcker Denninger in Bornheim oder vom Dottenfelder Hof in Bad Vilbel bezogen.

Die Gäste trinken Apfelwein vom Nieder-Erlenbacher Obsthof Schneider oder aus dem breiten Angebot von Biogetränken.

Fleisch vom Hofladen: donnerstags und freitags, 15–19 Uhr, samstag 9.30–13 Uhr.

Hainmühle

Mühltal 1,
35315 Homberg (Ohm)
0 66 33 / 3 15
hainmuehle.de

Größe: 110 Plätze in zwei Gasträumen
Preise: Hauptgerichte 8–15 Euro
Kreditkarten: EC, Amex, Master
Öffnungszeiten: Täglich 12–21 Uhr

Ausflugslokal am Premiumwanderweg mit Apfelweinkelterei

Die »Hainmühle« ist ein typisches, familiengeführtes Ausflugslokal direkt am Premiumwanderweg »Sagenhaftes Schächerbachtal«, der als zweitschönster Wanderweg Deutschlands ausgezeichnet wurde. Gastfreundschaft wird in der »Hainmühle«, die im Fachwerkstil rustikal ausgebaut wurde, großgeschrieben, man fühlt sich bei der Familie Arnold, die hessische Gastlichkeit praktiziert, gut aufgehoben. Ihr Markenzeichen sind hessische Spezialitäten. Jeden Donnerstag wird im Holzbackofen des Backhauses Roggenbrot gebacken, das zu einigen Gerichten gereicht wird. Im Sommer laden sechzig überdachte Freisitzplätze direkt am Mühlengraben und Schaumühlrad zum Verweilen ein.

Auf der Speisekarte findet sich eine große Auswahl attraktiver Gerichte. Hausgemachte Suppen wie die Handkässuppe und kleinere Gerichte wie der Nessler-Teller und eine Zusammenstellung von Appetithappen von der Scheibe Dörrfleisch bis zur Miniportion Bratkartoffeln wecken den Appetit. Im Herbst wird für kurze Zeit auch Beulches* zubereitet, im Leinensack gegarte Kartoffeln, eine Spezialität aus dem Vogelsberg. Eine Besonderheit im Winter ist die Wildschweinbratwurst aus heimischer Jagd mit gedünsteten Zwiebeln und Bratkartoffeln. Im Sommer ist die Kartoffelbratwurst im Angebot, sie wird extra für die Hainmühle in der örtlichen Metzgerei hergestellt und gilt als regionale Spezialität. Am Wochenende runden hausgemachte Desserts wie das Apfeltiramisu das Angebot ab. Auch Vegetarier*innen finden attraktive Gerichte, zum Beispiel einen Kartoffelvulkan mit Salat. Die Karte wechselt saisonal, es gibt Tagesgerichte und Spezialangebote wie das Hessenbüfett.

Die Mühle ist ans Netzwerk »Hessische Wirtshaus-Kelterer« angeschlossen und stellt eigene sortenreine Apfelweine her.

Odenwald-Gasthaus Dornrös'chen

Annelsbacher Tal 43,
64739 Höchst-Annelsbach
0 61 63 / 24 84
dornroeschen-annelsbach.de

Größe: 90 Plätze im Gastraum, 40 auf der Terrasse
Preise: Hauptgerichte 9–20 Euro
Kreditkarten: EC
Öffnungszeiten: Do ab 17 Uhr; Fr–So 11–23 Uhr; Ruhetage: Mo–Mi

Märchenhafte regionale Küche mit eigenem Apfelwein

Das »Gasthaus Dornrös'chen« ist ein typischer Familienbetrieb in dörflicher Lage im Annelsbacher Tal mit einer gemütlichen Odenwälder Stube und einer Winterstube mit Kachelofen. Man fühlt sich wohl, die Luft ist rein, und die Gastgeber Carola und Peter Merkel geben ihr Bestes mit guter Regionalküche, deftigen Odenwälder Spezialitäten und hausgemachten Kuchen und Torten. Es gibt Lamm-, Kartoffel-, Honig- und Rosenwochen, und im Herbst dreht sich alles rund um Apfel, Süßmost und Wild. Peter Merkel hat in der internationalen Küche gekocht und war Mitglied des Darmstädter Kochkunstteams. Heute setzt er auf die Marketingkooperation »Odenwald-Gasthof«: Sie lehnt Geschmacksverstärker, Farbstoffe, Füll- und Konservierungsmittel ab. Bis zu 90 Prozent der Produkte kommen aus der Region, die Erzeuger werden aufgeführt.

Wenn die Wiesen blühen, sind in Butter gebratene Löwenzahnknospen auf Toast eine passende Vorspeise, alternativ die wärmende Flädlesuppe* mit Kräuterpfannkuchenstreifen. Auch Odenwälder Weinbergschnecken mit Kräuterbutter, im Pfännchen überbacken und mit Röstbrot vom Bäckermeister Friedrich in Brensbach, wären sehr passend. Weitere Gerichte sind die Odenwälder Hand- und Kochkäsevariationen, das Ebbelwoi-Hinkelsche* (ein Apfelweinhähnchen) und die Wildbratwurst mit Geräjsde (Bratkartoffeln). Die Grüne Soße wird klassisch mit gekochten Eiern und Kartoffeln serviert, aber auch mit geräuchertem Forellenfilet oder mit Mehrkornbratlingen (vegetarisch). Im Winterhalbjahr stehen Käse- und Fleischfondues auf der Karte, am Jahresende Odenwälder Gänse mit Klößen und Rotkraut. Die Haustorten sind eine Versuchung wert.

Das Pröbchenbrett mit Kostproben von Apfelweinsorten aus dem Merkel'schen Keller gibt einen Einblick in die lokale Apfelweinkultur. Schöne regionale Aperitifvielfalt.

Hessen

Restaurant Weißenstein

Königstor 46,
34117 Kassel
05 61 / 84 09 55 19
weissenstein-kassel.de

Größe: 60 Plätze im Gastraum
Preise: Hauptgerichte 9–26 Euro
Kreditkarten: Keine
Öffnungszeiten: Di–Fr 11.30–14 Uhr Mittagstisch; Sa 10–14 Uhr; Ruhetage: Mo, So

Drei gute Freunde und ein Biorestaurant mit Markt

Nach mehreren Jahren in der Hotellerie und Gastronomie hat René Müller ein eigenes Projekt auf die Beine gestellt: 2016 eröffnete er unweit der Kasseler Innenstadt das biozertifizierte »Restaurant Weißenstein« mit einem Markt für Biolebensmittel. Der große und hohe Gastraum erinnert an eine italienische Trattoria. Holztische, die Stühle aus Recyclingholz und einige geschmackvolle Bilder geben dem Raum eine helle stimmige Atmosphäre. Eine große Glaswand gestattet Einblicke in die Küche. Alle verwendeten Lebensmittel stammen aus zertifiziertem biologischen Anbau, vorzugsweise aus der Region Nordhessen. Die Rohstoffbeschaffung gründet auf der Partnerschaft von drei Freunden: Koch René Müller verarbeitet gern die Produkte, die Biometzger Martin Theising aus Habichtswald-Ehrenberg und Biobauer Stefan Itter aus Kirchberg liefern.
Auf der Karte stehen fantasievolle Suppen und Salate und täglich wechselnde Hauptgerichte. Für Vegetarier ist immer etwas Ungewöhnliches dabei. Ein Licht in der Dessertkarte ist die Orangen-Panna-cotta mit Heidelbeeren und Zitronenverbene. Über die Karte hinaus kann man sich aus der Markttheke Fleisch zubereiten lassen. Dort gibt es gut gewürzte Bratwürste, trocken gereifte Rindersteaks mit dem »Langes Eisen« genannten Stück aus der Schulter als besonderem Favoriten. Gelegentlich werden hervorragende Koteletts und andere Stücke vom Bunten Bentheimer Schwein angeboten. Beliebt sind Innereien und Zwerchfell. Dazu gibt es zum Beispiel Pfannengemüse und Rosmarinkartoffeln.
Die Weine kommen vor allem von deutschen Biowinzern. Die Biereigenmarke wird von Schinkels Brauhaus in Witzenhausen handwerklich gebraut. Müllers Lebensgefährtin Martina Krizek und das freundlich-kompetente Personal sind hilfreich, aber nie aufdringlich.

→ Nach der Coronapandemie und der documenta 2022, auf der das »Weißenstein« im Fridericianum vertreten ist, ist eine abendliche Öffnung geplant.

Im »Weißenstein« kann man werktags tagsüber an der Fleisch- und Käsetheke Wurst, Fleisch, Käse und Milchprodukte von Bioproduzenten aus der Region kaufen.

Restaurant Landgasthof Jägerhof

Hauptstraße 9,
36341 Lauterbach (Hessen)-Maar
0 66 41 / 9 65 60
jaegerhof-maar.de

Größe: 55 Plätze im Gastraum, 200 im Biergarten
Preise: Hauptgerichte 12–32 Euro
Kreditkarten: EC, Master
Öffnungszeiten: Täglich 12–14 und 17–21 Uhr

Vogelsberger Wurst-, Lamm- und Wildspezialitäten

Maar ist der größte Stadtteil von Lauterbach im hessischen Vogelsbergkreis. Seit 1838 wird der »Landgasthof Jägerhof« von der Familie Schmidt geführt. Vor knapp vier Jahrzehnten hat Hans Schmidt den Gasthof als fünfte Generation übernommen und als Hotel und Restaurant ausgebaut. Der Metzger- und Küchenmeister setzt sich seit vielen Jahren für regionale Produkte ein und hat gemeinsam mit dem Schafhalterverein die »Vogelsberger Lammwochen« ins Leben gerufen. Sein Engagement gilt der guten Fleischqualität, der er vor allem beim Schaf und Rind in Auswahl, Verarbeitung und Reifung besondere Sorgfalt widmet. Sein Wissen gibt er in Zerlege- und Wurstseminaren weiter. Das Fleisch kommt immer aus der Region, Gemüse und Obst soweit möglich, der Käse wird aus Altenschlirf geliefert. Die häufig wechselnde Speisekarte ist regional und saisonal ausgerichtet, dazu gibt es spezielle Themenwochen zu Lamm, Fisch, Kräutern oder Wild. Bemerkenswert ist der nachhaltige Anspruch von Hans Schmidt, der sich auch darin manifestiert, dass kein Knochen die Küche verlässt, ohne ausgekocht zu sein.
Besonders zu empfehlen sind die Lammgerichte und die acht Wochen trocken gereiften Rindersteaks. Auch das beachtliche Kotelett vom Schwäbisch-Hällischen Schwein ist ein Genuss. Probieren sollte man die Vogelsberger Beutelches*, ein traditionell im Leinenbeutel gegarter Kartoffelkloß, der als Beilage zu Gulasch oder anderen Schmorgerichten gereicht wird. Ein Blick auf die Vesperkarte mit den hausgemachten Vogelsberger Wurstspezialitäten lohnt sich. Hervorragend zum Nachtisch sind die selbst gemachten Frucht- oder Kräutersorbets.
Bierspezialitäten kommen aus der benachbarten Lauterbacher Brauerei, die Weine stammen überwiegend aus deutschen Anbaugebieten.

→ Hans Schmidt bietet regelmäßig Wurstseminare und Zerlegeseminare für Lamm und Wild an. Wegen der großen Nachfrage ist frühzeitige Anmeldung ist erforderlich.

Die traditionellen Vogelsberger Würste aus eigener Herstellung kann man bei Hanns Schmidt auch kaufen.

Die Schmelz – Mühlengasthaus im Grünen

Schmelz 3,
35457 Lollar-Salzböden
0 64 06 / 34 19
schmelz-muehle.de

Größe: 120 Plätze im Gasthaus, 160 im Garten
Preise: Hauptgerichte 13–29 Euro
Kreditkarten: EC, Amex, Master, Visa
Öffnungszeiten: Fr, Sa 13–19 Uhr; So 12–18 Uhr; Ruhetage: Mo–Do

Eine idyllische Oase

Das »Mühlengasthaus Schmelz« liegt zwischen Marburg und Gießen im romantischen Salzbödetal. Das gut erhaltene Mühlrad wird vom Wasser der Salzböde angetrieben. 1740 wurde die Mühle erstmals erwähnt, bis 1986 wurde Getreide gemahlen. Die Familie Jung betreibt das Restaurant mit seinem großzügigen Gastraum in der vierten Generation und legt Wert auf Qualität und Herkunft der Produkte. Gemüse, Fisch, Geflügel und Wild kommen aus der Region, alle Lieferant*innen werden in der Speisekarte aufgeführt. Bis zum Kaffee ist hier alles »bio«; der wird in der Nähe geröstet. Das Schweinefleisch stammt ausschließlich vom Schwäbisch-Hällischen Landschwein, das Rind- und Lammfleisch von Hohenloher Weidetieren. Das Credo der Betreiber lautet: frische, ehrliche Zutaten und gutes, sauberes Handwerk. Bei gutem Wetter sitzt man im wunderschönen Gartenrestaurant, bei schlechtem in der gemütlichen Sitzecke am Kachelofen.
Auf der Speisekarte steht im Sommer als belebende Starter ein aromatischer Wildkräutersalat mit Beerendressing oder eine Grüne Soße mit Salzkartoffeln. Im Winter wird eine kräftige, selbst gemachte Rinderbrühe serviert, zum Jahresende liegt eine knusprige, ofenfrische Freilandgans auf dem Teller. Die Hauptgerichte reichen von vegetarischen Angeboten über Forellengerichte oder Schnitzel vom Schwäbisch-Hällischen Landschwein bis zum Wildrücken aus heimischer Jagd. Bekannt ist die Schmelz-Mühle für ihre Vesperkarte mit Hausmacherwurst, Kochkäse und Handkäs mit Musik.
Das Bier stammt aus kleinen Braumanufakturen, Weine aus dem Rheingau und Rheinhessen. Prämierte Spirituosen und außergewöhnliche Aperitifs, auch alkoholfreie, komplettieren das Angebot.

➜ Von hier führen Wander- und Radwege durch den Krofdorfer Forst und das Salzbödetal. Für Kinder gibt es einen Spielplatz mit Minitrecker und ein Kinderspielzimmer. Für die Höhepunkte des Jahres und besondere Termine lohnt sich der Blick auf die Webseite. Reservierung erforderlich!

Weinwirtschaft Laquai

Schwalbacher Straße 20,
65391 Lorch
0 67 26 / 83 92 13
weingut-laquai.de

Größe: 70 Plätze im Restaurant, 36 im Garten
Preise: Hauptgerichte 10–20 Euro
Kreditkarten: EC
Öffnungszeiten: Mi–Fr 17–23 Uhr; Sa, Feiertags 16–23 Uhr, Ruhetage: So–Di

Kleinod im letzten Zipfel des Rheingaus

Das Städtchen Lorch am Rhein ist der nordwestliche Schluss des Weinanbaugebiets Rheingau. An einer Durchgangsstraße zum Wispertal liegt die »Weinwirtschaft Laquai«, die mit historischem Fachwerk und edler Gemütlichkeit beeindruckt. Im Sommer sitzt man im kleinen romantischen Garten, der auch von jungen Rheinsteigwandernden gern besucht wird. Hier kann man sich eine Weinprobe des Weinguts Laquai zusammenstellen lassen oder auf Nachfrage die neue Vinothek besuchen. Die Chefin, Susanne Laquai, betreibt ihr Gasthaus mit Leidenschaft. Sie serviert regionale Gerichte mit einigen mediterranen Akzenten. Gekocht wird ohne Fertigprodukte und Konservierungsstoffe, auch Brühen, Soßen und die Tomatenbutter werden vor Ort hergestellt. Die Grundprodukte kommen aus der Region. Fische kommen vom Forellenhof Flach im Wispertal, das für sein sauberes Wasser bekannt ist. Wurst und Fleisch liefert die Metzgerei Kempenich aus Presberg.

Auf der Tageskarte mit wechselnden Gerichten steht regelmäßig ein vegetarisches Angebot. Als Vorspeise und Einstieg ist das Körbchen Brot und dreierlei Dip – hausgemachte Tomatenbutter, Kräuterquark und Spundekäse – zu empfehlen. Erstklassig sind die gebackene Wispertal-Forelle mit Butterkartoffeln und Salat sowie die Wildschweinsülze mit Zwiebelvinaigrette und Remoulade, dekoriert mit Kräutern aus dem eigenen kleinen Kräutergarten, und schließlich die Wildschweinbratwürste.

Die Weine kommen ausschließlich vom Weingut Laquai: mineralisch-elegante Rieslinge, deren Charakter vom Schieferterroir der Lorcher Steillagen bestimmt ist. Auch Rotwein, Sekt und Brände kommen aus dem eigenen Keller. Wer keine alkoholischen Getränke mag, gönnt sich eine erfrischende Biolimonade.

→ Unbedingt eine Probe mit den Laquai-Weinen vereinbaren!

Die Wisperforelle ist ein regional einmaliges Markenprodukt. Der Forellenhof unter der Lauksburg (Im Wispertal 2, 65391 Lorch) vermarktet direkt an Endverbraucher. Im Angebot sind Forellen, Lachsforellen, Aal und Karpfen.

Haus Schönblick

Hüttenthalerstraße 30,
64756 Mossautal-Güttersbach
0 60 62 / 53 80
hotel-haus-schoenblick.de

Größe: 70 Plätze im Restaurant, 70 im Außenbereich
Preise: Hauptgerichte 10–29 Euro
Kreditkarten: EC, Master, Visa
Öffnungszeiten: Mi–So 11.30–14 und 18–21 Uhr; Ruhetage: Mo, Di

Botschafter des Odenwalds mit feiner Regionalküche

Im südlichen Odenwald, zwischen Erbach und Beerfelden, liegt das Restaurant »Haus Schönblick« von Sabrina und Jochen Katzmaier. Sie haben das Haus vor einem guten Jahrzehnt übernommen und innen wie außen jenseits der üblichen Rustikalität modernisiert. Mit frischem Elan wird eine feine Odenwald-Küche umgesetzt. »Haus Schönblick« gehört zur Marketingkooperation »Odenwald-Gasthaus«, die auf den Chemiebaukasten mit Geschmacksverstärkern, Farb-, Füll- und künstlichen Aromastoffen komplett verzichtet und regionale Frische forciert. Der Großteil der Produkte kommt aus der unmittelbaren Umgebung. Der Odenwälder Schäferverein liefert ganze Lämmer, die Metzgerei Volk in Brombachtal ergänzt die Fleischversorgung.
Als Vorspeise überzeugt das Carpaccio vom Odenwälder Weiderind. Probierenswert ist die Spinatsuppe mit Knoblauchcroutons. Unter den Hauptspeisen stechen die Lammgerichte hervor, etwa der Lammrücken mit Kräuterkruste. Selten erhältlich ist der geschmorte Kalbshals mit Rahmsoße und Bärlauchspätzle. Der nächste Auftritt ist spektakulär: Ein Hüttenthaler Saibling wird von feinem Fenchelgemüse und Gnocchi begleitet. Selbst die Beilagen übertreffen das gewohnte Einerlei, wie die feinen Mandelbällchen, die einige Fleischgerichte begleiten. Als Dessert glänzt im Frühjahr ein karamellisiertes Rhabarberparfait mit marinierten Erdbeeren. Darüber hinaus gibt es Vesperspezialitäten und hausgemachten Kuchen.
Beim Wein tritt die Sommelière Sabrina Katzmaier in Aktion. Ihre Weinkarte weist nicht weniger als einhundert Positionen aus, überwiegend deutsche Weine. Die Brauerei Schmucker in Mossautal hat beim Bierausschank die Nase vorn.

Die Molkerei Hüttenthal (Molkereiweg 1, 64756 Mossautal, Ortsteil Hüttenthal) ist die einzige Privatmolkerei Hessens. Zur Molkerei gehören ein Hofladen und eine Gartenwirtschaft.

Apfelwein Föhl

Marktplatz 1,
63262 Neu-Isenburg
0 61 02 / 3 96 69
apfelwein-foehl.de

Größe: 90 Plätze in der Gaststube, 100 im Garten
Preise: Hauptgerichte 9–25 Euro
Kreditkarten: EC, Master, Visa
Öffnungszeiten: Mo–Sa 17–23 Uhr (Küche bis 22 Uhr); So, Feiertage 12–22 Uhr (Küche bis 21.30 Uhr)

Traditionelles Gasthaus mit lauschigem Innenhof

Neu-Isenburg liegt, durch einen Streifen Stadtwald getrennt, im Süden Frankfurts und ist per Stadttarif mit der Straßenbahn zu erreichen. Die traditionelle Apfelweinwirtschaft »Apfelwein Föhl« von Ulrike Wipfler und Uwe Vollmershausen liegt idyllisch am Marktplatz, mitten im alten Ortskern. Neben den hübschen Räumlichkeiten mit rustikalen Holztischen und dem wunderbaren Innenhof punktet der freundlich-flotte Service, der auch dann noch Überblick und gute Laune behält, wenn alle Plätze besetzt sind. Verarbeitet werden ausschließlich frische Produkte. Das Fleisch kommt unter anderem vom Biohof Schauferts aus Schönborn im Taunus.
Die Karte bietet die lokalen Klassiker zum Ebbelwoi, von Handkäs bis Haspel. Interessanter sind die Tages- und Wochenempfehlungen, etwa das Frankfurter Schnitzel mit Grüner Soße* oder die Frikadellen vom Bioferkel mit Kohlrabigemüse und hausgemachtem Püree. Auch das Isenburger Bauernpfännchen enttäuscht nicht. Die Grüne Soße* ist herrlich dick und strotzt vor frischen, intensiven Kräutern. Schnitzel und Tafelspitz lassen wegen ihrer Fleischqualität nichts zu wünschen übrig, und die vegetarische Lasagne verbirgt reichlich frisches Gemüse zwischen ihren Nudelblättern. Besondere Erwähnung verdienen die herrlichen Bratkartoffeln – Pommes frites müssen draußen bleiben.
Zum Essen wird das »Geiselbacher Gold« ausgeschenkt, ein Apfelwein von der Kelterei Herkert aus Geiselbach im Spessart. Auch im Angebot: Bier und eine kleine Weinkarte. Schöner Sommergarten.

➜ In der Herbstsaison wird ein schönes Gänsemenü – auch außer Haus – mit ausschließlich deutschen Freilandgänsen angeboten.

Forellengut Herzberger

Forellengut 1,
61440 Oberursel (Taunus)-
Oberstedten
0 61 72 / 3 51 19
forellengut-herzberger.de

Größe: 100 Plätze in der Gaststube, 100 im Biergarten
Preise: Hauptgerichte ab 15 Euro
Kreditkarten: Keine
Öffnungszeiten: Sa, So, Feiertage 11–18 Uhr; Ruhetage: Mo–Fr

Attraktives Ausflugsziel am Wald mit eigener Fischzucht

Das Gasthaus »Forellengut« von Rolf Herzberger liegt malerisch im Wald bei Oberursel zu Füßen des Taunus. Es ist mit dem Auto gut zu erreichen, vor allem aber als Ziel einer Wanderung zu empfehlen. Rings um das »Forellengut« verlaufen zahlreiche Wanderwege und laden zu einem ausgedehnten Waldspaziergang ein. Die Gaststube ist einfach, der schöne Biergarten unter Bäumen behaglich und sommertags gut besucht; Wartezeiten sind durchaus möglich. Das »Forellengut« in Familienbesitz wurde 1894 gegründet. Rolf Herzberger ist passionierter Fischzüchter, der in seinen 42 Teichen und Becken nicht weniger als 26 Fischarten hält, von der Äsche bis zum Zander. Das Gasthaus wird als Nebenbetrieb der Fischzucht bewirtschaftet, mögliche Engpässe sind betriebsbedingt.
Kulinarischer Schwerpunkt des Hauses sind fangfrische Fische aus der eigenen Zucht. Neben Forelle, Lachsforelle, Karpfen und Schleie ist auf Vorbestellung auch der seltene Stör erhältlich. Im Herbst bereichern Rotauge, Wels, Zander, Barsch, Aal und Hecht das Angebot. Spezialitäten sind die Fischsuppe, die kalt oder warm geräucherte Forelle und die in einer 50 Jahre alten Gusseisenpfanne auf dem Holzfeuer gerösteten, krossen Bratkartoffeln. Der Fisch ist allerdings kein Alleinunterhalter. Das Fleisch für das Wildschweingulasch, serviert mit Rotkraut und Salzkartoffeln, kommt ebenfalls aus eigener Zucht, einer Kreuzung von Haus- und Wildschwein.
Die Getränkekarte bietet neben diversen Bieren und Apfelwein schöne Rieslinge.

Frische und geräucherte Forellen und andere Fische werden auch verkauft: Der Verkauf ist wochentags von 9 bis 16 Uhr, sonn- und feiertags von 9 bis 11 Uhr geöffnet.

Gutsausschank im Weingut Dr. Corvers-Kauter

Rheingaustraße 129,
65375 Oestrich-Winkel
0 67 23 / 26 14
corvers-kauter.de

Bio

Größe: 60 Plätze in der Stube, 80 im Garten
Preise: Hauptgerichte 11–20 Euro
Kreditkarten: EC
Öffnungszeiten: April–Okt, Mi–Fr 17–23 Uhr; Sa, So Feiertag, 15–23 Uhr; Ruhetage: Mo, Di

Gutsausschank vom Bioweingut mit fantasievollen Happen

Der Gutsausschank im Weingut Dr. Corvers-Kauter liegt im Ortsteil Mittelheim der Rheingaugemeinde Oestrich-Winkel. Er hebt sich mit seinem ländlich-eleganten Interieur wohltuend vom tümelnden Winzerbarock ab. Im mediterran angelegten Weingarten wachsen neben Oleander, Palmen und Zitronenbäumchen auch die Küchenkräuter. Wie das Land, so die Küche. Und das Land, der Rheingau, war aufgrund seiner Lage an einer der ältesten europäischen Handelsstraßen unablässig neuen Einflüssen unterworfen. Diese Wechselwirkung zwischen Heimischem und Fremdem spiegelt sich in den Gerichten, die Brigitte Corvers in der Gutsschänke serviert: regionale Speisen mit mediterranem Einschlag. Die Karte ist saisonal orientiert, die Jahreszeiten diktieren den kulinarischen Rhythmus. Die Lebensmittel stammen meist aus der Region und von Betrieben, die vernünftig und nachhaltig arbeiten. Das Speisenangebot ist frei von künstlichen Aromen, Geschmacksverstärkern, Konservierungs- und Farbstoffen sowie von Fertigprodukten. Soßen und Suppen werden jeden Morgen neu angesetzt.
Die Karte kommt fantasievoll daher: Dreierlei vom Spargel – Spargelmousse mit Bergschinken, Spargelsalat und Spargel-Schinken-Quiche. Oder die gezupfte Wutz (ein saftiger Schweinebraten, zwölf Stunden gegart) im Baguettebrötchen mit Krautsalat. Herzhaft das Rheingauer Allerlei: Bergschinken, Spundekäse, Wurstknacker, Leber- und Fleischwurst, Oliven, Roastbeef auf Linsen, Spargelsalat und Brot. Weiter im Angebot ist ein Rheingauer Runder (lauwarmer Käse vom heimischen Affineur) mit Quittensenf und Erdbeerpfeffer. Die lauwarme Taunus-Lachsforelle (im Buchenrauch geräuchert) wird mit zweierlei Sahnemeerrettich und Salat kombiniert.
Dazu gibt es die Weine von Brigitte und Matthias Corvers. In der Hauptsache sind dies Rieslinge und Spätburgunder, nicht zu vergessen der Rote Riesling, eine autochthone weiße Sorte. Seit 2015 ist das Weingut von Bioland zertifiziert.

→ Drei Wochen vor Saisonende lädt man zu den Slow Food Arche-Wochen, um seltene Rassen und Nahrungspflanzen zu präsentieren, zum Beispiel Albleisa und Fleisch vom Bunten Bentheimer Schwein.

Gasthaus Zum Stern

Wilhelmsplatz 7,
63065 Offenbach am Main
0 69 / 97 76 72 16
stern-offenbach.de

Größe: 30 Plätze im Gastraum
Preise: Hauptgerichte 12–24 Euro
Kreditkarten: Keine
Öffnungszeiten: Di, Fr–So 11.30–24 Uhr; Mi, Do 17–24, Küche bis 22 Uhr; Ruhetag: Mo

Ein neuer Stern regionaler Küchentradition in Offenbach

Am Offenbacher Wilhelmsplatz ist seit einiger Zeit ein ambitioniertes Gasthaus beheimatet, das sich gutem Küchenhandwerk mit regionalen Produkten verschrieben hat. Die Rollenaufteilung ist klassisch: Frau ist für den Service zuständig, Mann kocht. Beide führen den Betrieb mit viel Einsatz und Freude und sind interessiert an den Einschätzungen und Meinungen ihrer Gäste.

Der Patron zeigt auf der Speisekarte eine deutliche Liebe zum Wild, das er aus regionaler Jagd bezieht. Sehr gut gefällt der Wildschweinbraten in Spätburgundersoße, ebenfalls die Offenbacher Wildbratwurst mit Zwiebelsoße und Bratkartoffeln – die Würste werden nach Rezepten des Küchenchefs für den »Stern« hergestellt. Das Rindfleisch stammt aus Weidezuchtbetrieben aus Hessen und Baden-Württemberg. Das Jägerschnitzel wird als Luxusvariante vom Kalb serviert, die Pilze stammen aus der Offenbacher Pilzzucht von Mathias Kroll, der seine Zucht in Gewölben unter dem Bieberer Berg aufgebaut hat. Seine feinen Pilze gibt es auch vegetarisch als Pilzragout mit Semmelknödel. Weitere Zutaten kommen vom Wochenmarkt vor der Tür, auf dem die Oberräder Gemüsehändler ihre Waren anbieten und auch der Odenwälder Handkäse für den nicht alltäglichen Handkäs mit Mango-Tomaten-Salat erhältlich ist. Das ist eine schöne Vorspeise, das ebenfalls regional beliebte Schneegestöber* ist schon eher eine Vesperportion. Im Allgemeinen sollten die Portionsgrößen nicht unterschätzt werden.

Die Weinkarte versammelt die besten deutschen Weingüter in beachtlicher Vielfalt und moderater Kalkulation.

Treuschs »Johanns-Stube«

Rathausplatz 2,
64385 Reichelsheim (Odenwald)
0 61 64 / 22 26
treuschs-schwanen.com

Größe: 50 Plätze in der Gaststube, 60 im Garten
Preise: Hauptgerichte 8–23 Euro
Kreditkarten: EC, Master, Visa
Öffnungszeiten: 11.30–14 und ab 18 Uhr; Ruhetag: Mi

Engagierte Regionalküche mit Pomothek

Das Odenwald-Gasthaus »Treuschs Johanns-Stube« in Reichelsheim nördlich von Fürth hat drei Gasträume. Es ist ein bodenständiges Gasthaus im rustikalen Stil mit angeschlossener Pomothek mit einer großen Vielfalt sortenreiner Apfelweine. Die Inhaberfamilie Treusch zelebriert die Regionalität mit Verve und Engagement und serviert die Produkte ihrer Heimatregion schmackhaft und ansprechend. Während in »Treuschs Schwanen«, dem gehobenen Restaurant der Familie, ein Mix aus regionalen und internationalen Gerichten gekocht wird, dominiert in »Treuschs Johanns-Stube« eindeutig der Odenwald. Das Gasthaus gehört zur Marketingkooperation »Odenwald-Gasthaus«, die sich der Regionalität verpflichtet hat und auf Geschmacksverstärker, Farbstoffe, Füll- und Konservierungsmittel konsequent verzichtet. Armin und Thomas Treusch suchen und finden ab und an neue regionale Erzeuger mit interessanten Produkten wie eine Kaffeerösterei aus dem Umland und Flusskrebse aus dem Weschnitztal.

Nach einem Schluck prickelnder Goldparmäne beginnt der Reigen Odenwälder Vorspeisenvariationen, Vunn allem ebbes – Kleinigkeiten von Landschwein, Forelle, Hüttenthaler Käse und einiges mehr. Interessant die hausgemachten Maultäschle (mal vom Lamm, mal vom Wildschwein) mit Gemüsestreifen im Knoblauch-Kräuter-Sud. Bei den Hauptspeisen sind Treuschs Ebbelwoi-Hinkelsche* oder Himmel un Ääd* aus hausgemachtem Kartoffel- und Apfelbrei mit gebratener Blutwurst und gerösteten Zwiebeln probierenswert. Die Hüttenthaler Bachforelle wird im Apfelweinsud gegart und von Gemüsestreifen, Butterkartoffeln und Salat begleitet. Sonntags gibt es Treuschs Sonntagsklassiker, im Sommer sind das Lammkrautwickel in Apfelwein-Zwiebel-Soße.

Begleitend zur abwechslungsreichen Küche gibt es zahlreiche sortenreine Apfelweine aus eigener Kelterei, dazu Weine von der Hessischen Bergstraße und der Odenwälder Weininsel.

Treuschs Schwanen

Rathausplatz 2,
64385 Reichelsheim (Odenwald)
0 61 64 / 22 26
treuschs-schwanen.com

Größe: 45 Plätze im Restaurant, 30 im Garten
Preise: Hauptgerichte 18–32 Euro
Kreditkarten: Alle gängigen Karten
Öffnungszeiten: Fr–Di ab 11.30 und ab 18 Uhr; Ruhetage: Mi, Do

Gehobenes regionales Genießerrestaurant

Mitten im Odenwald, zwischen Bensheim und Michelstadt, liegt Reichelsheim. Hier betreibt die Inhaberfamilie Treusch die beiden Restaurants »Schwanen« und »Johanns Stube«, aber auch eine Kochschule und eine Pomothek mit sortenreinen Apfelweinen. Der »Schwanen«, am Rathausplatz neben der Kirche gelegen, ist das gehobene Genießerrestaurant mit modern gestalteten, geschmackvollen Räumen und einer Weinlounge inklusive begehbarem Weinschrank. Im Sommer speist man im Garten unter den Bäumen. Die verwendeten Grundprodukte kommen weitgehend aus der Region: Wild wird in Odenwälder Jagdrevieren geschossen, die Lämmer kommen aus Michelbach und Rehbach, Weinbergschnecken aus Hetzbach, Geflügel aus Georgenhausen, Käse und Forellen aus Hüttenthal, Rindfleisch vom Limousinweiderind aus Schleiersbach, Gemüse und Kräuter von Biokaffenberger. Es werden interessante Menüs mit abgestimmter Weinbegleitung angeboten.
Schon bei den Vorspeisen werden die kulinarischen Ambitionen des »Schwanen« deutlich: Röllchen von der Hüttenthaler Bachforelle mit Schwarzwurzeln in Meerrettichrahm und Rote-Bete-Schaum. Ein typisches Hauptgericht ist der Rücken vom Odenwald-Wildschwein mit Schwarzbrotkruste und Honig-Balsamico-Jus oder ein Kartoffelsushi mit gebratener Lachsforelle, Meerrettich und Gartenkräutersalat. Bei den Desserts überzeugen die Variationen vom Odenwälder Lebkuchen und das Kartoffeleis mit gerösteten Kürbiskernen in der schmelzenden Schokoladenkugel.
Die Weinkarte ist eindrucksvoll und bietet neben einem breiten Angebot aus der Alten und Neuen Welt interessante Abfüllungen von der Hessischen Bergstraße, der Odenwälder Winzergenossenschaft sowie Weine aus dem Neckartal und aus Bürgstadt.

Gasthaus Zum Kreiswald

Im Kreiswald 9,
64668 Rimbach
0 62 53 / 97 21 46
kreiswald.de

Größe: 90 Plätze im Gastraum, 70 auf der Terrasse
Preise: Hauptgerichte 8–17 Euro
Kreditkarten: EC
Öffnungszeiten: Sa, So ab 10 Uhr; Mo–Mi ab 11 Uhr; Ruhetage: Do, Fr

Typische Odenwald-Küche mit eigener Brennerei

Das »Gasthaus Zum Kreiswald« in Rimbach im Odenwald liegt in der geografischen Mitte zwischen Heidelberg und Darmstadt. Das Ambiente des Hauses ist traditionell mit vielen Holzelementen und rustikalem Look. Angeschlossen an den Gasthof ist eine Edelobstbrennerei – seit 1866. Sie verarbeitet größtenteils Obst von den eigenen Streuobstwiesen mit gutem Erfolg, wie die zahlreichen Prämierungen zeigen. In der Küche zeigt das Gasthaus klare Kante: Es gehört zur Marketingkooperation »Odenwald-Gasthaus«, die auf Qualität und Frische aus der Region setzt und sich dazu verpflichtet, auf Geschmacksverstärker, Farbstoffe, Füll- und Konservierungsmittel zu verzichten. Bis zu 90 Prozent der Produkte sollen aus der Region kommen. Küchenchef Gerhard Fritz setzt auf sein gutes Handwerk.

Den Anfang machen eine Quiche Kreiswald oder eine wärmende Apfel-Meerrettich-Suppe mit Forellenstreifen. Die geschmorte Ochsenbacke kombiniert Fritz mit einer Zwetschgensoße, dazu Rahmkartoffeln und frisches Gemüse. Ein typisches Hauptgericht ist der Schweinerücken Edelbrenner-Art mit einer Soße aus Speck, Champignons und glacierten Apfelstücken – und einem Schuss Apfelbrand, dazu Kartoffelbällchen und Salat. Die Küche gibt vielen Soßen und Speisen einen Tropfen Edelbrand mit auf die aromatische Reise. Das gilt auch für das Dessert, gebackene Waffel mit warmen Aprikosen und Mirabellenbrand. Eine Idee des Chefkochs ist das »Brenner-Zertifikat« genannte Vier-Gänge-Menü in der Brennerei, während dort gebrannt wird.

Im »Kreiswald« wird der eigene Apfelwein ausgeschenkt. Der passt bestens zum Vesperteller mit Odenwald-Erzeugnissen. Die Traubenweine kommen von der Odenwälder Winzergenossenschaft, von der Hessischen Bergstraße und aus Baden.

➜ Eine Reservierung ist erwünscht.

Der Teichhof

Am Teich 5,
37296 Ringgau-Grandenborn
0 56 59 / 8 10
derteichhof.de

Größe: 55 Plätze im Restaurant
Preise: Hauptgerichte 11–29 Euro
Kreditkarten: EC, Master, Visa
Öffnungszeiten: Di–So 11–21 Uhr; Ruhetag: Mo

Bodenständige und deftige Ringgau-Küche

Der »Teichhof« liegt auf einem Hochplateau zwischen dem Thüringer und dem Kaufunger Wald im nordhessischen Werra-Meißner-Kreis. Die Eltern von Regina Linhose haben neben dem Gaststättenbetrieb Wurstwaren aus ihrer Hausschlachtung vertrieben. Ehemann Edgar ist Metzgermeister und hat die Herstellung traditioneller nordhessischer Wurstwaren ausgebaut. Der Teichhof ist Gründungsmitglied im Förderverein Nordhessische Ahle Wurscht, Metzgerei und Reiferäume grenzen an die Gaststätte. Die Gaststube ist mit hellen Holzmöbeln und Wandvertäfelungen freundlich-ländlich ausgestattet. »Wir sind vom Dorf und arbeiten in erster Linie für Leute mit Sinn für die dörfliche Küche«, beschreiben Linhoses ihre Philosophie. Die Produkte kommen aus dem näheren Umfeld, das sichert Beschäftigung für mehr als 20 Menschen aus der Region. Die Schweine werden im Umkreis gemästet, ihr Fleisch in der Metzgerei verarbeitet. Der Garten liefert Kräuter und in begrenztem Umfang Erdbeeren, Rhabarber und Salat. Eine Bäuerin aus dem Dorf bringt Rote Bete und Kohl. Feldsalat kommt von Dilling aus Weißenborn, eine Gärtnerei aus Gotha liefert Produkte, die regional schwer zu bekommen sind. Sauerteigbrot wird konsequent selbst gebacken. Das Mehl kommt aus der Esmühle im östlich angrenzenden Eichsfeld.
Im Teichhof werden die traditionellen Gerichte des Ringgaus gekocht. Weckewerk*, Schlachtesuppe, Ahle Wurscht*, Kesselwurst und Bratwurst finden sich ganzjährig auf der Speisekarte. Saisonal haben Spargel und Erdbeeren einen hohen Stellenwert im Frühjahr, im Herbst und Winter rücken gefüllter Schweinemagen, Schweinebäckchen und die Schlachteplatte mit Lauch- und Kohlgemüse in den Vordergrund.
Aus dem Zapfhahn läuft Bier von der Eschweger Klosterbrauerei. Apfelsaft liefern die Bäume auf den eigenen Streuobstwiesen, er wird selbst gepresst. Die Weinkarte ist übersichtlich.

→ Das »Teichhof«-Team organisiert im Sommer maßgeblich die Aktivitäten zur Mohnblüte, zu der Planwagenfahrten und Wanderungen angeboten werden. Auf der Karte stehen Mohnkuchen und weitere Gerichte mit der Ölpflanze.

An den Öffnungstagen ist der Hofladen von 10–18 Uhr geöffnet. Dort gibt es nordhessische Wurstspezialitäten, selbst gebackenes Roggenbrot und andere Spezialitäten.

NEU

Land Gasthaus Kraft

Hauptstraße 38,
34270 Schauenburg-Breitenbach
0 56 01 / 9 31 80
hotel-gasthaus-kraft.de

Größe: 60 Plätze im Gastraum
Preise: Hauptgerichte 15–26 Euro
Kreditkarten: EC, Master, Visa
Öffnungszeiten: Mi–Sa 17–23 Uhr; So 11.30–13.30 und 17–23 Uhr; Ruhetage: Mo, Di

Dem Gast und der regionalen Küche verpflichtet

Der Landgasthof steht im Dorfkern von Breitenbach, einem Ortsteil der Gemeinde Schauenburg, zwanzig Kilometer südwestlich von Kassel. Seit sieben Generationen ist das stattliche Fachwerkgebäude im Eigentum der Familie Kraft. Vor gut einem Jahrzehnt hat mit Tim Kraft die siebte Generation übernommen, Bruder Meik verstärkt seit 2020 die Küchenmannschaft. Nach der Lehre hat er in mehreren renommierten Häusern gearbeitet. Doch hat die junge Generation keine kulinarische Revolution angezettelt. Weiterhin stehen Steaks und Schnitzel mit den passenden Beilagen ebenso auf der Karte wie ein der Jahreszeit entsprechender knuspriger Gänsebraten oder die Schlachteplatte. Behutsame Erneuerung mit frischen und regionalen Produkten ist das Gebot der Stunde. Gerade Gerichte mit regionalen und saisonalen Produkten sollen verstärkt angeboten werden. Die Rohstoffe kommen überwiegend aus der Region: Das Wild wird von befreundeten Jäger*innen bzw. vom Wildladen Kassel geliefert – ein Höhepunkt sind die Wilden Wochen im Oktober. Gemüse kommt von der Gärtnerei Ullrich aus Fuldatal, aus dem Hofladen Kreuder aus dem Nachbarort Martinhagen das Rindfleisch. Familie Kreuder zieht die Hochlandrinder selbst auf und schlachtet vor Ort. Saiblinge und Forellen liefert die Fischzucht Gauggel, kaum einen Kilometer vom Gasthaus entfernt. Eier, Kartoffeln und Milchprodukte produziert der Hof Bott im Nachbarort Martinhagen. Kräuter und Blüten wachsen im eigenen Garten. Die Speisekarte ist erfreulich klein, sie wechselt nach Jahreszeit und Angebot.
Der Genuss beginnt mit einem Gruß aus der Küche, selbst gebackenem Brot und Aufstrichen. Ein Drei-Gänge-Menü beginnt mit einer Kraftbrühe vom Habichtswaldschwein mit Pfannkuchenstreifen und Gemüse, als Hauptgericht gibt es Zweierlei von der Maispoularde, Paprika mit Bohnenpüree und als Dessert eine Schwarzwälder Kirsch-Variation. Fleischbegeisterte freuen sich über das Dry-Aged-Entrecôte vom deutschen Rind oder das Kotelett vom Duroc-Schwein, jeweils mit selbst gemachten Pommes. Empfehlenswert sind die vegetarischen Ravioli, gefüllt mit Limone und Ricotta, und der große Blattsalat mit Ullrichs Wildkräutern.

Familie Kraft konserviert die eigenen Produkte und ist mit ihnen auf mehreren Wochenmärkten in Nordhessen vertreten. Es gibt ohne Konservierungsstoffe klassisch eingekochte Fleischgerichte, Gemüse und Suppen.

Gasthaus Landgraf

Felsbergstraße 49,
64342 Seeheim-Jugenheim,
Balkhausen
0 62 57 / 5 05 17
gasthaus-landgraf.de

Größe: 65 Plätze in Gaststube und Nebenraum
Preise: Hauptgerichte 18–29 Euro
Kreditkarten: EC, Master, Visa
Öffnungszeiten: Täglich ab 17.30 Uhr; So auch 12–14 Uhr; Ruhetage: Di, Mi

Biolandhausküche mit mediterranen Anflügen

Die Gaststube vom »Gasthaus Landgraf« ist von ländlicher Eleganz, Stil und Wohnlichkeit geprägt. Ein ehemals etwas düsterer Salon im Nebenraum wurde zum schönen Esszimmer umgebaut, und die Gartenterrasse ist neu gestaltet. Daniel McCabe, Inhaber und Küchenchef, und Restaurantleiter Volker Salm, betreiben das »Gasthaus Landgraf« unweit von Darmstadt seit März 2008. Stilistisch nicht festgelegt, lassen sie an ihrer regional und saisonal ausgerichteten, feinen Küche mit vielen Bioprodukten keinen Zweifel aufkommen – auch wenn manche Fisch- und Fleischspezialität aus der Ferne kommt. Ein mediterraner Einfluss ist unübersehbar. Verarbeitet werden überwiegend Produkte der Umgebung, darunter auch heimisches Wild und Fleisch von der Bäuerlichen Erzeugergemeinschaft Schwäbisch Hall. Eine Liste der Lieferant*innen kann auf der Webseite eingesehen werden.

Die Speisekarte wechselt alle vier Wochen. Als Starter empfehlen sich der Wildkräutersalat mit Walnussdressing und Käsechips oder die gebratene Lammleber mit Rhabarber-Relish und Wildkräutersalat. Ziegenkäse, verarbeitet zu Ziegenfrischkäsemousse mit gegrilltem Gemüse, darf auf der Vorspeisenkarte nicht fehlen. Als Hauptgericht gibt es ein geschmortes Schweinebäckchen mit Gemüse und Rosmarinkartoffeln, eine attraktive Alternative wäre im Herbst das Zweierlei vom heimischen Reh mit geschmorter Schulter und Steak aus der Keule, dazu Wirsing, Spätzle und Preiselbeeren.

Besonderer Wert wird im »Landgraf« auf die Weinkarte gelegt mit nicht weniger als 150 Positionen aus den deutschen Anbaugebieten Hessische Bergstraße, Baden und Pfalz. Umfangreiche Digestifkarte.

➔ Mehrmals im Jahr stellen Weingüter ihre aktuellen Jahrgänge in kulinarischen Weinproben vor.

Restaurant »Ratskeller Spangenberg«

Marktplatz 1 im Rathaus,
34286 Spangenberg
0 56 63 / 9 38 65 80
mueller-propf.de

Größe: 40 Plätze im Restaurant, 70 im Rathaus-Saal, 40 auf der Terrasse
Preise: Hauptgerichte 18–30 Euro
Kreditkarten: EC, Master, Visa.
Öffnungszeiten: Do–Sa 18–22 Uhr, Küchenannahme bis 19 Uhr; So 12–15 Uhr; Ruhetage: Mo–Mi

Gehobene Küche trifft nordhessische Tradition

Das Restaurant befindet sich im historischen Rathaus auf dem Marktplatz von Spangenberg im Schwalm-Eder-Kreis im nordöstlichen Hessen. Der Gastraum ist nach liebevoller Renovierung durch die Inhaber Thomas und Michael Mueller-Propf hell und freundlich, an den Wänden hängen zeitgenössische Gemälde. Küchenchef Thomas Raabe war schon mit der »Poststation Altes Forsthaus« in Altmorschen im *Genussführer* vertreten. Sein regionales Liefernetzwerk hat er wiederbelebt, auch die Stammgäste sind zurück. Auf der von Region und Jahreszeit bestimmten Karte, die regelmäßig wechselt, stehen meist zwei Menüs und weitere Gerichte à la carte. Im Frühjahr gibt es eine eigene Spargelkarte für die regionale Ernte aus Sassenberg. Heimisches Wild wird angeboten, sobald die Schonzeit beendet ist und der Jagdpächter aus Spangenberg den ersten Bock liefert. Der Anspruch von Küchenchef Raabe ist es, den Eigengeschmack der Rohstoffe zu erhalten und Tiere vollständig zu verarbeiten. Fleisch, Käse, Gemüse und Obst kommen, soweit möglich, aus den Nachbarorten. Geflügel und Rindfleisch liefert der Biohof Hirschle in Eubach. Kalbfleisch, Käse und Milchprodukte kommen vom Kirchhof in Oberellenbach, Gemüse und Salat von Familie Hufmann aus Oberellenbach. Die traditionelle nordhessische Küche wird von Raabe modern interpretiert.

Unverkennbar aus der Tradition kommen die Kartoffelklöße mit Weckewerkfüllung*, die beliebten Storzenieren (Schwarzwurzeln) in immer neuen Variationen oder das Mille feuille von Ahler Worscht mit Kartoffelmousse und Salat. Von der Dry-Aged-Karte kommen die Tranchen vom Tomahawk vom Walburger Dry-Aged-Landschwein, serviert mit saisonalem Gemüse und weiteren Beilagen nach Wahl.

Die umfangreiche Getränkekarte listet viele deutsche Weißweine, dazu einige internationale Tropfen. Bier kommt von der regionalen Hütt-Brauerei Baunatal, Mineralwasser und Säfte der Region.

→ Eine Reservierung wird dringend empfohlen.

Landhotel Gemeindeschänke Altenburschla

Am Anger 1,
37281 Wanfried-Altenburschla
0 56 55 / 9 23 40
landhotel-altenburschla.de

Größe: 30 Plätze im Restaurant
Preise: Hauptgerichte 18–29 Euro
Kreditkarten: EC
Öffnungszeiten: Mo, Di 17.30–21 Uhr; Fr 17.30–21.30 Uhr; Sa, So, Feiertage 12–14 und 17.30–20.30 Uhr; Ruhetage: Mi, Do

Weltoffene Regionalküche am Dorfanger

Wanfried-Altenburschla an der Werra in der Nähe von Eschwege imponiert mit seinem geschlossenen Ortsbild und den gut erhaltenen Fachwerkhäusern in reizvoller Umgebung. Claudia und Hartwig Gehl führen das »Landhotel Gemeindeschänke« in einem herrlichen Fachwerkhaus, das die Dorfmitte bestimmt. Die Einrichtung ist rustikal, der Eindruck hell und freundlich. Bei gutem Wetter sitzt man gemütlich unter Linden auf dem Dorfanger. Die Küche setzt auf Frische und eigene Produktion. Alle Soßen und Fonds werden selbst gezogen. Das Haus verwertet Kräuter von Gärtnern aus Altenburschla und strebt die Ganztierverarbeitung an. Das Netzwerk zu regional erzeugenden Betrieben ist eng geknüpft, auch wenn noch nicht alle Rohstoffe aus der Region kommen. Hervorzuheben sind die Gartenbaubetriebe der Wanfrieder Umgebung. Die meisten Lieferant*innen sind benannt, von der Bioschäferei Timmerberg bis zur Eschweger Klosterbrauerei.
Das Speisenangebot wechselt mit den Jahreszeiten. Neben anspruchsvollen internationalen Gerichten finden sich regelmäßig regionale Speisen im Angebot, die saisonal variieren. So behauptet sich die Hessische Kartoffelsuppe das ganze Jahr auf der Speisekarte, während im Frühjahr Bärlauch und im Herbst Kürbis saisonale Abwechslung bringen. Die Ahle Wurscht* wird als Brotzeit angeboten, der typisch hessische Schmand* in vielen Variationen eingesetzt, vom Kuchen über den Nüsschensalat bis zum Altenburschlaer Schmandschnitzel. Empfehlenswert sind die Kartoffelsuppe mit gebratener Blutwurstscheibe und Zwiebelringen und der Wanfrieder Kringel, eine geräucherte Bratwurst vom Hausschlachter, die mit Spitzkohl serviert wird. Auch Vegetarisches wird der Jahreszeit entsprechend angeboten, ebenso Spargelgerichte vom Werratalspargel.
Die Getränkekarte ist gut sortiert. Neben lokalen Biersorten finden sich deutsche und internationale Weine, die gute Begleiter abgeben.

→ Vom 1. November bis 14. April zusätzlich montags und dienstags geöffnet. Ein Besuch lässt sich gut mit einer Werraradtour oder einer Wanderung auf einem der örtlichen Premiumwanderwege verknüpfen.

NEU

Zum Kapellchen

Quellbornstraße 95,
65201 Wiesbaden-Frauenstein
06 11 / 41 18 99 12
zum-kapellchen-gastronomie.de

Größe: 70 Plätze im Gastraum, 40 im Außenbereich
Preise: Hauptgerichte 13–25 Euro
Kreditkarten: Keine
Öffnungszeiten: Nov–März: Mi–Fr ab 16 Uhr; Sa, So ab 11.30 Uhr; Ruhetage: Mo, Di; April–Okt: Di–Fr, ab 16 Uhr; Sa, So ab 11.30 Uhr; Ruhetag: Mo

Kleinod unter Frauensteiner Kirschbäumen

Robert Hoffmann und Marc Zenglein legen in ihrem Frauensteiner Betrieb Wert auf faire und regional produzierte Produkte. So finden sich zahlreiche Bioprodukte und sogar zwei Slow Food Arche-Produkte auf der Karte ausgewiesen, im Übrigen auch alle weiteren Lieferanten. Im gemütlichen, unprätentiösen Ambiente sorgen ein persönlicher Service und ein gutes Preis-Leistungs-Verhältnis für das Gästewohl. Der kleine Bauerngarten lädt im Sommer ein, draußen zu speisen.
Die ausgeprägt regionale Speisekarte besticht durch eine bodenständige Kochleistung. Schnitzel-Variationen vom Schwäbisch-Hällischen Landschwein aus einem Naturland-Biobetrieb sowie Himmel un Ääd oder Bratwurst vom Bunten Bentheimer Landschwein zählen sicherlich zu den Publikumslieblingen. Geräucherte Wisperforelle, Grie Soß' mit Freiland-Eiern oder Schafskäse-Pfännchen vom Naturland-Biobetrieb ergänzen das Angebot. Drei herzhafte vegane Gerichte und einige vegetarische Varianten dürften zudem ihre Anhänger finden. Eine gute Auswahl an Kindergerichten rundet das Angebot ab.
Die Nähe zum Nachbarweingut Ott in Frauenstein spiegelt sich auf der Karte wider. Neben einem guten Angebot an alkoholfreien Getränken findet sich eine Auswahl an hausgemachten Limonaden und auch regionales Eulchen-Bier auf der Karte.

→ Besonders hervorzuheben ist das soziale Engagement der beiden Inhaber. Begründet durch eine über zwanzigjährige Freundschaft, unterstützen sie Familien auf den Philippinen, sei es mit Lebensmitteln und Unterkünften und bei der Trinkwasserversorgung.

Mecklenburg-Vorpommern

Hiddensee
Schaprode
Rügen
Stralsund
Greifswald
Usedom
mmerower See
Neubrandenburg
20
Müritz
Havel
Neuruppin
Oranienburg

Restaurant »De oll Dörpschaul«

Rosenow 6,
19209 Lützow bei Gadebusch
03 88 74 / 2 29 29
restaurant-de-oll-
doerpschaul.de

Größe: 20 Plätze im Restaurant
Preise: Hauptgerichte 11–21 Euro
Kreditkarten: EC
Öffnungszeiten: Do–So 11–15 und 17.30–22 Uhr; Ruhetage: Mo–Mi

Alte Schule mit saisonaler Küche und schönem Garten

Den Gastraum von »De oll Dörpschaul« in Rosenow bei Gadebusch im Landkreis Nordwestmecklenburg schmücken Schulutensilien wie Zirkel, Schautafeln und Schulbücher. Inhaberin Ute Linke und ihr Mann führen das Restaurant mit Engagement und Leidenschaft. Die Karte informiert detailliert über die Lieferant*innen, das Haus und die Umgebung. Gekocht wird, was gerade im eigenen Gasten wächst oder haltbar gemacht werden konnte. Gemüse, Obst und Säfte kommen vom Biohof Medewege, Fleisch und Wurst von Biogeflügel-Mecklenburg. Müritzfischer liefern aus Wildfang oder nachhaltiger Fischwirtschaft; das Gasthaus ist Partner des Biosphärenreservats Schaalsee.

Es ist Küchenchefin Ute Linke zu verdanken, dass es hier anders schmeckt als gewohnt: Sie würzt ausschließlich mit heimischen Garten- und Wildkräutern. In ihrer täglich wechselnden Speisekarte beschreibt sie jedes Gericht ausführlich. Der Salat aus dem eigenen Garten oder vom Biobauern wird mit selbst gemachtem Sirup und Essig angemacht und mit selbst gebackenem Brot serviert. Alte Sorten wie Kaukasischer Rankspinat oder Waldstaudenroggen versprechen neue Geschmackserlebnisse. Bemerkenswert das Biokachelfleisch vom Kalb mit Haferwurz vom Demeter-Hof Medewege und der historischen Kartoffel Rosa Tannenzapfen, im Feldgold* gebraten, im Frühjahr gern ergänzt durch Spargel vom Hof Denissen. Das Sauerfleisch wird aus Mecklenburger Biohähnchen hergestellt. Eine Seltenheit ist das Hechtfilet auf Matjesart. Dazu gibt es Kartoffeln aus Mecklenburger Boden mit heimischem Rosenkohl, in Feldgold* gebraten. Bodenständig schmeckt der Altländer Pfannkuchenapfel mit Flohsamen und hausgemachtem Dip. In veganen Gerichten werden u. a. Albleisa* verarbeitet.

Ute Linke und ihr Mann suchen beständig nach alten Gemüsen und Pflanzen. Im eigenen Garten stehen 180 Kräuter und Pflanzen. Im Gasthaus liegen Stoffservietten, und wenn die Zeit reicht, kommt die Chefin gern an den Tisch und erzählt. Biobier liefert die Stralsunder Brauerei, Weine kommen von Bioweingütern und sind vegan.

Die zum Hof Medewege gehörende Mühlenbäckerei (Hauptstraße 16, 19055 Schwerin) mahlt auf Natursteinmühlen Demeter-Getreide und backt es im Holzbackofen zu Brot und mehr.

Restaurant Allesisstgut

Im Seehotel am Neuklostersee,
Seestraße 1,
23992 Nakenstorf
03 84 22 / 45 70
seehotel-neuklostersee.de

Größe: 30 Plätze im Restaurant, 18 im Wintergarten, dazu die Terrasse
Preise: Menüs 28–37 Euro
Kreditkarten: EC, Master, Visa
Öffnungszeiten: Täglich 12–15 und 18–21 Uhr; Jan bis Mitte März geschlossen

Leichte, feine Küche im idyllischen Hotel am See

Das Restaurant »Allesisstgut« im Seehotel am Neuklostersee im Kreis Nordwestmecklenburg ist idyllisch und höchst verlockend am Wasser gelegen. Bei schönem Wetter unter ausladenden weißen Schirmen auf der großzügigen Holzterrasse sind der zauberhafte Blick auf den Neuklostersee und die feinen Speisen der Küchenchefs Alexander Stoye und Konstantin Schulze-Pellengahr ein Genuss. Abends wird bei klassischer Musik und Kerzenlicht getafelt. Die Küchenchefs beziehen viele Produkte von persönlich bekannten Erzeuger*innen und Lieferant*innen aus der Region. Fangfrischer Fisch aus dem Neuklostersee und der nahen Ostsee stehen ebenso auf der Speisekarte wie Fleisch von umliegenden Demeter-Biobauernhöfen und Wild aus den nahen Wäldern. Einige Früchte werden im eigenen Garten gepflückt, der Käse kommt von Produzent*innen aus der Umgebung. Selbst gemachte Feinkost und Liköre machen die Vielfalt der regionalen Speisekultur erlebbar. Die Karte wechselt abhängig vom Warenangebot fast täglich.

Abends gibt es ein kleines, zwei- bis viergängiges Menü. Die Fischsuppe auf unsere Art, zweierlei Ziegenfrischkäse von Jan Brauer aus Daskow oder die Variationen vom Freilandgeflügel mit Feigen und Tüften sind ein schöner Einstieg. Anschließend gibt es ein sanft pochiertes Fischfilet von der Müritz, geliefert von der Müritzfischerei aus Waren, oder einen gebratenen Boddenzander. Das geschmorte Biorind wird von Sellerie, Brokkoli und Rosmarinkartoffeln begleitet. Heimisches Wild wie die Keule und Rücken vom Reh kommen mit grünem Spargel und Trüffelnocken auf den Tisch. Als süßer Teller ist eine Mandel-Crème-brûlée mit Waldbeeren empfehlenswert. Dass die Inhaber Österreicher sind, lässt sich beim Allerlei vom Topfen erahnen. Eine Schlusspointe darf nicht fehlen: Man isst gut im »Allesisstgut«.

→ In der Kulturscheune gibt es viele interessante Veranstaltungen.

Restaurant »Rittmeister«

Biestower Damm 1,
18059 Rostock
03 81 / 6 66 73 30
landhotel-rittmeister.de

Größe: 50 Plätze im Restaurant, zusätzlich Nebenräume
Preise: Hauptgerichte 13–20 Euro
Kreditkarten: EC, Master, Visa
Öffnungszeiten: Mo–Sa 12–21 Uhr; So, Feiertage 12–17 Uhr

Gute handwerkliche Küche im Grünen

Am südlichen Stadtrand Rostocks, im ehemaligen Dorfmittelpunkt von Biestow, liegt das Landhotel und Restaurant »Rittmeister« von Yvonne und Andreas Barnehl trotz der großstädtischen Nähe ruhig in grüner Natur. Das Restaurant ist stilvoll eingerichtet mit akzentuierter Beleuchtung, dunklem Holz und schön eingedeckten Tischen. Die eigene Brennerei wird mit blitzblanken, strahlenden Kupferkesseln gekonnt in Szene gesetzt. Der »Rittmeister« steht für gehobene Landhausküche - eine Kombination aus kreativen und traditionellen Mecklenburger Gerichten. Die Produkte für die Küche kommen von Bauern der Nachbarschaft und folgen der Jahreszeit. Der Schäfer im übernächsten Nachbardorf hält Ziegen und Schafe auf den Wiesen des Warnowufers. Die Kräuter werden im eigenen Garten oder auf den umliegenden Wiesen geerntet. Fertigprodukte kommen nicht in die Küche, Kochen wird als solides Handwerk begriffen.

Es werden der Betenbartsch (Rote-Bete-Suppe mit Rindfleisch, Möhren und Rahm), aber auch Backhering, Pannfisch*, Kloppschinken und die Mecklenburger Götterspeise zeitgemäß und geschmackvoll zubereitet. Probierenswert ist der traditionelle, mit Apfel, Backpflaumen und Zwieback gefüllte Mecklenburger Rippenbraten. Der Ostseedorsch wird in Zitrusöl sautiert und mit Senfschaum und krossen Kartoffelwürfeln serviert. Besonders aromatisch und geschmackvoll ist das Ziegenfilet mit Waldpilzen, rotem Zwiebelragout und Haselnuss-Polenta. Blattspinat in Erdnussmus mit Nüssen und Quinoa ist eines von drei vegetarischen Gerichten. Monatlich wechselt die Saisonkarte. Auf der Dessertkarte interessieren unter anderem die gebackenen Marzipanpflaumen mit Zimtsoße und Vanilleeis. Es werden Kuchen gebacken, Marmeladen, Pesto und Pralinen selbst hergestellt.

Die mit mehr als einhundert Weinen bestückte Vinothek gehört zu den attraktivsten der Stadt. Dazu selbst gebrannte Destillate und Liköre.

Die Bio- und Erlebnisgärtnerei Rohde (Tannenweg 34a, 18059 Rostock) bietet eine große Auswahl historischer Tomatensorten sowie Kräuter, Salate und gesundes Weizengras.

Schillings Gasthof

Hafenweg 45,
18569 Schaprode
03 83 09 / 12 16
schillings-gasthof.de

Größe: 100 Plätze im Gastraum
Preise: Hauptgerichte 10–28 Euro
Kreditkarten: EC, Master, Visa
Öffnungszeiten: April–Okt ab 12 Uhr; Nov–März ab 17 Uhr; Ruhetag: Mo

Restaurant auf Rügen mit eigenen Rindern und Schnucken

Mathias Schilling führt ein Doppelleben als Gastwirt und Landwirt. Das Restaurant seiner Familie liegt direkt am Hafen des ruhigen Fischerdorfs Schaprode im Westen der Insel Rügen auf dem Weg nach Hiddensee. Gegenüber vom Hafen liegt das idyllische Inselchen Öhe, das seit Generationen im Besitz der Schillings ist. Dort werden auf Salzwiesen Rinder und Schnucken gezüchtet, deren Biofleisch zentraler Bestandteil der Speisekarte von »Schillings Gasthof« ist. Vor gut einem Jahrzehnt hat die Familie das Haus übernommen, behutsam renoviert und mit neuer Karte zum Leben erweckt. Neben den eigenen Produkten sind die Kutterfischer von Hiddensee wichtige Zulieferer: Sie fangen ihre Beute traditionell mit Stellnetzen. Mit ihrer »Anna Lena« legen sie im Hafen von Schaprode an und landen fangfrischen Fisch an: Dorsch, Hering, Steinbutt, Wildlachs, Hornhecht. Die Köche gehen kurz über die Straße und sichern sich das Beste aus dem Netz für ihre Fischkarte. Auf der Speisekarte finden sich viele regionale und saisonale Spezialitäten: Käse aus Bisdamitz, Rügener Rapsöl und Produkte von der Vereinigung »Inselfrische«. Auf zwei Grundzutaten ist Schillings Küche besonders stolz: ihren Fisch und ihr Fleisch von »um die Ecke«. Sie geben der Karte eine besondere Charakteristik. Sonnige Terrasse mit Hafenblick.
Probierenswert ist Schillings Salatteller mit Streifen von Öher Rinderbrust als Vorspeise. Ein bemerkenswertes Erlebnis verspricht das Öhe-Rind als Burger mit Austernpilzen vom Pilzhof Wittenhagen und Bernsteinkäse aus Jütland. Klassiker des Hauses ist das Steak vom Öher Rinderrücken mit gebratenen Pilzen und Rosmarinkartoffeln – auf der Fischseite das Duett von Ostsee-Wildlachs und Zander, mit Grillgemüse, Röstkartoffeln und Orangen-Fenchel-Schaum. Zum Nachtisch locken heiße Kirschen mit Vanilleeis, vielleicht auch ein hausgemachter Kaiserschmarrn.
Kleines Weinangebot und Störtebeker-Bier aus Stralsund.

→ Es sind nur einige wenige Verdauungsschritte zum Hafen, wo man mit etwas Glück den Kutterfischern zusehen kann, wie sie ihren Fang entladen. Matthias Schilling betreibt auf Hiddensee das rote Haus direkt gegenüber der Seebühne Hiddensee, einem kleinen, aber sehr guten Figurentheater.

Eigener Hofladen.

Hotel Haferland

Bauernreihe 5,
18375 Wieck am Darß
03 82 33 / 6 80
hotelhaferland.de

Größe: 50 Plätze im Restaurant, 50 Terrassenplätze
Preise: Hauptgerichte 20–24 Euro
Kreditkarten: EC
Öffnungszeiten: Täglich 18–21 Uhr

Bio

Gehobene Küche mit Bioprodukten und schöner Aussicht

Direkt am Boddengewässer des Kurorts Wieck auf dem Darß, einer Halbinsel zwischen Rostock und Stralsund, liegt das »Hotel Haferland«. Seine drei reetgedeckten Häuser liegen in einer ausgedehnten Gartenlandschaft. Das biozertifizierte Haferland-Hotelrestaurant »Gute Stube« präsentiert eine feine Regionalküche. Die Zutaten kommen aus dem eigenen Gemüse- und Kräutergarten sowie der Region. Die Kartoffeln und die Eier liefert der Hof Walden, das Fleisch kommt vom Gut Darß und vom Biopark Malchin. In der Küche von Marco Weinberg entstehen daraus handwerklich-feine Kreationen. Im Betrieb der Familie Evers werden die besten Seiten der Naturregion Fischland-Darß-Zingst voller Überzeugung auf den Teller gebracht. Der schöne Ausblick auf den Seglerhafen auf der Boddenseite steigert den Genuss.
Für die Vorspeise liefern die Müritzfischer ein Lachsforellenfilet, das mit Wildkräutersalat, Tomatenmarmelade und eingelegten Johannisbeeren aus dem eigenen Garten verfeinert wird. Der Hauptgang mit Boddenzander von der Insel Rügen wird von Kürbis-Gundermann-Gemüse begleitet, dessen Zutaten kommen ebenfalls aus dem eigenen Garten. Vegetarisches und Veganes wie der Kartoffel-Wildkräuter-Strudel mit einer Creme von Petersilienwurzel, Möhren und Pilzschaum haben hier Tradition. Eine Birnenmousse mit Schokoladenbiskuit, Kornelkirschensauce und selbst gemachtem Sanddorneis beschließt das Menü.

→ Das Nationalparkzentrum Darßer Arche ist einen Besuch wert – und die schöne vorpommersche Boddenlandschaft eine Entdeckungstour.

Niedersachsen & Bremen

Poel
Lübeck
Wismar
Schweriner See
Norderstedt
SCHWERIN
Elbe
HAMBURG
Jork
7
Lüneburg
Elbe
Schneverdingen
27
Hornbostel
Stendal
Celle
uder Meer
Langenhagen
Wolfsburg
2
HANNOVER
Braunschweig
MAGDEBURG
Weser
Goslar
Halberstadt
Wildemann
Clausthal-
Zellerfeld
7
Braunlage
Herzberg
Göttingen
Nordhausen
ssel

Eisenhütte

Stahlwerkstraße 17 b,
26689 Augustfehn
0 44 89 / 9 42 81 90
eisenhuette.com

Größe: 140 Plätze im Restaurant, 120 auf der Terrasse
Preise: Hauptgerichte 10–33 Euro
Kreditkarten: Alle gängigen Karten
Öffnungszeiten: Di–So 12–21 Uhr, Küche von 12–14 und 18–21 Uhr; Ruhetag: Mo

Regionaler Genuss in industriellem Ambiente

Im als Garten Nordwestdeutschlands bekannten Ammerland nennt sich ein Restaurant »Eisenhütte«? In der Tat wurde in Augustfehn von 1856 bis 1932 Eisen gegossen und verarbeitet. Das ehemalige Kesselhaus wurde nach 2010 durch die Familie Börjes zu einem außergewöhnlichen Restaurant umgestaltet, das zeitgenössischen Chic mit Elementen aus der Zeit der Industrialisierung verbindet. Kevin Boekhoff kombiniert mit seinem Team eine zeitgemäße mit der klassisch-traditionellen Küche. Regionalität, Nachhaltigkeit und der gewissenhafte Umgang mit Lebensmitteln spielen eine tragende Rolle.
Auf der täglich handschriftlich verfassten Angebotstafel mit vielfältigen Kreationen und einer separaten Saisonkarte findet der Gast neben einem Snirtjebraten* – einem Brutzelbraten, meist vom Schwein – verschiedene Grünkohlgerichte oder Wild aus einheimischer Jagd. Auch die reguläre Speisekarte folgt dem kulinarischen Saisonkalender und bietet die Klassiker Eisenhütten-Burger und Tomahawk-Steak vom trockengereiften Kalb, das von »True Wilderness« aus Friesoythe bezogen wird. Schweinefilet zartrosa mit saisonalem Grillgemüse und Rosmarinkartoffeln vom Bunten Bentheimer Schwein, Roastbeef, Rinderfilet und Entrecôte vom Angusrind sowie vielfältiges Wildfleisch kommen von der Metzgerei Dänekas in Detern. Regionale Zutaten wie Ammerländer Schinken oder Büffelkäse vom Wasserbüffelhof Warpe finden sich in den Vorspeisen oder auf der Turmpizza, die auf dem langen Brett serviert wird. Salate, Nudeln und Fischgerichte – genannt seien die in Butter gebratene Nordseescholle mit Speckstippe, Salzkartoffeln und Salat – runden das Angebot ab. Schon zum Frühstück werden Eier von freilaufenden Hühnern aus Aurich, Honig vom Barßeler Imker, Müsli aus der Biomühle Vogel in Leer, Wurst und Schinkenspezialitäten von der ortsansässigen Fleischerei zu den Backwaren von Jörg Ripken serviert, der zu Deutschlands besten Bäckern zählt. Kuchen und Torten werden täglich gebacken.
Die Getränkekarte bietet neben frisch gezapften Bierspezialitäten der Braumanufaktur Engel aus Crailsheim eine gute Weinauswahl aus deutschen Anbaugebieten. Freundlich-professioneller Service unter Leitung von Barbara Schult.

In der Holzofenbäckerei Ripken mit angeschlossenem Café, Tiegelstraße 1, 26689 Augustfehn, wird ohne Vormischungen, aber mit langen Teigreifezeiten gearbeitet (www.baeckerei-ripken.de).

Gasthof zum Freden

Zum Freden 41,
49186 Bad Iburg
0 54 03 / 40 50
hotel-freden.de

Größe: 50 Plätze im Restaurant, 50 auf der Terrasse
Preise: Hauptgerichte 18–34 Euro
Kreditkarten: EC, Master
Öffnungszeiten: Mo–Fr 17.30 –21 Uhr; Sa, So 11.30–14 und 17.30 –21 Uhr

Feine Jahreszeitenküche – und frische Forellen

Eine regionale, frisch-kreative Jahreszeitenküche ist der Anspruch im »Gasthaus zum Freden« am Rande Bad Iburgs. Als Koch und Gastronom bringt Küchenmeister Heinz-Ludwig Eichholz die Schätze der Region im Rhythmus der Jahreszeiten auf den Tisch: Glandorfer Spargel im Frühling, sonnengereifte Tomaten und Beeren im Sommer, Pilze und Kürbisse im Herbst und Wild aus heimischen Wäldern zur Jagdsaison. Längst vergessene Gemüse- und Tomatensorten werden in der Küche – auch vegetarisch und vegan – mit Raffinesse verarbeitet. Alle vier Wochen gibt es ein neues Chefmenü und ein neues Landidyllmenü. Im Moment wird mit einer kleineren Karte gearbeitet, die häufiger wechselt. Die regionalen Produzent*innen werden als »Unsere Lokalhelden« in der Speisekarte ebenso vorgestellt wie das Team, mit dem Kathrin und Ludwig Eichholz arbeiten.
Die Suppen sind eine Stärke des Küchenteams. Omas Rinderkraftbrühe ist ebenso schmackhaft wie die angenehm gewürzte Cremesuppe von Waldpilzen. Sahnig-elegant ist die Schwarzwurzelcreme mit gehobelten Schwarzwurzelscheiben und feinen Streifen vom Wildschinken. Auch bei den Hauptgerichten ist die Auswahl appetitlich. Klassiker sind die kross gebratene halbe Bauernente mit Orangensoße, Rotkraut und Kartoffelknödel oder die Rinderzunge in Madeirasoße und die geschmorte Keule vom Rehbock in einer Sauerkirsch-Pfeffer-Jus mit Wirsinggemüse und Kartoffel-Schnittlauch-Stampf. Das überschaubare Meeresfischangebot ist der Entfernung geschuldet. Die Bad Iburger Forelle Müllerin an Preiselbeer-Sahnemeerrettich, serviert mit Butterkartoffeln und Kopfsalat, jedoch ist ein Genuss. Die Forellen sind im Wasser des in Sichtweite fließenden Fredenbachs groß geworden. Ergänzt wird die Speisekarte durch »Wiese, Wald und Stall«. Da gibt es die Brust vom Landgockel im Schinkenmantel auf einer fruchtigen Balsamico-Soße ebenso wie das Landschweineschnitzel in Waldpilz-Rahmsoße oder das Rumpsteak vom Münsterländer Weideochsen. Falls Wünsche offen sind, sprechen Sie die Mitarbeiter an. Wer etwas Süßes möchte, sollte sich überraschen lassen.

→ Mittagstisch montags bis freitags 11.30 bis 14 Uhr, nur nach Reservierung.
Besuchen Sie den Baumwipfelpfad in Bad Iburg.

Rodelhaus Braunlage

Mittelstation am Wurmberg,
38700 Braunlage
0 55 20 / 9 99 33 66
das-rodelhaus.de

Größe: 70 Plätze in der Gaststube
Preise: Hauptgerichte 6–15 Euro
Kreditkarten: Alle gängigen Karten
Öffnungszeiten: Do–Mo 10–17 Uhr; Ruhetage: Di, Mi

Entschleunigende Waldgaststätte mit bester Hausmannskost

Das »Rodelhaus Braunlage« liegt als Starthäuschen auf dem Wurmberg, 720 Meter über NHN. Zur Anreise gibt es zwei Möglichkeiten: zu Fuß oder mit der Wurmberg-Seilbahn; im Winter sind Rodelschlitten und Ski möglich. In der Waldgaststätte erwartet den Gast gute Hausmannskost – mit einer bemerkenswerten Besonderheit: Chefin Judith Bothe hat ihr gesamtes Angebot auf eine Philosophie des Genießens mit Vernunft ausgerichtet. Sie bezieht alle Ausgangsprodukte nur noch von regionalen Anbieter*innen, die den Kriterien des »gut, sauber, fair« entsprechen. Die Speisekarte vermittelt Genuss und große Transparenz, denn Judith Bothe stellt ihre Lieferant*innen und Produkte vor: Rotbunte Weideschweine vom Zickenpeter, Harzer Rotes Höhenvieh* von den Rotviehbauernhöfen der Umgebung oder Milch und Käse vom Demeter-Klostergut Heiningen.
Die von der Speisekarte geweckten Erwartungen werden nicht enttäuscht. Das beliebteste und damit Vorzeigegericht im »Rodelhaus« ist ein überbackener vegetarischer Brotfladen, belegt mit angeschwenktem Gemüse der Saison und einem kräftigen Klacks Crème fraîche. Schön und deftig ist die mit Bratkartoffeln servierte hausgemachte Sülze. Ein weiteres saisonales Rodelhausgericht: Mettröllchen vom Wildschwein in hausgemachter Tomatensoße, überbacken mit Käse vom Klostergut Heiningen, dazu Reis. Ein Salat mit Rohmilchkäse wird ebenfalls angeboten. Bei den Desserts lockt ganz traditionell Milchreis mit Zimt, Zucker und Kirschen.
Das Bier liefert die letzte Harzer Privatbrauerei in Altenau, als Verdauungshilfe sind die Edelbrände und Obstliköre der Familie Demmel in Rohrsheim im Angebot. Schöner Apfelsaft von der Mosterei Malus.

→ Ausgewählte Gastronomen mit regional ausgerichteten Speisekarten im Harz und Harzvorland werden im Webblog »Esskultur im Harz« (www.esskultur-im-harz.blogspot.de) vorgestellt.

NEU

Canova

Am Wall 207,
28195 Bremen
04 21 / 2 44 07 08
canova-bremen.de

Größe: 90 Plätze im Gastraum, 60 im Außenbereich
Preise: Mittagstisch 10–32, Hauptgericht 28–45 Euro
Kreditkarten: Alle gängigen Karten
Öffnungszeiten: Mo, Mi 9–18 Uhr; Di 9–21 Uhr; Do–Sa 9–22 Uhr; So 9–20 Uhr

Restaurant in der Kunsthalle mit Engagement und Ideen

Um die Bremer Innenstadt ziehen sich die Wallanlagen als breiter grüner Gürtel. An seinem östlichen Ende steht eindrucksvoll die Kunsthalle. Im Untergeschoss, ebenerdig zur parkähnlichen Wallanlage, befindet sich das »Canova« mit seinem sehr schönen Außenbereich und den großzügigen Innenräumen. Es öffnet um 9 Uhr mit Frühstücksvariationen, bietet später einen wöchentlich wechselnden Mittagstisch und serviert zum Abendessen à la carte.

Die verarbeiteten Produkte stammen aus der Region, zum Teil von Biobetrieben wie der Hofmolkerei Dehlwes. Gemüse liefert ein Urban-Gardening-Projekt auf einem ehemaligen Werftgelände. Fleisch und Fisch stammen von ausgewählten norddeutschen Erzeugern. Auf der Internetseite wird den Produzenten und Lieferanten jeweils ein kurzes Porträt gewidmet, Hinweise auf die Herkunft der Zutaten finden sich zudem auf der Speisekarte.

Die Küche ist traditionell norddeutsch, immer kreativ, passioniert und mutig, mit bisweilen ausgefallenen alten Gemüsesorten, ungewöhnlichen Kombinationen und Zubereitungen. Ein Beispiel aus dem vielseitigen Fischangebot und der Verwendung besonderer Gemüse ist das Rotzungenfilet mit Krustentierschaum, geröstetem Spargel und Haferwurzel. Asiatisch inspirierte Zubereitungen wie das Tataki von der Holsteiner Färse mit Büffelmozzarella oder das bei 63 Grad Celsius gegarte Onsen-Ei mit Pilzhaschée, Spargel, Topinambur und Liebstöckel zeigen Intention und Haltung von Inhaber und Küchenchef Marius Ries. Ihm gibt das Produkt Orientierung. Er beschreibt seine Gerichte als nordisch, feinfühlig und puristisch, aber auch leise und eindrucksvoll. Auf der Karte finden sich Klassiker wie die Norddeutsche Fischsuppe mit Hummer und Exklusives wie Austern, Kaviar, Trüffel und gereiftes Entrecôte. Auch der Mittagstisch bietet vegetarische Gerichte, die Desserts Überraschungen wie Fichtensprosseneis mit geschmortem Rhabarber, Waldmeister und Sauerampfer.

Ein Schwerpunkt der Weinkarte liegt auf Weißweinen aus Deutschland mit einem umfangreichen Angebot an Rebsorten und Anbaugebieten. Darüber hinaus finden sich zahlreiche Rot- und Weißweine aus den traditionellen europäischen Weinbauregionen.

Restaurant Teestübchen im Schnoor mit Café und Hofgarten

Wüstestätte 1,
28195 Bremen
04 21 / 32 38 67
teestuebchen-schnoor.de

Größe: 75 Plätze im Gastraum
Preise: Hauptgerichte 11–21 Euro
Kreditkarten: EC, Master, Visa
Öffnungszeiten: Täglich 10–18 Uhr

Sich wohlfühlen im bremischen Genussland

Der älteste Stadtteil Bremens ist das Schnoor-Viertel. Das kleine Quartier im Herzen der Stadt unweit der Weser ist ein Anziehungspunkt. Hier stehen Häuser aus dem 15. Jahrhundert und geben dem Schnoor einen unverwechselbaren Charme. Mitten im Viertel ist das »Teestübchen« in einem Fachwerkhaus aus dem 17. Jahrhundert zu finden. Eine schmale Treppe führt in den ersten Stock. In dem malerischen Stübchen werden mehr als 80 Tee- und Kaffeespezialitäten zum Frühstück und zu selbst gebackenen Kuchen angeboten. Das 2013 eröffnete Restaurant befindet sich im gemütlichen Erdgeschoss. Hier gleicht kaum ein Möbelstück dem anderen. Das Ambiente ist liebevoll gestaltet und passt zum historischen Umfeld. »Regionalität, Saisonalität sowie Nachhaltigkeit sind uns besonders wichtig, auch im Umgang mit den Zutaten unserer Speisen«, sagt Betreiberin Tanja Nadolny. Bei der Wahl der Lieferant*innen, die auf der Webseite und auf der Speisekarte aufgeführt sind, wird auf Qualität geachtet. Die Produkte kommen überwiegend aus der Region und sind teilweise biozertifiziert. Der Fisch ist grundsätzlich nach ASC für Aquakulturen und MSC für Wildfänge zertifiziert. Die Speisekarte mit Fleisch-, Fisch- und vegetarischen Gerichten sowie ein bis zwei Gerichten für vegan lebende Menschen wird den Jahreszeiten angepasst.

Ab 10 Uhr kann zwischen mehreren Frühstücksangeboten gewählt werden. Die Karte bietet neben verschiedenen Flammkuchen regionale Spezialitäten wie Bremer Knipp, Labskaus und Bremer Rote Grütze. Hausgebeizte Fischspezialitäten stehen immer auf der Karte wie auch die »Afternoon Teatime« mit hausgemachten Scones. Hinzu kommt ein wöchentlich wechselnder Mittagstisch. Darüber hinaus gibt es Tagesempfehlungen und in der passenden Saison vielfältige Matjeszubereitungen.

Eine gut abgestimmte Weinkarte listet europäische Weine, teils in Bioqualität; es sind gute Essensbegleiter. Kompetenter, freundlicher Service.

Harzer Speisekammer

Mittelweg 13,
38678 Clausthal-Zellerfeld,
Buntenbock
0 53 23 / 21 43
harzerspeisekammer.de

Größe: 40 Plätze im Gastraum
Preise: Hauptgerichte 12–15 Euro
Kreditkarten: EC
Öffnungszeiten: Mo–Mi, Fr, Sa ab 17 Uhr; So, Feiertage 11–19 Uhr; Ruhetag: Do

Feine Regionalküche im Naturpark Harz

Das kleine niedersächsische Dorf Buntenbock, ein Ortsteil von Clausthal-Zellerfeld, mausert sich zu einer feinen Adresse für Menschen mit Sinn für Esskultur im Harz. Neben Fischwirt Jan Westermann im Gästehaus »Sonne am Fluss« ist die »Harzer Speisekammer« zu empfehlen, ein von Berliner Künstlern farbenfroh gestaltetes Restaurant mit elegant-einladendem Touch. Inhaber Michael Woyke kocht mit spür- und schmeckbarer Leidenschaft und guten regionalen Zutaten: Oft sind es Biolebensmittel, so viele Produkte wie möglich werden aus der Region bezogen – dokumentiert durch eine lange Liste regionaler Lieferant*innen. In der Speisekammer gibt es täglich ein regionales Menü, das sich im Wochenrhythmus wiederholt.

Es beginnt mit Blattsalaten der Saison, Baguette und Kräuterbutter. Das Hauptgericht kommt einladend in kleinen Porzellanschüsseln auf den Tisch. Der Gast genießt zum Beispiel Spezialitäten vom Bioweideochsen vom Hofgut Oberländer in Uehrde mit Salbei-Sahne-Kartoffeln und Saisongemüse aus der Pfanne. Oder Forelle und Saibling, auf der Haut gebraten, mit neuen Kartoffeln und Mangold. Zum Dessert ein Grießflammeri mit Beeren. Vegetarisch sind der gebratene Fenchel mit Nuss-Kapern-Pesto und der Ziegenkäse mit Salat und Bratkartoffeln. Unbedingt probiert werden sollte das hausgemachte Sauerfleisch, mal vom Landgockel, mal vom Harzer Roten Höhenvieh.

Bei der Getränkeauswahl setzt Woyke ebenfalls auf die Region: sortenreine Biosäfte der Mosterei Malus, Biodestillate der Brennerei Demmel in Rohrsheim und regional gebrauter Altenauer Urstoff. Spirituosen wie der »Louisa Quittenlikör« kommen von der Klosterbrennerei Wöltingerode, Weine aus Radebeul. Zur Begrüßung steht eine Karaffe bestes Harzer Leitungswasser auf dem Tisch.

Familie Oberländer verkauft im Biolandhof »Gut Uehrde« Wild, Eier, Honig, Wurst (Uehrde 38, 37520 Osterode, www.gut-uehrde.de).

Polsterberger Hubhaus

Polsterberg 1,
38678 Clausthal-Zellerfeld
0 53 23 / 55 81
polsterberger-hubhaus.harz.de

Größe: 60 Plätze im Gastraum
Preise: Hauptgerichte 12–16 Euro
Kreditkarten: Keine
Öffnungszeiten: Täglich von 11–19 Uhr; Ruhetage Nov–Mai: Mo, Di

Lobenswerte Waldgaststätte auf einer sonnigen Lichtung

Die gemütliche Waldgaststätte »Polsterberger Hubhaus«, etwa 15 Kilometer südlich von Goslar, ist im Pumpenhaus einer ehemaligen Silbergrube untergebracht. Beate Engel hat daraus ein Kleinod mit regionaler Küche gemacht. Vor oder nach einer Wanderung lockt ihre gute, bodenständige Küche. Fast alles kommt aus der Region, möglichst aus biologischer oder nachhaltiger Landwirtschaft und artgerechter Tierhaltung.
Die Speisekarte ist klein, was gekocht wird, schmeckt. Klassiker sind der Rinderbraten oder das Ragout mit Möhrengemüse und Rosmarinkartoffeln. Das Bioland-Fleisch kommt vom Slow Food Arche-Passagier Harzer Rotes Höhenvieh* von Familie Wehmeyer aus Osterode. Wenn geschlachtet wurde, gibt es gebratene Leber mit Thymianäpfeln und Kartoffelbrei. Sobald sie aufgegessen ist, gibt es das Hacksteak mit Bratkartoffeln oder einen gebratenen Ziegenfrischkäse im Nussmantel auf Blattsalaten mit Tomaten und Vollkornbrot, den Ziegenfrischkäse liefert der Westhäuser Käsehof. Zuweilen landet eine originelle Currywurst vom Wildschwein mit Bratkartoffeln und marktfrischem Salat auf dem Teller – sofern die Jagd erfolgreich war. Zum Abschluss gibt es einen selbst gebackenen Kuchen vom Blech.
Sortenreine Bioapfelsäfte kommen von den Streuobstwiesen. Bier und Brause aus der Altenauer Brauerei, die nach dem Urreinheitsgebot braut. Nicht vergessen: frische Milch von den Demeter-Bauernhöfen!

→ Das Oberharzer Wasserregal ist ein UNESCO-Welterbe, das in herrlicher Natur erwandert werden kann. Es gilt als das weltweit bedeutendste vorindustrielle Wasserwirtschaftssystem des Bergbaus.

Der Biohof Düna von Daniel Wehmeyer wurde mit dem Bundespreis für ökologischen Landbau ausgezeichnet. Ein Besuch auf dem Hof (Düna 16a, 37520 Osterode) lohnt sich, nicht zuletzt, um einen Spaziergang in der bezaubernden Gipskarstlandschaft zu genießen.

Restaurant Meeresfrüchte

Niedersachsenstraße,
Halle 10 Abt. 91,
27472 Cuxhaven
0 47 21 / 72 12 72
meeresfruechte-cuxhaven.com

Größe: 50 Plätze im Gastraum,
40 im Außenbereich
Preise: Hauptgerichte 20–26 Euro
Kreditkarten: EC
Öffnungszeiten: Mo–Sa 11–15.30 Uhr;
Ruhetag: So

Frischer Fisch und freundliches Flair im Fischereihafen

Direkt mit der eigenen Fischhandlung verbunden ist das mit Holztischen und offener Küche ansprechend eingerichtete Restaurant »Meeresfrüchte« mitten im Hafen von Cuxhaven. Frischer geht es wirklich nicht, 98 Prozent der Ware wird im Haus verarbeitet. Das bürgt für beste Qualität und die konsequente Umsetzung des Slow Food Gedankens. Im Restaurant kommt ausschließlich wild gefangener Frischfisch zum Einsatz, es ist nur in den Mittagsstunden geöffnet. Nur auf diese Weise ist laut Eigentümer Michael Ditzer die Verbindung von Fischeinzelhandel und offener Küche authentisch. Als Beilagen werden vor allem saisonale Gemüse von regionalen tätigen Händler*innen verwendet. Der natürliche Geschmack der Zutaten steht im Vordergrund, Farb-, Aroma-, Konservierungsstoffe oder Convenience-Produkte sind tabu. Der Fisch wird bevorzugt von kleinen Booten bezogen, die maximal zwei Tage in dänischen Gewässern fischen.

Die Karte bietet Klassiker wie Backfisch vom Seelachs in knuspriger Panade mit Remouladensoße oder den Fischteller Nordsee mit Seelachs-, Rotbarsch- und Seehechtfilet, dazu wahlweise Speckkartoffelsalat, Salzkartoffeln oder Pommes frites. Als wechselnde Tagesgerichte werden neben anderen Fischgerichten ein auf der Haut gebratenes Kabeljaufilet mit Steckrüben-Karotten-Gemüse, rotem Vollkornreis und Petersiliensoße angeboten oder ein feines Seehechtfilet mit Kartoffel-Kürbis-Stampf. Ein besonderer Leckerbissen ist das Filet vom Weißen Heilbutt ebenso wie die Seeteufelbäckchen an Champignonrisotto und Rosmarinpesto. Eine Krabbensuppe mit vor Ort gepulten Krabben oder ein saisonaler Salat mit gutem Dressing ist eine empfehlenswerte Vorspeise. Individuelle Wünsche werden gern erfüllt: einfach an der Theke einen Fisch aussuchen und nach eigenen Vorstellungen zubereiten lassen. Kleine Gäste freuen sich über den Wattwurm, ein knusprig gebackenes Seelachsfilet mit Gemüse und Pommes frites. Lecker zum Dessert die Crème brûlée mit Quittenkompott.

Kaffeespezialitäten aus handwerklich gerösteten Bohnen.

➜ Vom *Fischmagazin* wurde Ditzer mit dem Seafood-Star für das »beste stationäre Fischfachgeschäft 2016« ausgezeichnet.

Fangfrischer Fisch in bester Qualität wird im angeschlossenen Geschäft angeboten und auf Wunsch küchenfertig vorbereitet

Fährhaus

Dorfstraße 42,
26553 Dornum-Neßmersiel
0 49 33 / 3 03
faehrhaus-nessmersiel.de

Größe: 75 Plätze im Gastraum, 40 auf der Terrasse
Preise: Hauptgerichte 18–35 Euro
Kreditkarten: EC
Öffnungszeiten: Täglich 7.30–21.30 Uhr, Küche 11.30–14 und 17–21 Uhr

Nicht nur, aber auch – einfach guter Fisch

Das »Fährhaus« liegt unweit des Nordseedeichs und ist ein ideales Ziel für Spaziergänge rund um Neßmersiel, einen Ortsteil der Gemeinde Dornum im niedersächsischen Landkreis Aurich. Vor knapp vier Jahrzehnten ist Familie Eberleh von Hannover hierhergezogen und hat aus dem heruntergekommenen Haus eine Schlemmer- und Schlummeroase geschaffen. Seit 1996 steht das »Fährhaus« unter der Regie von Anja und Maximilian Eberleh. In den beiden gemütlichen Gasträumen werden frisch zubereitete Gerichte serviert, die man aus einer Speisekarte sowie aus den täglich wechselnden Angeboten auf der Tafel wählen kann. In der Küche arbeiten sechs Köche, zwei Küchenmeister und ein Azubi. Sie orientieren sich an der klassischen französischen Küche, jede Suppe, jede Soße, jeder Fond wird angesetzt. Es gibt keine Fertigprodukte und auch keinen Tiefkühlfisch. Dafür werden viele Produkte regionaler Anbieter*innen verarbeitet; sie sind namentlich genannt. Eine Vorspeisenempfehlung ist eine halbe Portion Miesmuscheln in ihrem feinen Sud. Als Hauptgänge können Kalbsschnitzel vom Salzwiesenkalb, Poulardenbrust oder Fisch folgen: Das Fährhaus bietet eine große Auswahl vom Pannfisch* bis zur feinen fangfrischen Seezunge, auf den Punkt gebraten und mit frisch zubereitetem Gemüse und knusprigen Bratkartoffeln oder Honig-Balsamico-Nudeln serviert. Nougatmousse oder Dessertvariationen runden das Menü ab.
Auf der Getränkekarte steht neben einer guten Weinauswahl das heimische Jever-Bier. Der Service ist gut und kompetent.

→ Von November bis März geschlossen.

NEU

Alte Münze

Münzstraße 10–11,
38640 Goslar
0 53 21 / 2 25 46
hotel-muenze.de

Größe: 120 Plätze im Restaurant
Preise: Hauptgerichte 15–28 Euro
Kreditkarten: EC, Amex, Maestro, Visa, Master
Öffnungszeiten: Täglich 17–21 Uhr; Sa, So zusätzlich 12–14 Uhr

Speisen in altem Fachwerk

Unweit des Marktplatzes der Altstadt von Goslar liegt das Hotel »Alte Münze«. Sein ältester Teil ist die Goslarer Münzprägestätte aus dem Jahr 1509. Der zweite Teil ist der Ausspann des »Weißen Schwans« von 1640 mit einem Innenhof. Das Ehepaar Prien hat die Gebäude mit Liebe zum Detail behutsam saniert. Ihr Engagement wurde 2012 mit dem Preis für Denkmalpflege der Niedersächsischen Sparkassenstiftung gewürdigt. In der Küche des angeschlossenen Restaurants setzt die Familie Prien zunehmend auf regionale Lieferanten.

Der Ziegenkäse vom Klostergut Heiningen an Rote-Bete-Carpaccio und Salatspitzen mit Himbeer-Walnussmarinade ist eine erfreuliche Vorspeise. Von der geräucherten Lachsforelle aus der Teichwirtschaft Otto in Langelsheim wird ein Tatar an Kartoffelrösti gereicht. Die herbstliche Suppe aus Apfel und Sellerie mit Rosmarin-Croutons wärmt ebenso angenehm wie das Kürbis-Ingwer-Kokosnusssüppchen. Vom Galloway-Rind aus artgerechter Haltung in Rhüden am Harz wird eine köstliche Roulade geschmort. Die Harzer Lachsforelle wird als Filet mit Ofenkürbis, Rote-Bete-Püree und Petersilie-Walnuss-Pesto serviert. Vom weißen Landschwein vom Hof Greve in Bockenem im Harzvorland – ebenfalls artgerecht gehalten – gibt es ein Steak mit gebratenen Champignons, Rotwein-Schalotten, Kräutern und hausgemachten Nudeln. Harzer Wild als Braten in Johannisbeer-Sternanis-Sauce mit Macaire-Kartoffeln und Karotten mit Ingwer und Honig ist eine weitere Option. Interessant und schmackhaft sind die vegetarischen und veganen Kreationen wie Kürbisstrudel und vegane Pasta mit Tomaten und frischem Salat der Saison. Als süßer Abschluss begeistert das Zweierlei von der Zwetschge: Strudel und Ragout mit Honig-Kardamom-Parfait.

Säfte der Mosterei Malus und Obstbrände der Fallstein-Destillerie bereichern die Getränkekarte.

Hofladen der Altenauer Brauerei, Breite Straße 29, 38707 Altenau (www.altenauer-brauerei.de).

NEU

Restaurant Brumbys

Breite Straße 7,
38640 Goslar
0 53 21 / 3 94 17 03
brumbys.de

Größe: 147 Plätze im Gastraum, 18 auf der Terrasse
Preise: V 6–17, H 7–21, N 5–7 Euro
Kreditkarten: Alle gängigen Karten
Öffnungszeiten: Täglich von 11.30–21 Uhr

Genusslust folgt der Leselust

Im Jahr 1881 eröffnete Julius Brumby im Herzen von Goslar eine Buchhandlung. 140 Jahre später eröffnet die Goslarerin Silke Paul, eine erfahrene Gastronomin, in der einstmals bedeutenden Buchhandlung, einem lichtdurchfluteten, mehrstöckigen Fachwerkhaus in der belebten Fußgängerzone der Altstadt nahe dem historischen Marktplatz, das »Restaurant Brumbys«. Stilsicher und liebevoll eingerichtet, ist es ein Ort zum Wohlfühlen.
Beim Blick auf die Speisekarte freut sich der Gast, dass handwerkliches Kochen und Saisonalität großgeschrieben und die Produzenten sorgfältig in der Region ausgesucht werden. Traditionelle Gerichte wie Knieste, die in Salz und Öl getunkten und dann im Backofen gebackenen halbierten Kartoffeln, gibt es in mehreren Variationen. Das Fleisch für hausgemachtes Sauerfleisch mit Remoulade, Bratkartoffeln und Salat sowie für Schnitzel nach Jägerart stammt vom Harzer Strohschwein aus der Offenstallhaltung vom Hof Greve am Harzrand in Bockenem. Gulasch mit Rotkohl und Kartoffelklößen wird vom Harzer Wild zubereitet, und auch der Slow Food Arche-Passagier Harzer Rotes Höhenvieh vom Biohof Wehmeyer in Düna fehlt nicht auf der Speisekarte. Hier gibt es Roastbeef mit selbst gemachter Remoulade auf einem leckeren Salatbett oder ganz zünftig Frikadellen mit Kartoffelstampf. Vegetarier und Veganer werden verwöhnt mit Bärlauchsüppchen (saisonal), Kartoffel-Käse-Rolle mit Nüssen und Kräutern gefüllt, dazu gebratenes Gemüse und Paprika-Cremesoße oder mit veganem Dinkel-Pfannkuchen mit gebratenem Gemüse und hausgemachtem Erbsen-Dip und Salat. Die Küchenchefin Claudia Profenna hat auf der Dessertkarte Köstliches im Angebot: Im Mai bekommen die Gäste Waldmeister-Parfait, wer vegan genießen möchte, bestellt Bete-Schokoküchlein mit hausgemachter Fruchtsoße aus frischen Beeren. Liebevoll gestaltet ist die Karte für junge Gäste. Da präsentieren sich die Lese-Königin (Gemüsebrühe mit Buchstabennudeln) oder der Bücherwurm (eine halbe Currywurst vom Harzer Strohschwein mit Wedges und Ketchup) – und natürlich gibt es auch eine Kugel Eis.

NEU

Apex Bistro

Burgstraße 46,
37073 Göttingen
0 55 1 / 99 95 76 88
apex-bistro.de

Größe: 100 Plätze im Gastraum
Preise: Hauptgerichte 7–23 Euro
Kreditkarten: EC
Öffnungszeiten: Mo–Sa 17.30–23 Uhr; Küche 18–22 Uhr; Ruhetag: So

Atmosphäre und Qualität auf regionalem Fundament

Das »Apex Bistro« von Jacqueline Amirfallah - bekannt als Fernsehköchin im ARD Buffet - und ihrem Partner Wolfgang Nisch befindet sich in der Göttinger Innenstadt. Hier verbindet sich hohes kulinarisches Niveau mit dem Stil, der Atmosphäre und nicht zuletzt den Preisen eines Bistros. Der weitläufige Gastronomiebereich im Erdgeschoss mit überdachtem Innenhof, Bar und Wintergarten und die Sommerterrasse inmitten von Grünflächen und Bäumen entwickelt eine überaus gemütliche Atmosphäre. Die Zutaten stammen meist aus der Region. Leinelamm und Wild aus dem Göttinger Forst sind feste Größen des Speiseangebots. Für Fleisch, Geflügel, Flussfisch, Eier und viele Gemüse werden die Produzenten namentlich benannt.

Die Karte hat zwei Schwerpunkte. Zum festen Angebot zählen Frikadellen mit (regionalem) Senf, wechselnd aus Lamm-, Rind-, Kalb- oder Wildfleisch; Kartoffelsalat »norddeutsch«; Senfeier mit Kartoffelpüree und Kresse; Rindfleischsülze mit Bratkartoffeln oder die kleine Mezzeplatte, bei der - wie bei anderen Gerichten auch - Amirfallahs orientalische Heimatküche durchscheint. Für den saisonalen Schwerpunkt stehen Tellergerichte wie Keulensteak und geschmorte Schulter vom Leinelamm mit Lammjus, gebratenem Rosenkohl, Petersilienwurzeln und Rote-Bete-Kartoffel-Püree; Scheiben von rosa gebratener Wildschweinkeule mit Hagebuttenchutney und Kürbis oder Wirsingwickel, gefüllt mit Wirsing, Kartoffeln und Haselnüssen, dazu Selleriepüree. Beachtung verdient zudem die Tafel mit Tagesgerichten wie eine im Ganzen gegarte Artischocke mit Basilikumsauce, Bratfisch (MSC), Kartoffelpüree und Gurkensalat. Die Schokoladen-Mousse mit Schokoladeneis, -sauce und -raspeln ist ein immer verfügbares, ein saisonal wechselndes Dessert ist die Joghurtmousse mit Erdbeeren und Erdbeersorbet.

Die überschaubare Weinkarte ist sorgfältig zusammengestellt. Hervorzuheben sind die offen ausgeschenkten deutschen Weine von ausgezeichneter Qualität. Beim Bier überwiegen Biobiere vom Fass, darunter zwei aus der Biobrauerei Schinkels im nahen nordhessischen Witzenhausen. Die Bedienung ist durchweg freundlich und kompetent. Hunde sind willkommen.

Von Montag bis Freitag gibt es nachmittags wechselnde, frisch gekochte Gerichte vakuumiert zum Mitnehmen.

NEU

Restaurant zum Forellental

Forellental 7,
49170 Hagen am
Teutoburger Wald
0 54 01 / 94 39
restaurant-zum-forellental.com

Größe: 36 Plätze im Restaurant, 50 auf der Terrasse
Preise: Hauptgerichte 18–29 Euro
Kreditkarten: EC, Master, Visa
Öffnungszeiten: Mi–Fr ab 17 Uhr; Sa, So ab 11 Uhr; Ruhetage: Mo, Di

Frische Forellen aus dem Goldbach

Seit 1938 steht oberhalb der Forellenteiche am idyllischen Hagener Ortsrand nahe des Goldbachs das »Restaurant zum Forellental« der Familie Dierker, das von Carsten Dierker geleitet wird. Der Koch knüpft mit einer Mischung aus klassischer und moderner Küche an die Erfolge des Traditionslokals mit frischen Produkten aus der Region an, allem voran mit fangfrischen Forellen aus der benachbarten Forellenzucht der Familie Kasselmann. Die Räumlichkeiten haben eine gemütliche und gesellige Atmosphäre, Wandernde und Ausflügler*innen rasten gern an diesem gastlichen Ort. Die Rinder, die auf der Weide am Restaurant grasen, werden von der Metzgerei Plogmann aus Hagen verarbeitet. Das Gemüse und die Eier stammen auch aus Hagen vom Hof der Familie Ehrenbrink-Brockmeyer, die auch einen Hofladen betreibt.

Das Forellenmenü beginnt mit einem frisch geräucherten Forellenfilet mit Wildkräutersalat, Zitronen-Crème-fraîche und Kartoffelrösti. Der Forellentaler Sommersalat bietet geräucherte Forelle mit Meerrettichsahne und Honig-Senf-Soße. Im Hauptgang hat man die Wahl zwischen Forelle blau, Müllerin oder Forelle nussig, in Mandelbutter gebraten, dazu Salzkartoffeln mit zerlassener Butter, Blattsalate in Rahm oder Gurkensalat mit Dill. Alternativen entführen die Forelle aus dem Teutoburger Wald: das gebratene Lachsforellenfilet an Safranschaum mit Kürbisrisotto und Blattsalaten an Himbeerdressing und die Forelle mediterran mit Rosmarin und Thymian gefüllt, in Olivenöl gebraten mit schwarzen Oliven, Zucchini und Tomaten. Eine Besonderheit ist das Kirsch-Chutney, das zu einer weiteren Variation des Forellenfilets serviert wird: Hagen hat die größte Kirschsortensammlung Deutschland mit 250 bis 300 zum Teil sehr seltenen Sorten. Für diejenigen, die unverständlicherweise keine Forelle lieben, gibt es ein klassisches Angebot mit Schnitzel, Rinderroulade und Burger ebenso wie eine kleine Auswahl vegetarischer Gerichte.

→ Der Kirschlehrpfad lädt mit elf Informationstafeln zu einer Erkundungstour in die Welt der Süßkirschsorten ein. Der Eintritt ist frei (www.hagen-atw.de).

Im Bürgerbüro des Rathauses werden sortenreine Fruchtaufstriche aus alten und seltenen Süßkirschsorten verkauft.

Zurück zum Glück

Hindenburgstraße 7,
30175 Hannover
05 11 / 89 97 88 80
zurueckzumglueckhannover.com

Größe: 80 Plätze im Gastraum,
40 im Außenbereich
Preise: Hauptgerichte 10–19 Euro
Kreditkarten: EC
Öffnungszeiten: Täglich 10–20 Uhr

Bio

Kleines, feines Bio-Café-Restaurant

Das »Zurück zum Glück« liegt am Rande des Zooviertels in Hannover, und zwar dort, wo der jahrhundertealte Wald eine lange Nase Richtung City macht. Vom Hauptbahnhof und auch vom Stadtzentrum ist das Haus einen guten Kilometer entfernt. Die entspannte Lage dicht am Puls der Stadt ist im Lokal spürbar. Beim guten Frühstück oder bei Kaffee und Kuchen lässt sich das bunte Treiben von der Terrasse aus gut beobachten. Das biozertifizierte Café-Restaurant hat eine einfache, helle und freundliche Einrichtung. Der Service ist unkompliziert und aufmerksam. Geführt wird das »Zurück zum Glück« von Sonja und Julia Faber. Sie haben sich mit ihrem kleinen Lokal mit dem gelungenen, vielseitigen Bioangebot einen festen Platz in der Gastronomieszene erobert. Wegen der Mittagsnachfrage haben sie, nicht weit entfernt in der Eichstraße 2, eine »Suppenstation« aufgemacht, die täglich frische Suppen anbietet. Das Angebot im »Zurück zum Glück« ist von Heimatverbundenheit im modernen Stil, Saisonbezug und von viel Gemüse und Kräutern gekennzeichnet. Die Speisen mögen einfach erscheinen, doch die Zutaten überzeugen qualitativ. Fleisch und Wurst kommen vom Biofleischer Buchheister bei Hildesheim, der seine Tiere von Höfen der Region bezieht. Gemüse und weitere Lebensmittel liefert Naturkost Elkershausen, ein Biogroßhändler, der von Landwirt*innen im Umland beliefert wird.
Es werden Salate mit Ziegenkäse und zweierlei Pfannenspargel mit gebratenem Kürbis oder mit Waldpilzen angeboten. Das gilt auch für die Kombinationen mit Pellkartoffeln vom Lohmannshof bei Dörverden mit Kräuterschmand, gegrilltem Gemüse oder Linsencreme. Für fleischessende Menschen sind die Burger mit Ziegenkäse und Roter Bete oder klassisch mit Bergkäse, Zwiebeln und Bacon. Originell ist die Karte »Heimatküche«, eine Bezeichnung, die man im Norden selten findet: Senfeier mit Stampfkartoffeln und Rote-Bete-Salat oder Fischfrikadellen mit Bratkartoffelsalat werden angeboten oder das Schnitzel vom Landschwein mit Kartoffel-Spargel-Gemüse und grüner Soße. Auch eine Currywurst ist im Angebot.

Von vier Junglandwirten gegründet, ist Hoftalente ein Hofladen mitten in der Stadt mit regionalen Produkten; Seelhorststraße 12, 30175 Hannover (www.hoftalente.de).

11 A – Küche mit Garten

Am Küchengarten 11a,
30449 Hannover
05 11 / 5 90 11 11
11a-restaurant.de

Größe: 30 Plätze im Gastraum, weitere im Garten
Preise: Hauptgerichte 11–20 Euro
Kreditkarten: EC
Öffnungszeiten: Täglich 11.30–23 Uhr

Lebendiges Bistro mit zeitgemäßer Hausmannskost

Im Herzen des hannoverschen Ausgehviertels Linden, in einem schmucklosen Pavillon an der Stelle des herzoglichen Küchengartens, führt Christoph Elbert das »11 A«. Die Webseite verspricht »moderne Hausmannskost und unkomplizierte Feinschmecker-küche«. Elbert kommuniziert offen, dass er die Tische des kleinen Restaurants mehrmals am Abend besetzen muss. Wer es sich nach dem Dessert gemütlich machen möchte, wird gelegentlich in die Weinbar gebeten. Das Team des 11 A agiert ohne Schnörkel, die Gäste können sich ganz auf das Essen konzentrieren. Die Küche schöpft aus regionalen Bezugsquellen, teils aus Bioanbau. Die Lieferantinnen und Lieferanten sind gelistet: Gemüse vom Lindener Markt, Enten aus der Wedemark, Ziegenkäse aus Steimbke und vieles mehr. Wenn auch nicht alles aus der Region und von bäuerlichen Betrieben stammt, so ist doch die Richtung nach Selbstauskunft klar: »Wir kochen ehrlich, frisch, mit den Jahreszeiten und der Natur. Ohne Geschmacksverstärker und ähnlichen Müll.« Deutlich ist der saisonale Bezug auf der häufig wechselnden Karte.

Bei einem winterlichen Besuch steht eine Tafelspitzbrühe mit frischem Meerrettich, als vegetarisches Gericht ein Rotkohlrisotto mit Wurzelspinat und Sauce hollandaise auf der Karte. Das ausgezeichnete Duo vom Havelländer Apfelschwein, mit Kotelett und sous-vide-gegartem Bauch, paart Elbert mit schwarzem Rettich. Ein weiteres typisches 11 A-Gericht: Skreifilet auf Kartoffel-Kürbis-Püree mit Beurre blanc. Die Küche entspringt einer niedersächsischen Tradition mit Ausflügen in die internationale Küche. Der Anspruch modern, unkompliziert, jung und kreativ wird eingelöst. Er lässt den feineren Gaumen lächeln und hat keine Berührungsängste bei der Hausmannskost: Neben Sauerfleisch* mit Bratkartoffeln gibt es Currywurst mit selbst gemachter Soße und gutem Brot statt Allerweltspommes. Als Dessert immer auf der Karte: Crème brûlée mit hausgemachtem Sorbet oder eine Rohmilchkäseauswahl mit eigenem Früchtebrot.

Die Weinkarte mit Schwerpunkt auf deutschen Gewächsen ist vielfältig und bietet, wie das Essen, Qualität zu günstigen Preisen.

Restaurant im Landhaus Schulze

Osteroder Straße 7,
37412 Herzberg am Harz
0 55 21 / 8 99 40
landhaus-schulze.de

Größe: 80 Plätze im Restaurant, 50 im Innenhof
Preise: Hauptgerichte 12–32 Euro
Kreditkarten: Alle gängigen Karten außer Amex
Öffnungszeiten: Di, Mi, Fr–So 12–14.15 Uhr; Mo–So 18–21 Uhr

Harzer Hausmannskost im Landhaus mit Schlossblick

Im »Restaurant im Landhaus Schulze« stehen regionale Harzer Gerichte auf der Speisekarte. Vom »Hofrestaurant« hat man einen schönen Blick auf das Welfenschloss Herzberg. Küchenchef Ulf Wachsmuth und sein Team kochen mit Liebe, Sorgfalt und guten regionalen Produkten aus dem Umland: Wild, Pfifferlinge, Steinpilze und Harzer Forellen. Senf wird von der Senfmühle in Einbeck bezogen.
Eine schöne Vorspeise ist das Carpaccio vom Harzer Roten Höhenvieh*. Wenn es nicht verfügbar ist, wird Südharzer Junghirsch verwendet. Auch die Ochsenschwanzsuppe ist jederzeit zu empfehlen, sie wechselt sich mit dem Herzberger Hochzeitssüppchen ab, die ebenfalls aus einer Kraftbrühe des Slow Food Arche-Passagiers Rotes Höhenvieh gekocht wird. Eine weitere regionale Vorspeise ist der Harzer Ziegenkäse vom nahe gelegenen Bioziegenhof Brunzel in Landolfshausen im Kartoffelmantel gebacken mit Zucchinischeiben in Mango-Karotten-Schaum. Gleichermaßen regional verankert sind die Kalbsleber mit Röstzwiebeln, Wildkräutersoße, Apfelrotkohl und Kartoffelpüree und die Rinderroulade vom Harzer Höhenvieh*. Hervorzuheben ist das Ossobuco vom Harzer Höhenvieh. Bei den Desserts ist die Herzberger Welfencreme* mit Himbeer-Schierker-Schaum besonders gut. Auf der Getränkekarte stehen regionale Mineralwasser von der Grafenquelle aus Osterode am Harz, Bier aus der Altenauer Brauerei, Wein vom Harzer Weingut in Westerhausen sowie Whisky, Obstbrände und Liköre von der Spirituosenmanufaktur Hammerschmiede in Zorge.

Den Senf aus der Einbecker Senfmühle erhalten Sie in der Knochenhauerstraße 26/28 in 37574 Einbeck (www.einbeckersenf.de).

Restaurant Wildland Natural Resort

Dorfstraße 32,
29323 Hornbostel
0 51 46 / 9 89 30
wildland.de

Bio

Größe: 80 Plätze im Restaurant, dazu Gewölbekeller, »Rotes Segel« und Terrasse
Preise: Hauptgerichte 16–32 Euro, 3-Gänge-Menü am Abend 45 Euro
Kreditkarten: EC, Master, Visa
Öffnungszeiten: Mo–Sa, Frühstück von 9–11 Uhr, warme Küche von 12–21 Uhr; Ruhetag: So

Feine Bioküche und eine andere Welt

Das »Wildland Natural Resort« ist eingebettet in die Natur des Allertals, das sich von seiner schönsten Seite zeigt. Im Naturschutzgebiet Hornbosteler Hutweide sind seltene Tiere und Pflanzen zu Hause, auf den von alten Bäumen gesäumten Allerwiesen weiden Heckrinder und Przewalski-Pferde. Hotel und Restaurant gehören zu einem Fachwerkhausensemble, das Ruhe und Tradition ausstrahlt. Das Restaurant ist in einem Hallenhaus von 1735 mit großer Diele und Kamin untergebracht; dazu gehören ein Gewölbekeller und eine Außenanlage mit Backofen und Feuerstellen, überspannt von einem roten Segel. Die Küchencrew um Küchenchef Dominik Stadler ist jung und kreativ. Sie nutzen die Ressourcen der Region: Zander aus den Ahrenhorster Teichen, Geflügel vom Hof Mühlenberg an der Unterweser, Black-Angus-Rinder vom Biohof Bähre in Engensen. Getreide und Backwaren kommen von der Bohlsener Mühle, Käse vom Biohof Eilte, der für Wasserbüffelmozzarella und -frischkäse bekannt ist. Die Lieferant*innen sind persönlich bekannt, zu den meisten ist der Weg nicht weiter als 50 Kilometer.
Die Karte wird zu den Jahreszeiten gewechselt. Es gibt fünf bis sechs Hauptgänge, Vegetarisches steht gleichberechtigt neben Fleisch und Fisch. Im Frühjahr sind häufig Kräuter aus dem eigenen Garten im Spiel. Zwei Vorspeisen, die schön das Spektrum regionaler Ressourcen aufnehmen, sind das Hirtenkäsemousse mit gebeiztem Wallerfilet, Thymian und Portulak sowie das Anguscarpaccio mit Balsamicoschalotten, Büffeljoghurt und Wildkräutern. Im Sommer ist das Saiblingsfilet mit Tomaten-Thymian-Soße, Piccata-Gemüse und Brennnesselgnocchi zu empfehlen. Im Herbst ist die pralle Gemüsevielfalt angesagt: Kürbisravioli mit Petersilienwurzelschaum oder Bunte-Bete-Pilz-Ragout mit Möhrenschaum und Kartoffelnocken. Im Winter gibt es neben Wildklassikern rosa gebratenes Angus auf Senfschaum mit gebackenem Wirsing und getrüffeltem Kartoffelpüree. Zum Abschluss beeindrucken kreative Desserts wie das Büffelfrischkäseparfait mit Erdbeergel und Schokocreme.
Hervorragende Weine, viele von deutschen Traditionsbetrieben.

Meyers Gasthaus

Bahnhofstraße 67,
26197 Huntlosen
0 44 87 / 9 27 70
meyersgasthaus.de

Größe: 60 Plätze im Restaurant, 40 auf der Terrasse
Preise: Hauptgerichte 14–28 Euro
Kreditkarten: Alle gängigen Karten
Öffnungszeiten: Mi, Do ab 17 Uhr; Fr–So ab 10 Uhr; Ruhetage: Mo, Di

Ländliche Küche mit kreativen Wildgerichten

In Huntlosen im Wildeshauser Land bietet das Ehepaar Meyer seit 1995 in seinem Gasthaus eine bodenständige Küche. Das traditionell-rustikale Ambiente des Landgasthofes (seit 1989) hat seinen eigenen Charme. Aus dem Verandarestaurant schweift der Blick ins Grüne, im Sommer wird auf der Terrasse serviert. Uwe Meyer steht für eine traditionelle Küche mit ausschließlich regionalen Zutaten. Jäger*innen der Umgebung liefern Wild aus eigener Jagd und eigener Schlachtung. Fleisch liefern Bauernhöfe aus der Umgebung, und auch das Gemüse wird überwiegend von regionalen Erzeuger*innen bezogen.
Bekannt ist das Gasthaus für seine Wildgerichte. Sie stehen ganzjährig auf der Karte, ohne dass der Großhandel ins Spiel kommt. Die Jahreszeiten bestimmen die Karte: Spargel, Grünkohl, Pfifferlinge, Gänsebraten im November. Als Vorspeisen empfehlen sich eine traditionelle Hochzeitssuppe oder ein Grünkohlsalat. Die Wildgerichte, ob Damhirschfilet, Rehkeule, Hasenrücken oder Medaillons vom Wildschweinrücken, sind wohlschmeckend und auf den Punkt gegart, die Beilagen traditionell und sorgfältig gekocht. Es mundet der geschmorte Wildschweinkeulenbraten an Wildrahmsoße mit Rotkohl und Salzkartoffeln oder die Huntloser Wildsülze mit Remouladensoße und Bratkartoffeln genauso wie die selbst gemachte Wildbratwurst mit Grünkohl und Bratkartoffeln oder die (ungestopfte) Gänseleber mit Rahmsoße. Gäste im November haben die Gans, im Frühjahr den Spargel in bester Erinnerung. Fischliebende genießen das Zanderfilet mit Birnen und Bohnen, vegetarisch orientierte Menschen freuen sich über die Gemüsepuffer nach Großmutters Art. Ein guter Abschluss sind die kleinen Desserts wie ein Crunchy-Apfelkuchen im Portionsglas.
Auf der kleinen Weinkarte finden sich passende Essensbegleiter. Der Service ist freundlich und schnell. Der Ursprung des Tieres bleibt erkennbar, wenn die Gans am Tisch tranchiert wird.

→ Uwe Meyer bietet in seiner Kochwerkstatt unter anderem Wildkochkurse an.

Der Bioladen im Dorf – www.biovonhier.de – ist ein Ableger des Huntloser Biogroßhandels »Kornkraft«.

Schalotte

Bahnhofstraße 9,
26197 Huntlosen
0 44 87 / 15 79
schalotte-restaurant.de

Bio

Größe: 35 Plätze im Gastraum, 20 im Garten
Preise: Hauptgerichte 13–22 Euro
Kreditkarten: EC
Öffnungszeiten: Mi–So ab 17 Uhr; Feiertage bitte erfragen; Ruhetage: Mo, Di

Wohlfühlort auch für Vegetarier*innen

Der Naturpark »Wildeshauser Geest« ist eine reizvolle und besonders bei Radwanderern beliebte Wald- und Heidelandschaft mit vielen interessanten Megalithgräbern. Vom Bahnhof Huntlosen an der Bahnstrecke Oldenburg-Osnabrück sind es ein kurzer Fußweg bis zum Restaurant »Schalotte«. Seit fast drei Jahrzehnten hat sich der zertifizierte Biobetrieb zu einer vegetarierfreundlichen Adresse entwickelt, die in Deutschland ihresgleichen sucht. Ob in der Wohlfühlatmosphäre im Restaurant mit Kamin oder im Naturgarten – in der angenehmen Umgebung schmecken die mit frischen Produkten zubereiteten Speisen ausgezeichnet. Zur Auswahl stehen neben veganen und vegetarischen Speisen auch Fisch- und Fleischgerichte. Sie sind auf der Karte ausführlich beschrieben und werden meist auch als kleine Portion angeboten. Die Zutaten sind bio und kommen nach Möglichkeit aus nächster Umgebung. Doch misst Jörg Stein seine Region nicht nach Kilometern. Für ihn ist entscheidend, dass er die Lieferant*innen persönlich kennt. Das gilt auch für die Jäger*innen, von denen er Wild bezieht. Die Jahreszeit hat ihre Bedeutung, aber noch wichtiger ist ihm, was aktuell in guter Bioqualität erhältlich ist.
Jeden Monat wechselt die Karte und überrascht mit neu entwickelten Gerichten. In großer Auswahl werden heimische Kartoffeln angeboten, die von Stein zu hervorragenden Röstis verarbeitet werden. Als norddeutsche Variante gibt es ein gebratenes Sylter Rösti aus frisch geriebenen Kartoffeln und Möhren mit Dill und Muskat, gefüllt mit Miesmuscheln, Gouda und Banane; dazu wird Salat gereicht. Viele Gäste haben den mit getrockneten Tomaten gefüllten Schweinebraten oder die Bioputenkeule als Lieblingsspeise entdeckt. Die Forellen aus den nahe gelegenen Ahlhorner Fischteichen werden zur Forelle mit Knoblauch veredelt, in Butter gebraten, dazu Schwenkkartoffeln und Tomatensalat. Passend zur Grünkohlsaison serviert Stein Winterdorsch auf Rosinengrünkohl mit Kartoffelstampf. Schmackig auch das Lammhack mit Schafskäse-Fenchel-Füllung, Schwenkkartoffeln und grünen Bohnen. Das Fleisch stammt vom Biohof Bakenhus in Großenkneten.

Zur Teichwirtschaft Ahlhorn mit Hofladen (www.teichwirtschaft-ahlhorn.de) und zum Biohof Bakenhus mit Hofladen (www.biofleisch-bakenhus.de) ist es nicht weit.

Restaurant »Ollanner Buurhuus«

Schützenhofstraße 16,
21635 Jork
0 41 62 / 9 14 60
hotel-altes-land.de

Größe: 80 Plätze im Restaurant
Preise: Hauptgerichte 14–28 Euro
Kreditkarten: Alle gängigen Karten
Öffnungszeiten: Täglich 11.30–14.30 und ab 17.30 Uhr; Nov–März nur abends

Wohlgeschmack und vergessenes Gemüse

Schon 1640 wird ein Gasthof an dieser Stelle erwähnt, Familie Wehrt hat das Haus seit 1837 in Besitz. Im Jahre 1984 übernahm Wilhelm Wehrt das Restaurant und errichtete ein Hotel im Stil der Region. Seither gibt es die regionale Küche im »Ollanner Buurhuus«, dem angeschlossenen Restaurant. Vor zwei Jahrzehnten entdeckte das Haus die »seltenen Genüsse« von Ochsenhörnern bis zu Lerchenzungen, fast vergessene Obst- und Gemüsesorten oder auch Tierrassen. Heute wird eine intensive Zusammenarbeit mit mehr als zehn Lieferant*innen gepflegt, um alte Sorten und Rassen zu erhalten. Das Haus propagiert einen kulinarischen Kalender unter dem Motto »Vergessene Genüsse – neu erleben!«. Für die Gäste gibt es einen Kräuter- und Gemüseschaugarten. Das »Buurhuus« bezieht seine Produkte aus der Region und verarbeitet ganze Tiere von landwirtschaftlichen Betrieben der Umgebung.

Eine Besonderheit ist der hervorragende Bremer Teebraten vom Auerochsen, der von einer Hagebuttensauce und bunten Möhren und Kartoffeln begleitet wird, sowie die original Altländer Hochzeitssuppe mit Rosinen. Beide Gerichte sind nach alten Rezepten gekocht. Großen Wert wird dem saisonalen Bezug der Speisen beigemessen. Zur Apfelernte gibt es viele Gerichte rund um die im Alten Land angebauten Früchte. An der Elbe darf Fisch nicht fehlen, der Matjes eines Glückstädter Betriebs wird mit Altländer Apfelrahmsoße und sehr guten Bratkartoffeln angerichtet. Höhepunkt im Winter ist ein Büfett mit Grünkohlsorten von Lerchenzungen bis zum Helgoländer Wildkohl, die vom Museumsbauernhof in Wennerstorf für das Restaurant angebaut werden. Koch Frank Müller macht daraus Wohlschmeckendes von Salat und Suppe bis zum Dessert. Ganzjährig wird der Slow Food Arche-Passagier Buntes Bentheimer Schwein angeboten, meist klassisch als Braten oder saisonal mit Türkischen Erbsen, einer alten Hamburger Bohnensorte.

Kleine Weinkarte mit Schwerpunkt in Deutschland, drei Biere vom Fass und naturtrübes Emmerbier aus der Riedenburger Brauerei.

Danzer's feines Achter'n Diek

Wilhelmstraße 36,
26571 Juist
0 49 35 / 80 40
hotel-achterdiek.de

Größe: 140 Plätze im Gastraum, 80 auf der Terrasse
Preise: Hauptgerichte 18–26 Euro
Kreditkarten: EC, Master, Visa
Öffnungszeiten: Täglich 12.30–13.30 und 18.30–22.30 Uhr

Nachhaltigkeit hinterm Deich

Die ostfriesische Insel Juist mit ihrem siebzehn Kilometer langen, gelbweißen Sandstrand ist ein Kleinod im Wattenmeer. Das Restaurant »Achter'n Diek« liegt, wie der Name schon sagt, hinterm Deich zur Wattenmeerseite. Wintertags lodert in der Kaminhalle ein Feuer. Im Restaurant kocht Inhaber Stefan Danzer mit sechs Köchen eine saisonale und frische Feinschmeckerküche unter Verwendung hauptsächlich heimischer Produkte. Wild auf der Karte stammt oft aus eigener Inseljagd. Danzer intensiviert seine Zusammenarbeit mit regionalen Lieferant*innen und Produzent*innen beständig. Er ist sich sicher, dass Regionalität klimaschonend, nachhaltig und authentisch ist und eine bessere Qualität bringt.

Typische Gerichte sind Krabben, Küstenfisch und natürlich vom Deichlamm. Aber auch ein kräftiges Kalbsgulasch vom Schottischen Highland aus Marienhafe, wenige Kilometer von Juist auf dem Festland gelegen, mit geschmorter Pastinake oder der Juister Rehrücken unter der Nusskruste kommen hier auf die Karte. Vorweg schmeckt ein gebratenes Angel-Schellfischfilet oder eine Essenz von Steinchampignons mit Einlage. Bei einigen ausgewiesenen Menüs werden die regionalen Lieferant*innen angegeben. Alle Gerichte sind visuell, geschmacklich und aromatisch ein Genuss. Die Portionsgrößen sind gut aufeinander abgestimmt. So macht Günters Nougatparfait mit Sanddorn-Crème-brûlée und Apfelragout auch noch Freude.

Gut sortierte Weinkarte.

➜ Juist zählt in der Kategorie »Kleine Gemeinden« deutschlandweit zu den Spitzenreitern in Sachen Nachhaltigkeit. Ein achtsamer Umgang mit der Natur ist aber nicht nur beim Essen im Restaurant wichtig. Das »Achter'n Diek« bezieht ausschließlich Ökostrom und verfügt über sieben eigene Blockheizkraftwerkmodule.

NEU

Gasthof Tegtmeyer »Zum alten Krug«

Resser Straße 1
30855 Langenhagen-Engelbostel
05 11 / 2 70 91 30
hotel-tegtmeyer.de

Größe: 55 Plätze in Gaststuben, 40 auf der Außenterrasse
Preise: Hauptgerichte 10–23 Euro
Kreditkarten: EC, Master, Visa
Öffnungszeiten: Mo–Sa ab 16.30 Uhr; Ruhetag: So

Familiäres Landgasthaus mit eigener Heidschnuckenherde

Der historische Gasthof »Zum alten Krug« Tegtmeyer liegt vor den Toren Hannovers in ländlicher Umgebung. Der Hof aus dem 16. und 17. Jahrhundert wird umrahmt vom einmaligen Kornspeicher aus dem Jahr 1582, der alten Durchfahrtsscheune und der ehemaligen Kornbrennerei. Die Gaststube strahlt eine ausgesprochen gemütliche Atmosphäre aus. Neben Zweier- und Vierertischen laden große Tische zu geselligen Runden ein – nicht zuletzt die Slow Food Tafelrunden. Im Sommer verweilen Gäste gern auf der Terrasse im Hof.
Die Küche bietet traditionelle nordhannoversche Gerichte in perfekter Qualität: selbst gezogene Saucen, eine bunte Gemüsevielfalt, frische Salate, krosse Bratkartoffeln. Stars sind die Fleischgerichte aus eigener Land- und Forstwirtschaft. Heinrich-Christian Tegtmeyer hält eine Heidschnuckenherde unter Bioland-Bedingungen, deren Fleisch sich in zahlreichen Gerichten auf der Speisekarte findet. Neben Schinken und Rücken sind die Schnucken-Sülze mit Bratkartoffeln und Salat sowie das Pulled Meat, gezupftes Fleisch von der Heidschnuckenhaxe mit Kartoffelstampf, besonders hervorzuheben. Zudem gibt es Wildgerichte von Reh und Wildschwein aus der Jagd der Familie Tegtmeyer.
Frisch gezapftes Bier kommt von der kleinen nahe gelegenen Brauerei Rupp.

→ Für Veranstaltungen steht ein Saal zur Verfügung.
Die Heidschnucken stehen ganzjährig auf der Weide Richtung Resse. Zugefüttert wird biozertifiziertes Gras und Heu, zur Lammzeit selbst angebautes Getreide.

Brauhaus Nolte

Dahlenburger Landstraße 102,
21337 Lüneburg
0 41 31 / 5 22 32
brauhausnolte.de

Größe: 50 Plätze im Restaurant, Festsaal, Clubraum und Biergarten
Preise: Hauptgerichte von 10–33 Euro
Kreditkarten: EC, Master, Visa
Öffnungszeiten: Mi–Sa ab 16 Uhr; Ruhetage: So–Di

Biobier und regionale Gerichte in zünftigem Ambiente

Ein Lüneburger Urgestein seit 1906 ist das »Nolte«. Dort treffen sich seit eh und je die Generationen in traditionellem Ambiente, um eine gute Zeit zu verbringen. Abseits vom Stadtzentrum braut das »Nolte« mehrere Biersorten auf traditionelle Art; sie sind seit Mai 2020 biozertifiziert. In der Brennerei werden 16 Schnäpse gebrannt, unter ihnen der Malzschnaps. Seit 2011 ist das »Nolte« klar regional ausgerichtet, mit kleiner Karte und wechselnden saisonalen Angeboten. Im März und April ist zum Beispiel der kleine Lachsfisch Stint von Fischer Grube aus Hoopte die Hauptattraktion. »Nolte« bezieht alle Zutaten aus regionalen Quellen: Neuland-Schlachterei Hiestermann, Landschlachterei Sander, Landschlachterei Meyer, Spargelhof Strampe, Säfte der Mosterei Günther – um nur einige zu nennen. Auch energietechnisch ist »Nolte« mit einer Mikro-Kraft-Wärme-Kopplungs-Anlage auf dem neuesten Stand.
Aus der Küche kommen Treberbrot, Behringer Heidschnuckenbraten, Heidschnucken-Grützwurst, Malzbraten nach Brauherrenart und hausgemachtes Sauerfleisch*. Auch die mit Hopfen hausgeräucherte Forelle ist zu empfehlen. Zudem kann man Kaffeespezialitäten vom Fairtrade-Lieferanten Lünebohne oder den in Lüneburg gerösteten Fairtrade-Espresso Karacho genießen.

→ »Nolte« bietet Bierbrauseminare an und vermietet Ferienwohnungen. Im großen Festsaal, der für Veranstaltungen gemietet werden kann, finden gelegentlich Konzerte statt. Im Winter kann auf der Kegelbahn eine ruhige Kugel geschoben werden, im Sommer lädt der Biergarten im Hinterhof ein.

Das wohlschmeckende Nolte-Bier kann in Ein- und Zwei-Liter-Flaschen erworben werden.

Ratskeller Oldenburg

Markt 1,
26122 Oldenburg
04 41 / 9 25 00 01
ratskeller-oldenburg.de

Größe: 120 Plätze in Innenräumen, 60 auf der Terrasse
Preise: Hauptgerichte 13–28 Euro
Kreditkarten: Alle gängigen Karten
Öffnungszeiten: Di–So 12– 21 Uhr; Ruhetag: Mo

Typische Gerichte des Oldenburger Landes im Gewölbe

In der Universitäts- und ehemaligen Residenzstadt Oldenburg bilden Rathaus und Stadtkeller seit der ersten Erwähnung in der Stadtchronik 1355 eine Einheit: Der Erlös der Weinstube dient zur Unterhaltung des Gebäudes. Das Restaurant »Ratskeller« präsentiert sich heute rustikal-gemütlich. Bei gutem Wetter lockt die Terrasse mit Blick auf Rathausplatz und Lambertikirche. Seit 1999 verwöhnt Familie Fey mit ihrem Team die Gäste mit einer abwechslungsreichen gutbürgerlichen Küche mit einem Schwerpunkt auf regionalen und saisonalen Spezialitäten.
Ein gutes Beispiel ist die hausgemachte Oldenburger Mockturtle, eine deftige, magenwärmende Innereiensuppe. Der Braten vom Deichlamm – das Fleisch kommt von der Landschlachterei Wiese in Stadland – mit Speckböhnchen und Kartoffelgratin ist zart und würzig. Besonders beliebt ist das Friesensteak Fietje, ein mit Käse überbackenes Schweinenackensteak mit Tomatenscheiben, Schinken und Nordseekrabben. Im Winter kommen Grünkohl-Liebhaber*innen auf ihre Kosten, der klassisch mit Pinkel*, Kochwurst und Kasseler serviert wird. Im Frühjahr lockt der Freilandspargel vom Hof Osterloh mit einer hausgemachten Orangenhollandaise, und ab Juni stehen zarte Matjes auf der Karte. An den Ochsen- und Wildwochen beteiligt sich der Ratskeller mit Gerichten vom Ochsenfleisch des Hofes Reuter in Oldenburg. Der hausgemachte Käsekuchen mit Himbeersoße und Sahne sowie das Birnencrumble mit gerösteten Walnüssen, Streuseln, Vanilleeis und Sahne sind überzeugende Desserts.
Ein »Alter Hullmann«, der feine Korn aus der gleichnamigen Oldenburger Brennerei, kann den Magen besänftigen. Personal und Küche haben für jeden Wunsch ein offenes Ohr, alle Gerichte gibt es auch als kleine Portion; eine separate Karte informiert über kennzeichnungspflichtige Allergene und Zusatzstoffe. Bemerkenswert: Der Umsatz des angebotenen Tafelwassers geht an einen Verein, der sich für den weltweiten Zugang zu sauberem Trinkwasser einsetzt.

Freilandochsenfleisch vom Hof Reuter (Holler Landstraße 284, 26135 Oldenburg, www.hof-reuter.de), Käse von Kuh, Schaf und Ziege bietet Haverkamp's Hofkäserei (Vossbarg 3, 27798 Hude-Hurrel, oder freitags auf dem Oldenburger Bauernmarkt, www.hofkaese.dehofkaesereien/details/137).

Restaurant »Wilde Triebe«

Am Sutthauser Bahnhof 5,
49082 Osnabrück
05 41 / 60 07 90 33
wilde-triebe.de

Größe: 45 Plätze innen,
45 auf der Terrasse
Preise: Hauptgerichte 24–36 Euro
Kreditkarten: EC, Master, Visa
Öffnungszeiten: Do–Sa ab 18 Uhr;
Ruhetage: So–Mi

Fein und wild in künstlerischem Ambiente

Im ehemaligen Bahnhof des Osnabrücker Vororts Sutthausen eröffnete 2012 das Restaurant »Wilde Triebe«. Das Lokal ist untrennbar mit dem Künstler Johannes Volker Trieb verbunden, dessen kreative Handschrift allgegenwärtig ist. Der aufwendig angelegte, großzügige Garten ist für Gäste zugänglich und einen Besuch wert. Die Gasträume sind offen, lichtdurchflutet und zeitgenössisch gestaltet. Die offene Küche gestattet Einblicke in die Arbeit von Köchin Hanna Börger, Stephan Hornig und ihrem Team. Erfreulich ist der zweiwöchentliche Kartenwechsel. Die kleine Auswahl an Speisen der gehobenen Küche enthält regionale und saisonale Angebote. Vorspeisen und Hauptgerichte werden handwerklich und geschmacklich mit größter Sorgfalt gekocht.
Als Vorspeise kommt ein Törtchen von buntem Gemüse, Knoblauchfrischkäse und Stuten auf den Teller. Als Hauptgang wird eine saftige Rinderschulter angeboten, begleitet von Pastinaken, Rotweinschalotten und Kartoffelstampf. Im Mai wird gratinierter Spargel aus dem Osnabrücker Land mit geräuchertem Schinken von Soostmann serviert. Die dazugehörige Sauce hollandaise ist selbst aufgeschlagen und von ausgezeichneter Qualität; der als Begleiter empfohlene Grauburgunder passte bestens. Ambitioniert das Dessert: Mille feuille von Topfen und Erdbeeren mit Erdbeersorbet. Im Herbst bietet sich der vegetarische Gang durch den Garten mit Kürbis, Pilzen, Birne, Apfel und Zwiebel an.
Die offenen Weine werden am Tisch serviert. Der Kaffee aus fairem, solidarischem Handel kommt aus einer kleinen Münsteraner Rösterei, das Bier liefert eine Brauerei aus dem Osnabrücker Raum. Brände und Sherrys runden die Getränkekarte ab. Höflicher und sachkundiger Service. Auf der Weinkarte dominieren deutsche Topwinzer.

Der sonnabendliche Wochenmarkt am Dom ist weit über die Grenzen Osnabrücks bekannt und beliebt mit seinen zahlreichen regionalen Anbietern. Sogar Fahrräder werden dort repariert.

Restaurant Ramster

Heberer Straße 16,
29640 Schneverdingen
0 51 93 / 68 88
hotel-ramster.de

Größe: 75 Plätze im Restaurant und auf der Gartenterrasse
Preise: Hauptgerichte 12–30 Euro
Kreditkarten: EC, Amex, Master, Visa
Öffnungszeiten: Di–So 12–15 Uhr; Ruhetag: Mo

Heideküche beim Pietzmoor

Nicht nur nach einer Kutschfahrt in der weitläufigen Osterheide oder einer Wanderung durch das malerische Pietzmoor ist eine Einkehr ins »Hotelrestaurant Ramster« in Schneverdingen entspannend. Koch Marcus Ramster hat sich der regionalen Küche verschrieben und wirtschaftet nachhaltig. Ramster bezieht so viele Produkte wie möglich aus der Region, zahlt faire Löhne und bezieht Ökostrom. Seit 1989 ist das Haus mit der schönen Gartenterrasse in Familienhand, jetzt in zweiter Generation.

Aus der Küche kommen typische Gerichte wie die Schneverdinger Heidesuppe, eine leichte, klare Brühe mit Gemüse und kleinen Hackbällchen. Von Tieren direkt aus dem Naturschutzpark von der Heideschlachterei Hermann Meyer in Behringen kommt der Heidschnuckenbraten aus der Keule, mit Wacholdersoße abgerundet, mit eingekochten Weißweinbirnen und eigenem Preiselbeerenkompott. Auch die Herzoginkartoffeln und das Rotkraut sind hausgemacht in Schneverdingen. Die Karte wechselt mit der Saison. Im Frühjahr werden Heidespargel und Heidekartoffeln serviert, im Herbst gibt es Kürbis vom Heideacker, Wildschweinbäckchen und Wild aus der Landschlachterei des Nachbarortes. Überzeugte Karnivoren können sich über Steaks vom Wümmerind freuen, da Markus Ramster erfreulicherweise dem argentinischen Rindfleisch abgeschworen hat. Vegetarische Schmankerl sind die mit Limonenöl verfeinerte Senfsuppe und Salate und - vegan - das Schmorgemüse im Bratschlauch.

Die beeindruckende Weinkarte hat den Schwerpunkt Deutschland, und auch das Wasser kommt endlich aus Lüneburg und wird nicht mehr über die Alpen transportiert. Ramster bezieht Kaffee von der Fairtradefirma GEPA. Da muss man darüber hinwegsehen, dass - auch auf Wunsch der Hotelgäste - nicht auf Produkte eines großen Softdrinkkonzerns oder König Pilsener verzichtet werden kann.

→ Eine Reservierung ist erforderlich.

Landgasthof Backers

Kirchstraße 25,
49767 Twist-Bült
0 59 36 / 90 47 70
gasthof-backers.de

Größe: 35 Plätze im Restaurant, 25 auf der Terrasse
Preise: Hauptgerichte 20–34 Euro
Kreditkarten: EC, Master, Visa
Öffnungszeiten: Mi–So ab 14 Uhr Kaffee und Gebäck, Restaurant 17.30–20 Uhr; Ruhetage: Mo, Di

Slow Food Gourmet-Küche im Emsland

Nur einen Steinwurf von der holländischen Grenze entfernt, im Twister Ortsteil Bült, empfangen Helmut und Irene Backers ihre Gäste in einem typisch emsländischen Hofgebäude. Der Gastraum ist hell und freundlich, in den kalten Monaten sorgt ein Kamin für wohlige Wärme. Im Sommer sitzt man im neu gestalteten Garten unter hohen, alten Bäumen. Viele Gäste reisen mit dem Fahrrad an oder unternehmen von dort aus Touren über die Knappsackroute oder den Radwanderweg United Countries Tours. Als Koch und Gastronom bringt Helmut Backers kulinarische Schätze der Region in ihrer Saison auf den Tisch: Spargel und Bärlauch im Frühjahr, sonnengereifte Tomaten und Beeren im Sommer, Pilze und Kürbisse im Herbst und Wild aus heimischer Jagd im Winter. Die Lämmer kommen vom benachbarten Moormuseum, das auch Gemüse, Gänse und Bentheimer Schweine liefert. Bezogen werden die Produkte aus den Regionen Emsland, Grafschaft Bentheim sowie den niederländischen Provinzen Drenthe und Twente. Die Rezepte sind nicht geheim, wie das Kochbuch von Vater und Sohn zeigt. Es eint sie die Leidenschaft für regionalen Genuss, auch Cocktail- und Limonadenrezepte sind dabei. Der Koch aus Leidenschaft gehört der Chef Alliance an.
Verdrängte Gemüsesorten wie die Steckrüben verarbeitet er zu einem würzigen Püree. Zwetschgen und Schalotten reicht er zum Klassiker, dem Kotelett vom Bunten Bentheimer Schwein. Der Wildkräutersalat wächst im eigenen Garten und wird mit lauwarmem Ziegenkäse und Fichtennadelsirup, einer Spezialität des Hauses, serviert. Es folgt ein Sauerbraten vom Maibock mit Kohlrabigemüse und kleinen Semmelknödeln. Als Dessert locken Erdbeeren, mit Grand-Marnier-Schaum überbacken. Außerhalb des Menüs ist die Sülze von Äpfeln und Nordseekrabben mit Schmand probierenswert, ebenso die Bratwürste vom Reh oder Alles vom Lamm mit Fleisch von Keule, Rücken, Stelzen.

➜ Empfehlenswert sind Radtouren durch das nördlich anschließende Bourtanger Moor und Wanderungen auf den holländischen »Knapzak-Routen« sowie die Besichtigung des Moormuseums im Südbrookmerland (10 bis 17 Uhr).

Pades

Grüne Straße 15,
27823 Verden
0 42 31 / 30 60
pades.de

Größe: 60 Plätze im Restaurant, 25 im Bistro
Preise: H 25–30, Menüs ab 37, kleine Portionen ab 17 Euro
Kreditkarten: EC, Amex, Master, Visa
Öffnungszeiten: Reservierungen täglich ab 17.45 Uhr; So auch ab 12 Uhr

Moderne, engagiert-regionale Küche

In der historischen Süderstadt von Verden an der Aller liegt das Restaurant von Wolfgang Pade. Vor dem Haus zum Domplatz mit dem kleinen Park und hinter dem Haus mit seinem großen Garten mit teils zwei Jahrhunderte alten Bäumen ist es überraschend grün; der Garten wird von der alten Verdener Stadtmauer begrenzt. Das Haus wurde vor drei Jahrzehnten eröffnet, die Küche erhielt bereits kurz nach der Eröffnung einen Michelin-Stern. Den gab Pade 2010 zurück, um sich besser der regionalen und saisonalen Küche widmen zu können. Das hat er jetzt nochmals fokussiert und listet auf seiner Speisekarte über zwanzig Lieferant*innen mit den jeweiligen Entfernungen zum Restaurant auf. Die Kräuter aus dem eigenen Garten, aber auch das Verdener Craftbier und der Kaffee von Diers können zu Fuß angeliefert werden. Alle vier Wochen wird eine neue Speisekarte zusammengestellt, auf der saisonale Klassiker ihren festen Platz haben - aber jedes Mal ein wenig anders. Bei der Entwicklung der Karte werden um die aktuellen, strikt saisonalen Angebote von regionalen, aber auch bundesweit liefernden Anbietern komplette Gerichte entwickelt. Die traditionelle bürgerliche Küche wird modern interpretiert und ist mediterran beeinflusst. An warmen Tagen sitzt man im großzügigen und gemütlichen Sommergarten. Einige Beispiele für den Kochstil von Pade: Eine Spargel- und Erbsencremesuppe mit gewürfelter Kalbsbrust vom BBQ-Smoker, sweet-hot. Als Hauptgang kocht er eine Oterser Rehkeule mit Pfifferlingen, Selleriepüree, Walnuss und Rote-Bete-Bandnudeln mit krossem Verdener Speck. Für Kinder gibt es Biohühnernuggets auf Holtumer Biokartoffelstampf mit Vichy-Karotten und hausgemachter Remoulade.
Die Weinkarte legt bei den Rotweinen den Schwerpunkt auf Europa, während bei den Weißweinen deutsche Gewächse dominieren. Schönes Sortiment edler Brände und Geiste.

→ Übers Jahr gibt es in lockerer Folge Weinpräsentationen von Weingütern oder spezielle Themenabende. Catering, Kochkurse und Weinreisen ergänzen Pades Leistungsspektrum.

Hotel Rathaus

Bohlweg 27,
38709 Wildemann
0 53 23 / 62 61
hotel-rathaus-wildemann.de

Größe: 35 Plätze im Gastraum
Preise: Hauptgerichte 16–35 Euro
Kreditkarten: EC, Master, Visa
Öffnungszeiten: Mo ab 17.30 Uhr; Di, Mi, Fr–So 11.30–21 Uhr; Ruhetag: Do, außer an Feiertagen

Fantasievolle Küche und auch visuell ein Genuss

Maria und Mathias Geinitz haben in vielen Auslandsaufenthalten Erfahrungen in der Gastronomie gesammelt. 2015 sind sie in Wildemann sesshaft geworden, einem kleinen Bergstädtchen im Oberharz im Kreis Goslar. Ihr Anspruch ist es, die regionale Küche mit ihren Produkten in neuem Licht glänzen zu lassen. In den alten Gemäuern des in der Ortsmitte gelegenen Restaurants präsentiert sich ein schlichter, ansprechend eingerichteter Gastraum. Mit Fantasie und Vielfalt werden Region und Saison im »Rathaus« kulinarisch interpretiert und dargeboten, visuell und geschmacklich ein Genuss.
In der Auswahl der Vorspeisen finden sich Hauchdünnes vom Harzer Roten Höhenvieh und ein Harzer Käse im Blätterteig gebacken. Karotte küsst Erbse, und heraus kommt ein feines Gemüsesüppchen, das neben der klaren Waldpilzsuppe einen schönen saisonalen Auftakt bildet. Das Harzer Wildschwein wird veredelt zum Wildschweinbraten in Biersoße mit weißen Bohnen auf Maisplätzchen. Ein anderer interessanter Bewohner der Region ist die Heidschnucke aus dem Eichsfeld. Sie wird mit verschiedenen Bohnen, Ziegenkäse und Brezenknödeln gereicht. Die Forelle kommt ebenfalls aus dem Harz, sie wird in Schweineschmalz gebraten und mit Gurken im Dillfond serviert. Ein kleiner Kürbis, mit Grieß gefüllt, im Ofen gebacken, mit einer Apfelcreme serviert und mit Kürbisöl verfeinert, ist ein vegetarischer Gaumenschmaus. Höchst ungewöhnlich ist das gegrillte Ochsenherz mit einem Kräuterrisotto. Danach hausgemachtes Eis in unterschiedlichsten Sorten als süßes Finale. Empfehlenswert sind die Weine aus dem Harz und das Altenauer Bier vom Fass sowie Säfte aus der Biomosterei.

Auf dem Weg in die nahe gelegene Kaiserstadt Goslar liegt die »Brötchen-Schmiede Astfeld« (Im Stadtfeld 1, 38685 Langelsheim). Dort wird mit regional angebautem, sortenreinem Getreide traditionell und handwerklich gebacken. Es gibt auch ein kleines Café.

Altes Amtshaus

Herrlichkeit 13,
27793 Wildeshausen
0 44 31 / 9 46 38 00
amtshaus-wildeshausen.com

Größe: 100 Plätze im Gastraum und der Garten
Preise: Hauptgerichte 16–27 Euro
Kreditkarten: EC, Master, Visa
Öffnungszeiten: Di–So ab 11 Uhr, Küche 12–14.30 und 18–22 Uhr; Ruhetag: Mo

Stilvolles Fachwerkhaus in idyllischer Lage

Am Ufer der Hunte, im Herzen von Wildeshausen, der ältesten Stadt im Oldenburger Land, steht das »Amtshaus«, ein barockes Fachwerkhaus aus dem 18. Jahrhundert. Seine Adresse könnte passender nicht sein: Herrlichkeit 13. Umgeben von einem idyllischen Park, fällt der Blick auf die imposante Alexanderkirche. Sie ist die einzige spätromantische Basilika Norddeutschlands. In diesem Umfeld lässt es sich nicht nur bei schönem Wetter wunderbar tafeln. Küchenchef ist Frank Stauga, um die Gäste kümmert sich seine Frau Nicole mit einem freundlichen Serviceteam. Der Anspruch des Kochs ist eine geradlinige, mediterran inspirierte Küche mit saisonalen Akzenten und frischen, regionalen Produkten. Zu den Spezialitäten zählen das Naturlamm aus Wildeshausen, Oldenburger Freilandgänse, Wild, Spargel und das Marschrind von den fetten Weiden der Wesermarsch.

Ganzjähriger Klassiker ist das Schweinefilet vom Strohschwein aus der Fleischmanufaktur Tonn. Weitere attraktive Hauptgerichte sind das Beste von der Wildeshauser Schnucke aus der Bioschäferei mit Balsamico-Thymiansoße, der Ahrenhorster Edelwaller an Weißweinbuttersoße oder das sous-vide gegarte Hähnchenbrustfilet vom Hof Pleus. Kleinere bodenständige Gerichte sind die Suppe von der Oldenburger Kartoffel oder der knusprige Wildeshauser Knipp*. Als vegetarische Gerichte stehen Lumpenblechgemüse und Pastagerichte auf der Karte. Unter den zahlreichen saisonalen Angeboten seien Weser Stint* mit Speckstippe, der Oldenburger Grünkohl mit Pinkel* oder die feinen Wildschweinrückenmedaillons aus der Jagd in Rotenburg genannt. Aus der Nordsee kommen Miesmuscheln, ausgelöst serviert mit hausgemachter Pasta.

Die gute Weinauswahl ist auch glasweise erhältlich.

Die »Bioschäferei Nijboer« in Wildeshausen, Große Wiekau 25, bietet Produkte der Rassen »Wildeshauser Schnucke« und »Goldfüchse« (www.natur-lamm.de). Rindfleischprodukte vom Highlandcattle bietet der Lohmühlenbach an (www.highland-vermarktung.de, Kleinenkneten 1, Wildeshausen).

NEU

Restaurant zur Börse

In der Langen Straße 22,
27639 Wurster Nordseeküste
0 47 05 / 12 77
zur-boerse.de

Größe: 60 Plätze im Restaurant
Preise: V 13–16, H 19–28, N 7–12 Euro
Kreditkarten: EC, Master, Visa,
Öffnungszeiten: Do–Mo 11.30–14.30 und 17.30–22, Küche bis 20 Uhr; Ruhetage: Di, Mi

Wolters werkeln in Wremen am Wurster Wattenmeer

Zwischen Bremerhaven und Cuxhaven erstreckt sich die einzigartige Wurster Nordseeküste: Um vor Sturmfluten geschützt zu sein, konnte nur auf »Wurten« genannten Erhöhungen gebaut werden. Das UNESCO-Weltnaturerbe Wattenmeer ist ein attraktives Urlaubsziel. Im Wremer Kutterhafen werden fangfrische Krabben direkt vom Kutter verkauft. Unweit des Hafens, gegenüber der imposanten Wehrkirche, liegt das seit 1720 als Gasthaus geführte Restaurant »Zur Börse«. Björn Wolters verwendet traditionelle Produkte für seine kreative Küche. Zusammen mit seiner Frau Inge betreibt er seit zwei Jahrzehnten die vielfach ausgezeichnete »Börse«. Die Liebe zum Produkt zeigt sich nicht nur in der angebotenen Qualität und Frische. Björn Wolters bringt als Nationalpark-Restaurantpartner Spezialitäten wie den selbst gestochenen Röhrkohl* oder das dunkelrot marmorierte Fleisch des auf Salzwiesen gehaltenen, schwarzbunten Niederungsrinds der Familie Ostendorff auf den Teller. Vom Hof Icken kommt das Rinderfilet für das Carpaccio, und der Rehrücken stammt aus heimischer Jagd. Lieferant*innen und Produzent*innen werden allesamt in der Karte aufgelistet, ebenso die selbst gesammelten oder angebauten Früchte, Gemüse, Pilze und Kräuter.

Auf der alle sechs Wochen wechselnden Karte finden sich regelmäßig neue Gerichte. Zu den Klassikern zählen Nordsee-Limandes im Eimantel gebraten, Krabbengerichte oder der Niedersachsenteller, ein wechselndes Regionalgericht. Neben dem erwähnten Röhrkohl* sind die Rouladen vom Niederungsrind, das Lammfilet unter der Honig-Senf-Kruste oder das Skreifilet auf Blattspinat mit Vanille-Chili-Soße besonders zu empfehlen. Delikat die Bouillabaisse von Nordseefischen und Muscheln und das Wolfsbarschfilet mit krosser Haut. Von Zeit zu Zeit steht die Mockturtle* auf der Karte, eine gehaltvolle niedersächsische Suppenspezialität. Die fantasievollen Desserts wie das Gratin von Blaubeeren und Himbeeren, Biskuitwürfeln und Holunderblüten-Sabayon mit Vanilleeis sollten nicht versäumt werden. Aber die beste Küche wäre nichts ohne den freundlichen und kompetenten Service von Inge Wolters und ihrem Team.

Ein gut sortiertes Angebot offener Weine, nicht nur aus deutschen Anbaugebieten, sowie edle Brände stehen auf der Getränkekarte der »Börse«.

Hof Icken (Hörn 4, 27607 Geestland-Sievern, Tel. 0 47 43-10 38, info@hof-icken.de) bietet Fleisch und Wurst von freilaufenden Schweinen (zehnmonatige Weidehaltung) und Heumilchkäse an.

Nordrhein-Westfalen

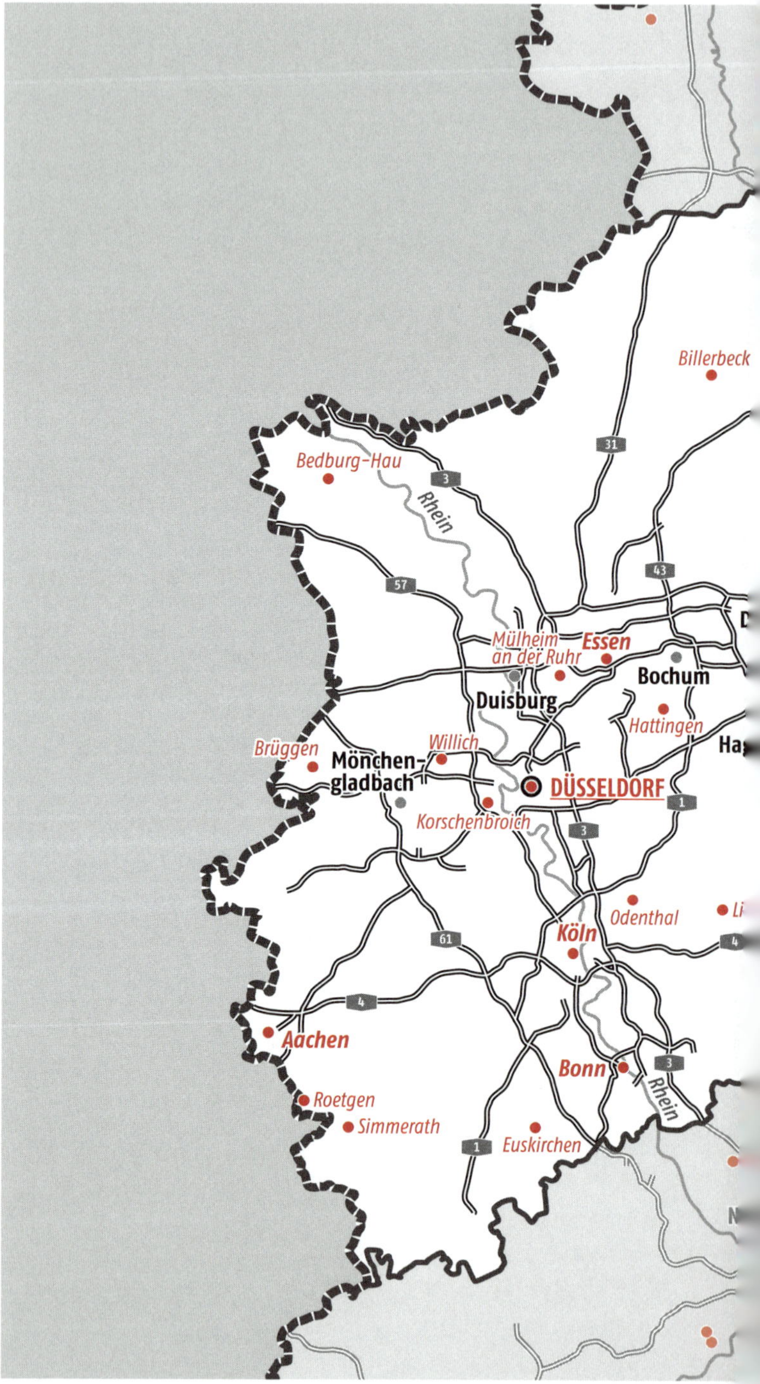

Steinhuder Meer
HANNOVER
Osnabrück
Weser
Borgholzhausen
2
Bielefeld
Versmold
Halle
in Westfalen
Ems
Horn-
Bad Meinberg
Hövelhof
Paderborn
44
Göttingen
Olsberg
Kassel
Siegen
Marburg
Gießen
Fulda

Die Kochnische

Bergische Gasse 9,
52066 Aachen
02 41 / 94 37 76 49
kochnische-aachen.de

Größe: 26 Plätze an der Tafel, sommertags auch im Hof
Preise: Hauptgerichte 13–20 Euro
Kreditkarten: EC
Öffnungszeiten: Do, Fr 19–23 Uhr; Ruhetage: Mo–Mi, Sa, So

Kulinarisches Erlebnis an der langen Tafel

Im Frankenberger Viertel der Kaiserstadt Aachen liegt die von Petra und Tom Emonts geführte »Kochnische«. Die Gelegenheit, das kochende Paar und ihre Kochkunst kennenzulernen, bietet sich für angemeldete Gäste jeden Donnerstag- und Freitagabend in der Bergischen Gasse. An der langen Tafel im interessanten Industrieambiente finden bis zu 26 Gäste Platz, an lauen Sommerabenden wird draußen in netter Hofatmosphäre getafelt. Die Gäste werden mit frischen, saisonalen und - nach Möglichkeit - regionalen Zutaten sowie Fleisch aus artgerechter Tierhaltung bekocht. Das Fleisch kommt aus der Eifel oder in Bioqualität aus dem benachbarten belgischen Grenzraum. Brot liefert die Aachener Traditionsbäckerei Moss.
Auf der wöchentlich wechselnden Karte stehen drei bis fünf Vorspeisen, bis zu sechs Hauptgerichte und zwei Desserts. Sowohl ein bis zwei Vorspeisen als auch ein bis zwei Hauptgerichte sind vegetarisch. Die Auswahl ist immer spannend, weil Petra und Tom Emonts in der Küche selbst Bekanntes neu definieren und saisonale Angebote aufgreifen. Attraktive Vorspeisen sind das Gurken-Joghurt-Süppchen mit Matjes und Johannisbeertatar oder der marinierte Tafelspitz mit grüner Soße und Erbsensalat. Ungewöhnlich die Lammzunge mit Kapernvinaigrette und Graupensalat. Unter den vegetarischen Hauptgängen finden sich kreative Gerichte wie der Fenchel in der Käsekruste auf Tomatenkompott mit Reis. Bei den Hauptgängen mit Fleisch machen die Kalbsbäckchen im Jus auf Bohnenpüree mit Selleriestroh Appetit oder die Rouladen vom Biojungrind mit Rucola-Kartoffel-Stampf und Artischockenherzen. Fischgerichte wie das Zanderfilet auf jungem Spinat erweitern das Spektrum. Ein süßer Schlussakkord: Holunderblütenbeignet mit Rhabarberkompott und Erdbeersorbet.

➜ Reservierung außer donnerstag und freitags ab zwölf Personen.

Restaurant Menge im Hotel Menge

Ruhrstraße 60,
59821 Arnsberg
0 29 31 / 5 25 20
hotel-menge.de

Größe: 90 Plätze im Restaurant
Preise: Regionale Klassiker ab 18 Euro, Hauptgerichte ab 28 Euro
Kreditkarten: Amex, Master, Visa
Öffnungszeiten: Di–Sa 18–21.30 Uhr; So Frühstücksbüfett 8–11 Uhr; Ruhetage: So, Mo

Von der Kutscherkneipe zum kulinarischen Kleinod

Alt-Arnsberg, das historische und kulturelle Tor zum Hochsauerland, ist eine lebhafte und seit Langem dem Thema Nachhaltigkeit verbundene Bezirksregierungsstadt. Dort ist seit Mitte des 19. Jahrhunderts das »Restaurant Menge« beheimatet. Das Ambiente ist kultiviert und dennoch gemütlich, die Plätze im Restaurant werden ergänzt durch den Wintergarten und die Außenterrasse mit Blick in den geräumigen Garten. Sein handwerkliches Können zeigt Inhaber und Küchenchef Christoph Menge bei der Verarbeitung ausgesuchter saisonaler und regionaler Produkte. Bei aller dezenten Raffinesse bleiben die Wurzeln der Speisen spürbar. Seine Bioweidehähnchen kommen von Schickermoser, Zicklein von Christoph Schütte in Schmallenberg, Lammfleisch aus Paderborn, Forellen und Saiblinge aus dem Hellefelder Bachtal, Wild aus dem Arnsberger Wald. Aus dem eigenen Garten kommen mehr als fünfzig Kräuter und Pflanzen, dazu selbst gesammelte Pilze. Beispiele aus der westfälischen Tradition sind das Saure Schnitzel nach Uromas Art, die hausgemachte Rinderwurst, eine schöne Sülze, der rosa gebratene oder gekochte Tafelspitz mit passenden Beilagen oder der hausgeräucherte Wildschinken. Vegetarische Gerichte wie der roh geschnittene Fenchel und Sellerie mit rosa Grapefruit und jungen Salaten sind einfallsreich und geschmackvoll. Die Desserts können sich Gäste selbst zusammenstellen.
Die Auswahl der Weine, regionalen Biere und weiterer Getränke wird sachkundig begleitet. Der Service um Monika Menge ist aufmerksam, freundlich und gut ausgebildet.

→ Als Mitglied der Vereinigung »Westfälisch genießen« bringt Menge auch Feinschmeckermenüs auf den Teller. Familie Menge organisiert Genusswanderungen und vieles mehr.

Landgasthof Westrich

Bienenstraße 26,
47551 Bedburg-Hau
0 28 24 / 63 05
landgasthof-westrich.de

Größe: 125 Plätze im Gastraum, weitere auf der Terrasse
Preise: Hauptgerichte 15–25 Euro
Kreditkarten: Alle gängigen Karten
Öffnungszeiten: Do–Mo ab 11.30 Uhr, Küche 12–17 und 17.30–21.30 Uhr; So, Feiertage, Frühstücksbüfett ab 9 Uhr; Ruhetage: Di, Mi

Land – Gast – Hof, Wiesen und Kühe

Versteckt auf dem offenen Land zwischen Kalkar und Kleve, umgeben von Wiesen und Kühen, steht ein alter Bauernhof, in dessen liebevoll umgebauter Scheune Anette Opgenorth und Thorben Schröder ihr Lokal betreiben. Sie haben in dem geräumigen, hellen Gebäude eine offene Küche eingebaut, beispielhaft für ihre Transparenz. Anette Opgenorth führt das Restaurant, das zum elterlichen Bauernhof gehört, mit Engagement und Ideen. Ehemann Thorben Schröder steht für eine regionale und feine bürgerliche Küche mit pfiffigen Ideen, die ambitioniert umgesetzt werden. Vom eigenen Bauernhof beziehen sie teilweise Obst, Gemüse und Kräuter, manchmal auch Rindfleisch. Sogar mit eigener Schinkenherstellung hat Schröder schon experimentiert. Draußen auf der offenen Terrasse spürt man, dass man am Niederrhein ist: Der Blick streift über endlose Kuhweiden – gefühlt bis weit in die Niederlande.

Ein anregender Beginn sind die Rinderkraftbrühe mit Markklößchen, Blumenkohl und Maultasche, die cremige Spargelsuppe oder, aus der italienischen Küche, Parmesanschaumsuppe mit Krustentierravioli. Ein Klassiker ist das Rindertatar mit Gurkenschmand und Sauerteigbrot, fein-würzig abgeschmeckt, mit schönem Säurekick und duftendem, hausgebackenem Brot. Als Hauptgang mundet ein gut gegartes Zanderfilet mit Mairübchen, Quarkspätzle und Sauce béarnaise. Es folgt das Zweierlei von der Lammkeule mit Bohnen, roter Zwiebelmarmelade und Kartoffel-Parmesan-Kroketten. Sehr gelungen auch die Rehschnitzel in Kräuterpanade mit Spargelragout. Im Frühjahr gibt es bissfesten, aromatischen Stangenspargel mit einer guten Sauce hollandaise und gebratenem Wolfsbarschfilet. Vegetarisch ist das Nudelrisotto mit Urkarottenpüree, Pak Choi, Waldpilzen und Aprikosenchutney. Bei den Desserts locken Schokoladeneis und ein besonders elegantes Heidelbeersorbet, eine Steigerung boten die Schokoladenvariationen mit einer wunderbarenMousse.

Die interessante Auswahl regionaler Säfte und eine erweiterungsfähige Weinkarte runden das Angebot ab. Der Service ist zuvorkommend und freundlich.

Historisches Gasthaus Buschkamp im Museumshof Senne

Buschkampstraße 75,
33659 Bielefeld
05 21 / 49 28 00
museumshof-senne.de

Größe: 70 Plätze im Gastraum
Preise: Hauptgerichte 15–30 Euro
Kreditkarten: EC, Master, Visa
Öffnungszeiten: Mi–So 12–22 Uhr;
Ruhetage: Mo, Di

Westfälische Gastlichkeit – delikat inszeniert

Verborgen in einem kleinen Waldstück in Bielefeld-Senne liegt das »Historische Gasthaus Buschkamp«. Erbaut im Jahr 1811, ist es heute Bestandteil des Museumshofs Senne. Zu dem Anwesen gehören Fachwerkhäuser, Bauerngärten, ein historischer, noch betriebener Backspeicher und ein im Sommer sehr einladender Biergarten. Silvio Eberlein hat im Gasthaus gelernt, war lange auf kulinarischer Wanderschaft in renommierten Restaurants und übernahm das Restaurant 2015 von Ernst-Heiner Hüser. Der frischen, kreativen Küche seines Vorgängers mit viel Gemüse und Kräutern, möglichst aus eigenem Anbau, ist er treu geblieben. Weitere Grundprodukte kommen überwiegend aus der regionalen Landwirtschaft. Eberlein ist ein engagierter, hoch motivierter Koch und Restaurantchef mit guter Anerkennung in der Bielefelder Gastronomie. Das Haus ist Mitglied im Verein »Westfälisch Genießen«. Entsprechend finden sich viele westfälische Spezialitäten auf der Karte, denen Eberlein eine persönliche Note verleiht.

Vegetarisch orientierten Gästen sei der Gemüseacker oben und unten empfohlen, ein Gericht aus alten Gemüse- und Kartoffelsorten mit Wildkräutern, oder die Suppe von der Roten Bete mit Schmand* und Bonbon von Steinpilzen. Eberlein bietet Aktionsmenüs und wechselt seine saisonalen Gerichte monatlich. Besonders gefallen die Westfälischen Klassiker, etwa die Senner Festtagssuppe mit Eierstich, Gemüsestreifen und Fleischklößchen oder der allerfeinste Wurstebrei vom Schwein und Rind, dazu Rote Bete, eingelegte Gurken und Salzkartoffeln. Probierenswert ist der Kastenpickert* mit Leberwurst und Pflaumenmus oder die westfälische Götterspeise mit Vanille-Stippmilch, Beerengrütze und Pumpernickel.

Das Weinangebot ist vielfältig und konzentriert sich auf Deutschland und Frankreich. Der Service ist aufmerksam, kompetent und herzlich.

Ausgezeichnet sind das selbst gebackene Brot und Pumpernickel sowie hausgemachte Confits, Suppen und Konfitüren – alles auch zum Mitnehmen.

Restaurant Domschenke

Markt 6,
48727 Billerbeck
0 25 43 / 9 32 00
domschenke-billerbeck.de

Größe: 30 Plätze im Schankraum, 40 im Restaurant, zudem Wintergarten und Terrasse
Preise: V 8 –20, H 15–40, N 7–12 Euro
Kreditkarten: EC, Amex, Master, Visa
Öffnungszeiten: Täglich 12–14 und 18–22 Uhr

Ambitionierte Küche und westfälische Gastlichkeit

Vom »Restaurant Domschenke« sind es nur wenige Schritte zum imposanten Billerbecker Dom – der mangels Bischofssitzes gar keiner ist. Das Restaurant in der gut erhaltenen Ortsmitte der altehrwürdigen Stadt Billerbeck mit seinen Skulpturen und Relikten zur Stadtgeschichte steht für westfälische Gastlichkeit. Es wird in fünfter Generation von Familie Groll engagiert betrieben. Die »Domschenke« zeichnet sich durch eine ambitionierte Küche aus, die hochwertige Zutaten verwendet und ihre Gerichte appetitlich-ästhetisch präsentiert. Das gilt für ein einfaches Töttchen* oder ein mehrgängiges Menü gleichermaßen. Auf der Karte kann zwischen westfälisch, vegetarisch oder Fisch gewählt werden. Ein Netz aus Zuliefernden versorgt die Küche zu jeder Jahreszeit mit überwiegend regionalen und saisonalen Produkten. Wild kommt aus der Jagd im Umkreis, Spargel und Gemüse sind ebenfalls regionaler Herkunft, bestes Lammfleisch liefert der heimische Schäfer, Wildkräuter und Früchte ein befreundeter Gartenbesitzer oder der eigene Garten. Die Holunderblüten kommen vom Saum des Billerbecker Walds. Bei gutem Wetter sitzt man entspannt auf der schönen Terrasse.
Auf der Tageskarte wird im Frühjahr ein Spargelmenü angeboten. Dazu kommen Gerichte vom Lamm, Rind und Schwein und vielfältige feinste Vorspeisen und Desserts. Typisch für die regionale Küche ist das Pfefferpotthast* mit eingelegtem Gemüse und Salzkartoffeln. Feiner ist das Zweierlei vom Reh mit Roulade und Rehrücken mit Pfifferlingskruste, dicken Bohnen und Spitzkohl. Für von der westfälischen Küche Begeisterte wird eine hausgemachte Sülze, eigener Schinken, eine deftige Kartoffelsuppe und anderes mehr angeboten. Zum Nachtisch kann die Wahl auf eine Joghurtmousse mit Orangeneis, einen Salat von Zitrusfrüchten oder Pumpernickeleis mit Zwetschgen fallen. Außerhalb der Karte bietet das Haus zudem täglich Empfehlungen der Küche, die das Speisenkartenangebot ergänzen.
Die Weinkarte umfasst 400 Positionen, davon die Hälfte aus deutschen Regionen; Italien und Frankreich sind gut vertreten. Der Service ist freundlich und aufmerksam.

NEU

Café im Kunstmuseum Bonn

Helmut-Kohl-Allee 2,
53113 Bonn
02 28 / 23 00 59
cafekumu.de

Größe: 60 Plätze im Café,
90 im Außenbereich
Preise: Hauptgerichte 14–25 Euro
Kreditkarten: EC, Master, Visa
Öffnungszeiten: Di–So 11–18 Uhr;
Ruhetag: Mo

Kulinarisches Glanzlicht auf der Museumsmeile

Seit nunmehr drei Jahrzehnten betreibt Michael Klevenhaus das »Café im Kunstmuseum Bonn« gegenüber der Bundeskunsthalle. Zum Haus der Geschichte ist es nicht weit, zur Museumsmeile zählt noch das Museum König an der Adenauerallee. Von der Terrasse aus hat man einen schönen Blick auf den gut gestalteten Platz zwischen den beiden Museen und auf die spitzen Dachtürme der Bundeskunsthalle. Es lohnt sich, sich zwischen dem einen oder anderen Museumsbesuch hier auszuruhen und kulinarisch verwöhnen zu lassen. Das Café kommt nach Ausweis der Speisekarte einem Restaurant gleich. Hier wird immer mit frischen Zutaten aus der Region gekocht, vom Gemüse und Fleisch bis zum Bioei. Die frische Pasta kommt vom italienischen Hersteller Sassella aus Bonn, Torten und Kuchen von dem in Bonn besonders geschätzten Café Breuer aus Oberkassel. Auch das Mineralwasser hat keine weite Reise hinter sich, die Apfelschorle wird selbst gemischt. Auf der Weinkarte finden sich die Arche-Passagiere Frühburgunder und die Champagner-Bratbirne. Derzeit wird zur Unterstützung eines von der Flut betroffenen Ahr-Winzers »Flutwein« verkauft.
Die nicht allzu umfangreiche Karte ist immer saisonal orientiert. Als rheinischer Klassiker gibt es die nur hier zu verkostende Bonner Bottermellechbonnezupp (Buttermilchbohnensuppe) nach Großmutters Rezept. Hausgemacht sind sowohl die Frikadellen als auch die Falafeln. Für vegetarisch bzw. vegan lebende Menschen ist gesorgt, z. B. mit gebratenem Gemüse der Saison. Ein Menü kann mit einer der ansprechenden Salatvarianten beginnen, vielleicht angereichert mit einem Ziegenkäse aus der Vulkaneifel. Als Hauptgericht ist das Lammrückenfilet mit Kräuter-Senf-Kruste und Rosmarinjus empfehlenswert, dazu Vanille-Möhren und Kartoffelgratin. Als Nachtisch kommt hausgemachter Milchreis mit Kirschen und Sahne in Betracht oder rheinischer Brotkuchen mit Backpflaumen, Äpfeln und Vanilleschaum.
Im Service bleibt man dem Gastronomen offenbar und offensichtlich gern treu. Einige Personen sind schon länger als zwanzig Jahre dabei. Das macht sich nicht zuletzt bemerkbar in der Aufmerksamkeit gegenüber den Gästen und manch freundlichem Wiedererkennen.

Michael Klevenhaus macht gerne Urlaub auf Juist. Von dort importiert er einen schmackhaften Eierlikör, den Klötenköm. Der findet sich dann als Oma Ettas Klötenköm-Torte im Angebot, als Espresso mit besonderem »Schuss« oder als Zutat zum Eiskaffee.

DelikArt Restaurant

Colmantstraße 14–16,
53115 Bonn
02 28 / 1 84 14
delikart-restaurant.de

Größe: 86 Plätze im Restaurant, 90 auf der Terrasse
Preise: Hauptgerichte 14–25 Euro
Kreditkarten: EC
Öffnungszeiten: Di–Sa 9–23 Uhr; So 9–22 Uhr; Ruhetag: Mo

Restaurant mit großartigem Weinangebot im Landesmuseum

Das Restaurant »DelikArt« im Rheinischen Landesmuseum befindet sich mitten in einer Wohngegend. Es ist auch an Montagen geöffnet, wenn alle Museen geschlossen sind, denn das Restaurant erfreut sich großer Beliebtheit bei Nachbarn und Stammgästen. Der große, durch eine Glaswand geteilte Raum ist hell und freundlich. Der Blick auf die Terrasse und die schönen Gründerzeithäuser und den Museumsvorplatz mit aktuellen Ausstellungsstücken ist von allen Tischen aus möglich. Das besondere Engagement des Inhabers Michael Baumgarten gilt dem Wein. An einer Seite sind Weinkisten und Flaschen dekorativ gestapelt - eine Weinausstellung, die neugierig macht. Die Weinkarte ist ein informatives Buch, in dem auch biodynamische Erzeuger ausführlich vorgestellt werden. Bei den Speisen sind die Qualität der Zutaten, Frische und Regionalität unübersehbar. Brühen, Soßen, Suppen und Chutneys sind hausgemacht. Gemüse wird beim Bauern vor Ort geholt.
Die saisonalen Mittagsgerichte wechseln im Wochenrhythmus. Immer dabei ist eine Gemüselasagne. Der vegetarischen Küche wird überhaupt eine hohe Aufmerksamkeit geschenkt wie die Gemüserösti vom frischen Wintergemüse mit Salatbouquet und Kräuterschmand* oder die Gemüsequiche zeigen. Bei den regional geprägten Gerichten überzeugen moderne Interpretationen. Das klassisch-rheinische Gericht Himmel un Ääd* up DelikArt kommt als gebratene Blutwurst auf Kartoffelstampf mit Schmorzwiebeln, glasierten Apfelspalten und Apfel-Calvados-Schaum auf den Teller - und schmeckt ausgezeichnet. Abgewandelt ist auch der Rheinische Rinderbraten mit Dunkelbiersoße, Rotkohl und Salzkartoffeln. Traditionelle Gerichte wie Kartoffel-Endivien-Stampf oder der rheinische Döppekooche*, ein Gericht aus geriebenen Kartoffeln, werden entsprechend der Jahreszeit angeboten. Der französische Einfluss ist nicht zu übersehen: Im Winter wird ein schönes Gänserillette hergestellt.
Im großartigen Weinangebot finden sich Weingüter von der Ahr mit schönen Frühburgundern, einem Slow Food Arche-Passagier. Es gibt Eifeler Landbier, Steinfelder Klosterbier, einheimische Fritz-Kola und Regio-Mineralwässer. Der Service ist freundlich und aufmerksam.

NEU

Deutschlandreise Bonn

Paul-Kemp-Straße 9,
53173 Bonn-Bad Godesberg
0 22 8 / 84 25 02 77
deutschlandreise-bonn.de

Größe: 24 Plätze im Gastraum, 35 im Schulhof
Preise: Hauptgerichte 15–25 Euro
Kreditkarten: EC, Visa, Master
Öffnungszeiten: Mi–Sa 18–22 Uhr; So 13–22 Uhr; Ruhetage: Mo, Di

Deutschlands Regionen kulinarisch erkunden

Das schöne alte Spiel »Deutschlandreise« gab dem kleinen Restaurant von Martina Kuhnert und ihrem Partner Martin Matzen seinen Namen. Die deutschen Regionen sind für jeweils sechs Wochen Ausgangspunkt für die Gestaltung ihrer Speisekarte. Ohne als Gast selbst zu reisen, gibt es am Eingang zum Bad Godesberger Villenviertel – das zu besuchen lohnt – auf einem denkmalgeschützten ehemaligen Schulgelände in einem kleinen gemütlichen Anbau sowie auf dem Hof die Gelegenheit zu schmecken, was Martina Kuhnert und Martin Matzen auf ihren Reisen zu Erzeugern und Köchen der jeweiligen Region an Ideen für regionalen Spezialitäten mitgebracht haben. Dabei achten sie darauf, dass stets traditionell und nachhaltig gearbeitet wird. Sie nennen bei jedem Gericht die Einkaufsquelle und agieren damit vorbildlich. Bereits auf ihrer Webseite kann man bei allem, was im Restaurant angeboten wird, die Bezugsquelle lesen; vom Mehl der Broicher Mühle aus Wachtberg-Villip für ihr Hausbrot bis zum Kaffee und zum Craftbier von Ale-Mania aus Bonn-Beuel. Das Gemüse aus der Bonner Region beziehen sie als Mitglied von der Regionalwert AG Rheinland, das Fleisch vom Metzger Voigt aus Bonn-Bad Godesberg.
Martina Kuhnert kocht, und Martin Matzen ist zuständig für den Service. Es gibt ein paar Dauerpositionen auf der Speisekarte wie Frikadellen mit Senf aus der Monschauer Senfmühle, Rindergulasch und gebackenen Schafskäse. Die verkostete Region Taubertal wartet mit Schäufele und Bratwurst aus dem fränkischen Ansbach auf, jeweils mit knusprigen Bratkartoffeln und einem knackigen Salat. Grünkernbratlinge mit Kräutersauce und Salat erfreuen nicht nur die vegetarische Fraktion, und an vegane Wünsche ist auch gedacht. Zum Nachtisch dann Rothenburger Schneeballen mit Weincreme. Pfälzisch war eine Kartoffelsuppe mit Zwetschgenkuchen, vom Chiemsee kamen Renken. Im Harz wurde das rote Höhenvieh entdeckt und mit einem wohlschmeckenden Tafelspitz gewürdigt.

→ Die Speisekarte sieht aus wie ein Spielbrett, und wer Lust hat, klassische, tradierte Spiele zu erproben, der kann sich bei der reichen Spielesammlung bedienen.

NEU

Kris & Chris Bistronomie

Magdalenenstraße 19,
53121 Bonn
02 28 / 96 29 12 56
kris-chris.de

Größe: 30 Plätze im Gastraum, 12 auf der Terrasse
Preise: Hauptgerichte 18–25 Euro
Kreditkarten: EC, Master, Visa
Öffnungszeiten: Di–Fr 18–23 Uhr; Sa 17.30–23 Uhr; Ruhetage: So, Mo

Heimat für Weltbummler mit regionalen Zutaten

Unter dem Motto »Heimat für Weltbummler« haben Kristina und Christian Bautz nahe der Kulturmeile in Bonn-Endenich 2021 ihre »Bistronomie« eröffnet und sich in kurzer Zeit einen treuen Besucherstamm aufgebaut. Sie bieten eine moderne internationale Küche »mit einer kleinen Auswahl von ständig wechselnden und spannenden Gerichten aus aller Welt«. Dazu zählen auch rheinische und deutsche Klassiker wie Himmel un Ääd, Tafelspitz oder Maultaschen, die neu interpretiert werden. Wo es eben geht, wird mit Zutaten aus der näheren Region um Bonn und Köln gekocht. So kommt das Gemüse fast ausschließlich vom Gemüsehof Hartmann aus Bornheim-Sechtem im Vorgebirge nahe Bonn. Das Fleisch von wenigen regionalen Erzeugern, unter anderem vom Hof Schmitz aus Swisttal und vom Metzger Thomas Mülhausen aus Ettringen in der Eifel.
Die kleine Karte ist saisonal. Die Gerichte wechseln alle vier bis sechs Wochen. Als Gast spürt man die Liebe zur kulinarischen Vielfalt der Region und die Freude von Kristina und Christian, ihre Gäste auf spannende Genussreisen rund um die Welt zu führen: eine gelungene Symbiose von Region und Globus. Fleisch und Fisch werden als etwas Besonderes verstanden, und ein Menü wird dementsprechend gestaltet.
Vorweg gibt es Rinder-Merguez im hausgemachten Brioche mit Chinakohl, Harissa-Mayo-Jahrgangspeperoni und Chimichurri oder Euskirchener gerösteter weißer Spargel mit Tahini-Dressing und Walnuss-Oliven-Tapenade. Selbst gebackenes, knuspriges Brot wird mit verschiedenen Dips gereicht. Als Hauptgerichte gibt es zweierlei vom Hähnchen mit weißem Spargel, Bärlauch, Jus und Brioche-Speck-Crumb oder gebratenen Weißen Heilbutt aus Wildfang mit Navetten, Spinat, Stielkohl und Miso-Sake-Sabayone. Als vegetarische Alternative kann sich ein Risotto mit roten und gelben Beten, Burrata und Rucola sehen lassen. Gemüse und Salate wurden von Kristina und Christian in Sechtem eigenhändig geerntet. Zum Abschluss des Menüs stehen Schoko-Éclair mit dunkler Schokolade, Nougat und Praliné oder Rhabarber-Variationen mit Kompott, pochiertem Rhabarber, Granité und Vanille Mousse zur Auswahl.
Die kleine, feine Weinauswahl kommt fast ausschließlich aus Deutschland. Fast immer kennen die Gastgeber die Winzerinnen und Winzer persönlich. Die Auswahl nichtalkoholischer Getränke ist vielfältig, hausgemachte Limonaden zählen selbstverständlich dazu. Bei der Auswahl passender Getränke berät Kristina kompetent und zuvorkommend.

NEU

Restaurant Assenmacher

Stiftsstraße 2,
53225 Bonn-Schwarzrheindorf
02 28 / 4 29 80 89
restaurant-assenmacher.de

Größe: 50 Plätze in der Gaststube, 90 im Innenhof und auf der Wiese
Preise: Hauptgerichte 14–22 Euro
Kreditkarten: Keine
Öffnungszeiten: Mi–So 17–22 Uhr; Ruhetage: Mo, Di

Dörflicher Charme an der Doppelkirche

Die Doppelkirche in Bonn-Schwarzrheindorf zählt zu den berühmtesten Kirchen des Rheinlandes. Im Schatten des romanischen Kleinods liegt ein uriges Traditionslokal mit rustikalem Charme. Bereits eine Postkarte von 1880 zeigt das »Wirtshaus Assenmacher«, es ist altbekannt für sein gutbürgerliche Küche. Seit 2013 wirtschaften hier Oliver und Constance Weiß. Dem überaus ambitionierten Koch ist es gelungen, das Speisenangebot peu à peu zu modernisieren. Die geschätzten Schnitzelvarianten hat er beibehalten, die heimische Küche aktualisiert er. Ein gutes Beispiel sind die Dicken Bohnen, bei denen er die traditionelle Mehlschwitze durch eine leichte Bindung ersetzt und die er zu feinen Spanferkelkottelets reicht. Die Zutaten sind frisch und kommen nach Möglichkeit aus der Region, das Fleisch von bäuerlichen Erzeugergemeinschaften. Die Espressobohnen aus einer Rösterei in Beuel sind fair gehandelt und nachhaltig. Convenience-Produkte verwendet Oliver Weiß nicht, er stellt alles selbst her: die Nudeln, die Saucenfonds, das Speiseeis. Sein Ziel ist es, seinen Gästen Geschmackserlebnisse zu schaffen.
Das Motto des kreativen Kochs ist »Kochen ist Liebe«. Oliver Weiß verbindet die gutbürgerliche Tradition mit aktueller Crossover-Küche. Rheinische Klassiker wie Himmel un Ääd, Rippchen, geschmorte Ochsenbäckchen und weiße Kartoffelsuppe stehen neben philippinischem Glasnudelsalat. Zum Team zählt ein philippinischer Kollege, der Anregungen einbringt. Die Karte wird häufig neu aufgestellt und saisonal angepasst. So gibt es im Frühling Rhabarbercrumble mit Eierlikör und Zitronen-Verbenen-Mandarinen-Eis. Abwechslungsreiches Vegetarisches und Veganes findet sich ebenfalls auf der Karte wie eine Bowl mit mariniertem Rotkohl und anderen Gemüsen sowie Salate der Saison. Glutenfreies wird ebenfalls angeboten und erfreut sich starker Nachfrage.
Als alkoholfreies Getränk wird eine selbst gemachte Hauslimonade angeboten. Eine Besonderheit ist die reiche Bierauswahl einschließlich diverser Craftbier-Sorten aus der näheren Umgebung und aus ganz Deutschland. Sie können auch als Paket für zu Hause geordert werden oder aber in einem besonderen Tasting mit fünf Bieren zu einem Drei-Gänge-Menü genossen werden.

➜ Eine Besonderheit ist eine nahe gelegene Kirchwiese neben der berühmten Doppelkirche im Ort. Unter alten Bäumen im Grünen sitzend es sich gut gehen lassen – und das Essen wird mit dem »Bollerwagen«, einem Leiterwägelchen, gebracht.

Landgasthof Potthoff

Barnhauser Straße 3,
33829 Borgholzhausen
0 54 25 / 70 12
landgasthof-potthoff.de

Größe: 80 Plätze im Gastraum, 80 im Biergarten
Preise: Hauptgerichte 12–30 Euro
Kreditkarten: EC, Master, Visa
Öffnungszeiten: Sa, So, Feiertage, ab 11.30 Uhr; Mo, Do, Fr ab 17.30 Uhr; Ruhetage: Di, Mi

Westfälische Küche – ganz im Grünen

Zwischen Werther und Borgholzhausen ist, unweit von Bielefeld, Gütersloh und Osnabrück, der »Landgasthof Potthoff« zu finden. Er liegt eingebettet in einem der ältesten Gastronomiegärten, rundherum nur Wiesen und Felder und in Sichtweite der Teutoburger Wald. Schon 1645 soll hier ein Gasthof gestanden haben. Stefan und Julia Breidenbach führen das Haus, das seit Jahrhunderten in Familienbesitz ist, seit 1997. Nach Lehrjahren in Basel stand der Chef noch gemeinsam mit Oma Lina Potthoff und Mutter Liselotte am Herd und erlernte und erlebte ihre Leidenschaft für die westfälische Küche, die von den Jahreszeiten inspiriert ist. Auch heute bietet die Küche eine gute Auswahl saisonaler und westfälischer Gerichte. Zusätzlich gibt es ein täglich wechselndes Angebot aus Fluss und Meer und leichte, kreative Gerichte. Bevorzugt verwendet Breidenbach regionale Produkte: Forellen aus dem eigenen Becken, Fleisch, Eier, Kartoffeln, Geflügel von Bauern der Umgebung. Zu den Liefernden gehören der Spargelhof Steinbrügge in Bad Rothenfelde, die Fischzucht Köster in Steinhagen oder die Fleischerei Lammerschmidt in Melle-Neuenkirchen. Die Gasträume sind geschmackvoll im Landhausstil eingerichtet. Man fühlt sich aufgehoben und wird vom Team freundlich und kompetent umsorgt.
Einige Gerichte gefallen besonders, wie die Barnhorster Landsuppe mit Eierstich und Gemüsestreifen oder die in Silberfolie gebackene Teutoburger Forelle mit frischen Kräutern mit buntem Salat und Salzkartoffeln. Das Geschnetzelte vom Karpfen wird mit Pfifferlingen gebraten, auf Stampfkartoffeln angerichtet und dazu ein Salat gereicht. Es gibt ein schönes Kotelett vom Landschwein, aber auch einfache Genüsse wie ein Bauernbrot mit Marktgemüse, überbacken mit Bergkäse. Ein Dessertfavorit ist die feine Welfenspeise*, ein Urrezept, das bereits die Großmutter übernommen hatte. Im Biergarten gibt es nachmittags unter alten Bäumen selbst gebackene Kuchen und westfälische Schnittchen mit regionalen Wurst- und Schinkenspezialitäten.
Die überwiegend deutschen Weine sind mit Kennerschaft ausgesucht.

➜ Der Landgasthof ist Mitglied im Verbund »Westfälisch genießen«; er hat sich verpflichtet, die regionale Küche zu bewahren und weiterzuentwickeln.

Genholter Hof

Genholter Straße 61,
41379 Brüggen
0 21 63 / 68 64
genholter-hof.de

Größe: 100 Plätze im Gastraum
Preise: V 6–11, H 12–32, N 6–9 Euro; Spargelmenü ab 34 Euro
Kreditkarten: EC
Öffnungszeiten: Mitte April bis 24. Juni, Di–So 12–14 und 18–20:30 Uhr; Ruhetag: Mo

Saisonrestaurant zur Spargel- und Grünkohlzeit

Der »Genholter Hof« in Brüggen hat im Frühling und Frühsommer während der Spargelzeit und im Spätjahr zum Grünkohlessen geöffnet. Das angeschlossene Bauerncafé ist ganzjährig geöffnet und bietet ein Frühstücksbüfett und nachmittags hausgemachte Kuchen und Torten an. Für Wandernde, Radfahrer*innen und Naturfreund*innen sind Brüggen und der Niederrhein eine beliebte Ferienregion. Mit knapp 100 Plätzen ist das Restaurant nicht zu groß, den Gast erwartet eine gemütliche niederrheinische Atmosphäre.
Während der Saison wird ein vielfältiges Angebot rund um den Spargel mit unterschiedlichen Begleitern und Beilagen serviert. Spargel und Kartoffeln kommen vom eigenen Bauernhof, Fleisch und Eier, nicht zuletzt für die die gute, selbst gemachte Sauce hollandaise, sind aus der Region. Angeboten werden neben klassischen Spargelgerichten panierter Spargel oder fein gefüllte, knusprig gebratene Spargelrollen. Außerdem gibt es ein Spargelmenü und donnerstags ein Spargelbüfett. Die angebotenen Erdbeeren werden ebenfalls auf dem Genholter Hof erzeugt. In der kalten Jahreszeit wird ein deftiger Grünkohleintopf mit Kasseler und Mettwurst aufgetragen. Im Spätjahr gibt es dienstags ab 12 Uhr knusprige Reibekuchen. Donnerstags werden ab 14 Uhr frische Waffeln serviert. Alle Speisen sind sorgfältig zubereitet.

→ Geöffnet auch November bis zum 17. Dezember, dienstags bis samstags, 9 bis 18 Uhr; ebenso das Bauerncafé, Frühstück 9 bis 11.45, Mittagskarte 12 bis 17 Uhr. In Führungen wird Wissenswertes über den Spargelanbau vom Feld bis zur Schälmaschine Gruppen und Einzelpersonen vermittelt. Ebenfalls können Grünkohlwanderungen oder eine Niederrheinische Kaffeetafel gebucht werden.

Jeden Donnerstag in der Spargelsaison Spargelschlemmerbüfett 29,90 Euro (ab 18 Uhr). Der Hofladen bietet überwiegend eigene Produkte an.

Stappen – Oberkassel

Luegallee 50,
40545 Düsseldorf
02 11 / 93 07 76 00
gasthaus-stappen.de/duesseldorf

Größe: 70 Plätze im Restaurant.
Preise: V 10–21, H 21–38, N 6–14 Euro; 4-Gänge-Menü 49 Euro
Kreditkarten: Alle gängigen Karten
Öffnungszeiten: Mi, Do 17–23 Uhr; Fr, Sa 17–24 Uhr, So 12–22 Uhr; Ruhetage: Mo, Di

Feine Regionalküche in einem modernen Gasthaus

Das »Restaurant Stappen« in Oberkassel ist seit 2013 eine Tochter des »Gasthaus Stappen« in Korschenbroich. Geführt wird es von dem gastronomisch erfahrenen Paar David Büchner und Elisa Ritter. Das nicht zu große Restaurant hat eine moderne, ungezwungene Atmosphäre. Die frisch gekochten, regionalen Spezialitäten werden gekonnt interpretiert, das Angebot wird durch spannende Gerichte erweitert. Das Fleisch kommt überwiegend von der Fleischerei Erkes, Lamm aus der Eifel, der Spargel vom Spargelhof Allofs, Geflügel und Käse liefern kleine, handwerklich arbeitende Betriebe aus der Region. David Büchner bringt mit seinem kleinen Küchenteam eine bodenständige und doch pfiffige Speisenauswahl in den Stadtteil Oberkassel, in dem er umgeben ist von Sushibar, Brasserie und Trattorien. Wie im Stammhaus setzt Büchner auf den regionalen Anker.
Neben einem traditionellen Düsseldorfer Senfrostbraten, dem original Wiener Schnitzel und verschiedenen Spargelgerichten (während der Saison) finden kreative Zubereitungen den Weg auf die monatlich wechselnde Karte. Sehr zu empfehlen sind ein Tatar vom Steinbutt mit Chorizoschaum und Garnele und Pulpo mit Zitronen-Soja-Dressing. Ein Klassiker des Hauses sind Tatar vom Rinderfilet mit Trüffelschaum und – als Hauptspeise – Stappens Beefburger vom Weiderind (der auch im Stappen in Korschenbroich auf der Speisekarte steht). Im vielfältigen vegetarischen Angebot glänzt der langsam geschmorte Blumenkohl auf einem Bett von grünen Salaten. Gelegentlich steht Wild auf der Karte, wie der Maibock rosa gebraten, dazu Zweierlei von der Karotte mit frischen Pfifferlingen.
Der Service ist stets aufmerksam und flink. Große Weinkarte mit vielen deutschen Weinen.

➔ Es werden Kochkurse angeboten und ein Winzermenüabend.

Einige Gerichte werden zum Mitnehmen angeboten; zu besonderen Gelegenheiten Menüs in Themenboxen.

lecker werden

Ruhrtalstraße 19A,
45239 Essen-Werden
02 01 / 48 64 58 25
leckerwerden.de

Größe: 50 Plätze im Restaurant, 20 auf der Terrasse
Preise: Hauptgerichte 10–24 Euro
Kreditkarten: EC
Öffnungszeiten: Fr, Sa 12–14.30 Uhr; Ruhetage: So–Do

Ein Treffpunkt für die besonderen Genussmomente im Leben

Auf einem ehemaligen Industriegelände des Essener Stadtteils Werden, in der Nähe des S-Bahnhofs, liegen Restaurant, Kochschule und Feinkostshop von »lecker werden«. In guter Nachbarschaft mit Kunstgalerien und alternativ-innovativen Kleinbetrieben ist es ein kulinarischer Magnet mit treuer Stammkundschaft. Das Konzept von Patrick und Stefanie Jabs überzeugt: saisonal, regional, sogar überwiegend lokal, mit gutem Geschmack und fairen Preisen. In den Sommermonaten kommen Gemüse, Salat und Kräuter aus eigenem Bioanbau auf einem nahen Feld. Nicht selbst produziertes Gemüse wird von befreundeten landwirtschaftlichen Betrieben der Umgebung bezogen. Fleisch kommt vorwiegend von örtlichen Anbietern, Lammfleisch liefert z. B. ein Rhönschafzüchter im Nachbarort, Milchprodukte sind Naturland-zertifiziert, das Steinofenbrot backt eine Biobäckerei. In der Küche achtet Patrick Jabs auf die komplette Verarbeitung des Gemüses sowie auf in Vergessenheit geratene Fleischzuschnitte, um dem ganzen Tier gerecht zu werden.
Den Westfälische Knochenschinken vom Bunten Bentheimer Weideschwein liefert ein Metzger der Schutzgemeinschaft Westfälischer Schinken- und Wurstspezialitäten. Hier gibt es den guten alten Strammen Max mit Röstzwiebelmayonnaise, Salat und Spiegeleiern. Auf einer großen Tafel und der Karte stehen Gerichte vom Limousinrind aus Westfalen, dry-aged, sous-vide gegart, deftig-bodenständige Gerichte wie Gulasch vom Ochsen mit frischen Pfifferlingen oder das Kalbsragout mit Kartoffel-Stielmus-Stampf, ebenso Blutwurst vom örtlichen Metzger. Eine Passion von Patrick Jabs ist Fisch aus Wildfang. Jede Woche gibt es ein Fischgericht, auf den Punkt gegart, mit Salat. Zu empfehlen ist auch Patty's Fischertopf mit reichlich Einlage. Zum Dessert schmecken die Bergmannspeise Milchreis mit Zimt, Zucker, brauner Butter, die Schokotarte mit Erdbeerragout oder das Rhabarberkompott mit Sorbet und Krokant einfach lecker.

→ Zahlreiche abendliche Kochkurse u. a. zum Thema Ruhrgebietsküche und Gourmetabende mit befreundeten Köch*innen und Winzer*innen. Zeche Zollverein, Villa Hügel, Margarethenhöhe, Abteikirche in Werden und das Münster mit Schatzkammer in der Innenstadt sind einen Besuch wert.

Feinkostshop Öffnungszeiten: Mi–Fr, 11–18 Uhr, Sa 11–15 Uhr

Rotisserie du Sommelier

Wegenerstraße 3,
45131 Essen
02 01 / 9 59 69 30
rotisserie-ruettenscheid.de

Größe: 25 Plätze im Restaurant, 16 auf der Terrasse
Preise: Hauptgerichte 23–30 Euro
Kreditkarten: EC
Öffnungszeiten: Di–Sa ab 17 Uhr; Ruhetage: So, Mo

Bistro im französischen Stil mit westfälischem Herzen

In einer ruhigen Seitenstraße mitten im Ausgehviertel Essen-Rüttenscheid liegt die »Rotisserie du Sommelier«, ein kleines Bistro, in dem traditionelle und moderne Küche mit westfälischem Herzen gekocht wird. Die Gäste sitzen im Barraum mit alter Schiffstheke und Art-déco-Einrichtung oder gemütlich auf Lederbänken. An warmen Abenden wird entspannt auf der Terrasse gegessen. Inhaber Thomas Friedrich ist ausgebildeter Sommelier. Sorgfältig suchen er und sein Küchenchef Andre Kauke die Produkte aus. Das Ruhrgebiet ist nicht gerade eine Topadresse für lokale Lebensmittel. Doch das Team findet immer wieder regionale Produkte und Besonderheiten, die eine raffinierte, gleichzeitig bodenständige Küche ermöglichen. Rindfleisch aus dem Münsterland, Kalbfleisch aus Westfalen, Wildfleisch aus Sauerländer Jagd, Forellen aus der Elfringhauser Schweiz, Gemüse, Salat und Kräuter in Bioqualität vom Wochenmarkt werden für die Gerichte verarbeitet.

Nach Saison und Marktangebot variiert das handgeschriebene Angebot von Tag zu Tag. Bei den Vorspeisen lohnt der Start mit der Maultasche vom Sauerbraten auf Grünkohl mit Meerrettichschaum oder der Sommermelde mit pochiertem Ei und Schnittlauch-Hollandaise. Empfehlenswert ist das rheinische Senfgurken-Süppchen mit Rauchfleischklößchen. Im Ruhrgebiet darf Blutwurst nicht fehlen: Karree vom Rekener Duroc mit Blutwurstkruste, Schwarzwurzeln und Graupenrisotto. Gut auch die klassische Rinderroulade vom Blonde d'Acquitaine-Weiderind mit Kartoffel-Endivien-Durcheinander oder der Frischlingsrücken auf Butter-Spitzkohl mit Mohnspätzle und Pumpernickeljus. Nostalgisch wird es beim Nachtisch Westfälische Stippmilch*, einer geschichteten Quarkspeise mit Erdbeeren und Pumpernickel-Karamell.

Der Patron berät bei Wein kundig und engagiert. Die umfangreiche Karte umfasst Anbaugebiete in Frankreich und Deutschland. Restaurantleiterin Nadine Zeibig sorgt charmant für einen aufmerksamen Service.

➜ Besuchen Sie das Folkwang-Museum und den Gruga-Park, beides ist fußläufig erreichbar.

Fast 60 Züchter*innen, Erzeuger*innen, Verarbeiter*innen und Händler*innen, die Lebensmittel nachhaltig produzieren, beteiligen sich am Netzwerk »Gute Lebensmittel im Revier«. Daraus ist ein Interneteinkaufsführer entstanden (www.gute-lebens mittel-im-revier.de).

Eiflers Zeiten

Burg Flamersheim,
53881 Euskirchen-Flamersheim
0 22 55 / 94 57 52
burgflamersheim.de/restaurants/eiflers-zeiten

Größe: 70 Plätze im Gasthaus, 60 auf der Terrasse
Preise: Hauptgerichte 20–32 Euro
Kreditkarten: EC, Amex, Master, Visa
Öffnungszeiten: Mi, Do 17–23 Uhr; Fr–So 12–23 Uhr, Küche bis 21 Uhr; Ruhetage: Mo, Di

Uriges Gasthaus mit guter bodenständiger Küche

Zwanzig Autominuten von Bonn entfernt steht die Burg Flamersheim mit einem Sternelokal und einem gemütlichen Landgasthaus. Im urigen Ambiente mit Holzbalken, Flaschenkronleuchtern und einem mit Holz befeuertem gemauerten Steinbackofen werden Brot und Flammkuchen nach Eifler Art gebacken. In »Eiflers Zeiten« wird frisch, regional und saisonal gekocht, wobei die Bezüge zur Eifel allenthalben deutlich werden. Der Inhaber interessiert sich für die Verarbeitung und ist eng verbunden mit den heimischen Erzeugern; manche Tiere hat er lebend gesehen. Er kennt die Spargelbauern, er weiß, woher Ziegen, Lämmer und Pferdefleisch kommen. Lamm und Kaninchen werden bei »Lapinchen« in Euskirchen gekauft, Gemüse überwiegend beim Biohofladen in Mechernich.

Der Kartoffelflammkuchen aus dem Steinofen ist eine der Spezialitäten des Hauses, auch in der rheinischen Variante Himmel un Ääd* mit Apfel und Blutwurst. Der Ansatz, nach Eifelart mit hochwertigen heimischen Produkten zu kochen, bestimmt die Karte: Lamm vom Flamersheimer Pützhof mit Schmortomaten oder Roastbeef vom Simmenthaler Rind mit Bratkartoffeln und hausgemachter Kräuterbutter. Ein weiterer deftiger Hauptgang ist das Eifelschwein mit frischem Marktgemüse und Schupfnudeln*. Besonders beliebt ist das Sonntagsmittagsgericht: Sonntagsbraten vom Eifelschwein mit mariniertem Spitzkohl und Kartoffelknödeln. Einheimische Graupen als Alternative zum Reis finden sich bei der geschmorten Rinderbacke mit Petersiliengraupen und glasierten Perlzwiebeln. Der berühmte Eifelsenf begleitet das Landlustschnitzel vom Kalb. Zum Fischangebot gehört das Felchen aus dem Laacher See. Nach den Hauptgerichten schmeckt Omas Schokoladenkuchen.

Eigenes Bier aus Gemünd in der Eifel und ein Bier von einer jungen Brauerei in Euskirchen. Bei den deutschen Weinen fällt der Slow Food Arche-Passagier, der Frühburgunder von der Ahr, ins Auge. Der Service ist auskunftsfreudig und aufmerksam.

→ Navigation über »Burg Flamersheim«.

Nordrhein-Westfalen

Altdeutsche Gaststätte Wauligmann

Schifffahrter Damm 22,
48268 Greven
0 25 71 / 23 88
gaststaette-wauligmann.de

Größe: 90 Plätze im Gasthaus, weitere auf der Terrasse
Preise: V 5–13, H 8–33, N 5–11 Euro
Kreditkarten: EC, Master, Visa
Öffnungszeiten: Mi–So 11.30–23 Uhr; Ruhetage: Mo, Di

Vorzüglicher Küche in Münsterländer Parklandschaft

An der Landesstraße zwischen Greven und Münster, nur einige hundert Meter entfernt vom Autobahnanschluss Greven zur A1, liegt die »Altdeutsche Gaststätte Wauligmann«. Drum herum Pferdekoppeln, Wiesen, Getreidefelder – eine Landschaft zum Durchatmen. Die Einrichtung ist typisch für ein ländliches Restaurant der Region: höchst traditionell, beinahe museal und gemütlich. Die Küchenmannschaft führt in sechster Generation Christoph Wauligmann, der nach Stationen in der Sternegastronomie das Restaurant vor gut einem Jahrzehnt vom Vater übernommen hat. Sein Können wird den erkennbaren Trend zur Verfeinerung und Weiterentwicklung der regionalen Gerichte und zur Einbeziehung guter regionaler Produkte weiter stärken.
Wauligmanns Handschrift zeigt sich an Angeboten wie frischer Reh- oder Kalbsleber mit Apfelscheiben und Zwiebeln, die sonst selten auf westfälischen Karten zu finden ist. Die Karte ist auf die Stammkundschaft abgestimmt, die eine traditionelle Küche schätzt. Sie ist zu Teilen in der Region verwurzelt, bewegt sich aber auch in einem größeren norddeutschen Kontext. Im engeren Sinn stammt etwa das Töttchen* aus Rindertafelspitz aus der Küche der Region um Münster. Das früher aus Innereien und Kleinfleisch vom Rind als Armeleuteessen bereitete ragoutähnliche Gericht mit säuerlicher Würzung liegt geschmacklich nahe beim Original. Ähnlich verhält es sich mit dem hausgemachten Wurstebrot und Leberbrot mit Apfel und Zwiebel, einer Spezialität des Münsterlands und einiger Nachbarregionen. Andere Gerichte entstanden erkennbar aus dem Bestreben, den Charakter der regionalen Küche abzubilden, wie die Münsterländer Schweinerippe, mit Backobst gefüllt. Der Ort erleichtert den Bezug regionaler Produkte: Saisongemüse wie Spargel oder Kartoffeln stammen von direkten Nachbarbetrieben, das Obst wird aus dem Umland bezogen. Fleisch kommt aus dem Münsterland, das Wildfleisch aus benachbarten Jagden. Schöne Terrasse mit Blick in die münsterländische Parklandschaft. Der Service ist kompetent und hilfsbereit.

Landgasthof Pappelkrug

Pappelstraße 4,
33791 Halle in Westfalen
0 52 01 / 74 79
landgasthof-pappelkrug.de

Größe: 60 Plätze im Gastraum, 75 im Biergarten
Preise: Hauptgerichte 10–25 Euro
Kreditkarten: EC, Master, Visa
Öffnungszeiten: Täglich ab 17.30 Uhr; So, Feiertage 12–14 und ab 17.30 Uhr

Gastronomisches Kleinod, versteckt in den Feldern

Ländlich in Künsebeck, einem Ortsteil des westfälischen Halle gelegen, ist der »Landgasthof Pappelkrug«. Er wird in der vierten Generation von Familie Haksenhoff geführt. In der geschmackvoll restaurierten Deele fühlt man sich – nicht zuletzt dank der außerordentlich freundlichen und umgänglichen Mitarbeitenden – sofort wohl. Im Sommer lädt der von Wiesen und Feldern umgebene, mit Pappel bestandene Biergarten ein. Es ist ein Erlebnis, wie spannend und abwechslungsreich die regionale Küche interpretiert werden kann: traditionell und gleichzeitig zeitgemäß. Die Gerichte sind raffiniert gewürzt und kunstvoll angerichtet. Die Grundprodukte kommen überwiegend aus der Region. Zu den regionalen Lieferant*innen gehören der Gemüsehof Lange in Versmold, die Fleischerei Haskenhoff in Steinhagen und der Eierhof Fuest in Sandforth. Wild kommt aus eigener Jagd. Die Karte wechselt im Einklang mit der Saison, gelegentlich werden »Westfälische Wochen« veranstaltet.

Bei den Vorspeisen erfreuen das Süppchen mit Brunnenkresse und die Ravensberger Festtagssuppe. Von den Fleischgerichten sind die hausgemachten Wildbratwürste mit geschmorten Äpfeln, Zwiebeln und Kartoffelpüree, die geschmorten Schweinebäckchen mit Spitzkohl und Kartoffelpüree und die geriebenen Pfannenrösti mit Schnippelschinken oder Lachs zu nennen. Im Fischangebot: ein Waller aus heimischer Bioaquakultur. Attraktiv vegetarisch ist der geschmolzene Ziegenkäse mit Thymian und Honig auf Blattsalat mit Tomatenkompott. Als süßes Finale schmeckt das Rhabarbersorbet mit frischen Erdbeeren. Das Essen wird von handwerklich gebrautem Landbier der kleinen Brauerei Sandforth in Steinhagen begleitet, alternativ von deutschen und europäischen Weinen. Die Weinauswahl ist klein, aber attraktiv und fair kalkuliert.

NEU

Wegermann's Bio-Landhaus

Wodantal 62,
45529 Hattingen
0 23 24 / 39 50 10
wegermanns-bio-landhaus.de

Bio

Größe: 56 Plätze im Restaurant, 50 auf der Gartenterrasse
Preise: Hauptgerichte ab 19, Menü 35 Euro
Kreditkarten: Alle gängigen Karten
Öffnungszeiten: Mo–Di, Fr–Sa ab 17.30 Uhr; So 11–20.30 Uhr (Küche bis 19.30 Uhr); Ruhetage: Mi, Do

Ländliches Idyll am Rande des Reviers

Im Wodantal südlich von Hattingen gelegen, lohnt das Landhaus Wegermann eine Anfahrt aus dem Ruhrgebiet. Das familiär geführte Hotel mit seinem Restaurant war der erste gastronomische Betrieb in Westfalen, der von Bioland zertifiziert wurde. Beachtung des Tierwohls, Transparenz, ehrlicher Geschmack, ausgezeichnetes handwerkliches Können, Kreativität und Konzentration auf das Wesentliche erlebt der Gast im Wodantal selbstverständlich. Die Karte vermerkt, ob Gerichte vegetarisch sind und ob eine vegane Variante angeboten wird. Die meisten Speisen können als Vorspeiseportion in unterschiedlichen Zubereitungen und mit vielfältigen Beilagen bestellt werden. Die Kennzeichnung der Bezugsquellen ist vorbildlich (Biofleisch, Fisch aus Wildfang und Bioaquakultur, Wild aus heimischen Jagden). Das Fachwerkhaus hat eine bewegte Geschichte und wurde umfassend und doch behutsam renoviert. Das Ambiente zeigt eine überzeugende Kombination aus modernen und traditionellen Elementen. Axel Wegermann und Melanie Sodtke verstehen sich darauf, aus guten Produkten stimmige Gerichte zu kochen und ihre Gäste zuvorkommend zu umsorgen.
Ein Klassiker des Hauses ist das beeindruckende Kotelett vom Bio-Ochsen mit seinem feinen Geschmack und einer erstaunlich zarten Struktur. Bei vielen Gerichten wird durch Rezeptur und Zutaten der regionale Bezug deutlich, wie bei den Kartoffel-Puffer-Plätzchen mit Blutwurst auf Sauerkrautsalat mit Senfdressing oder dem Pfefferpotthast* vom westfälischen Wiesenlamm. Die Speisekarte wird jahreszeitlich ausgerichtet, z. B. Matjesgerichte im Frühsommer, im Herbst Wildgerichte oder Kürbis-Orangen-Samtsuppe mit Kürbisöl und Röstkernen oder Kartoffel, Kürbis, Apfel, Zwiebellauch aus der Bratpfanne mit Birnenquark. Saisontypisch sind Salate wie die Wildkräuter-Komposition mit geräucherter Forelle. In der (Vor-)Weihnachtszeit werden Gänse angeboten.
Die überschaubare Weinkarte bietet ansprechende Begleitungen.

➜ Frühstücksmenü täglich 7–11 Uhr.
Das Wodantal in der Elfringhauser Schweiz ist ein Paradies für Menschen, die gern wandern oder mit dem Rad unterwegs sind.

Die Windmühle Fissenknick

Windmühlenweg 10,
32805 Horn-Bad Meinberg
0 52 34 / 91 96 02
diewindmuehle.de

Größe: 98 Plätze in den Gasträumen, 40 auf der Terrasse
Preise: Hauptgerichte 15–30 Euro
Kreditkarten: EC, Master, Visa
Öffnungszeiten: Fr–So 12–14.30 Uhr; Mi–So 18–22 Uhr; Ruhetage: Mo, Di

Mühlenromantik mit ostwestfälischer Topgastronomie

Am Teutoburger Wald, zwischen Detmold und Bad Meinberg, leicht abseits der Hauptverkehrswege, liegt »Die Windmühle Fissenknick«. Wie es sich für eine anständige Windmühle gehört, liegt sie auf einer Anhöhe. Nach wechselvoller Geschichte als Mühle haben Birgit und Holger Lemke 2010 den Mühlenkochlöffel in die Hand genommen und präsentieren ihren Gästen eine lippische und westfälische Küche, gelegentlich mit internationalem Einfluss. Die Zutaten kommen vorwiegend von regionalen Partner*innen und Lieferant*innen. Die Windmühlenstube, ein einmaliger Gastraum mit 40 Plätzen in einer Runde, verbildlicht die Redensart vom »Genießen in gemütlicher Runde«. Müllerstübchen und Kaminstube ergänzen das Raumangebot. Im Sommer beschatten alte Kastanienbäume eine geräumige Terrasse. Die reizvolle Raumanordnung des Restaurants ist leider nicht ganz barrierefrei.
Als Einstieg ins regionale Schmausen seien die Lippische Festtagssuppe oder der Lippische Pickert* empfohlen. Hervorzuheben ist die Roulade vom roten Höhenvieh mit jungem Spitzkohl und Serviettenknödeln. Saisonale Besonderheiten sind im Frühsommer alle Variationen vom heimischen Spargel, im Herbst und Winter liegt das Augenmerk auf Grünkohl – hier die »lippische Palme« genannt. Es gibt auch Gans, Wild und Fisch in der Mühlenküche – zu unterschiedlichen Zeiten. Der Westfälische Pumpernickel darf nicht fehlen, er taucht als lippische Variante mal in einer Vorspeise, mal im Dessert auf, oder er ist als besondere Zutat in einem Gericht gut versteckt. Tafelspitz, Ochsenbäckchen, Kalbsleber zeugen von einem Kochverständnis jenseits von Edelteilen und Fertigprodukten. Die vegetarische Karte reicht von Wurzeln, Gemüsen und Pilzen bis hin zu den Variationen von Pickert, Pumpernickel und Käsen. Die Küche ist da flexibel und ganz Ohr.
Tochter Anna-Katharina Lemke kümmert sich als Sommelière um die überwiegend deutsche Weinkarte mit über 150 Gewächsen von 30 namhaften Weingütern. Viele lippische Gerichte finden in einer der vielen Bierspezialitäten der Brauerei Strate aus dem benachbarten Detmold einen idealen Partner. Ein gutes Sortiment an Bränden und eine große Whiskyauswahl.

→ Der nahe Teutoburger Wald ist eine ausgedehnte Freizeitregion und bietet unweit der Windmühle Fissenknick mit dem Hermannsdenkmal, dem Freilichtmuseum und den Externsteinen herausragende Attraktionen.

Gasthaus Spieker

Detmolder Straße 86,
33161 Hövelhof-Riege
Tel: 0 52 57 / 22 22
gasthaus-spieker.de

Größe: 67 Plätze im Restaurant und Wintergarten, 50–200 im Festsaal
Preise: Hauptgerichte 15–30 Euro
Kreditkarten: EC, Master, Visa
Öffnungszeiten: Mi–Sa 17–23, Küche bis 21 Uhr; So 11.30–14.30 und 18–22 Uhr, Küche bis 21 Uhr; Ruhetage: Mo, Di, außer an einigen Feiertagen

Westfälische Bodenständigkeit mit einer Prise Mittelmeer

Im Herzen Ostwestfalens, am Rand der Kulturlandschaft Senne zwischen Bielefeld und Paderborn, liegt in Hövelhof-Riege das »Gasthaus Spieker«. Die Ruhe und Gelassenheit der Umgebung überträgt sich auf die Atmosphäre des Hauses. Dem Gasthaus, geführt von den Geschwistern Beate und Franz Spieker, gelingt der Spagat zwischen westfälischer Bodenständigkeit, mediterraner Leichtigkeit und internationalen Einflüssen. Franz Spieker war auf Mallorca und in den USA tätig. Er kocht mit hochwertigen regionalen Zutaten. Die Karte wechselt mit der Jahreszeit, es gibt immer etwas Neues zu entdecken. Im Frühjahr empfiehlt sich als Starter ein marinierter Sennespargel mit Rucola. Beim Hauptgang setzt sich die Erkundung der Region fort mit einem Filet von der Lachsforelle mit Zuckerschoten und Kartoffelragout – der Fisch schwamm in der Forellenfarm in der Emsquellaue direkt hinterm Haus. Die Lammkeule, rosa gebraten, kommt aus der Senne. Ebenfalls aus der Senne kommen als besondere Höhepunkte die Wildgerichte, zum Beispiel die Hirschkeule auf Rahmwirsing mit Portweinsoße, Pilzen, Zuckerschoten und Gnocchi. Raffinierte und geschmackvolle vegetarische Gerichte sind ebenfalls im Angebot, etwa die hausgemachten Gnocchi auf Tomaten- und Auberginenwürfeln mit Parmesan. Zum Abschluss empfiehlt sich – als weiterer Regiohappen – feiner Biokäse von Dörmanns aus Petershagen, alternativ ein Schokoladenküchlein mit flüssigem Kern.
Die umfangreiche Weinkarte lässt keine Wünsche offen. Favorisiert werden deutsche Winzer*innen, die Spieker persönlich kennt.

→ Der Europaradweg R1 führt am Haus vorbei; dem Emsradweg kann man bis zur Quelle des Flusses folgen.

Restaurant Neuhaus und Bistro Julius

Lösseler Straße 149,
58644 Iserlohn-Lössel
0 23 74 / 9 78 00
hotel-neuhaus.de

Größe: 40 Plätze im Restaurant, 30 im Bistro, 30 auf der Terrasse
Preise: Hauptgerichte 17–36 Euro
Kreditkarten: Alle gängigen Karten
Öffnungszeiten: Bistro Julius ab 16 Uhr, Restaurant 18–22 Uhr; Sa, So, Feiertage 11–14 Uhr

Romantische Kulinarik am Tor zum Sauerland

Das »Restaurant Neuhaus« liegt ruhig und romantisch im Ortskern des Iserlohner Stadtteils Lössel am Rande des Sauerlands am bewaldeten Berghang. Bis ins 18. Jahrhundert reicht die Geschichte des Hauses zurück, das seit über einem Jahrhundert im Besitz der Familie Neuhaus ist und in vierter Generation geführt wird. Der liebevoll angelegte Skulpturengarten mit seinen Plastiken und einem Wasserfall ist eine schöne Kulisse für die Außengastronomie. In der Galerie werden Ausstellungen gezeigt, das eigene Atelier bietet Kreativkurse, und die Kleinkunstbühne lädt regelmäßig zu Events. Auf die Gäste warten das stilvoll eingedeckte Restaurant und das moderne »Bistro Julius« mit kleinen Gerichten zu moderaten Preisen. Eine Terrasse vervollständigt das Ensemble. Die kreativ-vielseitige Küche bietet sauerländische Küche und internationale Spezialitäten, ergänzt von vegetarischen Angeboten. Bereichert werden die Gerichte durch frische Zutaten aus dem eigenen Garten. Die Hofschlachtung Elfenfohren aus Hemer Ihmert und die Hofkäserei Wellie in Fröndenberg liefern weitere regionale Produkte. Geflügel wird vom Ardeyer Geflügelhof bezogen. Spezialitäten vom Roten Sauerländer Höhenvieh bereichern im Herbst die Karte. Viele Gerichte sind als kleine Portion erhältlich.
Traditionelle bürgerliche Gerichte wie das Bœuf Stroganoff, veredelt mit Iserlohner Thomas-Senf, das Wiener Schnitzel vom Weidekalb oder ein Biohähnchenbrustfilet mit Beilagen werden gern geordert. Interessante Vorspeisen sind die Crème brûlée vom Ziegenkäse mit Feigenchutney auf Wildkräutersalat oder die Buchweizencrêpes mit Waldpilzen. Der hausgeräucherte oder hausgebeizte Lachs kommt mit Reibeküchlein auf den Teller. Gut die feine Ochsenessenz, ebenso das Bärlauchschaumsüppchen. Ein regionaler Klassiker ist Omis Eintopf von Schnibbelböhnkes* mit Mettwurst. Zur Jagdzeit gibt es vielfältige Wildgerichte. Im »Bistro Julius« wird Bodenständiges wie Heringsstipp mit Salzkartoffeln, gebratene Blutwurst auf Kartoffelpüree mit Schmorzwiebeln oder Lösseler Bergschnitzel gekocht. Gut geschulter, freundlicher Service.

➜ Die Umgebung bietet Ausflugsziele wie das Fischgut Primus mit seiner Stör- und Koi-Zucht.

Gasthaus Stappen

Steinhausen 39,
41352 Korschenbroich-Steinhausen
0 21 66 / 8 82 26
gasthaus-stappen.de

Größe: 90 Plätze im Restaurant, 50 im Hofgarten
Preise: V 11-21, H 21–39, N 7–11 Euro; 4-Gänge-Menü 64 Euro
Kreditkarten: EC, Master
Öffnungszeiten: Mi–Sa 17–22 Uhr; So 12–15 und 17–22 Uhr; Ruhetage: Mo, Di

Gehobene Regionalküche – und mehr

In Korschenbroich-Steinhausen führt Familie Stappen in fünfter Generation ein Gasthaus gleichen Namens. Carmen Stappen leitet den Service, Franz-Josef führt in der Küche Regie. Das im klassisch-modernen Stil eingerichtete Restaurant befindet sich im historischen Backsteinhaus mit grünen Fensterläden. Eingedeckte Tische mit gestärkter Tischwäsche, schönem Besteck und Kristallgläsern lassen einen gehobenen Anspruch erkennen. Neu eingerichtet wurde eine Vinothek, in der Weinproben veranstaltet werden. Der Kartenschwerpunkt liegt auf regionaler und saisonaler Küche. Darüber hinaus finden sich Edelprodukte wie Hummer oder Gerichte mit asiatischem Einschlag. Das Rind hatte einen kurzen Weg aus der Zucht und Mast zum Metzger Erkes aus der Nachbarschaft. Ziegenkäse kommt aus Grefrath am Niederrhein, Obst und Gemüse von Bauern und Bäuerinnen aus der Umgebung.

Einen stärkenden Auftakt bieten die Sellerie-Schaumsuppe mit Entenpraline oder die Zitronengras-Currysuppe mit Jacobsmuschel; beide Suppen gibt es auch als vegetarische Variante. Unbedingt empfehlenswert ist das hausgemachte Tatar vom hiesigen Rind ebenso wie das Wiener Schnitzel mit Gurken-Kartoffelsalat. Regionale Klassiker sind der Düsseldorfer Senfrostbraten mit Rahmspitzkohl und Kartoffelstampf oder das luftgereifte Rumpsteak und Filet vom heimischen Rind. Die saisonale Karte wechselt monatlich. Gnocchi mit schwarzem Trüffel und rotes Gemüse-Thai-Curry – beide vegetarisch – sind ebenfalls empfehlenswert. Selbst hergestelltes Eis und Sorbets bereichern das abwechslungsreiche Nachspeisenangebot. Alle Speisen überzeugen durch Produktqualität und feines Aromenspiel.

Die Atmosphäre ist – wie der ausgezeichnete Service – freundlich und lebhaft.

Die Weinkarte listet 150 Positionen, Bierbrände aus der Uerige-Brauerei Düsseldorf. Düsseldorfer Alt und Pils gibt es vom Fass. Neu auf der Getränkekarte sind Craftbiere vom Niederrhein.

➜ Während der Coronapandemie wurden diverse Gerichte und Boxen für zu Hause entwickelt, die weiter angeboten werden.

Em Krützche

Am Frankenturm 1–3,
50667 Köln
02 21 / 2 58 08 39
em-kruetzche.de

Größe: 180 Plätze im Lokal, 120 im Biergarten
Preise: Hauptgerichte 19–35 Euro
Kreditkarten: EC, Amex, Master, Visa
Öffnungszeiten: Mi–So 12–22 Uhr; Ruhetage: Mo, Di

Traditionslokal mit ambitionierter rheinischer Küche

Das historische Gasthaus »Em Krützche« in der Kölner Altstadt am Rheinufer wird seit fast vierzig Jahren von den Familien Fehn und Fehn-Madaus betrieben. Im Stil eines bürgerlichen Restaurants gehalten, lädt die holzbetonte Einrichtung zum Verweilen und Genießen ein. Das Kölner Zimmer mit dem »Beichtstuhl« als Extraplätzchen ist ein angenehmer Wohlfühlort. Im Biergarten genießt man die frische Brise vom Rhein. Das Restaurant pflegt die Tradition rheinischer Küche. Die Qualität ist deutlich besser als in vielen Altstadtlokalen. Die Speisen werden frisch zubereitet, und die Küche berücksichtigt, soweit möglich, regionale Anbieter*innen. Fische kommen aus der Region, Flönz – die Kölner Blutwurst – liefert Struzina Rauschen aus Dormagen. Rinder aus der Eifel werden bei Familie Fuchs in Prüm geschlachtet, den Spargel liefert der Bellerhof in Köln-Marsdorf.

Matjesfilets Kölsche Art und der kalte Tafelspitz mit Vinaigrette und Bratkartoffeln weckten schon bei den Vorspeisen den Appetit. Kölsche Maultaschen, gefüllt mit Blutwurst auf Sauerkraut, sind ebenso probierenswert wie die modernisierte Form der knusprigen Reibekuchen mit Lachs und Crevetten. Bei den Hauptspeisen zählen der Rheinische Sauerbraten wie die Spanferkelhaxe vom Schwäbisch-Hällischen Schwein zum unumstößlichen Repertoire, versierte Feinschmecker*innen erfreuen sich am Kalbskopf nach Schildkrötenart (en tortue). Spargel- oder Pfifferlingsgerichte, Gans oder Wild werden saisonal angeboten. Zur Karnevalszeit wecken hausgemachte, sauer eingelegte Bratheringe mit Hausfrauenbratkartoffeln die Lebensgeister. Ein Funke-Coup rut-wieß (warme Himbeeren auf Vanilleeis mit Schokoladensoße und Sahnehäubchen) oder eine klassische Crème brûlée können den Nachtisch versüßen. Ein attraktives dreigängiges Menü lohnt die mittägliche Einkehr.

Ungewöhnlicherweise wird in diesem Altstadtgasthaus kein Kölsch ausgeschenkt. Bitburger Pils, Kellerbier und Köstritzer Schwarzbier gibt es vom Fass. Zahlreiche offene Weine und Flaschen von soliden Erzeugern aus Deutschland und Frankreich ermuntern zu einer Verkostung, das alkoholfreie Getränkeangebot ist reichhaltig.

→ Von 14 bis 17.30 Uhr wird eine Nachmittagskarte angeboten. »Em Krützche« bietet sich als Ausgangs- oder Endpunkt einer Besichtigung des Doms, der zahlreichen romanischen Kirchen, der vielfältigen Museen sowie der Altstadt mit ihrem Rathaus oder auch den Grundmauern des römischen Praetoriums an. Direkt um die Ecke liegt die Kölner Philharmonie.

Johann Schäfer Brauhaus

Elsassstraße 6,
50677 Köln
02 21 / 16 86 09 75
johann-schaefer.de

Größe: 120 Plätze im Gastraum, 20 im Außenbereich
Preise: Hauptspeisen 7–39, Beilagen 5 Euro
Kreditkarten: EC, Master, Visa
Öffnungszeiten: Mo–Fr 12–22, Mittagstisch 12–17 Uhr; Sa, So und Feiertage 10–22 Uhr, Brauhausfrühstück 10–14 Uhr

Brauhaus mit eigenem Bier und ambitionierter Küche

Das Brauhaus Johann Schäfer ist in der belebten Kölner Südstadt in den Räumen einer ehemaligen Spedition gleichen Namens beheimatet. Im Gastraum wird an Tischen in Barhöhe gesessen, in zwei kleineren Räumen an normalen Tischen. Die Küche ist offen, jeder kann sehen, was die Köche gerade tun. Wichtig ist den Köchen der regionale Einkauf bei vertrauten Produzent*innen. Das Fleisch stammt von Tieren mit freiem Auslauf: Das Kalb- und Rindfleisch kommt von Wild-Reuber im Oberbergischen, das Schweinefleisch aus Heinsberg. Kartoffeln liefert Kartoffelkult in Rommerskirchen, Gemüse der Biohof Frings in Mechernich, Fisch wird aus nachhaltigem Fischfang erworben.
Tiere werden von Kopf bis Huf verwertet. Restliche Abschnitte wandern ins Hackfleisch für Maultaschen, werden als Bratwurst serviert oder zu Lammsülze mit kräftig gewürztem Gelee verarbeitet. Die erwähnten Gerichte sind eine Momentaufnahme, die Karte kann beim nächsten Besuch anders aussehen. Einiges wird in selbst entwickelten Gewürzmischungen eingelegt, vakuumiert oder fermentiert. Ein spannendes vegetarisches Angebot ist der gegrillte Spitzkohl mit Sauce bearnaise, Preiselbeeren und Buchweizen. In der Saison gibt es Spargel mit Bärlauchöl. Zartes und Frittiertes vom Huhn öffnet die Augen dafür, wie gut Geflügel schmecken kann. Klassisch sind Johanns Roulade oder der Schulterkrustenbraten mit Starkbiersoße. Beilagen wie die vielfältigen Salate oder die handgeschnittenen Pommes frites müssen extra bestellt werden. Als Vorspeisen werden gehacktes Tatar, Emder Matjes oder Roggenbrot mit Butter, das täglich vor Ort gebacken wird, angeboten. Desserts wie Grießbrei mit Himbeermark werden im Weckglas serviert.
Das Lokal hat Gaffelkölsch im Ausschank und selbst gebraute Biere wie das süffige Südstadt-Pils. Auf der Weinkarte stehen angemessen kalkulierte Weine aus Deutschland. Kaffee stammt von der Kölner Rösterei van Dyck.

→ Montags bis freitagmittags gibt es neben der Standardkarte ein günstiges Angebot mit guter Hausmannskost. Am Wochendende und an Feiertagen wird ein Brauhausfrühstück aufgetischt. In ca. 800 Meter Entfernung betreibt das Brauhaus im Rheinauhafen einen Biergarten mit einem eingeschränkten Speisenangebot, geöffnet von 15 bis 23, samstags, sonntags und feiertags von 12 bis 23 Uhr.
In der Nähe des Brauhauses liegt das Comedia Theater, eine der bekanntesten Bühnen für Kinder- und Jugendtheater in NRW.

maiBeck

Am Frankenturm 5,
50667 Köln
02 21 / 96 26 73 00
maibeck.de

Größe: 56 Plätze im Restaurant, 55 im Außenbereich
Preise: Hauptgerichte 18–29, 4-Gänge-Menü 55 Euro
Kreditkarten: Alle gängigen Karten
Öffnungszeiten: Di–So 12–15 und 18–23 Uhr; Ruhetag: Mo

Kreative Regionalküche in Sichtweite zum Dom

Das »maiBeck« an der Rheinpromenade versteht sich als Bistro, ausgestattet mit klassischen Bistrotischen und schlichter, angenehmer Bestuhlung. Das hochgelobte Restaurant hält einen Michelin-Stern. Die Speisekarte wechselt – ebenfalls bistrotypisch – nach Jahreszeit und aktuellem Angebot der Lieferant*innen. Nach dem Motto »Wir kaufen nur bei denen, die wir persönlich kennen« ist über die Jahre ein großes Produzent*innennetzwerk entstanden. Das Gemüse wird über das Projekt »Bauernrunde« bezogen, in dem bäuerliche Betriebe aus dem Kölner Umland über ihren Lieferdienst mit Restaurants zusammenarbeiten. Süßwasserfische wie Forellen werden von der Fischzucht Hahn oder von der Lambachtaler Forellenzucht und Räucherei im Bergischen Land bezogen. Bei den meisten Gerichten steht die wichtigste Bezugsquelle auf der Speisekarte.
Am Beispiel des Tatar vom Prümer Ochsen lässt sich das Konzept des »maiBeck« erkennen: Eine gute Portion handgeschnittenes Fleisch kräftigen Geschmacks wird mit Blumenkohlstückchen, Linsen und einer Miniportion Kartoffelsalat kombiniert, getoppt von einem Stück Hering. Ein reizvoller Kontrast entsteht. Weitere Vorspeisen sind Spargel aus Fischenich als Salat oder das Forellenfilet von Dennis Hahn, lauwarm serviert mit Endivie, Linsen und Kartoffelsalat. Zahlreiche Gerichte gibt es als Vor- oder Hauptspeisenportion. Rosa gebratener Rindertafelspitz ist dem klassischen Rheinländer Roastbeef nahe verwandt. Regelmäßig findet sich der Bauch vom Livar-Klosterschwein aus den nahen Niederlanden ebenso auf der Karte wie der würzige Kartoffel-Bergkäse-Schlutzkrapfen, eine Art vegetarischer Raviolo. Flönz (Kölner Blutwurst) ist ein Gericht der kühleren Jahreszeit. So 'ne Art Rheinischer Sauerbraten, ein mildsaures, rosa gegartes Bratenstück, ist ein zeitgemäßes Hauptgericht. Sehr zu empfehlen und nicht selten auf der Tageskarte zu finden ist die Kalbsleber. Vegane Gerichte werden auf Nachfrage gern angeboten. Zum Finale die Wahl: entweder Allgäuer Bergkäse, das Tiramisu, ein Sorbet oder Grieß, gebacken mit Heidelbeere und Heidelbeerparfait.
Die Kölner Biobrauerei Hellers liefert Kölsch, Pils und das naturtrübe Wieß. Die üppige Weinauswahl ist fair kalkuliert; viele offene Weine aus Deutschland und Europa.

→ Das »maiBeck« ist gut geeignet für eine Stärkung vor einem Besuch der Philharmonie »um die Ecke«. Hochkarätige Museen, das Rathaus, der Dom und die berühmten romanischen Kirchen liegen in Reichweite.

Lingenbacher Hof

Lingenbacher Weg 6,
51789 Lindlar
01 60 / 7 25 32 48
lingenbacherhof.de

Größe: 120 Plätze im Gastraum, 70 auf der Terrasse
Preise: Hauptgerichte 6–17 Euro
Kreditkarten: EC
Öffnungszeiten: Di–So 11–18 Uhr; Ruhetag: Mo

Traditionelle bergische Küche

In der Museumsgastronomie »Lingenbacher Hof« des Freilichtmuseums Lindlar – 30 Kilometer östlich von Köln – bietet Ruth Zaspel mit ihrem Team eine zur Region passende bergische und saisonale Küche an. Bergische Einrichtungsgegenstände, Geschirr und Kaffeekranenkannen aus der Region – die Dröppelminna – machen die Einkehr in dem regionaltypischen Hofgebäude mit Schieferverkleidung und grünen Schlagläden zu einem echt bergischen Genuss. Vor zwei Jahren ist das Restaurant für sein Speisenangebot vom Deutschen Vegetarierbund ausgezeichnet worden.
Beim Rundgang durch das Museum für Ökologie und bäuerlich-handwerkliche Kultur kann man sich mit rustikalen Speisen stärken oder eine Original Bergische Kaffeetafel* als Gruppenmahlzeit buchen. Dazu gehören Wurst, Käse, Schinken vom bergischen Erzeuger, Quark, hausgemachte Marmelade, Rübenkraut, Stuten, Landbrot, Schmalz, Waffeln, warme Kirschen, Milchreis und die bergische Potthucke* (traditionelles Kartoffelgericht). Die Zutaten für den sonntäglichen Brunch und die bergisch inspirierten Speisen wie die Potthucke oder für die bergischen Waffeln kommen weitgehend aus der Region. Der Lingenbacher Hof bezieht Produkte der Regionalmarke »bergisch pur« ins Speisenangebot mit ein. Auch beim Naturparkprojekt »Vielfalt schmeckt«, das besondere Sorten und Rassen auf die Teller der Gastronomie bringt, ist das Haus kulinarisch aktiv. Ergänzend zur Speisekarte, auf der ein Apfelsauerkraut mit Lingenbacher Bratwurst steht, bietet das Restaurant eine jahreszeitliche Karte an. Im März gibt es zum Beispiel Rübstiel (das feine Grüne von der Rübe), im Oktober Suure Bunne, das sind sauer eingelegte Bohnen. Richtig schmackig ist die Bergische Bachforelle (von Rameil in Lindlar) mit Salat und gebratenen Drillingen.
Die Getränkekarte verzeichnet Apfelsaft der heimischen Saftkellerei Weber aus Nümbrecht, dazu Kaffee und Kakao aus fair gehandelter Produktion.

➜ Neben dem Lingenbacher Hof liegt die historische Gaststätte »Römer«. Hier kann der Blick in die 1875 erbaute Restauration mit der Originaleinrichtung in die Zeit der Jahrhundertwende zurückversetzen.

Restaurant »Mausefalle«

Bogenstraße 8,
45468 Mülheim a. d. Ruhr
02 08 / 3 05 98 60
mausefallemuelheim.de

Größe: 65 Plätze im Restaurant, 25 im Schankbereich, 25 im Gewölbekeller, 30 auf der Terrasse
Preise: Hauptgerichte 19–26, Steaks 24–44 Euro
Kreditkarten: EC, Amex, Master, Visa
Öffnungszeiten: Mo, Do–Sa 17–22 Uhr; So 14–22 Uhr; Ruhetage: Di, Mi

Moderne Ruhrgebietsküche, uriges Ambiente, eigener Garten

In einem Fachwerkhaus von 1554 auf dem Kirchenhügel am Eingang zur Mülheimer Altstadt befindet sich das Restaurant »Mausefalle«. Das Haus kann über das Untergeschoss mit seinem Gewölbekeller betreten werden. Über Brückenbögen gelangt man in den Schankbereich. Das Haus wirkt kleinteilig und heimelig, über drei Geschosse sind edle Eichentische angeordnet, die mit Stoffservietten eingedeckt sind. Über zwei Etagen erstreckt sich ein großer Leuchter, mit Ähren, Hopfenblättern und -blüten verziert. Das sichtbare Holz schafft eine urgemütliche Atmosphäre. Nicht nur das Ambiente ist bemerkenswert, auch das Essen. Inhaber Hendrik Peek pflegt eine regionale und saisonale Küche. Auf dem 600 Quadratmeter großen Acker baut er Obst, vor allem aber Gemüse und alte Bohnen- und Kartoffelsorten an. Kräuter und Blüten kommen von den Beeten der Terrasse und aus dem gepachteten Garten vor dem Hauptportal der Petrikirche. Brot, Laugengebäck, Suppen, Klöße, Soßen, Eis und Liköre – alles ist selbst gemacht. In der nur neun Quadratmeter großen Küche werden die Speisen frisch zubereitet und liebevoll angerichtet.
Peek orientiert sich an Gerichten aus dem Ruhrgebiet, wie die Grafschafter Weinbergschnecken in Thymiansud mit Weißbrot, das gebratene Forellenfilet mit Birne-Bohnen-Speck oder Gerichte vom selbst zerwirkten Wild aus dem Westerwald zeigen. Dazu zählen rheinisch-westfälische Klassiker: Himmel un Ääd mit Panhas* und Röstzwiebeln, Stielmusgerichte oder Schweinshaxe in Biersoße mit Sauerkraut und Klößen. Eine eigene Karte listet Steaks vom Simmentaler Rind aus der Eifel auf. Spargel im Frühling, Pilze im Sommer und Herbst, Gänsebraten im Winter – so ändert sich das Angebot im Jahreslauf. Vertraute Klassiker der deutschen Küche tauchen im erneuerten Gewand auf wie das Wiener Schnitzel, norddeutsch garniert mit Sardelle und Kapern oder die Kalbsbratwurst aus eigener Herstellung mit fruchtig-pikanter Currysoße und hausgebackenem Dinkelbrot.
Obergäriges Mölmsch kommt aus Mülheim, Weine liefert ein Fachhandel aus Essen. Der Service ist aufmerksam, freundlich und auskunftsfreudig.

→ Die Sehenswürdigkeiten in Essen und das Gasometer in Oberhausen sind von Mülheim aus gut erreichbar.

Der Biohof Felchner, Bollenberg 74, 45470 Mülheim, produziert Steinobst und Beeren für feine Kuchen, Suppen und vegetarische Quiche. Geöffnet freitags bis sonntags, 12 bis 18 Uhr.

Altbierküche Pinkus Müller

Kreuzstraße 4–10,
48143 Münster
02 51 / 4 51 51
pinkus.de

Größe: 150 Plätze im Gasthaus, 30 auf der Terrasse
Preise: V 3-12, H 10–25, N 4–8 Euro
Kreditkarten: EC
Öffnungszeiten: Mo–Sa 12–24 Uhr; Ruhetage: So, Feiertage

Altdeutsche Gaststätte mit Traditionsbrauerei

Seit 1816 gibt es die »Altbierküche Pinkus Müller« im beliebten historischen Münsteraner Kuhviertel nordwestlich der Altstadt. Inmitten eines Ensembles kultiger Gaststätten hat Pinkus eine Ausnahmestellung, insofern sie westfälische Gastlichkeit in ihren Wurzeln bewahrt hat: Hier können Westfälische Spezialitäten in einem seit über sieben Generationen bestehenden Gastronomie- und Brauereibetrieb erlebt werden. Pinkus ist die einzige von ehemals 150 Altbierbrauereien Münsters und exportiert ihr Biobier in die ganze Welt. Beachtenswert sind die traditionellen Ausstellungsstücke mit ihrer Geschichte bis hin zu den Holzkrügen, aus denen Stammkunden ihren halben Liter trinken. Bei »Pinkus Müller« wird eine original westfälische Küche gepflegt. Die Biozutaten kommen von bekannten Produzenten der Region. Kartoffeln und Gemüse liefert der Naturland-Hof Lütke-Jüdefeld in Münster, Fleisch kommt unter anderem von der Fleischerei Baumeister aus Ahaus-Altstätte. Die Inhaber achten nicht nur auf Frische, sondern auch auf saisonale Produkte. Alles wird selbst zubereitet und kommt ohne Geschmacksverstärker und andere problematische Zusatzstoffe aus.
Gerichte wie Pfefferpotthast*, die Münsterländer Sülze, Bratenschnittchen mit Altbiersahnesoße, Möppkes- und Liärberbraut (Wurst- und Leberbrot) gehören zu den deftigen Klassikern. Daneben gibt es Spezialitäten wie Pfeffersteak, Landbratwurst mit Bratkartoffeln und Brauhaustopf. Die fleischlos Glücklichen laben sich an Gratin, Omelette und Salat. Eine Tageskarte offeriert wechselnde Eintöpfe, Matjes sowie Kalbfleisch mit Zwiebelsoße. Einige Gerichte werden in Pfannen oder auf Holzbrettern serviert. Unter den Desserts ist Müllers Bierhalbgefrorenes mit warmer Backpflaumensoße im Sommer wie Winter ein Gedicht.
Auch die in der Brauerei nebenan hergestellten fünfzehn Biere werden aus Biorohstoffen gebraut. Eine Probierreihenfolge ist in der Karte verzeichnet. Wir empfehlen Pinkus-Alt, einen bekömmlichen Labetrunk mit weinähnlichem Charakter. Freundliches, aufmerksames Personal.

Die Biere der Brauerei gibt es auch zum Mitnehmen.

Gasthaus Großer Kiepenkerl

Spiekerhof 45,
48143 Münster
02 51 / 4 03 35
grosser-kiepenkerl.de

Größe: 140 Plätze im Erdgeschoss, 90 in der Beletage, 130 Terrassenplätze
Preise: V 7–15, H 13–32, N 7–11 Euro
Kreditkarten: EC, Master, Visa
Öffnungszeiten: Täglich 11–23 Uhr, Küche 12–21.15 Uhr

Traditionshaus mit bester Heimatküche in der Stadtmitte

Das »Gasthaus Großer Kiepenkerl« im Schatten des Doms zu Münster ist nach dem Berufsstand umherziehender Händler benannt, den Kiepenkerlen. 1896 wurde ihnen am Spiekerhof, wenige Meter vor dem Gasthaus, ein Denkmal für »westfälischen Handelsfleiß« errichtet. Es zählt zu den bekanntesten Wahrzeichen Münsters. Über die Grenzen Westfalens hinaus ist das Gasthaus von 1340 bekannt. Nach einer behutsamen, doch spürbaren Renovierung pflegen die Inhaber Klaus Friedrich Helmrich, seine Frau Wilma von Westphalen und ihre Tochter Regina Heimatküche und Gasthauskultur, mit ehrlichen Zutaten und mit Liebe gekocht. Das beginnt bei der warmherzigen Begrüßung und setzt sich über die klar strukturierte Speisekarte fort.

In der »Kiepenkerl«-Karte stehen Gerichte wie das Münsterländer Töttchen* von Schwein und Rind oder die Roulade vom Sauerländer Weiderind. Die 30 täglich frisch zubereiteten Speisen verdienen es, erwähnt zu werden, wie die warm geräucherte Quellwasserforelle aus dem Sauerland, Gnocchi von der westfälischen Süßkartoffel mit geschmolzenem Münsterländer Ziegenkäse, das westfälische Kikokhühnchen, im Winter den Klassiker Münsterländer Jagdschüssel nicht zu vergessen. Ein Extralob verdient das Krüstchen von artgerecht gezogenen Münsterländer Strohschweinen mit Spiegelei vom Nottulner Freilandhuhn. Nicht nur Fleisch und Fisch, auch die Zutaten kommen aus dem Umland. Besonders zu erwähnen ist die große Zahl vegetarischer und veganer Gerichte. Als Dessert ist die Westfälische Herrencreme mit altem Rum eine sichere Empfehlung.

Neben deutschen stehen französische und italienische Weine auf der Karte. Herbes Pils, süffiges Dunkelbier sowie das Weizen kommen exklusiv von einem westfälischen Familienbetrieb. Zum Abschluss einen Digestif? Auch hier findet man Erstaunliches wie das aus 16 Kräutern hergestellte Maikäferflugbenzin einer Kräutermanufaktur aus dem Sauerland. Das Personal ist freundlich und kompetent.

Im Jahr 2021 wurde das Restaurant vom Bundesernährungsministerium für die beste Kinderspeisekarte Deutschlands ausgezeichnet.

Auf der gegenüberliegenden Straßenseite liegt die Butterhandlung Holstein, ein Delikatessengeschäft allererster Güte.

Nordrhein-Westfalen

Restaurant im Hotel Wißkirchen

Am Rösberg 2,
51519 Odenthal-Altenberg
0 21 74 / 6 71 80
hotel-wisskirchen.de

Größe: 100 Plätze im Gastraum, 200 im Außenbereich
Preise: Hauptgerichte 12–24 Euro
Kreditkarten: Alle gängigen Karten
Öffnungszeiten: Täglich 8–23 Uhr; Frühstück ab 7 Uhr, Küche 12–14.30 und 18–21.30 Uhr

Gute bergische Landhausküche im Wandergebiet

Das »Hotel & Restaurant Wißkirchen« befindet sich in Odenthal am westlichen Rand des Bergischen Lands. Die Grundmauern stehen in der Nähe des Altenberger Doms und des Märchenwalds und gehen auf das 18. Jahrhundert zurück. Das Haus beherbergte eine Ziegelei und ein Sägewerk, später eine Post mit Pferdewechselstation. Rund um das Fachwerkhaus mit den für das Bergische Land typischen grünen Schlagläden liegen wunderschöne Wanderwege, die ins Tal der Dhünn führen. Im Sommer lockt der Biergarten unter alten Lindenbäumen, sonst speist man gemütlich im behaglichen Ambiente. Eingerichtet im Landhausstil, verbreitet das Fachwerkhaus eine Atmosphäre kultivierter Gastlichkeit.
Gäste und Wandernde genießen regionale Gerichte wie Bergischen Pillekuchen*, Bauernsülze mit Bratkartoffeln oder Altenberger Forelle blau oder in Mandelbutter gebraten. Die Grundstoffe für Küchenchef Frank Deterling und sein Team kommen aus heimischem Anbau. Mit Nudeln aus eigener Herstellung, kombiniert mit Tomaten, Zwiebellauch, Rotweinjus und Kalbsleberstreifen oder mit den französischen Käsevariationen, blickt man gelegentlich über den Tellerrand der Region hinaus. Als Vorspeisen oder kleine Gerichte wecken die Ziegenmilchterrine mit getrockneten Tomaten und Schwarzbrotchip oder die Rahmsuppe von Steckrüben mit geräuchter Entenbrust den Appetit. Süße Naschereien wie die Crème brûlée von der Tonkabohne mit Himbeersorbet und verschiedene Eisspezialitäten warten zum Nachtisch ebenso wie selbst gebackene Kuchen am Nachmittag.
Sechs Biere vom Fass und 25 offene Weine. Nach dem Essen ist der Altenberger Kräuterlikör ein gefragter Digestif. Er wird nach einem Rezept der Altenberger Mönche im Bergischen Land hergestellt.

→ Markus Wißkirchen lädt zu kulinarischen Planwagenfahrten mit Picknick ein. Ziele sind Bauernhöfe der Region wie die Bauernhofkäserei »Thomashof« oder die Straußenfarm Emminghausen.

Restaurant Waldhotel Schinkenwirt

Eisenberg 2,
59939 Olsberg
0 29 62 / 97 90 50
schinkenwirt.com

Größe: 100 Plätze im Gastraum, 70 auf der Terrasse
Preise: Hauptgerichte 14–25 Euro
Kreditkarten: EC, Master, Visa
Öffnungszeiten: 8–22 Uhr, ab 18 Uhr Abendessen; Ruhetag: Mi

Lust auf ein Sauerländer Idyll

Das Waldhotel mit seinem »Restaurant Schinkenwirt« liegt am Ortsrand von Olsberg in zauberhafter Hanglage, umgeben von Wiesen und Wäldern. Durch das Panoramafenster oder von der großen Terrasse schweift der Blick in eine idyllische Landschaft. Das benachbarte Industriedenkmal »Philippsstollen« mit seinem für Besuche offenen Bergwerk ist in die kulinarische Jahresplanung eingebunden. Das Interieur besticht mit gepflegt-stilvollem Ambiente, elegant und doch entspannt. Inhaber und Küchenchef Michael Pfannes sammelte Erfahrungen in der Spitzengastronomie, vor zwei Jahrzehnten übernahm er mit Ehefrau Gabi den »Schinkenwirt«. Er kocht eine regionale Küche mit internationalen Inspirationen, genussvoll, ehrlich, mit soliden Zutaten, frei von Zusatzstoffen – und richtet die Teller schnörkellos an. In Serie gewann er den westfälischen Gastronomiepreis »Gasthof des Jahres«.
Pfannes verwendet ungewöhnliche Zutaten wie Fichtenspitzen, Bachkresse, Brennnesseln und verschiedene Waldpilze. Hinzu kommen Spezialitäten vom eigenen Schwäbisch-Hällischen Landschwein, vom Zicklein des Ziegenhofs Meister und Wildgerichte. Vom Roten Sauerländer Höhenvieh serviert er Köstlichkeiten wie das Carpaccio, die gebeizte Lende oder den Schmorbraten. Der hausgemachte Schinken bereichert vom einfachen Schinkenschnittchen zum Spargelsalat mit Osterschinken und Zickleincrostini die Palette der Vorspeisen. Der Respekt vor den Produkten und die Zeit, die ihnen gewidmet wird, ist zu spüren; er mündet in Gerichte mit viel Aroma und Geschmack. Neben den Angeboten rund um Fisch, Fleisch und Gemüse gibt es Abendmenüs, themenbezogene Events und kulinarische Wanderangebote im zweimal jährlich erscheinenden »Schinkenwirtkalender«. Während der Innereienwoche wird gelegentlich eine Lunge vom Zicklein serviert.
Außergewöhnlich sind die hausgemachten Limonaden und süßen Essenzen von Garten, Wiese und Wald – von Holunderblüten bis Minze – mit eigenem Quellwasser, auf Wunsch auch mit Kohlensäure. Das Serviceteam ist freundlich und zugewandt.

➜ Das Restaurant ist nicht ganz leicht zu finden, die Anfahrt auf der Webseite aber gut beschrieben.

NEU

Galerie-Hotel & La petite Galerie

Bachstraße 1,
33098 Paderborn
0 52 51 / 1 22 40
galerie-hotel.de

Bio

Größe: 120 Plätze im Gastraum, 120 im Hofgarten
Preise: Gerichte 8–30 Euro
Kreditkarten: EC, Master, Visa
Öffnungszeiten: Täglich 12–14.30 und 18–22 Uhr

Wo Deutschlands kürzester Fluss »bornt«

Das Paderquellgebiet mit seinen 200 Quellen ist die grüne Lunge der ehrwürdigen Bischofsstadt Paderborn. Am Rande der grünen Oase liegt das »Galerie-Hotel«. Das attraktive Gebäude aus dem 16. Jahrhundert diente als Brauhaus, Gaststätte und Bürgerhaus. Seit sechzig Jahren ist es Restaurant und Hotel mit eigenem Atelier und verteilten Galerieflächen. Gemütliche Teestuben, ein modernes Kaminzimmer, der mediterran anmutende Hofgarten und die Terrasse sind einladend zu jeder Jahreszeit. Ihre Lebensmittel bezieht die als erste im Kreis biozertifizierte Küche zum größten Teil vom Demeter-Hofgut Schloss Hamborn sowie von kleinbäuerlichen Direktvermarktern aus dem Umland.

Angeboten werden Frühstück, eine frische Bioküche zum Mittag und nachmittags hausgemachte Waffeln und Kuchen. Ein nach englischem Vorbild gestalteter Afternoon-Tea wird über den ganzen Tag angeboten. Bei der Abendkarte wird Wert auf saisonale Produkte und heimische Gerichte gelegt. Ausdrücklich sei auf die Wochen der »Westfälischen Genüsse« im Herbst hingewiesen. Pfefferpotthast, Paderborner Krüstchen, Tafelspitz und Westfälischer Sauerbraten werden allesamt mit Fleisch aus regionaler biologisch-dynamischer Aufzucht zubereitet. Es stehen raffinierte Bio-Fleisch-Gerichte ebenso wie knusprige Flammkuchen, vorzügliche Fischspeisen oder mediterrane Bio-Pasta des italienischen Sous-Chefs auf der Karte. Die Küche ist darüber hinaus für ihre vegetarischen und veganen Gerichte bekannt. Fair-Trade-Produkte, hausgemachte Limonaden, Biobier und eine große Weinauswahl ergänzen das Angebot.

→ Im ganzen Haus finden sich farbprächtige Ölgemälde, die im Atelier von Hand der Inhaberin entstehen. Jeder, der mag, kann hier kreativ werden und in außergewöhnlicher Atmosphäre in die Welt der Kunst eintauchen.
Im Sommer gibt es in der Stadt kaum ein schöneres Fleckchen als die im Paderquellgebiet gelegene Terrasse des Restaurants. Hier lässt es sich, erfrischt durch die natürliche Kühle der Quellen und mit Blick auf das Kloster Abdinghof, herrlich verweilen.

Landgasthof »Gut Marienbildchen«

Münsterbildchen 3,
52159 Roetgen
0 24 71 / 25 23
gut-marienbildchen.de

Größe: 50 Plätze im Restaurant, 20 auf der Terrasse
Preise: Hauptgerichte 16–35, Menüs ab 33 Euro
Kreditkarten: EC, Amex, Master, Visa
Öffnungszeiten: 12–15 und 17–22.30, Küche 12–14 und 18–20.30 Uhr; Ruhetage: So, Mo

Feine Eifelküche mit Produkten der eigenen Landwirtschaft

Roetgen liegt unweit von Aachen an der belgischen Grenze. Die Keimzelle des Landgasthofs »Gut Marienbildchen« ist ein landwirtschaftliches Gut aus dem frühen 19. Jahrhundert. Noch heute sind der landwirtschaftliche Betrieb, das Hotel und der Landgasthof in einer Hand. Küchenchef Jürgen Ziemons kocht Eifeler Gerichte mit Produkten aus seiner Landwirtschaft, dem eigenen Kräutergarten und den Lieferungen von fleisch- und gemüseerzeugenden Betrieben der Umgebung. Nicht nur die saisonalen und regionalen Aspekte spielen in seiner Küche eine wichtige Rolle, sondern auch die frische Zubereitung. Angeboten werden neben der regulären Karte jeweils ein saisonales und regionales Menü, eine Kinderkarte und einige vegetarische Gerichte. Als Vorspeise ist die hausgemachte Kalbssülze Höitkies mit gerösteten Kürbiskernen zu empfehlen; die Kälber sind auf dem Gut aufgewachsenen. Alternativen sind der Frühlingssalat mit frischem Löwenzahn und gratiniertem Eifeler Bioziegenkäse vom Hof Steinrausch oder die Huusplaat, ein Trio von Wildsalami, hausgeräuchertem Hirsch- und Knochenschinken. Für Fischfreund*innen ist die Jeröschde Forel interessant, ein wacholdergeräuchertes Eifeler Forellenfilet aus dem Schilsbachtal. Köstlich ist das Monschauer Senfsteak, ein Schweinerückensteak vom Eifelschwein in einer Soße vom Monschauer Senf, einer lokalen Spezialität. Die Rinderfiletmedaillons vom heimischen Rind Tournedos Woronow werden mit frischen Gurkenscheiben in feiner Wodka-Sahne-Soße angerichtet. Unbedingt probierenswert ist das Lammrückenfilet in fein-aromatischem Estragonjus. Gedünstetes Gemüse, Chicorée, Brokkoli, Möhren und Blumenkohl werden auf Wunsch nachgereicht, ebenso hausgemachte Spätzle, Kroketten und Kartoffelpüree. Bei den Nachspeisen ist die Wahl zwischen gebrannter Vanillecreme, einem Orangen-Rosmarin-Parfait und einem Apfel-Holunder-Sorbet von eigenen Früchten nicht leicht.

Das Restaurant verfügt über einen bestens bestückten Weinkeller, überwiegend aus deutschen Anbaugebieten; es gibt viele regionale und internationale Biere.

Genießer Wirtshaus

Hövel 15,
52152 Simmerath-Rurberg
0 24 73 / 32 12
geniesserwirtshaus.de

Größe: 40 Plätze im Restaurant, 20 auf der Terrasse
Preise: Hauptgerichte 15–25 Euro
Kreditkarten: Keine
Öffnungszeiten: Do–So 18–22 Uhr (oder auf Anfrage); Ruhetage: Mo–Mi

Landhausküche ohne Schnörkel im Nationalpark Eifel

Das »Genießer Wirtshaus« in Simmerath mitten im Nationalpark Eifel lädt mit stilvoller Gemütlichkeit ein. Seit zehn Jahren ist Autodidakt Joachim Daners, Patron und Küchenchef, am Herd für die Speisen zuständig. Er versteht es, die deftige, regionale Eifelküche raffiniert zu verfeinern. Die meisten Zutaten liefern regionale Erzeuger*innen wie Lapinchen in Euskirchen, Hannawald in Steckenborn oder Schumacher in Erftstadt. Aus dem eigenen Garten holt er Beeren, Kräuter und Steinobst. Die Eier legen die eigenen Hühner.

Zur Einstimmung auf die Eifelküche ist das warme Nussbrot mit hausgemachtem Griebenschmalz zu empfehlen. Neben dem Regionalmenü, in dem der typische rheinische Kartoffelauflauf Döppekooche* und der Eifeler Rand mit Schmorzwiebeln, eine marinierte Rinderhüfte, zu finden sind, wird ein Jahreszeiten- und ein vegetarisches Menü angeboten. Selbstverständlich spiegelt die Speisekarte die Saison. Im Herbst stehen Wildgerichte wie Entenleberravioli oder ein Hirschrücken unter der Nusskruste auf der Karte. Zu anderen Jahreszeiten erfreuen eine herzhaft abgeschmeckte Möhren-Ingwer-Suppe, ein abwechslungsreicher Frühlingssalat, ein zartes Carpaccio vom Rind oder ein Lammtopf mit frischen Pfifferlingen. Zu guter Letzt gibt es warmen Apple Crumble mit Vanillesoße, eine feine Panna cotta mit Kirschen oder die Kastaniencreme mit Vennbeeren. An Sonntagabenden gibt es das Kehrausmenü – drei Gänge, zusammengestellt aus übrig gebliebenen Gerichten, zu einem besonders günstigen Preis. Eine nachahmenswerte Umsetzung des Mottos »Teller statt Tonne«.

Es stehen rund zwanzig Weine im Offenausschank bereit, keine Literweine, sondern ausgesuchte Tropfen. Das Haus betont die große Bedeutung des Weins für die Tafel. Für die Biertrinker sind verschiedene Sorten im Angebot, darunter Spezialitäten aus den Nachbarländern.

Emils Wirtshaus

Bockhorst 3,
33225 Versmold
0 54 23 / 9 42 80
emils-wirtshaus.de

Größe: 90 Plätze im Gastraum, 100 Terrassenplätze
Preise: Hauptgerichte 10–35 Euro
Kreditkarten: EC, Master, Visa
Öffnungszeiten: Mi–Sa ab 17.30 Uhr; So 12–15 und 17.30–20 Uhr; Ruhetage: Mo, Di

Uriger Landgasthof mit deftiger Küche

»Emils Wirtshaus« im Schatten der Dorfkirche des historischen Ortskerns von Versmold-Bockhorst wird von Emil Sickendiek senior und junior geführt; als Küchenchef überzeugt Torben Queisser. Das urige Fachwerkhaus steht auch in der Stube zu seiner Dorfgasthoftradition. Im Sommer sitzt man auf der einladenden Terrasse. Regionale Küche wird bei »Emil« gelebt, die Produktpalette ist vielfältig. Gemüse, Kartoffeln und Salat liefert Tims Landbau vom Bockhorster Landweg, der mit dem Koch den Anbau abstimmt. Der Wels wird von einer Zucht aus Halle bezogen, die Forellen von der Forellenzucht in Steinhagen, dem früheren Arbeitgeber von Queisser. Nachbarn bringen gelegentlich Brombeeren oder andere Früchte in die Küche. Das Wild kommt von Jäger*innen aus der Umgebung, die hier zu ihrem Stammtisch einkehren. »Emils Wirtshaus« ist eines der wenigen Restaurants der Region, das traditionelle Gerichte zeitgemäß zubereitet.
Die wöchentlich wechselnde Karte ist unübersehbar regional und saisonal geprägt mit Bärlauch-, Spargel- und Pfifferlingszeiten. Im Herbst ist das Wild das Thema. Im September findet sich in der Rubrik »Futtern wie bei Muttern« ein köstliches Kalbstöttchen*, das mit Tafelspitz statt der früher üblichen Innereien gekocht wird. Auch Oma Rümkes Eisbeinsülze mit Bratkartoffeln steht auf der Karte sowie Dicke Bohnen in Schnittlauchrahm mit Mettendchen, Kasseler und Bratkartoffeln. Sehr empfehlenswert sind die knusprigen Reibekuchen mit Bauernschmand* und westfälischem Schnippelschinken, bemerkenswert das heiß geräucherte Filet vom Wels mit frischen Roten Beten und Apfel oder die Landhahnterrine mit Pflaumen. Zu den meisten Speisen wird ein liebevoll zubereiteter, frischer Salat gereicht. Der Service ist freundlich und kompetent, beim Töttchen wird auch mal ein Nachschlag angeboten. Auf der Dessertkarte finden sich Stippmilch*, die Eiskreation Großmutter Sickendieks Golddorfbecher und eine gut gemachte Crème brûlée mit hausgemachtem Fruchteis.
Im Getränkeangebot: Emils Wirtshaus-Bier, Emils Spirituosen-Reihe, Emils Schlürschluck und mehr.

→ Im Sommer werden bei schönem Wetter samstags und sonntags ab 15 Uhr Kaffee und Kuchen angeboten, zudem gibt es eine kleine Karte.
Das Wirtshaus ist familienfreundlich: Das erste Getränk und ein Gericht aus der Kinderkarte ist für Kinder bis zum 10. Lebensjahr kostenlos.
Mit dem Fahrrad ist es zur Saline nach Bad Rothenfelde nicht weit.

Restaurant & Café Landwirtschaft

Klosterweg 32,
47877 Willich
0 21 54 / 4 86 86 30
berderhof-landwirtschaft.de

Größe: 60 Plätze im Restaurant, 60 auf der Terrasse
Preise: V 10–18, H 18–28, N 12–15 Euro; Menüs 47–60 Euro
Kreditkarten: EC, Master, Visa
Öffnungszeiten: Mi–Fr ab 18 Uhr; Sa, So 10–14 Uhr Frühstücksbüfett; Ruhetage: Mo, Di

Ländlich-feine Küche mit eigener Landwirtschaft und Hofladen

Auf dem über 500 Jahre alten Berderhof stehen bis heute Milchkühe und Mastbullen. Vor einem knappen Jahrzehnt haben Anja und Georg Heyes ihre Gastronomie mit dem Namen »Landwirtschaft« eröffnet. Sie nehmen »Land« und »Wirtschaft« beim Wort. Frische und Qualität der Hofprodukte sind ideale Voraussetzungen, um traditionelle Gerichte zu beleben. Die entspannte, ländliche Atmosphäre lädt dazu ein. Der Hof liegt in einem ländlichen Idyll zwischen Düsseldorf, Krefeld und Mönchengladbach – gelegentlich führt die Navigation über asphaltierte Feldwege. Aus der Scheune wurde ein offener heller Speisesaal mit hoher, geneigter Decke. Das Ambiente mit der Backsteinwand, den Holztischen und den Lederstühlen wirkt loftig. Der Hof liefert Spargel, Kartoffeln, Gemüse und Rindfleisch aus eigener Produktion. Die aromatisch feine Küche setzt entsprechende Schwerpunkte. Durch die Speisekarte ziehen sich wie ein roter Faden regionale Produkte.
Den Anfang machen eine Bärlauchcremesuppe, eine Ziegenkäse-Crème-brûleé (ein erster Gang aus dem »Will ich«-Menü) oder ein Miniburger mit Hirschpatty und Heidelbeer-Birnen-Ragu, gute Beispiele für aromatische Vielfalt aus der Küche. Bodenständig ist das T-Bone-Steak vom Schiefbahner Durocschwein mit Kartoffelgratin und Kohlrabigemüse. In der Spargelsaison ist der hofeigene Spargel zu empfehlen, in der klassischen Variante mit Sauce hollandaise oder vegetarisch als Bowl mit gerösteten Kichererbsen und Kürbiskernen. Der Spargel kann während der Saison auch im angeschlossenen Hofladen erworben werden. Abwechslungsreiche Wildgerichte stehen im Herbst und Winter auf der Karte, beliebt sind vor allem die Bratwurstvariationen von Reh und Wildschwein; empfehlenswert ist auch die saftige Fasanenbrust mit Gnocchi und Curry-Zitronengras-Schaum. Ein spannendes vegetarisches Gericht sind die Lauch-Champignon-Ravioli auf Mangold-Spargel-Ragout. Zum Abschluss gibt es eine Heidelbeer-Joghurt-Terrine mit Rharbarberkompott und Passionsfruchtmousse.
Gute Getränke- und Weinauswahl.

→ Samstags und sonntags wird von 10 bis 14 Uhr ein Frühstücksbüfett zu 20 Euro pro Person angeboten.

In der Spargelsaison: Spargel vom Berderhof; geöffnet montags bis samstags, 8–13 Uhr, montags bis freitags, 15–18 Uhr, sonntags 9–13 Uhr (www.berderhof-spargel.de).

Rheinland-Pfalz

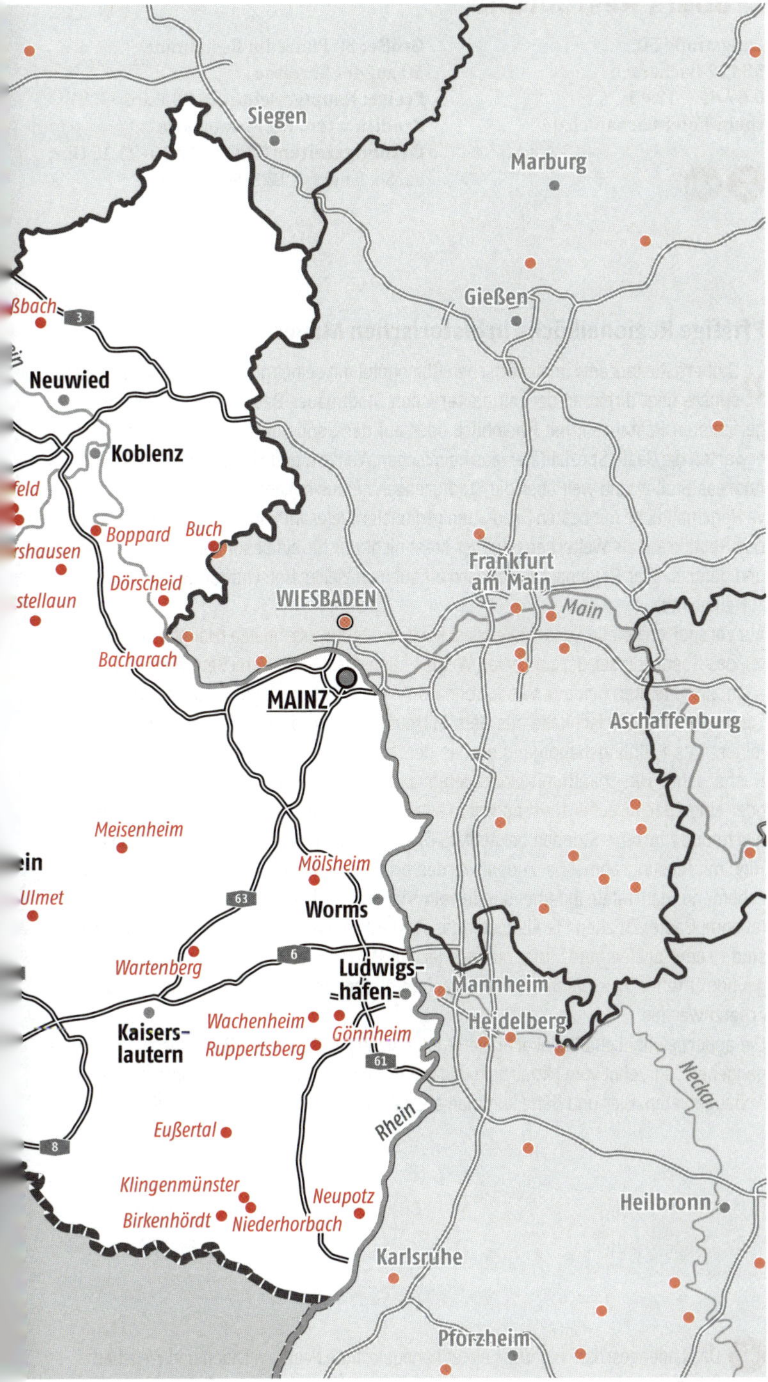
Siegen
Marburg
Gießen
Neuwied
Koblenz
Boppard
Buch
Dörscheid
Bacharach
WIESBADEN
MAINZ
Frankfurt am Main
Main
Aschaffenburg
Meisenheim
Mölsheim
Worms
Ulmet
Wartenberg
Ludwigs-hafen
Mannheim
Heidelberg
Kaisers-lautern
Wachenheim
Gönnheim
Ruppertsberg
Neckar
Rhein
Eußertal
Klingenmünster
Neupotz
Birkenhördt
Niederhorbach
Heilbronn
Karlsruhe
Pforzheim
3
63
6
61
8

Stübers Restaurant

Langstraße 50,
55422 Bacharach
0 67 42 / 12 43
rhein-hotel-bacharach.de

Größe: 80 Plätze im Restaurant, 50 auf der Terrasse
Preise: Hauptgerichte 13–29 Euro
Kreditkarten: EC, Master, Visa
Öffnungszeiten: Täglich 17.30–21.15 Uhr; Sa, So, Feiertag 12.30–14.15 Uhr

Pfiffige Regionalküche in historischen Mauern

»Stübers Restaurant« im historischen Rheinhotel mit seiner gehobenen Landhaus-atmosphäre liegt direkt an der mittelalterlichen Stadtmauer Bacharachs. Im liebevoll eingerichteten Restaurant mit Rheinblick oder auf der Sonnenterrasse an der Stadtmauer erwarten die Gäste Spezialitäten aus heimischen Wäldern und Flüssen. Die Kochideen von Andreas Stüber sind weit über die Stadtgrenzen hinaus bekannt. Er bereitet seine kreative Regionalküche mit besten Produkten regionaler Lieferant*innen frisch und saisonal zu. Das Restaurant als Welterbegastgeber steht nicht nur für ein besonderes Maß an Qualität und genussvoller Regionalität, sondern ist auch offizieller Botschafter der Region Oberes Mittelrheintal.

Als Vorspeisen gefallen das Hinkelsdreck mit Rieslingtraubengelee (Hähnchenleberpastete), das Sushi von der geräucherten Wisper-Lachsforelle mit Rote-Bete-Meerrettich oder auch ein »Mediterrheines« Vitello tonnato Wisperwind mit Salami von der Mittelrhein-Ziege. Der Ziegenfrischkäse aus dem Mittelrheintal wird mit Thymian und Honig verfeinert. Als Frühlingshauptgang gibt es den Ingelheimer Spargel mit Pfeffersteak vom Bacharacher Hirschkalb mit einer Hefebrandsoße und Kartoffel-Laugenbrezel-Klößen oder einen Bacharacher Rieslingbraten à la Clemens von Brentano, eine in Riesling marinierte und fünfzehn Stunden bei achtzig Grad Celsius gegarte Schulter vom Hunsrücker Rind mit Rieslingrahmsoße. Zudem werden preiswerte Menüs angeboten, etwa das Welterbemenü, das Tafelrundemenü, oder ein Vier-Gänge-Menü für vegetarisch und vegan lebende Gäste. Zu allen Menüs bietet das Restaurant Weinbegleitungen an. Als Desserts sind Crème brûlée auf Quittenpüree oder ein Parfait von Trester, Honig, Limetten und grünem Pfeffer zu empfehlen. Laktose- und glutenhaltige Speisen können auf Wunsch ersetzt werden.

Die außergewöhnliche Weinkarte bietet eine Auswahl der besten Rieslinge aus dem vergangenen Jahrzehnt vom Mittelrhein und weitere Weine aus deutschen und internationalen Anbaugebieten. Bier und Säfte kommen aus der Region.

Das Ladengeschäft »sgnuss« bietet handgefertigte Pasta im Laden und Webshop (Oberstraße 58, 55422 Bacharach, www.sgnuss.de).

Landgasthaus Jägerhof

Hauptstraße 40,
76889 Birkenhördt
0 63 43 / 15 75
jaegerhofbirkenhoerdt.de

Größe: 85 Plätze im Gastraum und der Biergarten
Preise: V 4–15, H 14–29, N 3–9 Euro
Kreditkarten: EC, Maestro
Öffnungszeiten: Do–So ab 17.30 Uhr; Sa, So auch 12–14 Uhr; Ruhetage: Mo–Mi

Geschmackvolle Landküche im Naturpark Pfälzer Wald

In Birkenhördt (Landkreis Südliche Weinstraße), am Übergang vom Pfälzer Wald in die Vogesen, lohnt die Einkehr in den »Landgasthof Jägerhof« zu jeder Jahreszeit: Im Winter wärmt der Kachelofen die alte Gaststube, und in der Genussbibliothek knistert das Feuer im Kaminofen. Die Wärme des Sommers lässt sich im romantischen Innenhof gut aushalten. In der Küche wirkt mit Leidenschaft Bernd Mössinger, im Service umsorgt seine Frau Dagmar die Gäste mit kulinarischem Wissen und einer ordentlichen Portion Humor. Anspruch des »Jägerhofs« ist eine ehrliche, traditionelle Landküche mit kreativer Note. Die Produkte stammen aus der Umgebung, wie die Forellen vom Forellenhof Arendt in Fischbach, das Lamm von der Schäferei Keller in Busenberg oder das Fleisch vom bekannten Privatschlachthof/Metzgerei Kieffer in Bad Bergzabern. Selbstverständlich werden im Jägerhof alle Soßen, Fonds und Füllungen selbst zubereitet. Im Räucherhaus werden Wildschinken, Speck und Entenbrust geräuchert.
Die besondere Liebe des Chefs gilt der Zubereitung von Innereien, Schmorgerichten und hausgemachten Pastavariationen. Auch auf der Saisonkarte wechseln die Angebote mehrmals wöchentlich und bieten Spargelcremesuppe mit Gierschöl und Rehschinken oder Heilbuttfilet mit Frühlingskräuter-Kartoffel-Stampf. Unbedingt empfehlenswert sind die Vorspeisen-»Versucherle« wie die geschnetzelte Schweineleber in Curry-Senfsoße. Knödelgerichte wie der Semmel-Mett-Knödel auf Pilzragout kommen ebenso auf den Teller wie Wild, Kaninchen oder Ziege. Seit dem TV-Kochduell mit einem Sternekoch sind Geditschde-Gedatschde* eine bekannte Beilage. Eine übersichtliche Karte mit klassischen Rumpsteaks, Schnitzeln oder dem wunderbar saftigen Kotelett vom Pfälzer Landschwein sowie einige vegetarische Gerichte ergänzen das Angebot.
Die Auswahl offener Weine ist umfangreich. Ins Glas kommen – bis auf wenige Ausnahmen – die Erzeugnisse Südpfälzer Weingüter. Neben regionalen Biersorten wird Guinness vom Fass angeboten.

→ Die Genussbibliothek versammelt etwa 500 Kochbücher. Wer sie ausgelesen hat, macht einen Ausflug zum Bärenbrunner Biohof im nahe gelegenen Dahner Felsenland.

Eiserner Ritter

Zur Peterskirche 10,
56154 Boppard-Weiler
0 67 42 / 9 30 00
eiserner-ritter.de

Größe: 50 Plätze im Restaurant
Preise: Hauptgerichte 7–35 Euro
Kreditkarten: EC, Master, Visa
Öffnungszeiten: Do–Sa, Mo, Di 17.30–22 Uhr; So 12–15 und 18–22 Uhr; Feiertag 12–15 Uhr; Ruhetag: Mi

Regionaler Genuss im UNESCO-Welterbe

Inmitten des UNESCO-Welterbes Oberes Mittelrheintal liegt der Landgasthof »Eiserner Ritter«. Auf den Anhöhen des sagenumwobenen Loreleytals, 230 Meter über dem Rhein, thront das Hotel mit gleichnamigem Restaurant in Boppard-Weiler. Die Verwendung regionaler Zutaten ist eine Herzensangelegenheit von Küchenchef René Klütsch, der gute Beziehungen zu heimischen Erzeugern pflegt. Ein Hingucker im 2018 neu gestalteten Restaurant ist der Rindfleischreifeschrank.

Als Starter stehen Vorspeisen aus heimischem Ziegenkäse und eine Rahmsuppe von saisonalem Gemüse aus regionalem Anbau auf der Karte. Hauptspeisen sind der Sauerbraten vom heimischen Wildschwein oder das saftige Geflügel vom Bauernhof Bauer aus Kappel im Hunsrück. Ebenfalls zu empfehlen ist Omas Sonntagsbraten »reloaded« in Form von sanft geschmorten Bäckchen vom Eifeler Rind in Mittelrhein-Spätburgunder-Jus mit bunten Möhren, jungen Erbsen und Stampf von Rheinbayer-Kartoffeln. Den süßen Abschluss bilden eine brennende Crème brûlée oder ein Dessert aus saisonalem Obst. Im November bietet die Küche Freilandgänse aus Seibersbach mit hausgemachtem Rotkraut, Klößen und einem vorzüglichen Bratapfel von den Hunsrückhöhen an.

Die Weinkarte listet feine Tropfen von Mittelrheinwinzern und ausgewählte Weine aus Baden, dem Rheingau und der Wachau. Mineralwasser und Obstsäfte kommen aus der Region. Auch das Bier und die feinen Destillate sind aus regionaler Produktion.

→ Der »Eiserne Ritter« ist ein guter Ausgangspunkt für Wandertouren am Rhein-Burgen-Weg oder am benachbarten Rheinsteig. Die hügelige Landschaft der Hunsrückhöhen inspiriert zum Radfahren und Nordic Walken.

Restaurant nach Lust & Laune im Bucher-Hof

Schulstraße 4,
56357 Buch
0 67 72 / 9 64 33 88
bucherhof.com

Größe: 50 Plätze im Gastraum, 50 außen
Preise: Hauptgerichte 14–25 Euro
Kreditkarten: Alle gängigen Karten
Öffnungszeiten: Fr, Sa 17.30–22 Uhr; So 11.30–14.30 und 17–21 Uhr; Ruhetage: Mo–Do

Restaurant im Grünen – mit viel Grün auch auf dem Teller

Das »Restaurant nach Lust & Laune im Bucher Hof« ist ein liebevoll geführtes, romantisches Restaurant, umgeben von Wiesen und Wäldern in Buch bei Nastätten. Seit fast vier Jahrzehnten verwöhnen Werner und Susanne Ernst ihre Gäste. Die kreative Küche orientiert sich an den Jahreszeiten und Angeboten der regionalen Direktvermarkter. Als Partner im Netzwerk »Kräuterwind Westerwald« bereichern Kräuter die Speise- und Getränkekarte: im Frühjahr Löwenzahn, Brennnessel oder Giersch, im Sommer Ampfer, Lavendel und Verbenen, im Herbst Gewürzfenchel, Salbei und Rosmarin, im Winter Beifuß oder Wacholder. Susanne – zertifizierte Kräuterexpertin – und der Küchenmeister Werner Ernst stehen gemeinsam in der Küche. Sie ist für die Vorspeisen, Salate und das Anrichten zuständig, er für das Kochhandwerk. Das Duo nimmt sich die Zeit, jeden Gast persönlich zu begrüßen. »Nach Lust & Laune« ist Programm. Beide kochen und kreieren, was ihnen in den Sinn kommt, probieren Neues aus, stimmen Internationales auf die Region ab.

Einige Lieblingsgerichte der Gäste stehen stets auf der Karte: das glacierte Mettwörschtsche, die hausgemachten Pesti aus dem eigenen Garten, die Forellen aus Oberelbert, in der Jagdsaison Wild aus Taunus und Westerwald, im Frühjahr Lamm aus Lahnstein, zum Ausklang das hausgemachte Rotweineis vom Obernhofer Spätburgunder oder leckere Minis – nach Tagesangebot.

Auf der Weinkarte steht der wenig bekannte Lahnwein aus Obernhof neben feinen Tropfen von Rheingau und Mittelrhein.

➜ Unbedingt reservieren! Familie Ernst schickt Gäste ungern unverwöhnt nach Hause.

Fetz – das Restaurant

Oberstraße 19,
56348 Dörscheid
0 67 74 /2 67
fetz-hotel.de

Größe: 120 Plätze in den Gasträumen
Preise: Hauptgerichte 15–25 Euro
Kreditkarten: EC
Öffnungszeiten: Mi–Mo 12–14 Uhr, täglich von 17.30–21 Uhr

Traditionshaus mit fantastischer Fernsicht

Das Landgasthaus »Fetz« im idyllischen Dörfchen Dörscheid liegt auf einer grünen Halbinsel im Mittelrheintal. Die Fernsicht bis tief in den Hunsrück ist fantastisch. Die Lage direkt an der berühmten Wanderroute Rheinsteig, die herrliche Ruhe und die familiäre Gastlichkeit ziehen seit 50 Jahren Wanderer*innen und Ausflügler*innen in das Dörscheider Landgasthaus. Unter der Leitung von Nadja und Marcus Timo Fetz hat sich das Traditionshaus in den letzten Jahren zu einer renommierten Adresse in der Region entwickelt. Die Räumlichkeiten erhielten ein erfrischendes Facelifting mit moderner Farbigkeit und liebevollen Dekorationen. Das Haus strahlt eine angenehme Wohlfühlatmosphäre aus. Im Mittelpunkt der Küche von Nadja und Marcus Timo Fetz stehen kreative Zubereitungen rund um die besten Produkte der Region und Saison.
Im Herbst steht Wild aus heimischer Jagd im Fokus. Bei einer Terrine vom heimischen Hirsch mit Zwetschgenchutney oder einer gebratenen Wisperlachsforelle auf Trauben-Walnuss-Risotto als Starter wird die schöne Aussicht schnell zur Nebensache. Attraktiv und interessant kombiniert ist auch der rosa gebratene Rehrücken im Brotmantel auf Aprikosenspitzkohl mit Pfifferlingen. Auch beim Dessert kann der Küchenchef punkten: Bayrisch Creme* mit Erdbeeren und Rhabarber. Der Käse kommt vom Hof Zorn in Heidenrod und wird von Feigensenf, Brot und Butter begleitet.
Der Service kann dazu so manchen edlen Rheintropfen empfehlen, gern vom benachbarten Weingut Heinz Uwe Fetz, dem Bruder des Hausherrn.

Klosterstüb'l

Haingeraidestraße 45,
76857 Eußerthal
0 63 45 / 9 30 72
eusserthalerklosterstuebl.de

Größe: 42 Plätze im Gastraum, 60 auf der Terrasse
Preise: V 5–15, H 10 –25, N 5–10 Euro
Kreditkarten: Keine
Öffnungszeiten: Do–Sa ab 18 Uhr; So, Feiertage ab 12 Uhr; Ruhetage: Mo–Mi

Kulinarisches Kleinod inmitten des Pfälzer Waldes

Das Dörfchen Eußerthal, idyllisch im Pfälzer Wald sieben Kilometer von Annweiler gelegen, geht auf eine Klostergründung der Zisterzienser 1148 zurück. Das von Weitem durch seine Farbgestaltung sichtbare »Klosterstüb'l«, seit vier Generationen in Familienbesitz, wird von Eva Maria und Wolfgang Sambass geführt. Neben einer liebevoll eingerichteten Gaststube gibt es einen lauschigen Biergarten. Das Ehepaar setzt auf Produkte der Region: Forellen und Saiblinge der Eußerthaler Zucht von Dominik Hans, vom Ansitz, nicht in Drück- oder Treibjagden erlegtes Wild des örtlichen Jagdpächters. Rind- und Schweinefleisch kommt von Kleinbetrieben aus Hunsrück und der Eifel oder der Schwäbisch-Hällischen Erzeugergemeinschaft, Geflügel aus Freilandhaltung. Salat, Gemüse und Obst liefern die Gebrüder Thomas, die bei heimischen Betrieben kaufen, gelegentlich Außergewöhnliches wie Kerbelknollen, Urkarotten oder Ringelbeten. Einiges kommt aus eigenem Hochbeetanbau.
Eva Maria Sambaß zaubert in der Frischeküche, ihr Mann Wolfgang, der auch den Service leitet, ist für herzhafte Schmorgerichte wie Bœuf Bourginon mit Spätzle und Apfel-Rotkrautsalat zuständig. Neben der hervorragenden Auswahl auf der Standardkarte bietet die Tageskarte Köstliches, regional und saisonal. Überzeugen können immer die Salate mit wechselnden Beilagen, z. B. gratiniertem Ziegenkäse, und die saisonal gefüllten Miniquiches. Bei den Hauptgerichten führt kein Weg am Fisch vorbei, weder am Bachsaibling in Mandelbutter mit Petersilienkartoffeln noch an der ganzen, frischen Forelle. Das Cordon bleu birgt immer eine Überraschung: mal gefüllt mit Bergkäse und Erdbeeren, mal gefüllt mit Bergkäse und Zwetschgen. Desserts sollten nicht unerwähnt bleiben, favorisiert werden die überraschenden und kreativen Eissorten. So macht Spargeleis, aber auch Mandarineneis glücklich. Neben den Klassikern gibt es Überraschendes, insbesondere dann, wenn das »So kocht die Südpfalz«-Menü angeboten wird. Bei dem Wettbewerb hat das Klosterstüb'l bereits mehrfach den Publikumspreis gewonnen. Die Präsentation geht über das hinaus, was in einem abseits gelegenen Gasthaus zu erwarten wäre.
Die Weine kommen von renommierten Pfälzer Gütern. Aus dem Zapfhahn läuft Augustiner Edelstoff und von Pfälzer Streuobstwiesen bester Apfelsaft.

➜ Unbedingte Empfehlung für eine Reservierung und Überprüfung der aktuellen Öffnungszeiten auf der Webseite.

Schmausemühle

Schmausemühle 1,
56283 Gondershausen
0 67 45 / 2 70
schmausemuehle.de

Größe: 70 Plätze im Gastraum, 60 auf der Terrasse
Preise: Hauptgerichte 10-22 Euro
Kreditkarten: EC, Master, Visa
Öffnungszeiten: Täglich 12–14 und 18–21 Uhr; Vesperkarte 14.30–17.30 Uhr; Frühstück auf Vorbestellung 8.30–10 Uhr

Beliebtes Ausflugslokal im idyllischen Baybachtal

Im schönen Baybachtal im Vorderhunsrück ist die »Schmausemühle« ein herrlich gelegenes, beliebtes Ausflugslokal. Die ehemalige Mühle wurde mit viel Engagement wiederholt modernisiert, ohne ihren ursprünglichen Charakter zu verlieren. Familie Dieler bietet im Restaurant heimische Spezialitäten und saisonale Köstlichkeiten. In der kälteren Jahreszeit lässt es sich bei offenem Kamin genüsslich speisen. Im Sommer sitzt man in der klaren Hunsrückluft auf der Terrasse.

Attraktive Vorspeisen sind das knusprige, selbst gebackene Mühlenbrot mit zwei Aufstrichen, die Kartoffelcremesuppe mit geräucherten Forellenstückchen oder das Carpaccio vom Hunsrücker Wildschwein an Heidelbeer-Apfel-Soße. Weithin bekannt ist die »Schmausemühle« für ihre Forellengerichte. Die weißfleischigen oder lachsfarbenen Forellen stammen aus eigenen Teichen. Sie werden klassisch im würzigen Sud gegart oder nach Art der Müllerin mehliert und gebraten. Als Beilagen werden Kartoffeln vom Eifeler Bauern mit zerlassener Butter und saisonale Blattsalate gereicht. In der eigenen Räucherei werden im Wacholder-Buchen-Rauch Forellen und Lachsforellen mild gegart. Sie werden als ganzer Fisch oder als Filet mit Brot und Orangenmeerrettich lauwarm serviert. Die Hunsrücker Kartoffelklöße mit Zwiebel-Käse-Füllung in Spinat-Schmand-Tunke oder der bunte Mühlensalat mit Champignons und Schnittlauch-Käse-Röllchen sind leckere, leichte und vegetarische Gerichte. Vegan lebenden Menschen bietet die Karte ein Gemüse-Kartoffel-Ragout auf einer bunten Getreidemischung mit Reis. Unbedingt erwähnt werden müssen der Schinkenbraten– er kommt aus dem Steinbackofen mit Malzbiersoße und Sauerkraut-Schupfnudeln* auf den Teller – und das Gulasch vom Hunsrücker Wildschwein mit Apfelrotkraut und Spätzle. Ein hausgemachtes lauwarmes Schokoladenküchlein mit Sorbet von der Himbeere kann den Abschluss bilden.

Die Weißweine kommen von Mittelrhein und Mosel, die Weißherbste und Rotweine aus der Pfalz, Bier aus der Region.

→ Von Gondershausen aus können vier Traumschleifen des Saar-Hunsrück-Steigs erwandert werden.

Grenningloh – Das Restaurant & Vinothek im Hofgut

Ludwigstraße 52,
67161 Gönnheim
0 63 22 / 9 88 67 20
grenningloh.de

Größe: 35 Plätze im Restaurant, 35 im Innenhof
Preise: V 9–17, H 20–38, N 7–12 Euro
Kreditkarten: EC, Diners, Master, Visa
Öffnungszeiten: Mo, Do-Fr 18–23, Küche bis 21.30 Uhr; Sa 18–23 Uhr; So, Feiertage 11.30–14.30 und 18–23 Uhr; Ruhetage: Di, Mi

Große Kochkunst im alten Stall

An einem lauen Sommertag im malerischen, mit Zitronenbäumchen und reichlich Kräutern dekorierten Innenhof des »Restaurants Grenningloh« wird ein Reim des Pfälzer Heimatdichters Paul Münch anschaulich: »Die Palz, das is mei Meeschterstick, Mer merkt, daß ich allmächtig bin; Do mach ich's Paradies enin.« Bei weniger gutem Wetter laden modern und hell gestaltete Gasträume in den früheren Pferde- und Schweineställen zum Verweilen ein. Küchenchef ist Marco Grenningloh, Katja Grenningloh leitet den Service und empfiehlt passende Weine.

Zu Beginn verwöhnen ausgesuchte Brote der Bäckerei Kapp mit Würzölen aus Kräutern von Bernd Simon aus Enkenbach. Bereits bei den Vorspeisen wird Kochkunst schmeckbar: hervorragend die Erbsensuppe mit Minzschaum oder die Tomatenconsommé mit Basilikum und grüner Tomatenmarmelade. Ein herrlich frisches Sommergericht ist die Burratina mit Orange und Koriander-Lavendelhonig. Imponierend der Schweinebauch 36/63 sous-vide mit Koriandermayonnaise, karamellisiertem Sesam und Pilzen. Bei der Aufzucht der Schweine wurde das Tierwohl beachtet. Die Fleischqualität ist ausgezeichnet, dafür bürgt die Metzgerei David in Worms. Das Beef Tatar mundet als Vorspeise wie als Hauptgang. Exzellentes Dry-Aged-Beef wird in vielerlei Schnitten angeboten. Der Fisch des Tages kann eine hausgeräucherte Forelle sein; gelegentlich steht Seefisch auf der Karte. Die Schokoladenmousse »Original Beans« wird aus 70-prozentiger Bioschokolade hergestellt.

Die umfangreiche regionale Weinauswahl hält neben bekannten Namen immer wieder Entdeckungen bereit. Zum Abschluss lockt Hochprozentiges aus der Pfälzer Brennerei von Thomas Sippel.

➜ Der Weg zum kleinen Gästehaus ist kurz.

Weinstube Eymann

Ludwigstraße 35,
67161 Gönnheim
0 63 22 / 28 08
weingut-eymann.de

Größe: 60 Plätze in der Weinstube, 60 auf der Terrasse
Preise: V 6–9, H 8–25, N 8–9 Euro
Kreditkarten: EC, Master, Visa
Öffnungszeiten: Do, Fr ab 18 Uhr; Sa ab 17 Uhr; Ruhetage: Mo–Mi, So

Urige Pfälzer Weinstube im Bioweingut

Gönnheim liegt eigentlich ganz nah und doch fernab vom Tourismus der Weinstraße. Die »Weinstube im Bioweingut Eymann« mit ihrem typischen Interieur ist seit Jahren eine bewährte Adresse. Die gemütliche Atmosphäre, das feine Essen und die hervorragenden, gelegentlich auch eigenwilligen Weine sind immer ansprechend. Rainer Eymann, lange Zeit für Wein und Küche zuständig, konzentriert sich ganz auf die Küche, seit Sohn Vincent den Weinkeller übernommen hat. Ingeborg Eymann umsorgt die Gäste freundlich-herzlich. Die Herkunft der in der Küche verwendeten Produkte wird nicht nur beim Steak vom Schwäbisch-Hällischen Landschwein oder beim Bœuf de Hohenlohe konkret benannt. Anregende Vorspeisen sind die Rieslingcremesuppe, selbstverständlich vom eigenen Bioriesling, im Sommer eine erfrischende Gazpacho aus Gurken, Basilikum und Staudensellerie, verschiedene Salate oder die Wildschweinterrine mit Pflaumenchutney und Salatbouquet. Neben Pfälzer Spezialitäten wie dem Saumagen mit Weinsauerkraut und Bratkartoffeln werden Fleisch- und Fischgerichte und immer ein vegetarisches Gericht angeboten. Sie wechseln mit der Saison. Klassiker sind das Eymann-Kasseler im Blätterteig mit Meerrettich-Sahne oder das Zanderfilet mit Safransoße und Rotweinrisotto. Die Bratkartoffeln – gern zum vortrefflichen Zwiebelrostbraten oder Rindfleischsalat vom Dry-Aged-Beef – verdienen besondere Anerkennung. Eine saisonal orientierte Tageskarte ist selbstverständlich, das Dessertangebot recht üppig.
Auf der Weinkarte stehen die eigenen Bioweine in großer, sorgfältig beschriebener Auswahl. Der des Öfteren auftauchende Begriff »Toreye« bezieht sich auf den ursprünglichen Hofnamen und wird zur Bezeichnung der Spitzenerzeugnisse genutzt. Bier wird nicht ausgeschenkt.

Der Spargelhof Walter (Ludwigstraße 50, 67161 Gönnheim) ist ein typischer Pfälzer Familienbetrieb. Im Frühjahr gibt es Pfälzer Spargel, im Herbst die berühmten »Grummbeere« (Kartoffeln).

»Weinzeit« im Winzerhof Gietzen

Moselstraße 70,
56332 Hatzenport
0 26 05 / 95 23 71
winzerhof-gietzen.com

Größe: 40 Plätze im Kelterhaus, 15 in der Weinzeit, 80 im Innenhof
Preise: Winzergerichte 5–12 Euro
Kreditkarten: EC
Öffnungszeiten: Hofausschank März–Nov, Fr ab 18 Uhr; Sa, So ab 14 Uhr; unter der Woche auf Anfrage

Winzerhofküche an der Terrassenmosel

Das Moseltal bildet eine über zwei Jahrtausende alte Kulturlandschaft. Zwischen Trier und Koblenz schlängelt sich das blaue Flussband, das zu den schönsten Deutschlands zählt. Am unteren Lauf, wo die Weinbergterrassen in den Himmel zu klettern scheinen und steilste Weinberge zu finden sind, liegt direkt am Fluss der Winzerhof Gietzen. Im liebenswerten Weinort Hatzenport im Herzen der Terrassenmosel geboren, widmen sich Maria und Albrecht Gietzen mit Herzblut dem Weinbau. Wertschätzung der Natur und Bewahrung der Kulturlandschaft bestimmen ihre Arbeit. Ihre Winzerhofküche mit kleinen regionalen Gerichten wird im Hofausschank angeboten, für Gruppen auch mehrgängige Menüs. Die Karte wechselt nach Jahreszeit und informiert über regionale Lieferant*innen.

Die Speisen sind frisch zubereitet und liebevoll dekoriert. Für den ersten Hunger empfiehlt sich die Riesling-Kräuter-Suppe, die Möhren-Ananas-Koriander-Creme oder die Laugenbrezel mit saisonalen Aufstrichen. Deftig ist die Winzerbrotzeit mit Schinken und Leberwurst der Regionalmarke »Eifel« oder der Stramme Hunsrücker, eine Scheibe Raubritterbrot vom regionalen Bäcker mit Biorinderschinken vom Highland-Cattle aus dem Hunsrück und Spiegeleiern. Der Salat aus dem Hausgarten wird mit feiner Rieslingvinaigrette angemacht, vegetarisch oder mit Hähnchenbruststreifen. Köstlich schmeckt das mediterrane Ziegenkäsepfännchen mit Feta vom Holzfelder Ziegenhof. Ein Schinkencarpaccio von Wildschweinen aus Eifeler Wäldern oder ein Flammkäse vom Demeter-Hof im Hunsrück gehören ebenfalls zu den regionalen Gerichten. Aus heimischen Gewässern stammt die Räucherforelle auf Vollkornbrot. Zum Nachtisch gibt es hausgebackenen Kuchen oder eine zarte Creme vom roten Weinbergpfirsich. Pfiffig sind die Moseltapas aus dem von Maria Gietzen herausgegebenen Kochbuch, etwa der Ziegenkäsetaler mit Rote-Bete-Aufstrich oder die Espressomousse mit marinierten Weinbergsfrüchten.

Die Weine, überwiegend Rieslinge aus eigenen Steillagen, sind von guter Qualität. Der Service ist familiär und herzlich.

➜ Wanderungen mit dem Winzer und Verkostungen der Steillagenweine auf Streifzügen durch die Terrassenlandschaft.

Rheinland-Pfalz

Landgasthof »Altes Stadttor«

Marktstraße 4a,
56288 Kastellaun
0 67 62 / 9 31 30
altesstadttor.de

Größe: 60 Plätze in der Gaststube
Preise: Hauptgerichte 10–22 Euro
Kreditkarten: EC, Master, Visa
Öffnungszeiten: Täglich ab 17 Uhr;
Fr, So, Feiertage auch 11.30–14.30 Uhr;
Ruhetag: Mo

Uriger Landgasthof im Herzen der Burgstadt Kastellaun

Das »Alte Stadttor« von Guido Brachtendorf und Gregor Aldag ist ein uriger Landgasthof im Herzen der Burgstadt im Rhein-Hunsrück-Kreis. Aus einem landwirtschaftlichen Nebengebäude des 19. Jahrhunderts entstanden, umfängt den Gast ein gemütliches Ambiente. Das Interieur ist von Resten der mittelalterlichen Stadtmauer geprägt und lässt Erinnerungen an frühere Zeiten wach werden. Im »Alten Stadttor« wird eine ländlich-frische Küche serviert. Besonderen Wert wird auf die Qualität und Herkunft der Zutaten gelegt, die zum größten Teil direkt aus der Region kommen. Lieferant*innen wie die Metzgerei Schweitzer, der Bornwiesenhof und der Brückhof bürgen für erstklassige Qualität und kurze Wege. Die Speisekarte wechselt im Rhythmus der Jahreszeiten und hält Deftiges, Feines und Vegetarisches bereit.
Probierenswert sind die Hunsrücker Festtagssuppe vom heimischen Rind mit Markklößchen und das geröstete Bauernbrot mit Tomate, Knoblauchöl, schwarzem Pfeffer und Frühlingslauch. Unter der Rubrik »Deftiges« werden neben einer Wildbratwurst vom Hunsrücker Damwild mit Bratkartoffeln, wie Großmutter sie machte, auch die traditionellen Hunsrücker Gefellte Kließ serviert, gefüllt mit Hackfleisch und Leberwurst, begleitet von Specksoße, Apfelmus und Salat. Vegetarier*innen freuen sich über den warmen, handgeschöpften Hunsrücker Flammkäs, einen Kuhmilchweichkäse vom Bornwiesenhof auf einem bunten Blattsalat mit Blaubeerdressing oder die Gemüsebolognese mit roten Linsen auf weißen und grünen Bandnudeln. Im Frühjahr bereichert das Ragout vom Hunsrücker Weidelamm mit Butterspätzle und karamellisierten Honigmöhren die Speisekarte. Als süßer Abschluss lockt der hausgebackene Schokoladenkuchen mit feinen Waldbeeren und Sahnehäubchen oder ein hausgemachtes Eis.
Die Getränkekarte bietet Weine von Mosel, Rhein und Nahe, Kirner Landbier, Obstsäfte und Mineralwasser der Region. Als Digestif werden heimische Obstbrände und mit dem Hunsrücker Kräuter-Hannes ein feiner Kräuterlikör angeboten.

➜ Im Verkaufsschrank der Regionalmarke »SooNahe« ist eine Auswahl interessanter Erzeugnisse heimischer Produzenten zu finden.

Restaurant »Kirschweiler Brücke«

Kirschweiler Brück 2,
55743 Kirschweiler
0 67 81 / 3 33 83
kirschweilerbruecke.de

Größe: 70 Plätze im Gastraum, 45 auf der Terrasse
Preise: Hauptgerichte 12–38 Euro
Kreditkarten: EC, Visa, Master
Öffnungszeiten: Mo, Di, Do, Fr, So 11.45–14 und 17–21.30 Uhr; Sa 11.45–14 und 18–22 Uhr; Ruhetag: Mi

Spießbraten – außen kross, innen saftig

Das über ein Jahrhundert alte Restaurant »Kirschweiler Brücke« liegt am Rand des Rheinland-Pfälzer Nationalparks Hunsrück-Hochwald in einem Ortsteil der Edelsteinschleifergemeinde Kirschweiler. Hausherr ist seit knapp zwei Jahrzehnten der aus einer Hunsrücker Gastwirts- und Metzgerfamilie stammende Hans-Werner Veek. Nach Lehr- und Wanderjahren kaufte er mit seiner Frau Sabine, einer Hotelfachfrau aus Wyhl am Kaiserstuhl, die »Kirschweiler Brücke« und renovierte sie. Herzstück des Restaurants ist der offene Kamin, in dem gegrillt und auf offenem Buchenholzfeuer gebraten wird. Idar-Obersteiner Spießbraten ist ein veritables Stück Hohe Rippe vom Rind, Kamm und Kotelett vom Schwein oder Lamm und Geflügel. Edelsteinschleifer aus dem Ort brachten die Garmethode aus Brasilien mit, wo sie vor zwei Jahrhunderten nach Rohsteinen schürften. Das Fleisch wird von der Metzgerei Veek in Niederbrombach bezogen, die vom Bruder des Brückenwirts geführt wird. Ein weiterer Lieferant ist der Schwalbenhof in Berschweiler. Stör und Lachsforellen stammen vom Forellenhof Trauntal im nahen Börfink. Die »Kirschweiler Brücke« unterhält einen eigenen Forellenteich und einen Kräutergarten.
Spießbraten zu bestellen ist Pflicht: Das medium gebratene Stielkotelett vom Hunsrücker Landschwein ist saftig und wird mit Bratkartoffeln und gemischtem Salatteller serviert; ebenso gelungen ist der mindestens drei Wochen gereifte Rinderspießbraten von der Hohen Rippe. Vorweg gibt es eine gute Festtagssuppe vom Kalbstafelspitz. Die Pappardelle mit Gemüsebolognese vom saisonalen Gemüse und der Flammkäse sind überzeugend wie auch die Fischauswahl und das vegetarische Angebot. Wer kann, nimmt eine Bayrisch Creme* mit Erdbeeren oder das wunderbare Rhabarberparfait mit Estra-gonbiskuit.
Zum Spießbraten passt das herbe Pils der heimische Kirner Brauerei gut. Auf der Weinkarte stehen Weine benachbarter Anbaugebiete wie Mosel, Nahe und Rheinhessen. Der »Aquamarin Gin« wird vom Hausherrn und einem befreundeten Schnapsbrenner mit Kräutern aus dem Garten hergestellt. Der Service ist freundlich und kompetent.

➜ Samstags gibt es beim Restaurant ab 10 Uhr einen Genussmarkt.

Restaurant »Freiraum« – Stiftsgut Keysermühle

Bahnhofstraße 1,
76889 Klingenmünster
0 63 49 / 99 39 12
hotel-restaurant-stiftsgut-keysermuehle.de

Größe: 80 im Restaurant, 80 auf der Terrasse
Preise: V ca. 15, H 20–30, N ca. 8 Euro
Kreditkarten: EC, Master, Visa
Öffnungszeiten: Di–Sa 17–22 Uhr; Ruhetage: So, Mo

Bio

Integratives Projekt – sozial und ökologisch

»Menschen begegnen, Natur genießen«. Nach diesem Motto handelt das integrative Natur- und Tagungshotel und Restaurant Stiftsgut Keysermühle. Das Stiftsgut der Bürgerstiftung Pfalz, das sozialen, ökologischen und ökonomischen Mehrwert anstrebt, beschäftigt Menschen mit Behinderung. Das Slow Food Restaurant »freiraum« zielt darauf, die Reichhaltigkeit der Natur abzubilden. Das Küchenteam setzt konsequent auf Produkte aus zertifiziertem Bioanbau aus einem Umkreis von maximal 50 km, aus artgerechter Tierhaltung und nachhaltiger Produktion. Das Team legt Wert darauf, die Partnerbetriebe und ihre Produktionsweisen und damit die Qualität der Produkte zu kennen. Der Service erzählt gern und mit Begeisterung von den Produzent*innen. Das Küchenteam schätzt eine pflanzenbasierte Ernährung. Dieses Genussideal erstreckt sich auch auf die »Burgschänke Landeck«, die einen schönen Spaziergang durch die Weinberge des Pfälzerwaldes entfernt liegt. Auch sie wird entsprechend der Philosophie von Integration und nachhaltiger, regionaler Bioküche betrieben. Zudem bietet die Keysermühle mit dem »Kinderrestaurant« für die örtlichen Kindergärten eine Gemeinschaftsverpflegung mit gesunder und guter Küche an. Es ist eine besondere Freude, wenn man die köstlichen Gerichte auf der großen Terrasse des Stiftsgutes genießen kann: Kinder spielen auf dem Naturspielplatz, Erwachsene flanieren durch den Bauern- und Kräutergarten. Bei schlechterem Wetter sitzt man im Wintergarten, der Platz für 80 Personen bietet.
Das Motto »Natur genießen« wird auf der aktuellen Menükarte deutlich, die Sie auf der Homepage einsehen können. Aktuell werden mindestens zwei Vorspeisen, Hauptspeisen und Desserts zur Auswahl angeboten. Die Gerichte werden stets aus saisonalen Zutaten kreiert. Aktuell umfasst die Karte als Vorspeisen geräuchertes Forellenfilet auf frischem Salat oder einen köstlichen gebackenen Saint Marcellin, als Hauptspeisen geschmorte Wildschweinkeule oder Burrata / Kartoffel Sellerie / geschmortes Gemüse und als Dessert eine Crème brûlée oder Gateaux aux fraises. Alles mit Hingabe zubereitet und sehr appetitlich angerichtet.
Die Weinkarte setzt auf Pfälzer Weingüter mit dem Fokus auf biologisch und nachhaltig. Der aufmerksame Service unterstützt kenntnisreich bei der Auswahl.

→ Reservierung erforderlich.

In den Weingütern Manderschied und Jean Rapp in 76889 Kapellen-Drusweiler gibt es gute Bioweine von Slow Food Unterstützern.

NEU

Restaurant und Hotel Meisenheimer Hof

Obergasse 33,
55590 Meisenheim
0 67 53 / 1 23 77 80
meisenheimer-hof.de

Größe: 48 Plätze im Restaurant, 30 Plätze im Innenhof
Preise: Hauptgerichte 16–39 Euro
Kreditkarten: Visa, EC
Öffnungszeiten: Di, Mi 18–22 Uhr; Do–So 12–14 und 18–22 Uhr; Ruhetag: Mo

Schlemmen im Herzen von Meisenheim

Die Fachwerkstadt Meisenheim im Landkreis Bad Kreuznach liegt am Glan. Seit 1699 wird das prächtige barocke Hauptgebäude des »Meisenheimer Hofs« als Gasthof genutzt, vor einem knappen Jahrzehnt als Weinhotel mit Restaurant renoviert. Im historischen Gastraum »Zur Blume« mit seiner zweihundertjährigen Holztäfelung und in der »Brunnenstube«, die durch einen mittelalterlichen Brunnen mitten im Raum charakterisiert ist, lässt sich komfortabel speisen. Im Sommer werden die Glaswände zum Innenhof an der Stadtmauer geöffnet. Dem Gasthaus gegenüber liegen das Weingut »Disibodenberg«, das »Café Meisentörtchen« und die Kochschule. Markus Pape, Chefkoch und Gastgeber, prägt das Haus mit seiner bodenständigen und gleichzeitig weltoffenen Art. In der von der Straße einsehbaren Küche verarbeitet er beste, überwiegend regionale Produkte: Geflügel vom Hoflädchen Ochsenschläger, Kartoffeln aus Alsenz, Gemüse aus Bad Kreuznach und während der Glanrindwochen von Hans Pfeffers Glanrinder von der Bannmühle. Die Marmeladen zum Frühstück stellt er selbst her.

Als Vorspeise sind junge Keltenhof-Blattsalate in Vinaigrette mit gerösteten Nüssen, Kürbiskernöl und Buttercroutons oder eine Kraftbrühe vom Glantalrind mit Markklößchen ebenso empfehlenswert wie das Dreierlei von der Hunsrücker Forelle mit Gurke / Radieschen. Zum Hauptgang überzeugen Feines vom Lehnmühlen-Kalb, Bries und Ragout mit Lauch und Alsenzer Kartoffel gleichermaßen wie Filet und Bäckchen vom Glantalrind mit Karotte, Pfefferwirsing und Kartoffeldonut. Zum Dessert gibt es Rohmilchkäse vom Wagen, oder es erfrischen hausgemachte Sorbets.

Auf der umfangreichen Weinkarte dominieren die Weine vom Weingut Disibodenberg, zudem gibt es ausgesuchte Weine aus allen deutschen Weinanbaugebieten, Italien, Frankreich und Österreich. Kompetente Weinberatung.

➜ Das »Café Meisentörtchen« ist mittwochs bis samstags von 12 bis 18 Uhr geöffnet. Neben der Weinbar »Blaue Meise«, die nur am Wochenende geöffnet hat, findet sich das »Grotto«, in dem Weinproben, Familienfeste und weitere Veranstaltungen stattfinden. Auf der Freilichtbühne an der historischen Stadtmauer finden neben Weinproben und BBQ auch Konzerte statt.

Gutsschänke Alte Brennerei

Kirchgasse,
67591 Mölsheim
0 62 43 / 53 64
alte-brennerei-moelsheim.de

Größe: 50 Plätze in der Gaststube, 50 im Hof
Preise: Hauptgerichte 8–18 Euro
Kreditkarten: keine
Öffnungszeiten: Fr, Sa 18–22 Uhr; Ruhetage: So–Do

Einfach, aber gut und mit eigenen Weinen

Das Zellertal in der Nähe von Kirchheimbolanden ist ein Geheimtipp. Durch Mölsheim verläuft die Grenze zwischen den Weinbaugebieten Rheinhessen und Pfalz. Der ehemalige Zehnthof aus der Zeit des Dreißigjährigen Krieges ist seit 1817 in Familienbesitz. Er wird als Gutsschänke geführt, Judith Seidel-Göhring ist für die Küche zuständig, Gerd Göhring kümmert sich um die Gäste und den Wein. Die Gaststube mit dem alten, großen Holzofen ist einladend und gemütlich. Im Sommer speist man, umgeben von Oleander, im Innenhof.
Die Karte wird durch wöchentlich wechselnde, saisonale Angebote ergänzt. Gelegentlich werden alte Rezepte ausprobiert. Der immer verfügbare Räucherschinken kommt aus eigener Produktion, Gemüse, Salate und Kräuter liefert der Garten. Die Lieferant*innen weiterer Produkte sind in der Speisekarte aufgeführt. Von der Karte gefallen besonders der Munkelteller – hausgemachte Aufstriche mit selbst gebackenem, kernigem Bauernbrot – und Omas Kotelett auf dem Zwiebelbett mit Bratkartoffeln. Das Glanrind* ist seit 2007 Slow Food Arche-Passagier und findet zunehmend Aufmerksamkeit. Im März locken die Glanrindwochen, doch auch über das Jahr werden Gerichte mit der regionalen Rinderrasse angeboten. Hervorzuheben ist der wunderbar zarte Schmorbraten vom Glanrind mit Rotkraut und Serviettenknödel. Ebenfalls empfehlenswert sind der Schmorbraten vom Reh mit Serviettenknödel und Gemüse, die Wilden Frikadellen mit Wirsing und Kartoffelstampf sowie die vegetarischen Kürbis-Gnocchi in Salbeibutter mit Salat. Augen- und Gaumenschmaus verspricht die Himbeer-Mascarpone-Creme.
Die Weinkarte präsentiert Abfüllungen des eigenen und befreundeter Weingüter. Lobenswert sind die zahlreichen offenen Weine und die kleine Weinprobe mit fünf regionalen Weißweinen. Bier kommt aus einer Manufaktur in Rheinhessen.

Die gelungene Kombination eines Gasthauses und einer Metzgerei mit eigener Schlachtung findet man in Harxheim-Zellertal, Bubenheimer Straße 1, bei Familie Lind (www.lind-zellertal.de). Hier gibt es Pfälzer Spezialitäten bester Qualität.

Löffels Landhaus

Obertorstraße 42,
56294 Münstermaifeld
0 26 05 / 95 37 73
loeffelslandhaus.de

Größe: 40 Plätze im Restaurant, 35 im Gewölbekeller
Preise: Hauptgerichte 15–25 Euro
Kreditkarten: EC, Master, Visa
Öffnungszeiten: Mi–Sa 17–21.30 Uhr; So, Feiertag 11.30–21 Uhr; Ruhetage: Mo, Di

Das Eifeler Schnitzel-Haus im Maifeld

In einem Gutshof aus dem Jahr 1833, der in der Stadtmitte von Münstermaifeld liegt, betreibt der Wirt und Koch Günter Löffel sein gleichnamiges »Landhaus«. Das Haus beherbergt ein ehemaliges Marionettentheater mit einer erhaltenen Bühne und einen Bruchsteingewölbekeller mit unverwechselbarem Flair. Der liebevoll gestaltete Terrassengarten – direkt an der historischen Stadtmauer – lockt im Sommer zum Speisen in freier Natur. Die Küche ist auf Frische und Regionalität gebaut und zeigt eine besondere Liebe zur Kartoffel. Der Koch verwendet überwiegend Produkte des Umlands, kurze Wege und Kontakt zu den Erzeugern sind ihm wichtig. Die herzliche Art des Services und die persönliche Ansprache der Gäste haben das Landhaus zu einem beliebten kulinarischen Ort auf dem Maifeld werden lassen.
Als Vorspeise ist die Landhauspastete mit Senfsoße sehr anregend. Als Zwischengericht kommen der klassische Münstermaifelder »Debbekooche«* oder eine Maifelder Kartoffelsuppe mit Majoran und Speck infrage. »Das Eifler Landhausschnitzel« zum Hauptgang ist eine besondere hauseigene Kreation. Bei seiner Zubereitung werden Kalbsrücken, Zander, Ziegenkäse oder andere vegetarische Zutaten mit frisch geriebenen Maifelder Kartoffeln umhüllt und in Rapsöl knusprig gebraten. Dem Pfannengericht, zu dem saisonale Gemüse oder Salate serviert werden, gilt eine unbedingte Empfehlung (es ist beim Deutschen Patent- und Markenamt eingetragen). »Die Eifel Pizza« ist ein knuspriges Kartoffelrösti mit Zutaten wie Edelsalami, frischem Gemüse, Ziegenkäse oder Räucherlachs und wird mit Käse überbacken. Zum Dessert fällt die Wahl schwer zwischen dem Weinschaum vom Moselriesling mit Trauben und Vanilleeis und dem Ziegenkäse vom Vulkanhof Gillenfeld, der in Olivenöl angebraten und mit Kartoffelbrot warm serviert wird.
Auf der Getränkekarte stehen Weißweine von der nahen Mosel, Rosé- und Rotweine aus Rheinhessen, Bier von der Vulkanbrauerei Mendig und Obstsäfte von heimischen Streuobstwiesen. Den Kaffee liefert die Kaffeerösterei in Daun.

Zum Karpfen

Hauptstraße 1,
76777 Neupotz
0 72 72 / 21 98
gasthaus-zum-karpfen.de

Größe: 65 Plätze im Restaurant, 22 auf der Terrasse
Preise: V 6–10, H 16-25, N 5–8 Euro
Kreditkarten: Keine
Öffnungszeiten: Do 12–14 und ab 17 Uhr; Fr, Sa ab 17 Uhr; Ruhetage: So–Mi, Feiertage

Ortsgasthof in Rheinnähe mit besten Fischgerichten

Im Fischerdorf Neupotz zwischen Speyer und Karlsruhe findet sich ein liebenswertes Gasthaus, das seit mehr als einem Jahrhundert in Besitz der Familie Gehrlein ist. Der rustikal-gemütliche Gastraum – ein prächtiges Exemplar des Namensgebers residiert über der Ausschanktheke – strahlt eine wohlige Atmosphäre aus. Früher ein bekanntes Tanzlokal, ist der »Karpfen« jetzt ein Treffpunkt für Menschen, die eine geradlinige Küche schätzen, in der Regionalität, Qualität und Frische Priorität haben. Das Fleisch bezieht der »Karpfen« neuerdings von der Metzgerei Scherer in Hatzenbühl, die Rinder und Schweine selbst schlachtet. Auch Eier, Gemüse und Salate werden von heimischen Erzeuger*innen wie dem Ohmerhof in Rheinzabern bezogen.
Jeden Montag kommt ab halb zwölf frisches Kesselfleisch auf den Tisch. Zusätzlich zur Speisekarte werden kleine Täfelchen gereicht, auf denen saisonale und Tagesgerichte wie Lammfilet mit Knoblauch oder Ochsenfetzen mit Paprika verzeichnet sind. Als Vorspeisen bieten sich die hausgemachte Leberknödelsuppe oder das frische Tatar mit Ei an. Als Hauptgerichte sind das Wienerschnitzel und vor allem das Cordon bleu vom Kalb zu empfehlen. Fischesser finden im »Karpfen« – nomen est omen – ein überaus attraktives Angebot. Ein Zander aus baden-württembergischer Zucht ist ebenso delikat wie Hecht oder Barsch aus Wildfang. Zu allen Fischgerichten gehört der köstliche, hausgemachte Kartoffelsalat. Zum Jahresende wird ein Gänseessen wie bei Muttern angeboten. Die mächtigen Vögel, gezogen auf dem Hof Ritzmann in Winnweiler am Donnersberg, werden mit zwei unterschiedlichen Füllungen zubereitet.
Überschaubares Pfälzer Weinangebot.

Selbst gemachte Brötchen und Brot, Kuchen und Pralinen sowie Eis – ohne Zusätze und Fertigmischungen hergestellt – gibt es im »Cafe Theobald« (76863 Herxheim, Bonifatiusstraße 9). Gutes Frühstück!
Die Metzgerei Scherer bezieht ihr Fleisch überwiegend aus der Region. Besonders empfehlenswert ist sowohl das Dry-Aged-Rind- und Schweinefleisch als auch das Lamm aus eigener Zucht (76770 Hatzenbühl, Luitpoldstraße 177).

Weinrestaurant Fritz Walter

Landauer Straße 82,
76889 Niederhorbach
0 63 43 / 9 36 55 99
fritz-walter.de

Größe: 90 Plätze im Restaurant, 58 auf der Terrasse
Preise: V 6–13, H 17–30, N 10–14 Euro
Kreditkarten: EC
Öffnungszeiten: Mi–Fr 17–22 Uhr; Sa, So, Feiertage 12–22 Uhr; Ruhetage: Mo, Di

Kleinod in der Südpfalz mit richtig guter Küche

Zwischen Landau und Bad Bergzabern liegt das in der fünften Generation geführte Weingut Fritz Walter. Die gastronomische Devise des Winzerehepaares Walter für ihr angegliedertes Weinhotel und Restaurant lautet »Genießen braucht Gemütlichkeit«. Im neu gestalteten Restaurant (mit Weinlounge) wartet eine vorbildliche Speisekarte auf die Gäste: Alle Gerichte erhalten eine Weinempfehlung, ergänzend gibt es ein Verzeichnis der Lieferant*innenen und Erzeuger*innen. Qualität, Regionalität und Saisonalität haben Priorität. Küchenchef Björn Reuter vertraut auf Fisch von Dominik Hans im Eußerthal, Wild wird in der eigener Jagd erlegt. Nudeln und Eier liefert der Legehennenhof Kuntz in Neuburg. Saumagen und die Würste sind aus eigener Herstellung.

Ein Blick in die Karte verrät, dass am zweiten Samstagmittag eines jeden Monats Dampfnudeln wie von Großmuttern angeboten werden. Lachsforellentatar, Blattsalate mit Salami vom heimischen Wild oder eine klare Brühe vom Hohenloher Weiderind mit Flädle garantieren einen guten Start. Bei den Hauptgerichten mundet besonders die Eußerthaler Lachsforelle mit ihrer Haut als krossem Chip obenauf oder auch der Bachsaibling. Zum Rieslinggockel werden hausgemachte Waffeln oder Krusteln aus Kartoffelteig serviert. Die Saumagen-Kohl-Roulade und die geschmorten Bäckchen vom Schwäbisch-Hällischen Landschwein werden mit intensiver, dunkler Soße serviert. Ein beliebter Klassiker ist die Chili-Senf-Soße, die Rind- oder Wildfleisch aromatisch begleitet. Als Beilage sind kleine hausgemachte Dampfnudeln hochwillkommen. Zum Dessert empfehlen sich eine Crème brûlée mit saisonalem Obst, das Eisparfait oder ein hausgemachtes Eis aus der Horbacher Quitte oder Birne gleichermaßen. Außergewöhnlich ist die detailliert beschriebene Auswahl von Heumilchkäse aus Geifertshofen. Alle Gerichte werden überaus ansprechend angerichtet.

Die Weinkarte listet die Weine des Weinguts; einige sind schön gereift.

→ Als Absacker trinkt man einen flambierten Hexenbrand – einen hochprozentigen Kräuterschnaps. Er kann in der Vinothek auch flaschenweise erworben werden.

Die Landfleischerei Keller (Wasgauschäferei 2, 76891 Busenberg) hat Wurst und Fleischwaren aus eigener Schlachtung. Die Tiere stammen teilweise aus dem Biosphärenreservat Nordvogesen Pfälzerwald. Die Meckerei (Kraftgasse 61, 76829 Landau), bekannt für ihre vorbildliche Tierhaltung, verkauft Ziegenkäse.

Hotel-Restaurant Zur Post 1830

Wiedtalstraße 55,
53547 Roßbach-Wied
0 26 38 / 2 55 99 10
zur-post-rossbach.de

Größe: 35 Plätze im Gastraum
Preise: Hauptgerichte 14–24 Euro
Kreditkarten: EC, Master, Visa
Öffnungszeiten: Fr, Sa ab 17.30 Uhr; So 12–14 Uhr; Ruhetage: Mo–Do

Kräuterreiche Regionalküche am Fernwanderweg

Im rheinland-pfälzischen Landkreis Neuwied, direkt am Fernwanderweg des Westerwaldsteigs im Tal der Wied gelegen, bieten sich Hotel und Restaurant »Zur Post« in Roßbach bestens an, um von der Wanderung auszuruhen. Und natürlich um die Küche von Christoph und Martina Weingarten zu genießen. Ihre Philosophie: »natürlich, frisch, regional«. Küchenchef Christoph Weingarten verwendet bei seinen oft ambitionierten und ansprechend präsentierten Gerichten, wo immer möglich, Zutaten regionaler Erzeuger bester Qualität. Dezent, aber Akzente setzend, werden frische Kräuter vom eigenen Garten eingesetzt. Dazu stellt die hauseigene Manufaktur Aufstriche, Pesto, Balsamicoglacés und andere Köstlichkeiten her, die der Gast mit selbst gebackenem Brot schon zum Frühstück probieren kann. Als »Naturgenuss-Gastgeber« engagiert sich Familie Weingarten auch im neuen Regionalprojekt der Naturparkregion Rhein-Westerwald.

Die Karte wechselt, abgesehen von einigen Klassikern wie dem hervorragenden Sauerbraten mit Gewürz-Rosinen-Soße, frischen Kartoffelklößen und Apfelkompott, saisonal und mehrmals im Jahr. Vorweg erfreut eine Rinderkraftbrühe mit Bärlauch-Ravioli, ein Roggengewürzbrot mit Pesto und Tomatenaufstrich oder auch die zweierlei Senfsuppe, deren beiden Farben in einem Teller nicht nur visuell einen besonderen Reiz auslösen. Als Hauptgericht können eine Maishähnchenbrust mit Gartenkräutern in Portweinjus oder geschmorte Kalbsbäckchen mit Wintergemüse und Kartoffel-Pastinaken-Püree folgen. Schon seit Jahren kommen Liebhaber einer vegetarischen oder veganen Küche auf ihre Kosten, etwa bei Bärlauchknödel mit Wurzelgemüse, Champignons und Kräutersaitlingen in Rahm oder Reibeplätzchenburger mit Gemüse, Pilzen und Tomatensugo. Zu den Klassikern zählen neben erwähntem Sauerbraten auch die Lammhaxe in Rosmarinjus und der Roßbacher Kartoffeleintopf. Die Pommes frites als Beilage zu einigen Gerichten sind selbstverständlich im eigenen Haus hergestellt. Crème brûlée von der Vanille oder hausgemachtes Karamell-Salz-Eis mit Crumble zum Dessert vollenden das Menü.

Die übersichtliche Weinkarte mit ausgewählten Tropfen auch vom nahen Mittelrhein sowie die Obstbrände und der Whisky einer regionalen Brennerei tragen zum gelungenen Genusserlebnis bei. Im Sommer kann zuweilen auch im eigenen Kräutergarten gespeist werden.

Hofgut Ruppertsberg

Obergasse 2,
67152 Ruppertsberg
0 63 26 / 98 20 97
dashofgut.de

Bio

Größe: 35 Plätze im Restaurant, 35 im Hof
Preise: Zwei Menüs, eines vegetarisch, ab 85 Euro
Kreditkarten: EC, Diners, Master, Visa
Öffnungszeiten: Mi–Sa 19–23 Uhr; Ruhetage: So–Di

Biorestaurant mit Spitzenküche in historischem Gebäude

Inmitten der Weinberge liegt das vom Weingut Dr. Bürklin-Wolf übernommene, malerische »Hofgut Ruppertsberg«. Im Sommer wird im kopfsteingepflasterten Hof serviert, in der kalten Jahreszeit in den ehemaligen Wirtschaftsräumen und urigen Stallungen. Pächter und Koch Jean-Philippe Aiguier setzt in bemerkenswerter Art und Weise die Slow Food Philosophie des »gut - sauber - fair« um: Ausgesuchte regionale Bioprodukte sind die Basis seiner schmackhaften Küche. Er legt Wert auf schonende Schlachtung und vollständige Nutzung der Tiere, inklusive Innereien. Achtung vor dem Lebewesen und ein würdevoller Umgang - das ist ihm wichtig. Die regionalen Lieferquellen sind freundschaftlich und kollegial auf der Karte genannt, viele Produkte gibt es auch im Hofladen zu kaufen.

Das Angebot umfasst ein vegetarisches und ein nichtvegetarisches Menü, die alle ein bis zwei Monate wechseln. Sie können von acht auf fünf Gänge reduziert werden. Den Jahreszeiten folgend, spiegeln die Menüs das saisonale Angebot: Klassiker sind die traditionellen Hechtklößchen mit Hummerbisque und Spinat, das pochierte Bärenbrunner Ei mit Buttercroûton und einem Püree von jungen Brennnesseln oder der gedämpfte Rheinzander mit Mango-Maracujabutter und Möhrenpüree. Als Fleischgang erfreut der heimische Lammrücken mit einer krossen Brunnenkressekruste und Rosmarinjus und Haferwurzel, zwischendurch ein Sorbet Kiefer und Tanne von jungen Frühlingstrieben. Beim vegetarischen Menü sind Fisch- und Fleischgang durch gebrühte Schwarzwurzeln mit Grapefruitbutter mit gerösteten Maronen, Wildkohlrisotto und Ingwer sowie Sonnenblumenknollen und Topinambur mit Schwarzbrot und Chicorée ersetzt. Für die Menüs wird eine Weinbegleitung angeboten.

In der ausführlichen Weinkarte findet man die Bürklin-Wolf'schen Spitzengewächse in allen Qualitäten und Jahrgängen, darüber hinaus deutsche, französische und spanische Bioweine.

➜ An schönen Tagen wird ein Picknickkorb (einen Tag zuvor bestellen!) für die nahe Obstbaumwiese angeboten. Der Korb ist gut gefüllt mit Oliven, getrockneten Tomaten, italienischer Biosalami und Bioschinken, Cocktailtomaten und Radieschen, hochwertigem Käse, einer Pâté des Tages, Taboulé, Wassermelone auf Eis und den geschätzten Ruppertsberger Wölkchen. Eine wunderbare Idee, in ländlicher Umgebung vorzügliche Produkte zu genießen.

Der Hofladen bietet eine Fülle hochwertiger Biolebensmittel, eine hervorragende Käseauswahl sowie fertige Gerichte aus der Hofgutküche an.

Felschbachhof

Felschbachhof 1,
66887 Ulmet
0 63 87 / 91 10
felschbachhof.de

Größe: 80 Plätze im Gastraum, 80 auf der Terrasse
Preise: Hauptgerichte bis 29 Euro
Kreditkarten: EC, Amex, Master, Visa
Öffnungszeiten: Täglich 11.30–14 und 17.30–22 Uhr

Biomusterbetrieb im Glantal

Der »Felschbachhof« im Landkreis Kusel im Südwesten von Rheinland-Pfalz, ursprünglich ein Ausflugslokal, wird von Margit und Stefan Klinck geführt. Das Restaurant mit seinem hellen, gemütlichen und einladenden Ambiente ist seit 2008 biozertifiziert. Seit 2015 werden im eigenen Garten Gemüse und Kräuter angebaut, gekennzeichnet mit »aus eigenem Anbau«. Stefan Klinck legt Wert auf kurze Transportwege, kennt seine Lieferant*innen persönlich und nennt sie auf der Speisekarte. In der Küche finden sich weder Convenience-Produkte noch Fleisch und Fisch aus Massentierhaltung. Der Felschbachhof ist das einzige Restaurant, in dem über das ganze Jahr Gerichte des Slow Food Arche-Passagiers Glanrind* angeboten werden. Auf dem weiträumigen Gelände stehen eigene Bienenstöcke.

Auf der umfangreichen Speisekarte finden sich als Vorspeisen Feldsalat mit warmer Speck-Sahnesauce, Bio-Tomaten und Croutons, ein Meerrettichsüppchen im Weckglas mit Meerrettich aus eigenem Anbau und glasierten Apfelspalten oder auch eine Kraftbrühe vom Glanrind mit Ei und Flädle. Hauptgerichte sind das Gekochte vom Glanrind mit Meerrettichsauce, Bouillonkartoffeln und Salatteller oder ein paniertes Kalbskotelett. Das vegane Tofu-Gulasch wird von Erdnüssen, Bio-Basmati-Wildreis und Feldsalat begleitet. Auf einer Schiefertafel werden die Tagesempfehlungen angekündigt.

Auf der ausführlichen Weinkarte mit offenen Weinen vereinzelte Bioangebote, im begehbaren Weinschrank Bioweine der Nahe, der Pfalz, aber auch aus Italien und Frankreich.

→ Seit 2018 ist der Felschbachhof offiziell Modellversuchsbetrieb im Projekt »Nachhaltige Lernorte im Gastgewerbe« und kooperiert mit der Rheinischen Friedrich-Wilhelm-Universität Bonn. Die erste Phase des Projekts widmet sich dem Thema »Biodiversität«. Dafür werden in Absprache mit dem wissenschaftlichen Partner im Hausgarten vergessene und regionalspezifische Gemüse- und Obstsorten mit dem Ziel der Erhaltung der Artenvielfalt neu angepflanzt.

Erdesbacher Ziegenkäse: Seit dem Jahr 1990 produziert Familie Stichlmeir (Eckweg 2, 66887 Erdesbach) aus der Milch von einhundert Ziegen feinsten Käse, der im Hofladen sowie auf Märkten in Kaiserslautern und Mainz angeboten wird.

Hambels

Bahnhofstraße 17,
67157 Wachenheim an
der Weinstraße
0 63 22 / 9 56 33 40
metzgerei-hambel.de/restaurant

Größe: 32 Plätze im Gastraum,
12 auf der Terrasse
Preise: V 7–11, H 11–24, N 5–9 Euro
Kreditkarten: EC
Öffnungszeiten: Di–Sa 11.30–14.30 Uhr;
Do–Sa 17.30–23 Uhr; Ruhetage: So, Mo

Saumagen vom anerkannten Saumagenpapst

Spätestens seit Altkanzler Helmut Kohl, der ihn gern ausländischen Staatsgästen servieren ließ, ist der Saumagen als urpfälzische Spezialität über die Landesgrenzen hinaus bekannt. Schon damals war die Metzgerei Hambel mit ihrer Produktion von typischen Pfälzer Wurstwaren mit von der Partie. Der Saumagen wird aus magerem Schweinefleisch, Kartoffeln, Kräutern und frisch gemahlenen Gewürzen zubereitet und traditionell im Magen der Sau gegart. 2013 wurde eine kleine, der Metzgerei angegliederte Gaststätte eröffnet, die den Saumagen in den Mittelpunkt stellt. Sowohl in traditioneller Form als auch modern interpretiert und zur Saison passend wird er als Carpaccio mit Salat, als Füllung von Canneloni oder als schwäbisch-pfälzische Liaison in Maultaschen serviert. Das Restaurant befindet sich im liebevoll renovierten Fachwerkhäuschen gegenüber der Metzgerei. Der Saumagen ist mehr als eine deftige Mahlzeit, der Gastraum strahlt helle, urbane Freundlichkeit aus.
Wer nicht mit dem Saumagen beginnen möchte, findet auf der Speisekarte eine Rinderkraftbrühe mit Einlage, zum Beispiel mit kleinen Leberknödeln. Saisonabhängig werden Spargel- oder Kürbissuppe angeboten. Ein gelungener Auftakt sind »Hambels« Naschereien mit drei Gläschen auf dem Holzbrettchen, gefüllt mit Schwartenmagensalat, gebackener Blutwurst auf Apfelragout und Saumagenwürstchen auf Rahmkraut. Spätestens bei den Hauptspeisen sollte man dann zumindest eine Variation des Saumagens probieren. Es gibt ihn exotisch mit Chili und Schafskäse oder auch mit Kastanien oder Pfifferlingen. Besonders delikat sind die mit Saumagen gefüllten, in Butter goldbraun gebratenen Maultaschen auf wunderbar harmonischem Rahmkraut mit Speck und Zwiebeln. Alternativ können es Fleeschknepp mit Meerrettich sein, ein weiterer Pfälzer Klassiker. Auf der Tageskarte wird regelmäßig ein vegetarisches Gericht angeboten, bei einer Metzgereigaststätte nicht selbstverständlich. Zum Nachtisch reizt der süße Saumagen mit kleinem Fruchtragout. Auf der Weinkarte steht eine kleine, angemessene Auswahl Pfälzer Weine.

➜ Immer freitags findet in der Metzgerei eine Saumagenpräsentation statt, bei der man die Herstellung live miterleben kann.

NEU

Mühle am Schlossberg

Schlossberg 16,
67681 Wartenberg
0 63 02 / 9 23 40
muehle-schlossberg.de

Größe: 30 Plätze im Restaurant, 60 im Außenbereich
Preise: Hauptgerichte 17–43 Euro
Kreditkarten: EC, Amex, Visa, Master
Öffnungszeiten: Täglich 11–14 und 18–21.30 Uhr

Grüne Kräuterküche in alten Gemäuern

Die »Mühle am Schlossberg« liegt im Donnersbergkreis, bis Kaiserslautern sind es zwölf Kilometer. Der Dreiseithof stand im 16. Jahrhundert in enger Verbindung mit der Burg Wartenberg. Er wurde bis in die 1970er-Jahre landwirtschaftlich genutzt und vom Architekten Ermel kontinuierlich saniert. Vor zwei Jahrzehnten wurde er zum Hotel mit Restaurant und Veranstaltungsräumen umgebaut. Heute leitet Anja Scharff das Restaurant zusammen mit Chefkoch Michael Krennrich und dem Sommelier Omar el Shambri. Das historische Ambiente mit weitläufigem Grün im Skulpturenpark und der parkähnlichen Seebühne lädt ebenso wie der idyllische Innenhof zum Verweilen ein. Insbesondere die 140 Kräuter des von Gärtner Fritz Schösser gepflegten Kräutergartens sind sehenswert. Auch Gemüse wird hier angebaut, wie auch einige Obstsorten. Eigene Hühner sorgen für die Eier, Gänse werden vom Biohof Krehbiel (direkt gegenüber) geliefert, Rind- und Schweinefleisch von Metzger Heeger aus Breunigweiler und Wild von Renate Bickmann, ebenfalls aus der Region. Kräuterguru Bernd Simon destilliert Kräuter - so stehen ihm nicht nur aromatisierte Öle zur Verfügung. Die Speisekarte wird saisonal angepasst, auch vegetarische Gerichte sind verzeichnet.
Auf der reichhaltigen Karte finden sich unter den Vorspeisen eine schmackhafte Kräutersuppe, Kräutersalate mit Filet, Hähnchen oder Fisch und eine Gurkensalsa mit Maispoularde, gefüllt mit Salbei. Als Hauptspeisen interessant sind das kurzgebratene Duo vom Rinderfilet, das Rinderragout auf Kräuterpolenta mit Gemüse, das Donnersberger Schweinekotelett mit Schmoräpfeln oder die hausgemachten Wildschweinbratwürste mit selbst gemachten Chutneys. Als Desserts unverzichtbar sind die hausgemachten Kräuterpralinen, das selbst gemachte Walnusseis mit Weinbergspfirsich oder das Basilikum-Zitronen-Sorbet.
Auf der umfangreichen Weinkarte stehen Weine insbesondere aus der Pfalz, Rheinhessen und Nahe, aber auch aus anderen Anbaugebieten.

➜ Sehr empfehlenswert ist eine Wanderung in der Mehlinger Heide, zweitgrößte Heidelandschaft nach der Lüneburger Heide, vor allem in der Blütezeit im Juli, August und September. Infos www.mehlinger-heide.de

Der Biohof Krehbiel, Mühlhof 1, 67681 Wartenberg-Rohrbach, Tel. 0 63 02 / 98 24 91, info@krehbiel-bio-landkost.de., www.krehbiel-bio-landkost.de, bietet Hähnchen, Gänse, Suppenhühner, Eier und Nudeln, Wurstspezialitäten und Apfelsaft an.

Saarland

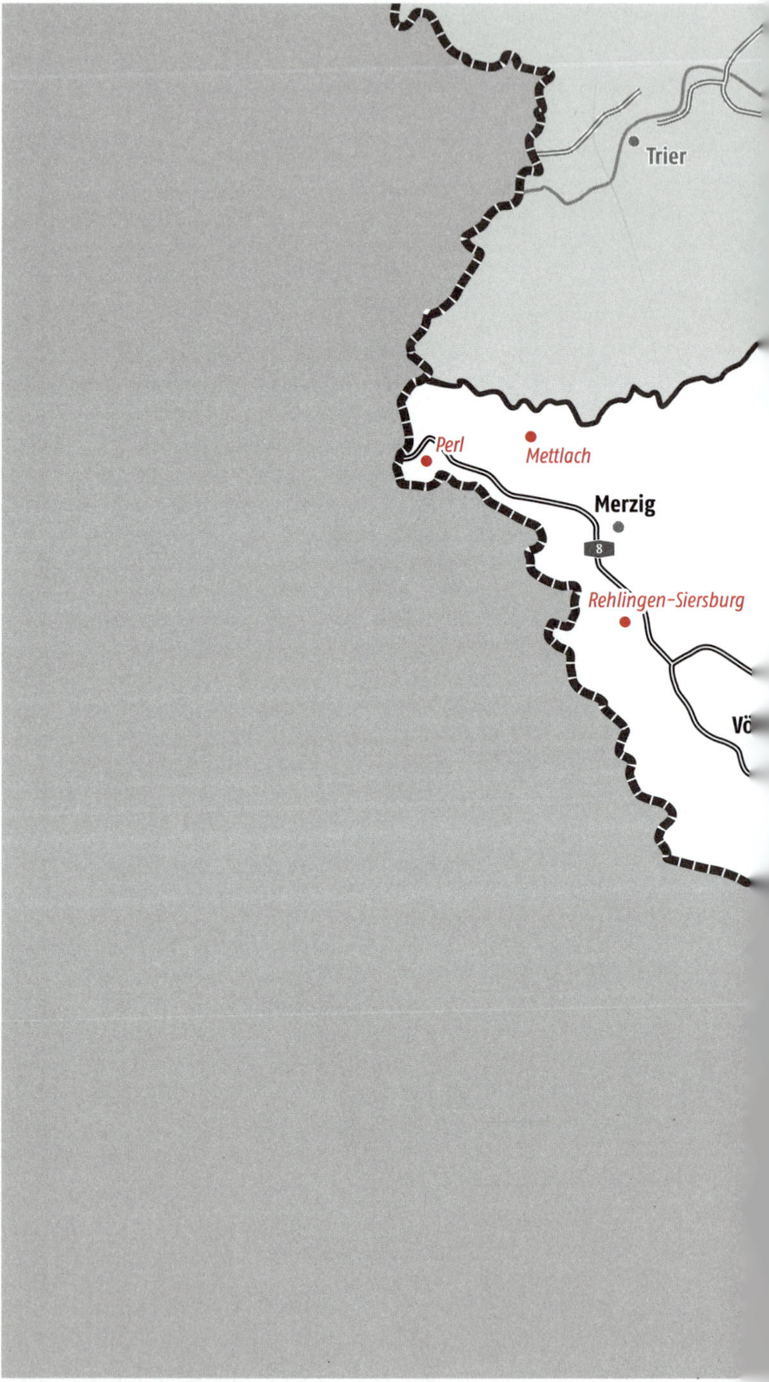

Idar-Oberstein
nweiler
62
Ottweiler
Neunkirchen
Homburg
8
SAARBRÜCKEN
Blieskastel
Mandelbachtal
Kaiserslautern

Hämmerle's Restaurant »Landgenuss«

Bliestalstraße 110 a,
66440 Blieskastel
0 68 42 / 5 21 42
hämmerles.de

Größe: 40 Plätze
Preise: Hauptgerichte 18–32 Euro
Kreditkarten: EC
Öffnungszeiten: Di–Fr 11.30–15 Uhr; Di–Sa ab 18 Uhr; Ruhetage: So, Mo

Feine Küche und elegantes Ambiente

Seit 1995 führen Stephanie und Cliff Hämmerle im Herzen der Bliesgau-Biosphäre das »Hämmerle's«. Im »Landgenuss« wird eine gehobene Landhausküche angeboten, das »Barrique« bietet eine ambitionierte Feinschmeckerküche. Auf der Karte des »Landgenuss« spiegelt sich der Einfluss des Bliesgaus und der Nachbarregionen Lothringen und Elsass wider. Mit handwerklichem Geschick rückt Cliff Hämmerle den authentischen Geschmack guter Produkte in den Mittelpunkt. Manche Lieferant*innen kennt er persönlich, die Produkte kommen, soweit möglich, aus dem Bliesgau. Werktags wird ein günstiges Mittagsmenü angeboten, ein guter Einstieg in die Küche des Hauses.
Als Starter sind die Kartoffelravioli mit Bioricotta und Babyspinatfüllung oder die Tafelspitzessenz mit Markklößchen und Croustinis probierenswert. Gelegentlich findet der seltene Blies-Zander den Weg auf die Karte. Spezialität des Hauses ist das Bliesgau-Lamm, besonders während der Lammwochen im Oktober: als Carpaccio oder mit dem Rücken von der Burenziege. Schmelzend die Kalbsbäckchen, fünf Stunden bei niedriger Temperatur gegart, mit Frühlingslauch-Karotten-Gemüse und Bärlauchgnocchi. Bemerkenswert sind die Karotten-Erbsen-Bällchen auf Brenschelbacher Linsen und das Cordon bleu vom Landhuhn mit Böckweiler Münster – regionaler geht es wirklich nicht. Ein süßer Abschluss ist das ofenwarme Rhabarberküchlein mit Vanille-Macaron-Eis. In der Jagdsaison gibt es Reh und Wildschwein aus heimischen Revieren.
Auf der Weinkarte versammeln sich vor allem Gewächse aus Frankreich und Deutschland mit zwanzig offenen Weinen. Stephanie Hämmerle berät charmant und umsichtig. Begehbare Vinothek.

→ Reservierungen nur telefonisch oder persönlich.
Seit Februar 2016 leitet Cliff Hämmerle die Kochsendung »Mit Herz am Herd«, in der auch Produkte der Region meisterlich verarbeitet werden.

Gräfinthaler Hof

Gräfinthal 6,
66399 Mandelbachtal
0 68 04 / 9 11 00
graefinthaler-hof.de

Größe: 90 Plätze im Gastraum, 60 im Außenbereich
Preise: Hauptgerichte 19–34 Euro
Kreditkarten: EC, Master, Visa
Öffnungszeiten: 12–23 Uhr, Küche 12–14 und 18–21 Uhr; Ruhetage: Mo, Di, sonntagabends

Ambitionierte Küche mit Lammspezialitäten

Der »Gräfinthaler Hof« gehört zum teilweise restaurierten Ensemble des ehemaligen Klosters Gräfinthal, in dem die Klosterruine und die Wallfahrtskapelle besichtigt werden können. Wenn der Gast im Wintergarten oder auf der Gartenterrasse Platz nimmt, hat er mehr als nur ein kulinarisches Erlebnis. In vierter Generation wird der Hof von Familie Künzer geführt. In der Küche schafft Jörg Künzer den Spagat zwischen traditionellem Ausflugslokal und ambitionierter Küche, im Service kümmert sich Miriam Künzer mit ihrem Team um den Gast, Tochter Maureen steht für die Zukunft. Verwurzelt im Bliesgau, ist Künzer darauf bedacht, Produkte der »Biosphärenregion Bliesgau« auf den Tisch zu bringen, wie das Lammfleisch von der Schäferei Ernst in Seelbach, Wild von der Jagdschule Gräfinthal oder Ziegenkäse vom Birkenhof und von Hirztaler. Er ist Mitgestalter der Bliesgau-Lammwochen im Oktober.

Im Frühling locken als Vorspeise eine Bärlauchquiche mit Löwenzahnsalat oder die feine Rindfleischsuppe mit Markklößchen. Spezialität des Hauses sind Gerichte vom Bliesgau-Lamm. Ein schönes Beispiel ist das Lammkarre in der Ziegenkäse-Pesto-Kruste mit Rosmarinjus und Rahmbohnengemüse. Aber auch die wechselnden Fischgerichte sind ein Aushängeschild. Vegetarisch kommen hausgemachte Ravioli mit Ricotta und Bärlauch auf den Teller. Oft sind Schweine- oder Kalbsbäckchen auf der Karte, zum Beispiel in kräftiger Rotweinsoße mit Saisongemüse und Kartoffelpüree. Fest im Angebot ist ein regionales Bliestal-Menü in drei Gängen, das sich am Marktangebot orientiert. Als Dessert sollte man sich die Mille feuille von Erdbeeren und Vanillecreme mit Rhabarber-Rahm-Eis nicht entgehen lassen – oder das Käseangebot probieren.

Die Weinkarte bietet überwiegend deutsche Weißweine von Mosel und Saar sowie französische Rotweine und als Überraschung einen Bliesgau-Wein.

→ In der Nähe liegt die Naturbühne Gräfinthal mit Theateraufführungen von Juni bis September.

Der Bioland-Hof Wack (Eichelberger Hof, 66399 Mandelbachtal-Ommersheim) konzentriert sich auf Milchkühe und Getreide. Im Hofladen gibt es eigene Produkte und ein großes Naturkostsortiment, unter anderem von der Bliesgau-Molkerei.

Landhotel Saarschleife

Cloefstraße 44,
66693 Mettlach-Orscholz
0 68 65 / 17 90
hotel-saarschleife.de

Größe: 100 Plätze im Restaurant
Preise: Hauptgerichte 21–32 Euro
Kreditkarten: EC, Amex, Master, Visa
Öffnungszeiten: Täglich 12–21 Uhr

Kreative Feinschmeckerküche mit regionalem Anker

Schon seit sieben Jahrzehnten gibt es im Dreiländereck Saarland-Luxemburg-Frankreich, unweit der »Cloef«, der spektakulären Aussicht auf die Saar, das Restaurant »Zur Saarschleife«. In stilvoll eingerichteten Räumen wie der Montclair-Stube, dem Kaminzimmer, der Nikolausstube oder dem Katharinen-Saal werden Küchenqualität und perfekter Service geboten. Michael Buchna, Celine Weisse und Christian Münch-Buchna bieten neben einer kreativen Feinschmeckerküche, zu der Hummer und andere Luxusprodukte zählen, eine authentische Landküche des Dreiländerecks.
Ein Aperitif mit der Champagnerbratbirne gefällt zur Trilogie vom Ziegenkäse: eine Rosmarin-Crème-brûlée vom Frischkäse mit Honig und Limette, gratinierter Eifel-Milder sowie Eifel-Würze, gehobelt auf Salbeitomaten. Es folgt eine leichte Bärlauchvelouté mit Roulade von der Bressepoularde und Kümmelfleuron. Wohlschmeckende Hauptgerichte sind der im Ganzen gebratene Bachsaibling vom Forellengut Rosengarten in Trassem oder der Viezhase mit konfierten roten Zwiebeln, glacierten Schnippelbohnen und Kartoffelstampf, der augenzwinkernd als »Opa Michis Mourtenspeis« angekündigt wird. Vegetarisch wird es mit gebratenen Bärlauch-Kartoffel-Nocken in Spargelrahm, mit Tête de Repplinger überbacken. Zur Nachspeise wird ein mit Butterstreusel gratiniertes Crumble vom Rhabarber mit Eis vom grünen Apfel und Minz-Holunder-Mousse gereicht.
Serviceleiter Pierre Näke und sein Team erläutern die lokalen Produktbezeichnungen gern. Die üppige Weinauswahl wird von Saar und Mosel dominiert.

→ Aktionswochen werden auf der Webseite angekündigt.

Die Baumschule für Obstbau Jacoby (Franz-Altmeyer-Straße 27, 66693 Mettlach-Tünsdorf) bietet aus seiner Bioproduktion Kirschen, Mirabellen, Zwetschgen und Äpfel. Außerdem den »Äppelprickler«, einen Apfelsekt nach der traditionellen Methode.

Landgasthof Paulus

Prälat-Faber-Straße 2,
66620 Nonnweiler-Sitzerath
0 68 73 / 9 10 11
landgasthof-paulus.de

Größe: 82 Plätze im Restaurant, 32 auf der Terrasse
Preise: Hauptgerichte 23–28 Euro
Kreditkarten: Alle gängigen Karten
Öffnungszeiten: Mi–Sa 12–22 Uhr; So 12–20 Uhr; an Feiertagen 12–22 Uhr; Ruhetage: Mo, Di, außer an Feiertagen

Kreativküche mit Kräutervielfalt und bester Weinkultur

Thomas Nickels hat den »Landgasthof Paulus« zur ursprünglichen Schönheit zurückgeführt. Der Gast kann im eleganten Restaurant oder im mediterranen Wintergarten Platz nehmen, im Sommer auch auf der lauschigen Terrasse. Er und Ehefrau Sigrune Essenpreis nehmen sich als perfekte Gastgeber in einer Zeit ohne Zeit Zeit. Am Herd steht Biospitzenköchin Essenpreis, um das Potenzial alltäglicher, unspektakulärer Gerichte zu entfalten. Der Landgasthof bewirtschaftet einen »Paradiesgarten« inklusive Bienenstand mit verschiedenen Beetarten, mit Kartoffeltürmen und Gewächshäusern. Weitere gepachtete Gärten liefern alte Gemüsesorten wie Haferwurz, Erdbeerspinat und Glückskleerübchen. Als Wildkräuterexpertin verfeinert Essenpreis manche Speise mit Kräutern und Blüten.

Auf der Karte fällt der Blick auf die ofenwarme Focaccia mit Kichererbsencreme, Topfen, Leinöl und gerösteten Brennnesselsamen. Bei den Vorspeisen und Suppen sollten die Rinderkraftbrühe mit Herrgottsbscheißerle* (Maultaschen) und im Frühling die Bärlauchsuppe mit verlorenem Ei vom Geschwisterkükenhuhn probiert werden. Ein echter Höhepunkt ist die Mousse von Ziegenquark & Meerrettich mit Salat aus Baldrian, Gundelrebe, Mädesüß an einer Vinaigrette mit Fichtenspitzenessig und kalt gepresstem Leinöl. Das Gericht steht exemplarisch für die Arbeitsweise von Essenpreis, die die Kräuter auf Wiesen und an Waldrändern selbst sammelt. Bei den Hauptgerichten steht mindestens ein saisonales Gemüsegericht zur Wahl wie mit Giersch gedünstete Artischocken und Kichererbsenreis; es schmeckt nicht nur vegetarisch orientierten Menschen. Als Alternative wird exzellentes Fleisch der Region mit Saisongemüse angeboten: Spitzenreiter sind der über zwei Wochen eingelegte Sauerbraten und das Cordon bleu vom Kalb mit Witzenheldener Rohmilchkäse und Bauernkochschinken. Fischliebhaber erfreut die geräucherte Lachsforelle auf Rahm-Karotten-Nudeln und Blattspinat. Als Abschluss verführt die Lorbeer-Crème-Caramel mit schwarzen Johannisbeeren.

Im Haus gibt es eine »begehbare Weinkarte«, Nickels und Essenpreis sind bekannte Weinexperten.

Das Kaffeesortiment von Pauli Michels Kaffeerösterei & Kaffeehandel (Hauptstraße 1, 66709 Weiskirchen) bietet Rohkaffeeraritäten aus 30 Ländern.

NEU

Landhaus Spanier

Hochwaldstraße 40,
66620 Nonnweiler
0 68 73 / 9 10 88
landhaus-spanier.de

Größe: 25 Plätze im Gasthaus
Preise: Hauptgerichte 12–26 Euro
Kreditkarten: Alle gängigen Karten
Öffnungszeiten: Di–Do 9–18 Uhr; Fr, Sa 9–21.30 Uhr; So, Feiertage, 10–18 Uhr; Ruhetag: Mo

Von der Gärtnerei zum Gasthaus

Familie Spanier betreibt ihr kleines Restaurant in unmittelbarer Nähe des Nationalparks Hochwald inmitten ihres Blumenladens mit seiner blühenden Vielfalt. In ihrer Küche wird mit handwerklicher Sorgfalt gekocht. Gemüse, Kräuter und Obst kommen aus dem eigenen Anbau und aus den für das Saarland typischen Streuobstwiesen, Eier und Fleisch aus der eigenen Maran-Hühner-Haltung, eine alte französische Zwei-Nutzen-Hühnerrasse, die Eier mit dunkelbrauner Schale legen. Die Rinder und Schweine des St. Wendeler Landes werden zu wohlschmeckenden Gerichten verarbeitet und freundlich serviert. Die Leidenschaft für kompromisslos regionale, qualitativ hochwertige Produkte und Rezepte ist unübersehbar.
Das Landhaus bietet ein Frühstück an. Zum Mittag oder zum Abend werden Prunkbohnen- oder Linseneintöpfe und Salate mit vielfältigen Beilagen serviert. Dibbelabbes* mit Quetsche, Mählknepp* und Broodabbel*, Broodgrummbeere* mit Spiechelei erfreuen nicht nur Einheimische, sondern auch die im Nationalpark Wandernden, die Fahrradtourist*innen und die Feriengäste rund um den Bostalsee. Roulade vom St. Wendeler Landrind mit Rotkohl und Holunderbeerchutney oder eine Dicke Rippe vom St. Wendeler Landschwein mit Serviettenknödel ergänzen Filet und Steak von heimischen Rindern und Schweinen. Die selbst gemachten Bandnudeln gibt es auch in einer vegetarischen Variante. Eine kleine Dessertkarte kann durch Cupcakes, Kuchen, Torten, Tartes und Pies aus der Theke ergänzt werden.

Wern's Mühle – Landhaus im Ostertal

Brückenstraße 37,
66564 Ottweiler-Fürth
0 68 58 / 6 99 92
werns-muehle.de

Größe: 140 Plätze im Gasthaus, dazu Terrasse
Preise: Hauptgerichte 13–25 Euro
Kreditkarten: EC
Öffnungszeiten: Di–Do 17–23 Uhr; Fr–So ab 11.30–15 und 17–23 Uhr, nachmittags Vesper und Kuchen; Ruhetag: Mo

Zeitgemäße Regionalküche am Premiumwanderweg

Mitte des 19. Jahrhunderts kam Familie Wern aus dem Berner Oberland ins Ostertal. Sie baute in Fürth im Kreis Neunkirchen am Mittellauf der Oster eine Mühle, Stallungen und ein großes »südwestdeutsches Einheitshaus«, das ab 1902 zur beliebten Ausflugsgaststätte »Wern's Mühle« wurde. Vor einem knappen Jahrzehnt kauften Markus und Theresia Keller das Haus mit der Gastwirtschaft und renovierten es. Der Name »Wern's Mühle - Landhaus im Ostertal« steht für den Neuanfang mit einer Küche, die vorwiegend auf Grundprodukten von Landwirtschaften der Umgebung basiert. Markus Keller entwickelt eine Speisekarte mit traditionell inspirierten, zeitgemäß interpretierten Speisen. Er hat sich ein zuverlässiges Netz von handwerklich arbeitenden Produzierenden der Region aufgebaut.

Als Vorspeise gefallen saisonabhängige Suppen und Salate. Die Rinderkraftbrühe ist eine Erinnerung an Omas gute Küche, das Schinkencarpaccio mit Leindotterölvinaigrette ist eine gelungene Interpretation des Originals. Bei den Hauptgerichten beeindrucken die feinen Scheiben vom Rinderfilet mit gehobeltem Hirztaler Käse und das gesottene Bäckle auf lauwarmem Linsensalat. Der Favorit ist ein Fischgericht: der Saibling vom Forellengut Rosengarten, auf der Haut gebraten mit Spargelrisotto. Die angebotenen Schnitzelgerichte haben das Zeug, die sogenannte bürgerliche Küche zu rehabilitieren. Das vegetarische Gärtnermenü ist ein Genuss für alle. Die Dessertkarte ist reichhaltig und eislastig, doch die hausgemachten Eissorten und Sorbets sind handwerklich und geschmacklich überzeugend. Auch bei großem Andrang liefert das Küchenteam optimale Qualität. Der Service unter Leitung von Theresia Keller arbeitet schnell und freundlich.

→ Am Haus führt der Premiumwanderweg »Mühlenpfad« vorbei; bei gutem Wetter sind im Biergarten viele Wander*innen und Radfahrer*innen.

Ein Hoflädchen bietet Produkte aus Wern's Mühle und von verschiedenen Lieferant*innen. Die Öffnungszeiten des Hoflädchens und der angrenzenden Mühle entsprechen denen des Landhauses.

Restaurant Maimühle

Bahnhofstraße 100,
66706 Perl
0 68 67 / 9 11 31
maimuehle.de

Größe: 50 Plätze im Restaurant
Preise: Hauptgerichte 13–25 Euro
Kreditkarten: EC, Master, Visa
Öffnungszeiten: Fr–Di 11.30–14 und ab 18 Uhr; Mi nur 11.30–14 Uhr; Ruhetag: Do

Saar-Lor-Lux-Küche mit Pfiff

In der 1733 erbauten Maimühle bewirtet Familie Theis seit 1883 ihre Gäste. Sie liegt im Dreiländereck Deutschland - Frankreich - Luxemburg, 50 Kilometer von Trier entfernt. Der Gastronom und Sommelier Frederik Theis hat das traditionsreiche Haus vor mehr als einem Jahrzehnt übernommen. Im Restaurant verbinden sich Tradition und Moderne stilvoll. An warmen Tagen fällt der Blick von der großen Außenterrasse auf die Luxemburger Weinberge jenseits der Mosel. Im ehemaligen Stall hat Theis eine Vinothek eingerichtet, in der Weine von der Saar und von der deutschen und luxemburgischen Moselseite angeboten werden. In der Küche stammen die Grundprodukte, soweit möglich, von Erzeuger*innen der Umgebung. Am Herd des »Restaurants Maimühle« gibt Frederik Theis traditionellen Gerichten einen neuen Akzent, aus regionalen Zutaten entsteht seine neue moselfränkische Küche. Unterstützung erhält der Chef von einem ebenso jungen wie motivierten Küchenteam.
Als Vorspeise sollte die gratinierte Räucherforelle vom Forellengut Rosengarten auf Roter Bete probiert werden. Spezialitäten sind der Moschtertbrod, ein hausgemachter Rollbraten mit Monschauer Senf, Kräutern, Zwiebeln, Bratkartoffeln und Wirsinggemüse, oder das Cordon bleu vom Wildschwein aus heimischer Jagd, gefüllt mit würzigem lothringischen Bauernschinken, dazu hausgemachte Pommes und ein frischer Salat. Ein Klassiker im Dreiländereck ist Hamm, Fritten und Zalot, gekochter und roher Schinken mit Pommes und Blattsalaten. Als attraktives Fischgericht steht gebratener Zander mit Kräuter-Riesling-Schaum, Kartoffelragout und beschwipsten Karotten auf der Karte. Zum Dessert darf es das heiße Streuobst, karamellisiert und flambiert mit altem Apfelbrand, verfeinert mit Chili, oder ein Eis von der Familie Hourt sein. Werktags wird ein preiswerter Lunch gekocht. Beim reichhaltigen Weinangebot dominieren Weine von Mosel und Saar, einige werden auch glasweise ausgeschenkt.

➔ Von Mai bis Oktober bietet Frederik Theis an mehreren Samstagen Weinwanderungen im Dreiländereck an. Termine auf der Webseite.
Unbedingt reservieren!

Adams Bauernstube

Pehlinger Hof,
66780 Rehlingen-Siersburg
0 68 33 / 10 10
pehlingerhof.de/adam-s-bauernstube

Größe: 60 Plätze in der Bauernstube
Preise: Hauptgerichte 6–19 Euro
Kreditkarten: Keine
Öffnungszeiten: April–Dez, Do–Sa 16–22 Uhr, Küche 17–21 Uhr; So 12–20 Uhr, Küche 12–14 Uhr; Ruhetage: Mo–Mi

Viel Landluft und gutes Essen

Aus »Adams Bauernstube« auf dem Pehlinger Hof in Rehlingen zwischen Saarlouis und Merzig fällt der Blick durchs große Fenster wahlweise in den Kuhstall oder in die Brennerei. Im kleinen Refugium von Petra und Norbert Adam kann echte Landluft ebenso genossen werden wie - zu mehr als fairen Preisen - eine authentische Bauernküche. Fast alle Produkte auf dem Tisch werden selbst hergestellt. Die Küchenchefin Petra Adam wird in der Küche von Andreas Christ unterstützt, den Service leitet Nichte Carina Christ.

Wanderer oder Nachmittagsgäste wählen aus der Vesperkarte die Pehlinger Platte mit Blut- und Leberwurst, Sülze, Schinken und Dörrfleisch oder ein einfaches Schinkenbrot. Abends und am Sonntagmittag wärmen hausgemachte Spezialitäten: in Butter geschwenkte Bärlauchmaultaschen, gegrillte Lyoner oder in der Pfanne gebraten mit Bratkartoffeln. Kraftvoll-deftige Gerichte sind der Rindfleischsalat mit Paprika und marinierten Zwiebeln oder die Sülze in Apfelessigdressing mit Bratkartoffeln. Gelegentlich schmort ein Burgunderbraten im Rohr, in der Saison ein Viezbraten, in Apfelwein mariniertes Fleisch mit Äpfeln und Pflaumen; beide werden von reichhaltigen Salaten begleitet. Sehr empfehlenswert sind die hausgemachten Kuchen.

Carina Christ berät kompetent bei dem für eine Bauernstube ungewöhnlich großen Weinangebot. Nicht weniger als 17 Weine werden auch glasweise angeboten. Die 14 Edelbrände, davon vier aus dem Eichenfass, stammen aus eigener Produktion ebenso wie die Liköre. Die Spezialität des Hauses ist ein Brand aus »Hundsärsch« (Mispeln).

→ Reservierung empfehlenswert.

Saarland

Brände und Liköre können vor Ort erworben werden.
Im Hofladen des biozertifizierten Marienhofs (Lommerweg, Gerlfangen) werden aus eigener Erzeugung Fleisch, Geflügel, Brotgetreide und Backwaren, Eier und Kuhmilch sowie Nudeln und Marmeladen angeboten, darüber hinaus ein breites Naturkostsortiment.

Sachsen

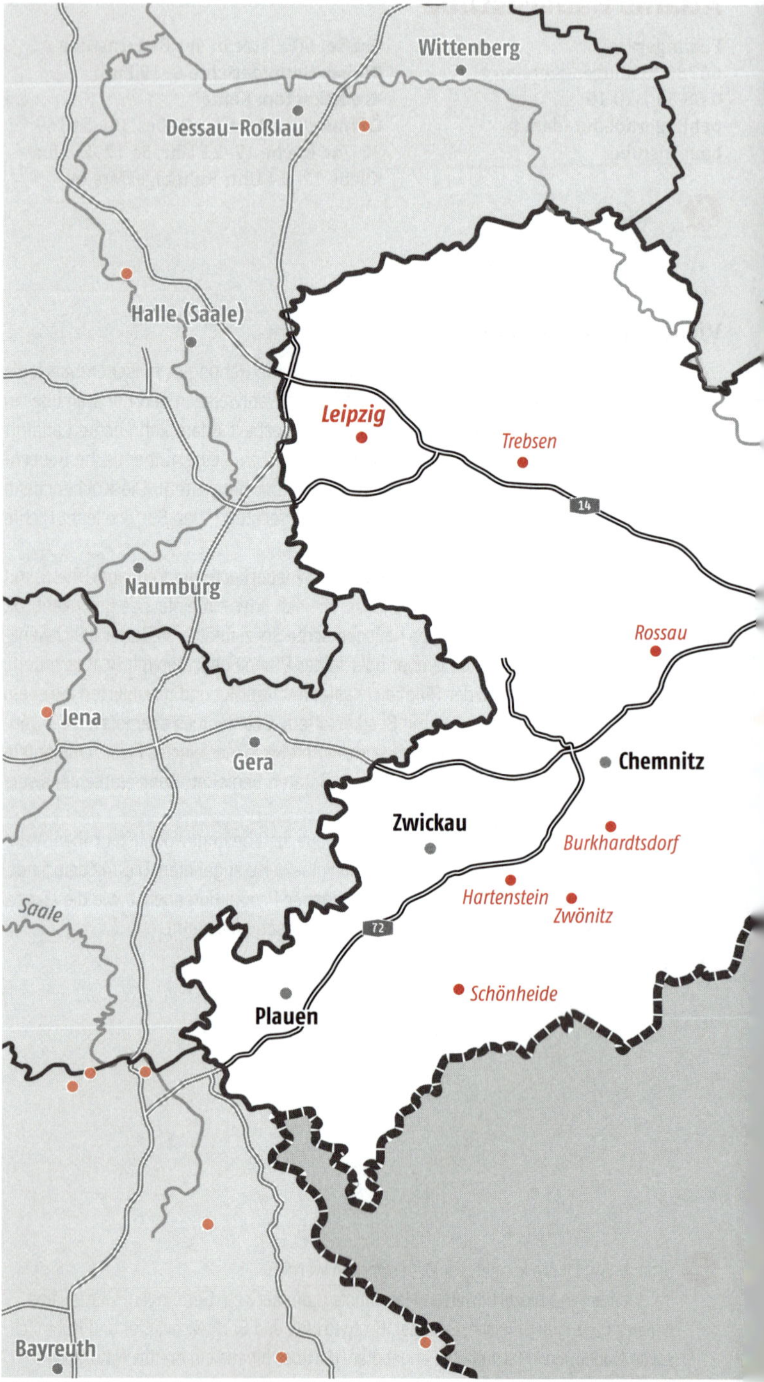
Wittenberg
Dessau-Roßlau
Halle (Saale)
Leipzig
Trebsen
14
Naumburg
Rossau
Jena
Gera
Chemnitz
Zwickau
Burkhardtsdorf
Hartenstein
Zwönitz
Saale
72
Plauen
Schönheide
Bayreuth

Cottbus
Spree
4
Bautzen
Görlitz
DRESDEN
Kottmar
Hohnstein
Freital
Kreischa

Wjelbik Bautzen

Kornstraße 7,
02625 Bautzen
0 35 91 / 4 20 60
wjelbik.de

Größe: 55 Plätze im Gewölbe
Preise: Hauptgerichte 14–23, Menüs ab 26 Euro
Kreditkarten: EC, Master, Visa
Öffnungszeiten: Di–Sa 11–15 und 17.30–22 Uhr; Ruhetage: Mo, So

Sorbische Kultur und sorbische Küche

Zentral in der Bautzener Altstadt in der Nähe des Doms gelegen, ist das »Wjelbik« das einzige Lokal der Stadt, das sich überwiegend der sorbischen Kultur widmet. Es wird oft als das beste Restaurant der Stadt bezeichnet. Der Name meint das Gewölbe im Hauptraum des Restaurants; ein anschließender Saal bietet weitere Plätze. Das Restaurant im alten Gemäuer ist modern und zweckmäßig eingerichtet. Es wird von Monika Lukasch als Restaurantleiterin und ihrem Ehemann und Küchenchef Thomas Lukasch in zweiter Generation als Familienbetrieb geführt. Im bleiverglasten Fenster sind sorbische Sagen dargestellt, die in einem Faltblatt erläutert werden. Sorbische Küche und Kultur werden präsentiert und gelebt, die regionalen Lieferant*innen auf der Speisekarte genannt. Die jahreszeitliche Küche steht im Vordergrund, die Speisen werden modern aus regionalen und saisonalen Produkte frisch zubereitet. Besonders hervorzuheben ist der freundliche Service.

Etwa die Hälfte der Gerichte hat einen sorbischen Hintergrund: Eine Sorbische Hochzeitssuppe mit Eierstich, Fleischklößchen und Gemüsestreifen und ein weiteres sorbisches Hochzeitsessen, das Falsche Filet vom Ochsen im Wurzelgemüsesud gegart mit Meerrettichsoße und Gemüse sind hervorragende Beispiele. Des Probierens wert ist auch die Sorbische Rinderroulade mit feinem Kalbsfleisch, Senfsoße, frischem Gartengemüse und hausgemachten Serviettenknödeln. Beim weiteren Speisenangebot dominieren regionale Gerichte wie der Sächsische Sauerbraten oder Quark mit Leinöl. Es gibt eine rustikale Bautzener Schlachteplatte und fünf Lausitzer Köstlichkeiten: Forellenmuspraline, Hähnchenbratwurst, hausgeräucherte Entenbrust, gebackener Ziegenkäse und Fleischsülzchen, begleitet von einem Salatteller. Fisch aus der Lausitzer Teichlandschaft wird ebenfalls angeboten, zum Beispiel auf der Herbstkarte das Karpfenfilet gebraten oder blau, mit Riesling-Meerretichsoße, buntem Wurzelgemüse und Kartoffeln vom Biobauern Wjesala. Als Abschluss ist eine Lausitzer Mohnmousse mit warmen Pflaumen passend.

Es werden Säfte und Biere aus der Oberlausitz und überwiegend deutsche Weine mit einer guten Auswahl sächsischer Gewächse angeboten.

Landgasthof Topfmarktscheune

Topfmarkt 7,
09235 Burkhardtsdorf
0 37 21 / 2 43 24
topfmarktscheune.de

Größe: 100 Plätze im Gastraum, 30 im Hof
Preise: Hauptgerichte bis 25 Euro
Kreditkarten: EC
Öffnungszeiten: Di–Fr ab 17 Uhr; Sa, So, Feiertage ab 11 Uhr; Ruhetag: Mo

Originell, urig, gemütlich, gut

Die Erzgebirgsnordrandstufe begrenzt mit etwa 500 Meter NHN das Erzgebirge zum südlichen Erzgebirgsbecken. Von Chemnitz kommend, liegt Burkhardtsdorf, in dem das Leineweber- und Strumpfwirkerhandwerk beheimatet war, direkt dahinter. Die rustikal und gemütlich im erzgebirgischen Stil ausgebaute »Topfmarktscheune« mit freigelegten Balken eines ehemaligen Dreiseitenhofes bietet dem Gast auf zwei Etagen ein einladendes Ambiente. Der Städter weiß sich hier »auf dem Land« und freut sich über das originelle Interieur. Den Gast erwartet – auf Tongeschirr aus Görzke im Hohen Fläming serviert – eine behutsam modernisierte Hausmannskost mit Produkten aus der Region, teilweise in Bioqualität oder aus dem eigenen Garten und Backofen. Er kann sich in der Speisekarte über Produzenten und Herkünfte der Produkte informieren. Die Gastgeber garantieren konsequenten Verzicht auf jegliche Zusatzstoffe und Geschmacksverstärker.
Der Einstieg in die saisonale Speisekarte gelingt mit einem Rote-Bete-Salat mit kleinem Fruchtspieß nach Omas Rezept oder der Holunderbeerensuppe mit Sauerkirschen und kleinen Stückchen von der Kakaobohne ausgezeichnet. Beim Hauptgang fällt die Wahl auf den Braten vom Erzgebirgs-Reh in Aroniasoße, serviert mit Kürbisknödel aus Bio-Mehl und in Butter gebratenem Rosenkohl. Gelegentlich weist das freundliche Servicepersonal auf Gerichte hin, die auf einer Schiefertafel am Eingang des Restaurants notiert sind, wie ein Hüftsteak vom Angus-Rind vom benachbarten Bauern. Zur Kulinarik des Erzgebirges gehört unbedingt der Buttermilchgetzen mit Schinkenwürfeln und Bio-Leinöl, ein in der Pfanne ausgebackener goldbrauner Kartoffelkuchen. Unbedingt probierenswert ist eine saisonale »Topfmarktscheunen«-Spezialität wie das Wilde Kräuterweibl, ein Potpourri vegetarischer Zutaten. Abgerundet wird das Mahl durch hausgemachte Gelees (auch zum Mitnehmen) von Blüten und Beeren aus eigener Ernte mit feinem Eis, garniert mit Kräutern und Honig vom Imker aus dem Nachbarort. Nicht unerwähnt bleiben dürfen die Tees mit Kräutern aus dem Garten des Hauses und andere Biotees. Das Jahr geht in der »Topfmarktscheune« traditionell zu Ende mit dem erzgebirgischen Neinerlaa* – neun Speisen kommen gleichzeitig auf den Tisch, jede mit einer (glücksbringenden) Bedeutung.
Der Service durch den Hausherrn ist freundlich zurückhaltend und angenehm unprätentiös – typisch erzgebirgisch.

Genuss-Atelier

Bautzner Straße 149,
01099 Dresden
03 51 / 25 02 83 37
genuss-atelier.net

Größe: 45 Plätze im Restaurant, 40 auf der Terrasse
Preise: Hauptgerichte 20–36 Euro
Kreditkarten: EC, Master, Visa
Öffnungszeiten: Di–Fr 17–23 Uhr; Sa 12–15.30 und 17–23 Uhr; Ruhetage: So, Mo

Sächsisch fein für Auge und Gaumen

Am Ende der Dresdner Waldschlösschenbrücke, versteckt in einem Kellergewölbe der Bautzner Straße, befindet sich das »Genuss-Atelier«. Nicole und Marcus Blonkowski betreiben es seit 2014 erfolgreich. Das originale Sandsteintonnengewölbe vermittelt ein uriges und gemütliches Flair. Die Bögen eröffnen reizvolle Durchblicke, wobei kleine Nischen und räumliche Trennungen durch Glasscheiben ein diskret-separates Sitzen ermöglichen und das Geräuschniveau dämpfen. Die moderne Einrichtung steht in einem schönen Kontrast zum Sandsteingemäuer. Bei schönem Wetter lädt eine Außenterrasse zum Verweilen ein. Marcus Blonkowski setzt auf Regionalität, Frische und Saisonalität der Produkte. Viele Erzeugende, meist landwirtschaft Treibende der Umgebung, kennt er persönlich; sie sind in der Speisekarte ausgewiesen. Fleisch und das frisch gezapfte Bier stammen vom Missionshof Lieske, Fisch unter anderem von der Teichwirtschaft Moritzburg und der Forellenzucht am Lachsbach Rathmannsdorf. Fleisch, Obst und Gemüse sowie Käse liefern der lokale Handel für regionale Produkte.
Mit Vorliebe kocht Blonkowski nach traditionellen sächsischen Rezepten, die er teilweise neu interpretiert. Nicht nur der Gaumen, auch das Auge wird verwöhnt. Als Vorspeisen gefallen der Ziegenquark mit Kohlrabi und Radieschen, der gebeizte Saibling mit Gurke und Buttermilch sowie der sächsische Rohschinken mit Rettich und schwarzem Reis. Als Hauptspeise erfreuen das Rinderfilet mit Spargel und Sauce hollandaise und der Kalbsrücken mit Schwarzwurzel und Kartoffelbaumkuchen. Der Appetit auf ein Fischgericht wird mit einer Roten Forelle mit Spinat und Macairekartoffeln gestillt. Das Überraschungsmenü bietet eine Auswahl aus der Speisekarte mit kleinen Grüßen aus der Küche; es wird tischweise serviert. Die Dessertkarte rundet das Geschmackserlebnis mit einem duftigen Milchreis mit Rhabarber und Vanille oder der dunklen Schokolade mit Kokos und Karamell. Die salzige Alternative: Oberlausitzer Rotschmiere mit Karotte und Senfsaat. Aufgrund des häufigen saisonalen Wechsels der Karte ist diese Auswahl eine Momentaufnahme.
Der freundliche und aufmerksame Service liefert passende Getränke. Die meisten Weine bezieht das »Genuss-Atelier« von Weingütern der sächsischen Weinstraße.

Restaurant Daniel

Gluckstraße 3,
01309 Dresden
03 51 / 81 19 75 75
restaurant-daniel.de

Größe: 50 Plätze im Restaurant und Außenterrasse
Preise: Hauptgerichte 20–29 Euro
Kreditkarten: EC, Master, Visa
Öffnungszeiten: Di–Sa 17–22 Uhr; Ruhetage: So, Mo

Klarer Geschmack im schicken Ambiente

Etwas versteckt, im Westen des Dresdener Stadtteils Striesen, führt Daniel Fischer das »Restaurant Daniel«. Der frühere Ausbildungsleiter und Küchenchef der Hotelfachschule für Köche in Dresden hat sich hier den Traum vom eigenen Restaurant erfüllt. Das schicke Restaurant hat mit seinen klaren modernen Linien und hellen Farben einen besonderen Charme. Bei schönem Wetter lockt die überdachte Außenterrasse. Regionalität, Frische, Saisonalität, Vielfalt und natürliche Zubereitung der Rohstoffe liegen Daniel Fischer am Herzen. Er baut auf den natürlichen Geschmack der frischen Lebensmittel, deren Erzeuger*innen er in der Regel persönlich kennt. Er ist sich sicher, dass es meist nicht viel mehr als gute Butter, frische Kräuter und etwas Salz braucht, um ein Gericht perfekt abzuschmecken. Der größte Teil des Fleischs stammt vom Hofgut Kaltenbach in Thiendorf, der frische Fisch kommt aus Kirschau und Lausitzer Teichwirtschaften. Gemüse, Kräuter und Salate liefert der lokale Wochenmarkt, Brot und Brötchen werden im Haus gebacken. Mit diesen Zutaten kocht Daniel Fischer mit seinem Team köstliche und ungekünstelte Gerichte, die auch das Auge erfreuen.
Als Vorspeisen gefallen das Vitello Truta (Kalbfleisch mit Lachsforellencreme) und die Kräuterrahmsuppe mit einer Knusperwippe. Sehr empfehlenswert ist die Wildschweinschulter mit buntem Gemüse und Endivien-Kartoffelstampf, ebenso das Entrecôte vom Kalb mit geschmortem Sellerie und Bamberger Hörnchen. Als Fischgang gefällt der »beste verfügbare Süßwasserfisch« mit Safransauce und Spinat-Graupenrisotto. Zum Nachtisch wird eine kleine süße Überraschung gereicht oder die bemerkenswerte Komposition Pflaume und Pflaume mit Pflaume und Pflaume.
Das Bier kommt aus Meißen und von einem kleinen Brauer aus Coswig, die Säfte aus Siebenlehn. Die Weinkarte listet eine ganze Reihe lokaler Gewächse. Als Digestif stehen Brände der Dresdner Brennerei Augustus Rex bereit. Der Service ist freundlich, aufmerksam und kompetent.

→ An jedem letzten Mittwoch im Monat lädt Daniel Fischer einen Produzenten oder eine Produzentin zum Genussabend ein. Jäger*innen, Landwirt*innen, Teichwirt*innen und Gemüsehändler*innen von nebenan stellen ihre Produkte vor. Fischer kocht daraus ein fünfgängiges Menü.

Schmidt's Restaurant

Moritzburger Weg 67,
01109 Dresden
03 51 / 8 04 48 83
schmidts-dresden.de

Größe: 50 Plätze im Restaurant, 50 auf der Terrasse
Preise: Hauptgerichte 18–32 Euro
Kreditkarten: Alle gängigen Karten
Öffnungszeiten: Di–Sa 17–22 Uhr, Ruhetage: Mo, So

Feine Küche, prächtig angerichtet im mediterranen Loft

»Schmidt's Restaurant« ist seit zwei Jahrzehnten im Gebäudeensemble Deutsche Werkstätten Hellerau zu finden. Der wunderschöne Innenhof mit seinen riesigen Kastanienbäumen ist ein beliebtes Fotoobjekt. Bei gutem Wetter ist die schöne Terrasse einladend. Die mediterran anmutende Loftatmosphäre von »Schmidt's Restaurant« unterstreicht die jahreszeitlich inspirierte, wöchentlich wechselnde Speisekarte. Zusätzlich zur Wochenkarte gibt es täglich mittags und abends wechselnde Speisenempfehlungen, die auf einer großen Tafel notiert werden. »Schmidt's Restaurant« legt größten Wert auf regionale Produkte, die saisonal variieren. Es wird mit lokalen Erzeuger*innen zusammengearbeitet.

Als Vorspeisen bietet sich »Schmidt's Frühlingsspaziergang« an, ein Salat aus Spargel, Rhabarber, Radebeuler Zupfsalaten und Oberlausitzer Zickleinzunge, oder eine Essenz vom Oberlausitzer Zicklein. Als Hauptgang begeistern karamellisierte Spanferkelbäckchen mit Portweinschalotten und Kichererbsenpüree, die Involtini vom Milchkalb oder die geschmorte Schulter vom sächsischen Wollschwein mit Walnussschaum, Cassis-Schwarzwurzel und Püree der Brunnenkresse gleichermaßen – der Ideenreichtum von Küchenchef Olaf Kranz scheint unbegrenzt. Für Unschlüssige gibt es eine Art Potpourri der Tageskarte in fünf oder acht kleinen Gängen.

Auch beim Getränkeangebot sind Saisonalität und Regionalität von Bedeutung. Neben einigen hausgemachten Limonaden bezieht man Säfte aus der Region und Brände von der Dresdner Brennerei Augustus Rex. Dazu viele Weine sächsischer Güter. Der freundliche Service rundet das Genusserlebnis ab.

→ Für architektonisch und an Design Interessierte ist das Ensemble ein Muss: Die Gartenstadt Hellerau ist bis weit über die Stadtgrenzen Dresdens hinaus all jenen ein Begriff, die sich mit modernen Lebensformen, Städtebau und Gesellschaftsideen des 20. Jahrhunderts auseinandersetzen.

Himmel und Hölle

Nicolaigasse 1,
09599 Freiberg
0 37 31 / 2 03 98 44
himmelundhoelle-freiberg.de

Größe: 50 Plätze im Gastraum, 25 im Nebenraum
Preise: Hauptgerichte 13–24 Euro
Kreditkarten: Alle gängigen Karten
Öffnungszeiten: Di–Sa 11–14 und 17–22.30 Uhr; Ruhetage: So, Mo

Sächsisch-regional mit exotischem Touch

Das Restaurant »Himmel und Hölle« am historischen Platz im Zentrum von Freiberg ist ein Neubau nach historischem Vorbild. Das warme, dunkle Holz der Innenausstattung, das angenehme Licht und die frischen Blumen auf allen Tischen laden zum Besuch ein. Die Speisekarte besticht mit zahlreichen saisonalen Gerichten regionaler Herkunft. Gleichzeitig findet der Gast Gerichte mit indischen und ayurvedischen Wurzeln, eine Passion des Inhabers Enrico Mai. Er vertritt die Prinzipien der Regionalität und Saisonalität mit ganzem Herzen und möchte den Besuchenden der Universitätsstadt Freiberg, den Forschenden, den Studierenden, Geschäftsleuten und internationalen Gästen mehr bieten. In der Speisekarte findet sich eine Liste der wichtigsten Lieferant*innen. Dass geschlachtete Tiere in der Küche vollständig verarbeitet werden, ist für Enrico Mai eine Selbstverständlichkeit. Alle Gerichte werden ohne künstliche Zusatzstoffe hergestellt.
Bei den »Himmlischen Kleinigkeiten« steht neben Kichererbsenmus ein wunderbar regionales Carpaccio vom Reichenauer Rinderfilet. Die raffinierten, schmackhaften Suppen spiegeln das aktuelle Gemüseangebot des Marktes. Im Januar begeistert eine feine Rote-Bete-Suppe. Interessant ist der Kräuterpfannkuchen, gefüllt mit Kalbsragout und Bergkäse. Die Auswahl der Hauptgerichte ist von der Region und Saison bestimmt. Geschmackvoll sind das vegetarische Sellerieschnitzel, gefüllt mit Ziegenkäse, und das Filet von der Lichtenberger Regenbogenforelle. Gelegentlich stehen auch Rehburger und Rehbratwurst auf der Speisekarte. Zum Nachtisch überzeugt das Nougatparfait.
Neben dem Freiberger Bier, das die Gäste hier erwarten dürfen, bietet das Restaurant ein Gersdorfer Ale aus der kleinen Glückauf-Brauerei im Erzgebirge an. Weine kommen von Sachsenwinzern aus dem Elbtal und von einigen Biowinzern. Säfte liefert die Saftmanufaktur Kerstin Lieber. Eine Spezialität ist die Kräuterlimonade »Meiner Mött's« – die Geschichte dazu erzählt Enrico Mai gern. Der aufmerksame Service pflegt ohnehin intensiven Kontakt zu den Gästen.

Brasserie Ehrlich

Wiesenweg 1,
01705 Freital, Wurgwitz
03 51 / 30 93 42 32
brasserie-ehrlich.de

Größe: 20 Plätze im Restaurant, 12 im Stübli, 12 auf der Terrasse; Hofgarten
Preise: Menüs ab 45 Euro
Kreditkarten: EC
Öffnungszeiten: Mi–Sa 17.30–23 Uhr; So, Feiertage 12–15 Uhr; Ruhetage: Mo, Di

Ländliche Wirtschaft – gemütlich, köstlich, familiär

2016 ist die »Brasserie Ehrlich« aus der Dresdner Südvorstadt nach Freital-Wurgwitz umgezogen. Familie Fröhlich hat ein altes Kleinbauernhaus zu einem von französischen Brasserien inspirierten, stilvollen und gemütlichen Gasthaus ausgebaut. Vom Gastraum, von der Terrasse und vom Hofgarten aus hat man einen schönen Blick in das angrenzende Wiesental. Nadine und Stephan Fröhlich, sie Sommelière und er Küchenchef, setzen mit ihrem Team konsequent auf Region und Saison. Fleisch und Bier kommen aus dem nahen Erzgebirge, die Backwaren aus einer kleinen Dresdner Bäckerei, die Säfte von umliegenden Streuobstwiesen. Aus dem eigenen Garten werden Obst, Gemüse und Kräuter verarbeitet.

Die zur Jahreszeit passende Karte ist übersichtlich. Auf der Frühjahrskarte gefällt bei den Vorspeisen das Vitello Forello - dünne Scheiben vom Kalbsbraten mit einer Sauce von geräucherten Forellen und Grünzeug sowie Kartoffelravioli mit Bauernblutwurst und Zwiebelschaum. Bei den Hauptgerichten weckt Schönebergers Maishähnchenbrust mit Pfannenspargel und Kartoffelnocken die Aufmerksamkeit, ebenso das Steak au four - Ragout und Steak vom erzgebirgischen Frischling mit Kartoffelkrapfen. Vegetarisch bevorzugende Menschen kosten vergnüglich die Rübli-Salbei-Quiche mit Kressedip und Salat. Unter den Hauptspeisen ist immer ein Fischgericht. Beim Nachtisch steht die Schweinerei aus Cassissorbet mit Bauernrahm, Marillen-Eierlikör und Schmätzchen* in der Gästegunst weit oben. Ebenfalls köstlich: Schokoladenküchlein mit flüssigem Kern, Walnüssen, Eierlikör und hausgemachtem Rotwein-Butter-Eis.

Die Getränkekarte listet fast ausschließlich regionale Erzeuger. Empfehlenswert und originell sind die Aperitifs. Die Weinauswahl ist überzeugend, vorwiegend von sächsischen Weingütern. Interessant ist die Cuvée »Formidable«, die in Zusammenarbeit mit einem Weingut jedes Jahr neu assembliert wird.

Obermühle Görlitz

An der Obermühle 5,
02826 Görlitz
0 35 81 / 87 98 32
obermuehle-goerlitz.de

Größe: 40 Plätze im Restaurant, 70 auf der Terrasse
Preise: Hauptgerichte 14–25 Euro
Kreditkarten: EC, Master, Visa
Öffnungszeiten: Täglich ab 12 Uhr

Traditionelles Handwerk, Gastlichkeit und Innovation

Die Altstadt von Görlitz ist ein architektonisches Kleinod. Eine Besichtigung lässt sich gut mit einem Besuch in der »Obermühle Görlitz« verbinden. Das gemütlich eingerichtete Lokal - die alte Mühle war bis 1994 in Betrieb - liegt unmittelbar an der Neiße mit Blick auf die Eisenbahnbrücke und herüber ins benachbarte Polen. Die »Obermühle« liegt stadtnah und zugleich mitten in der Natur. Inhaber und Küchenchef Jörg Daubner führt sie - wie die Hausbrauerei - in zweiter Generation. Nicht nur in der Küche, sondern vor allem mit seinem Projekt RainKost, für das er 2020 den Innovationspreis Tourismus des Landkreises Görlitz erhielt, setzt er zukunftsweisende Akzente. RainKost ist die Anwendung der Solidarischen Landwirtschaft für Restaurants. Auf der in Görlitz gelegenen Fläche werden Obst und Gemüse für inzwischen sieben Restaurants ökologisch angebaut. Frischer können gute Produkte nicht in der Küche landen. Sie zu verarbeiten gelingt Jörg Daubner meisterlich. Die Jahreszeit bestimmt das Angebot der frisch gekochten Speisen. Neben den Produkten aus der RainKost werden regionale Produkte von persönlich bekannten Erzeuger*innen - zum Teil im kleinen Grenzverkehr aus polnischer Nachbarschaft - bezogen und sind auf der kleinen, feinen Speisekarte ausgewiesen. Nicht jedes Gericht wird immer angeboten, aber es kann immer eine interessante, auch vegetarische Auswahl zusammengestellt werden.
Als Vorspeise werden Tapas - regional interpretiert angeboten. Die Fleischvariante kommt mit Schinkenspeck vom Wollschwein, von der letztjährigen Ernte der RainKost ist fermentiertes Gemüse dabei. Neben einem Schweineschnitzel erfreut von der Tageskarte das Dal nach Art der Obermühle: rote Linsen in Kokosmilch, mit Champignons und Joghurt. Das Obermühlen-Eis lockt zum Nachtisch ebenso wie die regionaltypischen Quarkkeulchen. Neben dem handwerklich gebrauten und nur im Gasthaus erhältlichen Pils und einem kupferfarbenen Bier namens Ghost stehen Weißweine aus Sachsen sowie eigene Säfte und Kräutertees auf der Getränkekarte. Den Lausitzer Nelkenapfel gibt es als Brand.

→ Regelmäßig werden Bierverkostungen in der Hausbrauerei durchgeführt. Und man kann Boote für eine Partie auf der Neiße mieten.

Landhotel Gutshof

Wilhelm-Zierold-Weg 21,
08118 Hartenstein
03 76 05 / 71 43
landhotel-gutshof.de

Größe: 40 Plätze im Restaurant; weitere Stuben und Zimmer
Preise: Hauptgerichte 10–20 Euro
Kreditkarten: EC, Amex, Eurocard, Visa
Öffnungszeiten: Di–Fr 18–20 Uhr;
Sa 15–21 Uhr; So 11–14.30 Uhr;
Ruhetag: Mo

Einfach gut essen, ohne Schnickschnack

In Hartenstein östlich von Zwickau heißt Familie Gnadt in vierter Generation im »Landhotel Gutshof« willkommen. Das Haus und das Team blicken auf viele Jahre Erfahrungen und Ereignisse zurück, die den Gutshof zu dem werden ließen, was er heute ist. Die Leidenschaft für eine gute bodenständige Gastronomie ist zu spüren. Etwas abseits, direkt an der alten Salzstraße gelegen, ist der Gutshof ein idealer Ausgangspunkt für Aktivitäten. Der Gutshof ist geprägt von hellem Holz und frischen Farben, liebevoll und mit Gefühl fürs Detail dekoriert. »Einfach gut essen« ist das Motto und der Anspruch des Hauses, die Regionalität hat einen hohen Stellenwert. Die Küche ist ehrlich-sächsisch mit leicht mediterranen Ausflügen. Ein eigenes Blockheizkraftwerk, Solaranlage, LED-Technik und Ökostrom sorgen für ein nachhaltiges Konzept. Lieferant*innen aus der Region sind unter anderem die Fleischerei Heyer in Werdau, die Silberfleisch-Agrargenossenschaft Lößnitz-Stollberg eG oder der Straußenhof Ochsenkopp in Zschocken.
Die Karte zeigt einen saisonalen Charakter und bietet neben typisch erzgebirgischen Gerichten wie dem Schiebböcker* auch einige Kloßspezialitäten. Dazu zählen die Wickelklöße, ein flach ausgewalzter Kloßteig, mit einem Aufstrich zusammengerollt und in Wasser gegart. Der Aufstrich gibt dem Kloß den typischen Geschmack. Neben der traditionellen Variante mit in Butter gerösteten Semmelbröseln sind der Vielfalt kaum Grenzen gesetzt. Auf der Karte finden sich ebenfalls Gerichte der ehemaligen DDR-Küche, oft mit Anleihen aus französischen Kochbüchern und an die damaligen Gegebenheiten angepasst. In diese Kategorie gehören die Klassiker Würzfleisch* und das Steak au four* vom Schweinerücken. Überzeugend in Geschmack, Konsistenz und Zubereitung ist auch das Rindersteak aus der Region. Auf der Dessertkarte das Quarkkeulchen* als typisch sächsische Nachspeise.

Landgasthaus zum Schwarzbachtal

Niederdorfstraße 3,
01848 Hohnstein-Lohsdorf
03 59 75 / 8 03 45
schwarzbachtal.de

Größe: 50 Plätze im Gastraum, 30 im Vorgarten
Preise: Hauptgerichte 13–24 Euro
Kreditkarten: EC
Öffnungszeiten: Mo, Di, Fr ab 17 Uhr; Sa, So, Feiertage 11.30–14 und ab 17 Uhr; Ruhetage: Mi, Do

Gemütlicher Landgasthof mit taffer Küchenchefin

Die Schwarzwälder Germanistin Barbara Siebert kam 1990 nach Sachsen und übernahm später das »Landgasthaus zum Schwarzbachtal«, ein freundliches Haus mit guter Küche und schnurrendem Kater im herrlichen Wandergebiet der Sächsischen Schweiz. Er liegt vierzig Kilometer südöstlich von Dresden und ist nicht ganz leicht zu finden. Der Gastraum wirkt einladend mit sonnengelben Wänden, liebevoll zusammengetragener Einrichtung, alten Schränken, etwas Kunst und weiß-blau eingedeckten Tischen. Barbara Siebert kocht selbst, sie ist ambitionierte Autodidaktin, die sich die Speisekarte aus dem zusammenbaut, was die Gegend hergibt. Die Lieferant*innen sind ausgewiesen: Wild, Fisch, Käse, Fleisch kommen aus der Umgebung, Kräuter wachsen vor der Tür. Der Service ist meist gut gelaunt, im Sommer sitzt man im hübschen Garten. Die Karte ist liebevoll handgeschrieben und variiert nach den Jahreszeiten. Der Küchenstil beschränkt sich nicht auf eine deftige Landküche, hier kocht jemand ambitioniert mit den Zutaten der Region.
Mit einer Bärlauchsuppe mit Morchelschaum beginnt das Essen. Eine farbenfrohe Vorspeise ist das Tatar, Carpaccio und Parfait vom Langburgsdorfer Saibling, zu dem Chutney gereicht wird. Als Hauptspeise imponiert die hausgemachte Rehbratwurst mit Rotweinzwiebeln, einem Kartoffel-Haselnuss-Püree und getrockneten Tomaten. Auch der Lammrücken in der Kräuterkruste mit Gemüsevariationen und Kartoffel-Bärlauch-Püree ist tadellos. Vegetarisch ist der gratinierte Spargel mit Ziegenkäse, Bärlauch und Persilienkartoffeln. Beim Dessert überzeugt Siebert ebenfalls: Basilikumcreme mit Rhabarber-Ingwer-Ragout, Schoko-Balsamico-Eis und Ingwerkuchen sind unwiderstehlich.
Die Weinkarte zeigt die sächsische Spitze, dazu gute Adressen aus den anderen deutschen Weinbaugebieten. Zum Schluss gibt es einen schönen Brand aus Dresden.

➜ Es finden regelmäßig kulinarische Veranstaltungen mit Dichterlesungen und Kammermusik statt.

Berggasthof Beckenbergbaude

Beckenbergstraße 5,
02739 Kottmar
0 35 86 / 38 76 73
beckenbergbaude.de

Größe: 25 Plätze in der Gaststube
Preise: Hauptgerichte 10–16 Euro
Kreditkarten: EC, Master, Visa
Öffnungszeiten: Täglich 17–20.30 Uhr, Sa bis 23 Uhr, Sa, So auch 11–14 Uhr

Bio

Erster Bioberggasthof in Sachsen

Mit dem Konzept »Regional - Saisonal - Anders« lockt Küchenchef André Meyer seine Gäste auf den 408 Meter hohen Beckenberg im ostsächsischen Landkreis Görlitz. Der Eibauer Hausberg ist ein traditionelles Ausflugsziel. Die Stadt ist überregional für ihr Schwarzbier bekannt. Es wird auch in der 1905 eröffneten »Beckenbergbaude« angeboten, in deren Stube 25 Gäste Platz finden. Das Gasthaus ist einfach und zweckmäßig eingerichtet. Die Baude ist seit 2013 biozertifiziert. Für Gastgeber und Küchenchef André Meyer gilt der Grundsatz »Regional vor Bio - und sonst nix«. Die Speisekarte gibt über die Herkunft aller wichtigen Zutaten Auskunft und kennzeichnet vegane und glutenfreie Gerichte.

André Meyer ist immer wieder auf der Suche nach Oberlausitzer Traditionsgerichten, um sie spannend neu zu interpretieren. Auf der Karte steht fast immer die Oberlausitzer Teichelmauke - traditionell aus Kartoffelpüree (Mauke), Sauerkraut und gekochtem Rind- oder Schaffleisch mit Brühe. Meyer richtet das Gericht etwas feiner als die Tradition an - aber auch nicht zu fein. Wenn die Stupperle (von stuppen, stopfen, satt machen, kleine Kartoffelklöße) nicht auf der Karte stehen - fragen lohnt sich, die Küche zaubert sie meist trotzdem für den Gast zurecht.

Auf der aktuellen Frühlingskarte (»Tolle-Knollen-Wochen«) finden sich eine Rote-Bete-Apfelsuppe und der Lausitzer Karpfen in der geräucherten Variante mit einer gefüllten Kartoffel.

Das regionale Schwarzbier Eibauer löscht den Durst, dazu Säfte von der Lausitzer Streuobstwiese und sächsische Weine. Kaffee, Tee, Kakao aus fairem Handel. Auch ein »Flotter Dreier« kann empfohlen werden: Bioespresso, Zitronen-Küchlein, Mousse au Eierlikör.

→ Der Berggasthof eignet sich gut als Ausflugsziel für Wanderungen auf den Beckenberg. Der Küchenchef gibt in seiner Kochschule sein Wissen gern weiter (rechtzeitig buchen - das Angebot wird gut angenommen).

Landhotel Rosenschänke

Baumschulenstraße 17,
01731 Kreischa-Gombsen
03 52 06 / 2 18 70
landhotel-rosenschaenke.de

Größe: 30 Plätze im Restaurant, 35 im Rosengarten
Preise: Hauptgerichte 17–28 Euro
Kreditkarten: EC
Öffnungszeiten: Do–Sa ab 17.30 Uhr; weitere Öffnungszeiten auf Anfrage

Rosige Zeiten mit erstklassiger Landküche

Inmitten ausgedehnter Obstplantagen, zwischen dem östlichen Erzgebirge und dem Elbtalkessel, liegt im Ortsteil Gombsen der Gemeinde Kreischa das »Landhotel Rosenschänke«. Knapp zwanzig Kilometer von Dresden entfernt finden sich in der Nähe zahlreiche attraktive Ausflugsziele, die auf gut ausgeschilderten Rad- und Wanderwegen zu erreichen sind. Familie Walther betreibt das Landhotel in der dritten Generation und hat es in den letzten Jahren liebevoll renoviert und erweitert. Besonders romantisch ist der Rosengarten mit seinen schattigen Plätzen. Überall findet man eine Verbindung zum Thema »Rosen«. Evelyn Walther leitet die Küche und hat eine kleine und feine saisonale Speisekarte entwickelt. Sie bietet ein wechselndes Menü an, ergänzt durch Empfehlungen. Es werden Zutaten aus dem eigenen Kräuter- und Obstgarten verwendet.
Der Rosensekt ist ein erfrischender Aperitif, danach werden Wildkräuter mit lauwarmem Ziegenkäse und Rosenmarmelüre serviert. Das Feine vom Durocschwein mit Liebstöckel und weißem Bohnenpüree, die Forelle mit geschmortem Kopfsalat sowie die sächsischen Wildbratwürste aus eigener Produktion sind drei Beispiele klassischer Landküche, die mit innovativen Ideen verknüpft werden. Als vegetarisches Gericht steht unter anderem ein Wildkräuterrisotto mit pochiertem Ei auf der Karte. Als Desserts glänzen hausgemachtes Eis und Sorbet.
Die Weinkarte bietet eine überdurchschnittliche Auswahl, vorrangig aus Sachsen und anderen deutschen Anbaugebieten. Dazu feine Brände von heimischen Manufakturen. Chefin Stephanie Walther und ihr Mann Christian sind Sommeliers und beraten gern. Herzlicher Service.

NEU

Max Enk – Restaurant mit Bar

Neumarkt 9–19,
im Städtischen Kaufhaus
04109 Leipzig
03 41 / 99 99 76 38
max-enk.de

Größe: 50 Plätze im Restaurant
Preise: Hauptgerichte 9–43 Euro
Kreditkarten: Alle gängigen Karten
Öffnungszeiten: Mo–Do 12–0 Uhr; Fr, Sa 12–0 Uhr; So 11.30–16 Uhr

Im historischen Speisesaal des Städtischen Kaufhauses

Im Herzen von Leipzig, im historischen Lichthof des Städtischen Kaufhauses, befindet sich das Restaurant »Max Enk«. Unter dem Motto »Qualität ist kein Luxus, sondern die Basis« bietet es eine der raren gehobenen Küchen der Stadt. Saisonalität begleitet die Küche schon lange, jetzt geht der Trend zunehmend in Richtung Regionalität. Inhaber und Chefkoch Torsten Hempel besucht regelmäßig den Leipziger Wochenmarkt und hat sich ein Netzwerk regionaler Zuliefer*innen aufgebaut, das er beständig erweitert. Die Gäste haben die Wahl zwischen der Monats- und der Tageskarte. Auf beiden Karten findet man Erzeugnisse Leipziger Produzent*innen, wie der Patisserie »Hart und Herzlich«, Gemüse aus den Gärten von »ernte-mich« und das Fleisch von Matthias Schneiders Elbweiderindern.
Das dreigängige Mittagsmenü beginnt mit einer Soljanka. Als Hauptgericht folgen Filet und Backe vom Landschwein, dazu Kartoffelklöße, Champignons und Dijonsenfsauce. Der vegetarische Abschluss ist ein Ricotta-Blaubeer-Kuchen mit Vanillesoße. Abends verwöhnen solide, schnörkellose Speisen der regionalen und internationalen Hochküche. Nicht zuletzt die saisonalen Produkte werden erstklassig zubereitet. Das heimische Wintergemüse aus zweierlei Schwarzwurzel, Grünkohlgremolata, schwarzer Nuss, Blutorange und Kressesalat ist als Vorspeise eine besondere (vegetarische) Empfehlung. Auch die Waldpilzessenz besticht durch ihr intensives, kräftiges Aroma. Zum Hauptgang begeistert ein butterzartes Ossobuco vom Graditzer Weiderind. Das überzeugende Gericht steht den Kalbsbällchen mit Spitzkohl an Meerrettich-Schaum in nichts nach. Beim Dessert sind sowohl die Pralinen der Patisserie »Hart und Herzlich« als auch das Dreierlei aus Valrhona-Schokolade, Topfenknödel und Birneneis nicht zu umgehen.
Die erstklassigen Weine werden passend zu den Gängen empfohlen und kommen vorwiegend aus den deutschen Weinbaugebieten. Der Service ist zuvorkommend und aufmerksam. Die Einrichtung ist zeitgenössisch. Die Installationen des Leipziger Künstlers KAESEBERG setzen Akzente. Leider ist es etwas hellhörig.

→ Mittags bietet die Küche ein dreigängies Laurentius-Menü für 18,50 Euro an.

Schmiedelandhaus

Döbelnerstraße 19,
09661 Rossau-Greifendorf
03 72 07 / 9 92 88
schmiedelandhaus.de

Größe: 65 Plätze im Restaurant, 100 im Garten
Preise: Hauptgerichte 14–22 Euro
Kreditkarten: EC, Master, Visa
Öffnungszeiten: Do ab 17 Uhr; Fr–So ab 11.30 Uhr, ab 15 Uhr Kaffee und Kuchen; Ruhetage: Mo–Mi

Sächsische Küche – das ist der Hammer

In einem Tal zwischen Hainichen und Döbeln liegen Greifendorf und das »Schmiedelandhaus«. In dem alten Fachwerkhaus werden die längst vergangenen Tage einer Schmiede lebendig, die Gerätschaften sind vorhanden und liegen griffbereit. Nur der Platz zum Arbeiten ist eng geworden, denn um das Schmiedefeuer, in den angrenzenden Räumen und im Sommer auch im herrlichen Garten unter alten Bäumen nehmen Gäste Platz und lassen sich verwöhnen. Familie Hohmann übernahm das Haus vor einem Jahrzehnt und serviert seither Klassiker der sächsischen Küche, außergewöhnliche Gaumenschmeichler, vorwiegend aus regionalen Produkten. In der Speisekarte sind die Bezugsquellen der Produkte aus der Region mit nachhaltig-ökologischem Anbau aufgeführt, wie Gemüse vom Gartenbau Martin aus Hainichen, Kartoffeln vom Landwirtschaftsbetrieb Thomas Förster aus Grünlichtenberg, Striegistaler Wieseneier aus mobilen Hühnerställen von Jörg Naumann und feine Öle und Leinmehl vom Gut Gadewitz.
Die Klassiker aus der kleinen, feinen Speisekarte sind alle sehr zu empfehlen. Gerade die vegetarischen Gerichte werden im »Schmiedelandhaus« mit großer handwerklicher Präzision und Detailverliebtheit zubereitet. Als kleiner Gruß aus der Küche kommt ein geröstetes, cremig-zartes Hokkaidokürbispüree. Die Möhrencremesuppe mit Thai-Curry und das gebratene Skreifilet und Petersilienwurzelsuppe, gebackenem Käsecrouton und schwarzer Walnuss werden als Vorspeise serviert. Als Hauptgerichte folgen entweder der zarte, gratinierte Rücken vom Frischling aus dem Nonnenwald mit gebackenem Rotkohl und innen fluffigen, außen knusprigen Semmelknödeln oder die vegetarischen Ricotta-Ravioli in Salbei-Honigsud mit Pinienkernen, getrockneten Tomaten und gedünsteter Lauchzwiebel. Die Entscheidung zwischen dem wolkig-weichen kleinen Topfenkuchen mit Eierlikörschaum und Rahmeis und Panna cotta aus Cornflakesmilch mit Beerenragout und Mangosorbet zum Abschluss fällt schwer.

Altsächsischer Gasthof Kleines Vorwerk

Mühlholzweg 12,
09619 Sayda
03 73 65 / 9 99 10
kleines-vorwerk.de

Größe: 35 Plätze in der Gaststube
Preise: Hauptgerichte 9–20 Euro
Kreditkarten: EC, Master, Visa
Öffnungszeiten: Täglich ab 11 Uhr

Erzgebirgische und sächsische Spezialitäten

Im Wald von Sayda verborgen liegt das »Kleine Vorwerk« der Familie Peschel. Es liegt an der historischen Salzstraße von Halle nach Böhmen. Der liebevoll restaurierte Altsächsische Gasthof inmitten des Naturparks Erzgebirge strahlt eine einzigartige, naturverbundene Atmosphäre aus. Die Küche bietet nicht nur erzgebirgische und sächsische Spezialitäten. Die Zutaten liefert die umgebende Natur: Das »Kleine Vorwerk« hält eigene Hochlandrinder, Kamerunschafe und Ziegen. Charolais-Rindfleisch, Schweinefleisch und Geflügel stammen aus Nachbarorten, Wild liefern die umliegenden Wälder. Fische, vor allem Saiblinge und Forellen, stammen aus der nahen Fischhalterei Erler. Obst, Gemüse, Kräuter und Salate werden, soweit möglich, im eigenen Garten und auf umliegenden Wiesen geerntet. Gasthofleiter Robert Scharf und sein Team sorgen für eine monatlich wechselnde Speisekarte mit attraktiven Gerichten und hausgemachten Kuchen. Zusätzlich locken Sonderkarten mit jahreszeitlichen Höhepunkten und zu besonderen kulinarischen Veranstaltungen.

Wärmend ist der Wintergemüsetopf aus Spitzkohl, Karotten, Kohlrübe und Kasslerwürfeln, zart die Crème brûlée von Steinchampignons. Der rosa gebratene Hirschrücken mit Vanillerosenkohl und Kartoffelbaumkuchen, das Duett vom Woll- und Wildschwein sowie das kross gebratene Saiblingsfilet an Safran-Fenchel-Gemüse zeigen das handwerkliche Können des Küchenchefs. Originelle Desserts wie die Heiße Vorwerkskugel – Eis in gebackener Haselnusskruste – oder der Sächsische Kalte Hund* mit Holzkohleneis.

Bier aus dem nahen Rechenberg und schöne sächsische Weine.

→ Das »Kleine Vorwerk« bietet sich als Ausgangsbasis für Wanderungen in die herrliche Natur des Erzgebirges an. Besonderer Höhepunkt ist ein Ausflug mit der Pferdekutsche zum Picknick im Grünen.

Forstmeister

Auerbacherstraße 15,
08304 Schönheide
03 77 55 / 6 30
forstmeister.de

Größe: 80 Plätze im Restaurant, 80 auf der Terrasse
Preise: Hauptgerichte 9–24 Euro
Kreditkarten: EC, Amex, Master, Visa
Öffnungszeiten: Mo, Do 17–22 Uhr; Fr 17–23 Uhr; Sa 11.30–23 Uhr; So 11.30–21 Uhr; Ruhetage: Di, Mi

Feine Kräuterküche im Naturpark

Das Kräuterhotel »Forstmeister« mitten im waldreichen Bergland im Naturpark Erzgebirge-Vogtland am Fuß des 795 Meter hohen Kuhberges feierte 2020 sein 30-jähriges Jubiläum. Wanderwege, Loipen und Reitwege laden zur aktiven Erholung ein. In der »Forstmeister«-Küche werden die Kräuter in den Mittelpunkt der qualitativ hochwertigen Gerichte gestellt. Dabei geht es Küchenmeisterin Cornelia Göpel als ausgebildeter Kräuterpädagogin auch um den Erhalt der Artenvielfalt. Neben den Pflanzen aus freier Natur liefert ihr Kräutergarten aromatische Pflanzen. Unter dem Motto »Kräuter-Erlebnis-Region Erzgebirge« gibt es eine zertifizierte Ausbildung zur Kräuterpädagogin / zum Kräuterpädagogen. Die Slow Food Philosophie wird im »Forstmeister« schon seit vielen Jahren gelebt. Die Erzeuger*innen des Umlandes werden mit Namen und Anschrift in der Speisekarte genannt.
Die Kräuterküche ist nicht nur für das Auge attraktiv, sie bietet auch abwechslungsreiche Geschmackserlebnisse. In der kalten Jahreszeit eignet sich als Vorspeise ein Kürbis-Cappuccino oder ein Rote-Bete-Apfelsalat, bevor als Hauptgang Erzgebirgischer Sauerbraten in einer Lebkuchensoße mit hausgemachten Bambes (Kartoffelpuffern), Rumpsteak vom Limousin-Rind mit Kräuterkruste oder Wildschweinschnitzel aus heimischen Wäldern im Baconmantel mit Vogelbeermarmelade und Preiselbeerkroketten den Gaumen erfreuen. Als vitale Super-Food-Küche stehen dreierlei Knödel, Nudelbowl aus hausgemachten Rote-Bete-Nudeln mit Grillgemüse oder Ofengemüse mit Rauchmandeldressing zur Wahl. Typisch für die Region sind für zwischendurch auch die Käsespezialität Schiebböcker oder die hausgemachte Wildsülze. Desserts wie Pistazien-Crème-brûlée oder das Quitten-Birnenragout mit Mascarpone-Joghurtcreme, verfeinert mit Meißner Quittenlikör, sind unverzichtbar. Verführerisch die große Auswahl selbst gebackener Kuchen.
Je nach Jahreszeit werden Kräuterlimonaden oder heißer Punsch angeboten.

Viele Produkte aus eigener Erzeugung und von regionalen Produzent*innen sind im Hofladen erhältlich.

Restaurant Schloss Trebsen

Zum Schloss 1,
04687 Trebsen
0 34 38 2 / 4 05 74
schloss-trebsen.com

Größe: 40 Plätze im Restaurant
Preise: Hauptgerichte 20–30 Euro
Kreditkarten: Keine
Öffnungszeiten: Fr ab 17 Uhr;
Sa, So, Feier- und Brückentage ab 11 Uhr;
Ruhetage: Mo–Do

Reizvolles Schloss, gutbürgerliche Küche

Nur eine halbe Stunde von Leipzig entfernt, im grünen Herzen der sächsischen Burgen- und Heidelandschaft, erhebt sich Schloss Trebsen über dem Westufer der Mulde. Die vierflügelige Schlossanlage begrüßt ihre Gäste mit spätgotischen Staffelgiebeln. Eine Besonderheit sind die gefalteten Zellengewölbe im Erdgeschoss, die sich auch im Restaurant bewundern lassen. Küchenchef René Sander und sein engagiertes Team legen Wert auf beste, möglichst regionale Zutaten aus nachhaltigem Anbau und artgerechter Haltung. Zu vielen Lieferant*innen werden enge Kontakte gepflegt. Inhaber Jochen Rockstroh nennt eine Schar freilaufender Hühner sein Eigen, die einen Teil der verwendeten Eier liefern. Auch frische Kräuter, manches Obst und Gemüse stammen aus seinem biozertifizierten Nerchauer Garten. Fisch kommt in der Regel aus den nahe gelegenen Wermsdorfer Teichen. Fleisch von Highlandrindern, vom Bison und Strauß stammt von Weidetieren aus dem Leipziger Land, Schweinefleisch und Rind liefert auch die nachhaltig geführte sächsische Agrargemeinschaft Thallwitz. Gehen die Vorräte zur Neige, werden Gerichte eher von der Karte genommen, als sich mit Ersatzprodukten zu behelfen.
Das »Restaurant Schloss Trebsen« bietet eine regelmäßig wechselnde, saisonal gehaltene Karte. Als Vorspeise gibt es ein saisonales Süppchen von Topinampur und roter Bete mit Nüssen, Kernen und knusprigem Brotchip sowie einen Chicorée-Salat, verfeinert mit Apfel, Nüssen, Orangen und Sultaninen, abgerundet mit einer aromatischen Kräutergremolata; dazu wird hausgebackenes Brot gereicht. Als Hauptgang begeistert das feine Rumpsteak mit Kräuterkruste, angerichtet auf zartem Schwarzkohlgemüse mit Ziegenkäse, dazu ein sahniger Kartoffelschnee ebenso wie die gefüllte Barbarie-Entenbrust mit Schwarzwurzeln und herzhaftem Kräuterknödel. Die fleischlose Fraktion erfreut sich an einer mit Apfel, Camembert und Ei gefüllten Quiche mit einem kleinen Kartoffelgratin und frischem Salat mit Kräutergremolata. Den Schlussakkord schlägt ein Parfait mit Pflaumenkompott und Sahnehäubchen an.
Die Bohnen für den Espresso kommen aus der Grimmaer Kaffeerösterei. Süffiges Bier kommt von der eigenen, biozertifizierten Hofbrauerei Nerchauer Brauhaus. Schwerpunkt der umfangreichen Weinkarte sind Gewächse der ostdeutschen Anbaugebiete Sachsen und Saale-Unstrut.

→ Neben Weihnachtsmarkt und Whiskydinner werden Kanu- und Schlauchboottouren sowie Wanderausritte organisiert. Im Juni lädt das Restaurant zum Regiobrunch.

NEU

Zur Börse

Dreirosengasse 14,
08297 Zwönitz
0 37 75 4 / 23 97
zur-boerse-zwoenitz.de

Größe: 50 Plätze im Restaurant
Preise: Hauptgerichte 13–25 Euro
Kreditkarten: Keine
Öffnungszeiten: Mi–Sa 17.30–22 Uhr; So, gesetzliche Feiertage 11–14 Uhr; Ruhetage: Mo, Di

Gäste als Familienmitglieder auf Zeit

Das Restaurant »Zur Börse« im Zentrum der Bergstadt Zwönitz liegt etwas versteckt am Kühnhaider Bach in der Dreirosengasse. Das ist die Straße mit der ältesten Bebauung der Stadt. Alexander Schnerrer führt den Familienbetrieb in fünfter Generation. »Für uns sind Gäste wie Familie. Wir wollen gemeinsam eine gute Zeit verbringen.« Der Gastraum, dekoriert mit Familienstücken, erinnert an ein gemütliches Wohnzimmer. Die Bedienung serviert die frisch zubereiteten und ansprechend präsentierten Gerichte freundlich und zuvorkommend. Speisen der ursprünglichen, regionalen Landhausküche bestimmen das Angebot, deutlich orientiert an den Jahreszeiten. Dabei wird auf regionale Grundprodukte und eine ehrliche, handwerkliche Produktion Wert gelegt, das bezeugt die aktuelle Speisenauswahl, die mit Kreide auf einer Schiefertafel notiert wird.

Reh, Wildschwein (vom Bergmeistergut aus Niederzwönitz) und Rind (aus Drebach) wird vorzugsweise geschmort angeboten. Butterzarte Kalbsbäckchen mit Ingwerkarotten oder geschmorte Rehkeule mit Wickelklößen sind ganzjährig beliebt. Trüffelrisotto, Zander (vom Fischhof Ackermann in Adorf) auf Belugalinsen, gegrilltes Gemüse vom Guidohof in Limbach-Oberfrohna, Wildkräutersalat oder Karpfen blau (von Familie Tietze aus Niederdorf): Das kulinarische Spektrum ist weit und kombiniert traditionelle mit zeitgemäßer Kochkunst.

Thüringer- und Moselwein sowie selbst gemachte Limonade stehen auf der Getränkekarte. Natürlich werden auch regionale Biere wie »Specht« aus Ehrenfriedersdorf oder Pils vom Lößnitzer Brauereiverein ausgeschenkt.

→ Kurz vor dem Advent wird der beste Eierlikör gerührt und Christstollen gebacken – nach streng gehüteten Familienrezepten. In der Advents- und Weihnachtszeit wird das traditionelle »Neunerlei« zelebriert – ein Menü aus mindestens neun Bestandteilen, die jeweils eine besondere Bedeutung haben. Immer dabei ist eine deutsche Freilandgans. Auf diese Weise können die Gäste an den Traditionen der Wirtsleute und vieler erzgebirgischer Familien zur Adventszeit teilhaben. Das Neunerlei-Essen wird bis zum 1. Februar serviert. Am Tag darauf ist Mariä Lichtmess. Dann verlöschen nicht nur in der »Börse« die Weihnachtslichter.

Als Mitbringsel oder Geschenke sind der gute Eierlikör, der Honig von der Bienenkönigin Ingeburg, die Festtagswalnuss und der Christstollen nach Familienrezept zu empfehlen.

Sachsen-Anhalt

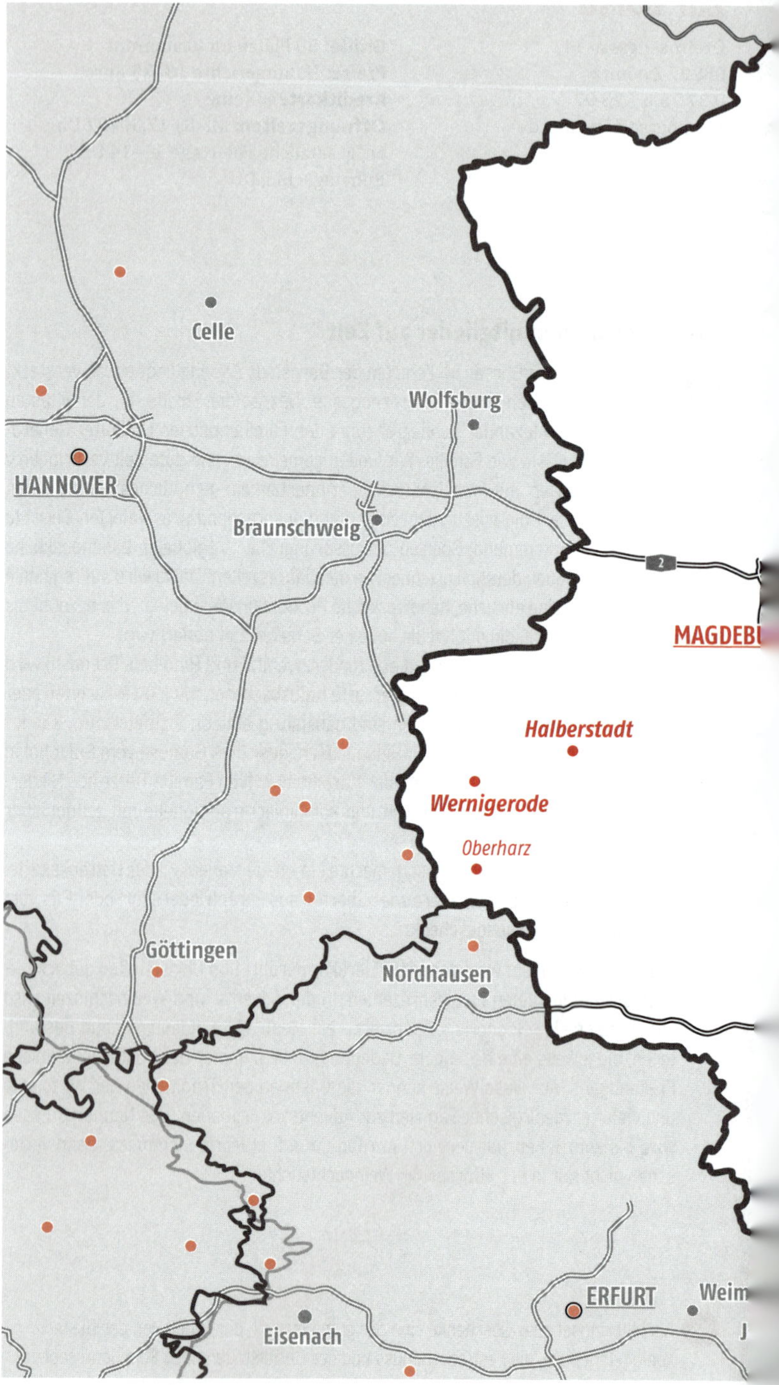

Neuruppin
Oranienburg
Havel
BERLIN
Brandenburg
POTSDAM
Wittenberg
Dessau-Roßlau
Oranienbaum
alle (Saale)
Leipzig
Saale
9
DRESDEN
Gera

Stephanus

Domplatz 40,
38820 Halberstadt
0 39 41 / 60 46 43
stephanus-restaurant.de

Größe: 75 Plätze im Restaurant
Preise: Hauptgerichte 11–25 Euro
Kreditkarten: EC
Öffnungszeiten: Di–Sa 10–18 Uhr; So 11–18 Uhr; Ruhetag: Mo

Café und Restaurant direkt am historischen Domplatz

Das Café und Restaurant »Stephanus« ist die gute Stube der Stadt. Wer den gotischen Dom und den sehenswerten Domschatz besichtigt, kehrt gern bei Beatrix und André Kotzsch ein. Sie haben das heruntergekommene Fachwerkhaus behutsam saniert und im Erdgeschoss das »Stephanus« eingerichtet. Im Sommer reizt die schmale Terrasse vor dem Haus mit ihrer Aussicht auf den Dom. André Kotzsch präsentiert eine saisonale Küche, die regionale Gerichte modern interpretiert. Er liebt seine Heimat, kocht deshalb regional und kauft viele Produkte im Umland ein. Gemüse wird von der Gärtnerei Staszat in Blankenburg bezogen. Weitere Lieferant sind der Landwirt Boldt in Pabstorf oder die Wassermühle in Meisdorf fürs Mehl.

Das Mahl beginnt mit einer wärmenden Steckrüben-Kartoffel-Suppe. Der Kasseler Nacken mit Kartoffelstampf und Spitzkohlgemüse schmeckt ausgezeichnet, ebenso das Schnitzel mit Grünkohl und Kartoffeln oder die Bandnudeln mit Rahmwirsing in Apfelsenfsoße und Hähnchenbrust. Dann weckt ein gebratenes Zanderfilet mit Spitzkohl-Apfel-Gemüse im Senfrahm und goldgelben Kartoffeln die Aufmerksamkeit – zu Recht. André Kotzsch ist stolz auf die Torten, die täglich im Haus von einer Bäckerin hergestellt werden. Zusätzlich gibt es klassische Desserts wie ein Crêpe mit Grand-Marnier-Erdbeeren und Vanilleeis.

Es werden Weine aus dem Anbaugebiet Saale-Unstrut und andere Getränke regionaler Herkunft angeboten.

Ein Ausflug zur Manufaktur der Familie Demmel, die feine Obstbrände, Liköre, Öle und Fruchtaufstriche mit Obst aus eigenem Anbau biologisch herstellt, ist empfehlenswert (Östernstraße 1, 38836 Osterwieck, Ortsteil Rohrsheim, www.casa-culina.de).

Restaurant »Hoflieferant«

Fürstenwall 3b,
39104 Magdeburg
03 91 / 58 28 24 41
restaurant-hoflieferant.de

Größe: 90 Plätze auf zwei Ebenen
Preise: Hauptgerichte 16–21 Euro
Kreditkarten: EC, Master, Visa
Öffnungszeiten: Mi–Fr ab 17–22 Uhr; Sa 12–22; So 12–17 Uhr; Ruhetage: Mo, Di

Experimentierfreudige Küche von vegan bis zur Blutwurst

Hoflieferant zu sein war zu feudalistischen Zeiten ein Prädikat für Zuverlässigkeit und hohe Qualität. Das Restaurant »Hoflieferant« von Restaurantinhaberin Josephine Clemens stellt hohe Ansprüche an sich selbst. Das Restaurant liegt zwischen der Elbe und dem Magdeburger Dom, der Garten ist durch die umliegenden hohen Mauern geschützt und im Sommer bis in den späten Abend ein beliebter Treffpunkt. Im Winter ermöglichen bodentiefe Fenster den ungehinderten Blick nach draußen. Die regionale Unterstützung wird großgeschrieben, die Speisekarte wird in einer Werkstatt der Diakonie in Halberstadt gefertigt. Das Restaurant hat kontinuierlich ein kreatives veganes und vegetarisches Angebot, etwa ein gestampfter Ofenkürbis mit Magdeburger Rahmpilzen aus der Pilzmanufaktur von Hubert Böttcher. Aus Mecklenburg kommt der gebratene Waller mit Grünkohl und Kartoffeln von Ökobäuerin Hanna Pirke, deren saisonale Produktion fast vollständig in der Küche verkocht wird. Die Wildbratwurst aus Genthin wird für den »Hoflieferanten« produziert und mit Pilzen serviert. Ab und an stehen Klassiker der deutschen Küche wie das Kotelett vom Havelländer Apfelschwein, mit Apfelwein abgelöscht und würzigem Erbsenpüree auf der Karte. Ein veganes Gericht ist das Schawarma vom heimischen Portobello mit einer Paprika-Tomatencreme. Hausgemachte Fischstäbchen sind ein qualitätvolles Angebot für Kinder. Aus der Kuchenvitrine lockt eine kleine, frische Auswahl, aus der Küche wird ein süßes Eierlikör-Vanille-Parfait mit Kürbiskernöl und Feigen geschickt. Als herzhafte Alternative gibt es eine Käseauswahl vom Glinder Ziegenhof.
Das Bier wird aus Lindhorst von der Spezialitätenbrauerei Eckhart geliefert, der Saft aus Diesdorf in der Altmark und der Ingwerlikör von Ginger & Du.

→ Der Magdeburger Dom ist das Wahrzeichen der Stadt und der erste gotische Kathedralbau hierzulande.

Brockenbauer

Schierker Weg 13,
38875 Oberharz am
Brocken-Tanne
03 94 57 / 33 12
brockenbauer.de

Größe: 70 Plätze im Gastraum
Preise: Hauptgerichte 11–30 Euro
Kreditkarten: EC
Öffnungszeiten: Mo–Do 11–17 Uhr;
Fr 11–21 Uhr; Sa 10–21 Uhr; So 10–17 Uhr

Bio

Biorestaurant mit eigenen Tieren

Der große Hof von Bauer Uwe Thielecke und seiner Familie liegt mitten im Harz im kleinen Ort Tanne. Mehr als 500 Hektar Grünland werden ökologisch bewirtschaftet. Der Hof ist eine Zuchtstation für das selten gewordene Harzer Rote Höhenvieh, Slow Food Arche-Passagier. Durch die Beweidung zahlreicher Harzer Bergwiesen betreibt der »Brockenbauer« aktive Landschaftspflege. Neben dem Roten Höhenvieh hält Thielecke auch Angler Sattelschweine, ebenfalls Slow Food Arche-Passagier. Wer hier isst, trägt gleichermaßen zur Rettung der alten Rinder- und Schweinerassen, zur Artenvielfalt auf den Bergwiesen und zum Erhalt der Harzer Kulturlandschaft bei. Im Sommer 2015 haben Thieleckes ein eigenes Schlachthaus gebaut sowie ein Hofcafé und ein Steakhaus mit Hofladen eröffnet. Landwirtschaftsbetrieb, Hofcafé und Steakhaus sind biozertifiziert. Das gesamte Rind- und Schweinefleisch, ebenso wie die Fleisch- und Wurstwaren, stammt aus eigener Aufzucht, eigener Schlachtung, eigener Verarbeitung und eigener Reifung. Susann Thielecke, die Hofcafé und Steakhaus betreibt, verwertet die Schlachttiere von Kopf bis Schwanz möglichst lückenlos.

Im Hofcafé und Steakhaus gibt es eine Dauerkarte sowie saisonale Tagesgerichte. Klassiker bei den Vorspeisen sind die Rindersoljanka* und die Rinderkraftbrühe mit Maultaschen. Stets gibt es auch einen Schweinebraten mit Sauerkraut und böhmischen Knödeln. Empfehlenswert sind das Rinder-Hüftsteak mit Pfeffersoße und Bratkartoffeln oder die Schmorwurst mit Sauerkraut. Um weitere Steaks wie T-Bone oder Porterhouse genießen zu können, bitten die Gastgeber um Reservierung – nicht immer sind alle Fleischzuschnitte vorrätig. Nach den Schlachttagen können Herzragout oder Bulleneier auf der Speisekarte stehen. Zum Dessert empfiehlt sich der hausgebackene Kuchen. Im Sommer sitzt man entspannt vor dem Hofcafé auf der Terrasse.

Im Hofladen werden Frischfleisch, Speck, Schinken und Wurstwaren sowie Produkte anderer regionaler Biobetriebe verkauft.

Hotel zum Stein

Erdmannsdorffstraße 288,
06785 Oranienbaum-Wörlitz
03 49 05 / 5 00
hotel-zum-stein.de

Größe: 120 Plätze im Restaurant
Preise: V 6–15, H 18–31, N 8–9 Euro
Kreditkarten: Alle gängigen Karten
Öffnungszeiten: Täglich 11.30–21.30 Uhr

Leichte regionale Küche mitten im Wörlitzer Gartenreich

Edward Pirl, Oberkellner im Berliner »Hotel Adlon«, wollte sich in seiner Heimat selbstständig machen und kaufte das »Hotel zum Stein« mit seiner einmaligen Lage am Gartenreich in Wörlitz. Das war im Jahr 1914. Damals war das Haus noch ein reines Ausflugslokal. In Familienbesitz blieb das Hotel auch die nächsten 102 bewegten Jahre. 2014 wurden zum großen Jubiläum »100 Jahre Gastlichkeit« gefeiert. Nach der Wende war das Haus zu einem Wellnesshotel ausgebaut worden, das Familie Pirl nun in vierter Generation betreibt. Inmitten des anhaltinischen Gartenreichs gelegen, das in die Liste des UNESCO-Weltkulturerbes aufgenommen wurde, können Sie von hier aus die herrlichen Schlösser Wörlitz und Luisium besuchen oder auch das ebenfalls zum Welterbe gehörende Bauhaus-Ensemble in Dessau.

Das Hotelrestaurant offeriert eine regionale Küche. Vorweg gibt es anhaltinische Tapas mit Zwiebelkuchen, einem feinen Rinderschinken aus den Elbtalauen und einer kleinen Wildschweinsülze. Probierenswert ist die Anhaltische Festsuppe mit Eierstich. Das Saiblingsfilet kommt vom Forellenhof Thießen aus Coswig und wird klassisch mit Dill-Gurken-Gemüse und Meerrettich serviert. Letzterer kommt auch beim Tafelspitz zum Einsatz: in der Meerrettichsoße zum bunten Wurzelgemüse. Der Tafelspitz wird auch in zwei Gängen serviert, vorweg dann eine Suppe mit Nudelsäckchen. Die glasierte Frischlingskeule, die von den in der Region typischen Kartoffelklößen begleitet wird, kommt aus dem Wörlitzer Forst. Als Schleckerei gelten Oma Pirls handgemachte Quarkkeulchen*, die nach altem Hausrezept zubereitet werden. Auch die Schafskäse-Brulée von Pfendts Biohof mit einem Gelbe-Bete-Sorbet fällt in diese Kategorie. Zum Angebot zählen eine Reihe von Menüs, die manchmal zusammen mit einer Flasche Wein ausgepreist sind.

Einen schönen Schwerpunkt legt die Weinkarte auf die Region Saale-Unstrut, von dort kommen etwa 30 Weine.

→ Der Wörlitzer See liegt nur wenige Meter entfernt. Eine Gondelfahrt an Schloss Wörlitz vorbei eröffnet neue Perspektiven auf die Gartenarchitektur des 18. Jahrhunderts.

Bistro in der Biothek

Marktstraße 13,
38855 Wernigerode
0 39 43 / 55 78 92
biothek-wr.de

Größe: 18 Plätze im Bistro, 15 auf der Terrasse
Preise: Hauptgerichte 3–5 Euro
Kreditkarten: EC
Öffnungszeiten: Mo–Do 9–18 Uhr; Fr bis 19 Uhr; Sa bis 14 Uhr Imbiss, Kaffee, Kuchen; Mo–Fr 11.30–14 Uhr Mittagstisch; Ruhetag: So

Wohldosierte Mittagspause

Das »Bistro in der Biothek« bietet mittags günstige Suppen, Eintöpfe und Tellergerichte in drei Portionsgrößen. Der Bioladen, in dem sich das Bistro befindet, ist die Quelle der verwendeten Zutaten. Die Biothek bezieht ihre Produkte weitgehend von regionalen Betrieben: vom Käsehof Peter Gropengießer in Westerhausen und von der Metzgerei des Biozuchtbetriebs Thielecke in Tanne. Die Metzgerei führt Fleisch und Wurst vom Sattelschwein und vom Slow Food Arche-Passagier Rotes Höhenvieh*. Geflügel wird beim Geflügelhof Jung in Hordorf gekauft. Die Biogärtnereien von Thomas Handrick in Klein Quenstedt und von Midgard und Michel in Quedlinburg liefern Obst und Gemüse, Getränke werden von der Mosterei Malus in Silkerode, von Traditionsobst Dr. Bosse in Langenstein und vom Familienbetrieb Demmel in Rohrsheim bezogen. Die Demmels stellen auch Hochprozentiges wie einen Edelquittenobstbrand her.
Der Mittagstisch im Bistro ist überwiegend vegetarisch und vegan geprägt. Die frische Zubereitung und der gekonnte Umgang mit frischen Kräutern und aromatischen Gewürzen animiert dazu, die große Portion zu ordern. Beispiele für das Angebot sind das Bunte Ofengemüse mit Kartoffel-Möhren-Püree, der frische Blattsalat mit Joghurt-Kräuter-Dressing oder ein Kartoffel-Blumenkohl-Eintopf; dazu Saft aus Kaiser-Wilhelm-Äpfeln.
Auf Nachfrage gibt es einen guten toskanischen Biorotwein oder weitere Getränke aus dem Bioangebot.

→ Wernigerode, die Stadt unter dem Brocken, hat eine schöne Altstadt und ein sehenswertes Schloss, auch ein Besuch im Luftfahrtmuseum Wernigerode lohnt sich.

Jagdhütte Wettin

Könnernsche Straße 35,
06193 Wettin
03 46 07 / 2 04 81
jagdhuette-wettin.de

Größe: 80 Plätze in der Gaststube, 60 auf der Terrasse
Preise: Hauptgerichte 13–24 Euro
Kreditkarten: Alle gängigen Karten
Öffnungszeiten: Mi–Fr 11–14 und 17–22 Uhr; Sa 11–23 Uhr; So 11–21 Uhr; Ruhetage: Mo, Di, außer Feiertag

Liebevoll inszenierte Altdeutsche Küche

Zwanzig Kilometer nordwestlich von Halle, im Wald unterhalb des Bismarckturms, steht die Gaststätte »Jagdhütte Wettin«. Der gleichnamige Ort am rechten Saaleufer ist der erste Stammsitz der Wettiner, einem bedeutenden Herrschergeschlecht. Die Stadt geht auf eine Fluchtburg der Sorben im 6. Jahrhundert zurück, später wurde daraus eine dauerhafte Befestigung. Die Burg beherbergt ein Gymnasium mit Wohnheim. Der Gastraum der Jagdhütte ist rustikal eingerichtet. Es gibt ein Nebenzimmer, eine Terrasse und einen überdachten Freisitz mit Holzbackofen, den Schafstall. Die Wirtsleute Thomas und Simone Herda haben sich einer altdeutschen Küche verschrieben. Küchenchefin Simone offeriert schmackhafte, beherzt gewürzte (Wild-)Gerichte, die ansprechend serviert werden. Früchte und Kräuter des Waldes sammelt der Hausherr.
Die reichhaltige Karte verzeichnet Gerichte vom Wild, Schwein und Rind. Die Tageskarte bietet saisonale Spezialitäten, frisch geräucherte Forelle und Lamm. Unter den Vorspeisen findet sich ein gelungenes Würzfleisch* vom Reh. Als Hauptgerichte werden ein saftiges Wildgulasch mit Waldpilzen und geschmorten Zwiebeln mit Rotkohl und Klößen, ein Wettiner Rehbraten mit Champignons und hausgemachten Kartoffelbällchen und ein Hirschbraten mit Rotkohl und Ebereschenmus mit Waldpilzscheiben angeboten. Auf der Tageskarte stehen der Wettiner Wildschmaus mit Medaillons vom Reh, Wildschwein und Hirsch und das Schnitzel aus dem Rücken vom Teutschenthaler Naturschwein. Als Dessert überzeugt die Tagesempfehlung, eine Joghurt-Thymian-Creme mit Himbeerschaum an Vanilleeis und Kräuterhonig aus eigener Imkerei. Zahlreiche hausgemachte Eissorten.
Der Service ist aufmerksam und zuvorkommend. Alle Gerichte können als kleine Portion bestellt werden. Zum Digestif empfehlen sich Schnäpse aus eigener Herstellung. In der Getränkekarte Biere aus Landsberg und Wippra. Die Weinkarte bietet eine gute Auswahl aus den Anbaugebieten Saale-Unstrut und Rheinhessen.

➔ Nach dem Essen empfehlen sich ein kleiner Spaziergang zum Bismarckturm und die Besichtigung der Burg Wettin.

Schleswig-Holstein & Hamburg

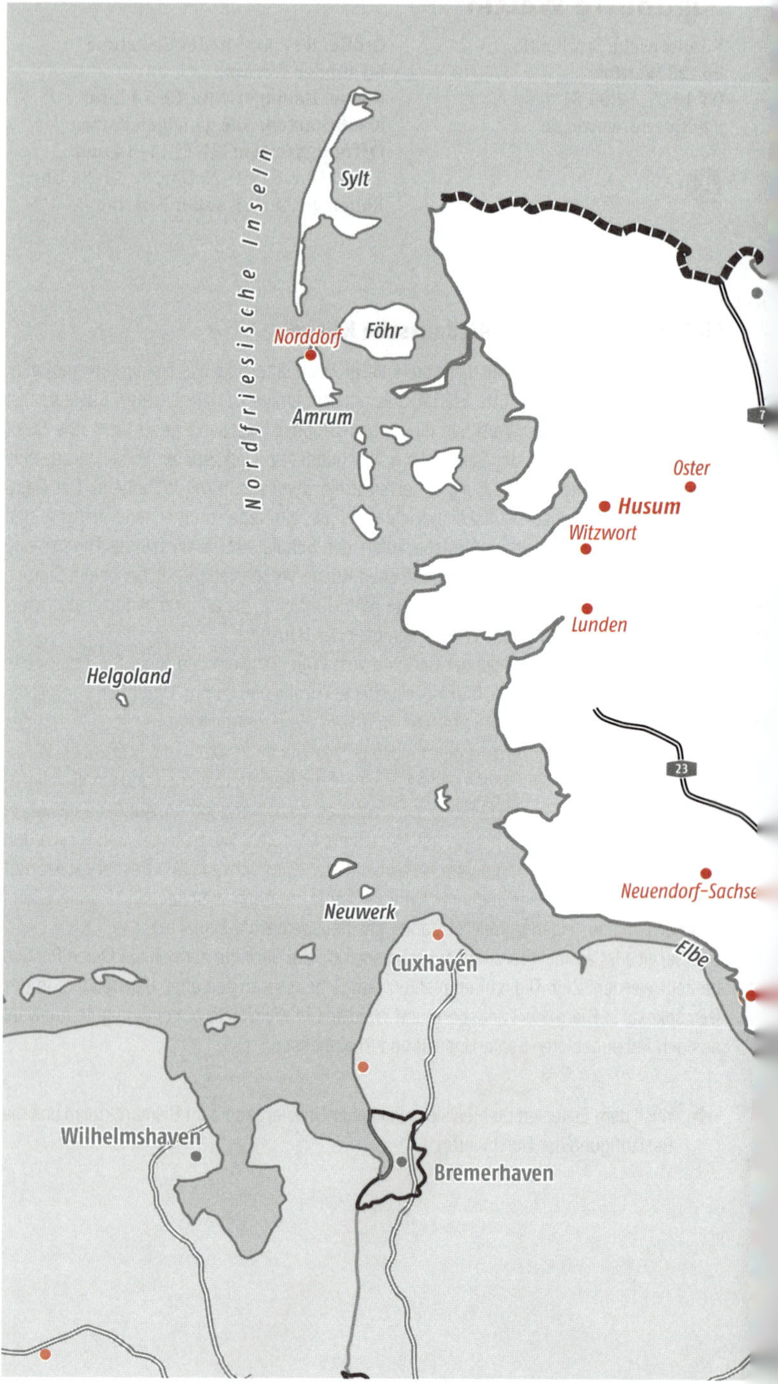

Grödersby
Thumby
Fehmarn
KIEL
Bissee
Großer Plöner See
Neumünster
1
21
Pelzerhaken
Poel
Lübeck
Wismar
Schweriner See
Tangstedt
SCHWERIN
Hamfelde
HAMBURG
24
Elbe
Lüneburg

Restaurant »Antik-Hof Bissee«

Eiderstraße 13,
24582 Bissee
0 43 22 / 25 00
antikhof-bissee.de

Größe: 110 Plätze im Gastraum, 120 im Außenbereich
Preise: Hauptgerichte 12–32 Euro
Kreditkarten: EC, Master, Visa
Öffnungszeiten: Mi–Fr 17–23 Uhr; Sa, So, Feiertag 12–23 Uhr, Kaffee und Kuchen 14.30–17 Uhr; Ruhetage (außer feiertags): Mo, Di

Feines Bioessen im rustikalen Ambiente und Hof von 1702

Durch eine ruhige, leicht hügelige Geestlandschaft führt der Weg zum »Antik-Hof« in Bissee. Vor einem halben Jahrhundert wurde im ehemaligen Kuhstall des Bauernhauses von 1702 ein rustikaler Gastraum mit einem Kamin in der Mitte eröffnet. Seit 2005 ist der »Antik-Hof« Bioland-zertifiziert und ist Gründungsmitglied des Regionetzwerks »Feinheimisch«. Wer sich so engagiert, dem ist der Bezug von Produkten aus der Heimat Anliegen und Verpflichtung zugleich. Das zeigen die Lieferant*innenhinweise in der Speisekarte. Arend Hesse kümmert sich mit großem Engagement um seinen Betrieb. Kürzlich wurden die Nebengebäude zu Gästezimmern umgebaut, auch der neue Hofladen ist dort untergebracht. Unterstützt wird er durch Betriebsleiter Andreas Wolgast, der mit viel Erfahrung und Herzblut die traditionelle Landhausküche mit höchster Qualität und Ideenreichtum weiterführt. Nicht zuletzt stellt er den jahreszeitlichen Bezug bei den angebotenen Gerichten sicher.

Zu den klassischen regionalen Gerichten aus Schleswig-Holstein zählen das hausgemachte Sauerfleisch* mit Bratkartoffeln, die Wildbratwurst auf Weinkraut mit Kartoffelstampf sowie das Lammfilet vom Husumer Deichlamm. Den Bisseer Pannfisch* mit gebratenen Fischfilets aus hiesigen Gewässern begleiten eine körnige Senfsoße, ein kleiner Marktsalat und die unwiderstehlichen Bratkartoffeln. Dazu passt das Urstrom als Schleswig-Holsteiner Bier. Als veganes Gericht empfiehlt sich der Pilz-Kartoffel-Strudel auf confiertem Paprika mit Soja-Kräuter-Sahne. Hinterher gibt es ein Vanilleeis im Marzipanmantel auf warmen Kirschen oder ein gebackenes Apfel-Haselnuss-Törtchen. Espresso macchiato mit hausgemachten Pralinen sind das i-Tüpfelchen. Brot und Kuchen sind hausgemacht und von vorzüglichem Geschmack.

Es werden selbst gekochte Marmeladen und Barbecuesaucen verkauft.

ODINS HAITHABU

Haddebyer Chausee 13,
24866 Busdorf
0 46 21 / 85 05 00
gasthaus-haddeby.de

Größe: 120 Plätze im Lokal, 50 auf der Terrasse
Preise: Hauptgerichte 12–27 Euro
Kreditkarten: EC, Master, Visa
Öffnungszeiten: Täglich 7–22 Uhr, ab 7 Uhr zum Frühstück geöffnet, warme Küche ab 8 Uhr

Biogenussadresse am Schleiufer

Oliver Firla übernahm das seit 1828 bestehende Gasthaus 2009. Seine Kindheit auf dem Bauernhof und eine Großmutter als Selbstversorgerin haben sein Konzept von frischen guten Produkten, Regionalität und Saisonalität geprägt. Die Lieferant*innen und Partner*innen werden genannt: Die Galloways kommen vom Regionalerzeuger Bunde Wischen, Biokäse steuern die Rohmilchkäserei Backensholz, Feddersens Farm und andere bei, Gemüse wächst bei der »Wilden Kost«. Der Holmer Fischer Jörn Ross fängt täglich Fisch, der am Anleger des Gasthauses angelandet wird. Die angeschlossene Bäckerei backt nach handwerklichen Verfahren und Rezepten im Holzofen ihre Brote, Brötchen und Feingebäck. Im »Odins« kann der Gast mühelos den ganzen Tag verbringen.
Bereits das Freie-Auswahl-Frühstück ab 7.30 Uhr erfreut mit hausgeräuchertem Wacholderschinken, hausgemachten Wurstspezialitäten, Biokäse, selbst gekochter Marmelade und selbst gebackenen Brötchen aus der eigenen Bäckerei. Brot gibt es auch mit warmem Cremeer vom Backensholzer Hof oder mit warmem Büffelkäse von Feddersens Farm. Die hausgemachten Spinatnudeln mit Ofengemüse und Deichkäse sind ein Genuss. Vorbildlich ist die Verwendung der weniger edlen Stücke wie Nacken und Bratenfleisch etwa als Gallowaygulasch, geschmortes Beinfleisch oder Gallowaysauerfleisch. Gleiches gilt für die Dicke Rippe vom Geestschwein mit BBQ-Soße oder das geräucherte Rumpsteak mit Ofengemüse und Backkartoffel. Die Portionen sind reichhaltig, aber nicht üppig. Auf Wunsch erhält man einen »Nachschlag«, ein probates Mittel gegen die Lebensmittelverschwendung. Ein Erlebnis ist die vielfältig belegte, rustikale Wikingerpizza. So gestärkt, konnten die Nordmänner Meere und Länder erobern! Nachmittags locken üppige Schichttorten aus der eigenen Konditorei.
Auch die Getränkekarte erfreut mit Regionalgenuss: Fruchtsaftschorlen von Lütts Landlust und Säfte von der Süßmosterei Steinmeier aus Kiesby in Schleswig-Holstein.

➜ »Odins Vinbar« bietet neben Weinen eines badischen Guts herzhafte nordische Tapas auf der großen, mit einem gläsernen Windschutz eingefassten Deckterrasse.
Das Wikinger-Museum Haithabu wurde 2018 in die UNESCO-Welterbeliste aufgenommen.

In der »Ostenfelder Meierei« (Zur Meierei 1, 25872 Ostenfeld), der kleinsten Meierei Schleswig-Holsteins, stellt Hauke Koll Kuh- und Ziegenkäse her. Er ist Träger des Käsepreises von Slow Food.

Der kleine Heinrich

Am Markt 2,
25348 Glückstadt
0 41 24 / 36 36
der-kleine-heinrich.de

Größe: 80 Plätze in der Gaststube, 25 auf der Terrasse
Preise: Hauptgerichte 14–25 Euro
Kreditkarten: EC, Visa
Öffnungszeiten: Täglich 11.30–22 Uhr, außer Heiligabend und Silvester; vom 1. Nov–31. März, So 11.30–17 Uhr

Traditionelle Gerichte in historischem Ambiente

Glückstadt wurde von Christian IV. im Jahr 1617 planmäßig als dänischer Elbehafen gegründet und hat seinen Charme bis heute erhalten - schmucke historische Häuser zieren die Stadt. »Der kleine Heinrich« wurde vor drei Jahrzehnten von Katrin Ewald in einem der ältesten Häuser als Gaststätte direkt am Glückstädter Marktplatz urig eingerichtet. Die Wände schmücken blauweiße gebrannte Fliesenbilder des lokalen Malers Hans-Peter Wirsing. Der schräge Boden und die niedrigen Balken - »Duck di« - sind noch wie vor 350 Jahren. Der Name geht auf den letzten Glückstädter Walfänger zurück, der bis 1863 im nördlichen Eismeer auf Jagd ging. »Entspannt genießen« ist das Motto des »Heinrich«-Teams. Immer dabei ist Sören Bublat, anfangs zusammen mit Katrin Ewalds Mutter Anneliese, und seit 1991 Chefkoch.

Im »Heinrich« gibt es traditionelle Hausmannskost, also Labskaus* mit Rotweinmatjes, Spiegeleiern und Roter Bete, es liegen Saure Rippchen oder Pfannfisch auf dem Teller, aber auch viele saisonale Gerichte: im Mai Maischolle klassisch mit Speck und Butter gebraten. Glückstädter Matjes ist in Norddeutschland eine Institution. Hier kommt der Matjes von Henning Plotz, also handgekehlt und natürlich fermentiert. Er kommt in vielen Variationen, meist werden hervorragende Bratkartoffeln dazu gereicht. Weitere saisonale Klassiker sind Stint*, Grünkohl und natürlich Spargel vom Gut Kuhla in Himmelpforten. Im Herbst wird das Wild vom Adligen Kloster in Itzehoe zum Schmorbraten vom Hirsch mit Schwarzwurzeln. Traditionelle norddeutsche Nachspeisen sind Fliederbeersuppe oder Buttermilchsuppe mit Rosinen und Mehlklößchen.

Zu den meisten Speisen wird Bier getrunken, vier Sorten vom Fass sind im Angebot. Kleine Weinauswahl und Bio-Apfel-Cider.

→ Dienstags steht Fischer Urthel mit selbst gefangenen und gepulten Krabben vor der Tür - frischer geht es nicht.

Original Glückstädter Matjes, durch eigene Enzyme gereift, gibt es bei Henning Plotz (Schmiedestraße 3, 25348 Glückstadt).

NEU

Specht Speisewirtschaft

Friedenshöher Straße 21,
24376 Grödersby
0 46 42 / 9 83 48 63
spechtspeisewirtschaft.de

Größe: 50 Plätze im Gastraum, 20 auf der Terrasse
Preise: Hauptspeisen 16–34 Euro
Kreditkarten: EC, Kreditkarten
Öffnungszeiten: Di–Sa 18–21 Uhr; So 12–14 (Annahme bis 13.30) und 18–21 Uhr; Ruhetag: Mo

Genussvoll über den Booten der Schlei

In Grödersby mit Blick auf Arnis - die kleinste Stadt Deutschlands - liegt »Spechts Speisewirtschaft« im schönen Angeln. Vom Jachthafen führen ein paar Stufen hinauf zum von Belinda Specht liebevoll eingerichteten Restaurant. Wer es luftiger mag, kann auf der Terrasse unter dem Sonnensegel Platz nehmen. Es bietet sich eine wunderbare Aussicht über die maritim anmutende Schleilandschaft. Doch sollte sich der Blick der Gäste bald auf die kleine Speisekarte von Volker Specht richten, vor allem auf die handgeschriebene Schiefertafel. Hier sind die tagesaktuellen, immer saisonalen Genüsse verzeichnet. Volker und Belinda Specht sind perfekte Gastgeber mit Leidenschaft und Hingabe. Der engagierte Koch hat höchste Ansprüche an Frische und Qualität aus der Region, gehört er doch zu den Gründern von »Feinheimisch« der Vereinigung zur Förderung der Esskultur in Schleswig-Holstein.

Mit einer Fischsuppe von Ostseefischen zu starten ist eine gute Wahl, aber es kann auch der saisonale Spargelsalat an Balsamico-Vinaigrette mit gebratenem Steinbutt oder das Matjesbrot sein. Je nach Fischfang variiert die Zusammensetzung der Suppe, abgerundet mit Tomaten und Kräutern. Das Sauerfleisch vom Sattelschwein in würzigem Gelee mit Rosmarinkartoffeln und Remouladensauce ist sehr begehrt. Das Sattelschwein ist hier selbstverständlich ein Angler Sattelschwein, ein Slow Food Arche-Passagier und unschwer zu erkennen an seinem ausgeprägten rosafarbenen Sattel. Das Galloway-Fleisch von der Schleimünde wird als Frikadelle angeboten. Das Uthland-Rindfleisch stammt von Tieren, die auf den nordfriesischen Inseln oder Halligen geboren wurden und aufgewachsen sind. Nicht nur als Rumpsteak ist es ein Genuss.

Typisch regional, weil die Tiere auf den Wiesen rundherum zu sehen sind, ist der Lammrücken in Rosmarin-Knoblauch-Jus auf Blattspinat, Ofentomaten und Shiitake-Pilzen auf Kartoffelstampf. Für Vegetarier gibt es gebratenen Spinat-Bergkäse-Knödel mit Käse von der Biokäserei Backensholz. Traumhaft ist der süße Abschluss mit grünen Walnüssen, Sorbet-Variationen oder der blonden Schwedin. Gern erklärt der Koch am Tisch, was es mit der Sylter Pasta auf sich hat oder wie er welche Speise zu- und vorbereitet; selbstverständlich geht er auf Gästewünsche ein.

Zu den kulinarischen Genüssen gehören ebenbürtige Getränke. Vom Tafelwasser über Softgetränke, vom Bier bis zum Schnaps sind regionale Vertreter wie Lille-Bräu aus Kiel oder die Dolleruper Destille zu finden. Gute Weinauswahl.

Schlei-Liesel

Dorfstraße 2,
24357 Güby
0 43 54 / 99 77
hotel-schlei.de

Größe: 44 Plätze in der Gaststube, 120 im Saal, 40 auf der Terrasse
Preise: Hauptgerichte 19–34 Euro
Kreditkarten: EC, Master, Visa
Öffnungszeiten: Mo, Di, Fr, Sa ab 17.30 Uhr; So 12–14 und ab 17.30 Uhr; Ruhetage: Mi, Do

Landgasthof im Urlaubsparadies Schlei

Die »Schlei-Liesel« liegt an der B76 zwischen Eckernförde und Schleswig in Güby im Kreis Rendsburg-Eckernförde. Dänenkönig Friedrich VII. erteilte dem Hans Oehlerich 1853 die Konzession zum Ausschank von Bier und Brandwein. Die gastronomische Tradition führen Frank und Carina Jebe-Öhlerich seit zwei Jahrzehnten in neunter Generation weiter. Sie setzen auf Familienatmosphäre zum Wohl der Gäste. Die Lieferant*innen sind vorbildlich gelistet und auf der Webseite nachzulesen, vom Karlshof in Güby bis zum Bäcker Detlefsen in Fleckeby.

Der Gruß aus der Küche ist ein gebackenes Landei mit einem kleinen, feinen Tomatensalat. Es folgt die Gübyier Bouillabaisse mit Rouille und knusprigen Brotchips, ein Dauerbrenner auf der Karte der »Schlei-Liesel«. Zum spätsommerlichen Wetter passt die Trilogie von Räucherfisch mit Fenchel-Radieschen-Salat. Auf den nahenden Herbst deutet die Kürbissuppe auf der überschaubaren Karte, auf der bodenständiges Sauerfleisch mit Bratkartoffeln und hausgemachter Remoulade ebenso zu finden ist wie der hippe Schlei-Liesel-Burger vom Black-Angus-Ochsen, der mit Kresse-Mayonnaise und Tomaten-Apfel-Relish ins Dinkel-Karotten-Brötchen gestapelt wird. Das zarte Bœuf Bourguignon überzeugt mit Waldpilzen in einer tiefdunklen Sauce auf Selleriepüree, die Meerforelle auf sautierten Artischocken ist auf den Punkt gegart. Die Kleinen gehen mit dem Wikingerteller Kost nix auf Raubzug. Alternativ verteidigen sie die selbst gemachte Bolognese vom Grey-Moray-Ochsen mit Farfalle oder ihre Fischnuggets. Süß wird es beim Flensburger Rumtopf mit weißem Mokkaeis, hausgemachten Schokoladen-Trüffeln oder Eiscreme und Sorbets aus eigener Produktion. Wenn gar nichts mehr gehen möchte, dann vielleicht doch noch eine hausgemachte Praline mit einem Espresso.

Die Säfte kommen aus Boren, das sind 25 Kilometer mit dem Schiff auf der Schlei.

Die »Schlei-Liesel« vertreibt ihre selbst gemachten Produkte auch für den Genuss zu Hause.

NEU

Hobenkööök

Stockmeyerstraße 43
20457 Hamburg
0 40 / 22 86 55 38
hobenkoeoek.de

Größe: 80 Plätze im Restaurant
Preise: Hauptgerichte 17–32 Euro
Kreditkarten: EC, Visa, Master
Öffnungszeiten: Di–Sa 10–23 Uhr;
Ruhetage: Mo, So

Hafenküche mit Markthalle

Im alten Hamburger Oberhafen haben Nele Grünberg, Thomas Sampl und Frank Chemnitz das Ideal einer Hafenküche verwirklicht. In einem ehemaligen Güterumschlagsgebäude der Bahn gibt es nun ihr Restaurant mit Markthalle. Von frischem Gemüse über Fisch, Käse, Fleisch und Biobrot bis zum Obstsecco von Jörg Geiger ist vermutlich alles erhältlich, was ein Slow Food Herz höher schlagen lässt. Die Köche nutzen die Markthalle als Quelle für ihre eigenen Zutaten und verarbeiten sie in ihrer offenen, »mittenmang« stehenden Küche zu kulinarischen Höhepunkten. Die Gerichte von Thomas Sampl sind produktbezogen und ohne Chichi: beste Produkte, schlicht verarbeitet. Es beginnt täglich mit einem Frühstück rund um das Markthallenangebot mit Biobrot von Bahde und Frischkräse von Kruse aus Elmshorn. Zu »Middach« gibt es, was der Markt gerade hergibt, das heißt täglich wechselnde Gerichte; ein veganes ist natürlich immer dabei. Wenn die Köchinnen und Köche pausieren, erhält der Gast eine Rohmilchkäseauswahl aus der Meierei Horst oder Räucherfisch mit Brot und Butter.

Das Abendbrot kann umfangreicher ausfallen, »vördeem« vielleicht marinierter Kalbsrücken von Linumer Wiesenkalb oder Salat mit Schafgrillkäse aus Jeetzel. Thomas Haack liefert den Kohlrabi für die Suppe, die mit Tomaten aus den nahen Vierlanden verfeinert wird. »Middeninne« hat der Gast die Qual der Wahl zwischen einem ganzen Saibling – schlicht mit Dill-Zitronen-Butter – oder einem Stück vom Hinterviertel des Rindes, das jeden Tag etwas anderes ist, in der Regel ein geschmortes Stück. Dazu reichen die Köche das Gemüse des Tages, das sie für vegetarisch lebende Menschen grillen und mit Schafsfeta vom Hof Brünjes toppen. »Dornach« gibt es dann Schokoladen-Haselnuss-Eis mit Kirsch-Sorbet und Kompott.

Zu trinken gibt es Biowein von Helde und Craftbier aus der Region von Wildwuchs und Ratsherrn.

Oberhafenkantine

Stockmeyerstraße 39,
20457 Hamburg
0 40 / 32 80 99 84
oberhafenkantine-hamburg.de

Größe: 50 Plätze in den Gasträumen, 60 auf der Terrasse
Preise: Hauptgerichte 10–28 Euro
Kreditkarten: Keine
Öffnungszeiten: Di–Sa 12–22 Uhr; So 12–17.30 Uhr; Ruhetag: Mo

Die letzte Hamburger Kaffeeklappe mit originaler Küche

Die »Oberhafenkantine« von Sebastian Libbert ist die schrägste Lokalität Hamburgs, die letzte Kaffeeklappe des Hamburger Hafens. Sie besteht schon seit 1925, stand anscheinend niemandem im Weg, und selbst das Wasser hat den Versuch, sie umzuwerfen, inzwischen aufgegeben. Sie wurde nur ein bisschen angestupst. Sturmfluten und Unterspülungen haben das Haus in seine berühmte Schräglage gebracht. Schon immer gab es hier Frikadellen und Kaffee. Erbaut von Hermann Speer, dem ersten Wirt, wurde die originelle »Kantine« jahrzehntelang von dessen legendärer Tochter Anita betrieben. Heute steht das Haus unter Denkmalschutz und ist ein Kleinod im ständigen Wandel des Hamburger Hafens. Und ein bisschen Schräglage gehört hier ohnehin dazu.
Im Oberhafen serviert man moderne Hamburger Küche: ein ganz hervorragendes Labskaus* mit eingelegter Roter Bete oder in Anlehnung an das Hamburger Rundstück einen Burger in drei Variationen, davon einen vegetarischen. Aber auch das Original wird hier angeboten. Der Spargel wird mit geräuchertem Hering oder mit der Oberhafenkantinen-Frikadelle auch mal etwas anders serviert. Schinken geht natürlich auch. Abends gibt es Abendbrot, das Brot wird selbst gebacken. Dazu gehört die Hamburger Weißwurst, die es schon seit der Franzosenzeit gibt und die natürlich älter ist als die Münchener, dafür aber manchmal mit Fisch gemacht wird, oder es gibt Rauchfisch aus dem eigenen Räucherofen. Die Würste der Oberhafenkantine sind im Übrigen echte Sattmacher, auf Phosphate wird verzichtet. So hat die Wurst mehr Fleisch und weniger Wasser. Der Senf für Würste und Frikadellen wird in der Küche selbst gemacht. Auch der Knusperfladen schmeckt ausgezeichnet. Für Vegetarier wird mit dem Graupenrisotto mit Spargel und Bärlauch gesorgt. Hintendran gern eine Rote Grütze oder ein verschleiertes Bauernmädchen (geschichtetes Schokodessert) aus Pumpernickel, Apfel- und Waldbeerenkompott mit Sahne, das wohl aus dem Dänischen stammt.
Neben Bier von M & O und Kaffee werden Weine von europäischen Gütern angeboten, ein Cider von Elbler mit Äpfeln aus dem Alten Land sowie eigene Limo.

In der »Speicherstadt-Kaffeerösterei« (Kehrwieder 5, 20457 Hamburg) gibt es interessante Kaffeesorten, vom Jamaica Blue Mountain bis zum Orang-Utan-Kaffee.

Restaurant »Nil«

Neuer Pferdemarkt 5,
20359 Hamburg
0 40 / 4 39 78 23
restaurant-nil.de

Größe: 80 Plätze im Restaurant
Preise: V 10–17, H 23–30, N 7–19 Euro
Kreditkarten: EC
Öffnungszeiten: Mo–Do ab 18 Uhr; Fr–So ab 17.30 Uhr

Gute Bistroküche im Szenestadtteil

Das »Nil« liegt mitten im Stadtteil St. Pauli, die Umgebung ist eher szenig, und das Lokal mit seiner angenehmen Atmosphäre passt hier richtig gut rein. Das »Nil« ist ein Restaurant über drei Ebenen und öffnet im Sommer seine Terrasse.
Als Einstieg gibt es Brot von Gaues mit einem veganen Dip. Der Ziegenkäse kommt in bewährter Qualität von Catherine André und wird von eingelegtem Spargel und einer Sauce Gribiche begleitet. Catherine zieht auch Bunte Bentheimer Schweine auf, von denen es eine hausgemachte Blutwurst mit Kürbis, Röstzwiebeln und Stampfkartoffeln gibt. Das Gemüse kommt meistens von Jochen Krentzel und wird auch gern zu veganen Gerichten wie einem Gemüsecurry verarbeitet. Vom Schwein werden Schinken produziert, die im Frühjahr den Spargel begleiten. Im November hingegen gibt es Martinsgans vom Gänsehof Gudendorf in Dithmarschen. Die Hirschpate wird mit einer Pumpernikel-Malzbier-Mayo und fermentierten Mairübchen serviert. Von »Frisch gefischt« kommt die Meeräsche mit Spinat und Basilikumpesto oder der Heilbutt mit Zitronenrisotto. Hinterher gibt es Käse aus dem Norden, Föhrer Inselkäse und andere schöne Sorten, veredelt vom Affineur Markus Kober oder eine vegane Schokoschnitte.
Personen am Steuer erfreut ein spritziger, alkoholfreier Apfelsecco. Als Durstlöscher wird Allgäuer Helles angeboten. Die Weinkarte mit vielen Bioweinen wird von Elisabeth Füngers, einer der Inhaberinnen des »Nils«, anregend vorgestellt.

NEU

Wolfs Junge

Zimmerstraße 30
22085 Hamburg
0 40 / 20 96 51 57
wolfs-junge.de

Bio

Größe: 34 Plätze im Gastraum, 34 auf der Sommerterrasse
Preise: Menüs 58–85, Mittagstisch ab 15 Euro
Kreditkarten: EC, Master, Visa
Öffnungszeiten: Di–Fr 12–14.30 Uhr; Di–Do 18–23 Uhr; Fr–Sa Seating 1: 17.30–20.15 Uhr, Seating 2: 20.30–23 Uhr; Ruhetage: So, Mo

Zeitgenössische Küche, nachhaltig und auf höchstem Niveau

Das »Wolfs Junge« liegt nahe der Alster in einer ruhigen Wohngegend. Ein kleines Restaurant gab es hier schon, lange Jahre bevor Sebastian Junge es als Inhaber und Koch übernahm. Seit 2018 setzt er mit seinem Team eine nachhaltige Kochkunst auf bemerkenswertem Niveau um: Es wird ein eigener Gemüsegarten in Hamburg bewirtschaftet. Rund um das Restaurant ist ein Kräutergarten angelegt worden, der mit Kompost aus eigener Produktion gedüngt wird. Demnächst wird es die erste Honigernte geben. Viele Anregungen hat Junge aus der ersten Slow Food Youth Academy mitgenommen, nicht zuletzt handwerkliches Rüstzeug über das Kochen hinaus: Es wird Sauerteigbrot gebacken, gewurstet und gelegentlich Käse gemacht.
Auf der wöchentlich wechselnden Mittagskarte finden sich Klassiker wie Gulasch mit Kartoffeln oder Frittata mit Paprikamarmelade. Vorweg serviert die Küche eine Fischsuppe mit Zucchini. Das Gemüse kommt aus dem eigenen Garten oder aus dem solidarischen Gemüseanteil des Kattendorfer Hofs oder vom Demeter-Gut Wulfsdorf.
Abends kommen bis zu sieben Gänge auf den Tisch mit einem selbst gemachten Schafskäse zur Paprika und Sauce Mechouia, einem Brokkoli mit Sellerieöl, in der vegetarischen Variante mit Tomatensuppe oder Buchweizentaler mit Kürbis und Wacholder. Wer beim Restaurantbesuch auf Fisch und Fleisch nicht verzichten möchte, bekommt den Fang des Tages vom nachhaltigen Fischhandel der Familie Baier mit Rote-Bete-Salsa und Muschelschaum oder Hirsch mit Kürbis. Die Pflaume kommt in der Saison als Dessert mit Molke. Zu trinken gibt es Craftbier und Wein von kleinen, nachhaltig agierenden Gütern.

Gasthof Waldeslust

Dorfstraße 6,
22929 Hamfelde
0 41 54 / 25 26
waldeslust-hamfelde.de

Größe: 200 Plätze im Gastraum, dazu Terrasse und Wintergarten
Preise: V 6–15, H 15–33 Euro
Kreditkarten: EC
Öffnungszeiten: Mi–So 12–14.30 und 17–22 Uhr, nachmittags kleine Karte; Ruhetage: Mo, Di

Ausflugslokal mit vielen eigenen Tieren

Im Schleswig-Holsteinischen Kreis Lauenburg liegt Hamfelde. Der »Gasthof Waldeslust«, ein traditioneller Stormarner Landgasthof, wurde 1873 gegründet. Seit 1963 erweiterten Klaus und Edith Koops die Speisekarte um regional inspirierte Gerichte aus regionalen und eigenen Zutaten. Sylvia Koops vertieft diese Tradition seit zwei Jahrzehnten konsequent: Die auf dem 24 Hektar großen Hof aufgezogenen Tiere werden im eigenen Schlachthaus verarbeitet. Der Gasthof hat vier gemütliche Räume und die traditionelle Diele. Aus dem Wintergarten, der die Terrasse ergänzt, schweift der Blick in die Landschaft. Die umgebende Hahnheide mit ihren attraktiven Wanderwegen lädt ebenso zu Streifzügen ein wie die Wiesen des Billetals.
Auf der Karte finden sich Gerichte von den eigenen Galloway-Rindern. Klassisch ist das gekochte Rindfleisch mit Meerrettich und Salzkartoffeln; die Kartoffeln aus der nahen Granderheide gibt es in vielen Variationen. Weitere Gerichte werden mit den eigenen Moorschnucken oder Forellen und Karpfen aus eigenen Teichen gekocht. Die Forelle kommt blau oder nach Art der Müllerin. Das Wild aus den umliegenden Wäldern wird als gebundene Jägersuppe oder Wildplatte mit fünf verschiedenen Sorten angeboten. Typisch norddeutsch-süß sind die dazu gereichten Birnen, Preiselbeeren und gebackenen Bananen. Einige Gerichte gibt es nur dann, wenn gerade geschlachtet wurde, und nur in begrenzter Menge wie Hirsch-, Lamm- oder Kalbsleber, begleitet von Zwiebeln, Apfelmus, Erbsen und Kartoffelpüree. Die allseits beliebten Desserts wie Variationen von der Schokomousse und Zitronencreme sind zum Teil hausgemacht. Wie es sich für ein ländliches Ausflugslokal gehört, gibt man sich mit kleinen Portionen nicht ab. Zahlreiche Gerichte kann man denn auch als Seniorenportion bestellen. Der freundliche Service betreut aufs Beste, Sonderwünsche inklusive.

Restaurant Nordfriesisches Lammkontor

Deichstraße 7–8,
25183 Husum
0 48 41 / 4 04 28
LammKontor.de

Größe: 40 Plätze im Restaurant und der gemütliche Innenhof
Preise: Hauptgerichte 24–35 Euro
Kreditkarten: EC
Öffnungszeiten: Fr–Di 12–22 Uhr; Ruhetage: Mi, Do

Uriges Restaurant mit Lamm- und Weiderindspezialitäten

Husum, die »graue Stadt am Meer« (Theodor Storm), hatte im 19. und 20. Jahrhundert den größten Viehmarkt Europas und war über Jahrhunderte mit einer Vielzahl kleiner Hausbrauereien das Zentrum des schleswig-holsteinischen Bierexports. Auf dem Gelände einer ehemaligen Brauerei richtete Sönke Magnus Müller 2013 in einem früheren Eiskeller ein uriges Gasthaus ein. Es ist gemütlich, man sitzt zwischen Antiquitäten, die auch zum Verkauf angeboten werden. Im Sommer genießt man im »Hofgarten« genannten Innenhof Feines vom Grill mit hausgemachten Chutneys und frischen friesischen Salaten – und zum Kaffee selbst gebackenen Kuchen. Im Obergeschoss wurde eine gemütliche Deichbar eingerichtet, in der Wein und hausgemachte Deichtapas serviert werden. Das Team um Sönke Magnus Müller verarbeitet Kräuter aus dem Garten und kreiert aus regionalen Produkten fantasievolle Gerichte. Im Fokus stehen Salzwiesenlämmer der Züchter Matthias Pauls aus Vollerwiek und Dietmar Jessen aus Uelvesbüll. Die Weiderinder grasen bei Arne Theede in Tetenbüll. Das Gemüse kommt aus dem nahen Simonsberg.
Nach Kleinigkeiten, hier Deichtapas genannt, sind der karamellisierte Ziegenkäse vom Ziegenhof Detlefsen oder der Mildstedter Frühlingssalat mit Herz & Zunge vom Salzwiesenlamm überzeugende Vorspeisen. Als Hauptgerichte empfehlen sich verschiedene Partien vom Lamm, etwa die Lammkeule mit Kartoffel-Sellerie-Stampf, das rosa gebratene Lammnüsschen mit Wurzeln oder die Lammhaxe im eigenen Jus mit Wirsingknusper. Bemerkenswert ist das Rumpsteak vom Galloway, das in verschiedenen Größen angeboten wird. Auch Vegetarisches wie gefüllte Zucchini mit Simonsberger Knoblauchsirup ist ein Genuss. Zum Dessert gibt es Grießflammerie mit Himbeersauce oder Schattenmorellen mit Walnusssahne. Wer es herzhaft mag, freut sich über die Nordfriesische Käsevariationen mit Backensholzer Biorohmilchkäse, Emmelsbüller Ziegenkäse von August Dethlefsen und Bioschafskäse von Volquardsen aus Tetenbüll.
Die Atmosphäre ist einmalig, der Service zugewandt und gibt gern Auskunft zur Herkunft der Produkte. Die Getränkekarte macht Durst auf das »Beugelboddelbeer« der Dithmarscher und Flensburger Brauerei und auf das süffige Biobier »Urstrom« aus Dollerup.

Im Hofladen sind hochwertiges Fleisch vom Salzwiesenlamm und vom Nordfriesischen Weiderind sowie Biokäse von der Backensholzer Hofkäserei erhältlich.

Fischers Fritz

Martenshofweg 2–8,
24109 Kiel
04 31 / 53 31
fischers-fritz.com

Größe: 80 Plätze im Restaurant, 20 auf der Terrasse
Preise: V 8–20, H 17–30, N 10–11 Euro
Kreditkarten: Alle gängigen Karten
Öffnungszeiten: Täglich 12–14 und 17.45–22 Uhr

Maritimes Gasthaus mit feiner regionaler Küche

Die erste Schankgenehmigung kam 1802 vom dänischen König, als das Gasthaus noch eine Kate war, in der es weithin gerühmte Pfannkuchen gab: der »Pannekokenkrog«. Es ist das älteste noch bestehende Gasthaus in ganz Kiel. Eduard Birke machte aus ihm Mitte des vergangenen Jahrhunderts das erfolgreiche Tanz- und Ausflugslokal »Waldesruh«, erweiterte es um eine Pension, die sich später zu einem Tagungs- und Wellnesshotel entwickelte. 2005 schließlich kam das Restaurant »Fischers Fritz« hinzu als Antwort auf die leidige Frage, wo, bitte schön, es denn in Kiel guten Ostseefisch gebe. Das Fischrestaurant bietet seit dem ersten Tag eine feine regionale Küche mit Lieferant*innen der Umgebung. Auf der Webseite werden über 30 vorgestellt – inklusive des eigenen Kräutergartens.

Hier gibt es viel Fisch, direkt vom schleswig-holsteinischen Fischer und in allen Variationen: von Eckernförder Matjes, der mit Hausfrauensauce serviert wird, bis zum Lachsforellenfilet aus dem Schirnauer See, das der Fritzen-Küche mit gestovten Bohnen gut gelingt. Begonnen werden kann mit der klaren Fischsuppe mit Safran und Dill und beschlossen werden mit dem Ostsee-Kabeljau mit Kapern-Zitronensauce. Die Klassiker des Hauses wie den Backfisch mit Remouladensoße und Bratkartoffeln sollte man nicht unversucht lassen. Die Tageskarte spiegelt wider, was die Lieferant*innen tagesfrisch anbieten: Lammfleisch von seltenen Rassen oder Angler-Sattelschwein vom Bauern Schramm, das dann vorbildlich z. B. als Braten für Tagungen angeboten wird. Natürlich kocht die Küche auch Holsteiner Sauerfleisch*, meist vom Angler-Sattelschwein, oder auch das typische Labskaus*, das es für Ängstliche auch in Probierportionen gibt. Küchenchef Pierre Binder bezeichnet es augenzwinkernd als »weltbestes Kieler Labskaus«, für das er ausschließlich gepökelte Holsteiner Ochsenbrust verwendet. Für alle, die kein Fleisch essen, gibt es eine eigene Karte, die auch vegane Desserts wie den gebackenen Apfelkrapfen mit Tofujoghurtsauce anbietet. Käse kommt von der Käsestraße Schleswig-Holstein, das Eis wird von Geesa's Eis in Kropp bezogen und zu Desserts wie Töpfenknödel mit Pflaumenröster und Vanilleeis verarbeitet. Der Apfelsaft vom Holsteiner Cox kommt von der Obstquelle Schuster, die Weine überwiegend aus Deutschland.

Lindenhof 1887

Friedrichstraße 39,
25774 Lunden
0 48 82 / 4 07
lindenhof1887.de

Größe: 46 Plätze im Gastraum
Preise: H 22–43, 3-Gänge-Menüs ab 58 Euro
Kreditkarten: EC, Master, Visa
Öffnungszeiten: Mi–Mo 18–21 Uhr; Sa, So 11.30–13.30 Uhr; Ruhetag: Di

Gehobene regionale Küche im Landgasthof

Lunden, eine Gemeinde im Kreis Dithmarschen in der Nähe von Husum, hat mit dem Geschlechterfriedhof eines der eindrucksvollsten Gräberfelder Schleswig-Holsteins – es gibt berühmte Sagengestalten und große Söhne und Töchter. Und es gibt den »Lindenhof 1887«. Er wurde erbaut, als der Sohn des Pütscherbruers (»pütschern« heißt umständlich arbeiten, Bruer ist der Brauer) Christian Peters heiratete. Einige Generationen später hat Tjark-Peter Maaß den Hof der Eltern übernommen und ihn mit seiner Frau Jasmin zu einem kleinen, schönen Landgasthof mit Hotel umgebaut. Innen erinnern Bilder von Liedertafeln, Frauenchören und Schützengilden an die Vergangenheit. Der Chef hat unter anderem im »Vier Jahreszeiten« in Hamburg, im »Adlon« in Berlin und bei Sternekoch Luther im »Alten Meierhof« in Glücksburg gearbeitet. Er serviert im Lindenhof eine gehobene, regional inspirierte Küche, handwerklich bestens zubereitet und schön präsentiert, wobei die Produkte im Vordergrund stehen.

Vorspeisen wie der Ziegencamembert mit Wildkräutersalat oder – besonders interessant – der Lammschinken mit Rotkohlsalat, der einige der wichtigen Produkte der Region aufnimmt, überzeugen. Die geschmorte Lammkeule oder die Rinderschulter vom Galloway mit saisonalem Gemüse sind ein Genuss. Da der Wolfsbarsch auch im Norden ins Netz geht, freut sich der Fisch, mit Balsamico und Ratatouille auf den Tisch zu kommen. Im Frühling gibt es Spargel pfundweise oder auch als Spargelsuppe mit Wachtelei. Der kulinarische Kalender enthält Überraschungen, gern wird der Schwarze Mehlbeutel* angeboten. Überzeugend klingt das kleine vegane und vegetarische Angebot mit Gnocchi, Saisongemüse und Bärlauch. Desserts machen der Küche offenbar besonderen Spaß, was der Grütze vom Holsteiner Cox, der Käseauswahl von der Hofküche Backensholz oder der MUKU Eiskrem vom Pharisäerhof in Nordstrand anzumerken ist.

Gegen den Durst helfen Flensburger Bier und eine feine Auswahl überwiegend deutscher Weine.

→ Der Geschlechterfriedhof in Lunden ist in seiner Größe einzigartig.
In Katingsiel (Tönning) gibt es mit der »Schankwirtschaft Andresen« die älteste Schankwirtschaft an der Nordseeküste mit ihrer berühmten Kachelstube und einem sagenhaften Eiergrog.

Landgasthof & Hotel Zum Dückerstieg

Dückerstieg 7,
25554 Neuendorf-Sachsenbande
0 48 23 / 9 29 29
dueckerstieg.de

Größe: 56 Plätze im Gastraum, 23 im Außenbereich
Preise: Hauptgerichte 10–29 Euro
Kreditkarten: EC, Master, Visa
Öffnungszeiten: Mi, Do 17–22 Uhr; Fr–So 11–14 und 17–22 Uhr; Ruhetage: Mo, Di

Saisonale Landküche mit Pfiff in der Wilstermarsch

Neuendorf-Sachsenbande liegt in der Schleswig-Holsteinischen Wilstermarsch nordöstlich der Elbe. Der Ururgroßonkel des heutigen Eigentümers kaufte 1910 das Anwesen, um Landwirtschaft und einen Krug zu betreiben, der sich zu einer Schank- und Speisewirtschaft entwickelte. Vor fast fünfzig Jahren übernahmen Margrit und Ernst-Otto Prüß das Anwesen und begründete den guten Ruf als Landgasthaus. Heute führen Inga und Frank Prüß das »Landgasthaus & Hotel zum Dückerstieg«.
Das Landgasthaus bietet eine regional-saisonale Landküche. Die Nordseekrabben für die Krabbencremesuppe mit Schollenfilet fischt die Krabbenfischerei Schneidereit in Friedrichskoog. Die Kraftbrühe wird vom Kikokhuhn gezogen. Die Ravioli von der lila Kartoffel mit Spinat, Bockshornkleekäse und Kräutersoße freut nicht nur vegetarisch genießende Menschen. Ein Klassiker ist die Kalbsfleischfrikadelle mit Bärlauch-Kartoffel-Stampf und Rahmchampignons. Das Maishähnchen aus geflügelfreundlicher Haltung kommt als Zweierlei auf den Teller, die Brust in Rotwein, die Keule mit Kräutern aus dem eigenen Garten. Den Spanferkelrücken begleiten Holsteiner Schnüsch* und eine feine Estragonsoße. Zum Nachtisch gibt es Rhabarberknusper mit Tonkabohnenparfait oder eine Joghurt-Crème-brûlée. Nicht selten findet man Grünkohl und Graue Erbsen, Mehlbüddel* und Schwarzsauer* sowie alte Gemüse auf der Karte.
Der Apfelsaft wird aus heimischem Obst gemacht, die Weine sind deutscher und internationaler Provenienz.

Die Suppen gibt es auch zum Mitnehmen.

De Strunluuker

Strunwai 31,
25946 Norddorf auf Amrum
0 46 82 / 9 68 94 40
destrunluuker.de

Größe: 34 Plätze im Gastraum, 40 auf der Terrasse
Preise: Hauptgerichte 9–25 Euro
Kreditkarten: Keine
Öffnungszeiten: Mi 12–15 und 17–21 Uhr; Do–So 17–22 Uhr; Ruhetage: Mo, Di

Frische Küche auf Amrum – Sonnenuntergang inklusive

Als Volker Vietmeier von der Gemeinde Norddorf auf Amrum gefragt wurde, ob er das Restaurant im ehemaligen Schwimmbad übernehmen wolle, überzeugte ihn vor allem der Sonnenuntergang auf der Terrasse – mit Blick auf den Hörnumer Leuchtturm auf Sylt. Das Lokal ist eher modern als rustikal eingerichtet mit einer großzügigen Fensterfront und einem dunklem Holzoptikboden. Vietmeier kocht eine konsequent norddeutsche Küche mit zahlreichen traditionellen, zeitgenössisch gefassten Rezepten. Er verarbeitet möglichst viele Zutaten aus der Region, wobei die Belieferung durch die wenigen Inselbauern und Fischer nicht einfach und kontinuierlich ist. Manches muss vom nahen Festland herangeschafft werden. Das Außer-Haus-Essen kommt in kompostierbaren Schalen.
Im Strunluuker gibt es klassisch norddeutsch Backfisch mit Speckkartoffelsalat und hausgemachter Remouladensoße. Neben den von Volker immer mal wieder angebotenen Specials aus der norddeutschen Küche gibt es seine ausgezeichnete Barbecueküche. Sie beginnt mit dem Salat mit Hähnchen und Barbecuesauce und geht weiter zu einem Pulled Pork mit Cole Slaw. Der süße Schlusspunkt heißt hier: »Frag doch einfach!« Die Antwort kommt prompt: Friesen-Tiramisu mit Joghurt und Zwetschgen oder auch die Tonkabohnen-Crème-brûlée. Zum Mitnehmen an der Strand erhält der Gast ein Sandwich.
Auf der Getränkekarte ein naturtrübes Urstrom, eine kleine Auswahl deutscher (Bio-) Weine, regionale Bioschorle und eine fruchtige Deichlimo.

Seeblick Amrum

Strunwai 13,
25946 Norddorf auf Amrum
0 46 82 / 92 10
seeblicker.de

Größe: 94 Plätze im Gastraum, 70 auf der Terrasse
Preise: V 3–16, H 16–27 Euro
Kreditkarten: EC, Master, Visa
Öffnungszeiten: 11.30–21.30 Uhr, ausschließlich Reservierungen

Modernes Restaurant mit kreativer norddeutscher Küche

Vor 300 Jahren, als ein Großteil der männlichen Inselbevölkerung sich auf holländischen Walfangschiffen verdingte, gelegentlich sogar zu Reichtum kam, waren Gäste auf Amrum selten. Nur zögernd wurde Anfang des 20. Jahrhunderts die Schönheit der Insel mit ihrer Wald- und Dünenlandschaft und dem langen weißen Strand für den Fremdenverkehr erschlossen. Auf diese lange Geschichte kann das »Hotel Seeblick« zurückblicken, das heute in vierter Generation geführt wird. Als Friedrich von Bodelschwingh 1913 im beschaulichen Norddorf die ersten beiden Seehospize gegründet hatte, eröffnete die Familie Hesse ihre »Pension Hinrichs«. Die folgenden Generationen erweiterten Gebäude und Angebot bis zum heutigen hohen Standard unter Nicole und Gunnar Hesse, dem Urenkel des Gründers. Auch außerhalb der Küche wird gern experimentiert: Erfolgreiche Anbauversuche mit Haferwurzeln, alten Kartoffel- und Tomatensorten, wildem Topinambur und Bunter Bete gibt es ebenso wie Spezialitäten aus Amrumer Wildrosen oder Fichtentrieben. Im Herbst beteiligt sich Hesse am »Schleswig-Holstein Gourmet-Festival«, im Sommer am Natur-Genuss-Festival.
Küchenchef Gunnar Hesse verlässt sich auf die Qualität seiner lokalen Waren: Amrumer Rind von Hof Martinen, Fleisch vom Susländer Schwein, Gemüse aus dem Garten eines benachbarten Rentners, Fisch nach Saison vom Inselkutter veredelt er zu geschmackvollen und auch kreativen Gerichten. Der Amrumer Kürbis wird zur Rahmsuppe oder als Ragout und Püree zur Ente serviert. Klassisch norddeutsch wird zum Schollenfilet ein Kartoffelsalat gereicht. Mit einer Bierjus verfeinert Hesse die zwei Tage sanft geschmorte Rinderschulter. Einen kulinarischen Höhepunkt versprechen die handgesammelten Wildaustern aus dem Wattenmeer. Das vegetarische Angebot umfasst meist mehrere Gerichte, so die Käsepasta & Pilz mit Käsesauce vom Backensholzer Biokäse. Zum Dessert gibt es dann Rote Grütze oder einen veganen Apfelcrumble vom Holsteiner Cox.
Die Weine kommen überwiegend aus Deutschland. Toll, dass zwei heimische Craftbiere auf der Karte stehen.

Kirchspiels Gasthaus

Große Mühlenstraße 9–11,
24589 Nortorf
0 43 92 / 2 02 80
kirchspiels-gasthaus.de

Größe: 50 Plätze im Gastraum, 80 in Gesellschaftsräumen, 25 im Außenbereich
Preise: Hauptgerichte 18–40 Euro
Kreditkarten: EC, Amex, Master, Visa
Öffnungszeiten: Mo–So 18–22 Uhr; So 12–14 Uhr

Norddeutscher Landgasthof mit regionalen Spezialitäten

Unter Kirchspiel versteht man einen Bezirk, dessen Ortschaften einer Pfarrkirche zugeordnet sind. Seit 1854 ist »Kirchspiels Gasthaus« im Besitz der Familie Heeschen, die Landwirtschaft betrieben, Bier brauten, Branntwein brannten, Krüge herstellten und den von Pferden gezogenen Leichenwagen fuhren. Seit 2009 wird das Haus in der sechsten Generation von Ulf Heeschen geführt. Er bietet eine Küche mit Pfiff, ohne die Bodenständigkeit zu verlieren. Die Speisekarte wird alle sechs bis acht Wochen geändert. Sie ist nach Stichworten sortiert und enthält klassische regionale Gerichte oder von ihr abgeleitete, modernisierte Zubereitungen.

Vorweg gibt es die Klassiker des Hauses: die Gurkenrahmsuppe oder ein Carpaccio mit Backensholzer Käse und Basilikumopesto. Unter dem Stichwort »Fleischlos« ist das Kichererbsen-Tomaten-Ragout, dazu frischer Spinat mit Mandeln und Prangen-Bulgur zu finden. Unter der Rubrik »Land« können über das Jahr der Große Hans* mit Speck und heißen Schattenmorellen oder der Klassiker Birnen, Bohnen, Speck auf der Karte stehen. Das Wild für den hausgemachten Wildleberkäse mit Sauerkraut und Preiselbeeren wurde selbst erlegt oder kommt vom Gut Bossee in Westensee. Für zwei Personen, die etwas Zeit mitbringen, gibt es ein klassisches Chateaubriand mit Sauce béarnaise und bunter Gemüseauswahl. Die Fische kommen aus Rade von Thomas Phillipson (Fischerei Brauer) oder aus Nortorf von Arne Kunz. Daraus kocht Heeschen feine Sachen wie das Lachsforellenfilet an Spargelragout oder den Ostseedorsch mit frischem Spinat und Rhabarber. Hinterher ist vielleicht Platz für ein Rhabarbersorbet mit Dolleruper Waldgeist.

Zu trinken gibt es Flensburger Urstrom, Dolleruper Brände und etwa 40 Weine aus Deutschland, Frankreich und Italien.

→ »Kirchspiels Gasthaus« ist Mitglied des Netzwerks »Feinheimisch«, in dem sich Gastronomen, Erzeuger und Manufakturen aus Schleswig-Holstein zusammengetan haben. Die Gastronomen müssen 60 Prozent ihrer Produkte aus der Region beziehen. Sie wollen die regionale Küche bewahren und weiterentwickeln. Die Verwendung von Geschmacksverstärkern und Convenience-Produkten ist nicht erlaubt. Die Einhaltung der Vorgaben wird jährlich überprüft.

NEU

Hofküche Backensholz

Schwabstedter Damm 10,
25885 Oster-Ohrstedt
0 46 26 / 18 58 29 5
hofkueche-backensholz.de

Größe: 50 Plätze in der Gaststube, 50 auf der Terrasse
Preise: Hauptgerichte 12–29 Euro
Kreditkarten: EC, Master Visa
Öffnungszeiten: Mi–Sa 12–17 Uhr (Bistro) und 18–22.30 Uhr (Abendkarte); So 8.30–12 Uhr Frühstück; Ruhetage: Mo, Di

Vom Hof auf den Teller

Die »Hofküche Backensholz« ist ein ökologisches »Vom-Hof-auf-den-Teller«-Bistro und Restaurant zwischen Husum und Schleswig. Sie liegt auf dem Backensholzer Hof, einem nach Bioland-Richtlinien geführten Betrieb der Familie Metzger-Petersen. Neben Milchprodukten und Fleisch vom eigenen Hof kommen die Zutaten entweder direkt aus der Nachbarschaft oder vom Ökogroßhändler Grell aus Kaltenkirchen. Thilo Metzger-Petersen und sein Team betreiben die Hofküche mit Leidenschaft und höchsten Ansprüchen an Qualität und Nachhaltigkeit. Es wird handwerklich gekocht, »Nose-to-Tail«, klassisch-zeitgemäß. Der Ansatz der unabhängigen und eigenständigen Versorgung zeigt die Wasserrecyclinganlage, mit dem das Gewächshaus bewässert wird, um Gemüse und Früchte anzubauen.
Aus der Hofküche kommen klassische Gerichte, aktuelle Kreationen und regionale Speisen von hervorragender handwerklicher und geschmacklicher Qualität. Das Ambiente ist luftig, zeitgemäß und natürlich »norddeutsch«. Bei gutem Wetter werden die Speisen auf der Terrasse im Grünen serviert. Aus der Bistro-Speisekarte können Kleinigkeiten gewählt werden, vom kalten Buttermilch-Gurkensüppchen über den Lumpensalat mit Backensholzer Leberkäse und Deichkäse mit hausgemachtem Sauerteigbrot bis zur Bratwurst vom Husumer Protestschwein.
Die Abendkarte bietet eine kleine Vorspeisenauswahl »Vom Hof vorweg«, die die Vielfalt der Backensholzer Käse widerspiegelt. Für vegetarisch lebende Menschen empfehlen sich das Käsefondue (ab zwei Personen) oder die Pasta aus dem Käselaib. Vegane oder andere Ernährungsstile können mit dem kompetenten Service abgestimmt werden. Wechselnde Tagesgerichte wie das Rinderleberparfait mit geschmortem Chicorée und Austernpilzen bereichern das Angebot. Als Hauptgang gefallen das Dreierlei von der rotschaligen Laura – in Backensholzer Erde gegarte Kartoffel, Jus aus gerösteten Kartoffeln und Bärlauch-Kartoffelschaum, wahlweise mit gegrilltem Rinderbauch, eine Tagliata vom Rind mit Aprikosensalat, Rucola und Michel-Käsespänen oder ein Lachsforellenfilet mit Dinkelgemüse, Schwarzwurzelpüree und Weißweinschaum.

→ Backensholz ist Slow Food Unterstützer und Thilo Metzger-Petersen Mitglied der Chef Alliance.

Backensholz-Produkte und andere Bioprodukte gibt es im gut sortierten Hofladen.

NEU

Fien tu Huus

Strandallee 14,
23730 Pelzerhaken
0 45 61 / 5 59 89 96
fientuhuus.de

Größe: 45 Plätze in Restaurant, 45 in Garten
Preise: V ab 14, H 19–36, N 12–15 Euro; Menüs ab 55 Euro
Kreditkarten: Alle gängigen Karten
Öffnungszeiten: April–Okt: Di–So 12–22 Uhr (Küche bis 20 Uhr); Ruhetag: Mo

Ankommen und sich zu Hause fühlen

Das »Fien tu Huus« in Pelzerhaken an der Lübecker Bucht liegt direkt an der Ostsee. Nur ein paar Schritte, und man spürt den Sand unter den Füßen. Wer die dortige Küche nicht kennt, übersieht das »Fien tu Huus« leicht – wer einmal dort essen durfte, wird gern wiederkommen!

Nicht nur der Name des Restaurants, auch die Speisekarte (Spieskaart) spielt auf frische Weise mit der heimischen plattdeutschen Sprache. Maritimes umfängt den Gast von Anfang an, gepaart mit einer zugewandten, freundlichen Begrüßung. Mario Büsch kocht leidenschaftlich mit regionalen Zutaten, seine Frau Sina leitet den herzlichen Service. Gemeinsam bilden sie ein wunderbares Gastgeberpaar. Mario zaubert ein Stück Heimat genuss- und liebevoll auf den Teller. Egal ob bei Vörspies, Fisken, Fles oder Snopereen, Besonderheiten werden von einer zusätzlichen Empfehlung und Erklärung begleitet. Die Preise sind angemessen. Im Norden ist der Wind frei Haus – alles andere ist ein wenig teurer.

Die Speisekarte enthält Gerichte mit hohem saisonalen Bezug. Die Produkte kommen möglichst aus der Region und vorzugsweise von Mitgliedern von »Feinheimisch e. V.«, einem schleswig-holsteinischen Netzwerk, dem weitere Genussführerlokale angehören. Egal ob Fisch, vegetarisch, Fleisch – stets ist transparent, wer hinter den Zutaten steht. Gebackener Feta vom Wasserbüffel kommt von Feddersen Farm aus Immenstedt, Slow Food Unterstützer Rohmilchkäserei Backensholz aus Osterohrstedt liefert weitere Käsesorten. Auch der besondere Holstein-Quinoa darf nicht fehlen. Der Ostseefisch wird vom alten freien Ostseefischer Bruno aus der Lübecker Bucht gefangen, also direkt vor der Haustür. Nicht nur Seefisch wird serviert, auch Süßwasserfisch aus dem Plöner See. Wer die Gelegenheit nutzen möchte, einen Slow Food Arche-Passagier zu verkosten, probiert Gerichte vom Angler Sattelschwein. Die Region Angeln an der Ostsee südlich der dänischen Grenze ist vielen nicht vertraut. Da kann das zart marmorierte Fleisch des Tieres der Anlass sein, sie kennenzulernen.

Auch bei den Getränken wird Wert auf Regionalität gelegt. Der Gast erfährt, dass selbst der Weinbau in Schleswig-Holstein floriert. Seine Weine stehen gleichberechtigt neben denen anderer europäischer Weingüter.

→ Januar bis März wetterabhängige Öffnungszeiten. Aktuelle Zeiten auf www.fientuhuus.de. Im November und Dezember freitags bis sonntags von 12 bis 22 (Küche bis 20 Uhr); Ruhetage Montag bis Donnerstag. Von April bis Oktober in den Ferien keine Ruhetage.

Landgasthof Satrup Krog

Glücksburger Straße 1,
24986 Satrup
0 46 33 / 2 07
satrupkrog.de

Größe: 30 Plätze in der Gaststube, 60 im Garten
Preise: Hauptgerichte 7–24 Euro
Kreditkarten: EC
Öffnungszeiten: Mo–So ab 17 Uhr; Sa, So ab 11.30 Uhr; Ruhetag: Di

Feine Regionalküche und deftige Burger

Im Herzen der Landschaft Angeln im Kreis Schleswig-Flensburg liegt das Dorf Satrup. Hier haben das Angler Sattelschwein und das Angler Rind ihren Ursprung, beide sind Slow Food Arche-Passagiere. In einer Chronik des 17. Jahrhunderts wird der »Satruper Krog« als »Kirchspielkrug« bezeichnet; die Satruper »Unterthanen« hätten die Verpflichtung, dort ihr Bier zu holen. Doch beklagt sich die Wirtin, dass die Satruper ihr Bier aus anderen Gasthäusern bezögen und dort auch säßen. Seit 2017 ist der langjährige Koch Christian Tobies im »Krog« sein eigener Herr. Er setzt auf eine frisch zubereitete Regionalküche mit zahlreichen Lieferanten aus dem Umland.

Appetitanregend seine Starter wie die Spargelcremesuppe mit Rindfleischravioli und der Ziegenfrischkäse von Jahnkes im Knuspersäckchen mit Tomatenmarmelade. Bei den Hauptspeisen spielen die Galloways der Landschlachterei Burmester aus Viöl eine tragende Rolle. Christian Tobies verarbeitet sie zur Currywurst mit frischen Pommes oder Burgern mit pikanter Soße. Donnerstags gibt es Burger mit Buns von Bäcker Hecker und selbst gemachten Soßen in fünf regionalen Variationen, unter anderem einen Cheeseburger mit Blauschimmelkäse. Klassische Küche wie Cordon bleu mit Backensholzer Deichkäse gefüllt oder die große Steakpfanne mit hausgemachter Kräuterbutter gehören ebenso selbstverständlich zum Repertoire wie der Holsteiner Aalrauchmatjes in Apfel-Zwiebelsoße mit Bratkartoffeln; Letztere gibt es auch zum Sauerfleisch vom Bioschwein. Das Labskaus* kommt gelegentlich mit Gelber Bete aus der Küche. Eine Besonderheit sind handgemachte Bionudeln, die mit gehobeltem Deichkäse oder in Currysahne serviert werden. Vegetarisch lebende Menschen freuen sich nicht nur auf das duftige Wirsing-Kichererbsen-Curry. Ein überzeugender Abschluss ist der karamellisierte Spargel mit Erdbeereis.

Auf der Getränkekarte stehen Taarstedter Bier, Wein aus Malente und Dolleruper Schnäpse.

Gutsküche Wulksfelde

Wulksdorfer Damm 15,
22889 Tangstedt
0 40 / 64 41 94 41
gutskueche.de

Bio

Größe: 90 Plätze im Gastraum, 60 auf der Terrasse
Preise: Hauptgerichte 10–29 Euro, Tagespreise für Fleisch und Fisch.
Kreditkarten: EC
Öffnungszeiten: Di–So 12–21 Uhr; Ruhetag: Mo

Innovativ-nachhaltige Bioküche auf dem Biobauernhof

Auf dem Gelände des ehemaligen Hamburger Staatsguts haben Rebecca und Matthias Gfrörer das frühere Wirtschaftshaus zu einem schicken und gemütlichen Restaurant mit offener Küche umgebaut. Das Restaurant hat einen eigenen einsehbaren Reiferaum für Fleisch. Die Gutsküche profitiert vom dazugehörenden Biobauernhof, der blüht und gedeiht. Gebacken wird in der Bäckerei nebenan, das Gemüse wächst auf der gegenüberliegenden Straßenseite. Das Fleisch von eigenen Tieren wird in der Gutsküche komplett zerlegt und verarbeitet. Weniger Food Miles geht nun wirklich nicht! Seit Neuestem gibt es das hofeigene Fleisch, Wild, Geflügel, Fisch und Meeresfrüchte nur noch als Beilage. Schwerpunkt ist eine saisonale Gemüseküche.
Vorweg kommen Tomaten mit handgeschöpften Büffelmozzarella frisch und aromatisch auf den Tisch. Oder eine Suppe von Frühlingszwiebel mit Bärlauch-Croutons. Auch zu empfehlen sind die gerösteten Petersilienwurzeln mit Sauce Maltaise. Goethe's Frühling stellt sich als Ei mit grüner Soß' und jungem Gemüse vor. Als Abschluss gibt es glasierte Zwetschgen mit hausgemachtem Vanillerahmeis oder die herzhaften Variante, eine große norddeutsche Käseplatte mit hausgemachtem Brot und ausgezeichneten, selbst hergestellten Chutneys.
Die Weine hat Rebecca Gfrörer selbst ausgesucht. Sie kommen von deutschen und französischen Topwinzern. Und selbst die Cola ist hier bio.

Nebenan im Hofladen von Gut Wulksfelde (Wulksfelder Damm 15–17, 22889 Tangstedt) gibt es die hofeigenen Bioprodukte zu kaufen. Unbedingt die verschiedenen Erdbeersorten probieren!

Gasthof Alt Sieseby

Dorfstraße 24,
24351 Thumby, Ortsteil Sieseby
0 43 52 / 9 56 99 33
gasthof-alt-sieseby.de

Größe: 60 Plätze im Gastraum, 40 auf der Terrasse
Preise: V 13–15, H 17–30, N 10–14 Euro
Kreditkarten: Alle Karten außer Amex
Öffnungszeiten: Mi–Fr ab 17 Uhr; Sa, So ab 12 Uhr

Kleinod mit liebevoller Regionalküche

Maria von Randow hat den Gasthof in Sieseby im Kreis Rendsburg-Eckernförde 2017 in ein charmantes helles Haus mit individuellen Möbelstücken und sechs Zimmern verwandelt. Sie ist ganz in ihrem Element und kann als gastgebende Köchin die Gäste umsorgen oder in ihrer Küche zaubern, was die regionalen Produkte hergeben.
Ihre bekannten sechs Schmankerl aus dem Frühlingsgarten mit zweierlei Fisch und Hülsenfrüchten entzücken den Gaumen. Auch der überbackene Ziegenkäse zum Ackersalat von Dieter Ziehbur und das Kürbissüppchen sind ein schöner Anfang. Die Kartoffeln vom Bistensee werden zu schön krossen Bratkartoffeln verarbeitet, dazu passen das Roastbeef mit Kräuterremoulade und die Scholle genauso wie die Avocadomousse. Zu den hausgemachten Fritten wird ein Entrecôte gebraten. Der Holsteiner Spargel von Familie Ehehing liegt mit einer hausgemachten Sauce hollandaise neben dem Katenschinken von der Fleischerei Petersen oder einem Saibling auf dem Teller. Sonntagmittag heißt es: Braten, solange der Vorrat reicht und mit allem drum und dran und vorweg eine Suppe. Hinterher vielleicht eine Mousse au Chocolat oder einen Kaffee von Torrefactum in Hamburg, schonend geröstet.

→ Dinstags ab 18 Table d'hôte. Bitte die Winterzeiten auf der Webseite beachten. Die Umgebung lädt zum Radfahren und Wandern am Wasser ein.

NEU

Zur Erholung

Mühlenstraße 56,
25436 Uetersen
0 41 22 / 25 92
zur-erholung-uetersen.de

Bio

Größe: 30 Plätze im Restaurant, 40 im Saal, 40 in Bernies Backyard
Preise: 3-Gänge-Menüs ab 43 Euro; Hauptgerichte in Bernies Backyard ab 15 Euro
Kreditkarten: EC, Visa, Master, Amex
Öffnungszeiten: Di–Sa ab 17.30 Uhr, Bernies Backyard ab 17 Uhr; Ruhetage: So, Mo

Von der Snute bis zum Steert – Genuss in sechster Generation

Das »Zur Erholung« blickt auf eine lange Tradition zurück. Chef-Alliance-Koch Bernd Ratjen kocht hier seit 2009 in sechster Generation, seine Schwester Anne umsorgt und berät die Gäste ebenso kundig wie herzlich. Beide haben das seit 1862 in Familienbesitz befindliche Gasthaus zu einer ganzheitlichen Stätte des kulinarischen Genusses entwickelt. Speisen kann man im kleinen »Restaurant«, im »Saal« oder in »Bernies Backyard«, dem sommerlichen Biergarten. Mit »Live & Lecker« laden die Ratjens zu kulinarischen und musikalischen Freuden in den Tanzsaal. Im »Tante-Anne-Laden« findet man Wurst, Eingekochtes und Fermentiertes aus der Küche, Frisches, Käse und Getränke von den exquisiten Lieferanten des Hauses. »Zur Erholung« ist Partner der Regionalwert AG und Teil des Netzwerks regionaler Erzeuger.

Es wird streng regional und saisonal gekocht – auf einem hohen handwerklichen Niveau. Reife Früchte werden fermentiert und leiten als besondere Aromen in die nächste Saison über. Das frisch verfügbare Gemüse führt durch die Jahreszeiten und spielt die Hauptrolle auf dem Teller. Neben einem vegetarischen Menü wird ein klassisches Menü mit Fisch und Fleisch angeboten. Einzelne Gänge können getauscht oder als Tellergerichte bestellt werden. So darf im Saal auch aus der Gartenkarte – Burgergerichte oder selbst gemachte Bratwurst – gewählt werden. Das Brot, ob Sauerteigbaguette oder Kräuterbrot, wird selbst gebacken. Den Antipasti-Teller, der kleine oder große Erholung heißt, gibt es in drei Variationen: vegetarisch, mit Fleisch oder Fisch. Spargelsalat mit Katenschinken verwöhnt den Gaumen, Spinatravioli mit Kräutersaitlingen, Molke und hervorragend abgestimmten Wildkräutern lassen träumen. Das Köhlerfilet mit Orangenbutter an buntem Mangold zu Kartoffelstampf ist ein optischer und geschmacklicher Genuss. Das Lamm aus der benachbarten Haseldorfer Marsch kommt geschmort und kurzgebraten auf den Teller. Der Rhabarbertraum zum Abschluss macht seinem Namen alle Ehre: als Kuchen, geflämmt und als Sorbet. Die frischen Erdbeeren als Salat mit Spargel und als Sorbet bieten Frühlingsgenuss pur.

Handwerksbiere von Wildwuchs kommen aus dem benachbarten Hamburg. Die Weine kommen schwerpunktmäßig aus Deutschland, alle werden zum Ladenpreis zuzüglich Serviceaufschlag serviert. Anne Ratjen empfiehlt mit Souveränität die passenden Weine.

Der »Tante-Anne-Laden« führt handgemachte Produkte und Waren von ausgewählten Lieferanten und Winzern – alles in Bioqualität.

Der Rote Haubarg

Sand 5,
25889 Witzwort
0 48 64 / 8 45
roterhaubarg.de

Größe: 95 Plätze im Gastraum, 70 im »Peerstall«, 80 auf der Terrasse
Preise: Hauptgerichte 14–40 Euro
Kreditkarten: EC, Master, Visa
Öffnungszeiten: 11–21 Uhr; Ruhetage Okt–Aug: Mo, Di; Sept: Mo, Do

Authentisch nordfriesisch im Kulturdenkmal

Die nordfriesische Gemeinde Witzwort liegt zwischen Husum und Tönning im Osten der Halbinsel Eiderstedt. Haubarge, mächtige Bauernhäuser mit hohen, reetgedeckten Dächern über niedrigen Außenmauern, waren einst charakteristisch für das Landschaftsbild Eiderstedts. Holländische Einwanderer hatten den Haustyp ab dem 17. Jahrhundert eingeführt, der Mensch, Vieh und den Haubarg (den Heuberg) unter einem Dach zusammenbrachte. Das einzig zugängliche der heute seltenen Typenhäuser ist der »Rote Haubarg« in Witzwort. Das Kulturdenkmal beherbergt ein Museum und das seit 2010 von Wioletta Gattorf geführte Restaurant. In den Gasträumen mit Dielenholzböden, friesisch grün-blauen Holzdecken, original Delfter Kacheln und liebevoll gepflegtem historischen Inventar wird eine authentische nordfriesische Küche serviert.

Das Restaurant darf sich seit 2010 »Partner des Nationalparks Wattenmeer« nennen, ein Gütesiegel für nachhaltig arbeitende Unternehmen. Gemüse und Obst kommen von Jan Nebbe aus dem nahe gelegenen Simonsberg, die Kartoffeln baut Gonne Kühlmann auf Nordstrand an. Mehrere Schlachtereien liefern Fleisch: Landschlachterei Kühn aus Oldenswort liefert Lamm-, Schweine- und Rindfleisch, die Landschlachterei Burmeister aus Viöl die genannten Sorten ohne Schwein, dafür aber Fleisch vom Galloway. Von Kinky Fleischwaren, einer Schlachterei in Bredtstedt, kommt Lamm- und Schweinefleisch. Die Witzworter Meierei liefert Molkereiprodukte gleich aus der Nachbarschaft, und das Eis kommt von einer Eismanufaktur aus Nordstrand. Produkte, die für die Region stehen, werden regional bezogen – so kann man hier Nordfriesland schmecken.

Auf der Speisekarte finden sich Labskaus* und Scholle Büsumer Art mit Nordseekrabben, es laden Lammgerichte wie die geschmorte Lammkeule mit Speckbohnen oder Tafelspitz vom Gallowayrind, klassisch zubereitet mit Meerrettichsoße und Bouillonkartoffeln, zu einem genussvollen Streifzug durch Zeit und Region ein. Neben Schmorgerichten und einfachen Speisen dürfen natürlich die ehernen Pfeiler nordfriesischer Küchentradition wie Husumer Pannfisch und zum Nachtisch ein Friesenpfannkuchen nicht fehlen. Alte Gemüsesorten wie Pastinaken oder Mangold haben ebenso ihren Platz auf der Karte wie der seltene Brotpudding – in leicht modernisierter Fassung.

Thüringen

Göttingen
Harztor
Nordhausen
38
Bornhagen
Creuzburg
Eisenach
4
ERFU
Schnepfenthal
Werra
Urnshausen
71
Fulda
73

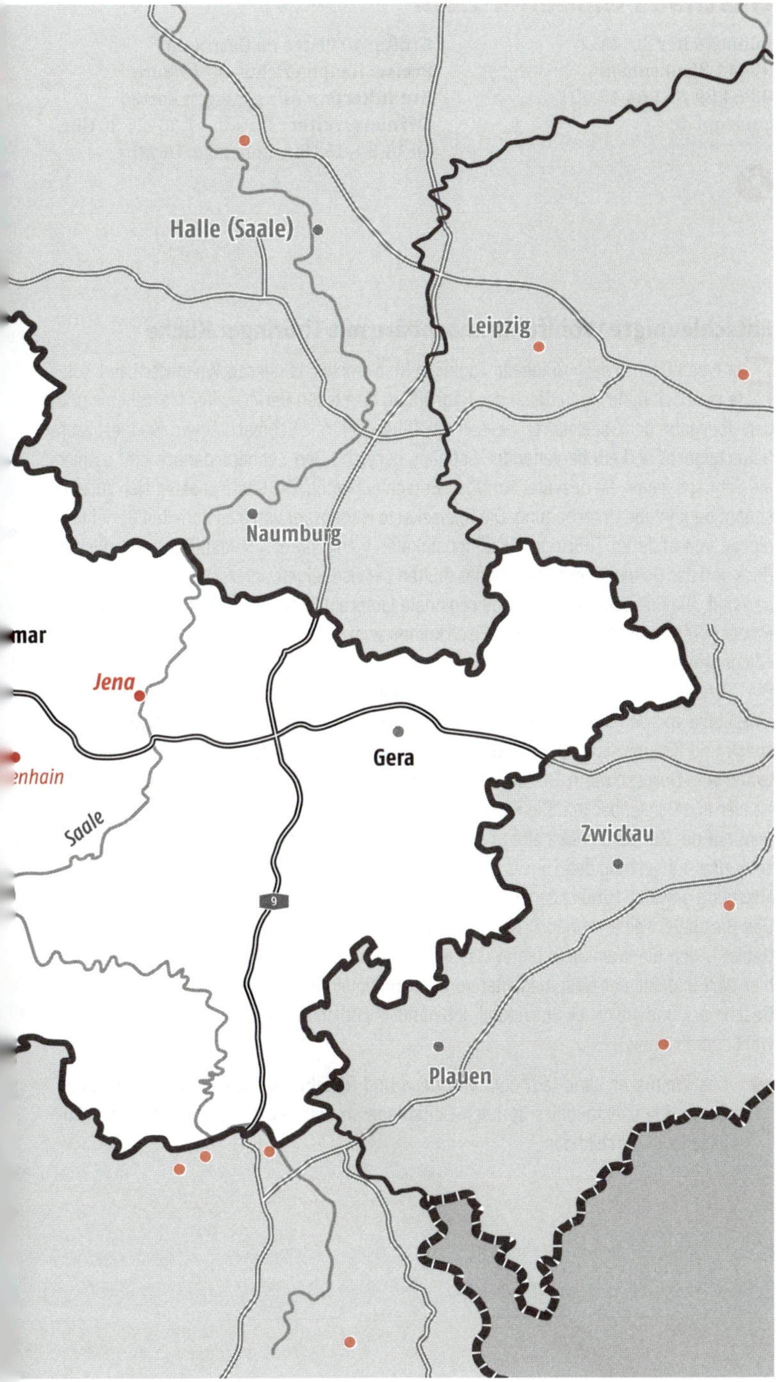
Halle (Saale)
Leipzig
Naumburg
mar
Jena
enhain
Gera
Saale
Zwickau
9
Plauen

Gasthaus Güldener Zopf

Rudolstädter Straße 2,
99444 Blankenhain
03 64 59 / 61 64 48 00
zumzopf.de

Größe: 40 Plätze im Gastraum
Preise: Hauptgerichte 14–19 Euro
Kreditkarten: Alle gängigen Karten
Öffnungszeiten: Do–Mo 17.30–21.30 Uhr; So 11.30–15 Uhr; Ruhetage: Di, Mi

Entschleunigte Wohlfühlatmosphäre mit Thüringer Küche

Für einen Besuch des »Güldenen Zopfs« in Blankenhain, Landkreis Weimarer Land, sollte man Zeit mitbringen. Nach der Begrüßung durch den Serviceleiter Marcel Link und der Übergabe der Speisekarte werden ein Tellerchen mit Schmalz, einem wunderbaren Sauerteigbrot und ein begleitender Schnaps gereicht. Den Schnaps danach gibt es hier als Schnaps davor, ein dezenter Kniff zur Entschleunigung. Die Gäste prosten sich zu, entspannt beginnt die Unterhaltung. Die Speisekarte ist geprägt von traditionellen Gerichten, die sie von anderen Thüringer Traditionslokalen wenig unterscheidet. Doch ein zweiter Blick und das Gespräch mit dem gut geschulten Service zeigen Unterschiede, die schmeckbar sind. Die Speisekarte legt einige regionale Lieferant*innen offen: Durocschweine und Rinder kommen aus Oberweißbach, Fisch kommt vom Forellengrund Helm, Schafskäse aus »Ziegenried«, Wild aus eigener Jagd.
Die Sülze mit Bratkartoffeln, ein beliebtes Kneipengericht nicht nur in Thüringen, ist hier eine Sülze von der Schweinshaxe, dünn als Carpaccio geschnitten, begleitet von Bauchspeck und Kräutersalat. Unbedingt probierenswert ist das deftige Thüringer Bier-Rostbrätel vom Durocschwein. Der auch in Thüringen bekannte Tafelspitz mit Meerrettichsoße ist hier aus Ochsenbacken. Die Fleischgerichte sind großartig zubereitet, das Fleisch zergeht auf der Zunge, das Brätel ist nicht zu fettig. Als Dessert musste es der Kloßkrapfen sein: eine Aufwertung des Thüringer Kloßes in kleine Krapfen, die in einer Zwieback-Zimt-Mischung gewälzt, frittiert und mit eingelegten Zwetschgen und Vanilleis serviert werden. Das Bier liefert eine kleinen Brauerei in Watzdorf, Wein kommt aus dem Saale-Unstrut-Gebiet. Auch die Weinkarte bietet Gesprächsstoff: Es werden nicht nur Weine gelistet, hier darf und soll der Gast, begleitet von Informationen des Service, seine Bewertung zu Geschmack und Ausdruck individuell und handschriftlich äußern. Das macht die Weinauswahl zum Erlebnis.

→ Das Weimarer Land lädt zum Wandern und Radeln ein mit vielen beschaulichen Orten. Die spektakuläre 36-Loch-Golfanlage im Golfresort mit schönster Naturkulisse ist gut erreichbar.

Klausenhof

Friedensstraße 28,
unterhalb von Burg Hanstein,
37318 Bornhagen
03 60 81 / 6 14 22
klausenhof.de

Größe: 110 Plätze in den Gasträumen
Preise: Hauptgerichte 10–20 Euro
Kreditkarten: EC
Öffnungszeiten: Do 17–22 Uhr; Fr, Sa 12–22 Uhr; So 12–21 Uhr; Ruhetage: Mo–Mi

Deftige bis gehobene Küche in ritterlichem Ambiente

Der »Klausenhof« in Bornhagen liegt im Eichsfeld, im Dreiländereck Thüringen, Hessen, Niedersachsen. Er liegt auf dem Weg zur Burg Hanstein. Das Fachwerkgebäude mit romantischer Außenanlage und Lindengarten wurde mit Liebe zum Detail restauriert, das historische Erscheinungsbild in den gemütlichen Gasträumen aufgenommen. Beeindruckend ist die Mittelalterschänke mit wuchtigen Bänken und Tischen. Ritter- und Fürstensaal im Obergeschoss liefern einen stilvollen Rahmen für Feiern. Hier kann man bei Rittergelagen mit schmackhafter Kräuterküche tafeln – bei einer durchaus gehobenen Küche. Im »Klausenhof« werden vorwiegend regionale Produkte verarbeitet. Gemüse, Obst und Kräuter wachsen im eigenen Garten. Reh- und Schwarzwild wird in den umliegenden Wäldern erlegt. Die Fleischreifung kann man in der gläsernen Wildkammer nachvollziehen. Käse liefern Produzenten aus den Dörfern Schönhagen und Dietzenrode. Die Wurst kommt aus eigener Schlachtung: feinste luftgetrocknete Eichsfelder Wurst, die sich »Stracke« oder »Feldkieker« nennt. Nebenan bietet das Wurstmuseum Einblicke in eine traditionelle Handwerkskunst, die Produkte können im Laden erworben werden.
Zum überzeugenden Auftakt gibt es eine Schaumsuppe vom Bärlauch oder Omas Graupensuppe mit Gemüse und Hackklößchen, wer sucht, findet auch knackige Salate auf der Karte. Die Hauptgerichte sind regionale Spezialitäten, die kreativ verfeinert werden: die im Ofen geschmorte Keule vom glücklichen Hahn mit Lorbeer und Wurzelgemüse oder die Sülze vom Wildschwein mit gebratenen Kartoffelklößen. Raffiniert ist der Frischlingsbraten vom Wildschwein an Brombeerrotkohl mit Kartoffelklößen oder das Bärlauch-Kartoffel-Soufflé mit geschmortem Stangenlauch und Rote-Bete-Kartoffel-Salat. Sehr zu empfehlen ist die Vesperplatte mit eigenen Wurstspezialitäten. Zum Abschluss gibt es die Käseplatte, ein Quitteneis oder eine Dessertvariation aus Karamellcreme, Quitteneis und Roter Grütze.
Flüssiges wird auch angeboten: Hansteiner Tee mit Kräutern aus dem eigenen Garten, selbst gemachte Limonaden und ein gutes Hausbier, extra für den »Klausenhof« gebraut.

➔ Winterpause vom 29. Januar bis zum 1. März.
Wanderungen entlang des Grünen Bands zur sagenumwobenen Teufelskanzel oder zum Stockmacherdorf Lindewerra führen durchs reizvolle Eichsfeld. Die Burg Hanstein ist ein Erlebnis. Weitere Ausflugsziele: Grenzmuseum Schifflersgrund und das Europäische Brotmuseum.

Café & Restaurant Saline

Wilhelmsglücksbrunn 1,
99831 Creuzburg
03 69 26 / 7 10 03 25
wilhelmsgluecksbrunn.de

Bio

Größe: 50 Plätze im Restaurant und Terrasse
Preise: Hauptgerichte 10–20 Euro
Kreditkarten: EC, Master, Visa
Öffnungszeiten: Täglich 12–22 Uhr, Küche 12–15 und 17–20.30 Uhr

Deftige Thüringer Küche mit eigenen Bioprodukten

Die ehemalige Saline wurde erstmals 1426 erwähnt. Das Gasthaus befindet sich in einem barocken Gutshaus. Wie es sich für Thüringen gehört, war weiland Goethe zu Gast. 1997 übernahm die Diakonia Evangelischer Betreuungs- und Hilfsverein e.V. Eisenach das Stiftsgut. Die Gastronomie verarbeitet vor allem Produkte der eigenen ökologischen Landwirtschaft. Das Stiftsgut besitzt Lacaune-Milchschafe, eine Wasserbüffel- und Gallowayherde sowie eine Käserei, die Schafs- und Büffelmilch verarbeitet. Auch Hühner und Bienen gehören dazu. Alle weiteren Produkte werden von zertifizierten Biobetrieben bezogen.

Die Saline bietet typisch-deftige Thüringer Gerichte wie die Thüringer Bratwurst und das Thüringer Rostbrätel an. Bemerkenswert ist die große Zahl vegetarischer und veganer Gerichte wie die vegetarische Bratwurst mit lauwarmem Gemüse-Kartoffel-Salat. Vorspeisen sind ein Eintopf vom Wasserbüffel und ein gebackener Schafscamembert mit Preiselbeeren und Brot. Es folgen eine Sülze vom Lamm mit Bratkartoffeln und Salatbeilage sowie ein Lammrücken mit mediterranem Gemüse, Kartoffelspalten und einem Dip aus Schafskräuterquark. Aufmerksamkeit verdienen die Tagesangebote, die sich nach den Saisonprodukten der Landwirtschaft und den Schlachtterminen richten, nach denen gelegentlich frische Büffelleber auf der Karte steht. Nicht nur Kinder schätzen die Kartoffelpuffer mit Apfelmus. Zum Dessert kommt ein feines, cremiges Vanilleeis aus Schafsmilch von eigenen Tieren mit Schokoladen-Chili-Eierlikör. Auch Käse und Marillenknödel stehen zur Wahl und vorzügliche, selbst gebackene Kuchen.

Die Getränkekarte ist gut sortiert. Es gibt Wasser aus der Region und Limonaden. Ein Höhepunkt ist das Apfelbier von Rother-Bräu aus der nahen Rhön. Ebenso gibt es Neumarkter Lammsbräu und Biowein, dazu viele internationale Weine.

→ Im Winter verkürzte Zeiten, telefonisch bis 18 Uhr anmelden.
Die Saline liegt am schönen Werratal-Radweg. Einen Ausflug wert sind auch die Wartburg, die nahe Creuzburg und die Liboriuskapelle an der Werrabrücke.

Der Hofladen der Saline führt ein umfangreiches Biosortiment.

Kromer's Restaurant & Gewölbekeller

Kleine Arche 4,
99084 Erfurt
03 61 / 64 47 72 11
kromers-restaurant.de

Größe: 50 Plätze im Restaurant
Preise: Hauptgerichte 11–21 Euro
Kreditkarten: EC, Master
Öffnungszeiten: Di–Fr ab 17 Uhr; Sa 11.30–23; So 11.30–15 Uhr; Ruhetag: Mo

Thüringer Küche mit Altstadtflair und Bratkartoffeln

Erfurt, die Perle Thüringens, blickt auf eine mehr als 1000-jährige Geschichte zurück. Die Stadt hat einen der besterhaltenen mittelalterlichen Stadtkerne, schmucke Patrizierhäuser und liebevoll rekonstruierte Fachwerkhäuser. Mitten in der historischen Altstadt befindet sich »Kromer's Restaurant« mit Gewölbekeller und idyllischem Innenhof. Namensgeber ist Carl Kromer aus dem Schwarzwald, der 1898 in Erfurt den Grundstein für die legendären »Kromer's-Bratkartoffeln« nach Klaras Rezept legte. Eine schöne Idee ist die regelmäßige Präsentation des »Erzeugers des Monats«.

Die Karte enthält Klassiker der Thüringer Küche, neben Bratkartoffeln sind das Kartoffelklöße und Rinderrouladen. Vorab erfrischt eine Basilikum-Gurken-Limonade. Von den Vorspeisen gefällt der Brotsalat mit Brotwürfeln, gegrilltem Gemüse und Petersilienpesto, dazu rote Zwiebeln und Käsesplitter. Auch ein gegrillter Ziegenkäse mit Edelkastanienhonig aus der Imkerei Tonndorf wird angeboten, dazu Wildkräutersalat und Äpfelchen. Bei den Hauptgerichten stehen im Sommer ein Spanferkelfilet mit Pfifferlingen in Rahm und Thüringer Kloßscheiben auf der Karte. Die Fleischerei Zänker um die Ecke liefert die Wildschweinsülze, die mit eigener Remouladensoße und den legendären Bratkartoffeln einträchtig auf dem Teller liegt. Die geschmorten Schweinebäckchen werden von Speckbohnen und Kloßscheiben begleitet. Kromer's Bratkartoffeln werden aus Knollen des Regiobauern Lindemann handwerklich sauber zubereitet, nur so verdienen sie ihren Namen. Ein Herz für Kinder zeigt die Kinderkarte mit Supersparpreisen für zwei Klöße mit Soße oder Bratkartoffeln mit Spiegelei. Als Dessert empfiehlt sich der Beerenteller mit Vanilleeis. Zu anderer Jahreszeit verführt der Kaiserschmarrn mit Früchten, grünem Pfeffer und Vanilleeis.

Auf der Getränkekarte stehen Thüringer Obstbrände. Lecker ist ein Destillat aus Haselnüssen der Destille Erfurt. Es gibt frisch gezapfte Fassbiere einer Kleinbrauerei vom Eichsfeld, Kromer's Hauswein sowie Weine aus dem Anbaugebiet Saale-Unstrut.

→ Erfurt zählt zu Recht zu den attraktivsten Städten Deutschlands.

Der »Goldhelm« auf der Krämerbrücke hat die abgefahrensten Eissorten. Neben salzigem Karamell gibt es die Schneeziege (Ziegenfrischkäse und grüner Pfeffer) und »La Palma Vanille« (Olivenölcrunch mit Meersalz). Auf dem Domplatz ist vormittags Frischwarenmarkt.

»Almstube« auf der Ziegenalm Sophienhof

Dorfstraße 44,
99768 Harztor-Ilfeld,
Ortsteil Sophienhof
03 63 31 / 4 82 35
ziegenalm.de

Größe: 30 Plätze in der Almstube
Preise: Hauptgerichte 6–16 Euro
Kreditkarten: Keine
Öffnungszeiten: Sa, So, Feiertag 10–18 Uhr; Mi–Fr, 11–18 Uhr; Ruhetage: Mo, Di

Alles aus Ziegen und Lämmern

Sophienhof ist ein idyllisch gelegenes Bergdorf im Harz. Der Ortsteil von Harztor liegt auf einem 550 Meter hohen, von Wäldern umgebenen Wiesenplateau im Landschaftsschutzgebiet Südharz. Auf dem Ziegenhof der Familie Liebig werden Gäste vom Frühjahr bis in den Herbst durch freundliches Gemecker von 150 Ziegen und dem Blöken von 80 Schafen empfangen – das Damwild schaut vergleichsweise ruhig zu. Die »Ziegenalm« hat einen Hofladen und die »Almstube«. Scheint die Sonne, gibt es geschützte Plätze an der Hausmauer oder auf der Terrasse. Alle auf der Speisekarte angebotenen Käse-, Wurst- und Fleischgerichte stammen aus der eigenen Landwirtschaft. Die Kartoffeln und das Gemüse liefern Betriebe aus der Region. Das Geschirr wird von einer Töpferin aus dem Umkreis hergestellt.

Des Probierens wert ist die Rostbratwurst vom Slow Food Arche-Passagier Angler Sattelschwein oder das Zickleinfleisch der Harzer Edelziege, dazu gibt es Sauerkraut mit Bratkartoffeln; wer mag, bestellt sich eine Lammsülze. Der Rinderbraten vom Harzer Roten Höhenvieh, auch das ein Slow Food Arche-Passagier, wird mit Klößen und Rotkohl aufgetragen, er konkurriert mit dem aromatischen Lammbraten zu Bohnen und Bratkartoffeln. Die Ziege liefert die Milch für die traditionelle, vegetarische Ofenkartoffel mit Kräuterquark. Wer die Almvesper bestellt, erhält ein ausgesuchtes Sortiment verschiedener Käse- und Wurstsorten. Nach altem Rezept wird aus der Milch vom Hof ein Ziegeneis gerührt. Ein Glas frische Ziegenmilch ist eine rare Köstlichkeit und nur in der Saison erhältlich. Zum Kräutertee und Malzkaffee gibt es hausgebackenen Kuchen.

→ Von November bis Ende März ist in der Woche nur donnerstags von 12 bis 18 Uhr geöffnet.

Im Hofladen kann man Wurst, Käse, Eier, Apfelsaft und Eingemachtes kaufen, alles aus eigener Produktion.

Restaurant »Landgrafen«

Landgrafenstieg 25,
07743 Jena
0 36 41 / 50 70 71
landgrafen.com

Größe: 100 Plätze im Restaurant – und ein großer Biergarten
Preise: Hauptgerichte 13–32 Euro
Kreditkarten: EC, Master, Visa
Öffnungszeiten: Do, Fr, 17–22 Uhr; Sa 11.30–22 Uhr; So 11.30–18 Uhr; Ruhetage: Mo–Mi

Feiner Küche über den Dächern von Jena

Hoch über der Universitätsstadt gewährt das 1891 erbaute »Landgrafen« einen schönen Blick über die Stadt; das Restaurant wird auch als »Balkon Jenas« bezeichnet. Zu DDR-Zeiten eine HO-Gaststätte, wurde es nach einer aufwendigen Restauration 2006 neu eröffnet, 2014 übernahm Daniel Reichel das Zepter. Küchenchef ist Maik Jahn. Beide setzen auf Qualität und Regionalität. Zutaten, »die ein Drittklässler nicht aussprechen kann«, werden von der Küche gemieden, es wird Fleisch von Tieren verarbeitet, die gut gelebt haben. Ein Großteil der Lieferant*innen wird aufgelistet: Fisch kommt vom Forellenhof Mellingen, das Zicklein vom Ziegenhof Schleckweda. Wild liefert die Wildvermarktung Blankenhain. Das Sauerteigbrot backt die Bäckerei vor Ort für den »Landgrafen«; es reift sieben Stunden, bevor es eingeschossen wird.

Im Sommer duftet es nach gegrilltem Gemüse und Wildravioli in Salbeibutter, am Nachbartisch wird eine Landgrafenroulade mit Kirschrotkohl serviert. Saisonales und Raritäten werden auf der Wochenkarte angeboten wie eine mit Pilzen gefüllte Maispoularde mit Graupen und grünem Spargel. Auch die Püreesuppe von der Urkarotte ist sehr schmackhaft. Der gelegentlich leicht mediterrane Stil des »Landgrafen« zeigt sich in der Lammstelze mit Rosmarin-Honig-Soße, Wurzelgemüse und Polenta. Nicht fehlen darf der Sauerbraten mit Kirschrotkohl und Thüringer Klößen, einfach und gut ist das Rinderragout mit hausgemachtem Serviettenknödel. Den Abschluss versüßt ein Schokoladen-Mandel-Guglhupf mit Kirschragout und Vanilleeis. Für den Nachwuchs werden Eierkuchen und Apfelmus serviert.

Frisch gezapft fließen ein eigenes Hausbier und Apoldaer Pils aus dem Hahn, dazu Maisels Weiße und Maisels Kellerbier. Die Weine kommen überwiegend aus der Region, Weingüter aus dem Anbaugebiet Saale-Unstrut, einige Pfälzer und Italiener. Brände von Augustus Rex aus Dresden mit Spezialitäten von heimischen Streuobstwiesen. Naturtrüben Apfelsaft liefert das Obstgut Triebe aus Schöngleina.

→ Der Biergarten ist von März bis Oktober geöffnet, mit dem besten Ausblick auf die Stadt.
Jena hat viel zu bieten: In Schillers Gartenhaus kann man ein bedeutendes Stück deutscher Kulturgeschichte erleben.

Zum Ziegenhainer

Edelhofgasse 3,
07749 Jena-Ziegenhain
0 36 41 / 36 04 73
zum-ziegenhainer.de

Größe: 70 Plätze im Gastraum und die Terrasse
Preise: Hauptgerichte 10–20 Euro
Kreditkarten: EC
Öffnungszeiten: Sa, So 11–15 Uhr; Ruhetage: Mo–Fr

Perle im Saaletal – nicht nur für Zigarrenliebhaber

Unweit des Stadtkerns der Universitätsstadt Jena inmitten der südländisch anmutenden Landschaft des Jenaer Saaletals liegt, halb im Tal und halb am bewaldeten Kalkhang, das alte Dorf Ziegenhain. Familie Naumann prägt seit dreieinhalb Jahrzehnten die Geschicke des Gasthauses »Zum Ziegenhainer«. Zweimetermann Uwe Naumann, bekennender Genussmensch und Zigarrenliebhaber, führt mit seiner Mutter das Haus mit seiner großen Terrasse inmitten des idyllischen Dorfs. Bekannt ist er für seine kauzigen Anmerkungen zum Speisenangebot. »Frischküche« nennt er die stets persönlich vorgetragenen Tagesgerichte samt Weinempfehlung. Das Gasthaus ist authentisch rustikal mit Holzvertäfelung und historischen Fotografien – ein wenig, als wäre die Zeit stehen geblieben. Für Zigarrenraucher ist ein Raum mit gut gefülltem Humidor eingerichtet. Die Küche ist saisonal und regional orientiert, kombiniert mit Zutaten der weiten Welt. Zur Bärlauchzeit gibt es Bärlauchsuppe, zur Spargelzeit Spargelomelett mit Hausbrot. Zu den Fleischgerichten werden reichlich Thüringer Klöße mit Bröckchen, also gerösteten Weißbrotwürfeln im Inneren, in der Keramikschüssel serviert, dekoriert mit blauen Kornblumen aus Ziegenhainer Gärten. Die selbst gezogenen, höchst aromatischen Soßen gibt es auch zum Nachnehmen. Fleisch und Fisch kommen, wann immer es geht, aus unmittelbarer Umgebung, Fische von der Grümpelquelle, Wild wird in Thüringer Wäldern geschossen, das Landschwein und die Martinsgans halten die Bauern und Bäuerinnen des Vertrauens, zu denen Ronnie Häussler zählt. Weil das regionale Angebot oft nicht ausreicht, wird es von Fleischimporten ergänzt.
Der Ziegenhainer Professorentopf ist ein schönes Sonntagsessen, dessen Rezept auf einem alten Heuboden entdeckt wurde: Gulasch vom Zicklein mit Backpflaumen und Süßwein zubereitet, dazu Gemüse und Klöße. Empfehlenswert auch das Filet vom Landschwein mit Rahmsoße, Champignons, Gemüse und Kroketten und als Vorspeise der gebackene Ziegenkäse mit Kirschenchutney. Zum Dessert gibt es ein Kornelkirschparfait.
Der Wein kommt aus der heimischen Saaleregion, aus Bad Sulza und Kloster Pforta, dazu hausgemachtes Holunderwasser und regionale Biere.

→ Jena mit seinen zahlreichen Kunst- und Wissenschaftsmuseen ist einen Besuch wert. Dort steht das älteste Planetarium der Welt.

Landgasthof zur Tanne

Cumbacher Straße 1,
99880 Schnepfenthal
0 36 22 / 6 90 05
zurtanne.de

Größe: 50 Plätze in der Gaststube, 60 im Biergarten
Preise: Hauptgerichte 10–20 Euro
Kreditkarten: EC
Öffnungszeiten: Mi–Fr 12–14 und 17.30–22 Uhr; Sa 12–22 Uhr; So 11–21 Uhr; Ruhetage: Mo, Di

Landgasthof mit Biergarten und eigener Metzgerei

Das behäbige Gebäude des »Landgasthofs zur Tanne«, 1690 als Gemeindeschenke erbaut, hat sich bis heute erhalten. Vor einem Jahrzehnt hat Familie Hühnergarth das Haus übernommen und mit viel Engagement zu dem entwickelt, was es heute ist. Der Charakter eines Landgasthofs ist sofort erkennbar, in den Nebengebäuden sind Metzgerei und Sauenstall angegliedert. Dort fühlt sich eine riesige Duroc-Muttersau mit ihren Ferkeln wohl. Der Platz vor dem Ensemble wird beherrscht von einem großen, mit Kräutern bepflanzten Rondell, im Sommer sitzt man im Biergarten. Die Gaststube ist hell, freundlich und immer gut belegt. Die Karte wechselt täglich und bietet an die Saison und Region angepasste Gerichte. Grundprodukte wie Schweine- und Rindfleisch stammen teils aus eigener Zucht mit Weide- und Freilandhaltung. Bald sollen auch eigene Schafe weiden. Fürs Jahresende werden Gänse gehalten. Ulf Hühnergarth verarbeitet das Fleisch in der eigenen Metzgerei, auch Wurst und Räucherspezialitäten werden selbst hergestellt. Die Küche ist bodenständig und schnörkellos – es schmeckt. Die Preise sind moderat.

Da die Karte ständig wechselt, können nur einige allgemeine Hinweise gegeben werden: Die selbst gemachten, echten Thüringer Klöße schmecken hervorragend, das Rindersteak, begleitet von Mais, Kräuterbutter und Kartoffelvariationen, ist ebenso ein Genuss wie das selbst gemachte Eis und die Patisserie. Die Bratwürste aus eigener Produktion dürfen nicht vergessen werden. Eigene freilaufende Hühner gehören ebenfalls zum Tierpark der Familie Hühnergarth. Auf der Karte wird ein dreigängiges Huhnmenü für zwei Personen angeboten: Nudelsuppe, Hähnchenrolle mit Fleisch-Leber-Farce und am Tisch tranchiertes Hähnchenbrustfilet, das bei Niedrigtemperatur am Knochen gegart wurde.

Die Weinkarte ist überschaubar, auf Wunsch kann man in den Keller hinabsteigen und sich eine Flasche aussuchen. Die Bedienung ist freundlich und beantwortet geduldig alle Fragen.

→ Ferien im Februar, Juli und Oktober sind auf der Webseite einzusehen.
Die Thüringer Waldbahn, ist die einzige deutsche Straßenbahn, die von Gotha nach Tabarz durch den Wald fährt. Sie hat in der Nähe der Tanne eine Haltestelle nach gemütlichen 41 Minuten durch die schöne Landschaft. Auch Schloss Tannenberg mit Museum in Waltershausen ist einen Besuch wert.

Landhotel »Zur Grünen Kutte«

Hauptstraße 9,
36457 Urnshausen-Bernshausen
03 69 64 / 8 23 46
gruene-kutte.de

Größe: 60 Plätze in der Gaststube, 20 im Biergarten
Preise: Hauptgerichte 10–22, 3-Gänge-Menü ab 25 Euro
Kreditkarten: EC
Öffnungszeiten: Täglich 10–22 Uhr; Ruhetag: Do

Regionale Rhöner Küche im ländlich-rustikalen Ambiente

Gundi und Lutz Heidinger leiten in Bernshausen in fünfter Generation das Landhotel »Zur Grünen Kutte«. Es liegt idyllisch in den waldreichen thüringischen Bergen der Rhön, umgeben von saftigen Wiesen, auf denen Kühe weiden. Lutz Heidinger hat für seine kulinarischen Vorstellungen Küchenchef Christian Farinski als innovativen Koch gewonnen. Die Kräuter und der Salat für die Küche kommen aus dem eigenen Garten. Das Fleisch liefern Bauernhöfe aus der Region, oder es werden Tiere von den eigenen Weiden verarbeitet. Die Fischzucht hat in der Rhön eine lange Tradition, ein reiches Angebot an heimischen Fischen ist gewährleistet. Die Speisenangebote sind kinderfreundlich.
Der Anfang wird mit Suppen und Vorspeisen gemacht: Die Rhöner Festtagssuppe, eine kräftige Rinderkraftbrühe mit Einlage, ist wie das Würzfleisch* ein Klassiker der Region. Hervorragend ist die wacholdergeräucherte, lauwarme Rhönforelle auf Petersilienkartoffeln mit Sahnemeerrettich, klassisch das Rumpsteak vom Weiderind. Die Wildgerichte wechseln, je nachdem, was erlegt werden konnte. Wildschweinbraten oder ein zarter Rotwildbraten sind immer ein Genuss, begleitet von hausgemachten Thüringer Klößen. Nicht fehlen darf der gefüllte Schweinebraten mit Kräutern der Saison oder die geschmorte Rinderroulade nach Hausfrauenart mit deftigem Apfelrotkohl. Vegetarische Gerichte sind Dermbacher Eiernudeln, Thüringer Klöße und knackige Salate.
Das Bier kommt von einer kleinen fränkischen Brauerei, besonders süffig ist das Klosterbier. Die Säfte keltern kleine Mostereien in der Region, des Probierens wert ist vor allem der naturtrübe Rhöner Apfelsaft. Was in der Rhön nicht zu Saft oder Tee verarbeitet wird, landet als feiner Likör oder Schnaps in der Flasche – als Rhöntropfen, ein beliebter Kräuterschnaps, Rhöner Kartoffelbrand oder Brennnesselobstler. Weit über die Grenzen der Rhön hinaus bekannt ist der Dermbacher Eierlikör. Weine werden aus Rheinhessen oder Franken auch in Bioqualität angeboten.

→ Auf dem Spielplatz neben dem Hotel können Kinder toben. Zahlreiche Wander- und Fahrradwege motivieren zu Aktivitäten an der frischen Luft.

Unweit des Landhotels findet man in Dermbach die Rhöner Eismanufaktur mit bestem Eis.

Nachwort der Redaktion

Haarscharf vor der ersten Coronawelle wurde ich mit der Redaktion des *Genussführers* betraut. Und das nicht nur im Hinblick auf die geplante Druckausgabe, sondern auch auf die *Genussführer*-App, die bereits seit über einem Jahr die *Genussführer*-Restaurants und -Gasthäuser digital erschließt. Selbstverständlich kannte ich den *Genussführer* seit Jahren. Dachte ich. Doch nach einer ersten ordentlichen Sichtung der gut 500 Texte en bloc war ich schwer beeindruckt: von dem breiten kulinarischen Panorama, das die Lokale auffächern – und dem spürbaren Engagement der *Genussführer*-Testgruppen. Unermüdlich besuchen sie zahlreiche *Genussführer*-Kandidaten, essen dort und tauschen sich mit Köchen und Inhabern aus. Sie tragen nach einem gemeinsamen positiven Votum die notwendigen Informationen zusammen und formulieren einen beschreibenden Text. Das sind die echten Kernstücke des *Genussführers*. In ihnen leuchtet die Begeisterung für gutes, sauberes und faires Essen auf. Gleichermaßen freuen sich die Testgruppen darüber, weitere Gasthäuser für den *Genussführer* ausfindig gemacht zu haben, die einer herausgehobenen Empfehlung durch Slow Food Deutschland wert sind.
Für die *Genussführer*-Testgruppen entwickelt sich aus dem Gespräch mit den Verantwortlichen eines Gasthauses nicht selten ein vertrauensvolles Verhältnis und eine gute fachliche Zusammenarbeit im Sinne unseres Slow Food Ansatzes von Verbrauchern als Ko-Produzenten. Es muss jedoch ein wichtiger Schritt weitergegangen werden: Alle Slow Food Mitglieder sind aufgerufen, die empfohlenen Restaurants als Gäste zu besuchen und die guten Küchen ihrer Umgebung – zu Hause oder auf Reisen – kennenzulernen. Vorstellungen einer kulinarischen Landkarte unseres Landes können wir nur auf schmeckende, mit allen Sinnen erlebende Weise entwickeln.
Sprechen Sie in Ihrem Umfeld über gute Erfahrungen. Berichten Sie uns wertschätzend von Ihren Erlebnissen in den hier vorgeschlagenen Häusern. Wir freuen uns über jede Zuschrift.

Martin Wurzer-Berger, Redaktion

Bildnachweis

S. 24 Shutterstock bitt24
S. 26, 27, 28 fotolia Philippe Ramakers
S. 30 Shutterstock Brent Hofacker
S. 31 Shutterstock Thomas Baldauf
S. 32 fotolia HLPhoto
S. 34 pixabay Meditations
S. 35 fotolia Printemps
S. 36 fotolia ArTo
S. 38 fotolia eightstock
S. 39 fotolia Tanja
S. 41 Shutterstock babypleum
S. 43 pixabay Hans
S. 45 fotolia mhp
S. 47 Shutterstock Shebeko
S. 48 Shutterstock Vaclav Mach
S. 50 fotolia EcoPim-studio
S. 51 fotolia sunset man
S. 52 fotolia makasana photo
S. 53 Shutterstock Isaac gil
S. 56 Adobe Stock Printemps
S. 59 Adobe Stock Xalanx
S. 62 Shutterstock Jenny Sturm
S. 70 fotolia Jürgen Hüls
S. 78 Adobe Stock jehafo
S. 92 fotolia Christin
S. 96 Shutterstock Anna Shilonosova
S. 101 Shutterstock freeskyline
S. 104 Shutterstock Magrig
S. 106 Shutterstock beats1
S. 110 wikipedia.org
S. 111 Picture Press Matthias Haupt
S. 114 wikipedia.org
S. 116 Shutterstock petratrollgrafik
S. 120 Shutterstock Fanfo
S. 121 fotolia Ksenia Kuznetsova
S. 124 fotolia Christian Jung
S. 126 fotolia Aleksej Eremiew
S. 128 fotolia Möwe
S. 130 fotolia exclusive-design
S. 133 fotolia karepa
S. 134 Stefan Abtmeyer
S. 137 Adobe Stock valentinamaslova
S. 138 Adobe Stock hecke71
S. 140 fotolia Barbara Pheby
S. 141 Shutterstock anmbph
S. 142 fotolia Bernd Jürgens
S. 145 fotolia ppi09
S. 146 fotolia juefraphoto
S. 147 fotolia Nana
S. 149 fotolia Matthias
S. 151 fotolia BBQ-Fotos
S. 153 fotolia Ideenkoch
S. 154 fotolia Martin Rettenberger
S. 155 Bernd Gross
S. 157 fotolia StockphotoVideo

Gaststätten

Orte

Deutschland
Süd